# 민법강의:
# 친족상속법

권재문 저

박영사

# 머리말

　교과서와 수험서의 준별. 이런 현상에 대해 고민하던 끝에 '교과서와 수험서의 중간쯤 되는 책'을 써 보고 싶었습니다. 사실 교과서다운 책은 존경하는 윤진수 교수님, 송덕수 교수님의 저서가 있으므로 제가 무엇을 더 보탤 필요가 있을까 싶기도 했습니다.

　우선 '교과서'와 '수험서' 각각의 특징이 무엇인지 생각해 보았습니다. 그 결과, 전자는 실정법과 판례라는 현재의 법체계를 다루면서도 그 배경에 대한 이해와 그 내용에 대한 비판적 시각까지 담아내는 것이고 후자는 현재의 법체계를 간결하고 충실하게 정리하는 것이라는 결론에 이르게 되었습니다. 이렇게 제 나름대로 파악한 교과서와 수험서 각각의 특성을 모두 반영하기 위해 다음과 같은 시도를 해 보았습니다. 첫째로 현행법과 판례를 중심으로 요약·정리하되, 필요한 경우에 한하여 글씨체를 달리하여 학문적인 관점에서의 문제제기나 비판론을 제시했습니다. 둘째로 판례를 소개할 때는 제가 요약한 문장과 함께 판례 원문을 가능한 한 그대로, 즉 판결요지가 아니라 판결이유 자체를 정리하거나 밑줄 등으로 강조하는 방식으로 제시하고자 했습니다. 암기의 편의나 사례형·기록형 답지에 현출하는 것만 생각한다면 요약된 문장으로 충분하겠지만, 선택형 문제의 답지가 '판례 원문 그대로'인 경우가 많은 것이 현실이므로 판례 원문에도 익숙해질 필요가 있기 때문입니다. 물론 판례나 준비서면의 기나긴 문장들을 원문 그대로 읽어 내려가면서 요약하는 역량을 배양하는 것은 실무가로서 활동하는 데도 필수적일 것입니다. 셋째로 변호사시험의 경향상 적어도 민법에 대해서는 조문이나 판례 위주로 출제되고 있는 것이 현실이므로, 조문·판례가 있는 부분과 서술의 체계상 필요하지만 조문·판례가 없는 부분을 명확하게 구별하였고, 특히 후자는 가능한 한 간결하게 서술했습니다.

　이 책이 나오기까지 많은 분들의 도움을 받았습니다. 우선 저와 친생자관계로 맺어진 부모님과 자녀들, 그리고 저에게 친생추정에 의한 법적 부가 될 수 있게 해 준

아내에게 고마운 마음을 전합니다. 대인관계와 재테크에 있어서 제한능력자 수준인 제가 공부에 파묻혀 살면서도 정서적으로는 풍요롭게 경제적으로는 부족함 없이 살 수 있었던 것은, 부모님, 자녀들, 그리고 아내 덕분입니다. 다음으로 숭실대학교 임상혁 교수님, 성균관대학교 이진기 교수님께도 감사드립니다. 임상혁 교수님은 사법시험 공부와 대학원 공부를 병행하면서 막연하게 연구자의 삶을 동경하던 저에게 '어떤 연구자'가 될 것인지에 대한 영감을 주셨고, 변호사를 그만두고 전업학생으로 지내던 시절에는 기꺼이(?) 연구실에 받아 주셨습니다. 이진기 교수님은 전업 시간강사로 동분서주하던 제가 숙명여자대학교에 정착할 수 있게 해 주셨고, 수많은 논문과 번역서를 집필하시면서 연구자의 최고 덕목은 부지런함이라는 걸 몸소 보여주셨습니다. 두 분 모두 오랫동안 함께 공부할 수 있기를 기원합니다. 또한 숙명여자대학교에 이어 서울시립대학교 박사과정에서 다시 함께 공부하게 된 최원미 변호사에게도 감사드립니다. 지원림 교수님 교과서로 변호사시험을 대비하면서 그 와중에 오탈자까지 찾아내던 감각으로, 이번에는 이 책의 난삽한 초고를 한 글자 한 글자 읽으면서 다듬어 주었기에 좀 더 볼 만한 책이 되었습니다. 이러한 성실성이 학문적 성취로 만개하기를 기원합니다.

  끝으로 어려운 여건하에서도 흔쾌히 출간을 허락해 주신 박영사 안상준 대표님, 친족상속법 교과서 출간을 제안해 주신 손준호 과장님, 현란한 교정지를 꼼꼼하게 반영해 주신 윤혜경 대리님께 감사드립니다.


2023년 9월
권재문

# 목 차

## 1장
# 친족법 총론

## 2장
# 혼인의 요건

3장
# 혼인의 효과

4장
# 이혼의 요건, 절차

5장
# 이혼의 효과: 재산분할

# 6장
# 이혼과 미성년 자녀 양육

# 7장
# 친생자

# 8장
# 양 자

9장
# 친 권

# 10장
# 후 견

# 13장
# 상속인

# 14장
## 공동상속

# 15장
## 상속회복청구권

# 16장
# 유언과 유증

# 17장
# 특별수익상속인, 기여상속인

# 18장
# 유류분

## 일러두기

- 서술 순서는 민법 조문 순서를 반영하는 것을 원칙으로 했지만, 상속법 부분에서는 '상속재산'을 먼저 다루고 '상속인'을 다루었으며, 상속인에 관한 부분에서는 상속의 승인·포기, 공동상속, 상속회복청구권 순서로 서술하였다.

- 판례나 조문에서 [ ]으로 묶인 부분은 필자가 보충한 내용이다. 또한 굵은 글씨나 밑줄도 필자가 보충한 내용이다.

- 판례의 사실관계는 설명에 필요한 부분만 남기고 최대한 단순화하였으며, 판례 원문을 이해하기 편하도록, 판례의 '원고', '피고', '소외인' 등을 판례 설명에 등장하는 인명인 甲, 乙, 丙 등으로 변경한 부분이 있음을 밝혀둔다.

- 민법 이외의 법률명은 다음과 같이 요약하였다.
    - 부동산 실권리자명의 등기에 관한 법률 → 부실법
    - 주택임대차보호법 → 주임법
    - 가족관계의 등록 등에 관한 법률 → 가등법

- 본문에서 법조문을 인용할 때, '조'는 '§'로 표기하였다.

- 판례는 판례공보 2023년 7월 15일자까지 반영했다.

1장

# 친족법 총론

# 친족법 총론

## I 성과 본 결정

### 1. 성·본의 의미과 성·본의 결정 기준

#### 가. 성·본의 의미

- 성명은 개인의 동일성을 특정하기 위한 기호로서, 성은 혈연집단의 명칭, 명은 개인에 고유한 명칭이다.
- 본은 특정 혈연집단의 시조의 발상지로서 지연을 나타내고 성과 함께 혈연집단을 특정하는 징표가 된다.

> **헌법재판소 2005. 12. 22. 선고 2003헌가5 결정**
> ‣ 개인의 동일성을 식별하는 가장 기본적인 기호로 흔히 성명이 사용되는데 성명은 개인의 혈통을 상징하는 기호인 성(姓)과 개인의 개별성을 상징하는 이름(名)으로 구성된다. 이름은 개인 한 사람 한 사람에 대한 고유한 명칭으로 부여됨에 비해 성은 일정한 범위의 혈연집단에 대한 명칭으로 사용된다.
> ‣ 한편 본은 흔히 본관(本貫) 또는 관향이라고 하는 것으로 시조(始祖)의 발상지를 의미한다. 본은 성의 지연적 표지(標識)라 할 수 있는데 … 성만으로 혈통의 동일성이 곧바로 식별되지는 않는 경우가 많다. 따라서 본에 의해 특정된 성을 통해 혈통의 동일성을 식별할 수 있으므로 일반적으로 혈통의 동일성을 상징하는 기호로서의 성은 본에 의해 특정된 성을 의미한다(이하에서 성과 본의 구별 없이 '성'이라 하면 본을 포함한 성을 의미한다).

## 나. 혈연의 징표로서의 성 결정에 대한 입법재량

### (1) 성 결정에 관한 규율의 필요성

* 혈연은 모계와 부계 모두를 가리키는 말이지만, 양계 혈연 모두를 성으로 표기하는 데는 기술적 한계가 있다.
* 따라서 성에 혈연을 어떻게 반영시킬 것인지를 법적으로 규율할 필요가 있다.

### (2) 입법형성의 자유

* 성명의 특정은 사회질서, 법적 안정성과 관련되므로 개인의 선택에 완전히 맡겨질 수 없고, 성명은 개인의 동일성을 특정하는 기호로서 작용할 뿐이고 개인의 권리·의무에는 영향을 미치지 않는다.
* 따라서 성 결정에 관한 입법에 대해서는 헌법 §10, §36 ①에 저촉되지 않는 한 입법형성의 자유가 인정된다.

> **헌법재판소 2005. 12. 22. 선고 2003헌가5 결정**
> ‣ 성명은 개인의 동일성을 식별하는 기호로서 개인의 정체성과 개별성을 상징한다. … 성명의 구성요소인 성(姓)도 개인의 의사에 따라 자유롭게 결정하고 사용할 수 있다고 할 것이다. 그러나 한편으로 **성명은 인간의 모든 사회적 생활관계 형성의 기초가 된다는 점에서 중요한 사회질서**에 속한다. 성명의 특정은 사회 전체의 법적 안정성의 기초이므로 이를 위해 국가는 개인이 사용하는 성명에 대해 일정한 규율을 가할 수 있으며 그러한 **제한은 불가피**한 것이기도 하다.
> ‣ 그런데 성은 기호가 가지는 성질로 인해 **개인의 권리의무에 미치는 실질적인 영향력이 크지 않으며**, 성의 사용에 대한 입법은 주로 새로운 규율을 창설하는 것이라기보다는 이미 존재하는 생활양식을 반영하는 형태로 이루어진다는 점에서 성의 사용에 관한 규율에는 폭넓은 입법형성의 자유가 인정된다고 할 것이다.
> ‣ 성에 관한 규율에 대해 폭넓은 입법형성의 자유가 인정된다고 하더라도 그것이 헌법적 이념과 가치에 반하는 것일 수는 없으므로 **개인의 인격권을 침해하는 것이거나 개인의 존엄과 양성의 평등에 반하는 내용으로 가족제도**를 형성할 수 없다는 한계를 가진다.

## (3) 부성주의 자체의 합헌성과 예외적인 위헌성

### A. 부성승계 원칙 자체의 합헌성

- 양계 혈연을 모두 반영하는 데는 기술적인 한계가 있으므로, 양계 혈연 모두를 반영하지 못한다는 이유만으로 위헌이라고 할 수는 없다.
- 개인이 부계나 모계 중 하나를 선택하게 되면 어느 쪽 혈연도 징표할 수 없게 되므로 성의 기능 자체를 실현할 수 없게 된다.
- 한쪽 혈연만 징표하는 것이 부득이하다면, 부성승계 원칙은 지배적 생활양식을 반영한 것으로서 정당화될 수 있다.

> **헌법재판소 2005. 12. 22. 선고 2003헌가5 결정**
> · 부모의 성을 결합하여 성을 사용하되 그 자녀에게 성을 물려줄 때는 자신이 사용하고 있는 부모의 성 가운데 어느 하나를 선택하여 물려줌으로써 세대를 거치더라도 부와 모로부터 각각 하나의 성을 부여받아 성이 무한히 길어지는 것을 막을 수 있으나 … 혈연집단의 구성원 상호간에 각자 다른 성을 사용하게 되는 경우가 대부분이 될 것이어서 부모의 혈통을 모두 상징하려는 의도와 달리 성의 혈통 상징 기능 자체가 약화될 것으로 보인다. … [따라서] 성이 개인의 혈통을 제한된 범위에서만 반영하는 것도 허용된다.
> · 사회상의 변화와 지배적 가치질서의 변화에도 불구하고 오늘날에 있어서도 부성주의는 여전히 우리 사회의 대다수 구성원이 자연스럽게 받아들이고 있는 생활양식이라고 판단되는 상황에서 이 사건 법률조항은 그와 같은 생활양식을 반영하여 성의 사용에 대한 원칙 규정으로서 부성주의를 규정한 것이라 할 것이다.

### B. 예외적 상황에 대한 배려 흠결로 인한 위헌성

- 자녀와 부계 혈연 친족 사이에서 헌법상 보호 대상인 가족관계가 인정되기 어려운 경우가 있을 수 있다. 재혼가정, 입양가정 등이 그 예이다.
- 따라서 예외 없이 부성승계 원칙을 관철시키는 것은 입법형성의 한계를 벗어난 위헌적인 인격권 침해이다.
- 다만 이런 경우에 부성 이외의 성으로 성을 변경할 수 있게 하는 §781 ⑥이 신설되어 위헌성이 해소된 상태이다.

**헌법재판소 2005. 12. 22. 선고 2003헌가5 결정**

‣ 가족관계의 변동과 새로운 가족관계의 형성 등 구체적 상황에 따라서는 성의 변경을 허용할 필요가 있고, 그 경우 법적 안정성에 대한 위협이 문제되지 않거나, 성이 생물학적 부의 혈통을 상징하는 것보다 훨씬 더 큰 이익과 관련되어 있는 경우에는 부성의 변경을 허용하여야 할 것이다.

‣ [입양가정, 재혼가정 등의] 구체적인 사정들에 있어서 양부 또는 계부의 성을 사용함으로써 비록 혈통관계는 존재하지 않으나 동일한 성(姓)의 사용을 통해 새로 형성된 가족의 구성원임을 대외적으로 나타내고자 하는 것은 개인의 인격적 이익과 매우 밀접한 관계를 가지는 것이다. … 부부와 친생자로 구성되는 통상적인 가족만을 상정하고, 그 밖의 예외적인 상황에 처한 가족의 구성원이 겪는 구체적이고도 심각한 불이익에 대해서는 실질적이고 궁극적인 해결책을 마련하지 않은 것은 입법형성의 한계를 벗어나 개인의 인격권을 침해하는 것이라 하지 않을 수 없다.

## 2. 원시적 결정

### 가. 부성승계 원칙

> 제781조(자의 성과 본) ① 본문: 자는 부의 성과 본을 따른다.

### 나. 예외

### (1) 모의 성을 따르는 경우

> 제781조(자의 성과 본) ① 단서: 다만, 부모가 혼인신고시 모의 성과 본을 따르기로 협의한 경우에는 모의 성과 본을 따른다.
> ② 부가 외국인인 경우에는 자는 모의 성과 본을 따를 수 있다.
> ③ 부를 알 수 없는 자는 모의 성과 본을 따른다.

### (2) 제3의 성을 따르는 경우

> 제781조(자의 성과 본) ④ 본문: 부모를 알 수 없는 자는 법원의 허가를 받아 성과 본을 창설한다.

## 3. 후발적 변경

### 가. 혈연주의를 반영한 변경

- 부모를 알 수 없어 성·본(이하 '성'으로 줄인다)을 창설한 후 부나 모를 알게 된 경우, 창설된 성, 부의 성, 모의 성 중 하나를 따를 수 있다.

> 제781조(자의 성과 본) ④ 단서: 다만, 성과 본을 창설한 후 부 또는 모를 알게 된 때에는 부 또는 모의 성과 본을 <u>따를 수 있다.</u>

- 법적 부가 없어서 모의 성을 따른 후 인지에 의해 법적 부가 결정된 경우: 원칙적으로 부의 성으로 변경해야 하고 예외적으로 부모의 협의나 재판으로 종래의 모의 성을 계속 유지할 수 있다.

> 제781조(자의 성과 본) ⑤ 혼인 외의 출생자가 인지된 경우 자는 <u>부모의 협의에 따라 종전의 성과 본을 계속 사용할 수 있다.</u> 다만, 부모가 협의할 수 없거나 협의가 이루어지지 아니한 경우에는 자는 법원의 허가를 받아 종전의 성과 본을 계속 사용할 수 있다.

### 나. 자녀의 복리를 위한 변경

### (1) 개관

- 요건: 자녀의 복리를 위한 성 변경이 필요해야 한다. §781 ⑥ 단서의 반대해석상 자녀가 성년자이더라도 자녀의 복리가 판단 기준이 된다.

> 제781조(자의 성과 본) ⑥ 자의 복리를 위하여 자의 성과 본을 변경할 필요가 있을 때에는 부, 모 또는 자의 청구에 의하여 법원의 허가를 받아 이를 변경할 수 있다.
> 다만, 자가 미성년자이고 법정대리인이 청구할 수 없는 경우에는 제777조의 규정에 따른 친족 또는 검사가 청구할 수 있다.

- 효과: 변경을 위해 선택할 수 있는 성은 모의 성 또는 부의 성으로 제한되지 않는다. 전형적인 예로서 계부의 성을 선택하는 경우를 들 수 있다.

### (2) 사례: 성 변경의 구체적 기준

A. 직권탐지주의

- 비교형량: 성을 유지하는 경우와 성을 변경하는 경우 각각에 대해 자녀에게 발생할 불이익의 정도를 심리하고, 이를 비교형량해야 한다.

- 부와 모의 동의는 성 변경의 요건이 아니고, 부모가 합의했더라도 이에 구속되지 않는다.

### 대법원 2022. 3. 31.자 2021스3 결정
- 성본 변경은 비대심적 비송사건으로서 법원의 후견적 재량이 강하게 적용된다. 가정법원은 청구인의 주장에 구애되지 않고 직권으로 탐지한 자료에 따라 '성·본 변경이 청구된 자녀의 복리에 적합한지'를 최우선적으로 고려하여 후견적 입장에서 재량권의 범위에서 그 허가 여부를 판단하여야 한다.
- 이를 위해 자녀의 나이와 성숙도를 감안하여 자 또는 친권자·양육자의 의사를 고려하되, 성·본 변경이 **이루어지지 아니함으로 인하여** 가족 구성원 사이의 정서적 통합, 가족 구성원에 대한 편견이나 오해 등으로 학교생활이나 사회생활에서 겪게 되는 불이익과 함께 성·본 변경으로 초래될 자녀 본인의 정체성 혼란, 자녀와 성·본을 함께 하고 있는 친부나 형제자매 등과의 유대관계 단절 등의 사정을 심리한 다음, 자녀의 복리를 위하여 성·본의 변경이 필요하다고 인정되어야 한다. 또한 **성·본 변경으로 인하여** 학교생활이나 사회생활에 있어서의 불편 내지 혼란을 일으키게 하여 사건본인의 정체성 유지에 영향을 미칠 개연성 등의 불이익 등도 함께 고려하여 허가 여부를 신중하게 판단하여야 한다.
- 가사소송규칙은 가정법원이 부, 모 등의 의견을 청취할 수 있다고만 규정하고 있을 뿐, 법령상 **부, 모 등의 동의를 요건으로 하지 않는** 점 등에 비추어 보면, 성·본 변경을 청구하는 부, 모 중 일방이 단지 이를 희망한다는 사정은 주관적·개인적인 선호의 정도에 불과하며 이에 대하여 타방이 동의를 하였더라도 그 사정만으로는 성·본 변경허가의 요건을 충족하였다고 보기 어렵다.

B. 자녀의 복리를 위해 변경이 필요하다고 인정되는 경우
(a) 판단기준
- 성을 변경하지 못할 경우 자녀가 겪게 될 불이익의 정도와 성 변경으로 자녀에게 발생하게 될 불이익의 정도를 비교형량하여 판단해야 한다.
- 자녀의 주관적·개인적 선호만으로 결정될 문제가 아니다.

### 대법원 2010. 3. 3.자 2009스133 결정
- 자의 나이와 성숙도를 감안하여 자 또는 친권자·양육자의 의사를 고려하되, 먼저 자의 성·본 변경이 이루어지지 아니할 경우에 내부적으로 가족 사이의 정서적 통합

에 방해가 되고 대외적으로 … 사회생활에서 겪게 되는 **불이익의 정도를 심리**하고, 다음으로 성·본 변경이 이루어질 경우에 초래되는 정체성의 혼란이나 자와 성·본을 함께 하고 있는 친부나 형제자매 등과의 유대 관계의 단절 및 부양의 중단 등으로 인하여 겪게 되는 **불이익의 정도를 심리**한 다음, 자의 입장에서 위 두 가지 불이익의 정도를 **비교형량하여 자의 행복과 이익에 도움이 되는 쪽으로 판단**하여야 한다.

‣ 이와 같이 자의 **주관적·개인적인 선호의 정도를 넘어** 자의 복리를 위하여 성·본의 변경이 필요하다고 판단되고 … 불순한 의도나 목적이 개입되어 있는 등 성·본 변경권의 남용으로 볼 수 있는 경우가 아니라면, 원칙적으로 성·본 변경을 허가함이 상당하다.

(b) 효과

• 원칙: 성 변경이 허가된다(2009스133, 7면).

• 예외: 성 변경 신청이 권리남용에 해당하면 허가되지 않을 수 있다. 그 예로서, 성 변경 신청이 자녀의 복리를 위한 것이 아니라, 법정대리인인 모가 재산분할·양육권 재판에서 유리한 지위를 차지하기 위한 방편으로 행해진 경우를 들 수 있다.

이혼 후 양육친이 성·본 변경을 청구하는 경우 <u>비양육친이 미성년 자녀에 대해 당연히 지급하여야 할 양육비의 지급 여부나 그 액수 혹은 비양육친과 미성년 자녀가 상호 간 지닌 면접교섭권 행사에 관련한 조건이 연계된 것은 아닌지</u>, 양육비의 지급이나 면접교섭권의 행사를 둘러싼 갈등 상황에서 이를 해결하기 위해 마련된 법적 절차를 거치지 않고 상대방을 사실상 압박하기 위함이 주요한 동기는 아닌지, 자녀의 성과 본을 변경함으로써 비양육친과 미성년 자녀의 관계 자체를 차단하려는 의도 등 <u>미성년 자녀가 아닌 청구인의 관점이나 이해관계가 주로 반영된 측면은 없는지</u>, 나아가 이혼 이후의 후속 분쟁에서의 유불리를 고려한 것은 아닌지 역시 살펴보아야 한다(대법원 2022. 3. 31.자 2021스3 결정).

2장

# 혼인의 요건

# 2장

# 혼인의 요건

## Ⅰ. 약혼

**1. 본질:** 약혼은 혼인이라는 본계약에 대한 예약이다(94므1676, 12면).

**2. 요건:** 예약의 일반적인 요건

**가. 불요식:** 청약과 승낙의 합치가 증명될 수 있으면 충분하다.

> 약혼은 특별한 형식을 거칠 필요 없이 장차 혼인을 체결하려는 당사자 사이에 합의가 있으면 성립한다(대법원 1998. 12. 8. 선고 98므961 판결).

**나. 소극적 요건**

- 약혼 의사표시에 사기·강박, 착오가 있으면 취소할 수 있다. 특칙은 없지만 약혼을 예약이라고 본다면 의사표시에 관한 조항들이 적용되기 때문이다.
- 본계약의 성립가능성이 있을 것: 혼인 무효 사유가 있으면 약혼은 무효이다. 약혼을 예약이라고 본다면 원시적 불능은 무효라는 법리가 적용되기 때문이다.

**3. 효과**

**가. 쌍무예약**

- 약혼의 당사자들에게는 상대방의 청약에 대해 승낙할 채무가 발생한다.
- 특칙: 강제이행이 불가능하다는 점에서 자연채무의 일종이라고 볼 수 있다.

> 제803조(약혼의 강제이행금지) 약혼은 강제이행을 청구하지 못한다.

**나. 부당파기로 인한 책임**

- 약혼이 파기되어 손해가 발생한 경우, 약혼파기에 대해 귀책사유가 있는 일방은

상대방에게 §390·§750 책임을 진다.

- 약혼파기에 대해 귀책사유가 있는 제3자는 §750 책임을 진다.

## 4. 약혼의 법정해제와 그 효과

### 가. 요건

> 제804조(약혼해제의 사유) 당사자 한쪽에 다음 각 호의 어느 하나에 해당하는 사유가 있는 경우에는 상대방은 약혼을 해제할 수 있다.
> 1. 약혼 후 자격정지 이상의 형을 선고받은 경우
> 2. 약혼 후 성년후견개시나 한정후견개시의 심판을 받은 경우
> 3. 성병, 불치의 정신병, 그 밖의 불치의 병질(病疾)이 있는 경우
> 4. 약혼 후 다른 사람과 약혼이나 혼인을 한 경우
> 5. 약혼 후 다른 사람과 간음(姦淫)한 경우
> 6. 약혼 후 1년 이상 생사(生死)가 불명한 경우
> 7. 정당한 이유 없이 혼인을 거절하거나 그 시기를 늦추는 경우
> 8. 그 밖에 중대한 사유가 있는 경우

- 약혼의 법정해제 사유를 규정한 §804는 약혼 파기로 인한 손해배상책임의 귀속을 판단하기 위한 기준으로만 기능한다.
- 약혼은 강제이행이 불가능하므로 해방효는 해제와 무관하게 인정되기 때문이다.
- 약혼해제의 방법은 일반적인 법정해제와 같다(§805 본문). 다만, 해제자가 해제 의사표시를 할 수 없으면 해제 사유를 안 때 해제된 것으로 간주된다(§805 단서).

> 제805조(약혼해제의 방법) 약혼의 해제는 상대방에 대한 의사표시로 한다. 그러나 상대방에 대하여 의사표시를 할 수 없는 때에는 그 해제의 원인 있음을 안 때에 해제된 것으로 본다.

### 나. 효과

- 약혼해제에 대한 귀책사유가 있는 당사자는 상대방에게 손해배상책임을 지고, 재산상 손해뿐 아니라 정신적 고통에 대해서도 손해배상책임을 진다.
- 정신상 고통에 대한 배상청구권은 행사상의 일신전속성이 있으므로 양도나 승

계의 대상이 될 수 없다. 다만 피해자가 가해자를 상대로 소를 제기하거나 이들 사이에 손해배상에 관한 계약이 성립한 경우에는 양도나 승계가 가능하다.

- §806는 이혼, 파양의 경우에 준용된다.

> 제806조(약혼해제와 손해배상청구권) ① 약혼을 해제한 때에는 당사자 일방은 과실 있는 상대방에 대하여 이로 인한 손해의 배상을 청구할 수 있다.
> ② 전항의 경우에는 재산상 손해외에 정신상 고통에 대하여도 손해배상의 책임이 있다.
> ③ 정신상 고통에 대한 배상청구권은 양도 또는 승계하지 못한다. 그러나 당사자간에 이미 그 배상에 관한 계약이 성립되거나 소를 제기한 후에는 그러하지 아니하다.

**다. 사례:** 고지의무 위반과 사기약혼

**(1) 사안**

- 甲은 약혼 전 교제 단계에서 乙이 甲의 학력, 경력, 직업을 잘못 알고 있음을 인식했는데도 굳이 진실을 알려주지는 않은 채 乙과의 약혼에 이르게 되었다.
- 乙이 약혼 후 甲의 실제 학력, 경력, 직업 등을 알고 일방적으로 약혼을 해제하자 甲은 乙에게 §806에 기한 손해배상을 청구한다.

**(2) 쟁점과 판단**

- 전제: 甲에게 §804에 명시된 사유가 있어야 乙은 약혼해제가 가능하고 부당파기로 인한 책임을 면한다.
- 학력 등은 중요부분이므로 신의칙상 고지의무의 대상이고, 이러한 의무의 위반은 혼인의 본질인 애정과 신뢰를 기대하기 어렵게 하는 사정이므로 §804 제8호 소정의 '기타 중대한 사유'에 해당한다.

> **대법원 1995. 12. 8. 선고 94므1676 판결**
> - **혼인이란 ⋯ 신분상 계약으로서** 그 본질은 양성간의 애정과 신뢰에 바탕을 둔 인격적 결합에 있다고 할 수 있고 약혼은 혼인할 것을 목적으로 하는 **혼인의 예약**이므로 당사자 일방은 자신의 학력, 경력 및 직업과 같은 혼인의사를 결정하는 데 있어 중대한 영향을 미치는 사항에 관하여 이를 상대방에게 사실대로 고지할 신의성실의 원칙상의 의무가 있다.
> - 서로 알지 못하던 원고와 피고가 중매를 통하여 불과 10일간의 교제를 거쳐 약혼을 하게 되는 경우에는 서로 상대방의 인품이나 능력에 대하여 충분히 알 수 없기 때문

에 학력이나 경력, 직업 등이 상대방에 대한 평가의 중요한 자료가 된다고 할 것인데 ··· 원고의 말을 신뢰하고 이에 기초하여 혼인의 의사를 결정하였던 피고의 입장에서 보면 원고의 이러한 신의성실의 원칙에 위반한 행위로 인하여 원고에 대한 믿음이 깨어져 원고와의 사이에 **애정과 신뢰에 바탕을 둔 인격적 결합을 기대할 수 없**게 되었다 할 것이므로 ··· 이 사건의 경우에는 제804조 제8호 소정의 '기타 중대한 사유가 있는 때'에 해당한다고 할 것이므로 피고의 원고에 대한 이 사건 약혼의 해제는 적법하다고 할 것이다.

• 피고의 약혼해제가 부당하다는 이유로 그로 인한 손해배상 및 위자료의 지급을 구하는 **원고의 본소청구를 기각**하고, 위와 같이 약혼관계가 해소됨으로 인하여 피고가 상당한 정신적 고통을 받았을 것임은 경험칙상 명백하므로 피고는 원고에게 금 3,000,000원의 위자료를 지급할 의무가 있다고 하여 피고의 반소청구를 일부 인용한 판단은 정당하다.

• 피고로서도 원고의 학력이나 직급 등을 시간을 갖고 정확히 확인하여 보지 아니한 채 경솔히 약혼을 한 잘못은 있다고 할 것이지만 ··· 해제에 대한 귀책사유가 원고에게 있는 이상 이러한 피고의 잘못은 위자료 액수를 산정함에 있어 참작할 사정에 불과하다.

## 5. 약혼과 사실혼

### 가. 구별 기준

• 약혼은 아직 혼인의 요건이 충족되지 않은 상태이다.

• 이에 비해 사실혼은 법률혼의 요건 중 혼인신고 이외의 모든 요건이 충족된 상태로서 혼인공동생활이 유지되고 있는 상태이다.

### 나. 비교

### (1) 공통점

• 약혼이나 사실혼 파기에 대해 귀책사유가 있는 사람은 손해배상책임을 진다(§390, §750, §751).

• 약혼이나 사실혼의 상대방뿐 아니라 제3자도 약혼이나 사실혼 파기에 대한 귀책사유가 있다면 손해배상책임을 면하지 못한다(§750, §751).

### (2) 차이점

• 사회보장법, 보험약관 등에 의하면 사실혼 배우자에게도 배우자에 준하여 유족

연금이나 보험금을 받을 권리가 인정되는 데 비해, 약혼자에게는 이러한 권리들이 인정되지 않는다.

- 사실혼 배우자는 재산분할청구권이 있으나, 약혼자는 파혼하더라도 재산분할청구권이 없다.

## 다. 약혼과 사실혼의 구별이 문제된 사례

### (1) 혼인을 위해 지출한 비용

A. 사안의 개요

- 甲과 乙은 결혼식을 올렸으나 결혼식 직후 파탄에 이르게 되었다.
- 甲은 1) §750을 근거로 자신이 지출한 결혼식 비용, 혼수 구입 비용의 반환을 청구하고, 2) §741을 근거로 乙에게 교부되었던 예물, 예단 등의 반환을 청구한다.

B. 쟁점과 판단

- 혼인성립이 인정되지 않는 경우: 甲의 청구는 이유 있다. 나아가 외관상으로는 혼인이 성립했으나 혼인의사 없이 외관만 형성했던 경우도 신의칙상 혼인 불성립에 준한다.
- 혼인성립이 인정되는 경우: 甲의 청구는 이유 없고, 오직 재산분할이 문제될 뿐이다.

> **대법원 2014. 6. 12. 선고 2014므329 판결**
> - **일단 혼인이 성립되어 지속된 이상**, 부부공동체로서 의미 있는 혼인생활을 하였다고 인정할 수 없을 만큼 단기간에 파탄되거나 당초부터 혼인을 계속할 의사가 없어 그로 인하여 혼인의 파국을 초래하였다고 인정되는 등 신의칙 내지 형평의 원칙에 비추어 혼인 불성립에 준하여 처리함이 타당한 특별한 경우가 아니라면
> - 일방 당사자는 배우자를 상대로 재산분할을 청구하는 외에 결혼식 등 혼인 생활을 위하여 지출한 비용 또는 예물·예단 등의 반환을 구하거나 그 상당액의 손해배상을 구할 수 없다.

### (2) 약혼예물의 소유권 귀속

A. 약혼예물 교부의 법적 성질

- 혼인의 불성립이라는 해제조건이 붙은 증여계약으로서, 그 당사자는 약혼당사자 일방과 상대방의 부모이다. 즉, 약혼 당사자간의 교환계약이 아니다.

✓ 해제조건이 성취되면 수증자에 대한 소유권 귀속의 원인행위가 소급적으로 소멸하기 때문에 소유권은 증여자에게 복귀한다. 이 경우 ㉠ 점유자와 회복자의 관계에 관한 §201~§203이 적용되고, ㉡ 예물인 동산을 수증자가 이미 제3자에게 양도한 경우에는 선의취득 성립가능성이 문제된다.

• 해제조건 불성취가 확정되면 수증자가 확정적으로 소유자가 된다.

B. 해제조건 성취로 인정되는 사유의 유형

• 원칙: 혼인의 원시적 불성립인 이른바 파혼은 해제조건 성취로 인정된다.

• 특수한 경우: 외관상 혼인이 성립했더라도 수증자에게 처음부터 혼인할 의사가 없었고 이로 인해 혼인이 파탄된 경우에도 해제조건 성취로 인정된다.

> **대법원 1996. 5. 14. 선고 96다5506 판결**
> ‣ 약혼예물의 수수는 … **혼인의 불성립을 해제조건으로 하는 증여**와 유사한 성질을 가지는 것이므로, 수령자측이 혼인 당초부터 성실히 혼인을 계속할 의사가 없고 그로 인하여 혼인의 파국을 초래했다고 인정되는 등 특별한 사정이 있는 경우에는 신의칙 내지 형평의 원칙에 비추어 혼인 불성립의 경우에 준하여 예물반환의무를 인정함이 상당하다고 할 것이나,
> ‣ 그러한 특별한 사정이 없는 한 일단 부부관계가 성립하고 그 혼인이 상당 기간 지속된 이상 후일 혼인이 해소되어도 그 반환을 구할 수는 없다고 할 것이다.

C. 해제조건 불성취로 인정되는 사유의 유형

(a) 신의칙에 반하는 해제조건 성취

• 교부자가 신의칙에 반하는 방법으로 파혼을 유도한 경우에는 해제조건 불성취로 간주된다(§150)(대법원 1976. 12. 28. 선고 76므41 판결).

(b) 혼인 성립 후 이혼한 경우

• 유효한 혼인이 성립하면 해제조건 성취가 불가능한 것으로 확정되므로 예물 증여계약도 유효로 확정되고, 수증자의 소유권 취득도 확정된다. 그 후 수증자의 귀책사유로 인해 이혼하게 되더라도 예물 소유권 귀속에는 영향이 없다.

• 사실혼이 형성된 후 혼인이 파탄된 것으로 인정된 경우에도 약혼예물의 소유권은 수증자에게 확정적으로 귀속된다.

## 1. 개관

### 가. 혼인의 법적 성질

#### (1) 계약의 일종

혼인은 일생의 공동생활을 목적으로 하여 부부의 실체를 이루는 신분상 계약으로서, 그 본질은 애정과 신뢰에 바탕을 둔 인격적 결합에 있다(대법원 2015. 9. 15. 선고 2013므568 전원합의체 판결).

#### (2) 일반적인 계약과 다른 점

- 요식계약이므로 혼인신고를 갖춰야 성립한다(§812).
- 객관적 요건, 즉 '사회통념상의 혼인공동생활의 존재'라는 요건도 충족되어야만 혼인관계라는 법률효과가 발생한다.

### 나. 혼인 관련 사례에 대한 접근법

#### (1) 혼인의 요건

- 혼인신고 여부를 판단하고, 혼인신고가 없으면 '혼인의사 합치'와 '혼인공동생활'이 인정되어 사실혼 성립이 인정될 수 있는지를 판단해야 한다.
- 혼인신고가 되어 있는 경우: 혼인의 소극적 요건, 즉 법률혼의 무효·취소 사유가 있는지를 판단해야 한다.

#### (2) 혼인의 효과

A. 법률혼의 경우에만 인정되는 효과

- 상속권, 부실법 미적용(명의신탁 유효) 등은 법률혼에 대해서만 인정된다.
- 친생추정에 근거한 법적 친자관계 성립과 그 효과(예: 친권, 상속, 입양동의권 등)도 법률혼에 대해서만 인정된다.

B. 사실혼에 대해서도 인정되는 효과

- 재산분할청구권은 사실혼 당사자에게도 인정된다. 예컨대 사해행위의 당사자인 채무자와 수익자가 사실혼관계에 있다가 파탄된 것으로 인정되는 경우, 수

익자의 정당한 몫을 공제한 가액에 대해서만 사해행위로 인정된다.

- 일상가사대리는 사실혼의 경우에도 유권대리이다. 따라서 일상가사의 범위 내이면 대리권 남용이 문제되고, 일상가사의 범위를 넘는 경우에는 일상가사대리권을 기본대리권으로 하는 월권대리 등이 문제된다.

## 2. 주관적 요건: 혼인의사 합치

### 가. 의미

#### (1) 견해 대립

- 형식적 의사설: 혼인신고를 하려는 의사의 합치만 있으면 혼인의사 합치가 인정된다고 본다.
- 실질적 의사설: 사회통념상의 혼인공동생활을 하려는 의사의 합치가 있으면 혼인의사 합치가 인정된다고 본다.
- 법적 의사설: 법적 혼인을 하려는 의사의 합치, 즉 사회통념상의 혼인공동생활뿐 아니라 혼인신고까지 마쳐서 법률혼을 형성하려는 의사의 합치가 있어야 혼인의사 합치가 인정된다고 본다.

#### (2) 실익

- 문제의 소재: '혼인신고를 하지 않는 것을 전제로 혼인과 유사한 공동생활만 하려는 의사'가 합치된 경우 혼인의사 합치가 인정되는지가 문제된다.
- 형식적 의사설: 혼인신고 의사가 없으므로 '혼인의사 합치'가 인정되지 않는다.
- 실질적 의사설: '혼인의사 합치'라는 주관적 요건이 충족되었으므로 객관적 요건도 충족되어 있다면 사실혼 성립으로 인정된다.
- 법적 의사설: 객관적 요건이 충족되어 있어도 '혼인의사 합치'라는 주관적 요건이 충족되지 못했으므로 사실혼 성립이 부정된다. 결국 법적 의사설에 의하면 '장차 혼인신고를 할 것에 대한 합의'는 있으나, 아직 혼인신고를 하지 않은 상태만 사실혼으로서 보호될 수 있을 것이다.

### 나. 판례의 태도

- '혼인의사 합치'로 인정되기 위해 합치되어야 하는 '혼인의사'란 법률혼을 성립시키려는 의사를 뜻한다.

- 혼인 공동생활 중에 일방이 단독으로 혼인신고를 한 경우: ㉠ 객관적 요건으로부터 혼인 의사의 존재가 추정된다. 따라서 객관적 요건이 충족되어 있다면 일방이 단독으로 혼인신고를 했어도 혼인의사 합치에 기초한 것으로, 즉 상대방의 사자로서 신고한 것으로 추정되어 '혼인의사 합치'가 인정된다. ㉡ 이에 비해 일방적 신고 당시에 혼인의사 철회, 혼인해소 합의 등과 같이 '혼인 의사 없음'이라고 볼 수 있는 사정이 인정되면 혼인무효로 인정된다.

> **대법원 2012. 11. 29. 선고 2012므2451 판결**
> ‣ 혼인의 합의란 **법률혼주의**를 채택하고 있는 우리나라 법제하에서는 **법률상 유효한 혼인을 성립하게 하는 합의**를 말하는 것이므로 **사실혼관계에 있는 당사자 일방이 혼인신고**를 한 경우에도 상대방에게 혼인의사가 결여되었다고 인정되는 한 그 혼인은 무효라 할 것이다.
> ‣ 다만 상대방의 **혼인의사가 불분명한 경우**에는 **사실혼관계를 형성시킨 상대방의 행위에 기초하여 그 혼인의사의 존재를 추정**할 수 있으므로 이와 반대되는 사정, 즉 혼인의사를 명백히 **철회**하였다거나 당사자 사이에 사실혼관계를 **해소하기로 합의**하였다는 등의 사정이 인정되지 않는 한 그 혼인을 무효라고 할 수 없다.

## 3. 객관적 요건: 혼인공동생활의 실체

### 가. 의미

- 애정과 신뢰에 바탕을 둔 인격적 결합이 형성·유지되는 상태를 뜻한다.
- 부부가 서로에게 동거·부양·협조의무와 성적 성실의무를 원만하게 이행하고 있는 상태라고 정의할 수도 있다.

### 나. 기능

- 혼인의 요건 중 하나인 객관적 요건에 해당할 뿐 아니라, 혼인의 주관적 요건(혼인의사 합치) 인정을 위한 간접사실로서의 기능도 수행한다.
- 객관적 요건 충족 사실이 인정되면 혼인의사 합치라는 주관적 요건은 추정된다.

**4. 형식적 요건:** 혼인신고

**가. 법적성질**

**(1) 창설적 신고(성립요건)**

**(2) 수리된 때 효력 발생**

**나. 방법**

**(1) 원칙**

- 혼인신고서에 당사자들과 증인 2명 이상이 연서한 서면으로 신고해야 하지만, 말로 하는 신고도 가능하다(가등법 §23 ①, §31).
- 서면신고는 일방이 상대방의 사자로서 신고해도 된다. 이 경우 상대방(본인)의 신분증명서를 제시하거나 인감증명서를 첨부해야 한다(가등법 §23 ②).
- 말로 하는 신고는 신고인이 출석할 수 없으면 대리인을 통해서도 할 수 있다(가등법 §31 ③).

> 가족관계등록법 제23조(신고방법) ① 신고는 서면이나 말로 할 수 있다.
> ② 신고로 인하여 효력이 발생하는 등록사건에 관하여 신고사건 본인이 시·읍·면에 출석하지 아니하는 경우에는 신고사건 본인의 주민등록증·운전면허증·여권, 그 밖에 대법원규칙으로 정하는 신분증명서(이하 이 항에서 "신분증명서"라 한다)를 제시하거나 신고서에 신고사건 본인의 인감증명서를 첨부하여야 한다. 이 경우 본인의 신분증명서를 제시하지 아니하거나 본인의 인감증명서를 첨부하지 아니한 때에는 신고서를 수리하여서는 아니 된다.

> 가족관계등록법 제31조(말로 하는 신고 등) ① 말로 신고하려 할 때에는 신고인은 시·읍·면의 사무소에 출석하여 신고서에 기재하여야 할 사항을 진술하여야 한다.
> ② 시·읍·면의 장은 신고인의 진술 및 신고연월일을 기록하여 신고인에게 읽어 들려주고 신고인으로 하여금 그 서면에 서명하거나 기명날인하게 하여야 한다.
> ③ 제1항 및 제2항의 경우에 신고인이 질병 또는 그 밖의 사고로 출석할 수 없는 때에는 대리인으로 하여금 신고하게 할 수 있다.

**(2) 예외:** 재외국민간 혼인

- 해외 공관에서 혼인신고를 할 수 있다(§814, 가등법 §34~§36).

제814조(외국에서의 혼인신고) ① 외국에 있는 본국민사이의 혼인은 그 외국에 주재하는 대사, 공사 또는 영사에게 신고할 수 있다.

② 제1항의 신고를 수리한 대사, 공사 또는 영사는 지체없이 그 신고서류를 본국의 재외국민 가족관계등록사무소에 송부하여야 한다.

✓ 참고: 혼인의 요건에 대해서는 혼인거행지법도 준거법이 된다. 따라서 혼인거행지법에 의한 형식적 요건이 충족되면 혼인신고를 하지 않았더라고 법률혼이 성립한다(국제사법 §63). 다만 이처럼 혼인거행지법상의 혼인 요건을 갖추어 법률혼이 성립한 경우에도 이혼에 대해서는 혼인거행지법이 적용되지 않으므로 우리 민법상의 이혼의 요건이 충족되어야만 한다(국제사법 §66, §64).

국제사법 제63조(혼인의 성립) ② 혼인의 방식은 혼인을 한 곳의 법 또는 당사자 중 한쪽의 본국법에 따른다. 다만, 대한민국에서 혼인을 하는 경우에 당사자 중 한쪽이 대한민국 국민인 때에는 대한민국 법에 따른다.

국제사법 제66조(이혼) 이혼에 관하여는 제64조를 준용한다. 다만, 부부 중 한쪽이 대한민국에 일상거소가 있는 대한민국 국민인 경우 이혼은 대한민국 법에 따른다.

국제사법 제64조(혼인의 일반적 효력) 혼인의 일반적 효력은 다음 각 호의 법의 순위에 따른다. 1. 부부의 동일한 본국법 2. 부부의 동일한 일상거소지법 3. 부부와 가장 밀접한 관련이 있는 곳의 법

## Ⅲ 혼인의 소극적 요건: 혼인의 무효 · 취소사유

### 1. 개관

• 혼인은 계약이기 때문에 의사표시의 불합치, 사기 · 강박, 착오, 허위표시 등과 같은 의사표시의 무효 · 취소 사유는 혼인에 대해서도 모두 적용된다.

• 혼인은 사회질서와 밀접하게 관련되기 때문에 '공서양속에 반하는 혼인 합의'의 구체적인 내용이 강행법규로 규정되어 있다.

## 2. 혼인무효(혼인취소)의 사유

### 가. 혼인무효사유

### (1) 혼인의사 불합치

> 제815조(혼인의 무효) 혼인은 다음 각 호의 어느 하나의 경우에는 무효로 한다.
> 1. 당사자간에 혼인의 합의가 없는 때

A. 혼인의사 합치 여부의 판단 기준시: 신고 수리시

B. 사례: 혼인신고 당시 일방에게만 혼인의사가 있었던 경우

(a) 유형1: 일방이 상대방의 의사에 반하여 혼인신고를 한 경우

· 일방은 혼인의 진의가 있으나 상대방은 혼인의 진의가 없었거나, 일단 혼인의사가 합치했으나 혼인신고서가 수리되기 전에 일방이 혼인의사를 철회한 경우가 여기에 해당한다.

· 엄밀하게 말하면 계약의 불성립에 해당하는 사안이지만, 혼인의 경우에는 혼인무효 사유로 규정되어 있다.

(b) 유형2: 일방에게만 진정한 의미의 혼인의사가 있었던 경우

· 진정한 의미의 혼인의사란 사회통념상 부부로 인정될만한 정신적·육체적 결합을 생기게 하려는 의사를 뜻한다.

· 일방에게만 진정한 의미의 혼인의사가 있고 상대방에게는 혼인신고 의사는 있었으나 혼인공동생활을 할 의사가 없었던 경우가 있다. 취업, 체류자격 등의 다른 목적을 달성할 의사로 혼인신고를 하는 경우가 전형적인 예이다. 이 경우 혼인의사 합치로 인정될 수 없으므로 혼인무효 사유가 된다.

> **대법원 2010. 6. 10. 선고 2010므574 판결**
> · 제815조 제1호의 '당사자 간에 혼인의 합의가 없는 때'란 당사자 사이에 <u>사회관념상 부부라고 인정되는 정신적·육체적 결합을 생기게 할 의사의 합치가 없는 경우</u>를 의미하므로, 당사자 <u>일방에게만 그와 같은 참다운 부부관계의 설정을 바라는 효과의사가 있고 상대방에게는 그러한 의사가 결여</u>되었다면 비록 당사자 사이에 <u>혼인신고 자체에 관하여 의사합치가 있어 일응 법률상의 부부라는 신분관계를 설정할</u>

의사는 있었다고 하더라도 당사자 간에 혼인의 합의가 없는 것이어서 무효라고 보아야 한다.

‣ 피고는 원고와 사이에 참다운 부부관계를 설정하려는 의사가 없음에도 단지 입국하여 취업하기 위한 방편으로 혼인신고에 이르렀다고 봄이 상당하고, 설령 피고가 한국에 입국한 후 한 달 동안 원고와 계속 혼인생활을 해왔다고 하더라도 이는 피고가 진정한 혼인의사 없이 위와 같은 다른 목적의 달성을 위해 일시적으로 혼인생활의 외관을 만들어 낸 것이라고 보일 뿐이므로 그 판단을 달리하기 어렵다. 그렇다면 원·피고 사이에는 혼인의사의 합치가 없어 그 혼인은 제815조 제1호에 따라 무효라고 보아야 한다.

### 대법원 2015. 12. 10. 선고 2014도11533 판결

‣ 제815조 제1호의 혼인무효 사유는 당사자 사이에 사회관념상 부부라고 인정되는 정신적·육체적 결합을 할 의사를 가지고 있지 않은 경우를 가리킨다. 그러므로 비록 당사자 사이에 혼인의 신고가 있었더라도, 그것이 단지 다른 목적을 달성하기 위한 방편에 불과한 것으로서 그들 사이에 참다운 부부관계의 설정을 바라는 효과의사가 없을 때에는 그 혼인은 무효라고 할 것이다

‣ 사기죄를 범하는 자가 금원을 편취하기 위한 수단으로 피해자와 혼인신고를 한 것이어서 그 혼인이 무효인 경우라면, 피해자에 대한 사기죄에서는 친족상도례를 적용할 수 없다.

C. 사례: 사실혼 배우자의 일방이 상대방 동의 없이 한 혼인신고

(a) 개관

• 판단기준시: 일방에 의한 혼인신고 수리 시점을 기준으로 혼인의사 합치가 있었는지를 판단해야 한다.

• 혼인신고 수리 당시, 상대방에게도 혼인의사가 있었다고 인정되면 유효한 법률혼이 성립하는 반면, 그 당시 상대방에게 혼인의사가 없었다고 인정되면 혼인무효 사유가 되므로 혼인무효확인소송을 거쳐 혼인신고를 말소할 수 있다.

(b) 상대방의 혼인의사의 존부 판단

• 간접증명: 혼인의 객관적 요건 즉 혼인공동생활의 실체의 존재라는 간접사실이 인정되면 상대방의 혼인의사라는 주요사실이 추정된다.

- 간접반증: 일방의 혼인신고 이전에 ㉠ 상대방이 '객관적 요건으로부터 추정되는 혼인의사'를 철회했다는 사실 또는 ㉡ 쌍방이 혼인해소에 합의했다는 사실이 증명되면, 상대방의 혼인의사 부존재라는 사실이 인정되어 혼인무효가 된다.

(c) 일방의 혼인신고 당시 상대방이 의사무능력이었던 경우

- 상대방이 의사능력이 있었을 때 혼인의사 철회나 혼인해소 합의 등의 사실이 있었음이 증명되지 않으면, 상대방이 의사무능력이 된 후에도 혼인의사가 지속되는 것으로 추정된다.

- 따라서 일방적 신고에 의해 유효한 법률혼이 성립한다.

✓ 참고: 사실혼 배우자 일방의 혼인신고 당시 상대방이 의사무능력 상태였던 사안에 대해, 판례는 상반되는 듯한 태도를 보이고 있다.

> **대법원 2012. 11. 29. 선고 2012므2451 판결**
> ‣ 원심은 … 사실혼관계인 피고들 사이에 혼인신고가 이루어질 때 피고 1이 의사무능력 상태에 있었다 하더라도 그 이전에 피고 1에게 혼인의사가 결여되어 있었다거나 피고 1이 혼인의사를 철회하였다는 등의 사정이 인정되지 아니하므로, 피고 1의 혼인의사의 존재는 추정되고, 따라서 피고 2의 혼인신고에 따른 피고들 사이의 혼인은 유효하다고 판단하였다. … 원심의 이러한 판단은 정당하다.
> ‣ 비교판례: 원고의 아버지인 소외 망인과 피고는 1984. 5. 19. 혼례식을 거행한 다음 그 무렵부터 위 망인의 집에서 부부로서 동거하여 온 사실, 그런데 위 망인은 1987. 11. 30. 혼수상태에 빠져 1989. 11. 14. 사망하기까지 이른바 식물인간이나 다름없는 상태에 있었던 사실, 피고는 위 망인이 사망하기 전인 1989. 10. 10. 임의로 혼인신고를 마친 사실을 알 수 있는바, 사실관계가 위와 같다면 위 망인과 피고가 사실혼관계에 있었다고 하더라도 다른 특별한 사정이 없는 한 위 망인과 피고 사이에 위와 같이 신고하여 한 혼인은 무효라고 보아야 할 것이다(대법원 1996. 6. 28. 선고 94므1089 판결).

## (2) 근친혼

> 제815조(혼인의 무효) 혼인은 다음 각 호의 어느 하나의 경우에는 무효로 한다.
> 2. 혼인이 제809조 제1항의 규정을 위반한 때
> 3. 당사자간에 직계인척관계가 있거나 있었던 때
> 4. 당사자간에 양부모계의 직계혈족관계가 있었던 때

A. 개관: 근친혼 금지의 합헌성

- 근친혼 금지 자체는 합헌이다. 다만 혈족간 근친혼 모두를 무효사유로 규정한 것은 헌법에 합치하지 않는다.

### 헌법재판소 2022. 10. 27. 선고 2018헌바115 결정

- ‣ 근친혼으로 인하여 가까운 혈족 사이의 상호관계 및 역할, 지위와 관련하여 발생할 수 있는 혼란을 방지하고 가족제도의 기능을 유지하기 위한 것으로서 정당한 입법목적 달성을 위한 적합한 수단에 해당한다.
- ‣ 다만, 이미 근친혼이 이루어져 당사자 사이에 부부간의 권리와 의무의 이행이 이루어지고 있거나, 자녀를 출산하거나 가족 내 신뢰와 협력에 대한 기대가 발생하였다고 볼 사정이 있는 때에 일률적으로 그 효력을 소급하여 상실시킨다면, 이는 가족제도의 기능 유지라는 본래의 입법목적에 반하는 결과를 초래할 가능성이 있다.
- ‣ 이 사건 무효조항에 대하여 2024. 12. 31.을 시한으로 입법자가 개정할 때까지 계속 적용을 명하는 헌법불합치 결정을 선고한다. 다만 당해 사건에서는 이 사건 무효조항이 개정될 때를 기다려 개정된 신법을 적용하여야 할 것이다.

B. 입양이 개입되지 않은 경우

(a) 무효사유

- 혈족: §777에 의해 친족으로 인정되는 범위인 부계·모계 8촌 이내 혈족간 혼인은 무효이다.
- 인척관계 중에서는 직계인척간 혼인만 무효이다. 혼인의 무효·취소사유에서 ‘인척’에는 현재뿐 아니라 과거의 인척관계도 포함된다.

(b) 취소사유

- 방계인척간 혼인은 모두 취소 사유이다. 특히 §777에 규정된 인척의 범위보다 혼인 취소 사유인 인척의 범위가 더 넓다는 점에 유의해야 한다.
- 혈족의 배우자나 배우자의 혈족에 해당하는 인척은 6촌 이내, 배우자의 혈족의 배우자에 해당하는 인척은 4촌 이내이면 혼인 취소 사유가 인정된다.
- ‘혈족의 배우자의 혈족’은 인척이 아니므로(§769) 근친혼 금지규정의 적용대상이 아니다. 전형적인 예로서 이른바 ‘겹사돈’을 들 수 있다.

C. 입양이 개입된 경우

(a) 파양 전: 친가와 양가 모두에 대해 위 B.의 (a), (b)의 기준이 적용된다.

(b) 파양 후

- 친가에 대해서는 위 B.의 (a), (b)의 기준이 그대로 적용된다.
- 양가에 대해서는, 직계혈족이었으면 무효사유, 방계혈족이었으면 6촌까지 취소사유, 인척이었으면 인척의 유형을 불문하고 모두 4촌까지 취소사유가 된다.

## (3) 명문규정은 없지만 판례가 인정하는 혼인무효 사유

### A. 가장혼인

- 의미: 혼인신고를 한 당사자 쌍방 모두에게 혼인의 진의와 혼인 공동생활의 실체가 없이 혼인신고 의사만 합치된 경우를 뜻한다.
- 이러한 가장혼인은 혼인의 실질적 성립요건을 갖추지 못했으므로 무효이다.

> **대법원 1996. 11. 22. 선고 96도2049 판결**
> - 피고인이 소외인과 참다운 부부관계를 설정할 의사 없이 단지 그들의 국내 취업을 위한 입국을 가능하게 할 목적으로 형식상 혼인하기로 한 것이라면,
> - 피고인과 소외인 사이에는 혼인신고에 관하여는 의사의 합치가 있었으나 참다운 부부관계의 설정을 바라는 효과의사는 없었다고 인정되므로 이러한 혼인은 우리 나라의 법에 의하여 혼인으로서의 실질적 성립요건을 갖추지 못하여 그 효력이 없다.

### B. 동성간 혼인

(a) 개관

- 현행법상 법률혼은 양성 한 쌍을 당사자로 하므로 동성 간 혼인은 비록 혼인신고가 수리되더라도 무효이다.
- 동성간 혼인이 불가능하기 때문에 혼인 중인 사람은 성별 정정이 불가능하지만, 혼인이 해소된 후에는 성별 정정이 가능하다.

> **대법원 2011. 9. 2.자 2009스117 전원합의체 결정**
> - 혼인이란 남녀 간의 육체적, 정신적 결합으로 성립하는 것으로서, 헌법 제36조 제1항의 문언에 비추어 우리 민법은 이성 간의 혼인만을 허용하고 동성 간의 혼인은 허

<u>용하지 않고 있다.</u> 그런데 만약 현재 혼인 중에 있는 성전환자에 대하여 성별정정을 허용할 경우 법이 허용하지 않는 동성혼의 외관을 현출시켜 결과적으로 동성혼을 인정하는 셈이 되고, 이는 상대방 배우자의 신분관계 등 법적·사회적 지위에 중대한 영향을 미치게 된다.

‣ 따라서 원칙적으로 성전환자의 성별정정이 허용된다고 하더라도 혼인 중에 있는 성전환자는 전환된 성을 법률적으로 그 사람의 성이라고 평가할 수 없고, 그 결과 가족관계등록부의 성별정정도 허용되지 아니한다고 할 것이다. 다만 현재 혼인 중이 아니라면 **과거 혼인한 사실이 있다고 하더라도 위와 같은 혼란을 야기하거나 사회에 부정적인 영향을 미칠 우려가 크지 않으므로 성별정정을 불허할 사유가 되지 아니**한다.

(b) 참고: 성별 정정

• 요건: 성별은 생물학적 요소뿐 아니라 정신적·사회적 요소도 고려하여 결정되어야 하므로, 생물학적 성별을 반영한 성별의 후발적 정정이 가능하다.

• 성별 정정 허가 재판의 의미: 성별 정정 허가는 현재의 성별을 확인하는 취지의 결정이므로 기존의 신분관계나 권리·의무에 영향을 미치지 않는다.

### 대법원 2022. 11. 24.자 2020스616 전원합의체 결정

‣ 사람의 성을 결정하는 요소에는 성염색체와 이에 따른 성기 등 <u>생물학적인 요소뿐 아니라 개인이 스스로 인식하는 남성 또는 여성으로의 귀속감 및 개인이 남성 또는 여성으로서 적합하다고 사회적으로 승인된 행동·태도·성격적 특징 등의 성 역할을 수행하는 측면, 즉 정신적·사회적인 요소들도 포함</u>되는 것으로 인정되고 있다.

‣ 대법원은 2006. 6. 22. 자 2004스42 전원합의체 결정은 후자에 근거한 성별정정 허가가 가능하다고 판시하면서 이러한 성별정정 허가는 성전환에 따라 법률적으로 새로이 평가받게 된 현재의 진정한 성을 확인하는 취지의 결정이므로 호적정정 허가 결정이나 이에 기초한 성별란 정정의 효과는 <u>기존의 신분관계 및 권리의무에 영향을 미치지 않는다</u>고 판시하였다.

• 소극적 요건: 신분관계에 중대한 변동을 초래하거나 사회에 현저하게 부정적인 영향을 주는 경우에는 성별 정정의 요건이 충족되더라도 성별 정정을 허용하면 안 된다.

성전환수술 등으로 신체적 특성이나 사회적 활동을 함에 있어서는 전환된 성이 그 사람의 성으로 인식되더라도, 가족관계등록부상의 성별 표시에 대한 정정을 허가하기 위해서는, **다른 사람들과의 신분관계에 변동을 초래하거나 사회에 부정적인 영향을 주지 아니하여 사회적으로 허용된다**고 볼 수 있는 등 여러 사정을 종합적으로 고려하여야 하므로, 성별정정으로 배우자나 자녀와의 신분관계에 중대한 변경을 초래하거나 사회에 미치는 부정적 영향이 현저한 경우 등 특별한 사정이 있다면, 성별정정을 허용하여서는 아니 된다(대법원 2011. 9. 2.자 2009스117 전원합의체 결정).

• 사례: 미성년 자녀가 있더라도 성별 정정이 가능하다. 자녀의 복리 원칙은 일반적 판단이 아닌 구체적 판단을 뜻하기 때문에 부모의 성별 변경이 획일적으로 자녀의 복리에 반한다고 볼 수 없고, 친자관계는 당사자의 성별과 무관하게 유지되므로 자녀의 권리·의무에 미치는 영향이 적기 때문이다.

### 대법원 2022. 11. 24.자 2020스616 전원합의체 결정

‣ 미성년 자녀를 둔 성전환자도 부모로서 자녀를 보호하고 교양하며(민법 제913조), 친권을 행사할 때에도 자녀의 복리를 우선해야 할 의무가 있으므로(민법 제912조), 미성년 자녀가 있는 성전환자의 성별정정 허가 여부를 판단할 때에는 성전환자의 기본권의 보호와 미성년 자녀의 보호 및 복리와의 조화를 이룰 수 있도록 법익의 균형을 위한 여러 사정들을 종합적으로 고려하여 실질적으로 판단하여야 한다. 따라서 위와 같은 사정들을 고려하여 실질적으로 판단하지 아니한 채 단지 성전환자에게 미성년 자녀가 있다는 사정만을 이유로 성별정정을 불허하여서는 아니 된다. … 제반 사정을 고려하여 성전환자의 성별정정 허가 여부가 미성년 자녀의 복리에 미치는 영향을 살펴 성별정정을 허가할 것인지를 판단하여야 한다.
‣ 그러므로 성전환자에게 **미성년 자녀가 있는 경우 성전환자의 가족관계등록부상 성별정정이 허용되지 않는다는 취지**의 대법원 2011. 9. 2. 자 2009스117 전원합의체 결정을 비롯하여 그와 같은 취지의 결정들은 이 결정의 견해에 배치되는 범위에서 모두 변경하기로 한다.

## 나. 혼인취소사유

### (1) 연령위반, 동의권자의 동의 흠결

A. 취소사유

• 미성년자이더라도 만 18세이면 혼인할 수 있으나 부모의 동의를 받아야 하고,

동의를 받지 않으면 혼인 취소 사유가 된다(§816). 부모 중 한 사람의 동의만 받으면 되고, 부모가 모두 동의할 수 없으면 미성년 후견인의 동의를 받아야 한다(§807, §808 ①).

✓ 부모의 동의가 불가능한 경우는 친권의 제한·정지·상실이나 사망 등을 뜻한다. 부모의 소재불명 등과 같은 사실적 사유로 인해 동의가 불가능한 경우, 미성년 후견 개시 사유가 아니므로 본조의 적용 대상이 아니다.

• 피성년후견인은 부모나 성년후견인의 동의를 받아 혼인할 수 있고(§808 ②), 동의를 받지 못한 경우에는 혼인 취소 사유가 된다(§816).

제807조(혼인적령) 만 18세가 된 사람은 혼인할 수 있다.

제808조(동의가 필요한 혼인) ① 미성년자가 혼인을 하는 경우에는 부모의 동의를 받아야 하며, 부모 중 한쪽이 동의권을 행사할 수 없을 때에는 다른 한쪽의 동의를 받아야 하고, 부모가 모두 동의권을 행사할 수 없을 때에는 미성년후견인의 동의를 받아야 한다. ② 피성년후견인은 부모나 성년후견인의 동의를 받아 혼인할 수 있다.

제816조(혼인취소의 사유) 혼인은 다음 각 호의 어느 하나의 경우에는 법원에 그 취소를 청구할 수 있다.  1. 혼인이 제807조 내지 제809조(제815조의 규정에 의하여 혼인의 무효사유에 해당하는 경우를 제외한다. 이하 제817조 및 제820조에서 같다) 또는 제810조의 규정에 위반한 때

## B. 취소권자

제817조(나이위반 혼인 등의 취소청구권자) 혼인이 제807조, 제808조의 규정에 위반한 때에는 **당사자 또는 그 법정대리인**이 그 취소를 청구할 수 있다.

## C. 취소권의 소멸

제819조(동의 없는 혼인의 취소청구권의 소멸) 제808조를 위반한 혼인은 그 당사자가 19세가 된 후 또는 성년후견종료의 심판이 있은 후 3개월이 지나거나, 혼인 중에 임신한 경우에는 그 취소를 청구하지 못한다.

## (2) 의사표시의 하자

### A. 의미

- 착오: ㉠ 혼인 의사표시 당시에 일방이 상대방에게 혼인을 계속할 수 없는 악질(惡疾)이나 그 밖의 중대한 사유가 있음을 알지 못했던 경우, 혼인 취소 사유에 해당한다(§816 2호). ㉡ 표시의 착오, 내용의 착오, 상대방의 동일성의 착오 등은 (명문규정은 없지만) 혼인무효 사유에 해당한다.
- 사기·강박에 의해 혼인 의사표시를 한 경우도 혼인 취소 사유에 해당한다(§816 3호).

> 제816조(혼인취소의 사유)
> 2. 혼인당시 당사자 일방에 부부생활을 계속할 수 없는 악질 기타 중대사유 있음을 알지 못한 때
> 3. 사기 또는 강박으로 인하여 혼인의 의사표시를 한 때

### B. 취소권의 단기 행사기간

> 제822조(악질 등 사유에 의한 혼인취소청구권의 소멸) 제816조 제2호의 규정에 해당하는 사유있는 혼인은 상대방이 그 사유있음을 안 날로부터 6월을 경과한 때에는 그 취소를 청구하지 못한다.

> 제823조(사기, 강박으로 인한 혼인취소청구권의 소멸) 사기 또는 강박으로 인한 혼인은 사기를 안 날 또는 강박을 면한 날로부터 3월을 경과한 때에는 그 취소를 청구하지 못한다.

## (3) 근친혼

- 범위: 전술

> 제816조(혼인취소의 사유) 혼인은 다음 각 호의 어느 하나의 경우에는 법원에 그 취소를 청구할 수 있다. 1. 혼인이 제807조 내지 제809조(제815조의 규정에 의하여 혼인의 무효사유에 해당하는 경우를 제외한다. 이하 제817조 및 제820조에서 같다) 또는 제810조의 규정에 위반한 때

- 취소권자, 취소 사유의 치유 사유

> 제817조(나이위반 혼인 등의 취소청구권자) … 제809조의 규정에 위반한 때에는 당사자, 그 직계존속 또는 4촌 이내의 방계혈족이 그 취소를 청구할 수 있다.

> 제820조(근친혼등의 취소청구권의 소멸) 제809조의 규정에 위반한 혼인은 그 당사자 간에 혼인 중 포태(胞胎)한 때에는 그 취소를 청구하지 못한다.

## (4) 중혼

> 제810조(중혼의 금지) 배우자 있는 자는 다시 혼인하지 못한다.

> 제816조(혼인취소의 사유) 혼인은 다음 각 호의 어느 하나의 경우에는 법원에 그 취소를 청구할 수 있다.  1. 혼인이 … 제810조의 규정에 위반한 때

> 제818조(중혼의 취소청구권자) 당사자 및 그 배우자, 직계혈족, 4촌 이내의 방계혈족 또는 검사는 제810조를 위반한 혼인의 취소를 청구할 수 있다.

A. 의미
• 어떤 사람과 두 명 이상의 사람 사이에 법률혼이 유효하게 성립한 경우를 뜻한다.
• 비교: 법률혼 배우자의 일방과 다른 사람 사이에 사실혼이 성립한 경우인 이른바 '중혼적 사실혼'은 §810의 중혼에 해당하지 않는다.

B. 효과
(a) 전혼 · 후혼 모두 유효한 혼인으로 인정됨

> 우리 법제가 일부일처주의를 채택하여 중혼을 금지하는 규정을 두고 있다 하더라도 이를 위반한 때를 혼인 무효의 사유로 규정하지 않고 단지 혼인 취소의 사유로만 규정하고 있는 까닭에 중혼에 해당하는 혼인이라도 취소되기 전까지는 유효하게 존속하는 것이다(대법원 2009. 12. 24. 선고 2009다64161 판결).

(b) 전혼: 이혼사유 발생
• 전혼 배우자는 중혼자의 부정한 행위를 이유로 이혼청구를 할 수 있다.
• 반면 중혼자 자신은 유책배우자이므로 전혼의 실질적 파탄을 이유로 이혼청구를 하려면 유책배우자의 이혼청구 인용을 위한 예외적인 요건이 충족되어야만 한다.

(c) 후혼
• 취소사유: §810에 의한 취소대상인 중혼은 후혼을 뜻한다. 다른 취소사유들과

는 달리 ⊙ 취소권의 행사기간 제한이 없고 ⓒ 자녀를 임신해도 치유되지 않는다.

• 이혼사유: 후혼 배우자도 '기타 중대한 사유'를 근거로 이혼청구를 할 수 있다.

C. 중혼 상태의 해소

• 전혼이 이혼으로 해소되거나, 후혼이 취소나 이혼으로 해소되면 중혼 상태가 해소된다.

• 당사자의 사망으로 인한 해소: 전혼 배우자가 사망하면 후혼의 취소사유가 치유된다. 이에 비해 중혼자가 사망해도 후혼은 여전히 취소 대상인 중혼이지만, 이때는 중혼 취소 청구를 하더라도 보호가치가 낮기 때문에 권리남용이 될 가능성이 있다.

**대법원 1993. 8. 24. 선고 92므907 판결**

‣ 민법상의 혼인취소사유 중 … 중혼에 대하여만은 권리소멸에 관한 사유를 규정하지 아니하고 있는바, 이는 중혼의 반사회성, 반윤리성이 다른 혼인취소사유에 비하여 일층 무겁다고 본 입법자의 의사를 반영한 것 … 중혼의 취소청구권에 관하여 장기간의 권리불행사등 사정만으로 가볍게 그 권리소멸을 인정하여서는 아니될 것이다.

‣ 이미 당사자가 사망했고 중혼 취소로 인해 중혼 가정에서 태어난 자녀에게는 손해가 발생하지만 원고에게는 별나른 이익이 없는 경우 원고의 이 사건 혼인취소청구는 권리 본래의 사회적 목적을 벗어난 것으로서 권리의 남용에 해당한다고 아니할 수 없다.

‣ 그렇다면 원고의 이 사건 청구는 이유 없어 기각되어야 할 것인바, 소를 각하한 원심판결을 파기하여 원고의 청구를 기각하도록 하는 것은 원고에게 불이익한 결과가 되므로 결국 원고의 상고는 받아들일 수 없는 것으로 된다.

## 3. 혼인무효(혼인취소)의 효과

### 가. 공통점

• 혼인무효(혼인취소) 사유가 인정되더라도 혼인무효확인(혼인취소)의 확정판결을 받아야 혼인신고를 말소할 수 있다.

• 혼인무효(혼인취소) 사유 발생에 대한 귀책사유가 있는 사람은 손해배상책임을 진다(§825, §806).

• 혼인무효확인소송과 혼인취소소송 모두 직권탐지주의가 적용된다.

**나. 혼인무효 특유의 효과:** 당연무효, 처음부터 무효

- 재산분할청구권, 사회보장법에 근거한 배우자 급여 등이 인정되지 않는다.
- 배우자상속권이 없다. 따라서 무효혼 배우자가 상속받아도 상속회복청구권의 상대방인 '참칭상속인'에 해당한다. 이에 비해 혼인취소의 경우 배우자로서 상속받은 후 혼인취소 판결이 확정되더라도 상속권에는 영향을 미치지 않는다.
- 무효혼에서 태어난 자녀는 혼인 외의 출생자이므로 인지의 요건이 충족되기 전까지는 아버지와의 법적 친자관계는 인정되지 않는다. 이에 비해 혼인취소의 경우 취소 전에 태어난 자녀에 대해서는 친생추정이 적용된다.
- 혼인무효확인소송이 제기되지 않았어도 다른 소송에서 선결문제로 검토될 수 있다.

  - 혼인무효사유가 있는 경우 혼인무효의 소를 제기할 수 있음은 물론, 이러한 소가 제기되지 않은 상태에서도 이해관계인은 다른 소송에서 선결문제로서 혼인의 무효를 주장할 수 있다고 할 것이다(대법원 2013. 9. 13. 선고 2013두9564 판결).
  - 혼인무효는 이혼의 경우에 비하여 가족관계등록부의 처리 방식이 다르고, 이혼과 달리 <u>혼인무효의 소가 제기되지 않은</u> 상태에서도 유족급여나 상속과 관련된 소송에서 <u>선결문제로 주장할 수 있어</u> 유리한 효과가 부여된다(대법원 2021. 12. 10. 선고 2019므11584 판결).

**다. 혼인취소 특유의 효과**

**(1) 비소급효(§824)**

A. 의미

> 제824조(혼인취소의 효력) 혼인의 취소의 효력은 기왕에 소급하지 아니한다.

B. 내용: 이혼과 비슷한 효과

- 재산분할청구권: 민법에 명문 규정은 없지만 가사소송법에서 마류 가사비송사건의 일종으로 '혼인취소로 인한 재산분할청구 사건'을 규정하고 있다(가사소송법 §2 참조).
- 배우자가 이미 상속을 받은 경우이더라도 상속권은 유지된다.
- 자녀는 혼인 중의 출생자이므로 친생추정 기간 내에 출생했다면 별도의 절차 없

이 부와의 법적 친자관계가 인정될 수 있다.

- 미성년 자녀가 있는 경우: 혼인취소 후 미성년 자녀 양육에 관한 사항을 협의나 재판으로 정해야 한다(§824의2에 의한 §837, §837의2 준용).

> 제824조의2(혼인의 취소와 자의 양육 등) 제837조 및 제837조의2의 규정은 혼인의 취소의 경우에 자의 양육책임과 면접교섭권에 관하여 이를 준용한다.

### (2) 취소사유의 치유 가능성

- 일부 취소사유는 혼인 중 임신에 의해 치유된다(§819, §820, 후술).

### (3) 취소권자와 제소기간의 제한

- 혼인취소사유마다 취소권자가 법정되어 있고, 취소기간도 단기로 제한된다. 이에 비해 혼인무효확인소송은 제소권자의 범위가 더 넓고 기간제한은 없다.
- 제척기간 내에 취소권자가 취소하지 않으면 유효로 확정된다.

## Ⅳ 사실혼

### 1. 개관

#### 가. 의미

- 혼인의 성립요건 중 주관적 요건과 객관적 요건은 충족되었으나 형식적 요건만 충족되지 못한 상태를 뜻한다.
- 혼인의사의 합치와 사회통념상의 혼인 공동생활이 인정되지만 혼인신고만 하지 않은 상태라고 정의할 수도 있다.

> 사실혼은 당사자 사이에 주관적으로 혼인의 의사가 있고, 객관적으로도 사회관념상 가족질서적인 면에서 부부공동생활을 인정할 만한 혼인생활의 실체가 있으면 일단 성립하는 것이다(대법원 2009. 12. 24. 선고 2009다64161 판결).

#### 나. 판단기준

- 사회통념에 따라 판단할 수밖에 없다. 예컨대 결혼식, 신혼여행, 신혼부부 전세 자금 대출 등의 사실이 있으면 사실혼으로 인정될 수 있다.

- '사회통념상 혼인공동생활의 실체'라는 혼인의 객관적 요건이 인정되면, 혼인의
사 합치라는 주관적 요건은 추정된다. 따라서 사실혼을 부정하는 당사자가 '혼
인의사 철회' 또는 '혼인 해소 합의'에 대한 증명책임을 진다.

## 2. 효과: 준혼관계

### 가. 의미: 혼인의 효과 중 혼인신고를 전제로 하는 효과 이외의 모든 효과 인정

### 나. 인정되는 효과

- 부부공동생활에 수반한 의무(동거, 부양, 협조, 정조의무) 및 그 위반으로 인한 손
해배상청구권은 사실혼 부부 사이에서도 인정된다.
- 사실혼 관계를 파탄시키거나 사실혼 배우자를 살해하는 것은 불법행위가 된다.
- 사실혼 해소시에도 재산분할청구권이 인정된다.

> **대법원 2021. 5. 27. 선고 2020므15841 판결**
> ‣ 사실혼은 당사자 사이에 혼인 의사가 있고 객관적으로 사회관념상 부부공동생활을
> 인정할 만한 혼인생활의 실체가 있는 경우이므로 **법률혼에 관한 민법 규정 중 혼인**
> **신고를 전제로 하는 규정은 유추적용할 수 없다.**
> ‣ 그러나 부부재산 청산의 의미를 갖는 **재산분할 규정은 부부의 생활공동체라는 실**
> **질에 비추어 인정되는 것이므로 사실혼 관계에 유추적용할 수 있다** … 사실혼 관계
> 에 있는 부부 일방이 혼인 중 공동재산의 형성에 수반하여 채무를 부담하였다가 사
> 실혼이 종료된 후 그 채무를 변제한 경우 변제된 채무는 특별한 사정이 없는 한 청
> 산 대상이 된다.

### 다. 인정되지 않는 효과

### (1) 개관: 혼인신고를 전제한 효과 부정

- 친족관계의 변동: 인척관계 등은 형성되지 않으므로, 사실혼 배우자였던 자의
혈족 등은 금혼 대상이 아니다.
- 자녀에 대한 친생추정은 적용되지 않으므로, 사실혼 부부 사이에서 출생한 자녀
의 법적 부자관계의 성립 여부나 해소 방법은 혼인 외의 출생자에 준한다.
- 상속권은 인정되지 않는다. 이에 비해 사실혼 배우자 사망 전에 사실혼을 해소
하면 재산분할을 받을 수 있다.

**대법원 2006. 3. 24. 선고 2005두15595 판결**

‣ 법률혼도 사망으로 해소되면 재산분할청구권 대신 상속권만 인정되는 것에 비추어 사실혼관계가 일방 당사자의 <u>사망으로 인하여 종료된 경우에는 그 상대방에게 재산분할청구권이 인정된다고 할 수 없다.</u> 사실혼관계가 일방 당사자의 사망으로 인하여 종료된 경우에 생존한 상대방에게 <u>상속권도 인정되지 아니하고 재산분할청구권도 인정되지 아니</u>하는 것은 사실혼 보호라는 관점에서 문제가 있다고 볼 수 있으나, 사실혼 배우자를 상속인에 포함시키지 않는 법제에 기인한 것으로서 입법론은 별론으로 하고 <u>해석론으로서는 어쩔 수 없다.</u>

## (2) 사례: 사실혼에 의한 인척관계

• 사안의 개요: 보험약관에 보험수익자가 배우자인 경우에는 사실혼 배우자도 여기에 포함됨이 명시되어 있었으나, 보험수익자가 며느리·사위인 경우에 대해서는 명시되어 있지 않았다.

• 쟁점과 판단: 보험수익자로서의 며느리·사위는 법률혼인 경우에만 인정된다. 또한 이런 제한은 설명의무의 대상도 아니다.

**대법원 2014. 9. 4. 선고 2013다66966 판결**

‣ 가족운전자 한정운전 특별약관은 <u>가족의 범위에 관하여 기명피보험자의 배우자, 자녀는 사실혼관계에 기초한 경우도 포함된다는 규정</u>을 두고 있으나, 기명피보험자의 <u>사위나 며느리는 사실혼관계에 기초한 경우가 포함되는지에 관하여 아무런 규정을 두고 있지 않은 점</u> 등을 종합하여 보면,

‣ 위 약관에 규정된 기명피보험자의 사위나 며느리는 기명피보험자의 자녀와 <u>법률상 혼인관계에 있는 사람을 의미</u>하는 것으로 해석하여야 한다.

# 3. 사실혼의 해소

## 가. 법률혼과 같은 해소사유: 합의, 사망

## 나. 사실혼에 고유한 해소사유: 일방적 의사표시에 의한 해소

## (1) 의미, 효과

• 정당한 이유가 없어도 당사자 일방은 일방적 의사로 사실혼을 해소시킬 수 있다. 이러한 의사표시는 단독행위의 일종이고 특칙이 없으므로 불요식이고 도달

주의가 적용된다.

- 상대방은 일방적 사실혼 파탄으로 인한 정신적 고통에 대한 손해배상청구를 할 수 있을 뿐이다.

> **대법원 2009. 2. 9.자 2008스105 결정**
> ‣ 사실혼관계는 **사실상의 관계를 기초로 하여 존재**하는 것으로서 당사자 **일방의 의 사에 의하여 해소될 수 있고** 당사자 일방의 파기로 인하여 공동생활의 사실이 없게 되면 사실상의 혼인관계는 해소되는 것이며,
> ‣ 다만 정당한 사유 없이 해소된 때에는 유책자가 상대방에 대하여 손해배상의 책임 을 지는 데 지나지 않는다.

### (2) 사례: 사실혼의 일방적 해소와 재산분할

A. 사안의 개요

- 甲, 乙은 사실혼관계에 있었는데, 甲이 혼수상태가 되자 乙은 일방적으로 사실 혼 해소 의사표시를 하고 재산분할 재판을 청구했다.
- 그 후 甲이 사망하자 乙은 甲의 상속인 丙에게 재산분할을 청구한다.

B. 쟁점과 판단

- 甲이 혼수상태이지만 乙의 사실혼 해소 의사표시의 효과가 발생한다. 법률혼 도 3년 이상 생사불명이면 일방적 해소가 가능하다는 점을 고려해야 하기 때문 이다.
- 따라서 사실혼 해소 사유는 甲의 사망이 아니라 乙의 일방적 의사표시이고, 乙 이 주장하는 권리는 상속권이 아니라 재산분할청구권이다.
- 재산분할의무는 일반적인 재산적 의무이므로 乙이 제기한 재산분할청구 재판 의 상대방 지위는 甲의 상속인인 丙이 수계해야 한다.

> **대법원 2009. 2. 9.자 2008스105 결정**
> ‣ 청구인이 사실혼관계의 해소를 주장하며 이 사건 재산분할심판청구를 함으로써 청 구인과 소외인의 사실혼관계는 청구인의 일방의 의사에 의하여 해소되었고 공동생 활의 사실도 없게 되었다고 봄이 상당하다. 따라서 사실혼관계의 해소에 따라 청구 인에게 재산분할청구권이 인정된다고 할 것이다.

- 상대방이 의사능력이 없거나 **생사가 3년 이상 불명인 경우 등에서의 재판상 이혼과 의 균형상으로도 굳이 상대방에 대한 의사표시나 그 수령 등을 해소의 요건으로 할 필요는 없다.**
- (따라서) 이 사건 재산분할심판청구 이후 일방 당사자인 소외인이 사망하였으므로 그 **상속인들에 의한 수계**를 허용함이 상당하다.

· 비교: 사실혼이 배우자 사망시까지 유지된 경우에는 재산분할도 상속도 받을 수 없다(2005두15595, 35면).

## 4. 중혼적 사실혼

**가. 의미**: 법률혼과 경합하는 사실혼

**나. 원칙**: 사실혼의 법률효과가 인정되지 않음

법률상 혼인을 한 사람이 배우자와 별거하면서 **제3자와 혼인의 의사로 실질적인 부부 생활**을 하더라도, 법률상 배우자와 <u>사실상 이혼상태였다는 등의 특별한 사정</u>이 없는 한 제3자와의 관계를 사실상 혼인관계로 인정하여 법률혼에 준하는 보호를 할 수는 없다(대법원 2022. 3. 31. 선고 2019므10581 판결).

## 다. 예외

· 요건: 법률혼이 사실상 이혼상태라는 특별한 사정이 증명되어야 한다.
· 효과: 준혼으로 인정될 수 있다.

### 대법원 2009. 12. 24. 선고 2009다64161 판결

- 중혼을 금지하는 규정을 두고 있더라도 이를 위반한 때를 혼인 무효의 사유로 규정 하지 않고 단지 혼인 취소의 사유로만 규정하고 있는 까닭에 중혼에 해당하는 혼인 이라도 **취소되기 전까지는 유효하게 존속하는 것이고, 이는 중혼적 사실혼이라 하 여 달리 볼 것이 아니다.**
- 비록 중혼적 사실혼관계일지라도 **법률혼인 전 혼인이 사실상 이혼상태에 있다는 등의 특별한 사정이 있다면 법률혼에 준하는 보호**를 할 필요가 있을 수 있다.

## 5. 사실혼관계 존재확인소송

### 가. 상대방이 생존한 경우: 실익 없음

- 상대방이 사실혼의 존재를 다투고 있다는 것은 사실혼 해소 의사가 있음을 보여주는 것이므로, 사실혼관계가 현재 존재한다는 확인은 불가능하다.
- 이 경우 과거에 사실혼이 존재했었다는 확인을 구할 이익은 없다.

### 나. 상대방이 사망한 경우

### (1) 확인의 이익이 부정된 경우

- 혼인신고만을 목적으로 하는 경우에는 확인의 이익이 인정되지 않는다. 전시상황 등을 고려한 특별법이 없는 한 소급효 있는 혼인신고는 인정될 수 없기 때문이다.

  사망자 사이 또는 생존하는 자와 사망한 자 사이에서는 혼인이 인정될 수 없고, 혼인신고특례법과 같이 예외적으로 혼인신고의 효력의 소급을 인정하는 특별한 규정이 없는 한 그러한 혼인신고가 받아들여질 수도 없는 것이므로, 사실혼 배우자의 일방이 사망한 경우 생존하는 당사자가 혼인신고를 하기 위한 목적으로서는 사망자와의 과거의 사실혼관계 존재확인을 구할 소의 이익이 있다고는 할 수 없다(대법원 1995. 11. 14. 선고 95므694 판결).

- 중혼적 사실혼인 경우에도 확인의 이익이 없다. 이에 관한 사례를 보면, 甲이 기혼인 乙과 사실혼 관계에 있던 중 乙이 법률혼 배우자 丙과 이혼한 후 甲과 乙이 혼인신고를 했고 그 후 乙이 사망한 사안이 있다. 이 사건에서 甲은 甲·乙간 사실혼 개시기부터 혼인신고 전까지의 기간에 대해 사실상 혼인관계의 존재 확인을 구하는 소를 제기했으나, 대법원은 이를 배척했다. 비록 소송요건은 충족되지만 이른바 중혼적 사실혼임을 이유로 배척한 것이다. 다만 원심이 각하 판결이었으므로 불이익 변경 금지 원칙에 따라 甲의 청구를 기각하는 대신 상고를 기각하여 결국 甲에 대한 원심의 각하 판결이 확정된다.

### 대법원 2022. 3. 31. 선고 2019므10581 판결

- 공무원연금법을 비롯한 여러 법령은 그 법에 따른 급여의 수급권자가 사망하면 그의 사실혼 배우자가 유족으로서 급여를 받도록 규정하고 있으므로, <u>사망한 사람과의 사실혼 관계는 유족급여수급권과 관련된 법률관계의 전제가 된다</u>. 그러므로 급여수급권을 주장하는 사람이 검사를 상대방으로 하여 과거의 사실상 혼인관계에 관한 존부 확인의 소를 제기하는 것은 유족급여와 관련된 분쟁을 한꺼번에 해결하는 적절한 방법이어서 확인의 이익이 인정된다.
- 그런데도 원심은 ⋯ <u>구체적 급여수급권을 인정받기 전에 그 전제인 지위의 확인을 구하는 것은 허용되지 않는다는 이유를 들어 소를 각하하였다</u>. 이러한 판단에는 잘못이 있다.
- 乙이 丙과 이혼 전에 사실상 이혼상태에 있었다고 보기 부족하므로, 그전까지 甲과 乙 사이에 사실상 혼인관계가 성립되었다고 할 수 없다. <u>甲의 청구를 본안에서 기각하여야 하지만 甲만 상고한 이 사건에서 원심의 소 각하 판결을 甲에게 불이익하게 청구기각 판결로 변경할 수는 없으므로, 원심판결을 파기하는 대신 상고를 기각한다.</u>

## (2) 확인의 이익이 인정된 경우

- 과거의 사실혼의 존재 여부가 (연금 등의) 법률관계의 전제인 경우에는 확인의 이익이 인정된다.
- 다만 상대방이 사망한 후의 친족관계 확인소송절차인 §865, §864 등이 유추적용되므로 검사를 상대로 소를 제기해야 하며 제소기간도 제한된다.

### 대법원 1995. 3. 28. 선고 94므1447 판결

- 일반적으로 <u>과거의 법률관계는 확인의 소의 대상이 될 수 없는</u> 것이나, 혼인, 입양과 같은 신분관계처럼 그것을 전제로 하여 수많은 법률관계가 발생하고 그에 관하여 일일이 개별적으로 확인을 구하는 번잡한 절차를 반복하는 것보다 **과거의 법률관계 그 자체의 확인을 구하는 편이 관련된 분쟁을 일거에 해결하는 유효 적절한 수단일 수 있는 경우에는 예외적으로 확인의 이익이 인정**되는 것이다
- 사실혼 배우자는 각종 사회보장법령 등에서 각종의 급여 등을 받을 권리자로 규정되어 있는 등 법률상의 배우자가 아님에도 불구하고 특별한 법적 취급을 받고 있으므로 <u>사실혼관계는 여러가지 법률관계의 전제가 되어 있고, 그 존부확인청구는 그 법률관계들과 관련된 분쟁을 일거에 해결하는 유효 적절한 수단이다.</u>

‣ 따라서 **사실혼관계에 있던 당사자 일방이 사망**하였더라도, 법적 분쟁을 일거에 해결하는 유효 적절한 수단이 될 수 있는 한, 확인의 이익이 인정되고, 이 경우 명문규정이 없으므로 제865조, 제863조 등을 유추적용하여 법정 제소기간 내에 검사를 상대로 과거의 사실혼관계에 대한 존부확인청구를 할 수 있다.

3장

# 혼인의 효과

# 3장

# 혼인의 효과

## I  본질적 효과

### 1. 개관

#### 가. 의미

A. 혼인계약으로부터 발생하는 주된 급부의무

B. 특징

• 혼인의 본질적 효과는 혼인 공동생활의 실체·본질을 형성하는 포괄적·쌍무적 협력의무를 발생시키는 것이다.

> 부부는 정신적·육체적·경제적으로 결합된 공동체로서 서로 협조하고 보호하여 부부공동생활로서의 혼인이 유지되도록 서로 포괄적으로 협력할 의무를 부담하고 그에 관한 권리를 가진다(대법원 2015. 5. 29. 선고 2013므2441 판결).

• 강행법규에 의한 의무이므로 당사자의 약정으로 배제할 수 없다.

#### 나. 의무위반의 효과: 채무불이행, 불법행위

• 채무불이행의 효과 중 법정해지(§840), 손해배상(§843)은 모든 의무 위반에 대해 인정된다.

• 강제이행은 부양의무에 대해서만 인정된다. 즉, 성적 성실의무, 동거의무, 협조의무 위반의 경우 성질상 직접강제는 물론 간접강제도 허용되지 않는다.

## 2. 내용

### 가. 성적 성실의무

#### (1) 의미

* 근거: 명문 규정은 없지만 동거의무, 부부공동생활 유지를 위한 포괄적 협력의무를 근거로 인정된다.
* 대세효: 제3자도 타인의 부부공동생활을 방해하지 않을 의무를 진다.

> **대법원 2015. 5. 29. 선고 2013므2441 판결**
> ‣ 이러한 <u>동거의무 내지 부부공동생활 유지의무의 내용</u>으로서 부부는 부정행위를 하지 아니하여야 하는 성적 성실의무를 부담한다.
> ‣ 제3자도 타인의 부부공동생활에 개입하여 그 부부공동생활의 파탄을 초래하는 등 그 혼인의 본질에 해당하는 부부공동생활을 방해하여서는 아니 된다.

#### (2) 소멸

* 원칙: 혼인이 해소되어야 성적 성실의무도 소멸한다.
* 예외: 부부공동생활이 실질적으로 파탄에 이르러 회복할 수 없을 징도가 되면, 이혼 재판 청구 전이더라도 성적 성실의무 위반을 이유로 한 §750 책임은 성립하지 않는다.

> **대법원 2014. 11. 20. 선고 2011므2997 전원합의체 판결**
> ‣ <u>실질적으로 부부공동생활이 파탄되어 회복할 수 없을 정도의 상태</u>에 이르렀다면, 제3자가 부부의 일방과 성적인 행위를 하더라도 이를 두고 부부공동생활을 침해하거나 유지를 방해하는 행위라고 할 수 없고 또한 그로 인하여 배우자의 부부공동생활에 관한 권리가 침해되는 손해가 생긴다고 할 수도 없으므로 불법행위가 성립한다고 보기 어렵다.
> ‣ 재판상 <u>이혼이 청구되지 않은 상태</u>라고 하여 달리 볼 것은 아니다.

#### (3) 위반의 효과

* 법정해지: 성적 성실의무 위반은 재판상 이혼사유인 '부정한 행위'에 해당한다 (§840 1호).

- 손해배상청구: ㉠ 성적 성실의무 위반으로 인해 정신적 고통을 받은 일방은 상대방 배우자와 상간자를 상대로 정신적 고통에 대한 손해배상 청구를 할 수 있다(§750). 이혼을 하더라도 손해배상 청구에는 지장이 없다(§843에 의한 §806 준용). ㉡ 이때 상대방 배우자와 상간자는 공동불법행위자로서 부진정연대채무를 진다.

**대법원 2015. 5. 29. 선고 2013므2441 판결**
- 부부의 일방이 부정행위를 한 경우에 <u>부부의 일방은 그로 인하여 배우자가 입은 정신적 고통에 대하여 불법행위에 의한 손해배상의무</u>를 진다.
- 제3자가 부부의 일방과 부정행위를 함으로써 혼인의 본질에 해당하는 부부공동생활을 침해하거나 그 유지를 방해하고 그에 대한 배우자로서의 권리를 침해하여 배우자에게 정신적 고통을 가하는 행위는 원칙적으로 불법행위를 구성한다
- 부부의 일방과 제3자가 부담하는 불법행위책임은 **공동불법행위책임으로서 부진정연대채무** 관계에 있다.

- 강제이행: 부작위의무 위반이므로 강제이행은 성질상 불가능하다.

**(4) 사례: 부정한 행위와 자녀에 대한 불법행위**
- 원칙: 부정한 행위를 한 부모 중 일방은 물론 상간자도 자녀에 대해서는 불법행위 책임이 없다.
- 예외: 상간자가 해의로 자녀 양육을 적극적으로 저지한 경우에는 불법행위책임이 있다.

**대법원 2005. 5. 13. 선고 2004다1899 판결**
- 간통행위를 한 제3자(상간자)는 배우자에 대하여 불법행위를 구성하고, <u>배우자가 입은 정신상의 고통을 위자할 의무가 있다고 할 것이다.</u>
- 이에 비해 간통한 부모가 <u>자녀에 대하여 불법행위책임을 부담한다고 할 수는 없고,</u> 상간자도 <u>해의를 가지고 부녀의 그 자녀에 대한 양육이나 보호 내지 교양을 적극적으로 저지하는 등의 특별한 사정이 없는 한 그 자녀에 대한 관계에서 불법행위책임을 부담한다고 할 수는 없다.</u>

## 나. 동거·부양·협조의무

> 제826조(부부간의 의무) ① 부부는 동거하며 서로 부양하고 협조하여야 한다. 그러나 정당한 이유로 일시적으로 동거하지 아니하는 경우에는 서로 인용하여야 한다.
> ② 부부의 동거장소는 부부의 협의에 따라 정한다. 그러나 협의가 이루어지지 아니하는 경우에는 당사자의 청구에 의하여 가정법원이 이를 정한다.

> 제833조(생활비용) 부부의 공동생활에 필요한 비용은 당사자간에 특별한 약정이 없으면 부부가 공동으로 부담한다.

### (1) 개관

#### A. 의미

- 혼인관계의 본질을 이루는 권리·의무: 애정과 신뢰를 바탕으로 일생에 걸친 공동생활을 목적으로 하는 혼인의 본질로부터 요구되는 권리·의무

> **대법원 1999. 2. 12. 선고 97므612 판결**
> ‣ 혼인생활을 함에 있어서 부부는 애정과 신의 및 인내로써 서로 상대방을 이해하며 보호하여 **혼인생활의 유지를 위한 최선의 노력**을 기울여야 하는 것이고, 장애가 생겨도 장애를 극복하기 위한 노력을 다하여야 할 것이며, 일시 부부간의 화합을 저해하는 사정이 있다는 이유로 혼인생활의 파탄을 초래하는 행위를 하여서는 안되는 것이다.
> ‣ 이러한 부부간의 동거, 부양, 협조의무는 **애정과 신뢰를 바탕으로 일생에 걸친 공동생활을 목적으로 하는 혼인의 본질이 요청**하는 바이다.

- 적용 범위: 모든 혼인에 대해 동일하게 적용된다. 법률혼·사실혼 여부나 자녀의 유무는 부부간의 권리·의무의 내용에 영향을 미치지 않는다.

> 부부 사이에 출생한 자식이 없거나 재혼한 부부간이라 하여 달라질 수 없는 것이다(대법원 1999. 2. 12. 선고 97므612 판결).

#### B. 기능

- 동거·부양·협조의무는 혼인공동생활의 실체를 구성하는 권리·의무로서 혼인의 객관적 요건을 구성한다.

• 동거·부양·협조의무 위반은 재판상 이혼 사유 중 '악의의 유기'에 해당한다.

**대법원 1999. 2. 12. 선고 97므612 판결**
• 부부간의 동거·부양·협조의무는 **재판상 이혼사유에 관한 평가 및 판단의 지도원리**로 작용한다.
• 배우자가 **정당한 이유 없이** 서로 동거, 부양, 협조하여야 할 부부로서의 의무를 포기하고 다른 일방을 버린 경우에는 **재판상 이혼사유인 악의의 유기에 해당**하는 것이다.

C. 내용: 포괄적 의무
• 혼인을 유지하기 위한 광범위한 포괄적 협력의무를 구체적으로 표현한 것이다.
• 동거, 부양, 협조 각각이 고유한 의미를 가지는 것은 아니다. 따라서 부양료를 지급해도 정당한 이유 없이 별거하면 §826의 포괄적 협력의무의 불이행으로 인정된다.

• 부부는 **정신적·육체적·경제적으로 결합된 공동체로서 서로 협조하고 보호하여 부부공동생활로서의 혼인이 유지되도록 상호 간에 포괄적으로 협력할 의무**를 부담한다(대법원 2015. 5. 29. 선고 2013므2441 판결).
• 부부의 일방이 상대방에 대하여 부양료를 지급하고 있다는 것만으로 협력의무를 온전히 다하였다고 말할 수 없음은 물론이다(대법원 2009. 7. 23. 선고 2009다32454 판결).

(2) 사례
A. 부양·협조의무의 정도를 판단하기 위한 기준
(a) 개관
• 부양·협조의무 자체의 근거는 §826이지만 이러한 의무 이행을 위한 구체적인 내용 판단을 위한 근거는 §833이다. 즉, 부양·협조의무의 내용을 이루는 '혼인생활비용 조달의무'의 구체적 내용은 §833에 의해 정해진다.
• §833에 의하면 혼인생활비용은 원칙적으로 분담해야 하고 특약으로 다르게 정할 수 있을 뿐이다.
(b) 사건의 경과
• 甲·乙은 부부이고 乙이 생활 비용을 전담했는데 별거에 들어가자 乙은 甲에게

생활비를 지급하지 않았다.

- 甲은 乙을 상대로, 주위적으로 과거의 미지급 생활비를 청구하고(§833), 예비적으로 과거의 미지급 부양료와 함께 별거 해소 또는 혼인 종료시까지의 장래의 부양료 지급을 청구했다(§826).

(c) 쟁점과 판단

- §833은 §826의 부양의무 이행을 위한 생활비용 분담 기준을 규정한 것이므로 독자적인 권리의 근거규정이 아니다.
- 甲의 예비적 주장은 절차법적 의미의 예비적 청구라고 볼 수 없다. 다만 비송재판이므로 법원이 직권으로 별거 해소 또는 혼인 종료시까지의 부양료 지급을 명할 수 있다.
- 과거의 부양료는 이미 이행을 청구하여 이행지체 중이거나 특별한 사정이 있을 때만 청구할 수 있으므로 과거의 미지급 생활비는 청구할 수 없다.

> **대법원 2017. 8. 25.자 2014스26 결정**
> ‣ 제826조의 부부간의 부양·협조는 부부가 서로 자기의 생활을 유지하는 것과 같은 수준으로 상대방의 생활을 유지시켜 주는 것을 의미한다. 이러한 부양·협조의무를 이행하여 자녀의 양육을 포함하는 공동생활로서의 혼인생활을 유지하기 위해서는 부부간에 생활비용의 분담이 필요한데, 제833조는 그 기준을 정하고 있다.
> ‣ 제826조은 부부간의 부양·협조의무의 근거를, 제833조는 위 부양·협조의무 이행의 구체적인 기준을 제시한 조항이므로 제833조에 의한 생활비용청구가 제826조와는 무관한 별개의 청구원인에 기한 청구는 아니다.
> ‣ 제826조 제1항에 규정된 부부간의 상호부양의무는 부부의 일방에게 부양을 받을 필요가 생겼을 때 당연히 발생되는 것이기는 하지만, 과거의 부양료에 관하여는 특별한 사정이 없는 한, 부양을 받을 자가 부양의무자에게 부양의무의 이행을 청구하였음에도 불구하고 부양의무자가 부양의무를 이행하지 아니함으로써 이행지체에 빠진 이후의 것에 대하여만 부양료의 지급을 청구할 수 있을 뿐, 부양의무자가 부양의무의 이행을 청구받기 이전의 부양료의 지급은 청구할 수 없다고 보는 것이 부양의무의 성질이나 형평의 관념에 합치된다.
> ‣ 그렇지 않은 경우에는 부양의무의 성질이나 형평의 관념상 이를 허용해야 할 특별한 사정이 있는 경우에 한하여 이행청구 이전의 과거 부양료를 지급하여야 한다(대법원 2012. 12. 27. 선고 2011다96932 판결).

B. 이혼 소송 제기와 부양의무

• 유효한 혼인이 성립한 이상 협의이혼이나 재판이혼에 의해 법률상 혼인관계가 해소되기 전까지는 부부간의 부양의무가 인정된다.

• 일방의 이혼 청구에 상대방이 반소로 이혼을 청구하여 이혼 의사 합치의 외관이 형성되었더라도 재판 확정 전까지는 취하 등이 가능하므로 혼인의 해소가 인정될 수 없다. 따라서 부양의무는 존속된다.

• 이혼 재판 절차에 수반하여 재산분할 재판 절차가 계속 중이고 재산분할에서 부양적 요소를 고려할 수 있다 하더라도, 재산분할은 이혼을 전제하는 것이므로 혼인 해소 전까지는 여전히 별도의 부양료 심판으로 부양의무의 이행을 청구할 수 있다.

• 다만 일방이 정당한 이유 없이 동거를 거부하는 경우에는 상대방에게 부양의무 이행을 청구할 수 없다.

### 대법원 2023. 3. 24.자 2022스771 결정

‣ 부부간 부양의무는 혼인관계의 본질적 의무로서 부양받을 자의 생활을 부양의무자의 생활과 같은 정도로 보장하여 부부공동생활의 유지를 가능하게 하는 것이다. 따라서 혼인이 **사실상 파탄되어 부부가 별거하면서 서로 이혼소송을 제기하는 경우**라고 하더라도, 특별한 사정이 없는 한 이혼을 명한 판결의 확정 등으로 **법률상 혼인관계가 완전히 해소될 때까지는 부부간 부양의무가 소멸하지 않는다**고 보아야 한다.

‣ 민법상 혼인관계의 해소는 혼인이 무효이거나 취소된 때가 아닌 한 협의 또는 재판상 이혼에 의해야 하므로 그와 같은 이혼의 효력이 발생되지 않으면 여전히 법률상 부부관계가 남아 있는 것이고 당사자의 의사에 따라 언제든지 다시 정상적인 부부관계로 회복될 여지가 있다. 협의이혼 신고의 수리 전 철회나 재판상 이혼청구의 종국판결 확정 전 취하를 통해 사실상 종료된 혼인관계를 다시 유지할 수도 있기 때문이다.

‣ 재산분할에 따른 권리는 이혼의 확정을 전제로 발생하는 것이므로 이혼이 확정되기 전까지의 부양적 요소는 재산분할 재판이 아니라 별도의 부양료 심판 등에서 고려될 필요가 있다.

‣ 부양의무자의 이혼 등 본소에 대하여 부양권리자가 이혼 등의 반소를 제기하였다는 사정은 이혼 의사가 합치되었다는 사정에 불과할 뿐 여전히 둘 사이에는 혼인파

탄의 책임 및 부부공동재산의 범위에 관한 **분쟁이 남아 있어 혼인이 완전히 해소되었다고 볼 수는 없다.**

• 따라서 배우자 ㉠ **일방이 스스로 정당한** ㉡ **이유 없이 동거를 거부하면서도** 상대방에게 부양료의 지급을 청구할 수는 없지만, 그러한 귀책사유 없는 배우자 일방이 상대방에게 부양료의 지급을 청구하는 것은 **부양료 지급의 요건 및 필요성이 인정되지 않는 특별한 사정이 없는 한** 비록 당사자 **쌍방이 이혼소송을 서로 제기한 경우라도 인정**되어야 한다.

## (3) 위반의 효과

A. 공통효과

• 법정해제: 재판상 이혼사유인 '악의의 유기'에 해당한다.

• 손해배상: 정신적 손해에 대한 손해배상청구권이 인정된다.

• 자신의 의무를 위반한 자는 상대방의 의무이행도 요구할 수 없다(동시이행관계).

> 부부의 일방이 정당한 이유 없이 동거를 거부함으로써 자신의 협력의무를 스스로 저버리고 있다면, 상대방의 동거청구가 권리의 남용에 해당하는 등의 특별한 사정이 없는 한, 상대방에게 부양료의 시급을 청구할 수 없다(대법원 1991. 12. 10. 선고 91므245 판결).

B. 유형에 따라 다른 효과: 강제이행

• 부양의무: 금전채무이므로 직접강제 대상이다. 다만 양육비와 무관한 부부간 부양료청구권에 대해서는 양육비에 대한 특칙(가사소송법 §63의2)은 적용되지 않고, 민사집행법상 채권집행 방법으로 강제집행할 수 있을 뿐이다.

• 동거의무·협조의무: 일신전속성 있는 '하는 채무'이므로 직접강제는 물론 간접강제도 불가능하다. 다만 위반행위에 대한 §750 청구는 가능하다.

### 대법원 2009. 7. 23. 선고 2009다32454 판결

• 부부의 <u>동거의무</u>는 인격존중의 귀중한 이념이나 부부관계의 본질 등에 비추어 일반적으로 그 실현에 관하여 <u>간접강제를 포함하여 강제집행을 행하여서는 안 된다</u>고 하더라도, 또 위와 같은 손해배상이 현실적으로 동거의 강제로 이끄는 측면이 있

다고 하더라도,

· 동거의무 또는 그를 위한 협력의무의 불이행으로 말미암아 상대방에게 발생한 손
해에 대하여 그 배상을 행하는 것은 동거 자체를 강제하는 것과는 목적 및 내용을
달리하는 것으로서, 후자가 허용되지 않는다고 하여 전자도 금지된다고는 할 수 없
다. 오히려 부부의 동거의무도 엄연히 법적인 의무이고 보면, 그 위반에 대하여는
법적인 제재가 따라야 할 것인데 … 이 사건에서와 같은 제반 사정 아래서는 1회적
인 위자료의 지급을 명하는 것이 피고의 인격을 해친다거나 부부관계의 본질상 허
용되지 않는다고 말할 수 없다.


## Ⅱ 재산적 효과

### 1. 개관

(1) **의미**: 혼인을 법률요건으로 삼아 발생하는 부부간의 재산권 변동

(2) **규율방식**: 사적자치원칙과 임의법규에 의한 보충

· 부부가 '부부재산계약'으로 정하는 것이 원칙이다(약정재산제).

· 부부재산계약이 체결되지 않은 경우에는 민법이 적용된다(법정재산제).

> 제829조(부부재산의 약정과 그 변경) ① 부부가 혼인**성립 전에 그 재산에 관하여 따로**
> **약정을 하지 아니한 때**에는 그 재산관계는 본관중 다음 각조에 정하는 바에 의한다.

### 2. 부부재산계약

> 제829조(부부재산의 약정과 그 변경) ② 부부가 혼인성립전에 그 재산에 관하여 약정
> 한 때에는 혼인 중 이를 변경하지 못한다. 그러나 정당한 사유가 있는 때에는 법원의
> 허가를 얻어 변경할 수 있다.
> ③ 전항의 약정에 의하여 부부의 일방이 다른 일방의 재산을 관리하는 경우에 부적당
> 한 관리로 인하여 그 재산을 위태하게 한 때에는 다른 일방은 자기가 관리할 것을 법
> 원에 청구할 수 있고 그 재산이 부부의 공유인 때에는 그 분할을 청구할 수 있다.

④ 부부가 그 재산에 관하여 따로 약정을 한 때에는 혼인성립까지에 그 등기를 하지 아니하면 이로써 부부의 승계인 또는 제삼자에게 대항하지 못한다.

⑤ 제2항, 제3항의 규정이나 약정에 의하여 관리자를 변경하거나 공유재산을 분할하였을 때에는 그 등기를 하지 아니하면 이로써 부부의 승계인 또는 제삼자에게 대항하지 못한다.

## 가. 의의

• 부부의 재산관계를 정하는 계약을 뜻한다.

• 성립·유효요건, 해제 등에 대해서는 특칙이 없는 한 계약법의 일반법리가 적용된다.

## 나. 성립과 효과

### (1) 성립

• 계약 체결 시기에 관한 특칙: 혼인 성립 전까지만 체결할 수 있다(§829 ①).

• 방식: 불요식이지만 대항요건주의가 적용된다.

• 내용: 사적자치에 맡겨진다. 다만 공서양속, 강행규정에 저촉되면 무효이다. 예컨대 '10만원 이상의 거래는 상대방의 동의를 받는다'라는 약정은 행위능력 포기에 해당하여 무효이다.

### (2) 부부재산계약의 효과

A. 계약의 일반적인 효과

B. 제3자 보호를 위한 특칙: 대항요건주의(등기선례 제8-381호 참조)

• 요건: 혼인 성립시까지 등기해야 한다. 혼인 성립 후에는 등기신청을 해도 반려된다.

• 효과: 부부의 승계인이나 제3자에게 부부재산계약의 내용(효과)을 주장할 수 있다. 여기서 말하는 '승계인'에는 포괄승계인뿐 아니라 특정승계인도 포함된다고 보아야 한다. 부부재산약정등기도 열람이 가능하다.

## 다. 변경

• 후발적 변경은 원칙적으로 금지된다. 예외적으로, 정당한 사유가 있으면 법원의 허가를 거쳐 변경될 수 있다(§829 ②).

- 일방이 타방의 재산을 관리하기로 하는 내용의 변경에 대한 특칙(§829 ③): 부적당한 관리로 인해 재산을 위태롭게 하는 경우이어야 하고 법원의 재판을 받아야 한다.

### 라. 종료

- 부부재산계약은 혼인의 효과에 관한 약정이므로, 사별이나 이혼으로 인해 혼인이 해소되면 종료된다. 다만, 부부재산약정 등기규칙(대법원규칙 제2355호) 제5조는 부부 일방의 사망만을 소멸등기 사유로 규정하고 있다.
  - ✓ 혼인 유지 중에 부부재산계약만 종료될 수도 있다. 부부재산계약은 계약의 일종이므로 약정해지나 합의해지 등이 가능하기 때문이다.

## 3. 법정재산제

### 가. 별산제

### (1) 의미

- 혼인은 부부의 재산권에 영향을 미치지 않는다. 따라서 부부가 각자 혼인 전부터 가지고 있던 재산인 고유재산과 혼인 후 각자의 명의로 취득한 재산은 '특유재산'이 되고, 특유재산은 각자 단독으로 관리, 사용·수익할 수 있으며, 명문규정은 없지만 당연히 단독으로 처분할 수도 있다.
- 누구의 특유재산인지 불분명한 재산은 부부의 공유로 추정된다.

> 제830조(특유재산과 귀속불명재산) ① 부부의 일방이 **혼인 전부터 가진 고유재산과 혼인 중 자기의 명의로 취득**한 재산은 그 **특유재산**으로 한다.
> ② 부부의 누구에게 속한 것인지 분명하지 아니한 재산은 부부의 공유로 추정한다.

> 제831조(특유재산의 관리 등) 부부는 그 특유재산을 각자 관리, 사용, 수익한다.

### (2) 사례: 일방이 혼인 중 단독명의로 취득한 부동산의 귀속

A. 전제

- 부부재산계약을 하지 않아서 법정재산제가 적용되는 경우에 문제된다(§829).
- 부부간 명의신탁은 유효이므로 자금 조달자와 명의인이 다르면 명의신탁으로 인정될 수 있다(부실법 §8).

B. 원칙: 명의자 단독소유(§830 ①)

C. 예외: 명의자의 상대방이 자금을 조달했다는 사실이 증명된 경우

(a) 증명책임: 명의신탁임을 주장하는 자

- 甲 명의로 매수한 부동산의 매수자금의 출처가 乙이라는 사실만으로 명의신탁이 인정되는 것은 아니고, 매수자금 자체를 乙이 조달했음을 증명해야 명의신탁으로 인정된다. 乙이 甲에게서 받은 돈을 보관하다가 매수자금을 지급했을 가능성도 있기 때문이다.

- 논거: 별산제 하에서는 명의인의 특유재산으로 추정되기 때문에(§830) 명의인 아닌 자가 자신의 특유재산임을 증명해야 한다. 등기추정력에 비추어 보더라도 마찬가지이다.

### 대법원 2013. 10. 31. 선고 2013다49572 판결

- 제830조의 추정을 번복하기 위하여는 乙은 **실제로 당해 부동산의 대가를 부담하여 그 부동산을 자신이 실질적으로 소유하기 위하여 취득하였음을 증명하여야** 한다. 이때 단순히 乙이 그 매수자금의 출처라는 사정만으로는 무조건 특유재산의 추정을 번복하고 당해 부동산에 관하여 명의신탁이 있었다고 볼 것은 아니고, 모든 사정을 종합하여 乙이 당해 부동산을 실질적으로 소유하기 위하여 그 대가를 부담하였는지를 인정하기 어려운 사정이 엿보이는 경우에는 명의자 甲 아닌 乙이 매수자금의 출처라는 사정만으로 명의신탁이 있었다고 보기는 어렵다.

- 甲은 丙으로부터 甲 명의로 이 사건 부동산을 매수하고 그 매매대금도 甲 명의로 송금하였을 뿐만 아니라 … 이 사건 부동산의 매수대금으로 사용된 은행대출금 역시 그 채무자가 乙이 아니라 甲인 사실 … 은행대출금 이자가 인출되는 甲 명의의 예금계좌에 乙이 여러 차례에 걸쳐 2억원이 넘는 돈을 입금하였으나 이 계좌에서 생활비로 지출된 것으로 보이는 돈도 2억원이 넘을 뿐만 아니라 … 乙이 이 사건 부동산의 매수대금을 부담하였더라도 그것이 甲에 대한 증여 등의 의사로 이루어졌음을 배제할만한 사정도 보이지 아니한다.

- 원심으로서는 실제로 乙이 이 사건 부동산의 매수대금을 얼마나 부담하였는지, 乙이 이 사건 부동산을 실질적으로 소유하기 위하여 매수대금을 부담한 것인지를 개별적·구체적으로 더 가려본 다음 乙과 甲 사이에 명의신탁약정이 있는지를 판단하여야 할 것이지, 쉽사리 乙이 甲에게 이 사건 부동산 중 적어도 1/2 지분을 명의신탁하였다고 단정할 것은 아니다.

(b) 상대방이 매수자금 전부를 조달했다는 사실이 증명된 경우: 명의신탁

- 명의자 아닌 상대방의 전부조달이 인정되면, 유효한 명의신탁이 성립한다.
- 이 경우 명의자의 책임재산이 아니므로 명의자가 제3자에게 처분해도 명의자의
  채권자에 대한 사해행위가 아니다.

### 대법원 2007. 4. 26. 선고 2006다79704 판결

- 부부의 일방이 혼인 중 그의 단독 명의로 취득한 재산은 그 명의자의 특유재산으로
  추정되는 것이고, 그 재산의 취득에 있어 다른 일방의 협력이 있었다거나 내조의 공
  이 있었다는 것만으로는 그 추정이 번복되지 아니하는 것이지만, <u>다른 일방이 실제
  로 당해 재산의 대가를 부담하여 취득하였음을 증명한 경우에는 그 추정이 번복되
  고, 그 대가를 부담한 다른 일방이 실질적인 소유자로서 편의상 명의자에게 명의신
  탁</u>한 것으로 인정할 수 있다.
- 부동산의 명의수탁자가 신탁행위에 기한 반환의무의 이행으로서 신탁부동산의 소
  유권이전등기를 경료하는 행위는 기존채무의 이행으로서 사해행위를 구성하지 아
  니한다.

(c) 상대방이 매수자금의 일부를 조달했음이 증명된 경우: 공유지분의 명의신탁

### 대법원 1995. 2. 3. 선고 94다42778 판결

- 부부 일방이 혼인 중 그의 명의로 취득한 부동산은 특유재산으로 추정되는 것이지
  만, 이 사건의 경우와 같이 그 부동산을 부부 각자가 대금의 절반 정도씩을 분담하
  여 매수하였다는 실질적 사유가 입증된 경우에는 위 추정을 번복하고 그 부동산을
  부부의 공유로 인정할 수 있는 것이고, 또한 그 부동산에 관하여 피고의 단독명의로
  소유권이전등기가 경료된 이후 근래에 이르기까지 아무런 이의가 없었다면 소외 1
  과 피고와의 사이에 위 부동산의 2분의 1 지분을 피고에게 명의신탁하기로 하는 합
  의가 성립되었다고 볼 수 있다.

## 나. 일상가사대리, 일상가사연대채무

### (1) 개관

A. 일상가사

(a) 의미: 부부공동생활을 위하여 필요한 모든 사무

(b) 일상가사인지의 여부의 판단기준

• 부부의 생활 상태나 지역의 관습을 기준으로 구체적인 범위가 정해진다.

• 법률행위의 자체의 객관적 성질을 기준으로 판단해야 하는 경우도 있다. 예컨대 타인의 채무에 대한 보증, 주식투자 등은 일상가사가 될 수 없고, §126의 표현대리가 문제될 수 있을 뿐이다.

• 특히 금전대출의 경우 목적을 고려해야 한다. 예컨대 공동생활 공간인 아파트 구입목적이면 일상가사이지만, 교회 헌금 목적이면 일상가사가 아니다.

**대법원 2000. 4. 25. 선고 2000다8267 판결**

‣ 제832조에서 말하는 '일상의 가사에 관한 법률행위'라 함은 부부의 공동생활에서 필요로 하는 통상의 사무에 관한 법률행위를 말하는 것으로, 그 구체적인 범위는 부부공동체의 사회적 지위나 재산, 수입, 능력 등 현실적 생활상태뿐만 아니라 그 부부의 생활장소인 지역사회의 관습 등에 의하여 정하여지나,

‣ 당해 구체적인 법률행위가 일상의 가사에 관한 법률행위인지 여부를 판단함에 있어서는 그 법률행위를 한 부부공동체의 내부 사정이나 그 행위의 개별적인 목적만을 중시할 것이 아니라 그 법률행위의 객관적인 종류나 성질 등도 충분히 고려하여 판단하여야 할 것이다.

B. 사례

• 부동산의 처분은 특별한 사정이 없는 한 일상가사에 해당하지 않는다.

특별한 사정이 없는 한 부동산을 처분하는 행위는 일상의 가사에 속한다고 할 수 없다(대법원 2009. 4. 23. 선고 2008다95861 판결).

• 혼인공동생활을 위한 주택 구입 자금 마련을 위한 금전 차용 행위는 일상가사에 해당한다.

가족들이 거주하고 있는 것이므로 위 아파트분양금을 납입하기 위한 명목으로 하는 금전을 차용하여 이를 납입하였다면 그와 같은 금전차용행위는 일상가사에 해당한다고 보아야 할 것이다(대법원 1999. 3. 9. 선고 98다46877 판결).

• 甲 명의인 주택을 甲의 배우자 乙이 임대하여 그 보증금을 생활비에 충당했다

면 임대차계약은 일상가사에 해당한다. 따라서 甲·乙은 보증금반환채무에 대한 연대채무자가 된다(§832).

### 대법원 2016. 6. 9. 선고 2014다58139 판결

‣ 甲 소유 부동산에 관한 임료 이외에 일정한 소득이 없는 상태에서 甲의 배우자 乙이 부부 공동생활에 필요한 생활비 등을 마련하기 위해 丙에게 甲 소유의 이 사건 아파트를 임대한 점, 甲, 乙이 丙으로부터 받은 차임을 주로 생활비 등에 사용하였고 피고의 대출금 상환에도 일부 사용했다.

‣ 피고 부부가 임대차계약을 체결하게 된 이유, 임대차보증금의 사용처 등이 모두 피고 부부의 **공동생활과 관련이 있다**고 인정되는 이상, <u>임대차계약은 피고 부부의 공동생활을 유지하는 데 필요한 생활비 등을 마련하기 위한 일상의 가사에 관한 법률행위</u>에 해당한다 … 원심의 위와 같은 판단에 상고이유 주장과 같이 제832조에서 정한 일상의 가사에 관한 법률행위에 관한 법리를 오해하였거나, 논리와 경험의 법칙을 위반하여 사실을 오인한 잘못이 없다.

## (2) 일상가사대리

> 제827조(부부간의 가사대리권) ① 부부는 일상의 가사에 관하여 서로 대리권이 있다.
> ② 전항의 대리권에 가한 제한은 선의의 제삼자에게 대항하지 못한다.

A. 의미
• 일상가사에 관한 법률행위에 대해 부부는 서로의 대리인으로 인정된다.
• 일상가사 대리권은 법정대리권의 일종이다. 다만 다른 법정대리권과는 달리 본인에게도 행위능력이 인정되고 본인이 법정대리인을 선임한다.

B. 효과
(a) 전제: 甲이 자신의 배우자인 乙을 현명하여 법률행위를 한 경우
(b) 일상가사에 속하는 행위를 대리한 경우: 유권대리이므로 乙에게 권리의무 귀속
(c) 일상가사에 속하지 않는 행위를 대리한 경우
• 원칙: 무권대리이므로 상대방의 철회권(§134)이 인정되고, 상대방은 행위자 甲에게 무권대리인의 책임을 추궁할 수도 있다(§135).
• 예외: '일상가사대리권'이라는 법정대리권도 §126의 요건인 기본대리권이 될 수

있으므로, 상대방에게 정당한 이유가 인정된다면 §126의 표현대리가 성립하여 행위자 甲 아닌 본인 乙에게 권리의무가 귀속된다.

C. 견해 대립

(a) 이른바 비상가사대리가 인정될 수 있는가?

• 쟁점: 배우자 일방의 혼수상태 등으로 인해 비상시라는 요건이 갖추어지면 법정 대리권인 일상가사대리권의 범위가 확장되는지의 여부가 문제된다.

• 판단: 배우자 일방이 긴급한 사정으로 인해 일상가사에 속하지 않는 법률행위에 대해서도 상대방을 대리할 필요가 있다면, §9의 성년후견 심판을 청구하여 후견인으로 선임되어야 한다. 비상가사대리를 인정하면 법적 안정성이 저해되기 때문이다. 판례도 비상가사대리를 인정하지 않는다.

> **대법원 2000. 12. 8. 선고 99다37856 판결**
> ‣ 부부의 경우에도 **일상의 가사가 아닌 법률행위를 배우자를 대리하여 행함에 있어서는 별도로 대리권을 수여하는 수권행위가 필요**한 것이지,
> ‣ 부부의 일방이 <u>의식불명의 상태에 있어 사회통념상 대리관계를 인정할 필요가 있다는 사정만으로 그 배우자가 당연히 채무의 부담행위를 포함한 모든 법률행위에 관하여 대리권을 갖는다고 볼 것은 아니다.</u>

(b) 일상가사대리권을 기본대리권으로 하는 월권대리가 인정될 수 있는 범위

• 제한설: 일상가사대리권을 기본대리권으로 삼아 월권대리가 인정되려면 문제된 월권대리행위가 일상가사와 관련성이 있어야만 한다는 견해이다. 이 견해에 의하면 ㉠ 일반적으로 가사일 수도 있지만 '구체적으로 그 부부의 일상가사'라고 볼 수 없는 영역인 고가품 구입 등의 사안에 대해서만 §126이 적용될 수 있고, ㉡ 가사와 전혀 무관한 행위에 대해서는 일상가사대리권을 기본대리권으로 하는 §126의 표현대리가 인정될 수 없다고 본다.

• 무제한설(판례): 일상가사대리권을 기본대리권으로 하여 월권대리로 인정될 수 있는 법률행위의 내용에는 제한이 없으므로, 모든 법률행위에 대해 일상가사대리권을 기본대리권으로 하는 월권대리가 성립할 수 있다는 견해이다. 일상가사와의 관련성이 낮은 행위를 대리한 경우에는 §126의 요건 중 '정당한 이유' 판단을 엄격하게 함으로써 본인의 이익을 보호할 수 있다고 본다.

**대법원 2009. 12. 10. 선고 2009다66068 판결**
- 乙이 甲(피고)의 남편으로서 일상가사대리권이 있고 丙(원고)이 乙이 甲을 대리하여 이 사건 연대보증을 할 권한이 있었다고 믿었더라도
- 乙에게 그 대리권이 있었다고 인정되지 않는 이상 **제126조의 표현대리**가 성립하기 위하여는 丙이 乙에게 그 **대리권이 있었다고 믿었음을 정당화할 만한 객관적인 사정**이 있어야 한다.

## (3) 일상가사 연대채무

> 제832조(가사로 인한 채무의 연대책임) 부부의 일방이 일상의 가사에 관하여 제삼자와 법률행위를 한 때에는 다른 일방은 이로 인한 채무에 대하여 연대책임이 있다. 그러나 이미 제삼자에 대하여 다른 일방의 책임 없음을 명시한 때에는 그러하지 아니하다.

A. 일상가사의 의미: 전술

B. 효과
- 원칙: 甲, 乙 부부 중 일방인 甲이 甲 자신의 이름으로 丙과 일상가사를 위한 법률행위를 한 경우, 乙도 丙에 대한 연대채무를 부담한다.
- 예외: 위 사안에서 甲이 丙에게 乙은 연대채무자가 아님을 명시한 경우에는 乙의 연대채무는 인정되지 않는다.

C. 일상가사대리 사안과 다른 점
- ✓ 일상가사대리는 일방이 타방을 현명하여 대리행위를 한 경우이므로, 행위자 자신에게는 채무가 귀속되지 않는다.
- ✓ 다만 일상가사에 속하는 행위라면, '본인'이 채무자가 되는 순간 행위자인 '대리인'도 연대채무자가 되기 때문에, 결과적으로 큰 차이는 없다.

**4**장

# 이혼의 요건, 절차

# 4장

# 이혼의 요건, 절차

## Ⅰ　개 관

### 1. 혼인해소 사유의 유형

- 혼인은 이혼 또는 사망에 의해 해소된다.
- 종래의 인척관계: 사별의 경우 재혼 전까지는 유지되는 반면, 혼인 취소나 이혼의 경우 혼인취소나 이혼 즉시 해소된다.

> 제775조(인척관계 등의 소멸) ① 인척관계는 혼인의 **취소 또는 이혼**으로 인하여 종료한다.
> ② 부부의 일방이 사망한 경우 생존 배우자가 **재혼**한 때에도 제1항과 같다.

### 2. 이혼의 의미와 유형

- ✓ 이혼에는 협의이혼과 재판이혼 두 종류가 있으며, 그 외의 방식으로는 이혼할 수 없다.
- ✓ 이혼은 혼인계약의 해지에 해당한다. 협의이혼은 합의해지, 재판이혼은 법정해지에 각각 대응한다. 따라서 협의이혼은 의사합치를 요건으로 하는 반면 재판이혼은 일방의 의무 불이행을 요건으로 한다.
- ✓ 공익 관련성이 강한 대세적 계약이라는 혼인의 특성을 반영하여 이혼에는 일반적인 계약 해지보다 더 엄격한 요건이 적용된다. 즉, 협의이혼의 경우에는 법원의 의사확인 절차와 이혼 신고를, 재판이혼의 경우에는 형성판결 절차를 각각 거쳐야 한다.

## Ⅱ 협의이혼

### 1. 실질적 요건: 이혼의사의 합치

#### 가. 개관

**(1) 의미: 혼인의 합의해지**

> 제834조(협의상 이혼) 부부는 협의에 의하여 이혼할 수 있다.

**(2) 판단기준시**

- 이혼의사 합치의 존재 여부의 판단기준시는 이혼 신고 수리시이다.
- 따라서 협의이혼 의사 확인시까지는 이혼의사가 합치했더라도 이혼신고 수리 전에 일방이 이혼의사를 철회했다면 이혼신고가 되었더라도 이혼은 무효이다.

**(3) 제한행위능력자에 대한 특칙**

> 제835조(성년후견과 협의상 이혼) 피성년후견인의 협의상 이혼에 관하여는 제808조 제2항을 준용한다.

#### 나. 사례: 가장이혼

**(1) 사안의 개요**

- 甲·乙은 법률혼 부부였는데 甲은 채무초과인 상태에서 乙과 협의이혼하여 이혼신고까지 마친 후, 유일한 재산인 ⓧ부동산에 대해 재산분할을 원인으로 乙 명의 소유권이전등기를 마쳐 주었다.
- 甲의 채권자 丙은, 甲·乙이 협의이혼 후에도 여전히 동거하고 있으므로 甲·乙 간 협의이혼은 채무면탈을 목적으로 한 것이고 위 재산분할 협의는 허위표시라고 주장한다.

**(2) 쟁점과 판단**

- 법률혼 해소 의사가 합치한다면 다른 목적이 있더라도 협의이혼은 유효이고, 이에 따른 재산분할 협의도 유효이다. 협의이혼이 무효임은 주장하는 자가 증명해야 한다.

- 협의이혼이 유효이더라도 재산분할의 적절한 부분을 초과하는 가액에 대해서는 사해행위 취소를 할 수 있으나, 채권자가 그 가액을 증명해야 한다.

**대법원 2016. 12. 29. 선고 2016다249816 판결**
- 협의이혼에 있어서의 이혼의 의사는 <u>법률상의 부부관계를 해소하려는 의사</u>를 말한다 할 것이므로, 일시적으로나마 법률상의 부부관계를 해소하려는 합의하에 협의이혼신고가 된 이상, 그 협의이혼에 <u>다른 목적이 있다 하더라도 양자간에 이혼의 의사가 없다고는 할 수 없고 따라서 그 협의이혼은 무효로 되지 아니한다.</u> … 소외인과 원고에게 **채무면탈 등 다른 목적이 있었다고 하더라도 이 사정만으로** 이혼 의사가 없었다고 단정하기는 어렵다.
- 원심으로서는, 원고가 소외인과 피고 사이의 위 **협의이혼이 무효라는 점을 증명하지 못한다면,** 모든 사정을 종합하여 피고가 받을 적정한 재산분할의 액수를 확정한 다음 이를 초과하는 부분이 있을 경우 그 부분에 한하여 사해행위로서 취소를 명하였어야 한다.

## 2. 절차적 요건

### 가. 사전절차(§836의2 ① ~ ③)

**(1) 안내, 상담권고**
- 협의이혼 신청이 접수되면 가정법원은 협의이혼에 관한 안내를 해야 한다.
- 상담은 필수 절차가 아니므로, 가정법원은 필요한 경우 전문상담인의 상담을 권고할 수 있다.

**(2) 고려기간**
- 원칙: 부부에게 양육하여야 할 자녀(태아 포함)가 있으면 3개월, 없으면 1개월의 고려기간이 적용되고 기산점은 안내가 도달한 날이다.
- 예외: 가정폭력 등으로 인해 일방에게 참을 수 없는 고통이 예상되는 급박한 사정이 있으면 법원은 재량으로 고려기간을 단축하거나 면제할 수 있다.

> 제836조의2(이혼의 절차) ① 협의상 이혼을 하려는 자는 가정법원이 제공하는 이혼에 관한 안내를 받아야 하고, 가정법원은 필요한 경우 당사자에게 상담에 관하여 전문적인 지식과 경험을 갖춘 전문상담인의 상담을 받을 것을 권고할 수 있다.

② 가정법원에 이혼의사의 확인을 신청한 당사자는 제1항의 안내를 받은 날부터 다음 각 호의 기간이 지난 후 이혼의사의 확인을 받을 수 있다.

1. 양육하여야 할 자(포태 중인 자를 포함한다. 이하 이 조에서 같다)가 있는 경우에는 3개월

2. 제1호에 해당하지 아니하는 경우에는 1개월

③ 가정법원은 폭력으로 인하여 당사자 일방에게 참을 수 없는 고통이 예상되는 등 이혼을 하여야 할 급박한 사정이 있는 경우에는 제2항의 기간을 단축 또는 면제할 수 있다.

## 나. 가정법원의 개입

### (1) 가정법원의 이혼의사합치 확인(§836의2 ②)

• 기능: 이혼의사 합치 여부에 대한 실질심사를 위한 절차이다.

• 법적 성질: 가사비송사건은 아니고 사법행정작용의 일종이다. 단순히 협의이혼 의사의 합치 사실만 확인하며, 당사자의 의사능력 유무나 의사표시의 하자 여부는 확인 대상이 아니다.

### (2) 이혼하는 부부에게 미성년 자녀가 있는 경우(§836의2 ④, ⑤)

• 친권자 지정 등 양육에 관한 사항에 관한 협의서나 재판 정본 제출의무: 양육에 관한 협의나 재판이 성립하지 못하면 협의이혼 의사확인을 받을 수 없으므로, 협의이혼 신고를 할 수 없고, 결국 협의이혼이 불가능하다.

• 양육비청구권에 대한 집행권원 확보: 가정법원은 협의이혼 의사 확인을 할 때 당사자가 협의하여 결정한 양육비 부담에 관한 내용을 확인하는 양육비부담조서를 작성해야 하고, 이 양육비부담조서는 집행권원에 해당한다(가사소송법 §41).

제836조의2(이혼의 절차) ④ 양육하여야 할 자가 있는 경우 당사자는 제837조에 따른 자의 양육과 제909조제4항에 따른 자의 친권자결정에 관한 협의서 또는 제837조 및 제909조제4항에 따른 가정법원의 심판정본을 제출하여야 한다.

⑤ 가정법원은 당사자가 협의한 양육비부담에 관한 내용을 확인하는 양육비부담조서를 작성하여야 한다. 이 경우 양육비부담조서의 효력에 대하여는 「가사소송법」 제41조를 준용한다.

## 다. 이혼신고

### (1) 요건

- 방식: 협의이혼으로 혼인을 해소하려면, 협의이혼 의사 확인서를 첨부하여 법정 서식에 따른 이혼신고서를 제출해야 한다.
- 당사자: 협의이혼하려는 부부는 각자 단독으로 이혼신고를 할 수 있다.

> 제836조(이혼의 성립과 신고방식) ① 협의상 이혼은 가정법원의 확인을 받아 「가족관계의 등록 등에 관한 법률」의 정한 바에 의하여 신고함으로써 그 효력이 생긴다.
> ② 전항의 신고는 당사자 쌍방과 성년자인 증인 2인의 연서한 서면으로 하여야 한다.

### (2) 기간

- 협의이혼 의사 확인을 받은 후 3개월 이내에 신고해야 한다.
- 기간경과의 효과: 위 기간이 경과하면 협의이혼 의사 확인은 효력을 상실한다. 따라서 다시 협의이혼 의사확인 절차를 거치거나 재판이혼 절차를 거쳐야만 이혼할 수 있다.

> 가족관계등록법 제75조(협의상 이혼의 확인) ① 협의상 이혼을 하고자 하는 사람은 등록기준지 또는 주소지를 관할하는 가정법원의 확인을 받아 신고하여야 한다. 다만, 국내에 거주하지 아니하는 경우에 그 확인은 서울가정법원의 관할로 한다.
> ② 제1항의 신고는 협의상 이혼을 하고자 하는 사람이 가정법원으로부터 확인서등본을 교부 또는 송달받은 날부터 3개월 이내에 그 등본을 첨부하여 행하여야 한다.
> ③ 제2항의 기간이 경과한 때에는 그 가정법원의 확인은 효력을 상실한다.

## 3. 소극적 요건: 협의이혼 의사표시의 무효, 취소

### 가. 요건

- 사기나 강박으로 인해 이혼 의사표시를 한 사람은 법정 기간 내에 협의이혼 취소를 할 수 있다.

> 제838조(사기, 강박으로 인한 이혼의 취소청구권) 사기 또는 강박으로 인하여 이혼의 의사표시를 한 자는 그 취소를 가정법원에 청구할 수 있다.

> 제839조(준용규정) 제823조의 규정은 협의상 이혼에 준용한다.

- 협의이혼의사 확인을 받았더라도 하자가 치유되지 않으므로, 사기·강박을 이유로 협의이혼 취소를 할 수 있다.

> **대법원 1987. 1. 20. 선고 86므86 판결**
> ‣ 협의이혼의사 확인절차는 확인당시에 당사자들이 이혼을 할 의사를 가지고 있는가를 밝히는데 그치는 것이고 그들이 <u>의사결정의 정확한 능력을 가졌는지 또는 어떠한 과정을 거쳐 협의이혼의사를 결정하였는지 하는 점에 관하여서는 심리하지 않는다.</u>
> ‣ 협의이혼의사의 확인은 어디까지나 당사자들의 합의를 근간으로 하는 것이고 법원의 역할은 그들의 의사를 확인하여 증명해 주는데 그치는 것이며 법원의 <u>확인에 소송법상의 특별한 효력이 주어지는 것도 아니다.</u> 따라서 이혼협의의 효력은 민법상의 원칙에 의하여 결정되어야 할 것이고 <u>이혼의사표시가 사기, 강박에 의하여 이루어졌다면 제838조에 의하여 취소할 수 있다.</u>

## 나. 절차와 효과
- 절차: 가사소송법상의 이혼무효소송, 이혼취소소송 절차를 거쳐야 한다. 이에 비해 재판이혼의 효과를 부정하려면 재심소송을 거쳐야 한다.
- 효과: 명문규정은 없지만 소급효가 인정된다.

## Ⅲ 재판이혼

## 1. 개관

### 가. 절차적 요건: 조정전치주의

### (1) 의미
- 원칙(가사소송법 §50 ② 본문): 조정 신청을 하지 않은 채 이혼소송을 제기한 경우 법원이 직권으로 조정에 회부한다.
- 예외(가사소송법 §50 ② 단서): 공시송달 외의 방법으로 일방 또는 쌍방을 소환할 수 없거나, 조정 성립을 기대하기 어려운 경우에는 조정절차를 거치지 않아도 재판 절차를 진행할 수 있다.

### (2) 조정절차를 거친 경우

• 조정이 성립한 경우(임의조정): 조서 작성 즉시 확정판결과 동일한 효과가 발생
하므로(가사소송법 §59 ②) 준재심사유가 인정되는 예외적인 경우가 아닌 한 불
복할 수 없다.

• 조정에 갈음하는 결정(강제조정): 2주 내에 이의신청이 없으면 확정판결과 동일
한 효력이 발생한다(가사소송법 §49, 민사조정법 §32, §34 ④).

• 재판절차로의 이행: 조정이 불성립으로 종료되고, ㉠ 조정에 갈음하는 결정이
내려지지 않은 경우나 ㉡ 조정에 갈음하는 결정이 있었으나 법정기간 내에 이의
신청이 있었던 경우에는 재판절차가 진행된다(가사소송법 §60, 민사조정법 §36).

## 나. 당사자

### (1) 원칙: 법률혼 부부

### (2) 예외: 부부의 일방이 의사무능력자인 경우

• 상대방 배우자 이외의 사람을 의사무능력자의 성년후견인으로 지정하고, 후견
인이 본인을 대리하여 재판상 이혼을 청구할 수 있다.

• 다만 후견인에 의한 이혼 청구가 인용되려면, ㉠ §840 각 호의 재판이혼 사유가
충족되어야 할 뿐 아니라 ㉡ 구체적 사정에 비추어 본인의 가정적 의사가 추정
될 수 있어야 하며 ㉢ 나아가 이혼이 피후견인의 복리에 부합하는 것으로 인정
되어야 한다.

• 사례: 의사무능력자인 피후견인의 배우자가 부정한 행위를 했음을 이유로 후견
인이 이혼 소송을 제기한 경우, 후견인에게도 당사자적격은 있으므로 각하사유
는 아니다. 다만 피후견인의 간병이 필요하고 자녀들이 이혼을 원하지 않는 등
의 사정이 인정되면 후견인의 이혼청구는 기각된다.

> **대법원 2010. 4. 29. 선고 2009므639 판결**
> ‣ 의사무능력 상태에 빠져 금치산선고를 받은 자의 배우자에게 부정행위나 악의의
> 유기 등과 같이 제840조 각 호가 정한 이혼사유가 존재하고 나아가 금치산자의 이
> 혼의사를 객관적으로 추정할 수 있는 경우에는, 후견인으로서는 의사무능력 상태
> 에 있는 금치산자를 대리하여 그 배우자를 상대로 재판상 이혼을 청구할 수 있다고

할 것이다.

- 금치산자의 이혼의사를 추정할 수 있는 것은 … 제반 사정을 종합하여 **혼인관계를 해소하는 것이 객관적으로 금치산자의 최선의 이익에 부합한다고 인정**되고 금치산자에게 이혼청구권을 행사할 수 있는 기회가 주어지더라도 혼인관계의 해소를 선택하였을 것이라고 볼 수 있는 경우이어야 한다.

## 2. 재판이혼 사유

### 가. 개관

- 재판이혼 사유의 시간적 범위: 혼인 중에 발생한 사정만 고려 대상이므로, 혼인 전이나 혼인의 실질적 파탄 후의 행위는 고려 대상이 아니다. 다만 혼인 전에 있었던 사실을 숨긴 것이 신뢰 상실을 초래하면 '기타 중대한 사유'에 해당할 수는 있다.

  - 배우자에 부정한 행위가 있었을 때라 함은 혼인한 부부간의 일방이 부정한 행위를 한 때를 말하는 것이므로 혼인 전 약혼단계에서 부정한 행위를 한 때에는 위 제1호의 이혼사유에 해당한다고 할 수는 없다(대법원 1991. 9. 13. 선고 91므85 판결).
  - 혼인파탄에 있어 유책성은 혼인파탄의 원인이 된 사실에 기초하여 평가할 일이며 혼인관계가 완전히 파탄된 뒤에 있은 일을 가지고 따질 것은 아니다(대법원 2004. 2. 27. 선고 2003므1890 판결).

- §840 각 호는 별개의 청구원인이고, 각 사유에 근거한 이혼소송은 별개의 소송물이다.

  제840조는 동조가 규정하고 있는 각 호 사유마다 <u>각 별개의 독립된 이혼사유를</u> 구성하는 것이고, 원고가 이혼청구를 구하면서 위 각 호 소정의 수개의 사유를 주장하는 경우 법원은 그 중 어느 하나를 받아들여 원고의 청구를 인용할 수 있는 것이다(대법원 2000. 9. 5. 선고 99므1886 판결).

### 나. 부정한 행위

제840조(재판상 이혼원인) 부부의 일방은 다음 각호의 사유가 있는 경우에는 가정법원에 이혼을 청구할 수 있다. 1. 배우자에 부정한 행위가 있었을 때

- 의미: 성적 성실의무를 위반하는 행위 전반을 뜻하므로 성적 접촉이 없어도 인정될 수 있다. 예컨대 성행위가 불가능한 상태이더라도 부정한 행위를 한 것으로 인정될 수 있다.

> **대법원 1992. 11. 10. 선고 92므68 판결**
> ‣ "배우자의 부정한 행위"라 함은 <u>간통을 포함하는 보다 넓은 개념으로서 간통에까지 이르지 아니하나 부부의 정조의무에 충실하지 않는 **일체의** 부정한 행위</u>가 이에 포함될 것이고, 부정한 행위인지의 여부는 구체적 사안에 따라 그 정도와 상황을 참작하여 평가해야 한다.
> ‣ 정교능력이 없어 실제로 정교를 갖지는 못하였다 하더라도 피고 1의 위 행위는 배우자로서의 정조의무에 충실치 못한 것으로서 위 법조 소정의 부정한 행위에 해당한다.

- 부정한 행위를 이유로 한 이혼청구권에 대해서는 상대기간 6개월, 절대기간 2년이라는 행사기간 제한이 적용된다.

> 제841조(부정으로 인한 이혼청구권의 소멸) 전조 제1호의 사유는 다른 일방이 사전동의나 사후 용서를 한 때 또는 이를 안 날로부터 6월, 그 사유있은 날로부터 2년을 경과한 때에는 이혼을 청구하지 못한다.

### 다. 악의의 유기

> 제840조(재판상 이혼원인) … 2. 배우자가 악의로 다른 일방을 유기한 때

- 의미: 정당한 이유 없이 동거 · 부양 · 협조의무를 위반하는 것을 뜻한다.
- 악의의 유기로 인한 이혼청구권은 형성권이므로 명문 규정은 없지만 10년의 제척기간이 적용된다. 다만 악의의 유기가 종료되기 전에는 제척기간이 진행되지 않는다.

> **대법원 1998. 4. 10. 선고 96므1434 판결**
> ‣ <u>정당한 이유 없이 서로 동거, 부양, 협조하여야 할 부부로서의 의무를 위반</u>하는 것이다.

> • 악의의 유기를 원인으로 하는 재판상 이혼청구권이 법률상 그 행사기간의 제한이 없는 형성권으로서 10년의 제척기간에 걸린다고 하더라도 이 사건에 있어서와 같이 … 악의로 다른 일방을 유기하는 것이 이혼청구 당시까지 존속되고 있는 경우에는 기간 경과에 의하여 이혼청구권이 소멸할 여지는 없다고 할 것이다.

## 라. 심히 부당한 대우

> 제840조(재판상 이혼원인) … 3. 배우자 또는 그 직계존속으로부터 심히 부당한 대우를 받았을 때
> 4. 자기의 직계존속이 배우자로부터 심히 부당한 대우를 받았을 때

- 정도: 혼인 지속이 가혹하다고 여겨질 정도에 이르러야 한다.
- 행위: 폭행, 학대, 모욕, 냉대 등이 '부당한 대우'에 해당한다.

> '배우자로부터 심히 부당한 대우를 받았을 때'라 함은 혼인관계의 지속을 강요하는 것이 가혹하다고 여겨질 정도의 폭행이나 학대 또는 모욕을 받았을 경우를 말한다(대법원 2021. 3. 25. 선고 2020므14763 판결).

- 당사자: 부부간의 심히 부당한 대우뿐 아니라, 일방과 상대방의 부모 사이의 심히 부당한 대우도 재판상 이혼 사유이다.

## 마. 3년 이상의 생사 불명

> 제840조(재판상 이혼원인) … 5. 배우자의 생사가 3년 이상 분명하지 아니한 때

## 바. 기타 중대한 사유

> 제840조(재판상 이혼원인) … 6. 기타 혼인을 계속하기 어려운 중대한 사유가 있을 때

### (1) 개관

#### A. 법적성질

✓ 반드시 유책사유일 필요는 없다는 점에서 파탄주의가 반영된 것으로 보는 견해도 있다.

✓ 그러나 유책배우자의 이혼청구 배척 법리가 유지되고 있으므로, 재판상 이혼에 대해서는 유책주의가 유지되고 있다고 보아야 한다.

B. 이혼청구권의 행사기간: 상대기간 6개월, 절대기간 2년

> 제842조(기타 원인으로 인한 이혼청구권의 소멸) 제840조 제6호의 사유는 다른 일방
> 이 이를 안 날로부터 6월, 그 사유있은 날로부터 2년을 경과하면 이혼을 청구하지 못
> 한다.

## (2) '기타 중대한 사유'의 의미와 판단

A. 개관

- 의미: 혼인의 본질에 상응하는 혼인공동생활이 회복할 수 없을 정도로 파탄되
  고, 혼인 유지가 일방에게 참을 수 없는 고통인 경우를 뜻한다.

  애정과 신뢰가 바탕이 되어야 할 혼인의 본질에 상응하는 부부공동생활관계가 회복
  할 수 없을 정도로 파탄되고, 혼인생활의 계속을 강제하는 것이 일방 배우자에게 참을
  수 없는 고통이 되는 경우를 말한다(대법원 2021. 3. 25. 선고 2020므14763 판결).

- 판단: 여러 가지 구체적 사정을 고려하여 판단해야 하고, '파탄'이 인정되면 파탄
  원인에 대한 책임의 경중을 비교하여 원고의 책임이 피고의 책임보다 더 무거운
  경우가 아닌 한 원고의 이혼청구를 인용해야 한다.

  **대법원 2021. 3. 25. 선고 2020므14763 판결**
  - 파탄 원인에 관한 당사자의 책임 유무, 혼인생활의 기간, 자녀의 유무, 당사자의 연
    령, 이혼 후의 생활보장, 기타 혼인관계의 여러 사정을 두루 고려하여야 하고,
  - 혼인관계가 돌이킬 수 없을 정도로 파탄되었다고 인정된다면 그 **파탄의 원인에 대
    한 원고의 책임이 피고의 책임보다 더 무겁다고 인정되지 않는 한** 이혼청구를 **인용
    해야 한다.**

B. 사례: 독박육아와 기타 중대한 사유

- 사안의 개요: 乙은 사업이나 취미생활을 위해 자녀에 대한 양육의무를 소홀히
  하였고 甲은 자녀 양육을 전담하였다.
- 쟁점과 판단: 자녀 양육 의무 불이행이 배우자에 대한 악의의 유기에 해당한다
  고 보기는 어렵지만, 기타 중대한 사유로 인정될 수는 있다.
- ✓ 비판: 협조의무의 포괄적 성격에 비추어 자녀 양육도 협조의무의 내용으로 볼 여지가 있다. 예컨

대 판례(2014스26, 47면)는 '자녀의 양육을 포함하는 공동생활로서의 혼인생활을 유지'하는 것과 부양·협조의무의 관련성을 인정한다. 또한 甲이 홀로 생활비를 마련했으면 乙의 부양의무 위반이 인정될 여지가 있다.

### 대법원 2022. 5. 26. 선고 2021므15480 판결

- 부부의 동거·부양 및 협조의무는 부부관계가 정신적·육체적·경제적 협동체라는 점에서 나오는 본질적인 의무이다. 특히 부모가 자녀에 대하여 가지는 양육을 포함한 친권은 부모의 권리이자 의무이므로, 부부가 자녀를 갖게 되면 함께 자녀를 보호하고 교양할 의무가 있다. 친권자 및 양육자로서의 부모의 자녀에 대한 양육의무는 단순히 비용을 부담하는 것에 그치는 것이 아니라 자녀의 최선의 복리를 위한 실질적 보호·교양의무를 의미하는 것이고, 부부는 협의에 따라 분담된 부모로서의 역할을 다하여야 자녀에 대한 양육의무를 이행하였다고 할 수 있다. 이때 부부 중 어느 일방이 자녀에 대한 양육의무를 소홀히 함으로써 다른 일방이 전적으로 자녀를 양육하는 것은 혼인생활에서의 양성평등의 원칙 및 자녀의 복리의 관점에서 허용될 수 없다.

- 원고는 홀로 생활비를 책임지면서 사건본인들에 대한 육아와 가사 및 직장생활을 하여야만 했던 반면, 피고는 장기간 가정을 등한시하면서 경제적인 지원이나 사건본인들에 대한 보호, 양육 등의 공동책임에서 완전히 벗어나 있었다. 피고의 이러한 행위가 **악의로 원고와 사건본인들을 유기한 것까지는 아니더라도 부모의 의무인 자녀에 대한 양육의무를 성실히 이행하지 않는 것에 해당**하는바, 이러한 사정은 원고로 하여금 피고에 대한 신뢰를 갖지 못하게 하고 지속적으로 혼인관계를 유지할 수 없다는 생각을 갖게 하기에 충분하다.

- 피고가 잦은 해외 체류를 하면서 원고 및 사건본인들을 유기에 가까운 방치에 이르게 한 데 대한 정당한 사유가 있는지, 그에 대하여 원고와의 합의나 양해가 있었는지, 피고의 혼인 유지 의사에 따른 노력과 태도 등을 살펴 원고와 피고의 혼인생활이 회복할 수 없을 정도로 파탄되었는지를 살펴보았어야 한다.


## 3. 유책배우자의 이혼청구 배척의 법리

### 가. 개관

#### (1) 전제

- 유책배우자의 이혼청구 배척 법리가 적용되려면, 원고와 피고 모두에게 §840 각

호의 유책사유가 인정되어야 한다.

- 피고의 유책사유가 없으면 원고의 청구는 기각되고, 피고의 유책사유가 인정되는데 원고의 유책사유가 없으면 유책배우자의 이혼청구 배척의 법리는 적용될 수 없고 원고의 청구가 인용된다.

## (2) 유책배우자의 이혼청구 배척 법리

### A. 의미와 근거

- 이혼소송의 피고에게 유책사유가 인정되더라도, 원고에게도 유책사유가 인정되고 혼인파탄에 대해 원고의 책임이 더 무겁다고 인정되면, 원고의 이혼청구는 기각된다.
- 명문 규정은 없지만 신의성실의 원칙, 유책주의 등의 이념을 근거로 판례에 의해 인정된다.

### B. 예외 사유의 기능

- 유책배우자의 이혼청구 배척 법리를 인정하는 실질적 근거가 충족되지 못했다면, 원고에게 유책사유가 있어도 피고의 유책사유를 이유로 이혼청구가 인용될 수 있게 해 줄 필요가 있다.
- 유책배우자의 이혼청구 배척 법리에 대한 예외사유에는 여러 가지 유형이 있다.

## 나. 예외사유의 유형

### (1) 피고에게 혼인을 유지할 의사가 없는 경우

- 의미: 피고에게도 이혼할 의사가 있음이 간접사실에 의해 추정되는 경우를 뜻한다. 원고가 이미 타인과 사실혼 관계를 형성한 경우가 전형적인 예이다.
  판례는 '피고가 오기, 보복감정으로 이혼 청구에 불응한다'고 판시하는 경향이 있으나, 피고의 감정이 아니라 '의사'가 예외사유의 구성요건이라고 보아야 한다.
- 비교: 피고가 반소로 이혼청구를 하는 경우, 혼인 유지 의사가 없는 경우라고 볼 수 있지만 그래도 유책배우자의 이혼청구를 인용하면 안 되고 반소청구를 인용하여야 한다.

**대법원 1998. 6. 23. 선고 98므15 판결**
  ‣ 유책배우자의 이혼청구에 대하여 상대방이 그 주장사실을 다투면서 오히려 다른

사실을 내세워 반소로 이혼청구를 한다 하더라도 그러한 사정만으로 곧바로 상대
방은 혼인을 계속할 의사가 없으면서도 오기나 보복적 감정에서 유책배우자의 이
혼청구에 응하지 아니하는 것이라고 단정할 수 없다.

‣ 피고의 이 사건 반소청구에도 불구하고 혼인생활의 파탄에 주된 책임이 있는 원고
는 스스로 이혼청구를 할 수 없다고 하여 이 사건 본소청구를 배척한 조치는 옳다.

## (2) 원고의 유책사유와 혼인파탄의 인과관계가 없는 경우

• 의미: 피고의 유책사유가 혼인 파탄에 대해 더 큰 영향을 미친 경우를 뜻한다
(2020므14763, 70면).

• 피고가 유책배우자의 이혼청구 배척 법리를 주장하는데도 쌍방의 유책성을 모
두 심리하여 비교하지 않으면 심리미진의 위법이 인정된다.

원심이 원고와 피고 모두 유책사유가 인정된다고 하면서도, 원고와 피고의 각 책임의
유무 및 경중을 가려보지도 아니한 채 피고에게 책임 있는 사유로 인하여 혼인관계가
돌이킬 수 없는 파탄에 이르렀다고 보기 어렵다고 판시하여 원고의 이혼청구를 배척
하고 만 것은 제840조의 적용에 관한 법리를 오해하였거나 이유를 제대로 명시하지
아니한 위법이 있다고 하지 않을 수 없다(대법원 1994. 5. 27. 선고 94므130 판결).

## (3) 후발적으로 원고의 유책성을 상쇄시키는 사유

• 혼인파탄 이후의 사정에 비추어 원고의 유책성이 상쇄된다면 유책배우자의 이
혼청구도 인용될 수 있다.

• 이러한 사유로서 ㉠ 유책성을 상쇄할 정도로 피고와 자녀에 대한 보호와 배려가
이루어지거나, ㉡ 세월의 경과에 따라 원고의 유책성과 피고의 정신적 고통이
점차 약화되어 쌍방의 책임의 경중을 엄밀히 따지는 것이 더 이상 무의미할 정
도가 된 경우를 들 수 있다.

### 대법원 2015. 9. 15. 선고 2013므568 전원합의체 판결

‣ 대법원은 … 제840조는 … 원칙적으로 유책주의를 채택하고 있는 것으로 해석하여
왔다. 그리하여 제840조 각호의 이혼사유가 있는 것으로 인정되는 경우라 할지라도
전체적으로 보아 그 이혼사유를 일으킨 배우자보다도 상대방 배우자에게 혼인파탄

의 주된 책임이 있는 경우에는 그 상대방 배우자는 그러한 이혼사유를 들어 이혼청구를 할 수 없다고 하였다.

- 판례에서 이미 허용하고 있는 것처럼 ㉠ 상대방 배우자도 혼인을 계속할 의사가 없어 일방의 의사에 의한 이혼 내지 축출이혼의 염려가 없는 경우는 물론, 나아가 ㉡ 이혼을 청구하는 배우자의 유책성을 상쇄할 정도로 상대방 배우자 및 자녀에 대한 보호와 배려가 이루어진 경우, ㉢ 세월의 경과에 따라 혼인파탄 당시 현저하였던 유책배우자의 유책성과 상대방 배우자가 받은 정신적 고통이 점차 약화되어 쌍방의 책임의 경중을 엄밀히 따지는 것이 더 이상 무의미할 정도가 된 경우 등과 같이 혼인생활의 파탄에 대한 유책성이 그 이혼청구를 배척해야 할 정도로 남아 있지 아니한 특별한 사정이 있는 경우에는 예외적으로 유책배우자의 이혼청구를 허용할 수 있다.
- 甲의 부정한 행위 사실을 알게 된 乙이 가정을 유지하겠다는 선택을 하였고 오랜 기간 부부관계를 유지하였으며, 甲이 그 이후에 다른 부정행위를 하였다고 볼 증거가 없다. 또한 乙은 과거의 외도를 이유로 甲에게 폭언을 행사하기도 하였다면 甲의 과거의 외도 사실이 현재 혼인관계 파탄의 직접적인 원인이라고 볼 수 없다(대법원 2021. 8. 19. 선고 2021므12108 판결).

## (4) 사례: 유책배우자의 거듭된 이혼 청구

- 전제: 이미 유책배우자의 이혼청구임을 이유로 패소판결이 확정된 경우에도, 거듭 이혼소송을 제기할 수 있다. 이때 원고의 유책성은 후소의 변론종결시를 기준으로 판단한다.
- 유책배우자 甲의 이혼청구 배척 후, ㉠ 상대방 배우자 乙이 원만한 혼인관계 회복을 위해 필요한 협조를 거부하는 등 혼인의 회복 가능성이 없고, ㉡ 甲이 乙과 미성년 자녀에 대한 보호와 배려를 다했고, ㉢ 혼인 유지가 미성년 자녀의 복리에 미치는 부정적 영향이 긍정적 영향보다 더 크다고 인정되면, '유책성의 희석'이 인정될 수 있다.

### 대법원 2022. 6. 16. 선고 2021므14258 판결

- 제826조 제1항의 포괄적 협력의무에 비추어, 유책배우자의 이혼청구임을 이유로 이혼청구가 배척되어 혼인이 유지된 후 상대방 배우자 또한 원만한 혼인관계로의

복원을 위하여 협조하지 않은 채 오로지 일방 배우자에게만 혼인관계 악화에 대한 잘못이 있다고 비난하고 대화와 소통을 거부하는 경우, <u>혼인유지를 위한 최소한의 노력조차 기울이지 않았다</u>고 볼 여지가 있어, 설령 그 배우자가 <u>혼인계속의사를 표명하더라도 이를 인정함에 신중하여야 한다.</u>

▸ 종전 이혼소송의 변론종결 당시 현저하였던 일방배우자의 유책성이 상당히 희석되었다고 볼 수 있고, 이는 현재 이혼소송의 사실심 변론종결 시를 기준으로 판단하여야 한다. 다만 이 경우 <u>일방 배우자의 유책성을 상쇄할 정도로 상대방 배우자 및 자녀에 대한 보호와 배려가 이루어졌어야 함</u>은 위에서 본 바와 같으므로 … 이혼에 불응하는 상대방 배우자가 혼인의 계속과 양립하기 어려워 보이는 언행을 하더라도, 그 이혼거절의사가 이혼 후 <u>자신 및 미성년 자녀의 정신적·사회적·경제적 상태와 생활보장에 대한 우려에서 기인한 것</u>으로 볼 여지가 있는 때에는 혼인계속의사가 없다고 섣불리 단정하여서는 안 된다.

▸ 또한 자녀가 미성년자인 경우에는 혼인의 유지가 경제적·정서적으로 안정적인 양육환경을 조성하여 자녀의 복리에 <u>긍정적 영향을 미칠 측면</u>과 더불어 부모의 극심한 분쟁상황에 지속적으로 자녀를 노출시키거나 자녀에 대한 부양 및 양육을 방기하는 등 파탄된 혼인관계를 유지함으로써 오히려 자녀의 복리에 <u>부정적 영향</u>을 미칠 측면에 관하여 모두 심리·판단하여야 한다.

▸ 원심은 과거에 원고가 청구한 이혼청구가 기각되었더라도, 그 후로 <u>피고 역시 혼인관계의 회복을 위한 노력을 다하지 않음으로써 혼인관계가 회복될 가능성이 없는</u> 반면 피고 및 사건본인에 대한 보호와 배려가 이루어짐으로써 유책배우자의 유책성이 희석되었다고 볼 수 있는지, 원고와 피고의 분쟁상황을 고려할 때 그 혼인관계의 유지가 <u>미성년자인 사건본인의 정서적 상태와 복리를 저해</u>하고 있는지 및 그 정도 등에 대하여 심리하지 않은 채 이 사건 청구가 유책배우자의 이혼청구가 허용되는 특별한 사정이 있는 경우에 해당된다고 보기 어렵다고 판단하였다. 이러한 원심의 판단에는 유책배우자의 이혼청구에 관한 <u>법리를 오해하여 필요한 심리를 다하지 않음으로써 판결에 영향을 미친 잘못이 있다.</u>

5장

# 이혼의 효과: 재산분할

5장

# 이혼의 효과: 재산분할

---

## I  개관

### 1. 기능

#### 가. 지배적 견해: 청산, 부양

- 재산분할청구권은 혼인 중에 부부의 협력으로 이룩한 실질적 공동재산의 공평한 분배라는 청산적 요소뿐 아니라 이혼 후 생활보장에 대한 배려라는 부양적 요소도 고려하여 그 구체적 내용이 정해져야 한다.

 ✓ 재산분할청구 사건은 가사비송사건이므로 청산적 요소나 부양적 요소를 구체적으로 어떻게 반영할지는 법원의 후견적 재량에 맡겨져 있다.

 ✓ 다수의 판례는 청산적 요소와 부양적 요소만 언급하고 있으나, 최근의 판례(2022스613, 104면)는 청산적 요소, 부양적 요소뿐 아니라 위자료도 고려 대상이 된다고 했다.

 재산분할 청구 사건에 있어서는 혼인 중에 이룩한 <u>재산관계의 청산뿐 아니라 이혼 이후 당사자들의 생활보장에 대한 배려 등 부양적 요소 등도</u> 함께 고려할 대상이 된다 (대법원 2013. 6. 20. 선고 2010므4071 전원합의체 판결).

#### 나. 재산분할 협의와 위자료

##### (1) 개관

 ✓ 재산분할은 마류 가사비송사건이고 위자료는 다류 가사소송사건으로서, 병합되더라도 청구취지와 주문은 별개이다.

 ✓ 재산분할에서 위자료를 참작할 수 있다고 한 판례는 대개 사해행위취소 사건이다. 즉 재산분할청구권의 본질에 관한 것이 아니라 이혼으로 인한 재산분할 명목으로 부부간에 행해진 처분행위 중 수익자의 정당한 몫에 관한 판단이다.

(2) 사례: 사해행위 취소와 재산분할, 위자료

- 채무자가 이혼 후 채무초과 상태에서 유일한 재산을 재산분할협의를 원인으로 배우자에게 넘겨준 경우 재산분할협의도 사해행위가 될 수 있다.
- 재산분할협의에 대한 사해행위취소는 상대방의 정당한 몫을 초과한 부분만을 대상으로 한다. 이때 정당한 몫에는 청산·부양 등의 요소를 고려한 정당한 재산분할의 가액뿐 아니라 위자료의 가액도 포함된다.
- 사해행위취소 소송에서 수익자의 정당한 몫인 부분과 사해행위에 해당하는 부분의 비율은 채권자취소권자가 증명해야 한다.

> **대법원 2016. 12. 29. 선고 2016다249816 판결**
> ‣ 이혼에 있어서 재산분할은 부부가 혼인 중에 가지고 있었던 실질상의 공동재산을 청산하여 분배함과 동시에 이혼 후에 상대방의 생활유지에 이바지하는 데 있지만, 분할자의 유책행위에 의하여 이혼함으로 인하여 입게 되는 정신적 손해(위자료)를 배상하기 위한 급부로서의 성질까지 포함하여 분할할 수도 있다.
> ‣ 채무초과 상태에 있는 채무자가 이혼을 하면서 그 배우자에게 재산분할로 일정한 재산을 양도함으로써 일반 채권자에 대한 공동담보를 감소시키는 결과가 된다고 하더라도, 이러한 재산분할이 제839조의2 제2항의 **규정 취지에 따른 상당한 정도를 벗어나는 과대한 것이라고 인정할 만한 특별한 사정**이 없는 한 사해행위로서 채권자에 의한 취소의 대상으로 되는 것은 아니고, 다만 **상당한 정도를 벗어나는 초과 부분에 한하여** 적법한 재산분할이라고 할 수 없어 **취소의 대상**으로 될 수 있을 것이나,
> ‣ 이처럼 상당한 정도를 벗어나는 과대한 재산분할이라고 볼 특별한 사정이 있다는 점에 관한 **입증책임은 채권자**에게 있다.

## 2. 재산분할청구권의 양도, 상속 가능성

### 가. 개관

- 재산분할청구권은 이혼이 성립한 때 그 효과로서 비로소 발생한다.
- 다만 이혼 성립 후에도 협의나 재판으로 구체적 내용이 형성되기 전까지는 내용이나 범위가 불명확·불확정하기 때문에 구체적으로 권리가 발생했다고 할 수 없다.

이혼으로 인한 재산분할청구권은 … **이혼이 성립한 때에 그 법적 효과로서 비로소 발생하며, 또한 협의 또는 심판에 의하여 그 구체적 내용이 형성되기 전까지는 그 범위 및 내용이 불명확·불확정하기 때문에 구체적으로 권리가 발생하였다고 할 수 없다**(대법원 2017. 9. 21. 선고 2015다61286 판결).

**나. 이혼 성립 전:** 권리가 발생하지 않은 상태

**(1) 상속 대상이 될 수 없음**

• 쟁점: 이혼소송과 재산분할 비송이 병합된 절차의 계속 중에 당사자 일방이 사망한 경우 그 상속인이 재산분할청구권을 행사할 수 있는지가 문제된다.

• 판단: 이혼소송은 수계할 수 없으므로 이혼이 성립할 수 없다. 따라서 재산분할청구권도 발생할 수 없다.

> **대법원 1994. 10. 28. 선고 94므246 판결**
> ‣ 이혼소송과 재산분할청구가 병합된 경우, 재판상의 이혼청구권은 부부의 <u>일신전속의 권리이므로 이혼소송 계속중 배우자의 일방이 사망한 때에는 상속인이 그 절차를 수계할 수 없음은 물론이고, 이 경우에 검사가 이를 수계할 수 있는 특별한 규정도 없으므로 이혼소송은 종료되고</u>
> ‣ 이혼의 성립을 전제로 하여 **이혼소송에 부대한 재산분할청구**도 이를 유지할 이익이 상실되어 **이혼소송의 종료와 동시에 종료**한다.

• 비교: 이혼으로 인한 위자료청구권은 행사상 일신전속성이 있으나 본인의 권리행사 의사가 나타난 경우에는 상속될 수 있다. 따라서 본인이 이혼소송을 제기하면서 위자료 청구도 한 경우 본인의 사망으로 인해 이혼소송이 소송종료선언으로 종료되더라도 위자료 청구 사건은 수계 대상이 된다. 위자료청구권은 이혼에 의해 창설되는 것이 아니라 이혼 시점에 가액이 확정·평가되는 것이라는 점에서 재산분할청구권과 다르다.

> **대법원 1993. 5. 27. 선고 92므143 판결**
> ‣ 이혼위자료청구권은 <u>상대방인 배우자의 유책불법한 행위에 의하여 그 혼인관계가 파탄상태에 이르러 부득이 이혼을 하게 된 경우에 그로 인하여 입게 된 정신적 고통</u>

을 위자하기 위한 손해배상청구권으로서, 이는 **이혼의 시점에서 확정, 평가되는 것이며 이혼에 의하여 비로소 창설되는 것은 아니**라 할 것이다.

› 이러한 이혼위자료청구권의 양도 내지 승계의 가능 여부에 관하여, 제806조 제3항, 제843조에 비추어 이혼위자료청구권은 원칙적으로 일신전속적 권리로서 양도나 상속 등 승계가 되지 아니하나 이는 <u>행사상의 일신전속권이고 귀속상의 일신전속권은 아니라 할 것이며, 그 청구권자가 위자료의 지급을 구하는 소송을 제기함으로써 그 청구권을 행사할 의사가 외부적 객관적으로 명백하게 된 이상 양도나 상속 등 승계가 가능</u>하다.

## (2) 채권양도 대상이 될 수 없음

• 사안: 甲 · 乙 부부의 이혼과 재산분할이 병합된 절차의 2심에서 이혼 및 재산분할 청구가 인용되자 甲은 丙에게 乙에 대한 재산분할청구권을 양도하고 乙에게 그 취지를 통지했다. 그 후 乙이 상고했으나 상고기각 판결이 확정되었다.

• 판단: 甲 · 丙간 재산분할청구권 양도(담보) 계약은 계약 당시에 성질상 양도가 불가능한 상태였던 채권을 양도한 것이므로 무효이다.

### 대법원 2017. 9. 21. 선고 2015다61286 판결

› 이혼이 성립하기 전에 이혼소송과 병합하여 재산분할의 청구를 한 경우에, 아직 발생하지 아니하였고 그 구체적 내용이 형성되지 아니한 재산분할청구권을 미리 양도하는 것은 성질상 허용되지 아니하며, 법원이 이혼과 동시에 **재산분할로서 금전의 지급을 명하는 판결이 확정된 이후부터 채권 양도의 대상이 될 수 있다.**

› 소외인이 원고들에게 이 사건 판결금 채권 중 일부를 각 양도한 시기는 <u>이혼소송의 항소심판결이 선고되었으나 아직 확정되지 아니한 때</u>로서 **이혼이 성립하지 아니하였고 재산분할에 관한 심판이 확정되기 전**이므로, 이 사건 각 채권양도 중 재산분할 청구에 따른 채권 부분은 **성질상 채권양도가 허용되지 아니하는 채권을 목적으로 한 것으로서 무효**라고 봄이 타당하다.

## (3) 포기 대상도 될 수 없음

• 이혼 전에 한 재산분할청구권 포기 의사표시는 무효이다. 아직 포기할 권리가 없기 때문이다.

- 이혼 전에도 정지조건부 재산분할협의 계약을 체결할 수는 있지만, 이혼 전에 한 재산분할청구권 포기 약정을 유효한 조건부 재산분할 협의의 일종으로 인정하면 안 된다. 다만 구체적 사정을 고려할 때 쌍방의 기여도를 정당하게 반영했다는 등의 특별한 사정이 인정되는 경우에는 유효한 재산분할 협의로 인정될 수도 있다.

### 대법원 2016. 1. 25.자 2015스451 결정

- 협의 또는 심판에 의하여 구체화되지 않은 재산분할청구권을 **혼인이 해소되기 전에 미리 포기하는 것은 그 성질상 허용되지 아니한다.**
- 아직 이혼하지 않은 당사자가 장차 협의상 이혼할 것을 합의하는 과정에서 이를 전제로 <u>재산분할청구권을 포기하는 서면</u>을 작성한 경우, 부부 쌍방의 협력으로 형성된 공동재산 전부를 청산·분배하려는 의도로 재산분할의 대상이 되는 재산액, 이에 대한 쌍방의 기여도와 재산분할 방법 등에 관하여 협의한 결과 부부 일방이 재산분할청구권을 포기하기에 이르렀다는 등의 사정이 없는 한 <u>성질상 허용되지 아니하는 '재산분할청구권의 사전포기'에 불과할 뿐이므로 쉽사리 '재산분할에 관한 협의'로서의 '포기약정'이라고 보아서는 아니 된다.</u>

### 다. 이혼 성립 후부터 협의나 재판으로 내용이 구체화되기 전까지

### (1) 상속 대상인지의 여부

- 이혼 후 재산분할 청구 전에 당사자 일방 또는 쌍방이 사망한 경우: 재산분할청구권은 일신전속성이 강하므로(2022스613, 105면) 상속인이 재산분할청구를 할 수는 없다.
- 이혼 후 이미 재산분할 청구를 하여 재판 진행 중에 일방이 사망한 경우: 상속인에 의한 수계가 가능할 것으로 보인다. 판례는 이혼 후 재산분할청구 재판 중 상대방이 사망한 사안에서 상대방의 상속인의 수계를 인정했다.

### 대법원 2009. 2. 9.자 2008스105 결정

- 사실혼관계는 … 당사자 일방의 의사에 의하여 해소될 수 있고 당사자 일방의 파기로 인하여 공동생활의 사실이 없게 되면 사실상의 혼인관계는 해소되는 것이며, 다만 정당한 사유 없이 해소된 때에는 유책자가 상대방에 대하여 **손해배상의 책임**을

지는 데 지나지 않는다. … 청구인은 소외인이 사망하기 전 <u>**사실혼관계의 해소를 주**</u>
<u>**장하면서 이 사건 재산분할심판청구**</u>를 한 사실 … 청구인과 소외인의 사실혼관계는
청구인의 일방의 의사에 의하여 해소되었고 공동생활의 사실도 없게 되었다고 봄
이 상당하다. 따라서 <u>사실혼관계의 해소에 따라 청구인에게 재산분할청구권이 인</u>
<u>정된</u>다고 할 것이다.
- 재산분할심판청구 이후 일방 당사자인 소외인이 사망하였으므로 그 <u>**상속인들에 의**</u>
<u>**한 수계를 허용함이 상당하다.**</u>

## (2) 양도·포기가 가능한지의 여부

### A. 전제: 채권으로서의 성질이 인정되기 어려움

- 책임재산이 아니기 때문에 이 단계에서 재산분할청구권을 포기해도 사해행위
라고 볼 수 없다.

> **대법원 2013. 10. 11. 선고 2013다7936 판결**
> - 재산분할청구권은 <u>이혼이 성립한 때에 그 법적 효과로서 비로소 발생</u>하는 것일 뿐
>   만 아니라, <u>**협의 또는 심판에 의하여 그 구체적 내용이 형성되기까지는 그 범위 및**</u>
>   <u>**내용이 불명확·불확정**</u>하기 때문에 구체적으로 권리가 발생하였다고 할 수 없다.
> - 따라서 협의 또는 심판에 의하여 구체화되지 않은 재산분할청구권은 채무자의 책
>   임재산에 해당하지 아니하고, 이를 포기하는 행위 또한 채권자취소권의 대상이 될
>   수 없다.

- 채권자대위권의 피대위권리가 될 수도 없다(2022스613, 105면).

### B. 양도가능성

✓ 긍정설: 장래채권 양도의 요건이 충족된다.

✓ 부정설: 추상적 권리와 구체적 권리를 구별하는 2013다7936의 태도에 비추어볼 때 양도 가능성
이 인정되기 어렵다.

✓ 판례의 태도는 불명확하다. 2015다61286은 부정설인 것처럼 보이지만 재산분할청구 사건과 병
합된 이혼 사건의 확정 전 사안에 관한 판결이기 때문에 이혼 성립 후 재산분할청구권의 내용 확
정 전 상황에 관한 판례라고 볼 수 없다.

## 라. 협의나 재판으로 내용이 구체화된 경우: 채권에 준함(후술)

## Ⅱ　재산분할의 요건

> 제839조의2(재산분할청구권) ① **협의상 이혼**한 자의 일방은 다른 일방에 대하여 재산분할을 청구할 수 있다.
> ② 제1항의 재산분할에 관하여 협의가 되지 아니하거나 협의할 수 없는 때에는 가정법원은 당사자의 청구에 의하여 당사자 쌍방의 협력으로 이룩한 재산의 액수 기타 사정을 참작하여 분할의 액수와 방법을 정한다.
> ③ 제1항의 재산분할청구권은 이혼한 날부터 2년을 경과한 때에는 소멸한다.

> 제843조(준용규정) ⋯ **재판상 이혼**에 따른 재산분할청구권에 관하여는 제839조의2를 준용하며, 재판상 이혼에 따른 재산분할청구권 보전을 위한 사해행위취소권에 관하여는 제839조의3을 준용한다.

### 1. 당사자

#### 가. 시간적 범위

- 이혼하려는 부부도 재산분할청구를 할 수 있다. 따라서 이혼 소송과 재산분할 비송을 병합할 수 있다.
- 이미 이혼한 부부는 이혼 후 2년의 제척기간 경과 전까지는 재산분할청구를 할 수 있다.

> 제839조의2(재산분할청구권) ① 협의상 이혼한 자의 일방은 다른 일방에 대하여 재산분할을 청구할 수 있다.

#### 나. 객관적 범위

- 법률혼뿐 아니라 사실혼의 경우에도 재산분할청구권이 인정된다.
- 혼인취소의 경우, 비록 민법상 명문 규정은 없지만 가사소송법을 근거로 재산분할청구권이 인정된다.

#### 다. 유책배우자의 재산분할청구권

- 원칙적으로 인정된다. 재산분할의 본질은 혼인 중에 협력하여 이룬 재산에 대한

청산이기 때문에 혼인파탄에 대한 책임을 이유로 청산에서 배제할 수 없다.
- 다만 재산분할 재판에서는 기타 사정도 고려하여 분할할 수 있으므로 혼인파탄에 대한 책임이 기타 사정으로 반영될 수는 있다.

> 가사에 불충실한 행위를 하였다고 하더라도, 이와 같은 사정은 <u>재산분할의 액수와 방법을 정함에 있어서 참작할 사유가 될 수 있을지언정 그와 같은 사정만으로 피고가 위와 같은 재산의 형성에 기여하지 않았다고 단정할 수 없다</u>(대법원 1995. 10. 12. 선고 95므175 판결).

## 2. 행사기간

> 제839조의2(재산분할청구권) ③ 제1항의 재산분할청구권은 이혼한 날부터 2년을 경과한 때에는 소멸한다.

### 가. 법적 성질
- 재산분할청구권은 이혼일로부터 2년 이내에 행사해야 한다.
- 이 기간은 제척기간이고 출소기간이다.

**대법원 2022. 11. 10.자 2021스766 결정**
- 제843조, 제839조의2 제3항의 기간은 제척기간이고, 나아가 재판 외에서 권리를 행사하는 것으로 족한 기간이 아니라 그 기간 내에 재산분할심판 청구를 하여야 하는 출소기간이다.
- 재산분할청구 후 제척기간이 지나면 그때까지 청구 목적물로 하지 않은 재산에 대해서는 특별한 사정이 없는 한 제척기간을 준수한 것으로 볼 수 없다.

### 나. 적용 범위
### (1) 물적 범위
- 재산분할 대상인 모든 재산에 대해 적용된다.
- 추가로 파악된 재산: 이미 한 번 재산분할 재판을 했더라도 그 후 추가로 파악된 분할대상 재산이 있으면 거듭 분할재판을 청구할 수 있다. 다만 이혼 후 2년이 지난 후에는 추가로 파악된 재산이 있어도 재산분할 청구를 할 수 없다.

재산분할재판에서 분할대상인지 여부가 전혀 심리된 바 없는 재산이 재판확정 후 추가로 발견된 경우에는 이에 대하여 추가로 재산분할청구를 할 수 있다. 다만 추가 재산분할청구 역시 이혼한 날부터 2년 이내라는 제척기간을 준수하여야 한다(대법원 2018. 6. 22.자 2018스18 결정).

**(2) 인적 범위:** 재산분할청구 사건에서 능동적 당사자로서 주장하는 경우에만 적용됨

**(3) 사례:** 재산분할 심판의 상대방에 대한 제척기간의 적용 배제

**(a) 사안의 개요와 원심 판단**

• 乙이 甲을 상대로 제기한 이혼 등 청구 소송(이하 '전소'라고 한다)에서 이혼 청구를 인용하고, 乙의 보유재산이 재산분할 비율에 따른 乙의 몫을 초과함을 이유로 재산분할청구를 기각하는 판결이 선고되어 2018. 7. 5. 확정되었다.

• 甲은 2020. 6. 17. 후소인 이 사건 심판을 청구하여, 전소에서 乙의 초과보유재산으로 인정된 액수 상당의 재산분할을 청구했다.

• 원심은 甲의 재산분할청구를 인용하는 한편, '전소에서 분할대상 재산에 포함되지 않았던 甲의 퇴직수당이 분할대상 재산에 포함되어야 한다'는 乙의 주장에 대하여, 위 주장이 이혼한 날인 2018. 7. 5.로부터 2년이 지난 후에 이루어진 것이어서 제척기간이 경과하였다는 이유만으로 이를 배척하였다.

**(b) 쟁점과 판단**

• 결론: 상대방 乙이 이혼 후 2년 경과 후 추가로 주장한 분할대상 재산도 고려하여 청구인 甲의 재산분할 심판에 반영해야 한다.

• 논거: ㉠ §839의2의 문언상 제척기간은 '재산분할청구권'에 대해서만 적용되고, ㉡ 상대방의 반심판청구가 불가능하므로 상대방의 추가 주장이 인정되더라도 그 재산에 대한 분할을 청구인에게 명할 수 없어서 청구인에게 불리하지 않으며, ㉢ 가사비송재판에서는 직권탐지주의가 적용되기 때문에 상대방의 추가 주장은 직권발동을 촉구하는 것에 불과하고, ㉣ 청구인이 제척기간 종료 직전에 임의로 선택한 재산에 대해서만 재산분할청구를 한 경우 제척기간 경과를 이유로 상대방이 추가 재산도 고려하여 분할해 달라고 요구할 수 있어야 실질적 공평을 실현할 수 있다.

**대법원 2022. 11. 10.자 2021스766 결정**

- 청구인의 지위에서 대상 재산에 대해 적극적으로 재산분할을 청구하는 것이 아니라, 이미 제기된 재산분할청구 사건의 상대방의 지위에서 분할대상 재산을 주장하는 경우에는 제척기간이 적용되지 않는다. … 제839조의2가 규정하는 2년의 제척기간은 재산분할을 청구하는 경우에 적용됨이 법문언상 명백하고 또한 이는 재판청구기간이기 때문이다.

- 금전의 지급 등 재산상의 의무이행을 구하는 마류 가사비송사건의 경우, 비록 직권탐지주의가 적용되는 사건이지만, 법원은 청구취지를 초과하여 의무의 이행을 명할 수 없다(가사소송규칙 제93조). 재산분할심판 사건의 심리 결과 청구인이 보유하고 있는 재산이 재산분할 비율에 따른 청구인의 몫을 초과한다는 점이 밝혀지더라도, 상대방이 반심판을 청구하지 않는 이상 원칙적으로 청구인의 재산분할청구가 기각될 뿐, 나아가 상대방을 위해 청구인에게 초과 보유분의 재산분할을 명할 수는 없다. 결국 상대방의 지위에서 청구인의 적극재산 등을 분할대상 재산으로 주장하는 것은 재산분할심판 청구에 대하여 일종의 방어방법을 행사하는 것으로 볼 수 있고, 이를 청구인의 지위에서 적극적으로 대상 재산의 분할심판을 구하는 것과 동일하게 평가할 수 없다.

- 가사소송법 제34조에 의하면 비송사건절차법이 준용되는데 비송사건절차에 있어서는 민사소송의 경우와 달리 당사자의 변론에만 의존하는 것이 아니고, 법원이 자기의 권능과 책임으로 재판의 기초가 되는 자료를 수집하는, 이른바 직권탐지주의에 의하고 있으므로(비송사건절차법 제11조), 상대방이 분할대상 재산을 주장하는 것은 재산분할의 대상 확정에 관한 법원의 직권 판단을 구하는 것에 불과하다.

- 상대방의 추가 주장에 대해서도 제척기간을 적용하면 제척기간 도과가 임박한 시점에 청구인이 자신에게 일방적으로 유리하게 분할대상 재산을 선별하여 재산분할심판을 청구한 경우 상대방으로서는 이에 대응할 수 있는 방법이 봉쇄되는바 … 당사자 사이의 실질적 공평에도 반하여 부당할뿐더러, 재산분할 등 사건에서 직권 또는 신청에 따른 재산명시·재산조회 제도(가사소송법 제48조의2, 제48조의3)를 둔 취지에도 맞지 않다.

## 3. 객체(대상)

### 가. 범위

**(1) 원칙: 혼인 중에 취득한 공동재산**

A. 유형

- 형식적 공동재산(부부공동명의로 되어 있는 재산)은 재산분할청구의 대상이 된다.
- 실질적 공동재산(일방의 명의로 되어 있지만 부부의 협력으로 이룩된 재산)도 재산 분할청구의 대상이 된다.
- 실질적 공동재산의 공평한 분할이 재산분할 제도의 본질적 기능이다. 이에 비해 형식적 공동재산은 재산분할청구권이 없어도 공유물분할의 대상이 될 수 있다.

B. 공동재산에 준하는 재산

- 재산분할 대상인 공동재산이 이미 처분된 경우에는 그 반대급부인 재산이 재산 분할 대상이 된다.
- 공동재산으로부터 비롯된 과실(사용이익)도 재산분할 대상이 된다.

**(2) 예외: 상대방의 특유재산 중 일정한 부분**

A. 특유재산의 의미

- 일방이 상대방 배우자의 협력 없이 취득한 재산으로서, 실질적 공동재산으로도 볼 수 없는 재산을 뜻한다.
- 특유재산의 유형으로는 ㉠ 일방이 혼인 생활 전부터 보유한 재산, ㉡ 일방이 혼인 후 스스로 자금을 조달하여 취득한 재산, ㉢ 일방이 혼인 후 상속받거나 증여받은 재산 등을 들 수 있다.

B. 특유재산이 분할 대상이 되기 위한 요건: 유지·감소방지를 위한 기여

- 특유재산은 원칙적으로 재산분할 대상이 아니다.
- 예외적으로 일방이 상대방의 특유재산 유지에 협력하여 감소를 방지하거나 그 증식에 협력한 것으로 인정되면, 특유재산이더라도 재산분할 대상이 된다.

> **대법원 2002. 8. 28.자 2002스36 결정**
> ‣ 재산분할제도는 혼인 중에 취득한 실질적인 공동재산을 청산 분배하는 것을 주된 목적으로 하는 것이므로 … 이 경우 부부 일방의 **특유재산은 원칙적으로 분할의 대**

**상이 되지 아니하나**

‣ 특유재산일지라도 다른 일방이 적극적으로 그 특유재산의 **유지에 협력하여 그 감소를 방지하였거나 그 증식에 협력하였다고 인정되는 경우에는 분할의 대상**이 될 수 있다.

‣ 부부 일방에 의하여 생긴 <u>적극재산이나 채무로서 상대방은 그 형성이나 유지 또는 부담과 무관한 경우에는 이를 재산분할 대상인 재산에 포함할 것이 아니다</u>(대법원 2013. 11. 28. 선고 2013므1455 판결).

## 나. 판단 기준시

**(1) 의미**: 분할대상 재산의 범위와 가액 산정을 위한 기준시

A. 협의이혼의 경우

• 이혼신고일을 기준으로 분할 대상 재산을 파악해야 한다. 따라서 이혼신고일 이후의 재산 변동은 고려 대상이 아니다.

• 협의이혼 전에 정지조건부 재산분할 약정을 했더라도, 이혼신고일을 기준으로 분할 대상 재산인지의 여부와 그 가액이 결정된다.

**대법원 2006. 9. 14. 선고 2005다74900 판결**

‣ 협의이혼에 따른 재산분할에 있어 **분할의 대상이 되는 재산과 액수는 협의이혼이 성립한 날(이혼신고일)을 기준**으로 정하여야 한다.

‣ 따라서 협의이혼 <u>성립일 이후</u>에 부부 일방이 새로운 <u>채무를 부담하거나, 부부 일방의 채무가 변제된 경우에도 이와 같은 재산변동 사항은 재산분할의 대상이 되는 재산과 액수를 정함에 있어 이를 참작할 것이 아니다.</u>

‣ **협의이혼을 예정하고 미리 재산분할 협의를 한 경우**에도 그 기준일에 관하여 달리 볼 것은 아니다. 따라서 재산분할 협의를 한 후 협의이혼 성립일까지의 기간 동안 재산분할 대상인 채무의 일부가 변제된 경우, 원칙적으로 변제된 금액은 재산분할 재판시 고려되어 채무액에서 공제되어야 한다.

B. 재판이혼의 경우

• 원칙: 이혼소송의 사실심 변론종결시를 기준으로 분할 대상 재산이 정해진다.

**재산분할에 있어 분할의 대상이 되는 재산과 그 액수는** 이혼소송의 **사실심 변론종결일**을 기준으로 하여 정하여야 하므로, 법원은 변론종결일까지 기록에 나타난 객관적인 자료에 의하여 개개의 공동재산의 가액을 정하여야 한다(대법원 2010. 4. 15. 선고 2009므4297 판결).

• 예외: 혼인관계의 실질적 파탄시부터 사실심 변론종결시 사이에 생긴 재산변동 중 혼인 중 공동으로 형성한 재산과 무관한 것은 고려 대상이 아니다.

### 대법원 2013. 11. 28. 선고 2013므1455 판결
  ‣ 혼인관계가 파탄된 이후 변론종결일 사이에 생긴 재산관계의 변동이 부부 중 일방에 의한 후발적 사정에 의한 것으로서 혼인 중 공동으로 형성한 재산관계와 무관하다는 등 특별한 사정이 있는 경우에는 그 변동된 재산은 재산분할 대상에서 제외하여야 할 것이다.
  ‣ 원고의 위 채무가 소멸한 것은 원고와 피고의 혼인관계가 파탄되어 별거하기 시작한 이후 원고의 일방적 노력에 의한 것으로서 그 이전에 형성된 재산관계 등과는 무관한 것으로 보인다. 따라서 비록 원심 변론종결 시점에서 보면 위 채무가 소멸되었다고 하더라도, 재산분할 대상인 재산의 범위를 정함에 있어서는 이를 부부 공동생활 관계에서 형성된 채무 금액에 포함시키는 것이 타당하다.

## (2) 기준시가 문제된 사례
A. 별거 후에 일방이 취득한 재산
• 원칙: 분할대상이 아니다. 이러한 재산에 대해서는 상대방이 유지·감소방지에 기여했다고 할 수 없기 때문이다.
• 예외: 분할대상 재산의 처분대가나 그 재산의 과실에 해당하는 재산은 분할대상 재산의 가치변형물이라고 할 수 있으므로, 별거 후 발생했더라도 분할대상으로 고려된다.

### 대법원 2019. 10. 31. 선고 2019므12549
  ‣ 재판상 이혼에 따른 재산분할을 할 때 분할의 대상이 되는 재산과 그 액수는 이혼소송의 사실심 변론종결일을 기준으로 하여 정하는 것이 원칙이다.

- 다만 <u>혼인관계가 파탄된 이후 사실심 변론종결일 사이에 생긴 재산관계의 변동이</u> <u>부부 중 일방에 의한 후발적 사정에 의한 것</u>으로서 혼인 중 <u>공동으로 형성한 재산</u> <u>관계와 무관하다는 등 특별한 사정</u>이 있는 경우 그 변동된 재산은 재산분할 대상에 서 제외하여야 하나
- 부부의 일방이 혼인관계 파탄 이후에 취득한 재산이라도 그것이 <u>혼인관계 파탄 이</u> <u>전에 쌍방의 협력에 의하여 형성된 유형·무형의 자원에 기한 것이라면 재산분할의</u> <u>대상</u>이 된다.
- 부부가 혼인 중에 이룬 공동재산을 부부 중의 일방이 별거 중에 임의매각한 경우 그 매 <u>각대금이 재산분할의 대상이 되어야 한다</u>(대법원 2005. 8. 19. 선고 2003므1166 판결).

B. 재산분할 후 추가로 발견된 재산(2018스18, 86면)

C. 별거 중 소멸한 채무

(a) 사안의 개요

- 甲, 乙 부부의 별거 시작 당시를 기준으로 파악한 분할대상 재산은 甲 명의 채무 4억원, 甲 명의 재산 6억원이고 다른 재산은 없었다.
- 별거 후 甲이 4억원 전액을 변제하였다.

(b) 쟁점과 판단

- 甲이 채무변제에 사용한 4억원이 분할대상 재산에서 지출된 것인지의 여부가 문제된다.
- 甲이 별거 후 乙의 기여 없이 취득한 급여 등의 특유재산으로 4억원을 변제했으 면, 4억원의 채무는 여전히 분할대상 소극재산으로 고려해야 한다. 따라서 甲은 乙에게 1억원을 지급해야 한다.

**대법원 2013. 11. 28. 선고 2013므1455 판결**

- 원고와 피고의 별거 시점에 원고 명의 부채가 있었는데, 그 후 원고의 수입으로 이 채무가 모두 소멸된 경우 ··· 위와 같은 채무의 소멸이 혼인 중에 형성되거나 그 유지 에 피고가 기여한 재산으로 변제한 것이라거나 별거 이후에라도 피고가 그에 협력 하거나 기여하였다고 볼 만한 자료는 달리 발견할 수 없다.
- 위 채무가 소멸한 것은 원고와 피고의 혼인관계가 <u>파탄되어 별거하기 시작한 이후</u>

원고의 일방적 노력에 의한 것으로서 그 이전에 형성된 재산관계 등과는 무관한 것으로 보인다. 따라서 비록 원심 변론종결 시점에서 보면 위 **채무가 소멸되었다고 하더라도, 재산분할 대상인 재산의 범위를 정함에 있어서는 이를 부부 공동생활 관계에서 형성된 채무 금액에 포함**시키는 것이 타당하다.

(c) 비교

- 甲 명의 분할 대상 적극재산 6억원에서 소극재산 4억원을 변제했다면 甲 명의 적극재산 2억원, 소극재산 0원이므로 甲은 乙에게 1억원을 지급해야 한다.

  혼인관계가 사실상 파탄에 이른 후에 부부 일방이 공동재산을 처분하였다고 하더라도 그 매각이 적정한 시가에 따라 이루어졌고 그 대금으로 부부 공동으로 부담하여야 하는 동액 상당의 채무를 변제하였다면 그 매각대금을 재산분할의 대상이 되는 재산의 가액에 산입할 수는 없다(대법원 2005. 8. 19. 선고 2003므1166 판결).

D. 혼인 중 부동산을 분양받고 별거 중 잔금을 지급하고 소유권이전등기를 마친 경우
- 사안의 개요: 甲, 乙간 혼인관계의 실질적 파탄 당시 甲 명의로 10억원에 분양받은 ⓧ아파트 대금 7억원이 납부된 상태였고, 파탄 후 甲이 자신의 특유재산으로 잔금 3억원을 납부하고 甲 명의 소유권이전등기를 마쳤다.
- 쟁점: 甲은 乙에게 3억 5000만원을 지급해야 하는가, ⓧ의 1/2지분을 이전해야 하는가?
- 판단: 甲의 ⓧ의 소유권 취득은 혼인 파탄 전에 협력으로 형성된 자원에 근거한 것이므로 재산분할 대상은 ⓧ부동산 자체이다. 따라서 ⓧ의 1/2지분을 이전해야 한다.

**대법원 2019. 10. 31. 선고 2019므12549 판결**
- 혼인관계가 파탄에 이르기 전까지 계약금 및 중도금으로 위 아파트의 분양대금 중 70%가량을 납입함으로써 **혼인관계 파탄 이전에 이미 분양대금 잔금의 납입을 통해 이 사건 아파트의 소유권을 취득할 것이 잠재적으로 예정**되어 있었던 점, 피고가 위와 같이 공급계약을 체결하고 분양대금을 납입하는 기간 동안 원고는 가사, 육아 등으로 기여하였다.

‣ 따라서 설령 피고가 <u>혼인관계 파탄 이후 소유권을 취득하였다고</u> 하더라도, 이는 혼인관계 파탄 이전에 원피고 <u>쌍방의 협력에 의하여 형성된 유형·무형의 자원에</u> <u>터 잡은 것이므로, **재산분할의 대상은 혼인관계 파탄 이전에 납입한 분양대금이**</u> **아니라 사실심 변론종결일 이전에 취득한 이 사건 아파트**가 되어야 한다.

## 다. 재산분할 대상인 공동재산인지가 문제된 사례

### (1) 제3자 명의의 재산

• 문제의 소재: 분할 대상인 재산이 부부 일방 또는 쌍방의 명의가 아니라 제3자, 예컨대 자녀, 일방의 부모, 일방이 일인주주인 주식회사 등의 명의로 되어 있는 경우, 이런 재산도 분할 대상인지가 문제된다.

• 원칙: 분할 대상이 아니다.

• 예외: ㉠ 부부 중 일방이 명의신탁자이거나 실질적 지배자인 재산이고, ㉡ 재산 분할의 일반적인 요건인 '협력에 의한 조성 또는 유지·감소방지에 기여'라는 사 정이 인정되면 분할 대상이 된다.

부부 중 **일방에 의해 명의신탁**된 재산 또는 부부의 일방이 실질적으로 지배하는 재산 으로서 부부 쌍방의 협력에 의하여 형성된 것이거나 부부 쌍방의 <u>협력에 의하여 형성</u> <u>된 유형, 무형의 자원에 기한</u> 것이라면 재산분할의 대상이 된다(대법원 2009. 6. 9.자 2008스111 결정).

### (2) 합유재산

• 합유재산도 일단 분할 대상 재산으로 파악된다.

• 다만 합유재산 자체에 대한 지분이 아니라 그 가액이 분할 대상 재산이 된다. 합 유지분은 임의로 처분할 수 없어서 재산분할 재판으로도 합유지분 양도를 명할 수는 없기 때문이다.

• 일방이 합유지분을 보유한다는 사실을 고려하여 다른 재산의 분할에 참작할 수 도 있다.

**대법원 2009. 11. 12. 선고 2009므2840 판결**
‣ 합유재산이라는 이유만으로 이를 재산분할의 대상에서 제외할 수는 없다.

‣ 부부의 일방이 제3자와 합유하고 있는 재산 또는 그 지분은 이를 **임의로 처분하지 못하므로** 직접 당해 재산의 분할을 명할 수는 없으나, 그 **지분의 가액을 산정하여 이를 분할의 대상**으로 삼거나 **다른 재산의 분할에 참작**하는 방법으로 재산분할의 대상에 포함하여야 한다.

### (3) 일방 명의의 공적 연금

• 국민연금법 §64 등에 규정된 이혼배우자의 분할연금 수급권은 재산분할청구권과 별개의 고유한 권리로 인정된다. 그 가액 산정시에는 ㉠ 연금기간과 혼인공동생활 기간의 비율에 따라 분할하는 법정 분할 방식이 적용되는 것이 원칙이지만, ㉡ 부부의 협의나 재판으로 이와 다르게 정할 수도 있다(대법원 2019. 6. 13. 선고 2018두65088 판결).

• 공무원연금의 경우: 법원은 ㉠ 예상되는 퇴직급여의 가액을 재산분할 대상에 포함시켜 재산분할 액수·방법을 정할 수도 있고, ㉡ 공무원연금법상 분할연금 등이 적용되게 할 수도 있다.

#### 대법원 2019. 9. 25. 선고 2017므11917 판결

‣ 법원은 재산분할 청구 사건에서 위와 같은 사정을 고려하여 예상퇴직급여 채권을 재산분할 대상에 포함하여 재산분할의 액수와 방법을 정할 수도 있고, 재산분할 대상에 포함하지 아니한 채 이혼당사자들이 공무원연금법에서 정한 분할연금 청구권, 퇴직연금일시금 등 분할 청구권에 관한 규정을 따르도록 할 수도 있다.

‣ 퇴직수당에는 위와 같은 이혼배우자의 분할 청구권 규정이 적용되지 아니하므로, 이혼배우자의 협력이 기여한 것으로 인정된다면 이혼소송의 사실심 변론종결 시를 기준으로 그 시점에서 퇴직할 경우 수령할 수 있을 것으로 예상되는 퇴직수당 상당액의 채권은 충분히 재산분할의 대상이 될 수 있다.

### (4) 사례: 채무의 분할

A. 문제의 소재

• 재산분할 재판은 법원의 재량이지만 대개 다음과 같은 방식으로 진행된다. ㉠ 분할 대상 적극재산과 소극재산을 파악한다. ㉡ 분할대상 적극재산의 총가액에서 분할 대상 소극재산의 총가액을 공제하여 분할 대상 순재산을 산출한 후 이

순재산에 기여분 50%를 곱하여 부부 각자의 몫을 산정한다. ⓒ 부부 각자의 명의로 된 적극재산과 소극재산을 각자에게 귀속시킨 후 순취득분이 'ⓑ'에서 산출한 '각자의 몫'을 초과하는 사람이 초과액을 금전으로 지급하도록 명한다.

• 따라서 자기 명의로 된 적극재산이 많은 당사자는 '분할 대상 채무'의 가액을 늘려야 재산분할로 지급할 돈의 가액을 줄일 수 있다.

B. 부부 중 일방 명의의 채무가 재산분할 대상인지의 여부

(a) 원칙: 분할대상 아님＝각자의 명의로 된 채무는 각자 부담이 원칙

(b) 예외: 분할대상으로 고려되는 경우

• 일상가사에 관한 채무인 경우에는 일방의 명의이더라도 연대채무이다.

• 분할 대상 공동재산의 형성·유지에 수반된 채무는 일방의 명의이더라도 분할대상 소극재산이 된다. 예컨대 대출금으로 구입했던 적극재산이 남아 있지 않아도 금전대출이 부부 공동의 이익을 위한 것임이 인정되면 대출금 채무는 분할대상이다.

> **대법원 2006. 9. 14. 선고 2005다74900 판결**
> • 혼인생활 중에 부부의 일방이 제3자에게 부담한 채무는, **일상가사에 관한 것이거나 공동재산의 형성에 수반하여 부담한 것인 경우에 한하여 부부 공동으로 부담한 채무로서 청산의 대상**이 되는 것이다.
> • 그 채무로 취득한 특정 적극재산이 남아 있지 않더라도 그 채무부담행위가 부부 공동의 이익을 위한 것으로 인정될 때는 혼인 중의 공동재산의 형성·유지에 수반하는 것으로 보아 청산의 대상이 된다.

C. 채무초과 상태와 재산분할

• 분할대상 적극재산과 소극재산의 가액을 고려한 결과, 채무초과 상태이더라도 채무분할을 명하는 재산분할 재판이 이루어진다. 이혼 후의 생활보장 배려라는 부양적 요소도 고려 대상이기 때문이다.

• 채무초과 상태에서 재산분할 재판을 하는 경우에는 법원이 여러 사정을 고려하여 채무 분담 여부와 분담 비율을 정할 수 있다. 이에 비해 적극재산은 재산형성에 대한 기여도(비율)에 따라 일률적으로 분할해야 한다.

> **대법원 2013. 6. 20. 선고 2010므4071 전원합의체 판결**
> - 혼인 중에 이룩한 재산관계의 청산뿐 아니라 이혼 이후 당사자들의 생활보장에 대한 배려 등 부양적 요소 등도 함께 고려할 대상이 되므로,
> - 재산분할에 의하여 채무를 분담하게 되면 그로써 채무초과 상태가 되거나 기존의 채무초과 상태가 더욱 악화되는 것과 같은 경우에는 … 제반 사정을 종합적으로 고려하여 채무를 분담하게 할지 여부 및 그 분담의 방법 등을 정할 것이고,
> - 적극재산을 분할할 때처럼 재산형성에 대한 기여도 등을 중심으로 일률적인 비율을 정하여 당연히 분할 귀속되게 하여야 한다는 취지는 아니라는 점을 덧붙여 밝혀 둔다.

## Ⅲ   재산분할의 절차(방법)

### 1. 협의에 의한 재산분할

#### 가. 개관

#### (1) 협의분할 우선 원칙

- 부부는 협의(계약)에 의하여 재산분할을 할 수 있다. 협의가 안 되거나 협의할 수 없어야 재판으로 분할한다(§839의2).

> 제839조의2(재산분할청구권) ② 제1항의 재산분할에 관하여 **협의가 되지 아니하거나 협의할 수 없는 때**에는 가정법원은 당사자의 청구에 의하여 당사자 쌍방의 협력으로 이룩한 재산의 액수 기타 사정을 참작하여 분할의 액수와 방법을 정한다.

#### (2) 재산분할 협의의 법적 성질: 계약

- ✓ 재산분할 협의가 성립했는지의 여부, 무효 · 취소 사유가 있는지의 여부, 그 내용의 해석 등에 대해서는 계약에 관한 일반이론이 적용된다.
- 일방이 분할협의의 내용을 이행하지 않는 경우: 채무불이행책임이 성립한다. 따라서 상대방은 강제이행을 할 수도 있고, 법정해제권 행사 후 새로운 협의나 재판으로 재산분할청구를 할 수도 있다.

‣ 부부가 재산분할등의 조건에 관하여 합의하여 공증까지 한 후 부가 <u>합의 내용의 일</u>
  <u>부를 이행하지 아니하므로</u> 처가 이혼, 위자료 및 재산분할 등을 구하는 소송을 제기
  하고 위 <u>합의의 해제를 서면으로</u> 통지하였다면
‣ 재산분할 합의는 **적법하게 해제되어 더 이상 존속하지 아니하므로 여전히 재산분**
  **할청구권**을 가진다.

## 나. 협의분할을 할 수 있는 시간적 범위

### (1) 원칙: 이혼 후~재산분할 재판 개시 전

### (2) 사례

A. 재산분할 재판 중의 분할협의

(a) 직권탐지주의

• 재산분할 재판은 직권탐지주의가 적용되는 비송사건이므로 재판 중 일부 재산
  의 분할 방법에 대해 당사자가 합의하더라도 합의된 내용대로 분할해야 하는 것
  은 아니다.

‣ 재산분할재판은 비송재판이고 직권탐지주의가 적용되므로 법원은 당사자의 주장
  에 구애되지 않고 재산분할 대상이 무엇인지 직권으로 사실조사를 하여 포함시키
  거나 제외시킬 수 있다.
‣ 따라서 당사자가 **소송 중에 일부 재산에 관한 분할방법에 관한 합의를 하였더라도,**
  **법원으로서는 당사자가 합의한 대로 분할을 하여야 하는 것은 아니다.**

(b) 당사자의 합의에 대한 존중

• 일부 재산에 대해 재산분할 협의가 이미 이루어진 후 나머지 재산에 대해 재판
  으로 재산분할을 하는 경우, 법원은 나머지 재산의 적정한 분할에 지장을 초래
  하는 경우가 아닌 한 협의된 내용을 존중해야 한다.
• 합리적 이유를 제시하지 않으면 직권탐지주의를 근거로 합의에 반하는 방법으
  로 분할을 명하는 것이 정당화될 수 없다.

**대법원 2021. 6. 10. 선고 2021므10898 판결**

‣ 재산분할심판은 재산분할에 관하여 당사자 사이에 협의가 되지 아니하거나 협의할
수 없는 때에 한하여 하는 것이므로, 쌍방 당사자가 재산분할 재판의 변론기일에 일
부 재산에 관하여 분할방법에 관한 합의를 하였고, 그것이 그 일부 재산과 나머지
재산을 적정하게 분할하는 데 지장을 가져오는 것이 아니라면 법원으로서는 이를
최대한 존중하여 재산분할을 명하는 것이 타당하다.

‣ 법원이 아무런 합리적인 이유를 제시하지 아니한 채 그 합의에 반하는 방법으로 재
산분할을 하는 것은 재산분할사건이 가사비송사건이고, 그에 관하여 법원의 후견
적 입장이 강조된다는 측면을 고려하더라도 정당화되기 어렵다.

## B. 이혼 전에 한 재산분할협의

### (a) 개관: 정지조건부 계약

• 이혼하지 않은 상태에서 부부가 '재산정리 후 이혼하기로 합의한다'라는 약정을
하는 경우 그 효력이 문제된다. 재산분할의 당사자는 이혼하는 부부이어야 하
기 때문에 이혼 절차 개시 전인 부부에게는 재산분할청구권이 인정되지 않는 것
이 원칙이기 때문이다.

• 판례는 정지조건부 계약으로 해석한다.

### (b) 정지조건의 내용: 협의이혼의 성립

• 이혼 전에 한 재산분할협의는 협의이혼이 성립해야만 효력이 인정된다.

• 이에 비해 재판이혼이 성립하면 오히려 정지조건 불성취로 인정된다는 점에 유
의해야 한다.

### (c) 정지조건 불성취 사유

• 정지조건 불성취 사유가 발생하면 이혼 전에 한 재산분할협의는 무효로 확정된다.
따라서 다시 협의나 재판으로 재산분할을 해야만 재산분할을 받을 수 있다.

• 정지조건 불성취 사유의 예: ㉠ 재판상 이혼(판결 또는 조정에 의한 이혼)은 협의
이혼 불성립을 전제하므로, 재판상 이혼으로 인해 이혼 전에 한 재산분할협의
는 확정적으로 무효가 된다. ㉡ 정지조건부 재산분할약정 후 혼인관계가 원만
하게 유지되면 협의이혼 가능성은 없어졌으므로 정지조건 불성취로 확정된다.
그 후 다시 혼인관계가 파탄되더라도 이미 실효된 종래의 재산분할약정이 부활

할 수는 없다.

(d) 정지조건 성취 여부에 대한 증명책임

• 일반적인 경우: 재산분할약정에 따른 이행을 요구하는 자가 정지조건의 성취를 증명해야 한다.

• 예외: 이미 협의이혼이 성립한 경우에는 정지조건 성취로 추정된다. 따라서 재산분할협의가 무효라고 주장하는 자가 '정지조건부 약정 후 협의이혼 전에 원만한 혼인관계가 회복되었다'는 특별한 사정이 있어서 정지조건이 불성취되었음을 증명해야 한다.

### 대법원 2003. 8. 19. 선고 2001다14061 판결

‣ 아직 이혼하지 않은 당사자가 장차 협의상 이혼할 것을 약정하면서 이를 전제로 재산분할에 관한 협의를 하는 경우에 있어서는, 특별한 사정이 없는 한, 장차 당사자 사이에 협의상 이혼이 이루어질 것을 조건으로 하여 조건부 의사표시가 행하여지는 것이라 할 것이므로,

‣ 협의 후 당사자가 약정한대로 **협의상 이혼이 이루어진 경우에 한**하여 그 협의의 효력이 발생하는 것이지, 어떠한 원인으로든지 협의상 이혼이 이루어지지 아니하고 **혼인관계가 존속하게 되거나 당사자 일방이 제기한 이혼청구의 소에 의하여 재판상 이혼**(화해 또는 조정에 의한 이혼을 포함한다)이 이루어진 경우에는 위 협의는 조건의 불성취로 인하여 효력이 발생하지 않는다.

‣ 위 재산분할합의가 있은 후 원고와 피고가 **협의이혼함으로써 특별한 사정이 없는 한 위 재산분할합의의 정지조건이 성취되었다**고 할 것이므로 이 사건 부동산에 대한 피고 명의의 소유권이전등기는 실체적 법률관계에 부합하는 등기로서 유효하다고 볼 개연성이 많다고 할 것이고 … 위 합의가 있은 후 협의이혼 성립 전에 원고와 피고 사이의 혼인관계가 정상적으로 회복되어 위 합의가 명시적 또는 묵시적으로 **합의해제되었거나 정지조건의 불성취사실이 확정되었다고 볼 수 있는 특별한 사정은 협의가 무효임을 주장하는 원고가 주장·입증하여야 한다.**

(e) 정지조건부 재산분할약정과 분할대상 재산의 범위·가액 산정의 기준

• 이혼 전에 협의로 재산분할 비율을 정했더라도 이 비율은 협의이혼 성립시 즉 이혼신고 당시의 재산에 대해서만 적용된다.

• 사례: 재산분할 협의로 공동재산형성에 수반된 채무를 50%씩 분담하기로 했는

데, 부부공동재산 형성의 토대가 된 사업체와 관련된 벌금 1억원이 부과된 경우, 벌금 부과 시점이 협의이혼 성립 전인 때에만 벌금도 분할 대상이 된다.

### 대법원 2006. 9. 14. 선고 2005다74900 판결

· 협의이혼에 따른 재산분할에 있어 분할의 대상이 되는 재산과 액수는 협의이혼이 성립한 날(이혼신고일)을 기준으로 정하여야 한다.
· 따라서 협의이혼 성립일 이후에 부부 일방이 새로운 채무를 부담하거나, 부부 일방의 채무가 변제된 경우에도 이와 같은 재산변동 사항은 재산분할의 대상이 되는 재산과 액수를 정함에 있어 이를 참작할 것이 아니다.


## 2. 재판에 의한 재산분할

### 가. 개관

### (1) 심리

· 마류 비송사건이므로 법원은 당사자가 신청한 분할 방법에 기속되지 않는다.

일방 당사자가 특정한 방법으로 재산분할을 청구하더라도 법원은 이에 구속되지 않고 타당하다고 인정되는 방법에 따라 재산분할을 명할 수 있다(대법원 2010. 12. 23. 선고 2009므3928 판결).

· 재산분할의 비율은 분할 대상 재산 전체를 대상으로 판단하며 개별 재산별로 판단하지 않는다. 예외적으로 채무초과 상태에서 채무를 분할하거나 공적 연금을 분할하는 경우에는 다른 재산과 다른 기준을 적용하여 분할할 수 있다.

### 대법원 2006. 9. 14. 선고 2005다74900 판결

· 제839조의2 제2항의 취지에 비추어 볼 때, 재산분할비율은 <u>개별재산에 대한 기여도를 일컫는 것이 아니라, 기여도 기타 모든 사정을 고려하여 전체로서의 형성된 재산에 대하여 상대방 배우자로부터 분할받을 수 있는 비율을 일컫는 것이라고 봄이 상당</u>하므로
· 법원이 합리적 근거 없이 적극재산과 소극재산을 구별하여 분담비율을 달리 정한다거나, 분할대상 재산들을 개별적으로 구분하여 분할비율을 달리 정함으로써 분할할 적극재산의 가액을 임의로 조정하는 것은 허용될 수 없다.

- 구체적인 분할 방법: 법원은 재량으로 현물분할, 금전지급 분할은 물론 경매분할을 명할 수도 있다. 다만 분할대상 재산이 현금이나 금융자산이라면 금전지급에 의한 분할만 가능하다.

> 재산분할은 <u>현물분할, 금전지급에 의한 분할, 경매분할 등 다양한 방법으로 이루어질 수 있고,</u> 분할대상 재산이 현금 또는 예금계좌에 보유하고 있는 <u>금융자산이라면 금전지급에 의한 분할이 이루어질 수밖에 없다</u>(대법원 2021. 6. 24. 선고 2018다243089 판결).

- 분할 대상 재산의 가액 산정은 시가감정 이외의 적당한 방법을 사용해도 된다 (대법원 2005. 8. 19. 선고 2003므1166 판결).

## (2) 재판 후의 법률관계

### A. 분할의무의 이행지체

- 재산분할청구권은 협의나 재판으로 확정되기 전까지는 불명확한 권리이므로 재산분할 재판 확정시 비로소 이행지체 책임을 진다.
- 소촉법상 이율은 적용되지 않으므로 법정이율만 적용된다.

### B. 가집행선고

- 재산분할청구권은 확정 전까지는 불명확한 권리이므로 가집행선고의 대상이 될 수 없다.
- 비교: 원래 마류 가사비송 재판의 인용판결에 대해서는 가집행선고를 붙일 수 있다(가사소송법 §42 ①). 예컨대 §837의 양육비 청구권은 가집행 선고의 대상이 될 수 있다.

> **대법원 2014. 9. 4. 선고 2012므1656 판결**
> - <u>재산분할로 금전의 지급을 명하는 경우에도 그 판결 또는 심판이 확정되기 전에는 금전지급의무의 이행기가 도래하지 아니할 뿐만 아니라 금전채권의 발생조차 확정되지 아니한 상태에 있다</u>고 할 것이어서, 재산분할의 방법으로 금전의 지급을 명한 부분은 <u>가집행선고의 대상이 될 수 없다고 봄이 상당하다.</u> 그리고 이는 <u>이혼이 먼저 성립한 후에 재산분할로 금전의 지급을 명하는 경우라고 하더라도 마찬가지이다.</u>
> - 이혼으로 인한 재산분할청구권은 이혼이 성립한 때에 그 법적 효과로서 발생하는

것이지만 협의 또는 심판에 의하여 **구체적 내용이 형성되기까지는 그 범위 및 내용이 불명확하기 때문에 구체적으로 권리가 발생하였다고 할 수 없다.** 따라서 당사자가 이혼 성립 후에 재산분할 등을 청구하고 법원이 재산분할로서 금전의 지급을 명하는 판결이나 심판을 하는 경우에도, 이는 장래의 이행을 청구하는 것으로서 분할의무자는 그 금전지급의무에 관하여 판결이나 심판이 확정된 다음 날부터 이행지체책임을 지고, 그 지연손해금의 이율에 관하여는 소송촉진 등에 관한 특례법 제3조 제1항 본문이 정한 이율도 적용되지 아니한다.

**나. 사례:** 재산분할재판의 기판력과 공유재산에 관한 재판

**(1) 사안의 개요**

- 甲은 乙을 상대로 이혼과 재산분할을 구하는 전소를 청구하면서, ⓧ부동산(상가)에서 발생한 임대수익 중 甲의 몫인 2억원의 지급도 청구하였다. 그 후 甲은 이 2억원의 부당이득 반환을 구하는 별소인 후소를 제기하였다.

- 甲은 전소에서 ⓧ의 임대수익을 8:2의 비율로 나누기로 하는 약정이 있었다고 주장했으나 배척되었다.

- 이 사건 소(후소)의 항소심은 위 전소 판결의 기판력에 저촉됨을 이유로 원고의 부당이득반환 청구를 배척했다.

**(2) 쟁점과 판단**

- 전소는 가사재판이므로 가사사건에 해당하지 않는 쟁점에 대한 전소의 판단에는 기판력이 인정되지 않는다.

- 후소의 청구원인은 임대수익 분배 약정이므로 가사사건과 무관하다. 따라서 전소에서 재산분할비율을 결정할 때 위 약정을 참작했더라도 별개의 민사사건인 후소에 대해 전소의 기판력이 미치지 않는다.

**대법원 2021. 6. 24. 선고 2018다243089 판결**
- ‣ 재산분할청구는 당사자 사이에 협의가 이루어지지 않거나 협의할 수 없는 때 비로소 할 수 있으므로, **이미 이루어진 재산분할에 관한 약정의 이행을 구하는 민사청구와는 구별**된다. 당사자가 재산분할청구 사건에서 금전의 지급을 구하는 청구를 하는 경우 그 청구가 재산분할청구인지 아니면 이와 별개의 민사청구인지 여부는 당

해 사건에서의 청구원인과 당사자의 주장 취지, 청구에 대한 법원의 판단 및 이를 전후한 사건의 경과 등을 종합적으로 고려하여 판단하여야 한다.

- 가사사건은 민사사건과 다른 종류의 소송절차에 따른 것이므로, 원칙적으로 **가사사건에 관한 소송에서 통상의 민사사건에 속하는 청구를 병합할 수 없다.**

- 이혼 등 소송 확정판결에서는 원고의 이 사건 각 상가에 관한 임대수익 분배약정에 따른 미정산금 2억원 청구에 관한 원고의 주장을 배척하면서, 다만 원고가 주장하는 사정을 재산분할 비율에 참작한다고 기재하였을 뿐, 주문에도 원고의 이 부분 청구를 기각한다고 기재하지 않았다.

- 원고는 이혼 등 소송에서 재산분할청구를 하면서 그 청구원인으로 이 사건 각 상가에 관한 임대수익 분배약정을 포함하여 주장하였고, 법원도 위 주장을 분할대상 재산 및 가액에 관한 부분에서 판단하였음을 알 수 있을 뿐, 원고가 위 재산분할청구와는 별도로 부당이득반환청구를 병합하여 제기하였다거나, 법원이 원고의 주장을 민사청구로 판단하여 기각하였다고 볼 수 없다. 따라서 이혼 등 소송 확정판결의 기판력이 민사청구인 이 사건 부당이득반환청구에 미친다고 할 수 없다.

## Ⅳ 재산분할의 효과

### 1. 현물분할의 채권적 효과

- 재산분할의 내용은 금전지급인 경우가 많지만, 분할대상 재산인 부동산의 지분 이전인 경우도 있다.

- 이 경우 협의분할은 물론 재판분할의 경우에도 채권적 효과만 인정된다(대법원 판례 없음). 따라서 부동산이면 등기, 채권이면 대항요건을 갖춰야 재산분할 대상 재산의 귀속이 완료된다.

피고는 원.피고 쌍방의 협력에 의하여 취득한 재산의 분할로서 원고에게 원고가 구하는 이 사건 부동산에 대한 2분의 1 지분을 취득하게 함이 상당하다고 할 것인데 판결에 의한 재산분할의 경우 재산분할의 효력은 재산분할을 명한 판결의 확정시에 생긴다고 봄이 타당하므로 피고는 원고에게 이 사건 부동산에 대한 2분의 1 지분에 관하여

이 사건 판결확정일자 재산분할을 원인으로 한 소유권이전등기절차를 이행할 의무가 있다고 할 것이다(서울가정법원 1991. 6. 7. 선고 89드58308 제4부 판결).

## 2. 관련문제: 재산분할청구권의 보전

### 가. 재산분할청구권에 대한 채권자대위권, 채권자취소권

### (1) 개관

- 부부 중 일방에 대한 채권자가 책임재산 확보를 위해 채무자의 재산분할청구권을 대위하거나 채무자의 재산분할협의를 취소할 수 있는지가 문제된다.
- 재산분할청구권은 인격적 이익과 관련되므로 그 행사 여부는 자유로운 의사결정에 맡겨진다. 즉, 행사상 일신전속성이 인정된다.

> **대법원 2022. 7. 28.자 2022스613 결정**
> - 이혼으로 인한 재산분할청구권은 이혼을 한 당사자의 일방이 다른 일방에 대하여 재산분할을 청구할 수 있는 권리로서 청구인의 재산에 영향을 미치지만, 순전한 재산법적 행위와 같이 볼 수는 없다.
> - 오히려 이혼을 한 경우 당사자는 배우자, 자녀 등과의 관계 등을 종합적으로 고려하여 재산분할청구권 행사 여부를 결정하게 되고, 법원은 청산적 요소뿐만 아니라 이혼 후의 부양적 요소, 정신적 손해(위자료)를 배상하기 위한 급부로서의 성질 등도 고려하여 재산을 분할하게 된다.

### (2) 재산분할청구권의 내용이 협의나 재판으로 결정되기 전

- 행사상 일신전속성이 인정되고 구체적인 권리가 발생했다고 볼 수 없으므로 책임재산이라고 볼 수 없다.

> 재산분할청구권은 협의 또는 심판에 의하여 그 구체적 내용이 형성되기까지는 그 범위 및 내용이 불명확·불확정하기 때문에 구체적으로 권리가 발생하였다고 할 수 없어 채무자의 책임재산에 해당한다고 보기 어렵고, 채권자의 입장에서는 채무자의 재산분할청구권 불행사가 그의 기대를 저버리는 측면이 있다고 하더라도 채무자의 재산을 현재의 상태보다 악화시키지 아니한다(대법원 2022. 7. 28.자 2022스613 결정).

- 따라서 ㉠ 재산분할청구권은 채권자대위권의 대상이 될 수 없음은 물론, ㉡ 재

산분할청구권 포기가 사해행위가 될 수도 없다.

> ‣ 이러한 사정을 종합하면, 이혼으로 인한 재산분할청구권은 그 행사 여부가 **청구인의 인격적 이익을 위하여 그의 자유로운 의사결정에 전적으로 맡겨진 권리로서 행사상의 일신전속성**을 가지므로, 채권자대위권의 목적이 될 수 없고 파산재단에도 속하지 않는다고 보아야 한다(대법원 2022. 7. 28.자 2022스613 결정).
> ‣ 이혼이 성립한 때에 그 법적 효과로서 비로소 발생하는 것일 뿐만 아니라, 협의 또는 심판에 의하여 그 구체적 내용이 형성되기까지는 그 범위 및 내용이 불명확·불확정하기 때문에 구체적으로 권리가 발생하였다고 할 수 없으므로 협의 또는 심판에 의하여 구체화되지 않은 재산분할청구권은 채무자의 책임재산에 해당하지 아니하고, 이를 포기하는 행위 또한 채권자취소권의 대상이 될 수 없다(대법원 2013. 10. 11. 선고 2013다7936 판결).

## (3) 재산분할청구권의 내용이 구체화 된 후

• 협의분할은 채권자취소 대상이 될 수 있다(전술).
• 같은 맥락에서 채권자대위권의 대상도 될 수 있다고 보아야 한다.

### 나. 재산분할청구권의 보전을 위한 채권자대위권, 채권자취소권

> 제839조의3(재산분할청구권 보전을 위한 사해행위취소권) ① 부부의 일방이 다른 일방의 재산분할청구권 행사를 해함을 알면서도 재산권을 목적으로 하는 법률행위를 한 때에는 다른 일방은 제406조제1항을 준용하여 그 취소 및 원상회복을 가정법원에 청구할 수 있다.
> ② 제1항의 소는 제406조제2항의 기간 내에 제기하여야 한다.

## (1) 개관

• 문제의 소재: 부부 중 일방은 자신의 재산분할청구권 보전을 위해 상대방의 재산권을 대위행사하거나 상대방의 사해행위를 취소할 수 있는가?
• 협의나 재판으로 재산분할청구권의 내용이 결정되기 전에는, 재산분할청구권은 ㉠ 불명확·불확정적 권리이므로 이를 보전하기 위한 채권자대위권은 인정될 수 없고, ㉡ 재산분할청구권과는 별도로 위자료청구권을 보전할 필요가 있더라도 채무자의 무자력 요건도 충족되어야만 채권자대위권을 행사할 수 있다.

채권자취소권의 피보전권리가 될 수 있는지는 §839의3의 요건과 관련되는데 이 문제에 관한 해석론은 아직 불명확하다.

**대법원 1999. 4. 9. 선고 98다58016 판결**
- 이혼으로 인한 재산분할청구권은 협의 또는 심판에 의하여 그 구체적 내용이 형성되기까지는 그 범위 및 내용이 불명확·불확정하기 때문에 구체적으로 권리가 발생하였다고 할 수 없으므로 이를 보전하기 위하여 채권자대위권을 행사할 수 없고,
- 위자료청구권을 피보전권리로 하는 경우에도 채무자의 무자력이 인정되지 않는 한 보전의 필요성이 있다고 할 수 없어 권리보호 자격이 없다.

- 협의나 재판으로 재산분할청구권의 구체적 내용이 정해진 후에는 재산분할청구권도 일반적인 재산권이기 때문에 이를 보전하기 위한 채권자대위권·채권자취소권은 당연히 인정될 수 있다.

**(2) 비교사례:** 부양료에 대한 구상권의 내용 확정 전 사해행위와 채권자취소권

A. 사안
- A가 2008. 혼수상태가 되자 A의 누나 甲이 A를 입원시키고 병원비를 조달했으나, A의 배우자 B는 A를 방치했다.
- A가 2009.5.1. 사망하자 A의 단속상속인 B는 상속재산인 ⓧ부동산에 상속등기 후 2009.5. 자신의 부 乙에게 ⓧ를 증여했다.
- 이에 甲은 B에 대한 구상권을 보전하기 위해 2009.6. ⓧ에 대한 A명의 소유권이전등기 말소등기청구권 보전을 위한 처분금지 가처분을 마쳤고, B는 2009.11. 乙에게 소유권 이전등기를 마쳤다.
- 甲은 2011. B를 상대로 구상권을 행사하는 소를 제기하여 2012. 대법원에서 甲 승소 판결이 확정되었다. A에 대한 제1차 부양의무자 B가 A에 대한 병원비를 지급할 의무가 있는데, 甲이 이를 대신 지급했기 때문이다.

B. 쟁점과 판단: 사해행위취소권의 기산점
- 판례는 甲의 피보전권리인 구상권이 구체적 권리로서 성립하기 전이더라도 사해행위 시점 또는 이를 안 날 사해행위취소권의 제척기간이 기산한다고 본다.
 ✓ 논거는 불명확하지만, 장래채권 보전을 위한 사해행위취소의 요건이 충족되었다고 보는 듯하다.

**대법원 2015. 1. 29. 선고 2013다79870 판결**

‣ 제974조에 의해 부양의 의무 있는 사람이 여러 사람인 경우에 부양의무를 이행한 1인이 다른 부양의무자에게 <u>이미 지출한 과거 부양료의 지급을 구하는 권리는</u> 당사자의 협의 또는 가정법원의 심판 확정에 의하여 비로소 **구체적이고 독립한 재산적 권리로 성립**하게 되지만,

‣ 그러한 부양료청구권의 침해를 이유로 <u>채권자취소권을 행사하는 경우의 제척기간</u>은 부양료청구권이 구체적인 권리로서 성립한 시기가 아니라 제406조 제2항이 정한 '**취소원인을 안 날**' 또는 '**법률행위가 있은 날**'로부터 진행한다고 할 것이다.

**6**장

# 이혼과 미성년 자녀 양육

# 6장

# 이혼과 미성년 자녀 양육

## I 개 관

✓ 양육권은 친권의 일부이므로 이혼 후 친권의 귀속과 친권행사 방법 등에 관한 규정을 두면 충분하다. 그런데도 현행법은 친권의 귀속에 관한 조문과 양육권 귀속을 포함한 양육 방법 결정에 관한 조문을 별도로 둠으로써 불필요한 해석상 혼란을 초래하고 있다. 이혼 후의 '친권자 지정'은 친권자 결정에 관한 조문에서, '친권자 지정 이외의 양육관련 사항의 결정'은 이혼의 효과에 관한 조문에서 각각 규정하고 있기 때문이다.

### 1. 친권, 양육권의 의미

#### 가. 친권의 의미와 내용

#### (1) 의미

• 미성년자를 키우는 데 필요한 행위나 조치를 할 포괄적 권리·의무를 뜻한다.

✓ 친권의 법적성질에 대해서는 권리설, 의무설, 권리·의무설 등이 대립한다. 이들 중 권리·의무설, 즉 친권은 권리이면서 동시에 의무로서의 성질도 가진다는 견해가 다수이다. 그러나 친권의 본질은 권리이고 권리를 행사할 때 자녀의 복리 원칙의 제한을 받는 것에 불과한 것으로 보아야 한다. 친권의 의무라고 보는 것은 '국가로부터 위임받은 친권' 개념을 전제해야만 가능한 논변이다.

#### (2) 친권에 속하는 권리·의무의 구체적인 내용

• 내용에 따라, ㉠ 미성년자에 대한 보호·교양(보살핌) 의무(§913)와 ㉡ 미성년자의 재산에 대한 포괄적 재산관리권(§916)으로 나누어진다.

> 제913조(보호, 교양의 권리의무) 친권자는 자를 보호하고 교양할 권리의무가 있다.

> 제914조(거소지정권) 자는 친권자의 지정한 장소에 거주하여야 한다.

> 제916조(자의 특유재산과 그 관리) 자가 자기의 명의로 취득한 재산은 그 특유재산으로 하고 법정대리인인 친권자가 이를 관리한다.

- 행위의 법적 성질에 따라, ㉠ 사실행위에 속하는 것으로서, 보호·교양을 위해 필요한 구체적인 행위, 재산관리를 위해 필요한 보존행위나 사용·수익 등이 있고, ㉡ 법률행위로서, 미성년자에게 영향을 미치는 중요한 사항에 대한 결정권(의료·교육 관련법), 미성년자의 재산적 법률행위에 대한 동의권 행사(§5 ① 본문), 포괄적 법정대리권 행사(§920) 등이 있다.

> 제5조(미성년자의 능력) ① 본문: 미성년자가 법률행위를 함에는 법정대리인의 동의를 얻어야 한다.

> 제920조(자의 재산에 관한 친권자의 대리권) 본문: 법정대리인인 친권자는 자의 재산에 관한 법률행위에 대하여 그 자를 대리한다.

## 나. 양육권의 의미

- 친권 중 보호·교양(보살핌)과 관련된 권리·의무를 양육권이라고 한다.
- 이에 비해 친권에서 양육권을 제외한 부분을 좁은 의미의 친권이라고 한다.

## 2. 이혼에 수반한 친권, 양육권 행사 방법 결정

### 가. 문제의 소재

- 부모가 혼인공동생활을 하는 경우: 일방에 대해 친권의 정지·제한·상실이 발생하지 않는 한, 부모는 공동친권자이고 공동 양육권자이다(§909 ②).
  - ✓ §909의 '친권'을 넓은 의미의 친권으로 해석한다면 양육권자 결정이나 양육권 행사 방법에 대한 별도의 조문을 둘 필요는 없다. 따라서 §909 ②는 넓은 의미의 친권을 의미하는 것으로 해석할 수 있다. 그러나 §837이 양육에 관한 사항의 결정 방법을 따로 규정하고 있기 때문에, §909 중 이혼 상황에서 적용되는 제4항, 제5항은 좁은 의미의 친권을 의미하는 것으로 해석할 수밖에 없다. §836의2 ④도 '제837조에 따른 자녀 양육'과 '제909조 제4항에 따른 자녀 친권자결정'에 관한 협의서 또는 재판서가 각각 필요한 것을 전제하고 있다.
- 부모가 이혼한 경우: 넓은 의미의 친권을 공동행사 하기 어려운 것이 일반적이다. 그러나 이혼한 부모 각자와 자녀와의 친자관계는 그대로 유지되기 때문에 공동친권·공동양육권 이외의 행사방식을 결정할 필요가 있다.

## 나. 결정 방법

**(1) 원칙: 부모의 협의**

**(2) 예외: 협의가 성립하지 않으면 재판으로 결정**

A. 판단기준: 자녀의 복리 원칙(§912)

B. 비송 재판

- 자녀의 복리를 실현하기 위한 구체적인 방식은 법원의 재량으로 정할 수 있다.
- 자녀의 연령·성별, 자녀의 의사와 부모의 의사뿐 아니라, 친밀도, 경제력, 양육 방식의 적합성 등을 고려하여 결정해야 한다.

### 대법원 2021. 9. 30. 선고 2021므12320 판결

- 법원이 제837조 제4항에 따라 미성년 자녀의 양육자를 정할 때에는, 미성년 자녀의 성별과 연령, 그에 대한 부모의 애정과 양육 의사의 유무는 물론, 양육에 필요한 경제적 능력의 유무, 부와 모가 제공하려는 양육방식의 내용과 합리성·적합성 및 상호 간의 조화 가능성, 부 또는 모와 미성년 자녀 사이의 친밀도, 미성년 자녀의 의사 등의 모든 요소를 종합적으로 고려하여,
- 미성년 자녀의 성장과 복지에 가장 도움이 되고 적합한 방향으로 판단하여야 한다.

### (3) 이혼 후 친권·양육권 결정의 구체적인 예

- 인정된 사례: ㉠ 친권은 일방, 양육권은 타방에게 분리 귀속하는 방식으로 정할 수 있고, ㉡ 친권·양육권 전부를 동일인에게 귀속하게 하거나, ㉢ 친권·양육권 모두 공동으로 귀속하게 하거나, ㉣ 친권은 공동으로, 양육권은 단독으로 귀속하게 할 수도 있다.
- ✓ 이러한 판례의 태도에 의하면, 부모가 이혼한 사안이더라도 공동친권자일 수 있고 이 경우 일방이 친권정지를 당해도 후견이 개시되지 않고 타방이 단독친권을 행사할 수 있어서 유효하게 재산적 법률행위를 대리할 수 있다.

### 대법원 2012. 4. 13. 선고 2011므4719 판결

- 이혼 후 그 자의 친권자와 그 양육에 관한 사항을 각기 다른 조항에서 규정하고 있는 점 등에 비추어 보면, 이혼 후 부모와 자녀의 관계에 있어서 친권과 양육권이 항상 같은 사람에게 돌아가야 하는 것은 아니며, 이혼 후 자에 대한 양육권이 부모 중

어느 일방에, 친권이 다른 일방에 또는 부모에 공동으로 귀속되는 것으로 정하는 것은, 비록 신중한 판단이 필요하다고 하더라도, 앞서 본 바와 같은 기준을 충족하는 한 허용된다.

‣ 친권이 원고와 피고에 공동으로 귀속하는 것으로, 양육권이 원고에게 귀속하는 것으로 정한 것은 수긍할 수 있다.

• 부정된 사례: 가치관이나 양육방식에 관한 의사에 현저한 차이가 있는 경우에는 주중 · 주말로 기간을 분할하여 공동양육자로 지정할 수 없다(대법원 2013. 12. 26. 선고 2013므3383 판결).

**(4) 사례: 재판상 이혼과 공동양육의 가능성**

• 재판상 이혼의 경우 부모를 공동양육자로 지정할 수 있으나, 제반사정을 고려할 때 공동양육을 위한 여건이 갖춰졌음이 전제되어야 한다.

• 일방을 양육자로 지정하고 상대방의 면접교섭을 인정해도 자녀의 복리를 실현할 수 있다면 부모를 공동양육자로 지정하면 안 된다.

> **대법원 2020. 5. 14. 선고 2018므15534 판결**
> ‣ 재판상 이혼의 경우 양육방법을 둘러싸고 갈등이 계속되는 경우에는 공동양육을 통해 달성하고자 하는 긍정적인 효과보다는 그 갈등이 자녀에게 미칠 부정적 영향이 크다 … 따라서 **재판상 이혼의 경우 부모 모두를 자녀의 공동양육자로 지정**하는 것은 부모가 공동양육을 받아들일 준비가 되어 있고 양육에 대한 가치관에서 현저한 차이가 없는지, 자녀가 공동양육의 상황을 받아들일 이성적 · 정서적 대응능력을 갖추었는지 등을 **종합적으로 고려하여 공동양육을 위한 여건이 갖추어졌다고 볼 수 있는 경우에만 가능**하다고 보아야 한다.
> ‣ 일방에 대한 양육자 지정과 상대방에 대한 면접교섭을 통해서도 원심이 공동양육자 지정을 통해 달성하고자 한 목적을 대부분 달성할 수 있을 것으로 보인다. 그런데도 원심은 원고와 피고를 사건본인의 공동양육자로 지정하고 공동양육 방법을 정한 것에는 잘못이 있다.

## Ⅱ 이혼과 미성년 자녀의 친권자·양육자 결정

### 1. 부모가 혼인공동생활을 하지 않는 경우의 친권자 결정

**가. 원시적인 결정:** 이혼, 인지와 동시에 친권자가 결정되는 경우

**(1) 협의이혼·임의인지가 성립한 경우**

A. 1차적 결정방법

• 협의이혼, 임의인지 사안의 경우, 친권자는 부모의 협의로 정해지는 것이 원칙이다.

• 부모의 협의 내용이 자녀의 복리에 반하는 경우 법원이 개입하여 보정명령을 하거나 직권으로 친권자를 지정할 수 있다.

> 제909조(친권자의 지정 등) ④ 혼인 외의 자가 인지된 경우와 부모가 이혼하는 경우에는 부모의 협의로 친권자를 정하여야 하고 … 다만 부모의 협의가 자의 복리에 반하는 경우에는 가정법원은 보정을 명하거나 직권으로 친권자를 정한다.

B. 2차적 결정방법

• 부모의 협의가 불가능하거나 불성립한 경우 당사자의 청구나 직권에 의한 법원의 재판으로 정한다.

> 제909조(친권자의 지정 등) ④ 본문: … 협의할 수 없거나 협의가 이루어지지 아니하는 경우에는 가정법원은 직권으로 또는 당사자의 청구에 따라 친권자를 지정하여야 한다.

✓ 참고: §909 ④는 협의이혼 사안을 전제한다. 재판이혼은 §909 ⑤에서 규정하고 있기 때문이다. 그렇다면 §909 ④에서 법원의 보정명령은 사후적으로 즉, 협의에 의한 친권자 결정을 전제한 재판에서 이루어진다는 것으로 해석될 수밖에 없다. 협의이혼의 경우에는 법원이 이혼 의사 확인 절차에서 양육에 관한 사항이나 친권자 결정에 관한 협의서를 확인할 수 있으므로 이 때 보정명령이나 직권 결정을 할 수 있을 것으로 보인다. 다만 협의이혼 의사 확인 절차의 법적 성질상 가사비송재판에 해당하는 '직권 결정'을 할 수 있을지는 의문이다. 나아가 임의인지의 경우에는 이러한 개입이 절차적으로 불가능하다.

## (2) 재판이혼 · 혼인취소 · 인지청구 등의 소송이 제기된 경우

> 제909조(친권자의 지정 등) ⑤ 가정법원은 혼인의 취소, 재판상 이혼 또는 인지청구
> 의 소의 경우에는 직권으로 친권자를 정한다.

A. 개관: 가정법원의 직권에 의한 친권자 지정

- 문리해석상 부모의 협의가 가능한지의 여부와 무관하게 법원이 직권으로 지정
해야 하는 것처럼 규정되어 있다.

✓ 그런데 가사소송법 §25는 법원이 당사자에게 협의로 친권 · 양육권에 관한 사항을 결정하도록 권
고하도록 규정하여 재판상 이혼 등의 경우에도 부모의 협의로 친권 · 양육권에 관한 사항을 결정
할 수 있음을 전제하고 있는 듯하다.

- 비교: 양육에 관한 사항은 재판이혼의 경우에도 당사자인 부모의 협의가 이루어지
지 않거나 이들의 협의로 정할 수 없을 때만 재판으로 정하게 된다(§843, §837 ④).

B. 사례: 재판이혼 · 강제인지 재판에서 친권 · 양육권에 관한 판단을 누락한 경우

- 재판이혼 · 강제인지 사안에서, 법원이 이혼판결이나 인지판결을 하면서 자녀
에 대한 친권 · 양육권에 관하여 판단하지 않으면 위법한 재판누락에 해당한다.
- 친권 · 양육권에 관한 부분은 원심에 계속 중이므로 상고 대상이 아니다.

### 대법원 2015. 6. 23. 선고 2013므2397 판결

- 재판상 이혼의 경우에 당사자의 청구가 없다 하더라도 법원은 직권으로 미성년자
인 자녀에 대한 친권자 및 양육자를 정하여야 하며, 따라서 법원이 이혼 판결을 선
고하면서 미성년자인 자녀에 대한 친권자 및 양육자를 정하지 아니하였다면 재판
의 누락이 있다.
- 다만 재판을 누락한 경우에 그 부분 소송은 원심에 계속 중이라고 보아야 하므로,
민사소송법 제212조에 따라 원심이 계속하여 재판하여야 하고, 적법한 상고의 대상
이 되지 아니하여 그 부분에 대한 상고는 부적법하다.

## 나. 후발적인 변경

### (1) 제1유형: 자녀의 복리를 위해 필요한 경우

A. 요건 · 절차

- 협의나 재판으로 적법하게 친권자가 결정되어 있음을 전제한다.

- 실질적으로 자녀의 복리를 위해 결정되어 있는 사항을 변경할 필요가 있다고 인정되고, 절차적으로 자녀의 4촌 이내 친족이 청구한 때 친권자 변경이 가능하다.

B. 법원의 재판

- 법원은 원래 지정되어 있던 친권자를 변경할 수 있다.
- 다만 §909 ⑥의 문리해석상 일방을 타방으로 변경할 수 있을 뿐이고 공동친권으로 변경할 수 없다.

> 제909조(친권자의 지정 등) ⑥ 가정법원은 자의 복리를 위하여 필요하다고 인정되는 경우에는 자의 4촌 이내의 친족의 청구에 의하여 정하여진 친권자를 다른 일방으로 변경할 수 있다.

(2) 제2유형: 이혼 후 단독친권자로 지정된 사람이 사망한 경우(§909의2, 후술)

## 2. 이혼 후 양육에 관한 사항의 결정

### 가. 원시적인 결정

(1) 원칙: 부부의 협의

- 결정되어야 하는 '양육에 관한 사항'에는 양육자 결정, 양육비용 부담, 면접교섭권의 행사여부 및 그 방법 등이 포함된다.

> 제837조(이혼과 자의 양육책임) ① 당사자는 그 자의 양육에 관한 사항을 협의에 의하여 정한다.
> ② 제1항의 협의는 다음의 사항을 포함하여야 한다: 1. 양육자의 결정 2. 양육비용의 부담 3. 면접교섭권의 행사 여부 및 그 방법

- 원시적 결정단계에서도 법원이 보정적으로 개입할 수 있다.

> 제837조(이혼과 자의 양육책임) ③ 제1항에 따른 협의가 자녀의 복리에 반하는 경우에는 가정법원은 보정을 명하거나 직권으로 자녀의 의사·연령과 부모의 재산상황, 그 밖의 사정을 참작하여 양육에 필요한 사항을 정한다.

## (2) 보충적 개입: 법원의 재판

> 제837조(이혼과 자의 양육책임) ④ 양육에 관한 사항의 협의가 이루어지지 아니하거나 협의할 수 없는 때에는 가정법원은 직권으로 또는 당사자의 청구에 따라 이에 관하여 결정한다. 이 경우 가정법원은 제3항의 사정을 참작하여야 한다.

### A. 형식적 요건

• 전제: 협의가 불가능하거나 불성립한 경우에는 법원의 재판으로 양육에 관한 사항이 정해진다.

• 절차: 당사자가 청구를 한 경우는 물론, 법원이 직권으로 정할 수도 있다. 예컨대 당사자는 양육자 지정만 청구한 경우 법원이 면접교섭에 관한 사항을 포함하여 재판해도 된다.

모(청구인)가 사건본인을 임의인지한 부(상대방)에 대하여 친권자 및 양육자지정과 유아인도를 청구한 사건이므로, 가정법원은 제837조 제2항의 '자의 양육에 관한 사항' 중 <u>명시적으로 청구하지 아니한 양육비용의 부담, 면접교섭권의 행사 여부 및 그 방법에 대하여도 직권</u>으로 판단할 수 있다(대법원 2010. 2. 25.자 2009스113 결정).

### B. 실질적 요건

(a) 고려해야 할 사항: §837 ③

(b) 양육 상황 변경을 위해 필요한 추가적 고려사항

• 사안의 개요: 사건본인 A의 부모인 甲과 乙은 이혼하기 전에 상당 기간 별거 중이었는데 그동안 乙이 A를 평온하게 양육했다. 甲은 이혼 후 자신을 양육자로 지정해 달라고 청구한다.

• 쟁점과 판단: 乙이 단독으로 양육하고 있는 현재의 양육상태를 변경하려면, 이러한 변경이 ㉠ 자녀의 성장과 복지에 더 도움이 된다는 점이 명백해야 하고, ㉡ 양육자 변경 재판의 집행가능성도 고려해야 한다. 청구인 甲의 양육자 변경신청이 인용된 후 집행불능이 되면 甲은 양육비 지급의무를 면하고 피청구인 乙은 자녀를 양육하면서도 양육비 지급 청구를 할 수 없게 되어 자녀의 복리에 반하기 때문이다.

**대법원 2021. 9. 30. 선고 2021므12320 판결**

‣ 별거 이후 재판상 이혼에 이르기까지 상당 기간 부모의 일방이 미성년 자녀, 특히 유아를 평온하게 양육하여 온 경우, 이러한 현재의 양육 상태에 변경을 가하여 상대방을 친권자 및 양육자로 지정하는 것이 정당화되기 위해서는 현재의 양육 상태가 미성년 자녀의 건전한 성장과 복지에 도움이 되지 아니하고 오히려 방해가 되고, 상대방을 친권자 및 양육자로 지정하는 것이 현재의 양육 상태를 유지하는 경우보다 미성년 자녀의 건전한 성장과 복지에 더 도움이 된다는 점이 명백하여야 한다.

‣ 유아인도청구는 강제집행이 실질적으로 불가능하거나 매우 곤란한 바, 양육자 지정 이후에도 미성년 자녀를 **인도받지 못한 채 양육 상태가 유지된다면 양육친은 비양육친에게 양육비 청구를 할 수 없어서** 비양육친은 미성년 자녀를 양육하지 않으면서도 양육비를 지급할 의무가 없어지는 반면, 양육친은 양육에 관한 경제적 부담을 전부 부담하게 된다. 이러한 상황은 자의 건전한 성장과 복지에 도움이 되지 않는다. 따라서 비양육친이 자신을 양육자로 지정하여 달라는 청구를 한 경우, 법원은 이러한 청구가 인용된 후 사건본인의 인도가 실제로 이행될 수 있는지에 대해 신중하게 판단할 필요가 있다.

## 나. 후발적인 변경

> 제837조(이혼과 자의 양육책임) ⑤ 가정법원은 자녀의 복리를 위하여 필요하다고 인정하는 경우 부·모·자 및 검사의 청구 또는 직권으로 자녀의 양육에 관한 사항을 변경하거나 다른 적당한 처분을 할 수 있다.

## (1) 요건

• 실질적 요건: 자녀의 복리 실현을 위해 양육에 관한 사항을 변경할 필요가 있으면 충분하다. 사정 변경은 별도의 요건이 아님에 유의해야 한다.

**대법원 2006. 4. 17.자 2005스18 결정**

‣ 제837조 제2항의 규정에 의하여 가정법원이 일단 결정한 양육에 필요한 사항을 그 후 변경하는 것은 당초의 결정 후에 특별한 사정변경이 있는 경우뿐만 아니라, 당초의 결정이 위 법률규정 소정의 제반 사정에 비추어 부당하게 되었다고 인정될 경우에도 가능한 것이며,

- 당사자가 조정을 통하여 그 자의 양육에 관한 사항을 정한 후 가정법원에 그 사항의 변경을 청구한 경우에 있어서도 … 조정조항에서 정한 사항이 위 법률규정 소정의 제반 사정에 비추어 부당하다고 인정되는 경우에는 언제든지 그 사항을 변경할 수 있고 <u>조정의 성립 이후에 특별한 사정변경이 있는 때에 한하여 이를 변경할 수 있는 것은 아니다.</u>

- 형식적 요건: 부모, 자녀, 검사(지자체장 없음)의 청구 또는 법원의 직권에 의한 재판을 거쳐야 한다.

## (2) 효과
- 법원은 양육에 관한 사항의 후발적 변경이나 그 밖의 적당한 처분을 할 수 있다.
- 구체적인 내용: 양육자, 양육 방법, 양육비의 가액 등을 변경할 수 있다. 양육비 감액도 가능하지만 자녀의 복리를 위해 필요한 것인지를 신중하게 판단해야 한다.

**대법원 2019. 1. 31.자 2018스566 결정**
- 재판 또는 당사자의 협의로 정해진 <u>양육비 부담 내용이 제반 사정에 비추어 부당하게 되었다고 인정되는 때에는 그 내용을 변경할 수 있지만, 종전 양육비 부담이 부당한지 여부는 친자법을 지배하는 기본이념인 '자녀의 복리를 위하여 필요한지'를 기준</u>으로 판단해야 할 것이다.
- 양육비의 감액은 일반적으로 <u>자녀의 복리를 위하여 필요한 조치라고 보기 어려우므로</u> … 여러 사정을 종합적으로 참작하여 양육비 감액이 **불가피하고 그러한 조치가 궁극적으로 자녀의 복리에 필요한 것인지에 따라 판단**하여야 한다.
- 종전에 정해진 양육비의 분담이 과다하게 되었다고 주장하며 감액을 청구하는 경우 법원은 자녀들의 성장에도 불구하고 양육비의 감액이 필요할 정도로 청구인의 소득과 재산이 실질적으로 감소하였는지 심리·판단하여야 한다(대법원 2022. 9. 29.자 2022스646 결정).

- 긴급 필요한 경우에는 사전처분(가사소송법 §62)을 활용해야 한다. 사전처분 없이 임의로 양육방법을 변경하면 양육비 지급 청구권이 인정되지 않는다.

**대법원 2006. 4. 17.자 2005스18 결정**

▸ 조정 조항상의 양육방법이 그 후 다른 협정이나 재판에 의하여 변경되지 않는 한 청구인에게 사건본인을 양육할 권리가 없고, 그럼에도 불구하고 청구인이 법원으로부터 위 조정조항을 임시로 변경하는 가사소송법 제62조 소정의 사전처분 등을 받지 아니한 채 임의로 사건본인을 양육하였다면 이는 <u>상대방에 대한 관계에서는 상대적으로 위법한 양육</u>이라고 할 것이니,

▸ 이러한 청구인의 <u>임의적 양육에 관하여 상대방이 청구인에게 양육비를 지급할 의무가 있다고 할 수는 없다.</u>

• 장래의 양육비 지급을 명한 재판이 확정되었더라도 이혼 후 비양육친이 사건본인을 양육하게 된 경우, 법원은 직권 또는 청구에 따라 이런 사정을 반영하여 다시 장래 양육비 지급 기간을 정해야 한다.

**대법원 2022. 11. 10.자 2021스766 결정**

▸ 가사소송규칙 제93조 제2항은 가정법원이 금전의 지급을 구하는 청구에 대하여는 <u>청구의 취지를 초과하여 의무의 이행을 명할 수 없으나, 자의 복리를 위하여 양육에 관한 사항을 정하는 경우에는 그렇지 않은 것으로 규정하고 있다. 따라서 가정법원은 양육비용의 분담을 정함에 있어 자녀의 복리를 위하여 청구에 구애받지 않고 직권으로 양육비용 분담 기간을 정할 수 있다.</u>

▸ 2020. 8. 1. 이후에는 상대방이 위 자녀와 함께 생활하면서 위 자녀를 양육하고 있다는 사실이 확인되었는바, <u>특별한 사정이 없는 한 상대방이 2020. 8. 1. 이후 청구인에게 양육비를 지급할 의무가 있다고 볼 수 없다. 그렇다면 원심은 위와 같은 양육환경의 변화에 관하여 심리한 후 이를 반영하여 장래양육비의 지급을 명하는 기간을 다시 정하였어야 한다.</u>

## 다. 양육자 결정의 제한적 효과

제837조(이혼과 자의 양육책임) ⑥ 제3항부터 제5항까지의 규정은 양육에 관한 사항 외에는 부모의 권리의무에 변경을 가져오지 아니한다.

## Ⅲ 이혼 후 양육과 관련된 문제

### 1. 면접교섭권: 비양육친과 자녀의 권리

#### 가. 개관

- 면접교섭권은 비양육친과 자녀 간의 친밀한 관계를 보호하기 위한 것이다. 궁극적으로는 자녀의 정서안정·인격발달을 이룰 수 있게 함으로써 자녀의 복리를 실현하기 위한 것이라고 할 수 있다.
- 면접교섭권은 자녀의 권리일 뿐 아니라 부모의 권리이기도 하다.

> **대법원 2021. 12. 16.자 2017스628 결정**
> ‣ 부모와 자녀의 <u>친밀한 관계</u>는 부모가 혼인 중일 때뿐만 아니라 부모의 이혼 등으로 <u>자녀가 부모 중 일방의 양육 아래 놓인 경우에도 지속될 수 있도록 보호할 필요가</u> 있는바,
> ‣ 면접교섭권은 이를 뒷받침하여 <u>자녀의 정서안정과 원만한 인격발달</u>을 이룰 수 있도록 하고 이를 통해 <u>자녀의 복리</u>를 실현하는 것을 목적으로 하는 제도이다. 이는 **자녀의 권리임과 동시에 부모의 권리**이기도 하다.

#### 나. 주체

> 제837조의2(면접교섭권) ① 자녀를 직접 양육하지 아니하는 부모의 일방과 자녀는 상호 면접교섭할 수 있는 권리를 가진다.
> ② 자녀를 직접 양육하지 아니하는 부모 일방의 직계존속은, 그 부모 일방이 사망하였거나 질병, 외국거주, 그 밖에 불가피한 사정으로 면접교섭할 수 없는 경우 가정법원에 자녀와의 면접교섭을 청구할 수 있다. 이 경우 가정법원은 자녀의 의사, 면접교섭을 청구한 사람과 자녀의 관계, 청구의 동기, 그 밖의 사정을 참작하여야 한다.

**(1) 원칙:** 비양육친과 자녀(§837의2 ①)

**(2) 예외:** 조부모의 면접교섭권(§837의2 ②)

- 요건(보충성): 고유한 면접교섭권자인 비양육친이 사망, 질병, 국외거주, 기타 불가피한 사정으로 인해 자녀를 면접교섭할 수 없어야 한다.
- ✓ 원래의 면접교섭권자가 §837의2 ②에 열거된 사유 없이 면접교섭을 거부하는 경우 그의 직계존

속은 본항에 근거한 면접교섭청구를 할 수 있을지가 문제된다. 결국 '그 밖에 불가피한 사정'의 의미 해석의 문제가 될 것이다.

- 절차: 비양육친의 직계존속인, 자녀의 (외)조부모가 법원에 면접교섭 청구를 하면 법원은 자녀의 의사, 동기, 기타 사정을 참작하여 비송재판으로 판단한다.

## 다. 면접교섭의 내용 결정

> 제837조의2(면접교섭권) ③ 가정법원은 자녀의 복리를 위하여 필요한 때에는 당사자의 청구 또는 직권에 의하여 면접교섭을 제한·배제·변경할 수 있다.

### (1) 판단 기준

- 자녀의 복리를 최우선적으로 고려한다.
- 친자관계에 관한 다른 영역과는 달리 부모에게도 면접교섭 유지의 기본적 이익이 있으므로 아울러 고려한다. 따라서 원칙적으로 면접교섭을 허용하고, 면접교섭이 자녀의 복리를 침해하는 특별한 사정이 있는 경우에 한하여 당사자의 청구 또는 직권으로 면접교섭을 배제할 수 있다.
- 면접교섭이 아동에게 미치는 영향이 단기적으로 부정적이더라도 장기적으로 긍정적이면, 면접교섭의 방법 등을 적절하게 제한할 수 있으므로 함부로 면접교섭을 배제하면 안 된다.

**대법원 2021. 12. 16.자 2017스628 결정**
- 가정법원이 면접교섭의 허용 여부를 판단할 때에는 <u>자녀의 복리에 적합한지를 최우선적으로 고려하되, 부모에게도 면접교섭을 통해 자녀와 관계를 유지할 기본적인 이익이 있으므로</u> 이를 아울러 살펴야 한다.
- 따라서 가정법원은 <u>원칙적으로 부모와 자녀의 면접교섭을 허용하되, 면접교섭이 자녀의 복리를 침해하는 특별한 사정이 있는 경우에 한하여 당사자의 청구 또는 직권에 의하여 면접교섭을 배제</u>할 수 있다.
- 다만 이 경우에도 부모의 이혼 등에 따른 갈등 상황에서 <u>단기적으로 자녀의 복리에 부정적인 영향을 미치는 요인이 일부 발견되더라도 장기적으로 면접교섭이 이루어질 때 자녀의 복리에 미치는 긍정적인 영향</u> 등을 깊이 고려하여, 가정법원은 개별 사건에서 합목적적인 재량에 따라 면접교섭의 시기, 장소, 방법 등을 제한하는 등의 방법으로 가능한 한 자녀의 성장과 복지에 가장 도움이 되고 적합한 방향으로 면접

교섭이 이루어질 수 있도록 하여야 하고, 이러한 고려 없이 막연한 우려를 내세워 면접교섭 자체를 배제하는 데에는 신중하여야 한다.

## (2) 절차

- 원시적 결정: 부모의 협의로 정해지는 것이 원칙이지만 협의로 정해지지 못하면 재판으로 정해진다.
- 후발적 변경(§837 ⑤): 자녀의 복리를 위해 필요한 경우, 당사자의 청구에 의해 또는 직권으로 법원은 면접교섭을 제한할 수 있고, 완전히 배제할 수도 있다.

### 라. 침해에 대한 구제

- 면접교섭권도 권리이므로 면접교섭 방해는 불법행위에 해당한다.
- 양육친이 면접교섭을 방해하는 경우, 간접강제만 가능하다.

## 2. 양육비 지급청구권(양육친의 권리)

### 가. 전제

- 협의나 재판에 따른 적법한 양육이 이루어지고 있어야 한다. 협의나 재판에 근거하지 않은 채 일방적으로 양육하는 일방은 상대방에게 양육비 지급을 청구할 수 없다(2021므12320, 118면).
- 양육비 지급청구권은 부양료 채권과 법적 성질이 다르다. 판례의 태도는 불명확하지만 이들을 별개로 보는 듯하다. ㉠ 양육비 청구권의 소멸시효 기간은 부양료 채권과는 달리 10년으로 보았고 ㉡ 이미 지출된 부양료에 대한 구상권 행사는 특별한 사정이 있는 경우에만 인정된다고 하는 것에 비해 양육비에 대해서는 오히려 원칙적으로 과거에 지출된 양육비에 대한 구상권이 인정됨을 전제로 특별한 사정이 있을 때 이를 감액하거나 면제할 수 있다고 한다(92스21, 127면).

### 나. 양육비의 산정

### (1) 양육비 공동부담(분담) 원칙

- 양육의무는 자녀 출생과 동시에 부모 모두에게 발생하고, 친권이나 양육권의 귀속 상황과 무관하게 부모 모두에게 인정된다.

- 분담 비율은 협의·재판으로 정해지지만 양육친이 덜 부담하는 것이 합리적이다.

    - 부모는 그 소생의 자녀를 공동으로 양육할 책임이 있고, 그 양육에 소요되는 비용도 원칙적으로 부모가 공동으로 부담하여야 하는 것이며, 이는 부모 중 <u>누가 친권을 행사하는 자인지 또 누가 양육권자이고 현실로 양육하고 있는 자인지를 물을 것 없이 친자관계의 본질로부터 발생하는 의무</u>라고 할 것이다(대법원 1994. 5. 13.자 92스21 전원합의체 결정).
    - 부모는 자녀를 <u>공동으로 양육할 책임이 있고, 양육에 드는 비용도 원칙적으로 부모가 공동으로 부담</u>하여야 한다. 그런데 어떠한 사정으로 인하여 부모 중 어느 한쪽만이 자녀를 양육하게 된 경우에는 <u>양육하는 사람이 상대방에게 현재와 장래의 양육비 중 적정 금액의 분담을 청구</u>할 수 있다(대법원 2020. 5. 14. 선고 2019므15302 판결).

### (2) 산정방법

- 마류 가사비송사건이므로 법원이 후견적 재량에 근거하여 결정한다.
- 적정 양육비에서 청구인인 양육친 자신의 분담액을 뺀 가액의 지급을 피청구인에게 명해야 한다.

    재판상 이혼 시 친권자와 양육자로 지정된 부모의 일방은 상대방에게 양육비를 청구할 수 있고, 이 경우 가정법원으로서는 자녀의 **양육비 중 양육자가 부담해야 할 양육비를 제외하고 상대방이 분담해야 할 적정 금액의 양육비만을 결정**하는 것이 타당하다(대법원 2020. 5. 14. 선고 2019므15302 판결).

### 다. 양육비 청구권의 법적 성질

### (1) 협의나 재판으로 구체적 내용이 정해지기 전: 구체적 권리 아님

- 양육비 청구권은 협의나 재판으로 구체적인 내용이 정해지기 전에는 추상적 법적 지위일 뿐이고 재산권으로서의 성질이 인정되지는 않는다.
- 따라서 구체적 내용이 정해지기 전까지는 양육비 청구권의 소멸시효가 기산하지 않는다.

#### 대법원 2011. 8. 16.자 2010스85 결정

    - 미성년의 자녀를 양육한 자가 공동 양육의무자인 다른 쪽 상대방에 대하여 과거 양

육비의 지급을 구하는 권리는 당초에는 기본적으로 친족관계를 바탕으로 하여 인정되는 하나의 추상적인 법적 지위이었던 것이 당사자의 협의 또는 당해 양육비의 내용 등을 재량적·형성적으로 정하는 가정법원의 심판에 의하여 구체적인 청구권으로 전환됨으로써 비로소 보다 뚜렷하게 독립한 재산적 권리로서의 성질을 가지게 되는 것이다.

‣ **당사자의 협의 또는 가정법원의 심판에 의하여 구체적인 지급청구권으로 성립하기 전에는 과거 양육비에 관한 권리는 양육자가 그 권리를 행사할 수 있는 재산권에 해당한다고 할 수 없**으므로 그 상태에서는 소멸시효가 진행할 여지가 없다고 보아야 한다.

### (2) 구체적으로 발생한 양육비 청구권의 법적 성질: 일반적인 금전채권

### (3) 사례: 양육비 청구권과 상계

A. 양육비 채권을 수동채권으로 하는 상계

• 문제의 소재: 양육비 채권이 민사집행법 §246 1호의 '부양료'에 해당한다고 볼 수 있는지가 문제된다.

• 판례의 태도는 불명확하지만, 양육비 채권과 부양료 채권의 법적 성질이 서로 다른 것으로 파악하고 있는 듯하다.

B. 양육비 채권을 자동채권으로 하는 상계

• 문제의 소재: 양육비 채권을 부양료 청구권이라고 본다면 양육비 채권을 자동채권으로 하는 상계도 불가능하다고 보아야 한다(§979).

• 그러나 판례는 양육비채권을 자동채권으로 상계할 수 있다고 본다. ㉠ 양육비 채권의 가액이 구체적으로 확정된 후 양육친 甲이 상대방 乙에 대한 양육비채권을 자동채권으로, 乙의 甲에 대한 재산분할·위자료 채권을 수동채권으로 상계를 주장했는데, ㉡ 원심은 이러한 甲의 상계 주장은 사건본인에 대한 양육의무 회피를 전제하는 것이어서 받아들일 수 없음을 이유로 배척했으나, ㉢ 대법원은 구체적 내용이 정해진 양육비채권은 금전채권에 불과하여 양도·처분이 가능하고, 양육비채권을 자동채권으로 삼는 것은 양육의무 회피가 아님을 이유로 파기환송했다.

✓ 다만 위자료채권을 수동채권으로 인정할 수 있을지는 의문이다. 이혼 사안이라면 고의 불법행위

로 유책사유를 저질렀고 이로 인해 위자료가 인정되었을 것이기 때문이다.

### 대법원 2006. 7. 4. 선고 2006므751 판결
- 당사자의 협의 또는 가정법원의 심판에 의하여 <u>구체적인 청구권의 내용과 범위가 확정되기 전에는 그 내용이 극히 불확정하여 상계할 수 없지만</u>, 가정법원의 심판에 의하여 구체적인 청구권의 **내용과 범위가 확정된 후의 양육비채권 중 이미 이행기에 도달한 후의 양육비채권은 완전한 재산권**으로서 친족법상의 **신분으로부터 독립하여 처분이 가능하고, 권리자의 의사에 따라 포기, 양도 또는 상계의 자동채권으로 하는 것도 가능하다**고 할 것이다.
- 위의 양육비채권을 자동채권으로 하는 원고의 상계 주장은 이미 <u>이행기가 도달한 부분</u>에 한하여는 허용되어야 할 것이다.

## 라. 양육비채무의 지급 확보를 위한 제도

### (1) 양육비에 관한 결정의 공백 방지를 위한 제도
- 협의이혼의사 확인을 받으려면 우선 양육비 지급방법과 면접교섭에 관한 사항을 협의나 재판으로 결정해야 한다.
- 재판이혼 절차에서는 당사자가 청구하지 않아도 법원이 직권으로 양육비에 관한 사항을 결정할 수 있다.

### (2) 집행권원 확보
- 협의이혼의 경우: 법원의 협의이혼의사 확인시 당사자가 협의한 양육비부담에 관한 내용을 확인하는 양육비부담조서가 작성되고, 이 조서가 집행권원이 된다(§836의2 ⑤, 가사소송법 §41).
- 재판이혼의 경우: 당사자의 청구 또는 직권으로 양육에 관한 사항을 법원이 결정하면 '금전지급 그 외의 의무이행을 명하는 가사비송재판'에 해당하여 집행권원이 된다(가사소송법 §41).

## 마. 사례: 이미 지출된 과거 양육비에 대한 구상권

### (1) 문제의 소재
- 양육친이 이미 지출한 과거의 양육비를 구상할 수 있는지의 여부와 구상할 수 있는 가액(범위)이 문제된다.

## (2) 양육비 분담 의무의 발생

A. 근거: 부모의 자녀 양육 의무는 법적 부모라는 사실 자체로부터 발생한다.

B. 이행방법

• 혼인공동생활을 하는 경우: 양육의무도 공동으로 이행하게 된다.

• 혼인공동생활을 하지 않는 경우: 비양육친은 보살핌의 방식으로 양육할 권리·의무는 없지만 양육비 분담 의무는 인정된다. ㉠ 인지의 경우, 자녀 출생 사실을 알았는지의 여부, 친권을 행사할 수 있었는지의 여부 등을 불문하고 자녀의 출생시부터 양육비 분담 의무가 인정된다. ㉡ 이혼의 경우, 양육비의 가액 등의 구체적인 내용이 §837에 의하여 정해졌는지의 여부를 불문하고 이혼 성립시부터 양육비 분담 의무가 인정된다.

## (3) 이미 지출한 과거 양육비에 대한 구상권

A. 전제

• 양육의무는 양육친·비양육친 모두의 의무이다. 따라서 이미 지출된 양육비 중 일부는 양육친 자신의 의무이행을 위하여 지출된 것이므로 구상 대상에서 제외된다.

• 비송사건이므로 법원은 형평·제반사정을 고려하여 분담액을 결정할 수 있다.

B. 판단

• 고려할 사정: 양육의무 발생을 알았는지의 여부, 양육친의 단독양육 동기, 지출한 비용의 가액·용도 등

• 장래의 양육비 분담과 과거의 양육비 구상에 대해 다른 기준을 적용할 수 있다.

> **대법원 1994. 5. 13.자 92스21 전원합의체 결정**
> • 어떠한 사정으로 인하여 <u>부모 중 어느 한쪽만이 자녀를 양육하게 된 경우</u>에, 그와 같은 일방에 의한 양육이 그 양육자의 일방적이고 이기적인 목적이나 동기에서 비롯한 것이라거나 자녀의 이익을 위하여 도움이 되지 아니하거나 그 양육비를 상대방에게 부담시키는 것이 오히려 형평에 어긋나게 되는등 <u>특별한 사정이 있는 경우를 제외하고는</u>, 양육하는 일방은 상대방에 대하여 <u>현재 및 장래에 있어서의 양육비 중 적정 금액의 분담을 청구할 수 있음</u>은 물론이고,

▸ 부모의 자녀양육의무는 특별한 사정이 없는 한 **자녀의 출생과 동시에 발생하는 것이므로 과거의 양육비에 대하여도 상대방이 분담함이 상당하다고 인정되는 경우에는 그 비용의 상환을 청구할 수 있다**고 보아야 할 것이다.
▸ 다만 한쪽의 양육자가 양육비를 청구하기 이전의 과거의 양육비 모두를 상대방에게 부담시키게 되면 상대방은 예상하지 못하였던 양육비를 일시에 부담하게 되어 지나치고 가혹하며 신의성실의 원칙이나 형평의 원칙에 어긋날 수도 있으므로, 이와 같은 경우에는 반드시 **이행청구 이후의 양육비와 동일한 기준에서 정할 필요는 없**고, 부모 중 한쪽이 자녀를 양육하게 된 경위와 그에 소요된 비용의 액수, 그 상대방이 부양의무를 인식한 것인지 여부와 그 시기, 그것이 양육에 소요된 통상의 생활비인지 아니면 이례적이고 불가피하게 소요된 다액의 특별한 비용(치료비 등)인지 여부와 당사자들의 재산 상황이나 경제적 능력과 부담의 형평성등 여러 사정을 고려하여 적절하다고 인정되는 분담의 범위를 정할 수 있다.

C. 과거 양육비의 소멸시효
• 기산점: 협의나 확정재판에 의해 독립된 재산권으로서의 성질을 가지게 된 때 (2010스85, 124면).
• 사례: 양육비 지급 청구일보다 10년보다 더 전에 발생한 양육비도 시효소멸 하지 않았으므로 청구 대상이지만, 법원의 재량으로 감액할 수 있다.

7장

# 친생자

# 7장

# 친생자

## I 현행법상의 법적 친자관계 개관

### 1. 성립요건: 이원적 체계

### 가. 혈연에 근거한 친생자관계

**(1) 법적 모자관계:** 출생과 동시에 출산이라는 사실만을 근거로 당연 성립

**(2) 법적 부자관계**

A. 개관

• 혈연이라는 사실만으로는 부족하고 추가적인 법정 요건도 충족되어야 성립한다.

• 법적 친생모가 없는 자녀는 있을 수 없지만 법적 친생부가 없는 자녀는 있을 수 있다.

B. 이원적 체계

(a) 혼인 중의 출생자

• 의미: 자녀의 출생 당시 모에게 법률혼 배우자가 있었으면 혼인 중의 출생자가 된다.

• 법적인 아버지의 결정: ㉠ 친생추정의 요건이 충족되면 모의 배우자와 자녀 사이의 법적 부자관계가 당연 성립한다. ㉡ 친생추정의 요건이 충족되지 않으면, 조문상으로는 불명확하지만, 인지에 의해 부자관계가 성립한다고 보아야 한다.

(b) 혼인 외의 출생자

• 의미: 자녀의 출생 당시 모에게 법률혼 배우자가 없었으면 혼인 외의 출생자가 된다.

- 법적인 아버지의 결정: 법적 부자관계는 인지라는 별도 절차를 거쳐야 비로소 성립한다.

> **대법원 2019. 10. 23. 선고 2016므2510 전원합의체 판결**
> - 친생자관계는 출생에 의하여 발생하는 부모와 자녀 관계로서, 부모가 자연적인 성적 교섭으로 임신한 자녀를 출산한 경우를 전제로 하므로 부모와 출산한 자녀 사이에는 생물학적 혈연관계가 존재하는 것이 원칙이다. 친생자관계에서는 양친자관계와는 달리 모자관계와 부자관계는 다른 모습으로 나타난다.
> - 임신과 출산이라는 자연적 사실에 의하여 그 관계가 명확히 결정되는 모자관계와 달리, **부자관계의 확정을 위해서는 별도의 요건**이 필요하다. 민법은 **혼인 중**에 아내가 임신한 자녀를 남편의 자녀로 추정하는 친생추정 규정을 두고 있다. **혼인 외** 출생자의 경우에는 생부가 인지하거나 자녀가 부를 상대로 인지청구의 소를 제기하여 친생자관계의 존재를 확정하는 방법으로 법률상 친자관계를 창설할 수 있는데, 이때 **혈연관계의 존재가 증명대상인 주요사실**을 구성한다.

## 나. 의사에 근거한 양친자관계

민법은 친자관계 성립에 관하여 **혈연에 기초한 친생자관계**와 당사자의 **의사에 기초한 양자관계**로 구분하고 있다(대법원 2019. 10. 23. 선고 2016므2510 전원합의체 판결).

## 2. 효과: 일원적 체계

### 가. 원칙

- 적극적인 효과(친권, 부양, 상속): 법적 친자관계의 성립요건이 무엇이든지 완전히 동일한 효과가 발생한다.
- 즉 친생자와 양자, 혼인 중의 출생자와 혼인 외의 출생자의 친자관계로부터 비롯되는 모든 법률효과는 똑같다.

### 나. 예외: 차이점

(1) 금혼사유: 친생자와 양자에 대해 다른 제한이 적용됨

(2) 해소사유

- 친생모자관계: 해소할 수 없다.

- 친생부자관계: 친생부인, 인지무효, 친생자관계 존부확인 중 하나의 재판으로 해소된다.
- 양친자관계: 입양의 무효·취소, 파양 중 하나의 재판으로 해소된다.

## Ⅱ  혼인 중의 출생자의 법적 부자관계: 친생추정과 친생부인

### 1. 개관

**가. 친생추정의 기능**: 법률혼 부부 사이에서 출생한 자녀의 법적 아버지 결정

**(1) 혈연의 개연성을 반영한 법적 부자관계 결정**: 간접사실에 의한 2단계 추정

> **대법원 2019. 10. 23. 선고 2016므2510 전원합의체 판결**
> ‣ 민법은 혼인 중의 임신사실을 직접 증명하는 것이 쉽지 않다는 점을 고려하여 혼인이 성립한 날부터 200일 후 또는 혼인관계가 종료된 날부터 300일 이내에 출생한 자녀는 혼인 중에 임신한 것으로 추정하여 일률적인 기준에 따라 혼인 중 임신 여부를 정할 수 있도록 하였다.
> ‣ 이러한 친생추정 규정은 친자관계의 **과학적 확인이 실질적으로 불가능하고 법률상 혼인관계에 있는 아내가 남편의 자녀를 임신할 것이라는 사회적·법률적 배경을 기초로 혼인 중 출생한 자녀가 남편과 혈연관계가 있을 개연성이 높다는 것을 전제**로 하고 있다.

**(2) 정책적 기능(고유한 기능)**

- 배경: 2017년 개정에서 §844를 개정하고 §854의2를 신설하면서, 혈연의 과학적 증명이 가능한데도 종래의 2단계 추정이라는 기본 구조를 그대로 유지했다. 따라서 현행법상의 친생추정 제도는 '혈연의 개연성 추정' 이외의 고유한 기능을 수행한다고 보아야 한다.
- 정책적 기능의 내용으로는 부자관계의 신속한 확정과 법적 안정성 보장을 통한 자녀의 복리 실현, 헌법상 보장되는 실질적 가족관계의 보호 등을 들 수 있다.

> **대법원 2019. 10. 23. 선고 2016므2510 전원합의체 판결**
> - 간통의 증가, 과학적 친자감정의 가능성 등의 사회적 사정의 변경이 있어도 이러한 변화가 부자 사이의 친생자 추정에 관한 근본규정인 친생추정 규정 자체를 무의미하게 하는 것은 아니고, 친생추정 규정이 헌법에 반하게 되었다고 말할 수도 없다.
> - 친생추정 규정은 출생과 동시에 안정된 법적 지위를 부여하여 자녀의 출생 시 법적 보호의 공백을 없애고자 혼인관계에서 출생한 자녀라는 사실에 기초하여 친자관계를 인정하기 위한 것이다.
> - 친생추정은 혼인 중 출생한 자녀가 남편의 자녀일 개연성이 높다는 점뿐만 아니라 실제로 그러한 관계를 기초로 실질적인 가족관계가 형성될 개연성이 높다는 점을 전제로 한다. 그러나 혈연관계 없이 형성된 가족관계도 헌법과 민법이 보호하고자 하는 가족관계에 해당한다.

## 나. 친생부자관계의 해소요건

### (1) 해소요건의 의미

A. 해소 가능성의 보장

- 법적 부자관계가 혈연과 일치하지 않으면 해소할 수 있어야 한다.
- '혈연과 일치하는 법적 친자관계'를 실현하는 것은 인간존엄·가치, 인격권 등과 직결되기 때문이다.

B. 해소의 제한

- 논거: 법적 부자관계의 해소를 위한 재판절차는 그 자체가 부모의 프라이버시를 침해하고, 법적 부자관계 해소로 인해 자녀의 복리가 저해될 수 있다.
- 제한의 내용: 당사자적격을 제한함으로써 부모의 프라이버시를 보호하고, 제소기간을 제한함으로써 자녀의 복리를 보호할 수 있다.

> **대법원 2021. 9. 9. 선고 2021므13293 판결**
> - 친생부인 제도는 진실한 혈연관계에 대한 인식을 바탕으로 법률적인 친자관계를 진실에 부합시키고자 하는 남편에게 친생추정을 부인할 수 있는 실질적인 기회를 부여한 것이다.
> - 친생부인의 소가 적법하게 제기되면 부모와 출생한 자녀 사이에 생물학적 혈연관

계가 존재하는지가 증명의 대상이 되는 주요사실을 구성한다. ··· 혈연관계가 없음을 알게 되면 친생부인의 소를 제기할 수 있는 제소기간이 진행하는데 ··· 친생부인권을 실질적으로 행사할 수 있는 기회를 부여받았는데도 제소기간이 지나도록 이를 행사하지 않아 더 이상 이를 다툴 수 없게 된 경우 그러한 상태가 <u>남편이 가정생활과 신분관계에서 누려야 할 인격권, 행복추구권, 개인의 존엄과 양성의 평등에 기초한 혼인과 가족생활에 대한 기본권을 침해한다고 볼 수 없다.</u>

### (2) 해소요건의 삼원적 체계

**A. 배경**

- 법적 부자관계의 성립요건이 무엇이냐에 따라 해소요건이 달라진다.
- 근거: 해소를 정당화할 수 있는 이익(부의 인격권)과 해소를 제한할 수 있는 이익(부모의 프라이버시권, 자녀의 복리)의 형량기준이 달라지기 때문이다.

**B. 구체적인 예**

- 혼인 중의 출생자이고 친생추정이 적용되는 경우에는 가장 강하게 보호된다. 따라서 제소기간과 원고적격이 제한된 친생부인소송(§846, §847)으로만 법적 친자관계가 해소될 수 있다.
- 혼인 중의 출생자이지만 친생추정을 못 받는 경우에는 친생자관계 부존재확인소송(§865)으로 법적 친자관계가 해소될 수 있다. 원고적격이 법적 이해관계 있는 자로 확장되며 부가 생존한 경우 제소기간 제한이 적용되지 않는다.
- 혼인 외의 출생자가 인지된 경우: 인지무효소송으로 법적 친자관계가 해소될 수 있다. 원고적격이 법적 이해관계 있는 자로 확장되며 부가 생존한 경우 제소기간 제한이 적용되지 않는다.

## 2. 친생추정에 의한 법적 부자관계 성립의 요건

**가. 모의 결정 → 출산이라는 사실에 의해 결정됨**

**나. 모의 법률혼 배우자가 있을 것 ↔ 사실혼의 경우 친생추정 적용 안 됨**

**다. 모가 법률혼 기간 중에 임신했을 것: 2단계 추정**

### (1) 임신 시점의 추정

- 의미: 임신 시점을 특정하는 것이 불가능함을 전제로 출생시점을 간접사실로 삼

아 임신된 시점을 추정함으로써 '법률혼 기간 중 임신'이라는 사실을 인정한다
(§844 ②, ③).

✓ 이러한 추정의 전제는 인류의 임신 기간은 최단 200일, 최장 300일이라고 보는 것이다. 이렇게 본다면 '법률혼 성립일로부터 200일 경과 후부터 법률혼 해소일로부터 300일 경과 전'까지, 즉 친생추정 기간 내에 자녀가 출생했다면 모가 법률혼 성립일부터 법률혼 해소일 사이에 임신한 것으로 추정된다.

> 제844조(남편의 친생자의 추정) ② 혼인이 성립한 날부터 200일 후에 출생한 자녀는 **혼인 중에 임신**한 것으로 추정한다.
> ③ 혼인관계가 종료된 날부터 300일 이내에 출생한 자녀는 **혼인 중에 임신**한 것으로 추정한다.

## (2) 남편에 의한 임신의 추정

• '법률혼 기간 중의 임신'이라는 간접사실로부터 경험칙·도덕관념을 근거로 '임신시킨 남성은 법률혼 배우자'라는 주요사실을 인정한다.

✓ 부자간 혈연관계 존부를 과학적으로 판별할 수 없었던 시대에 도입된 조문이 그대로 유지된 것이다.

> 제844조(남편의 친생자의 추정) ① 아내가 **혼인 중에 임신**한 자녀는 **남편의 자녀**로 추정한다.

## 라. 친생추정의 소극적 요건

### (1) 의미: 간접반증

✓ 친생추정을 구성하는 2단계 추정 중, 남편에 의한 임신의 추정은 '혼인 기간 중 임신'이라는 간접사실에 경험칙을 적용한 것이기 때문에 간접반증으로 뒤집을 수 있다.

✓ 비록 판례가 간접반증이라는 표현을 쓰고 있지는 않지만, 판례의 '외관설'은 특별한 사정을 근거로 친생추정을 부정한다는 점에서 간접반증에 해당한다고 볼 수 있다.

### (2) 간접반증을 위한 특별한 사정

A. 개관

• 법률혼 기간 중 임신이라는 간접사실이 인정되더라도, 경험칙상 남편에 의한 임신이라고 추정될 수 없게 하는 사정을 뜻한다.

• 이러한 특별한 사정의 의미, 범위에 대해서는 견해가 대립한다.

B. 견해의 대립

• 외관설: 증거조사를 거치지 않아도 쉽게 확인할 수 있는 외관상 명백한 사실만 이 특별한 사정이 될 수 있다는 견해이다.

• 혈연설: 혈연 없음이 과학적으로 증명되면 친생추정은 배제된다는 견해이다.

C. 평가: 혈연설에 대한 비판

• 친생추정 제도가 보호하는 이익은 혈연 없는 자녀에게도 동일하게 적용되어야 한다.

• 혈연과 일치하지 않는 법적 부자관계의 해소도 보호가치 있는 이익이지만, 이것 은 혈연의 부존재를 주요사실로 삼고 있는 친생부인 제도를 통해 실현되어야 한 다. 친생부인 제도의 존재 자체가 친생추정은 혈연과 일치하지 않는 법적 부자 관계에 대해서도 적용될 수 있음을 전제한다.

D. 판례의 태도

(a) 외관설 유지

**대법원 2021. 9. 9. 선고 2021므13293 판결**

‣ 친생추정 규정은 부부가 <u>정상적인 혼인생활을 영위하고 있는 경우를 전제로</u> 가정 <u>의 평화를 위하여 마련된 것</u>이어서 그 전제사실을 갖추지 않은 경우까지 적용하여 요건이 엄격한 친생부인의 소로써 부인할 수 있도록 하는 것은 제도의 취지에 반하 여 진실한 혈연관계에 어긋나는 부자관계를 성립하게 하는 등 부당한 결과를 가져 올 수 있다.

‣ 제844조 제1항의 친생추정은 반증을 허용하지 않는 강한 추정이므로, 처가 혼인 중 에 포태한 이상 그 부부의 한쪽이 장기간에 걸쳐 해외에 나가 있거나, 사실상의 이 혼으로 부부가 별거하고 있는 경우 등 <u>동거의 결여로 처가 남편의 자를 포태할 수 없는 것이 외관상 명백한 사정이 있는 경우</u>에만 그 추정이 미치지 않을 뿐이고, 이 러한 예외적인 사유가 없는 한 누구라도 그 자가 부의 친생자가 아님을 주장할 수 없다.

(b) 혈연설 배척

• 혈연 없음이 과학적으로 증명되더라도 친생부인의 요건사실이 될 수 있을 뿐이 고 친생추정 여부에는 영향을 미칠 수 없다.

- 혈연설을 관철시키면 친생추정 규정은 사문화되고, 혼인가정의 프라이버시가 침해될 우려가 있다.

**대법원 2019. 10. 23. 선고 2016므2510 전원합의체 판결**
- 친생추정 규정을 두고 있는 기본적인 입법 취지와 연혁, 사생활의 비밀과 자유, 부부와 자녀의 법적 지위와 관련된 이익의 구체적인 비교 형량 등을 종합하면, 혼인 중 아내가 임신하여 출산한 자녀가 **남편과 혈연관계가 없다는 점이 밝혀졌더라도 친생추정이 미치지 않는다고 볼 수 없다.**
- 혈연관계의 유무를 기준으로 친생추정 규정이 미치는 범위를 정하는 것은 민법 규정의 문언에 배치될 뿐만 아니라 친생추정 규정을 사실상 사문화하는 것으로 … 원고적격과 제소기간의 제한을 두고 있는 친생부인의 소의 존재를 무의미하게 만든다.
- 법리적으로 보아도 **혈연관계의 유무는 친생추정을 번복할 수 있는 사유에는 해당할 수 있지만 친생추정이 미치지 않는 범위를 정하는 사유가 될 수 없다.** 친생부인 소송제도 자체가 혈연과 일치하지 않는 법적 부자관계도 친생추정에 의해 성립할 수 있음을 전제하기 때문이다.
- 혈연의 개연성 반영뿐 아니라, 신속한 법적 부자관계 결정에 의한 공백 방지와 이를 통한 자녀의 복리 실현, 부부의 사생활의 비밀 보장 등도 친생추정 제도의 입법취지이다. … 혈연관계의 유무를 기준으로 친생추정 규정의 효력이 미치는 범위를 정하게 되면 필연적으로 … 법원을 포함한 국가기관이 친자관계에 깊숙이 관여하게 되어 … 국가가 보장해야 할 혼인과 가족관계를 국가나 제3자가 침해하는 결과를 가져올 수 있다.
- 친자감정을 하거나 부부간의 비밀스러운 부분까지 조사해야 하고 그 과정에서 부부의 내밀한 사생활이 침해될 수 있다. 제3자가 다른 사람의 가정에 뛰어들어 다른 사람의 아내가 출산한 자녀에 대하여 자기 자식이라고 주장하면서 친자감정 등을 요구하는 것을 허용한다면 그 가정의 평화는 유지되기 어렵다.
- 부부의 사생활 뿐 아니라 자녀와 부모의 관계에서 형성된 사생활도 침해된다. 이들은 모두 사생활의 보호를 받을 권리가 있고 특히 자녀의 사생활은 자녀의 복리와도 직접적으로 관련된 것으로 더욱 보호할 필요가 있다.

## (3) 소극적 요건인 '특별한 사정'이 인정된 경우

### A. 친자관계의 성립
- 친생추정이 미치지 않으므로 법적 부자관계의 공백이 발생한다.

- 모의 배우자가 출생신고를 했다면 이를 근거로 법적 부자관계가 성립한다.
B. 친자관계의 해소
- 친생추정으로 성립한 부자관계가 아니기 때문에 친생부인 소송의 대상이 아니다. 따라서 '보충성' 요건이 충족되므로 §865의 친생자관계 부존재확인소송의 대상이 된다.
- 다만 입양에 대한 법원의 허가 제도가 도입되기 전에 출생신고 된 경우에는 혈연의 부존재가 인정되더라도 양친자로서의 신분적 생활사실이 인정된다면 양친자 관계가 성립한다. 따라서 친생자관계 부존재확인 청구는 배척된다.

> 외관설에 따라 친생추정이 배제되므로 가족관계등록상 甲의 아버지인 망인이 친생부인의 소를 제기하지 아니하였더라도 甲은 망인과의 **친생자관계부존재확인의 소를 제기할 수 있고, 甲과 망인 사이에는 양친자로서의 신분적 생활사실도 존재하지 아니한**다. 결국 친생자관계가 존재하지 아니한다는 원심의 판단은 정당하다(대법원 2021. 9. 9. 선고 2021므13293 판결).

## 3. 친생추정의 효과

### 가. 원칙

- 법적 부자관계는 추정되는 데 그치고 확정되거나 간주되는 것은 아니므로 번복될 수 있다.
- 다만 이를 위한 재판인 친생부인 소송의 경우, 친생자관계 부존재확인 소송이나 인지무효소송 등과는 달리 원고적격과 제소기간이 제한된다.

### 나. 사례

- 사안의 개요: 친생추정을 받는 자녀의 법적 부자관계가 친생자관계 부존재확인 소송으로 다투어졌다.
- 쟁점과 판단: 친생부인 대상 자녀에 대한 친생자관계 부존재확인의 소는 각하되어야 하는 것이 원칙이지만, 법원이 본안판단을 하여 친생자관계 부존재 재판이 확정되면 친생자관계 소멸이라는 효과가 인정된다.

**대법원 1992. 7. 24. 선고 91므566 판결**

• 친생추정을 해소하려면 친생부인의 소를 제기하여 그 확정판결을 받아야 하며, 친생부인의 소의 방법이 아닌 제865조 소정의 친생자관계부존재확인의 소의 방법에 의하여 그 친생자관계의 부존재확인을 소구하는 것은 부적법하다.

• 부적법한 청구일지라도 법원이 그 잘못을 간과하고 청구를 받아들여 친생자관계가 존재하지 않는다는 확인의 심판을 선고하고 그 심판이 확정된 이상 이 심판이 당연 무효라고 할 수는 없는 것이며, 위 확정심판의 기판력은 제3자에게도 미친다고 할 것이어서 위 심판의 확정으로 누구도 소송상으로나 소송 외에서 친생자임을 주장 할 수 없게 되었다고 할 것이니 이제는 위 확정심판의 기판력과 충돌되는 친생자로 서의 추정의 효력은 사라져버렸다.

✓ 비판: 2005년 개정 전에는 친생부인 기간이 자녀 출생 후 1년이라는 극도의 단기간으로 설정되어 있었으므로 모와 모의 배우자가 친생부인에 합의하더라도 이미 제소기간이 경과하여 친생추정 을 번복할 수 없는 경우가 많았다. 이로 인해 누구도 원하지 않는 모의 전 배우자와 자녀 사이의 법 적 부자관계가 확정되는 것은 바람직하다고 볼 수 없음을 감안하여 법원이 '의식적인 간과'를 통 해 당사자가 원하는 결론을 도출해 준 것이다. 현행법 하에서는 상대기간이 적용되기 때문에 굳 이 이런 편법을 동원할 필요는 없으므로, 이 판결이 '판례'로서 유지될 필요는 없다.

## 4. 친생부인

### 가. 개관

#### (1) 의미

• 친생추정에 의한 법적 부자관계를 소멸시키는 것을 소송물로 하는 소송이다.

• 형성소송의 일종이고, 나류 가사소송사건에 속한다.

#### (2) 기능

• 친생부인 소송 자체의 기능: 혈연과 일치하지 않는 법적 부자관계의 해소 가능 성을 보장하여 '혈연과 일치하는 법적 친자관계 실현'이라는 아버지와 자녀의 기본권적 이익을 실현한다.

• 친생부인 소송의 원고적격, 제소기간 제한의 기능: 혈연과 일치하지 않는 법적 부자관계도 보호가치 있는 자녀의 복리임을 전제로 친생부인 소송을 제기할 수 없게 한다.

**대법원 2019. 10. 23. 선고 2016므2510 전원합의체 판결**

· 친생추정 규정은 그 자체로 <u>진실한 혈연관계와 일치하지 않는 법률상 친자관계를</u> <u>발생시킬 가능성</u>을 내포하고 있다.

· <u>법률상 친자관계를 진실한 혈연관계에 부합시킬 수 있도록 하는 것이 헌법이 보장</u> <u>하고 있는 혼인과 가족제도의 원칙</u>이라고 볼 수 있으므로, 이를 위해 민법은 친생추 정 규정에 따라 형성된 친자관계를 <u>제거할 수 있는 방법</u>을 열어두고자 친자관계의 부인권을 남편과 아내에게 인정하고 있다.

## 나. 당사자적격

### (1) 원고적격

A. 원칙적 원고

> 제846조(자의 친생부인) 부부의 일방은 제844조의 경우 그 자가 친생자임을 부인하 는 소를 제기할 수 있다.

(a) 친생추정에 의해 법적 부가 된 사람＝자녀 출생 당시의 모의 배우자

(b) 자녀의 모

· 취지: 친생부인이 자녀의 복리에 부합하는데도 법적 부가 친생부인 소송을 제기 하지 않는 경우, 자녀를 위해 친생부인 소송을 제기할 사람이 필요하다.

· 축소해석: 법적 부의 법률혼 배우자이면서 자녀의 생모인 사람만을 의미한다. 따라서 법적 부가 자녀의 생모와 이혼한 후 재혼한 처(妻)는 §847의 문언에도 불 구하고 친생부인권자가 아니다.

제846조에서의 '부부의 일방'은 <u>제844조의 경우에 해당하는 '부부의 일방'</u>, 즉 제844 조 제1항에서의 '부'와 '자를 <u>**혼인 중에 포태한 처**'를 가리키고</u>, 그렇다면 이 경우의 처 는 '자의 생모'를 의미하며, 제847조 제1항에서의 '처'도 제846조에 규정된 '부부의 일 방으로서의 처'를 의미한다고 해석되므로, 결국 <u>**친생부인의 소를 제기할 수 있는 처는**</u> <u>**자의 생모**</u>를 의미한다(대법원 2014. 12. 11. 선고 2013므4591 판결).

## B. 보충적 원고

### (a) 원칙적 원고적격자: 후견인, 유언집행자

제848조(성년후견과 친생부인의 소) ① 남편이나 아내가 피성년후견인인 경우에는 그의 성년후견인이 성년후견감독인의 동의를 받아 친생부인의 소를 제기할 수 있다. 성년후견감독인이 없거나 동의할 수 없을 때에는 가정법원에 그 동의를 갈음하는 허가를 청구할 수 있다.
② 제1항의 경우 성년후견인이 친생부인의 소를 제기하지 아니하는 경우에는 피성년후견인은 성년후견종료의 심판이 있는 날부터 2년 내에 친생부인의 소를 제기할 수 있다.

제850조(유언에 의한 친생부인) 부(夫) 또는 처가 유언으로 부인의 의사를 표시한 때에는 유언집행자는 친생부인의 소를 제기하여야 한다.

### (b) 원고적격자가 친생부인기간 경과 전에 사망한 경우: 망인의 직계존속, 직계비속

제851조(부의 자 출생 전 사망 등과 친생부인) 부(夫)가 자의 출생 전에 사망하거나, 부(夫) 또는 처가 제847조 제1항의 기간내에 사망한 때에는 부 또는 처의 직계존속이나 직계비속에 한하여 그 사망을 안 날부터 2년내에 친생부인의 소를 제기할 수 있다.

## (2) 피고적격

- 상대방 배우자 또는 친생추정을 받는 자녀 중 한 사람이 피고가 된다. 필수공동소송은 아니다.
- 위의 피고적격자가 모두 사망한 경우에는 검사를 피고로 친생부인 소송을 제기할 수 있다.

제847조(친생부인의 소) ① 친생부의 소는 부(夫) 또는 처(妻)가 다른 일방 또는 자녀를 상대로 하여 그 사유가 있음을 안 날부터 2년내에 이를 제기하여야 한다.
② 제1항의 경우에 상대방이 될 자가 모두 사망한 때에는 그 사망을 안 날부터 2년내에 검사를 상대로 하여 친생부인의 소를 제기할 수 있다.

- 자녀가 사망한 경우: 법적 부는 자녀가 이미 사망했더라도 사망한 자녀에게 직계비속이 있으면 모(모가 없으면 검사)를 상대로 친생부인 소송을 제기할 수 있다.

제849조(자사망후의 친생부인) 자가 사망한 후에도 그 직계비속이 있는 때에는 그 모를 상대로, 모가 없으면 검사를 상대로 하여 부인의 소를 제기할 수 있다.

**다. 제소기간: 2년**

**(1) 기산점**

- 원칙: 친생부인 사유를 안 날로부터 2년의 상대기간이 적용된다.

✓ 이러한 상대기간은 실질적으로는 모에 대해서만 작용한다. 부는 임의의 시점을 지정하여 친생부인의 원인 사실을 안 날이라고 주장할 수 있기 때문이다. 다만 친생부인소송에는 직전탐지주의가 적용되므로, 부의 상대기간의 기산점은 법원이 판단할 수밖에 없을 것이다.

### 대법원 2019. 10. 23. 선고 2016므2510 전원합의체 판결

- 모의 배우자와 자녀 사이에 혈연관계가 없음을 알게 되면 친생부인의 소를 제기할 수 있는 제소기간이 진행한다.
- 친생부인권을 실질적으로 행사할 수 있는 기회를 부여받았는데도 제소기간이 지나도록 이를 행사하지 않아 더 이상 이를 다툴 수 없게 된 경우 그러한 상태가 남편이 가정생활과 신분관계에서 누려야 할 인격권, 행복추구권, 개인의 존엄과 양성의 평등에 기초한 혼인과 가족생활에 대한 기본권을 침해한다고 볼 수 없다.

- 예외: 원칙적 원고인 부나 모가 §847 ①의 기간 내에 사망한 경우, 보충적 원고는 원칙적 원고가 사망했다는 사실을 안 날로부터 2년의 상대기간이 적용된다(§851).

**(2) 제소기간 경과의 효과: 친생추정에 근거한 법적 부자관계의 확정**

### 대법원 2019. 10. 23. 선고 2016므2510 전원합의체 판결

- 원고적격과 제소기간을 제한하는 친생부인의 소 규정에 따라 친생추정의 효력은 법률에서 인정하는 다른 추정에 비하여 강한 효력을 갖는다.
- 제소기간이 경과하면 그 추정이 진실에 반하는 것으로 밝혀지더라도 추정을 번복할 수 없고, 따라서 생부가 밝혀져도 인지에 의해 혈연에 따른 법적 친자관계를 성립시킬 수 없다.

**라. 주요사실: 혈연의 존재 여부**

친생부인의 소가 적법하게 제기되면 부모와 출생한 자녀 사이에 생물학적 혈연관계가 존재하는지가 증명의 대상이 되는 주요사실을 구성한다(대법원 2019. 10. 23. 선고 2016므2510 전원합의체 판결).

**마. 소극적 요건: 친생승인에 의한 친생부인권 소멸**

> 제852조(친생부인권의 소멸) 자의 출생 후에 친생자임을 승인한 자는 다시 친생부인의 소를 제기하지 못한다.

- 의미: 자녀 출생 후 친생자임을 승인하면 친생부인권은 소멸한다.
- 취지: 신속한 부자관계 확정을 통한 법적 안정성과 자녀의 복리 실현을 위해 인정된다.

> 친생부인의 소를 제기할 수 있는 자가 자녀에 대해서 친생자임을 승인하면 이후 친자관계는 확정되고 이로써 **친자관계라는 신분관계가 신속하게 안정화되며 이를 통하여 자녀의 복리에 부합하는 결과**를 가져온다(대법원 2019. 10. 23. 선고 2016므2510 전원합의체 판결).

- 친생승인의 취소: 친생승인은 의사표시의 일종이므로, 사기·강박으로 인한 승인은 취소할 수 있다.

> 제854조(사기, 강박으로 인한 승인의 취소) 제852조의 승인이 사기 또는 강박으로 인한 때에는 이를 취소할 수 있다.

**바. 확정판결의 효과**

**(1) 원고승소판결 = 친생부인 판결**
- 친생추정이 제거되어서 부자관계가 해소되지만, 부모가 이혼하지 않았다면 인척관계는 인정된다. 따라서 그 후 부모가 이혼하더라도 직계인척이었던 자에 해당하므로 혼인무효 사유에 해당한다.
- 대세효가 인정된다.

**(2) 원고패소판결: 대세효 없음**

> 가사소송법 제21조(기판력의 주관적 범위에 관한 특칙) ① 가류 또는 나류 가사소송사건의 청구를 인용(認容)한 확정판결은 제3자에게도 효력이 있다.
> ② 제1항의 청구를 배척한 판결이 확정된 경우에는 다른 제소권자는 사실심의 변론종결 전에 참가하지 못한 데 대하여 정당한 사유가 있지 아니하면 다시 소를 제기할 수 없다.

## 5. 혼인해소 후 300일 이내에 출생한 자녀에 대한 특칙

### 가. 개관

> 제854조의2(친생부인의 허가 청구) ① 어머니 또는 어머니의 전(前) 남편은 제844조 제3항의 경우에 가정법원에 친생부인의 허가를 청구할 수 있다. 다만, 혼인 중의 자녀로 출생신고가 된 경우에는 그러하지 아니하다.
> ② 제1항의 청구가 있는 경우에 가정법원은 혈액채취에 의한 혈액형 검사, 유전인자의 검사 등 과학적 방법에 따른 검사결과 또는 **장기간의 별거** 등 그 밖의 사정을 고려하여 허가 여부를 정한다.
> ③ 제1항 및 제2항에 따른 허가를 받은 경우에는 제844조 제1항 및 제3항의 추정이 미치지 아니한다.

(1) 배경: 친생추정 기간 중 '이혼 후 300일' 부분에 대한 헌법불합치 결정(2016헌마849)

(2) 헌법재판소 판단의 요지

• 원칙적 합헌: 친생추정 제도 자체와 300일 부분 자체의 필요성과 정당성은 인정된다. 예컨대 부모 사별 후 300일 이내에 자녀가 출생한 경우 강제인지 절차와 이를 위한 과학적 검사 없이도 친생추정만을 근거로 곧바로 법적 부자관계가 인정될 수 있다.

• 헌법불합치: 다만 300일 부분을 모든 사안에 대해 예외 없이 적용하면, 헌법에 합치하지 않게 된다.

### 나. 친생부인 허가 재판

(1) 요건

• 개관: 혼인해소 후 300일 이내 출생자에게도 친생추정이 적용되기 때문에 친생부인 재판이 필요하지만, §854의 2의 경우에는 친생부인 소송절차 대신 비송절차가 적용된다.

• 절차적 요건: 모 또는 모의 전 남편은 혼인해소 후 300일 이내에 출생한 자녀에 대해 친생부인 허가 재판을 청구할 수 있다.

• 실질적 요건: 모의 전 남편과 자녀 사이에 혈연이 없을 개연성이 있어야 한다.

✓ '혈연이 없을 개연성' 판단을 위한 고려 대상으로 '과학적 검사 결과'를 규정한 것은 납득할 수 있으나, '장기간의 별거'를 규정한 것은 납득하기 어렵다. 판례(외관설)에 따르면 장기간의 별거는 친생추정을 배제하는 사유이기 때문이다.

• 소극적 요건: 모의 전 배우자를 부로 기재한 출생신고가 이미 마쳐진 경우에는 친생부인 허가를 할 수 없고 §846, §847의 일반적인 친생부인 소송 절차를 거쳐야 부자관계가 해소될 수 있다. 출생신고 후의 허가 신청은 §854의2 ① 단서의 '그러하지 아니하다'의 취지상 각하되어야 할 것이다.

## (2) 친생부인 허가 재판

• §854의2 ②의 요건이 충족되더라도 문리해석상 법원의 재량 판단이 가능한 것으로 보이지만, 이에 관한 판례는 아직 없다.

• 친생부인 허가 재판의 제한적 소급효: 이 조항은 2018.2.1. 시행되었으나 부칙에 의해 제한적 소급효가 인정된다.

> 부칙: 제854조의2 및 제855조의2의 개정규정은 이 법 시행 **전에 발생한 부모와 자녀의 관계에 대해서도 적용**한다. 다만, 이 법 시행 전에 **판결에 따라 생긴 효력**에는 영향이 없다.

## 다. 인지 허가 비송재판

> 제855조의2(인지의 허가 청구) ① 생부(生父)는 제844조 제3항의 경우에 가정법원에 인지의 허가를 청구할 수 있다. 다만, 혼인 중의 자녀로 출생신고가 된 경우에는 그러하지 아니하다.
> ② 제1항의 청구가 있는 경우에 가정법원은 혈액채취에 의한 혈액형 검사, 유전인자의 검사 등 과학적 방법에 따른 검사결과 또는 장기간의 별거 등 그 밖의 사정을 고려하여 허가 여부를 정한다.
> ③ 제1항 및 제2항에 따라 허가를 받은 생부가 「가족관계의 등록 등에 관한 법률」 제57조 제1항에 따른 신고를 하는 경우에는 제844조 제1항 및 제3항의 추정이 미치지 아니한다.

## (1) 요건: §854의2와 같음

### (2) 효과

- 인지 허가 재판을 받아 인지신고나 출생신고를 마치면 모의 전 남편과 자녀 사이의 친생추정이 배제된다(§855의2 ③).
- 자녀는 생부의 혼인 외의 출생자가 된다.

## 6. 사례: 과학발달과 친생추정

### 가. 개관

### (1) 공통 사실관계

- §844의 기간 내에 자녀 乙이 출생했으나, 乙의 모인 丙의 배우자 甲과 乙 사이에 혈연이 없음은 명백하다.
- §847의 제소기간이 경과하자 甲은 §865에 의한 친생자관계 부존재확인소송을 제기했다.

### (2) 추가된 사실관계와 쟁점

A. 사안1: 제3자의 정자를 이용한 인공수정에 동의했던 남편의 변심

- 남편 甲의 동의 하에 익명제공 정자를 이용한 인공수정으로 아내 丙이 乙을 낳았는데, 10년 후 甲과 丙이 이혼하자 甲은 乙에 대해 친생자관계 부존재확인소송을 제기했다.
- 쟁점: §844는 보조생식 사안에도 적용되는지가 문제된다. 적용된다면 친생부인이 불가능한 반면, 적용되지 않는다면 친생추정과 무관한 출생신고이므로 친생자관계 부존재확인소송으로 다툴 수 있다.

B. 사안2: 아내의 간통에 의한 출산을 용서했던 남편의 변심

- 남편 甲은 아내 丙의 간통에 의한 출산 사실을 알았으나 문제삼지 않은 채 스스로 乙을 자신의 자녀로 출생신고하고 양육했다. 甲은 그로부터 8년 후 丙과 협의이혼하고 乙을 위한 양육비 지급에도 합의했으나 이혼신고를 마친 후 친생자관계 부존재확인 소송을 제기했다.
- 쟁점: 친생추정의 제한사유에 관한 견해들 중 혈연설을 따르게 되면, 甲과 乙간에는 친생추정이 적용되지 않으므로 친생자관계 부존재확인소송으로 甲과 乙 사이의 법적 친자관계를 다툴 수 있다.

## 나. 판단

### (1) 결론

- 두 사안 모두 친생추정이 적용된다. 따라서 친생부인 소송의 요건이 충족되었는지가 문제된다.
- 두 사안 모두 친생부는 자신과 자녀 사이에 혈연이 없음을 알면서 출생신고를 하고 수년간 자녀를 양육했다. §847의 제소기간이 경과했을 뿐 아니라, §852의 친생승인도 인정되기 때문에 친생부인소송은 각하되어야 한다.

### (2) 논거

#### A. 사안1에 대해

- 인공수정 사안에 대해서도 §844 이하의 친생추정 제도가 그대로 적용된다. 민법 제정 당시와는 달리 2017년에 §844를 개정할 때는 인공수정의 가능성, 과학적 혈연검사 가능성 등을 반영할 수 있었는데도 입법자는 인공수정 사안에 관한 특칙을 두지 않았기 때문이다.
- 친생추정 제도의 근거인 혼인·가족생활의 안정성 보호, 법적 부의 공백 방지를 통한 자녀의 복리 실현은 인공수정 자녀에게도 해당된다.
- 남편이 인공수정 시술에 대한 동의를 한 경우 §852가 유추적용되어 친생부인권이 소멸한다고 봐야 한다.
- 이때 친생승인에 해당하는 '인공수정에 대한 동의'는 있었던 것으로 추정된다. 나아가 남편이 출생신고를 한 경우에는 §852의 친생승인으로 인정될 수 있다.

#### B. 사안2에 대해: 외관설(전술)

**대법원 2019. 10. 23. 선고 2016므2510 전원합의체 판결**

- 혼인 중 출생한 자녀의 부자관계는 민법 규정에 따라 <u>일률적으로 정해지는 것이고 혈연관계를 개별적·구체적으로 심사하여 정해지는 것이 아니다.</u> 친생추정 규정의 문언과 입법 취지, 혼인과 가족생활에 대한 헌법적 보장 등에 비추어 **혼인 중 출생한 인공수정 자녀도 혼인 중 출생한 자녀에 포함된다**고 보아야 한다.
- 친생추정의 근거는 혼인과 가족생활 보호인데 인공수정 사안에서도 존중받아야 할 개인과 가족의 자율적 결정권에 기초하여 형성된 것이므로 <u>혼인 중 출생한 다른 자</u>

녀와 차별을 두어서는 안 된다. ㉠ 혼인을 바탕으로 형성된 가족생활에 대한 보호의 필요성은 친생추정의 첫 번째 기능인데 혼인 중 출생한 자녀가 인공수정 자녀라는 이유로 달라지지 않는다. ㉡ 친생추정 규정은 혼인 중 출생한 자녀에 대해서 출생과 동시에 안정된 법적 지위를 부여하여 법적 보호의 공백을 없애고자 한 것은 친생추정의 두 번째 기능인데, 이것은 혼인 중 인공수정으로 출생한 자녀에 대해서도 마찬가지이다.

• 정상적으로 혼인생활을 하고 있는 부부 사이에서 인공수정 자녀가 출생하는 경우 남편은 동의의 방법으로 자녀의 임신과 출산에 참여하게 되는데, 이것이 친생추정 규정이 적용되는 근거라고 할 수 있다. 남편이 인공수정에 동의하였다가 나중에 이를 번복하고 친생부인의 소를 제기하는 것은 허용되지 않는다. ㉠ 부부가 정상적인 혼인생활을 하고 있는 경우 출생한 인공수정 자녀에 대해서는 남편의 동의가 있었을 개연성이 높다. 따라서 혼인 중 출생한 인공수정 자녀에 대해서는 다른 명확한 사정에 관한 증명이 없는 한 남편의 동의가 있었던 것으로 볼 수 있다. ㉡ 제852조에서 친생자임을 승인한 자의 친생부인을 제한하고 있는 취지 등에 비추어 이러한 동의가 밝혀지지 않았다고 해서 곧바로 친생부인의 소를 제기할 수 있다고 볼 것은 아니다. 동의서 작성이나 그 보존 여부가 명백하지 않더라도 인공수정 자녀의 출생 이후 남편이 ㉢ 인공수정 자녀라는 사실을 **알면서 출생신고를 하는 등 인공수정 자녀를 자신의 친자로 공시**하는 행위를 하거나, 인공수정 자녀의 출생 이후 **상당 기간 동안 실질적인 친자관계를 유지**하면서 인공수정 자녀를 자신의 자녀로 알리는 등 사회적으로 보아 친자관계를 공시·용인해 왔다고 볼 수 있는 경우에는 동의가 있는 경우와 마찬가지로 취급하여야 한다.

## Ⅲ  혼인 외의 출생자의 법적 부자관계 성립: 인지

제855조(인지) ① 혼인 외의 출생자는 그 생부나 생모가 이를 인지할 수 있다. 부모의 혼인이 무효인 때에는 출생자는 혼인 외의 출생자로 본다.
② 혼인 외의 출생자는 그 부모가 혼인한 때에는 그때로부터 혼인 중의 출생자로 본다.

# 1. 개관

## 가. 인지의 의미

- 인지란 친생추정이 적용되지 않는 자녀의 법적 아버지를 결정하기 위한 요건을 뜻한다.
- 인지의 유형: 인지에는 부의 신고에 의한 임의인지와 자녀의 재판청구에 의한 강제인지가 있다. 이들의 법적 성질과 구성요건은 서로 다르지만 법적 부자관계 형성이라는 효과는 같다.

## 나. 비교: 모의 인지

- 전제: 모녀 관계는 출산이라는 사실 자체에 의해 당연히 성립한다.

> 혼인 외의 출생자에 대한 모자 사이의 친생자관계는 모에 의한 자의 출산이라는 사실 자체에 의해서 친생자관계라는 법률효과가 부여되지만, 혼인 외의 출생자에 대한 부자 사이의 친생자관계는 인지절차를 통해서만 형성될 수 밖에 없다(헌법재판소 2001. 5. 31. 선고 98헌바9 결정).

- 모의 인지의 의미: ㉠ 임의인지는 법적 모자관계를 성립시키는 '의사표시'가 아니라 이미 성립한 법적 모자관계의 존재에 대한 관념통지에 불과하다. ㉡ 모에 대한 인지청구 소송은 확인소송이라는 점에서, 형성소송인 부에 대한 인지청구 소송과 다르다(2018다1049, 158면).

# 2. 부의 인지의 요건(유형)

## 가. 임의인지

### (1) 개관: 임의인지의 법적 성질

#### A. 견해대립

- 의사표시설(주관주의): 인지에 의한 법적 부자관계 발생은 부의 효과의사가 발현된 것이라고 보는 견해이다.
- 관념통지설(객관주의): 법적 부자관계도 혈연을 근거로 결정되기 때문에, 인지는 관념통지에 불과하다는 견해이다.

## B. 평가

✓ 지배적 견해와 판례는 인지청구 소송을 형성소송이라고 하며, 인지에 의해 법적 부자관계가 '창설'된다고 한 점에서 주관주의를 반영하고 있는 듯하다.

✓ 그러나 현행법에는 객관주의가 반영되었다고 보아야 한다. 임의인지에 사기·강박, 착오 등과 같은 의사표시의 취소 사유가 없어도 혈연의 부존재가 증명되면 인지이의·인지무효 소송으로 임의인지에 의한 법적 친자관계가 해소될 수 있기 때문이다.

## (2) 인지권자

### A. 부의 일신전속권

### B. 부가 제한능력자인 경우

• 후견인의 동의를 얻어 피후견인인 부가 스스로 인지해야 한다. 따라서 후견인이 피후견인인 부를 대리하여 인지할 수 없다.

> 제855조(인지) ① 혼인 외의 출생자는 그 생부나 생모가 이를 인지할 수 있다.
>
> 제856조(피성년후견인의 인지) 아버지가 피성년후견인인 경우에는 성년후견인의 **동의**를 받아 인지할 수 있다.

## (3) 상대방(피인지자)

### A. 친생추정이 적용되지 않아서 법적 부가 없는 자녀

(a) 전형적인 예: 혼인 외의 출생자

(b) 혼인 중의 출생자이지만 모의 남편의 친생추정을 받지 못하는 자녀

• 혼인성립일로부터 200일 이내에 출생한 자녀, 친생추정 기간 내에 출생했으나 외관설에 따라 친생추정이 제한되는 자녀가 여기에 해당한다.

• 무효인 혼인의 당사자 사이에서 출생한 자녀도 인지가 있어야 법적 부가 정해진다(§855 ① 단서). 이에 비해 혼인취소는 소급효가 없기 때문에 취소된 혼인의 당사자 사이에서 출생한 자녀는 여전히 혼인 중의 출생자이다.

### B. 시간적 범위

• 태아도 피인지자가 될 수 있다.

> 제858조(포태중인 자의 인지) 부는 포태 중에 있는 자에 대하여도 이를 인지할 수 있다.

• 이미 사망한 자녀에 대한 인지는 원칙적으로 불가능하지만, 사망한 자녀에게 생

부의 손자녀에 해당하는 자녀가 있으면 생부는 사망한 자녀를 인지할 수 있다.

> 제857조(사망자의 인지) 자가 사망한 후에도 그 직계비속이 있는 때에는 이를 인지할
> 수 있다.

C. 인지의 소극적 요건

(a) 의미: 혈연 있음이 증명되더라도 임의인지는 물론 강제인지도 불가능한 경우
- 타인의 친생추정을 받는 자녀: ㉠ 친생부인이 되지 않는 한 인지의 대상이 될 수
  없다. ㉡ 이러한 효과는 친생추정을 반영한 출생신고가 되어 있는지의 여부와
  무관하다. 예컨대 인지자가 출생신고를 한 후 타인의 친생추정이 적용되는 자
  녀임이 밝혀지면 오히려 친생추정을 반영하여 출생신고가 정정되어야 한다.

> 친생부인이 되지 않아 친생자로 추정되는 한 생부가 혼인 외 출생자로서 인지할 수도
> 없고 자녀가 생부를 상대로 인지를 청구할 수도 없다(대법원 2019. 10. 23. 선고 2016
> 므2510).

- 타인의 친생추정을 받지 않지만 타인의 친생자로 출생신고 된 자녀: 친생자관계
  부존재확인판결을 받아야 인지할 수 있다.
- 타인이 인지신고한 자녀: 인지의 효력을 다투는 인지이의(무효)판결을 받아야
  인지할 수 있다.

(b) 비교: 친생추정 기간 내에 출생신고 되었으나 친생자 아님이 객관적으로 명백
  한 경우
- '입양신고 기능을 하는 출생신고'에 해당하면 양친자관계가 성립할 수 있고, 양
  친자관계와 친생자관계는 양립할 수 있으므로, 입양신고 기능을 하고 있는 출
  생신고 말소를 위한 친생자관계 부존재확인 소송을 거칠 필요 없이 곧바로 인지
  할 수 있다.

> 제844조의 친생추정을 받는 자는 친생부인의 소에 의하여 그 친생추정을 깨뜨리지 않고
> 서는 다른 사람을 상대로 인지청구를 할 수 없으나, 호적상의 부모의 혼인 중의 자로 등재
> 되어 있는 자라 하더라도 그의 <u>생부모가 호적상의 부모와 다른 사실이 객관적으로 명백한</u>
> <u>경우에는 그 친생추정이 미치지 아니한다</u>(대법원 2000. 1. 28. 선고 99므1817 판결).

✓ 이러한 99므1817의 법리는 입양에 대한 법원의 허가 요건이 적용된 2013. 7. 1. 이전에 출생신고가 된 경우에만 적용될 수 있다. 출생신고로 공시된 양친자관계를 유지하더라도 친생친자관계는 이것과 양립할 수 있으므로, 굳이 입양신고 기능을 하는 출생신고를 친생자관계 부존재 확인소송으로 말소하지 않아도 그 상태에서 곧바로 인지청구소송이 가능하다고 본 것이기 때문이다. 만약 입양신고 기능을 하는 출생신고가 아니라 인지신고 기능을 하는 출생신고 사안이라면, 친생자관계 부존재확인판결을 받아 인지의 효과를 제거해야 진정한 생부를 상대로 인지청구소송을 제기할 수 있다고 보아야 한다.

### (4) 행사방법

#### A. 개관

- 부의 형성권이므로 인지 여부는 자유이고, 기간 제한도 없다.
- 생전인지와 유언인지의 두 가지 방식 중 자유롭게 선택할 수 있다.

> 제859조(인지의 효력발생) ① 인지는 「가족관계의 등록 등에 관한 법률」에 의하여 신고함으로써 그 효력이 생긴다.
> ② 인지는 유언으로도 이를 할 수 있다. 이 경우에는 유언집행자가 이를 신고하여야 한다.

#### B. 생전인지

- 인지권자의 의사표시로서 불요식행위이고 도달주의가 적용된다. 다만 창설적 신고가 수리되어야 법적 부자관계가 발생한다.
- 인지신고 대신 혼인 중의 출생자인 것처럼 출생신고를 해도 인지신고로서의 효력이 인정된다(가등법 §57). 이 경우 '실질'에 해당하는 인지의 효력을 다투려면, 인지이의·인지무효 소송이 아니라 '형식'인 출생신고를 다투는 소송인 친생자관계 부존재확인소송을 제기해야 한다.

#### C. 유언인지

- 요건: 적법한 유언의 방식
✓ 신고의 의미에 대해서는 견해가 대립하는데 지배적 견해는 보고적 신고라고 본다. 이 견해에 따르면 부자관계는 신고수리시가 아니라 유언의 효력발생시에 발생한다. 판례는 아직 없지만 지배적 견해가 타당하다. 유언인지 신고를 창설적 신고라고 본다면 유언집행자의 신고 여부에 따라 법적 부자관계 성립여부가 좌우된다는 점에서 피인지자에게 불리하고, 인지의 일신전속성이라는 본질에도 반한다.

**(5) 주의! 피인지자나 모의 동의는 인지의 요건 아님**

## 나. 강제인지(인지청구소송)

### (1) 개관

- 강제인지는 피인지자인 자녀가 인지권자인 부의 의사와 무관하게 친생자관계를 형성할 수 있게 해 주는 요건이다.

> 인지청구의 소는 부와 자 사이에 **사실상의 친자관계의 존재를 확정하고 법률상의 친자관계를 창설함을 목적**으로 하는 소송이다(대법원 2015. 6. 11. 선고 2014므8217 판결).

- 법적성질: 생부에게는 형성소송, 생모에게는 확인소송이다.
- 인지청구권은 포기할 수 없으므로 자녀 측이 인지청구권 포기약정을 한 후 변심하여 인지청구소송을 제기해도 권리남용이 아니다.

> 인지청구권은 포기할 수 없고, 포기했어도 효력이 발생할 수 없는 것이므로, 조정이나 재판상 화해로 인하여 원고들이 인지청구권을 포기하였다거나 실권하였다고 할 수 없으며, 따라서 이 사건 청구가 금반언의 원칙에 반한다거나 권리남용에 해당한다고도 할 수 없다(대법원 1999. 10. 8. 선고 98므1698 판결).

### (2) 당사자

A. 원고: 피인지자(자녀, 그 직계비속, 그 법정대리인)

B. 피고: 인지권자(생부, 생모), 사망했으면 검사

> 제863조(인지청구의 소) 자와 그 직계비속 또는 그 법정대리인은 부 또는 모를 상대로 하여 인지청구의 소를 제기할 수 있다.

> 제864조(부모의 사망과 인지청구의 소) 제862조 및 제863조의 경우에 부 또는 모가 사망한 때에는 그 사망을 안 날로부터 2년내에 검사를 상대로 하여 인지에 대한 이의 또는 인지청구의 소를 제기할 수 있다.

### (3) 제소기간(§864)

A. 생부가 생존한 경우에는 제한 없음

B. 생부가 사망한 경우

• 제소기간 제한: 생부의 사망 사실을 안 날로부터 2년의 상대기간이 적용된다.

• 기산점인 '생부의 사망을 안 날'은 생부에 해당하는 사람의 사망 사실을 안 날이라고 해석된다. 따라서 청구권자가 자신과 망인 사이의 혈연관계를 몰랐더라도 제소기간이 기산한다.

### 대법원 2015. 2. 12. 선고 2014므4871 판결

  ‣ 인지청구 등의 소에서 제소기간을 둔 것은 친생자관계를 진실에 부합시키고자 하는 사람의 이익과 친생자관계의 **신속한 확정을 통하여 법적 안정**을 찾고자 하는 사람의 이익을 조화시킨다는 의미가 있는데,

  ‣ 당사자가 사망함과 동시에 상속이 개시되어 신분과 재산에 대한 새로운 법률관계가 형성되는데, 오랜 시간이 지난 후에 인지청구 등의 소를 허용하게 되면 상속에 따라 형성된 법률관계를 불안정하게 할 우려가 있는 점, 상대기간을 제소기간의 시점으로 삼을 경우에는 사실상 이해관계인이 주장하는 시기가 제소기간의 기산점이 되어 제소기간을 두는 취지를 살리기 어렵게 되는 점 등을 고려할 때, 인지청구 등의 소에서 제소기간의 기산점이 되는 '사망을 안 날'은 **사망이라는 객관적 사실을 아는 것을 의미하고, 사망자와 친생자관계에 있다는 사실까지 알아야 하는 것은 아니**라고 해석함이 타당하다.

## (4) 심리와 판단

• 주요사실은 객관적 혈연관계의 존재 여부이며, 과학적 증거 등의 간접사실을 근거로 추정된다.

혼인 외 출생자의 경우에는 생부가 인지하거나(제855조 제1항) 자녀가 부를 상대로 인지청구의 소(제863조)를 제기하여 친생자관계의 존재를 확정하는 방법으로 법률상 친자관계를 창설할 수 있는데, 이때 부와 자녀 사이에 혈연관계가 존재하는지가 증명의 대상이 되는 주요사실을 구성한다(대법원 2019. 10. 23. 선고 2016므2510 전원합의체 판결).

• 직권탐지주의가 적용되고, 증거조사를 위해 수검명령(가사소송법 §29) 등의 특칙이 적용된다.

인지청구의 소는 부와 자 사이에 **사실상의 친자관계의 존재를 확정하고 법률상의 친자관계를 창설함을 목적**으로 하는 소송으로서, 당사자의 **증명이 충분하지 못할 때에는 법원이 직권으로 사실조사와 증거조사**를 해야 한다(대법원 2015. 6. 11. 선고 2014 므8217 판결).

---

**대법원 2013. 12. 26. 선고 2012므5269 판결**

‣ **혈연상 친생자관계라는 주요사실**의 존재를 증명함에 있어서는 … 혈액형검사 또는 유전자검사를 한 결과 친생자관계를 배제하거나 긍정하는 요소가 있는지 등 **주요사실의 존재나 부존재를 추인시키는 간접사실을 통하여 경험칙에 의한 사실상의 추정에 의하여 주요사실을 추인하는 간접증명의 방법에 의할 수밖에 없는데, … 과학적 증명방법은 가장 유력한 간접증명**의 방법이 된다.

‣ 가능한 과학적 증명방법에 의한 증거조사를 직권으로도 시행하고, 그러한 조사 결과와 앞서 본 간접사실 등을 종합하여 원고와 망인 사이의 친생자관계를 추인할 수 있는지 신중하게 판단하였어야 한다. 결국, 원심판결에는 친생자관계의 인정에 관한 법리를 오해하여 충분한 직권조사를 시행하는 등의 필요한 심리를 다하지 아니함으로써 판결에 영향을 미친 위법이 있다.

---

### 3. 인지의 효과

**가. 본질적 효과**: 법적 친생부자관계의 성립

**(1) 친생자관계의 법률효과 중 당연히 인정되는 것**: 상속권, 부양청구권 등

**(2) 별도의 요건이 충족되어야 인정되는 것**

A. 친권자 결정: §909 ④, ⑤

B. 양육에 관한 사항

> 제864조의2(인지와 자의 양육책임 등) 제837조 및 제837조의2의 규정은 자가 인지된 경우에 자의 양육책임과 면접교섭권에 관하여 이를 준용한다.

C. 국적 취득(국적법 §3)

**나. 인지의 효력발생 시점**

• 임의인지: 생전인지는 창설적 신고인 인지신고 또는 인지신고 기능을 하는 출생신

고를 마쳤을 때, 유언인지는 유언의 효력발생시에 인지의 효력이 각 발생한다.

- 강제인지: 인지판결 확정시에 효력이 발생한다. 이에 따른 신고는 보고적 신고
이다.

## 다. 소급효

> 제860조(인지의 소급효) 인지는 그 자의 출생시에 소급하여 효력이 생긴다. 그러나
> 제삼자의 취득한 권리를 해하지 못한다.

**(1) 의미:** 인지의 효력이 발생하면, 법적 친생자관계는 자녀 출생시부터 인정됨

**(2) 예외:** 인지의 소급효 제한

A. 의미

- 인지의 소급효는 제3자에게 주장하지 못한다.
- 제3자의 범위: 동순위상속인이나 후순위상속인을 제외한 자로서 확정적 권리
취득 요건을 갖춘 자를 뜻한다.

### 대법원 1993. 3. 12. 선고 92다48512 판결

　‣ 제1014조가 ··· 제860조 소정의 제3자의 범위를 제한하고 있는 취지에 비추어 볼
때, 혼인 외의 출생자가 부(父)의 사망 후에 인지의 소에 의하여 그 친생자로 인지받
은 경우,

　‣ 피인지자보다 **후순위 상속인인 피상속인의 직계존속 또는 형제자매 등은 피인지자
의 출현과 함께 자신이 취득한 상속권을 소급하여 잃게** 되는 것으로 보아야 하고,
그것이 제860조 단서의 규정에 따라 인지의 <u>소급효 제한에 의하여 보호받게 되는
제3자의 기득권에 포함된다고는 볼 수 없다.</u>

B. 사례: 인지 전 사망보험금 지급과 인지의 소급효 제한

(a) 사안의 개요

- 생부와 사실혼관계에 있던 생모가 원고를 포태한 후, 생부가 교통사고로 사망했
다. 그 후 원고가 출생하자 법정대리인인 생모가 인지청구의 소를 제기한 후, 피
고(가해자측 보험회사)를 상대로 보험금지급을 청구하는 이 사건 소를 제기했다.
- 피고는 가족관계등록상 최선순위 상속인인 A(망인의 모친)에게 보험금을 지급
했다.

- 원고의 인지청구를 인용하는 판결이 확정되자 원고의 생모는 원고를 대리하여 1) 주위적으로 피고에게 보험금 지급을 청구했고, 이에 피고는 §470를 주장했다. 2) 예비적으로 A에게 부당이득 반환을 청구했고, 이에 A는 §860 단서를 주장했다.

(b) 쟁점과 판단

- 인지 판결 확정 전에 가족관계등록상 최선순위 상속인에게 피고가 손해배상금을 지급한 것은 채권의 준점유자에 대한 변제에 해당한다.
- 따라서 원고의 주위적 청구는 기각되고 예비적 청구만 인용된다.

> **대법원 1995. 1. 24. 선고 93다32200 판결**
> - 망 甲의 어머니인 A는 망 甲이 사망하자 피고에게 손해배상청구소송을 제기했다. 원고의 대리인인 생모 乙은 원고가 甲의 친생자임을 주장하여 같은 인지판결을 선고받고, 그 판결이 그 무렵 확정되었다. 그 직후 乙은 내용증명우편으로 피고에게 원고가 위 망인의 친생자이므로 A에게 손해배상금을 지급하여서는 아니된다는 통지를 하였다.
> - 혼인 외의 자의 생부가 사망한 경우, 혼인 외의 출생자는 그가 <u>인지청구의 소를 제기하였다고 하더라도 그 인지판결이 확정되기 전에는 상속인으로서의 권리를 행사할 수 없고,</u>
> - 그러한 인지판결이 확정되기 전의 <u>가족관계등록상으로는 최선순위 상속인이지만 원고보다 후순위인 상속인이 채무자에 대하여 소를 제기하고, 나아가 승소판결까지 받았다면, 채무자로서는 그 상속인이 장래 혼인 외의 자에 대한 인지판결이 확정됨으로 인하여 소급하여 상속인으로서의 지위를 상실하게 될 수 있음을 들어 그 권리행사를 거부할 수는 없다고 할 것인바</u>
> - **표현상속인에 대한 채무자의 변제는, 특별한 사정이 없는 한, 채무자가 표현상속인이 정당한 권리자라고 믿은데에 과실이 있다 할 수 없으므로, 채권의 준점유자에 대한 변제로서 적법한 것이라 할 것이다.**

(3) 비교: 모의 인지와 무제한적 소급효

A. 전제

- 모자관계는 출생과 동시에, 출생신고 여부와 무관하게 성립한다.

- 따라서 모의 인지는 원래 존재하지 않던 모자관계를 창설적 · 형성적으로 발생시키는 것이 아니다.

B. 판단

- 모자관계와 이에 기초한 권리는 모자관계와 무관하게 이미 발생해 있었으므로, 그 전에 이해관계를 가졌던 제3자에게도 대항할 수 있다(§860 단서의 적용 배제).
- 피상속인인 모의 자녀는 최선순위 상속인으로서 상속회복청구권을 행사할 수 있고, 이미 다른 공동상속인들이 분할을 마쳤더라도 가액배상이 아니라 재분할 · 원물반환을 청구할 수 있다(§1014의 적용 배제). 다만 이때 §999 ②의 기간제한이 적용된다.

**대법원 2018. 6. 19. 선고 2018다1049 판결**
  ‣ 혼인 외의 출생자와 생모 사이에는 생모의 인지나 출생신고를 기다리지 아니하고 자의 출생으로 당연히 법률상의 친자관계가 생기고, 가족관계등록부의 기재나 법원의 친생자관계 존재확인 판결이 있어야만 이를 인정할 수 있는 것이 아니다.
  ‣ 인지를 요하지 아니하는 모자관계에는 ㉠ **제860조 단서가 적용 또는 유추적용되지 아니하며,** ㉡ **제1014조를 근거로 자가 모의 다른 공동상속인이 한 상속재산에 대한 분할 또는 처분의 효력을 부인하지 못한다고 볼 수도 없다.** 이는 비록 다른 공동상속인이 이미 상속재산을 분할 또는 처분한 이후에 그 모자관계가 친생자관계존재확인판결의 확정 등으로 비로소 명백히 밝혀졌다 하더라도 마찬가지이다.
  ‣ 원심이 다른 공동상속인으로부터의 양수인 명의의 소유권이전등기의 말소를 구하는 원고 등의 청구를 배척한 것은 판결에 영향을 미친 잘못을 범한 것이다.

## 4. 인지에 의한 법적 부자관계의 해소

### 가. 임의인지에 의한 부자관계 해소: 인지이의소송, 인지무효소송

**(1) 요건:** 인지 요건 미비

- 인지신고가 생부의 진의를 반영하지 못한 경우
- 유언인지의 유언이 법정방식을 위반한 경우
- 혈연 없음이 밝혀진 경우

친생자가 아닌 자에 대하여 한 인지신고는 당연무효이며 이런 인지는 무효를 확정하기 위한 판결 기타의 절차에 의하지 아니하고도, 또 누구에 의하여도 그 무효를 주장할 수 있는 것이다(대법원 1992. 10. 23. 선고 92다29399 판결).

- 인지된 자녀에 대한 타인의 친생추정이 유지되고 있는 상태임이 밝혀진 경우

**(2) 효과: 인지에 기초한 친생자관계 해소**

**(3) 인지를 다투는 소송절차의 개관**

- 가사소송법상의 인지무효소송(기간제한 없음)과 민법상의 인지이의소송(상대기
간 1년): 구별의 실익이 없으므로 통합하자는 견해가 지배적이다.
- 인지취소소송(§861): 인지의 법적 성질이 의사표시임을 전제한 조항이다. 임의
인지를 취소해도 혈연이 있으면 강제인지를 저지할 수 없으므로 실익이 없다.

**나. 강제인지에 의한 부자관계 해소**

- 인지판결에 대한 불복절차: 확정 전이면 상소로, 확정 후이면 재심으로 다퉈야
한다.
- 친생자관계 부존재확인소송으로 다툴 수 없다.

> **대법원 2015. 6. 11. 선고 2014므8217 판결**
> ‣ 인지의 소의 <u>확정판결</u>에 의하여 일단 부와 자 사이에 친자관계가 창설된 이상, 재심
> 의 소로 다투는 것은 별론으로 하고
> ‣ 그 확정판결에 반하여 친생자관계부존재확인의 소로써 당사자 사이에 친자관계가
> 존재하지 않는다고 다툴 수는 없다.

---

## Ⅳ 친생자관계 존부확인소송

### 1. 개관

**가. 의미**

- 출생신고로 공시된 친자관계가 법적 친자관계와 일치하지 않는 경우, 전자를 후
자에 맞추기 위해 후자의 존재 또는 부존재를 확인하는 소송을 뜻한다.
- 전제: ㉠ 법적 친자관계가 출생신고된 내용과 다를 수 있음을, 즉, 출생신고가
법적 친자관계를 근거지우는 것은 아님을 전제한다. ㉡ 민법에 규정된 친자관
계를 다투는 소송절차들에 공백이 있음을 전제한다.

✓ 예컨대 민법은 혼인 중의 출생자의 부자관계는 친생부인소송으로, 혼인 외의 출생자의 부자관계는 인지이의소송으로 다투는 것을 예정하고 있다. 그런데 혼인 중의 출생자인데 친생추정이 미치지 않는 경우인 혼인신고 후 200일 이내 출생자나 외관설이 적용되는 자녀의 부자관계를 다투기 위한 소송은 민법에 규정되어 있지 않았다. 따라서 친생자관계 존부확인소송은 태생적으로 '보충성' 즉 다른 소송절차로 다툴 수 없는 사안에 대해서만 적용되는 성질을 가지고 있다.

## 나. 법적 성질: 형성소송이 아니라 확인소송

• 친생자관계 존부확인소송의 대상이 되는 법률관계는 상속사건 등과 같은 다른 재판에서 선결문제로서 판단할 수 있다.

• 비교: 친생부인 소송의 대상이 되는 법률관계는 형성소송인 친생부인 소송을 거치지 않는 한 다른 재판에서 판단할 수 없다.

## 2. 요건

### 가. 확인의 이익: 보충성

### (1) 개관

• 문제된 친자관계를 다투기 위한 고유한 소송절차가 없는 경우에만 §865의 소송을 제기할 수 있다.

> 제865조(다른 사유를 원인으로 하는 친생관계존부확인의 소) ① 제845조, 제846조, 제848조, 제850조, 제851조, 제862조와 제863조의 규정에 의하여 소를 제기할 수 있는 자는 **다른 사유를 원인으로 하여** 친생자관계존부의 확인의 소를 제기할 수 있다.

**대법원 2020. 6. 18. 선고 2015므8351 전원합의체 판결**

‣ 제865조가 친생자관계 존부확인의 소를 제기할 수 있는 자를 구체적으로 특정하여 직접 규정하는 대신 소송목적이 유사한 다른 소송절차에 관한 규정들을 인용하면서 각 소의 제기권자에게 원고적격을 부여하고 그 사유만을 달리하게 한 점에 비추어 보면

‣ 이 사건 조항이 정한 친생자관계 존부확인의 소는 법적 친생자관계의 성립과 해소에 관한 다른 소송절차에 대하여 보충성을 가진다.

## (2) 확인의 이익이 부정되는 경우 = 친생자관계 존부확인소송이 각하되는 경우

### A. 친생추정이 미치는 혼인 중 출생자의 친자관계

- 성립: 친생추정이 미치는 경우에는 별도 요건 없이 부자관계가 인정되고 출생신고도 가능하므로 친생자관계 존재확인소송을 제기할 필요가 없다. 따라서 확인의 이익이 인정되지 않는다.

- 해소: 친생추정에 의한 친자관계는 친생부인 절차에 의해서만 해소될 수 있다. 따라서 친생자관계 부존재확인소송의 원고적격은 인정되지만 친생부인소송의 원고적격은 인정되지 않는 이복형제자매인 원고가 제기한 친생자관계부존재확인 소송은 부적법하여 각하된다.

> **대법원 2000. 8. 22. 선고 2000므292 판결**
> ‣ 친생추정 기간 동안 자녀가 출생했고 외관설이 적용될 만한 사정이 없는 경우 친생부자관계를 다투려면 제846조, 제847조에서 규정하는 친생부인의 소를 제기하여 그 확정판결을 받아야 하고,
> ‣ 이러한 친생부인의 소가 아닌 제865조 소정의 친생자관계부존재확인의 소에 의하여 그 친생자관계의 부존재확인을 구하는 것은 부적법하다.

### B. 혼인 외의 출생자의 친자관계

- 성립: 출생신고를 하려면 인지청구소송(§863)을 거쳐야 한다. 따라서 모가 자녀와 부 사이의 친생부자관계 존재확인을 청구해도 각하된다.

> **대법원 1997. 2. 14. 선고 96므738 판결**
> ‣ 부자관계는 부의 인지에 의하여서만 발생하는 것이므로, 부가 사망한 경우에는 그 사망을 안 날로부터 1년 이내에 검사를 상대로 인지청구의 소를 제기하여야 하고,
> ‣ 생모가 혼인 외 출생자를 상대로 혼인 외 출생자와 사망한 부와의 사이에 친생자관계존재확인을 구하는 소는 허용될 수 없다.

> **대법원 2022. 1. 27. 선고 2018므11273 판결**
> ‣ 혼인 외 출생자의 경우에 있어서 부자관계는 부의 인지에 의하여서만 발생하는 것이므로, 부가 사망한 경우에는 그 사망을 안 날로부터 2년 이내에 검사를 상대로 인

지청구의 소를 제기하여야 하고, 생모나 친족 등 이해관계인이 혼인 외 출생자를 상대로 혼인 외 출생자와 사망한 부 사이의 **친생자관계존재확인을 구하는 소는 허용될 수 없다.**

- 따라서 망 丙(남성)의 자녀인 甲이, 乙을 상대로 乙과 망 丙 사이에 친생자관계가 존재한다는 확인을 구하는 이 사건 소는 부적법하다.

- 해소: 인지신고를 다투려면 인지이의소송(§862)을 거쳐야 하고, 인지판결을 다투려면 재심소송을 거쳐야 한다. 따라서 친생자관계 부존재확인소송을 제기하면 각하된다.

  인지의 소의 확정판결에 의하여 일단 부와 자 사이에 친자관계가 창설된 이상, 재심의 소로 다투는 것은 별론으로 하고, 그 확정판결에 반하여 친생자관계부존재확인의 소로써 당사자 사이에 친자관계가 존재하지 않는다고 다툴 수는 없다고 할 것이다(대법원 2015. 6. 11. 선고 2014므8217 판결).

## (3) 확인의 이익이 인정되는 경우

### A. 다른 재판의 대상이 아닌 경우

- 친생추정이 적용되지 않는 혼인 중의 출생자의 법적 부자관계 해소에 대해서는 §865가 적용된다.

  동서의 결여로 처가 부의 자를 포태할 수 없는 것이 <u>외관상 명백한 사정이 있는 경우에는 그 추정이 미치지 않는다고 새겨야 할 것이므로 이때는 제865조, 제863조에 의</u>하여 자도 친자관계 부존재확인소송을 제기할 수 있다(대법원 1988. 5. 10. 선고 88므85 판결).

- 양친자관계의 존재확인에 대해서는 §865가 적용된다. 특히 §865 ①뿐 아니라 같은 조 ②도 유추적용된다.

  **대법원 1993. 7. 16. 선고 92므372 판결**
  - 신분관계의 존부의 확정에 관하여 민법이나 가사소송법 등에서 구체적으로 소송유형을 규정하고 있는 예가 많으나 **실정법상 소송유형이 규정되어 있는 경우에 한하**

**여 신분관계존부확인에 관한 소송을 제기할 수 있는 것으로 볼 것은 아니며,** 소송유형이 따로 규정되어 있지 아니하더라도 **법률관계인 신분관계의 존부를 즉시확정할 이익이 있는 경우라면 일반 소송법의 법리에 따라 그 신분관계존부확인의 소송을 제기할 수 있는 것으로 보아야 한다.** 따라서 … **비록 양친자관계 존부확인소송이 민법이나 가사소송법등에 규정된 바가 없다고 하더라도, 스스로 원고가 되어 양친자관계 존재확인의 소를 제기할 수 있다.**

‣ 친자관계존재확인의 소에 있어 제864조, 제865조 제2항의 유추적용에 의하여 검사를 상대로 하는 소제기를 허용하는 경우에도 그 각 법조가 정하는 출소기간의 적용을 받는 것으로 해석함이 타당하다.

B. 사례: 형식과 실질의 불일치 사안에서 '형식'이 출생신고인 경우

• 개관: 실질과 맞지 않는 형식인 출생신고를 말소하려면 친생자관계 부존재확인 소송으로 다투어야 한다.

• 인지신고 대신 출생신고가 된 경우: 인지이의소송이 아니라 친생자관계 부존재확인소송으로 다투어야 한다. 두 소송 모두 청구원인은 '혈연의 부존재'이다.

인지신고에 의함이 없이 일반 출생신고에 의하여 호적부상 등재된 친자관계를 다투기 위하여는 위의 각 소송과는 별도로 제865조가 규정하고 있는 친생자관계부존재확인의 소에 의하여야 할 것이다(대법원 1993. 7. 27. 선고 91므306 판결).

• 입양신고 대신 출생신고가 된 경우: ㉠ 입양무효, 파양 등의 소송이 아니라 친생자관계 부존재확인소송으로 다투어야 한다. ㉡ 이 경우, 청구원인은 일반적인 친생자관계 부존재확인소송의 주요사실인 '혈연의 부존재'가 아니라, 실질을 부정하기 위한 사유인 입양의 무효나 취소 사유 또는 파양 사유이다.

**나. 원고적격**

**(1) 개관**

• 확인의 이익이 인정된다면, 위 조항들에 규정된 원고적격자에 해당하는 사람은 누구나 친생자관계 존부확인소송을 제기할 수 있다.

• 특히 '제862조에 의해 소를 제기할 수 있는 자'에는 일반조항인 '이해관계인'이 포함되어 있으므로 그 범위가 문제된다.

**(2) 사례: §862의 원고적격자인 '이해관계인'의 의미**

A. 사안

- 독립유공자 망甲의 자녀 망乙, 망丁, 망己가 있고, 망乙에게는 자녀 丙이 있고 망己에게는 자녀A가 있다. 丁의 손자, 즉 甲의 증손자 戊(원고)는 검사를 상대로 甲, 乙간 친생자관계 부존재확인소송을 제기했다.
- 관련법에 의하면 독립유공자의 손자녀까지만 유족으로 등록될 수 있고 己의 자녀로서 甲의 손자녀인 A가 생존한 상태였으므로, 甲·乙간 친생자관계부존재확인을 받아도 증손인 戊는 독립유공자의 유족으로 등록될 수 없는 상태였다.

B. 판단

(a) 논거

- 호주제 폐지 등을 거치면서 부계 혈연집단이라는 의식이 희박해졌으므로, 이제는 §777의 친족이라는 이유만으로 법적 이해관계가 있다고 보기 어렵다. 따라서 §777의 친족은 §862의 '이해관계인'이므로 §865의 원고적격이 인정된다고 했던 과거의 판례(대법원 1981. 10. 13. 선고 80므60 전원합의체 판결)는 더 이상 유지될 수 없다.
- §865의 원고적격이 지나치게 확장되면 법적 친자관계를 유지하려는 당사자들의 사생활, 가족생활 보장에 반한다.

(b) 결론: §865·§862의 '이해관계인'의 의미

- 다수의견: 친생자관계 존부에 따라 권리를 얻거나 의무를 면하는, 법률상 이해관계 있는 제3자를 의미한다. 甲·乙 간 친생자관계 부존재확인판결을 받아도 戊는 독립유공자의 유족이라는 법적 지위를 얻을 수 없으므로, 戊를 '이해관계인'이라고 할 수 없다.
- 소수의견: 가족관계등록을 바로잡아야 할 이익을 가진 자를 의미한다.

> **대법원 2020. 6. 18. 선고 2015므8351 전원합의체 판결**
> - 이해관계인은 이 사건 조항에 열거된 제862조에 따라 다른 사유를 원인으로 하여 친생자관계존부확인의 소를 제기할 수 있다.
> - 여기서 이해관계인은 **다른 사람들 사이의 친생자관계가 존재하거나 존재하지 않는**

**다는 내용의 판결이 확정됨으로써 일정한 권리를 얻거나 의무를 면하는 등 법률상 이해관계가 있는 제3자**를 뜻한다. 따라서 다른 사람들 사이의 친생자관계존부가 판결로 확정됨에 따라 **상속이나 부양 등에 관한 자신의 권리나 의무, 법적 지위에 구체적인 영향**을 받게 되는 경우이어야 이해관계인으로서 친생자관계존부확인의 소를 제기할 수 있다.

‣ 가족관계등록부상으로는 <u>아무런 친족관계가 나타나지 않더라도 스스로 자녀의 생부 또는 생모라고 주장</u>하면서 친생자관계존부확인의 소를 제기한 사람은 그 판결 결과에 따라 당사자와의 친생자관계 자체에 <u>직접적인 영향을 받게 되므로</u> 이해관계인에 포함된다.

‣ 가족제도 등에 관한 법률적, 사회적 상황의 변화에 비추어 보면, 호주제가 유지되던 때와 달리 제777조에서 정한 친족이라는 이유만으로 밀접한 신분적 이해관계를 가진다고 볼 법률적, 사회적 근거가 약해졌다. … 따라서 소를 제기할 수 있는 제3자의 범위를 명문의 법률 규정 없이 해석을 통하여 함부로 확대하는 것은 바람직하지 않다.

## 다. 피고적격(가사소송법 §24, §28)

### (1) 유형

• 친자 중 일방이 원고이면 상대방이 피고가 된다.

• 이해관계인이 원고이면 부모와 자녀가 공동피고가 되고, 필수적 공동소송이 된다.

친생자관계가 없음에도 불구하고 친생자관계 있는 것처럼 호적상 기재되어 있다는 것을 전제로 하여 이해관계 있는 제3자가 그 친생자관계부존재확인을 구하는 심판청구에 있어서는 그 친자쌍방이 피심판청구인으로서의 적격이 있고, 친자쌍방이 다 생존하고 있는 경우에는 이런 심판청구는 소위 필요적 공동소송의 경우에 해당된다(대법원 1983. 9. 15.자 83즈2 결정).

### (2) 소송계속중 피고가 사망한 경우

A. 친자 일방이 상대방을 피고로 제기한 경우

• 6개월 내 검사를 상대로 승계신청을 해야 하고, 6개월이 지나도록 승계신청을 안하면 취하로 간주되므로(가사소송법 §16) 소송종료선언으로 절차를 종결한다.

- 사례: 피고가 실종선고를 받아 사망한 것으로 간주되는 경우에 '6개월'의 기산점은 사망간주 시점이 아니라 실종선고 재판이 확정된 때이다.

### 대법원 2014. 9. 4. 선고 2013므4201 판결

- 친생자관계존부 확인소송은 그 소송물이 <u>일신전속적인 것이지만</u>, 당초에는 원래의 <u>피고적격자를 상대로 친생자관계존부 확인소송을 제기하였으나 소송계속 중 피고가 사망한 경우 원고의 수계신청이 있으면 검사로 하여금 사망한 피고의 지위를 수계하게 하여야 한다.</u> 그러나 그 경우에도 가사소송법 제16조 제2항을 유추적용하여 원고는 피고가 사망한 때로부터 6개월 이내에 수계신청을 하여야 하고, 그 기간 내에 수계신청을 하지 않으면 그 소송절차는 종료된다.
- 이와 같은 법리는 친생자관계존부 확인소송 계속 중 피고에 대하여 실종선고가 확정되어 피고가 사망한 것으로 간주되는 경우에도 마찬가지로 적용된다. … 실종선고가 있기까지는 소송상 당사자능력이 없다고 할 수 없고 소송절차가 법률상 그 진행을 할 수 없게 된 때, 즉 **실종선고가 확정된 때에 소송절차가 중단**된다. 따라서 친생자관계존부 확인소송의 계속 중 피고에 대하여 실종선고가 확정된 경우 <u>원고는 실종선고가 확정된 때로부터 6개월 이내에 위와 같은 수계신청을 하여야 한다.</u>

### B. 이해관계인이 친자 쌍방을 피고로 제기한 경우

- 부모와 자녀 중 일부가 사망하면 생존자만 피고로 삼을 수 있다. 따라서 甲이 제기한 乙, 丙간 친생자관계 부존재 확인소송 중 乙만 사망하면 丙만 피고가 되어 소송이 진행되며, 乙의 상속인이나 검사가 乙을 수계할 필요는 없고 乙에 대해서는 소송종료선언으로 절차를 종결한다.
- 쌍방 모두 사망했으면 검사를 상대로 승계신청을 해야 한다.

### 대법원 2018. 5. 15. 선고 2014므4963 판결

- 친자 중 어느 한편이 사망하였을 때에는 생존자만을 피고로 삼아야 하며, 친자가 모두 사망하였을 경우에는 검사를 상대로 소를 제기할 수 있다.
- 친생자관계존부 확인소송은 그 소송물이 일신전속적인 것이므로, 제3자가 친자 쌍방을 상대로 제기한 친생자관계 부존재확인소송이 계속되던 중 친자 중 어느 한편이 사망하였을 때에는 생존한 사람만 피고가 되고, 사망한 사람의 상속인이나 검사가 그 절차를 수계할 수 없다. 이 경우 사망한 사람에 대한 소송은 종료된다.

## 라. 제소기간(§865 ②)

- 친자관계 당사자가 모두 생존한 경우: 제소기간 제한이 없다.
- 친자 중 일방이 사망한 경우: 안 날로부터 2년 내이라는 제소기간 제한이 적용된다. 일방에 해당하는 사람의 사망 사실 자체만 알면 청구원인에 해당하는 혈연의 존부라는 사실을 몰라도 제소기간은 기산한다.

> 제864조와 제865조 제2항에서 제소기간의 기산점이 되는 '사망을 안 날'은 사망이라는 객관적 사실을 아는 것을 의미하고, 사망자와 친생자관계에 있다는 사실까지 알아야 하는 것은 아니라고 해석함이 타당하다(대법원 2015. 2. 12. 선고 2014므4871 판결).

- 피고로 될 친자 쌍방이 모두 사망한 경우: 제3자인 원고적격자가 이들 모두가 사망했다는 사실을 안 날 제소기간이 기산한다.

### 대법원 2004. 2. 12. 선고 2003므2503 판결
- 친생자관계존부의 확인이 필요한 당사자 쌍방을 상대로 친생자관계존부확인의 소를 구할 수 있고, 이들이 모두 사망한 때에는 검사를 상대로 친생자관계존부확인의 소를 구할 수 있다.
- 이 경우 제865조 제2항을 유추적용하여 … 친생자관계존부확인의 대상이 되는 당사자 쌍방이 모두 사망한 경우에는 당사자 쌍방 모두가 사망한 사실을 안 날로부터 기산한다.

## 마. 심리, 판단

- 주요사실은 혈연의 존부이고, 과학적 증거는 간접사실이다.
- 직권탐지주의가 적용되므로, 수검명령 대상이 될 수 있는 친족이 있는데도 유전자 검사 등을 하지 않은 채 재판하면 심리미진이다.

### 대법원 2010. 2. 25. 선고 2009므4198 판결
- 가사소송법 제29조, 제67조가 정한 수검명령 등을 통하여 피고 및 위 사람들에 대하여 유전자검사 등을 행하고 그 심리 및 검사결과에 기초하여 피고와 망 소외 2 사이에 친생자관계가부존재하는지 여부를 판단하였어야 할 것이다.
- 그럼에도 원심이 증거가 부족하다는 이유로 원고의 이 사건 청구를 기각한 것은 친

생자관계의 부존재 인정 여부에 필요한 사항에 관하여 심리를 다하지 아니하여 판결에 영향을 미친 위법이 있다. 이 점을 지적하는 상고취지는 이유 있다.

## 3. 효과

(1) 인용판결의 대세효(가사소송법 §21 ①), 가족관계등록부 정정(가등법 §107)

(2) 기각판결(가사소송법 §21 ②)

8장

# 양자

# 8장

## 양자

---

### I    개 관

## 1. 입양의 의미와 유형

**가. 의미**: 법정 친자관계의 성립요건

- 입양이란 친생자관계 아닌 사람들 사이에 법정 절차에 따라 법적 친자관계를 형성하는 것을 뜻한다.
- 입양에 의한 양친자관계와 혈연에 의한 친생자관계는 법적 친자관계를 발생시킬 수 있는 두 가지 요건이다.

  입양은 출생에 의해 부모·자녀 관계가 성립하는 것이 아니라, 법률에 정한 절차를 따라 원래는 부모·자녀가 아닌 사람 사이에 부모·자녀 관계를 형성하는 것을 말한다 (대법원 2021. 12. 23.자 2018스5 전원합의체 결정).

**나. 입양의 유형**

**(1) 민법상의 입양**

- 일반입양 중 성년자 입양은 계약형 입양이므로 법원의 허가 대상이 아니고, 불완전 입양이므로 입양 전의 친족관계가 유지된다.
- 일반입양 중 미성년자 입양은 법원의 허가 대상이고, 불완전 입양이므로 입양 전의 친족관계가 유지된다. 다만 2013.7.1. 이전에는 일반입양의 경우 미성년자 입양도 계약형 입양이었으므로 법원의 허가 없이 유효한 입양이 성립할 수 있었음에 유의해야 한다.
- 친양자입양은 법원의 허가 대상이고, 완전입양이므로 입양 전의 친족관계가 소멸한다.

(2) 특별법(입양특례법)상 입양 – 미성년자 입양: 허가형, 완전입양

## 2. 입양의 효과

### 가. 원칙

• 모든 양자는 양친의 친생자와 같은 지위를 가지며, 양친이 기혼자이면 양친의 혼인 중 출생자로 간주된다.

> 제882조의2(입양의 효력) ① 양자는 입양된 때부터 양부모의 친생자와 같은 지위를 가진다.

> 제908조의3(친양자 입양의 효력) ① 친양자는 부부의 혼인 중 출생자로 본다.

• 친자관계를 요건으로 하는 법률효과인 상속·부양·친권 등은, 친생자, 일반양자, 친양자 모두에 대해 원칙적으로 같다.

> 양부모와 양자 사이에는 친권, 상속, 부양 등 친자관계에 관한 규정이 동일하게 적용된다(대법원 2021. 12. 23.자 2018스5 전원합의체 결정).

### 나. 입양의 유형에 따라 다른 효과: 입양 전의 친족관계의 존속 여부

#### (1) 개관

• '입양 전의 친족관계'는 일반적으로 친생부모를 매개로 하는 친족관계를 의미한다.

• 다만 재입양도 가능하므로 이때는 제1차 입양의 양부모를 매개로 하는 친족관계도 포함된다.

#### (2) 일반입양: 불완전입양

> 제882조의2(입양의 효력) ② 양자의 입양 전의 친족관계는 존속한다.

#### (3) 친양자입양

• 일반적인 경우: 완전입양(§908의3 ② 본문)
• 계부모입양의 경우: 불완전 입양(§908의3 ② 단서)

> 제908조의3(친양자 입양의 효력) ② 친양자의 입양 전의 친족관계는 제908조의2제1
> 항의 청구에 의한 친양자 입양이 확정된 때에 **종료한다.**
> 다만, 부부의 일방이 그 배우자의 친생자를 단독으로 입양한 경우에 있어서의 배우자
> 및 그 친족과 친생자간의 친족관계는 그러하지 아니하다.

## Ⅱ   일반입양의 요건

### 1. 개관

**가. 입양의 실체를 구성하는 요건:** 모든 입양에 공통적으로 적용됨

- 주관적 요건: 입양의사표시의 합치를 뜻한다. 입양의 본질은 계약이고 미성년
  자 입양의 경우에도 법정대리인이 개입하므로 이 점은 달라지지 않는다.
- 객관적 요건: 친자관계에 부합하는 실질적 생활관계를 뜻한다.
- 형식적 요건: 입양신고를 뜻한다. 2013.7.1. 이후에는 입양신고 기능을 하는 출
  생신고로 형식적 요건을 갖출 수 없게 되었다.

**나. 제3자의 동의:** 동의권 있는 제3자가 있을 때만 적용됨

- 양자가 되려는 사람의 법적 부모는 입양에 대한 동의권을 가진다.
- 기혼자가 입양의 당사자인 경우: 기혼자가 양자가 되려는 경우이든 양부모가 되
  려는 경우이든 그의 배우자는 동의권을 가진다.

**다. 법원의 허가:** 제한능력자 보호를 위해 필요한 경우에만 적용됨

- 양자가 되려는 사람이 미성년자인 경우 법원의 허가를 얻어야 유효한 입양이 성
  립할 수 있다.
- 양친이 되려는 사람 또는 양자가 되려는 사람이 피성년후견인인 경우에도 법원
  의 허가를 얻어야 유효한 입양이 성립할 수 있다.

### 2. 입양의 당사자: 양부모, 양자녀

**가. 양부모**

**(1) 성년자만이 양부모가 될 수 있음**

> 제866조(입양을 할 능력) 성년이 된 사람은 입양을 할 수 있다.

- 성년자이면 누구나 양부모가 될 수 있다. 따라서 독신자도 양부모가 될 수 있다.
- 입양 무효사유를 규정한 §877의 반대해석상, 양자녀가 양부모보다 존속·연장자만 아니면 혈족 간의 입양도 가능하다. 따라서 형제자매간 입양, 조부모의 손자녀 입양도 가능하다(후술).

**(2) 특칙: 피성년후견인이 입양 당사자인 경우**

**A. 개관**

- 피성년후견인이더라도 양자녀가 될 수 있을 뿐 아니라 양부모가 될 수도 있다.
- 다만 어떤 경우이건 제한능력자 보호를 위한 특칙이 적용된다.

**B. 특칙의 내용**

- 본인의 의사표시: 양부모가 되든 양자녀가 되든 성년후견인의 동의를 얻어 스스로 입양 의사표시를 해야 한다. 즉, 대리나 대락에 의한 입양은 인정될 수 없다.
- 다만 후견인이 정당한 이유 없이 동의를 거부하면 법원은 후견인을 심문한 후 동의 없이 입양을 허가할 수 있다.

> 제873조(피성년후견인의 입양) ① 피성년후견인은 성년후견인의 동의를 받아 입양을 할 수 있고 양자가 될 수 있다.
> ③ 가정법원은 성년후견인이 정당한 이유 없이 제1항에 따른 동의를 거부하거나 피성년후견인의 부모가 정당한 이유 없이 제871조 제1항에 따른 동의를 거부하는 경우에 그 동의가 없어도 입양을 허가할 수 있다. 이 경우 가정법원은 성년후견인 또는 부모를 심문하여야 한다.

- 양부모가 되든 양자녀가 되든 법원의 허가를 얻어야 한다. 원래 성년자는 어떤 경우이든 법원의 허가를 받을 필요가 없지만, 제한능력자 보호를 위해 특칙이 적용된다.

> 제873조(피성년후견인의 입양) ② 피성년후견인이 입양을 하거나 양자가 되는 경우에는 제867조를 준용한다.

**나. 양자녀**

**(1) 성년자인 경우:** 양자녀 희망자 자신의 입양 의사표시

## (2) 미성년자인 경우

A. 법정대리인의 동의 · 대락

- 양자녀 희망자가 13세 미만인 경우: 법정대리인이 양자가 될 본인에 갈음하여 입양 승낙 의사표시를 해야 한다.

> 제869조(입양의 의사표시) ② 양자가 될 사람이 13세 미만인 경우에는 법정대리인이 그를 갈음하여 입양을 승낙한다.

- 양자녀 희망자가 13세 이상인 경우: 미성년자 자신이 입양 승낙 의사표시를 할 수 있으나 법정대리인의 동의가 필요하다.

> 제869조(입양의 의사표시) ① 양자가 될 사람이 13세 이상의 미성년자인 경우에는 법정대리인의 동의를 받아 입양을 승낙한다.

B. 법원의 후견적 개입: 법정대리인의 동의 · 대락에 대한 보충

> 제869조(입양의 의사표시) ③ 가정법원은 다음 각 호의 어느 하나에 해당하는 경우에는 제1항에 따른 동의 또는 제2항에 따른 승낙이 없더라도 제867조 제1항에 따른 입양의 허가를 할 수 있다.
> 1. 법정대리인이 **정당한 이유 없이 동의 또는 승낙을 거부**하는 경우. 다만, 법정대리인이 친권자인 경우에는 제870조 제2항의 사유가 있어야 한다.
> 2. 법정대리인의 소재를 알 수 없는 등의 사유로 동의 또는 승낙을 받을 수 없는 경우
>
> 제869조(입양의 의사표시) ④ 제3항 제1호의 경우 가정법원은 법정대리인을 심문하여야 한다.

(a) **개관: 미성년자 입양에 대한 법원의 두 가지 역할**

✓ 법원은 모든 미성년자 입양 사안에 대해 미성년자 입양이 자녀의 복리에 부합하는지의 여부를 판단하여 허가 여부를 재판으로 결정한다(§867).

✓ 미성년자 입양이 자녀의 복리에 부합한다고 여겨지는데도 법정대리인이 동의 · 승낙을 거절하면 법원은 동의 · 승낙 없이 입양을 허가할 것인지를 판단해야 한다(§869 ③). 이를 위한 별도의 절차가 있는 것은 아니므로 입양허가 재판에서 함께 판단하게 될 것이다.

(b) **법정대리인이 동의 · 대락을 거부하는 경우**(§869 ③ 1호)

- 개입 사유: ㉠ 법정대리인이 후견인인 경우에는 법정대리인이 정당한 이유 없

이 동의·대락을 거절하면 법원이 개입할 수 있다. ⓛ 이에 비해 법정대리인이 친권자인 경우에는 정당한 이유가 없을 뿐 아니라 '부모로서의 입양 동의권' 박탈 사유인 §870 ② 각 호의 사유도 인정되어야 한다.

✓ 동의 거부 사안에서는 미성년자 본인의 의사표시가 있으므로 문제가 되지 않겠지만, 대락 거부 사안에서 법정대리인의 대락이 없는 상태에서 입양을 허가할 수 있게 하는 것은 납득하기 어렵다. 양부모 희망자의 청약 의사표시만 있는 상태이므로 법원의 허가 대상인 입양 계약 자체가 성립하지 않았기 때문이다. 미성년자 본인의 의사표시라는 요소를 완전히 배제하는 입양이 과연 타당한가? 아동을 객체화하는 것 아닌가? 특별대리인이라도 선임해야 하는 것 아닐까?

• 절차: 법정대리인을 심문해야 법정대리인의 동의·승낙 없이 입양을 허가할 수 있다(§869 ④).

(c) 법정대리인의 동의·대락을 받을 수 없는 경우: 소재불명 등의 사실적 사유 (§869 ③ 2호)

• 친권자, 후견인에 대해 동일한 요건 하에 법원이 개입할 수 있다.

• 절차: 법원은 법정대리인 심문 절차를 거치지 않아도 입양을 허가할 수 있다.

✓ 비교: 법정대리인의 동의·승낙 철회에 대해서는 개입할 수 없으나, 철회하고 나면 동의·승낙이 없는 상태가 되므로 §869 ③을 적용할 수 있을 것이다.

> 제869조(입양의 의사표시) ⑤ 제1항에 따른 동의 또는 제2항에 따른 승낙은 제867조 제1항에 따른 입양의 허가가 있기 전까지 철회할 수 있다.

## 3. 입양의 실체를 구성하는 요건

### 가. 주관적 요건: 입양의사 합치

(1) 의미: 양친자로서의 신분적 생활관계를 형성하려는 의사의 합치

(2) 주체

• 원칙: 입양의 당사자인 양부모가 되려는 자와 양친자가 되려는 사람이 당사자가 되어야 한다.

• 예외: 당사자가 제한능력자인 경우에는 법정대리인의 동의 또는 대락 등이 필요하다(전술).

(3) 입양의사 합치 여부의 판단

• 기준시: 입양신고 수리시를 기준으로 판단해야 한다.

- 내용: 입양의 객관적 요건인 양친자로서의 신분적 생활사실을 형성하려는 의사가 합치해야 한다.

**대법원 2021. 12. 23.자 2018스5 전원합의체 결정**
- 입양은 기본적으로 입양 당사자 개인 간의 법률행위이다(대법원 2018. 5. 15. 선고 2014므4963 판결).
- 양부모가 되려는 사람의 입양 의사는 입양의 요건 중 하나이다. 입양의 의사는 당사자 사이에 실제로 양친자로서 신분적 생활관계를 형성하려는 실질적인 의사이다.
- 부모에게 자녀에 대한 양육·부양의무를 발생시키는 <u>미성년자 입양의 경우에는 부모로서 자녀와 함께 살면서 자녀를 양육하고 보호하며 경제적, 정서적으로 영속적 생활공동체인 가족생활을 영위할 의사가 있어야 한다</u>. … 조부모가 손자녀와 양친자관계라는 새로운 신분적 생활관계를 형성하려는 의사가 있다면 입양의 의사를 인정하여야 한다. … 조부모가 자녀에게 친생부모에 관한 사실을 알리지 않고 자신들이 친생부모인 것처럼 자녀를 양육하였거나 앞으로도 그러할 것이라고 해서 입양의 의사를 부정할 수는 없다. … '<u>자녀에게 입양 사실을 알리는 것</u>'이 입양 의사의 <u>요소는 아니다.</u>

## (4) 입양의사 불합치: 입양 무효 사유

### A. 불성립(불합치)

#### (a) 의미

- 양부모와 양친자 중 일방에게만 입양의사가 있고 상대방에게는 입양의사가 없는 경우를 뜻한다.
- 입양무효 사유로 규정되어 있지만, 실질은 입양 계약의 불성립에 해당한다.

#### (b) 사례: 무효행위의 (소급적) 추인

- 사안의 개요: 2013년 개정법으로 법원의 허가 요건이 도입되기 전에는, 양자녀가 양부모에게 맡겨지고 입양신고 기능을 하는 출생신고가 되는 경우가 있었다. 이때 입양의 객관적 요건과 형식적 요건은 충족되지만, 법정대리인(친생모)의 대락이 증명될 수 없어서 입양의 주관적 요건은 충족되지 못했으므로, 결국 입양은 무효가 된다.

- 그 후 양자녀가 독자적으로 입양 승낙을 할 수 있는 연령이 되어 주관적 요건이 충족되면, 무효행위의 추인 법리에 따라 객관적 요건과 형식적 요건이 충족된 때로 소급하여 그 때부터 양친자관계가 성립한 것으로 인정된다.
- 다만 법원의 허가 요건이 도입된 2013.7.1. 이후에는 무효행위의 소급적 추인에 관한 판례법리는 더 이상 적용될 수 없음에 유의해야 한다.

> **대법원 2004. 11. 11. 선고 2004므1484 판결**
> - 당사자가 **양친자관계를 창설할 의사로 친생자 출생신고**를 하고 거기에 **입양의 실질적 요건이 모두 구비**되어 있다면 그 형식에 다소 잘못이 있더라도 입양의 효력이 발생하고, 양친자관계는 파양에 의하여 해소될 수 있는 점을 제외하고는 법률적으로 친생자관계와 똑같은 내용을 갖게 되므로 이 경우의 **허위의 친생자 출생신고는 법률상의 친자관계인 양친자관계를 공시하는 입양신고의 기능**을 발휘하게 된다.
> - 친생자 출생신고 당시 입양의 실질적 요건을 갖추지 못하여 입양신고로서의 효력이 생기지 아니하였더라도 **그 후에 입양의 실질적 요건을 갖추게 된 경우에는 무효인 친생자 출생신고는 소급적으로 입양신고로서의 효력**을 갖게 된다. 제139조 본문을 적용하지 아니하고 추인에 의하여 소급적 효력을 인정하는 것은 무효인 신분행위 후 그 내용에 맞는 신분관계가 실질적으로 형성되어 쌍방 당사자가 이의 없이 그 신분관계를 계속하여 왔다면, 그 신고가 부적법하다는 이유로 이미 형성되어 있는 신분관계의 효력을 부인하는 것은 당사자의 의사에 반하고 그 이익을 해칠 뿐만 아니라, 그 실질적 신분관계의 외형과 호적의 기재를 믿은 제3자의 이익도 침해할 우려가 있기 때문에 추인에 의하여 소급적으로 신분행위의 효력을 인정함으로써 신분관계의 형성이라는 신분관계의 본질적 요소를 보호하는 것이 타당하다는 데에 그 근거가 있다.

## B. 허위표시(가장입양)

- 의미: 법적 친자관계를 형성할 의사 없이, 다른 목적을 위해 법적 친자관계의 외관을 만드려는 의사로 입양신고가 이루어진 경우를 뜻한다.
- 효과: 이러한 가장입양은 무효이다. 다만, 미성년자 입양의 경우 입양의 실질적 요건이 갖춰지지 못했다면 법원의 허가를 받지 못할 것이므로 애초에 무효인 가장입양의 외관이 형성될 수 없을 것이다.

대법원 2021. 12. 23.자 2018스5 전원합의체 결정

‣ 조부모가 **부모 · 자녀 관계를 맺을 의사가 없이** 단순히 손자녀를 양육하는 데 필요한 **법정대리권이나 재산관리권을 얻기 위하여** 입양허가를 청구하는 경우에는 양친자로서 신분적 생활관계를 형성하려는 실질적 의사가 부정될 수 있다.

‣ 입양의 **주된 목적**이 부모 · 자녀 관계를 맺고 부모로서 자녀를 양육하기 위한 것이 아니라 자녀의 국적 취득, 상속, 다자녀로 인한 각종 사회적 · 경제적 혜택 등을 목적으로 하는 것인지에 관하여 신중하게 심리하여야 한다. 조부모는 입양될 자녀의 양부모이자 친생부 또는 친생모의 부모도 겸하고 있으므로, 입양의 주된 목적이 친생부모의 혼인이나 사회생활을 용이하게 하려는 것은 아닌지 살펴볼 필요가 있다.

**나. 객관적 요건**: 양친자로서의 신분적 생활사실

**(1) 의미**

• 양자가 미성년자인 경우: 보호 · 교양, 양육 등 친권 행사에 해당하는 사실이 있어어야 한다.

입양의 실질적 요건이 구비되어 있다고 하기 위해서는 입양의 합의가 있을 것, 15세 미만자는 법정대리인의 대낙이 있을 것, 양자는 양부모의 존속 또는 연장자가 아닐 것 등 제883조 각 호 소정의 입양 무효사유가 없어야 함은 물론 **감호 · 양육 등 양친자로서의 신분적 생활사실이 반드시 수반**되어야 한다(대법원 2011. 9. 8. 선고 2009므2321 판결).

• 양자가 성년자인 경우: 정서적 애착, 사회생활상의 교류 등의 사실이 인정되어야 한다.

대법원 2020. 5. 14. 선고 2017므12484 판결

‣ 양친이 양자를 감호 · 양육하고 양자는 양친을 부모로 여기며 서로 동거할 경우 양친자의 신분적 생활관계를 긍정하기 쉽겠지만 그것은 양자가 **미성년자일 경우의 전형적인 모습**이다.

‣ 성년이 되어 재회한 경우, 그 후의 양친자의 신분적 생활관계 유무를 판단함에 있어서 동거 및 감호 · 양육 여부를 주된 기준으로 삼기는 어렵고, 과거 양친자 관계를 맺고 함께 살아오면서 형성되었을 서로에 대한 **인간적인 감정 내지 정서적 애착 … 정서적 유대관계** 등에 보다 더 주목할 필요가 있다.

## (2) 사례: 양자녀가 성년자인 경우, 입양의 객관적 요건

A. 사안

- 甲(피고)은 1980. 출생 직후 乙·丙부부에게 입양되어 乙·丙의 친생자로 출생 신고되었다. 乙·丙이 1985. 이혼한 후 乙이 甲을 양육했으며 丙은 재혼하여 살던 중 1999. 재혼이 해소되었다.

- 甲은 성인이 된 2000.경 수소문하여 丙을 만났고, 丙이 자신은 甲의 친생모가 아님을 알려줬는데도 甲은 丙을 어머니로 대하며 왕래했고, 甲의 산후조리나 돌잔치에서 丙을 친정어머니로 대우했다.

- 丙이 2015. 사망하자 丙의 동생 丁(원고)은 甲·丙간에 혈연이 없음을 증명하여 甲·丙간의 친생자관계 부존재 확인을 구하는 소(§865)를 제기했다. 丙에게 다른 친족이 없었으므로 甲·丙이 친자관계가 아니라고 인정되면 丁이 丙의 상속인이 될 수 있었기 때문이다.

✓ 주의: 이 판결의 사안은 입양허가제 도입 이전의 입양이므로, 입양신고 기능을 하는 출생신고, 입양 승낙의사표시에 의한 무효행위의 소급적 추인에 관한 판례법리가 적용된다. 입양허가제는 2013.7.1. 이후의 입양에 대해서만 적용되므로, 그 전에 출생신고 방식으로 입양이 성립한 사안에 대해서는 종래의 판례법리가 그대로 적용된다.

B. 쟁점과 판단

(a) 주관적 요건: 무효행위 추인의 소급효

- 입양 당시 甲은 독자적인 의사표시를 할 수 없는 연령이고 친생모의 대락 여부도 증명할 수 없다.

- 그러나 甲은 자신이 양녀라는 것을 알게 된 후에도 丙을 어머니로 대했으므로 甲·丙 간에 입양의사가 합치되었다.

- 무효행위 추인의 효과는 객관적 요건과 형식적 요건이 모두 충족된 1980.으로 소급하여 입양 성립이 인정된다.

(b) 자녀가 성인인 경우, 객관적 요건의 의미

- 원심의 판단: 甲이 5세인 1985.경 乙·丙이 이혼하고 丙이 재혼했으므로 甲·丙 간의 입양의 실질적 요건이 소멸했으며, 甲이 20세가 된 후 연락·왕래한 것만으로는 입양의 실질적 요건이 새로 갖춰졌다고 볼 수 없다.

- 대법원의 판단: 1985 – 1999년 사이에 동거, 양육 등이 이루어지지 못한 것은 甲의 귀책사유가 아니므로, 양친자로서의 신분적 생활관계가 일시 단절되었다가 2000년 이후 회복되었고, 그 무렵 입양의사 합치로 인한 무효행위의 소급적 추인도 인정된다.

> **대법원 2020. 5. 14. 선고 2017므12484 판결**
> - 친생자 출생신고 당시 입양의 실질적 요건을 갖추지 못하여 입양신고로서의 효력이 생기지 않았더라도 그 후에 입양의 실질적 요건을 갖추게 된 경우에는 무효인 친생자 출생신고는 소급적으로 입양신고로서의 효력을 갖게 된다고 할 것이나, 당사자 간에 무효인 신고행위에 상응하는 신분관계가 실질적으로 형성되어 있지 아니한 경우에는 무효인 신분행위에 대한 추인의 의사표시만으로 그 무효행위의 효력을 인정할 수 없다.
> - 적법한 대락 없이 친생자로서의 출생신고 방법으로 입양된 자가 입양의 승낙능력이 생긴 이후에도 계속하여 자신을 입양한 상대방을 부모로 여기고 생활하는 등 입양의 실질적인 요건을 갖춘 경우에는 친생자로 신고된 자가 독자적인 입양승낙 연령에 이른 이후에 상대방이 한 입양에 갈음하는 출생신고를 묵시적으로 추인하였다고 보아 무효인 친생자 출생신고가 소급적으로 입양신고로서의 효력을 갖게 되는 것으로 볼 수 있다.
> - 피고가 성년이 되어 재회할 무렵 망인이 친모가 아님을 알게 되었던 것으로 보임에도 이후 … 왕래를 지속하였으며, 이 사건 소송 중에도 계속하여 망인을 어머니로 생각한다는 뜻을 밝히고 있다. 결국 피고에게는 망인이 친모가 아니더라도 망인과 양친자 관계를 맺고자 하는 의사가 있었던 것으로 볼 수 있다. 위에서 본 망인의 사정을 함께 고려하면 **망인과 피고 사이에 양친자 관계를 창설 내지 존속시키려는 의사, 즉 입양의사의 합치**가 있었던 것으로 인정할 수 있다.
> - **부모와 자식 사이의 관계가 현실에서 실현되는 모습이 다양한 것처럼 양친자의 신분적 생활관계 또한 다양한 현실적인 사정에 따라 여러 가지 모습으로 나타날 수 있다.** … 이에 따르면, 피고의 책임으로 돌릴 수 없는 사유로 일시 단절되었다고 볼 수 있는 피고와 망인의 양친자로서의 신분적 생활관계가 2000년경 이후 **다시 회복되었다**고 볼 수 있다. 따라서 피고는 입양에 갈음한 출생신고를 묵시적으로 추인하였고, 피고와 망인 사이에 양친자로서 신분적 생활사실의 실질이 있었다고 볼 수 있다.

## 다. 형식적 요건

### (1) 원칙: 입양신고

• 입양이 유효하게 성립한 경우 입양신고는 제한능력자 자신이 할 수도 있다.

> 가족관계등록법 제26조(신고하여야 할 사람이 미성년자 또는 피성년후견인인 경우)
> ① 신고하여야 할 사람이 미성년자 또는 피성년후견인인 경우에는 친권자, 미성년후
> 견인 또는 성년후견인을 신고의무자로 한다. 다만, 미성년자 또는 피성년후견인 본인
> 이 신고를 하여도 된다.

• 무효·취소사유나 법령위반이 없는 경우 입양신고는 수리되어야 한다.

> 제881조(입양 신고의 심사) 제866조, 제867조, 제869조부터 제871조까지, 제873조,
> 제874조, 제877조, 그 밖의 법령을 위반하지 아니한 입양 신고는 수리하여야 한다.

### (2) 예외: 입양신고 기능을 하는 출생신고

A. 개관: 2013.7.1. 전에 성립한 입양에 대해서만 적용 가능

> 대법원은 당사자가 양친자관계를 창설할 의사로 친생자로 출생신고를 한 경우 입양
> 의 요건을 갖추었으면 입양의 효력이 인정되고(**다만 2012. 2. 10. 법률 제11300호로
> 개정되어 2013. 7. 1.부터 시행된 민법은 미성년자 입양 요건으로 가정법원의 허가를
> 받도록 하였다**) (대법원 2020. 6. 18. 선고 2015므8351 전원합의체 판결).

B. 요건

• 입양의 주관적, 객관적 요건, 입양능력 등은 모두 갖추어져 있는 상태, 즉 입양
신고만 하면 유효한 입양이 성립할 수 있는 상태를 전제한다.

• 양부모가 입양신고를 하지 않고 그 대신 마치 자신들의 친생자인 것처럼 출생신
고를 한 경우 그 효력이 문제된다.

C. 효과

• 출생신고에 의하여 유효한 입양이 성립한 것으로 인정된다.

• 논거: 무효행위 전환의 법리(§138)가 적용될 수 있다.

**대법원 2001. 5. 24. 선고 2000므1493 전원합의체 판결**
  - 당사자가 <u>양친자관계를 창설할 의사로 친생자출생신고를 하고 거기에 입양의 실질적 요건이 모두 구비</u>되어 있다면 그 형식에 다소 잘못이 있더라도 **입양의 효력이 발생**하고, 양친자관계는 파양에 의하여 해소될 수 있는 점을 제외하고는 법률적으로 친생자관계와 똑같은 내용을 갖게 되므로
  - 이 경우의 <u>허위의 친생자출생신고는 법률상의 친자관계인 양친자관계를 공시하는 입양신고의 기능을 발휘</u>하게 되는 것이다.

D. 입양신고 기능을 하는 출생신고를 다투는 방법
- 청구취지: '외관'인 출생신고를 다투는 방법인 친생자관계 부존재 확인의 소를 제기해야 한다.
- 청구원인: '실질'인 입양신고의 효과를 소멸시키기 위한 파양, 입양무효, 입양취소 등의 사유가 증명되어야 한다.

이와 같은 경우 파양에 의하여 그 **양친자관계를 해소할 필요가 있는 등 특별한 사정이 없는 한** 법률상 친자관계의 존재를 부인하게 하는 **친생자관계부존재확인청구는 허용될 수 없다**(대법원 2001. 5. 24. 선고 2000므1493 전원합의체 판결).

- 당사자적격: 입양을 다투는 소송에 준한다. 따라서 입양취소권이 없으나 §865의 원고적격은 인정되는 사람, 예컨대 양친의 친생자인 양자녀의 형제자매는 입양취소를 구하는 의미의 친생자관계 부존재확인 소송을 제기할 수 없다.

**대법원 2010. 3. 11. 선고 2009므4099 판결**
  - 제884조 제3호가 규정하는 '사기 또는 강박으로 인하여 입양의 의사표시를 한 때'의 <u>입양취소는 그 성질상 **그 입양의 의사를 표시한 자에 한하여 원고 적격**이 있고 … 원인 사유 및 효력 등에 있어서 친생자관계존부확인의 소와는 구별되는 것이므로
  - 원고가 입양의 취소를 구하는 의미에서 친생자관계부존재확인을 구할 수는 없다.

## 4. 입양계약의 당사자 아닌 제3자의 동의

### 가. 개관

#### (1) 유형
- 양자녀가 되려는 사람의 법적 부모에게는 고유한 동의권이 인정된다(§870).

• 양부모나 양자녀가 되려는 사람이 기혼자인 경우에는 부부 공동입양 원칙에 따라 배우자에게 동의권이 인정된다(§874).

**(2) 동의를 받지 않은 경우: 입양취소 사유(§884 ① 1호)**

## 나. 양자녀 희망자의 법적 부모의 동의권

### (1) 개관

#### A. §870 · §871의 동의권의 법적 성질

✓ 법적 부모로서의 동의는 독자적인 법률행위로서, 입양이라는 '계약'을 구성하는 의사표시를 입양 당사자의 법정대리인으로서 대신하거나 보충하는 동의 · 대락과는 법적 성질이 다르다. 법적 부모는 친생부모인 경우가 많지만, 판례에 의하면 재입양, 즉 양부모가 양자녀를 다시 입양시키는 것도 가능하므로 이때 동의권자는 양부모라고 보아야 한다. §870 ① 2호의 취지상 친생부모이더라도 친권자가 아니면 동의권이 배제되는 것으로 해석할 수 있기 때문이다.

✓ 미성년자의 법적 부모가 법정대리인으로서 미성년자의 입양 의사표시를 동의 · 대락하는 것과, 이러한 동의 · 대락으로 구성될 입양계약에 대해 법적 부모로서의 동의를 하는 것은 하나의 행위로 행해질 수 있다. 그러나 실제로는 두 개의 법률행위가 동시에 행해졌다고 보아야 한다.

#### B. §869의 동의권과 §870, §871의 동의권의 비교

• 기능의 차이: §869의 동의권은 양자녀가 미성년자인 경우 판단능력 보충을 위해 인정되는 반면, §870 · §871의 동의권은 동의권자 자신의 이익을 보호하기 위해 인정되는 것이므로 양자녀가 성년자이고 행위능력자이더라도 인정된다.

• 자격의 차이: §869의 동의권은 친권 · 법정대리권의 내용이므로 부모가 친권자인 경우에만 인정되는 반면, §870 · §871의 동의권은 법적 부모이기만 하면 인정될 수 있다.

### (2) 미성년자 입양에 대한 법적 부모의 동의권

제870조(미성년자 입양에 대한 부모의 동의) ① 양자가 될 미성년자는 부모의 동의를 받아야 한다. 다만, 다음 각 호의 어느 하나에 해당하는 경우에는 그러하지 아니하다.
1. 부모가 제869조 제1항에 따른 동의를 하거나 같은 조 제2항에 따른 승낙을 한 경우
2. 부모가 친권상실의 선고를 받은 경우
3. 부모의 소재를 알 수 없는 등의 사유로 동의를 받을 수 없는 경우
② 가정법원은 다음 각 호의 어느 하나에 해당하는 사유가 있는 경우에는 부모가 동의

를 거부하더라도 입양의 허가를 할 수 있다. 이 경우 가정법원은 부모를 심문하여야 한다.
1. 부모가 3년 이상 자녀에 대한 부양의무를 이행하지 아니한 경우
2. 부모가 자녀를 학대 또는 유기하거나 그 밖에 자녀의 복리를 현저히 해친 경우
③ 제1항에 따른 동의는 제867조제1항에 따른 입양의 허가가 있기 전까지 철회할 수 있다.

A. 개관
- 적용범위: 미성년자 입양에 대해 적용된다(§870 ① 본문).
- 부모의 인격권에 근거한 권리이므로 동의 후에도 자유롭게 철회할 수 있다(§870③). 다만 동의를 철회해도 동의권 배제 사유에 해당하면 법원은 부모의 동의 없이도 입양을 허가할 수 있다.

B. 법원의 개입: 동의권이 배제되는 경우
- 부모가 동의를 거부해도 법원이 입양허가를 할 수 있는 경우로서, ㉠ 3년 이상의 부양의무 불이행, ㉡ 학대·유기 등 자녀의 복리를 현저하게 해친 경우를 들 수 있다. 다만 법원이 이러한 사유를 들어 부모의 동의 없이 입양의 허가를 하려면 반드시 부모를 심문해야 한다(§870 ②). 문언에 비추어 부모의 유책사유는 필요하지 않은 것으로 해석된다.
- 이에 비해 부모의 동의를 받을 필요가 없는 경우로서, ㉠ 부모가 입양계약 과정에서 이미 §869의 동의·대락 의사표시를 한 경우, ㉡ 부모가 친권상실 선고를 받은 경우, ㉢ 부모의 소재불명 등의 사유로 인하여 동의를 받을 수 없는 경우를 들 수 있다. 이때는 부모를 심문하지 않고 입양허가를 할 수 있다(§870 ①).
- ✓ §870의 동의권은 '부모로서의' 권리인데도 친권상실을 §870의 동의권 배제 사유로 규정한 것은 문제가 있다. 친권상실된 부모가 입양동의를 거부하여 아동의 복리를 해칠 우려가 있다는 점에 근거한 듯 하지만, 친권선고가 내려졌을 정도라면 학대, 유기, 기타 현저하게 자녀의 복리를 해친 경우(§870 ② 2호)에 해당하여 입양동의권이 배제될 가능성이 높다. 만약 친권과 입양동의권이 관련된다고 본다면 친권상실뿐 아니라 이혼 후 친권자로 지정되지 못한 경우나 친권정지의 경우에도 입양동의권이 배제되는 것으로 해석해야 할 것이지만, 의문이다.

## (3) 성년자 입양에 대한 법적 부모의 동의권

> 제871조(성년자 입양에 대한 부모의 동의) ① 양자가 될 사람이 성년인 경우에는 부모의 동의를 받아야 한다. 다만, 부모의 소재를 알 수 없는 등의 사유로 동의를 받을 수 없는 경우에는 그러하지 아니하다.
> ② 가정법원은 부모가 정당한 이유 없이 동의를 거부하는 경우에 양부모가 될 사람이나 양자가 될 사람의 청구에 따라 부모의 동의를 갈음하는 심판을 할 수 있다. 이 경우 가정법원은 부모를 심문하여야 한다.

A. 개관

- 적용범위: 성년자가 양자로 되려고 하는 경우에만 적용되고, 양부모가 되려고 하는 경우에는 적용되지 않는다.
- 피성년후견인이 양자가 되려는 경우: 법적 부모 이외의 성년후견인이 선임된 경우, 즉 법적 부모와 성년후견인이 서로 다른 사람인 경우에는 성년후견인의 동의(§873 ①)뿐 아니라 법적 부모의 동의(§871 ①)도 받아야 한다.

B. 법원의 개입: 동의권이 배제되는 경우

(a) 부모의 소재를 알 수 없거나 기타 사정으로 인하여 동의를 받을 수 없는 경우

- 이때는 부모의 동의 없이 입양이 성립한다.
- 따라서 동의에 갈음하는 심판 절차를 거칠 필요가 없다(§871 ① 단서).

(b) 부모가 정당한 이유 없이 동의를 거부하는 경우

- 일반적인 경우: 가정법원은 부모를 심문하고 동의에 갈음하는 심판을 해야 입양이 성립할 수 있다(§871 ②). 양자녀가 성년자인 경우에는 입양허가 재판 대상이 아니기 때문에 별도로 동의에 갈음하는 심판 절차가 필요한 것이다.
- 양자 희망자가 피성년후견인인 경우: 가정법원은 부모를 심문해야 하지만 동의에 갈음하는 심판을 거칠 필요는 없다(§873 ③). 어차피 입양허가 재판을 해야 하므로 별도의 절차를 둘 필요가 없기 때문이다.

> 제873조(피성년후견인의 입양) ③ 가정법원은 성년후견인이 정당한 이유 없이 제1항에 따른 동의를 거부하거나 피성년후견인의 **부모**가 정당한 이유 없이 제871조제1항에 따른 동의를 거부하는 경우에 그 동의가 없어도 입양을 허가할 수 있다. 이 경우 가

정법원은 성년후견인 또는 부모를 심문하여야 한다.

## 다. 부부공동입양 원칙

> 제874조(부부의 공동 입양 등) ① 배우자가 있는 사람은 배우자와 공동으로 입양하여야 한다.
> ② 배우자가 있는 사람은 그 배우자의 동의를 받아야만 양자가 될 수 있다.

### (1) 의미

부부공동입양의 원칙을 채택하고 있는 점에 비추어 보면, 법률상 부부가 아닌 사람들이 공동으로 양부모가 되는 것은 허용될 수 없다(대법원 1995. 1. 24. 선고 93므1242 판결).

A. 부부가 양부모가 되려는 경우
• 법률혼 부부만 양부모가 될 수 있다.
• 부부는 법인이 아니기 때문에, 양부자관계와 양모자관계는 각각 성립하고 각자가 상대방의 입양에 대해 배우자로서의 동의권을 행사하는 것이다.
B. 부부 중 일방이 양자녀가 되려는 경우
• 배우자는 입양의 당사자는 아니고, 상대방의 입양에 대한 동의권이 인정될 뿐이다.

### (2) 부부공동입양과 관련된 사례

A. 배우자 동의 없는 입양
• 사안: 원고의 남편인 A는 피고를 입양하면서, 원고가 입양의사 표시를 하고 A·피고간 입양에 동의한 것처럼 서류를 조작하여 입양신고를 했다. 그 후 A가 사망하자 원고는 입양취소의 소를 제기했다.
• 쟁점과 판단: ㉠ 원고와 피고 사이의 입양의 무효이다. 원고에게는 입양의사가 없었기 때문이다. ㉡ A와 피고 사이의 입양은 유효이다. 다만 배우자의 동의가 없었으므로 A의 배우자였던 원고는 취소권을 행사할 수 있다. 그러나 이미 취소기간이 지났기 때문에 입양취소소송은 기각되고, 결국 A와 피고 사이의 입양은 유효로 확정된다.

**대법원 1998. 5. 26. 선고 97므25 판결**

- 입양이 개인간의 법률행위임에 비추어 보면 **부부의 공동입양이라고 하여도 부부 각자에 대하여 별개의 입양행위가 존재하여 부부 각자와 양자 사이에 각각 양친자 관계가 성립**한다고 할 것이므로, 부부의 공동입양에 있어서도 부부 **각자가 양자와 의 사이에 민법이 규정한 입양의 일반 요건을 갖추는 외에 부부 공동입양의 요건을 갖추어야** 한다.

- 처가 있는 자가 입양을 함에 있어서 혼자만의 의사로 부부 쌍방 명의의 입양신고를 하여 수리된 경우, 처와 양자가 될 자 사이에서는 입양의 일반요건 중 하나인 당사 자 간의 입양합의가 없으므로 <u>입양이 무효</u>가 되고, 한편 처가 있는 자와 양자가 될 자 사이에서는 입양의 일반 요건을 모두 갖추었어도 부부 공동입양의 요건을 갖추 지 못하였으므로 처가 그 입양의 취소를 청구할 수 있으나, <u>그 취소가 이루어지지 않는 한 그들 사이의 입양은 유효</u>하게 존속하는 것이다.

- 망인의 배우자인 원고가 제888조, 제894조의 규정에 따라 적법한 기간 내에 취소권 을 행사하지 않은 이상 입양신고기능을 하는 출생신고에 의한 양부와 양자녀 사이 의 법률상 친자관계의 존재를 부정하게 되는 친생자관계부존재확인청구의 소는 부 적법하다.

B. 사례: 공동입양인가 재입양인가?

(a) 사안의 개요

- 甲녀는 乙녀와 동거 중에 C, D를 입양하였다.

- 그 후 乙이 C만 입양한 상태에서 甲이 사망하자 D가 甲과 C간 입양무효확인을 청구했다.

(b) 쟁점과 판단

- 쟁점1: 재입양의 효과로서 원래의 양친자관계가 해소되는지가 문제된다. 판례 는 재입양이 일반입양인 이상 재입양이 성립했다는 이유만으로 원입양이 해소 되지는 않는다고 판단했다.

- 쟁점2: 甲과 C 사이의 양친자관계가 乙과 C간 입양 후에도 유지된다고 본다면, 결국 부부 아닌 甲과 乙이 C의 양부모가 되는 셈이므로 부부공동입양의 취지에 반한다는 문제가 다투어졌다. 판례는 이 사건의 쟁점은 甲과 C의 양친자관계가 乙과 C의 재입양으로 해소되었는지의 여부이므로 甲과 C간 양친자관계가 乙의

재입양으로 인해 해소되지 않았다는 결론만 도출하고, 이로 인해 부부 아닌 甲과 乙이 C의 양부모로 병존하게 된 것인지의 여부에 대해서는 판단하지 않았다.

### 대법원 2014. 7. 24. 선고 2012므806 판결

‣ 2013. 7. 1. 민법 개정으로 입양허가제도가 도입되기 전에는 성년에 달한 사람은 성별, 혼인 여부 등을 불문하고 당사자들의 입양 합의와 부모의 동의 등만 있으면 입양을 할 수 있었으므로, 당시의 민법 규정에 따라 적법하게 입양신고를 마친 사람이 단지 동성애자로서 동성과 동거하면서 자신의 성과 다른 성 역할을 하는 사람이라는 이유만으로는 그 입양이 선량한 풍속에 반하여 무효라고 할 수 없고, 이는 그가 입양의 의사로 친생자 출생신고를 한 경우에도 마찬가지이다.

‣ C(피고)가 乙의 양자로 입양신고된 후 甲과 C는 종전과 마찬가지로 함께 거주하면서 양친자관계를 유지하였으므로, C가 乙의 양자로 입양신고를 마쳤다는 사정만으로 甲과 C 사이의 양친자관계가 파양되었다고 보기 어려우며 달리 위 양친자관계가 종료되었음을 인정할 증거도 없다는 이유로, 甲과 C 사이의 친생자관계부존재확인을 구하는 원고의 이 사건 소는 **확인의 이익이 없어 부적법**하다고 한 원심의 판단은 정당하다.

‣ **우리 민법은 동성 간의 혼인을 허용하고 있지 않고, 법률상 부부가 아닌 사람들이 공동으로 양부모가 되는 것도 허용하고 있지 않**으므로 … 사실상 배우자의 양자를 입양한 것과 다름없어 甲과 C 사이의 양친자관계를 해소할 필요가 없다고 판단한 것은 잘못이나, 이는 부가적인 판단에 불과하고, 이들 사이의 관계 등에 비추어 볼 때 결국 뒤에 이루어진 乙과 C 사이의 입양의 효력이 문제 되는 것이지, C와 甲사이에 파양의 합의가 있었던 것으로 볼 것은 아니므로, 판결 결과에는 아무런 영향이 없다.

C. 사례: 부부 아닌 사람들의 공동입양이 가능한지의 여부

(a) 사안의 개요

‣ A녀는 B남과 비혼동거 중이었는데 C를 입양할 의사로 B에게 부탁하여, B가 출생신고를 하면서 생모를 A로 기재했다.

‣ A, C간, B, C간 각 양친자관계가 인정될 수 있는지가 문제된다.

(b) 판단

‣ B, C간 입양의 객관적 요건이 충족되지 못했으므로 B의 출생신고는 입양신고 기능을 하지 못한다. 따라서 친생자관계 부존재확인소송을 거쳐 말소되는데 그

결과 이에 기초한 A, C간의 모자관계 기재도 함께 말소된다.

✓ 이러한 판단은 호주제도를 반영한 호적제도를 전제한 것이므로, 현행 가족관계등록제도하에는 양부에 대해서만 말소되고 양모에 대해서는 그대로 유지된다고 볼 여지도 있다.

(c) 변형

• B, C 사이에 입양의 객관적 요건이 충족되었다고 가정하더라도 부부공동입양 원칙상 부부 아닌 사람들이 양부모가 될 수 없다.

• 다만 B의 형제자매 등의 후순위 상속인이 상속상의 이익을 위해 §865 소송을 제기하면 권리남용이 될 가능성이 높다.

> ### 대법원 1995. 1. 24. 선고 93므1242 판결
>
> ・ 입양의 실질적 요건이 갖추어지지 않았다면 위 호적상 부가 호적상 자를 혼인 외의 자로 출생신고를 한 것은 아무런 효력이 없는 것이어서 그 출생신고에 관한 호적상의 기재는 두 사람 사이의 친생자관계부존재를 확인하는 판결에 의하여 말소되어야 할 것이므로, 양친자관계를 인정할 수는 없다고 할 것이고,
>
> ・ 호적상의 부와 호적상의 자 사이에 입양의 **실질적 요건이 갖추어진 경우라 하더라도 우리 민법이 부부공동입양의 원칙을 채택하고 있는 점에 비추어 보면, 법률상 부부가 아닌 사람들이 공동으로 양부모가 되는 것은 허용될 수 없다**고 보아야 할 것이기 때문이다.
>
> ・ 다만, 이처럼 법률상 양친자관계의 성립을 인정할 수 없는 경우에도, 호적상의 모와 호적상의 자 사이에는 양친자관계를 창설하려는 의사가 있었고 다른 입양의 실질적 요건도 갖추어졌으며 … 이를 잘 알고 있는 제3자가 호적상의 모의 상속재산을 탐내어 그 상속재산에 관한 권리를 주장함으로써 분쟁이 생긴 경우에는, 그 제3자의 재산상의 권리 주장을 신의칙에 어긋나거나 권리남용에 해당한다고 하여 배척할 수 있는 여지가 있을 것이나, 이는 별개의 문제라고 할 것이다.

## 5. 법원의 후견적 개입

### 가. 미성년자, 피성년후견인 보호를 위한 개입

(1) 법정대리인의 동의 · 대락 흠결 · 거부에 대한 후견적 개입(전술)

(2) 입양 자체에 대한 법원의 허가

(a) 취지: 제한능력자 보호

아동학대의 습벽이 있는 자와 같이 양부모가 될 자격이 없는 사람이 입양제도를 남용하여 입양아동의 복리를 현저히 해치는 등 부적격자에 의한 입양이 심각한 사회문제가 되자, 법원이 미성년자의 입양에 후견적으로 개입하여 입양아동의 복리를 증진하기 위한 것이다(대법원 2021. 12. 23.자 2018스5 전원합의체 결정).

### (b) 절차: 입양합의에 대한 허가 재판(라류비송사건)

제867조(미성년자의 입양에 대한 가정법원의 허가) ① 미성년자를 입양하려는 사람은 가정법원의 허가를 받아야 한다.

### (c) 판단

• 미성년자의 복리를 위해 양육상황, 양부모의 동기, 양육능력, 기타 사정 등을 종합적으로 고려하여 판단해야 한다.

가정법원이 미성년자의 입양을 허가할 것인지 판단할 때에는 '입양될 자녀의 복리에 적합한지'를 최우선적으로 고려하여야 한다(대법원 2021. 12. 23.자 2018스5 전원합의체 결정).

• 법원의 재량 기각이 가능하다.

제867조(미성년자의 입양에 대한 가정법원의 허가) ② 가정법원은 양자가 될 미성년자의 복리를 위하여 그 양육 상황, 입양의 동기, 양부모의 양육능력, 그 밖의 사정을 고려하여 제1항에 따른 입양의 허가를 하지 아니할 수 있다.

## 나. 법적 부모로서의 동의거부 · 흠결에 대한 개입(전술)


## Ⅲ  일반입양의 무효 · 취소, 파양

### 1. 무효

#### 가. 사유

제883조(입양 무효의 원인) 다음 각 호의 어느 하나에 해당하는 입양은 무효이다.

1. 당사자 사이에 입양의 합의가 없는 경우
2. 제867조 제1항(제873조 제2항에 따라 준용되는 경우를 포함한다), 제869조 제2항, 제877조를 위반한 경우

**(1) 계약의 불성립(전술): 입양 의사의 불합치(1호), §869 ②의 대락 흠결(2호)**

**(2) 강행규정 위반**

- 법원의 허가를 받지 않은 경우(§867 ①, §873 ② 위반)와 양자가 양친의 존속이거나 양친보다 연장자인 경우(§877 위반), 강행법규 위반이므로 입양은 무효이다.
- 혈족간 입양은 존속·연장자가 양자가 되는 경우가 아니라면 입양무효 사유에 해당하지 않는다. 따라서 조부모의 손자녀 입양도 자녀의 복리에 부합하면 허가될 수 있다.

**대법원 2021. 12. 23.자 2018스5 전원합의체 결정**

- 입양은 출생이 아니라 법에 정한 절차에 따라 원래는 부모·자녀가 아닌 사람 사이에 부모·자녀 관계를 형성하는 제도이다. 조부모와 손자녀 사이에는 이미 혈족관계가 존재하지만 부모·자녀 관계에 있는 것은 아니다.
- 민법은 입양의 요건으로 동의와 허가 등에 관하여 규정하고 있을 뿐이고 <u>존속을 제외하고는 혈족의 입양을 금지하고 있지 않다.</u> 따라서 조부모가 손자녀를 입양하여 부모·자녀 관계를 맺는 것이 입양의 의미와 본질에 부합하지 않거나 불가능하다고 볼 이유가 없다. <u>조부모가 자녀의 입양허가를 청구하는 경우에 입양의 요건을 갖추고 입양이 자녀의 복리에 부합한다면 이를 허가할 수 있다.</u>

**나. 절차: 입양무효소송**

- 입양무효 사유가 있으면 법원의 재량기각은 불가능하다.
- 논거: 입양취소에 대해서만 §867 ②를 준용하는 §884 ②의 반대해석

**다. 효과**

**(1) 친족관계 소멸**

**(2) 손해배상: §897의 §806 준용**

**(3) 소급효: §897는 입양 취소에 대해서만 §824를 준용**

## 2. 취소

### 가. 사유, 취소권자, 취소권의 행사기간

> 제884조(입양 취소의 원인) ① 입양이 다음 각 호의 어느 하나에 해당하는 경우에는 가정법원에 그 취소를 청구할 수 있다.
> 1. 제866조, 제869조 제1항, 같은 조 제3항 제2호, 제870조 제1항, 제871조 제1항, 제873조 제1항, 제874조를 위반한 경우
> 2. 입양 당시 양부모와 양자 중 어느 한쪽에게 악질이나 그 밖에 중대한 사유가 있음을 알지 못한 경우
> 3. 사기 또는 강박으로 인하여 입양의 의사표시를 한 경우

### (1) 미성년자가 양친인 경우(§866 위반)

• 취소권자: 양부모·양자녀, 그 법정대리인이나 직계혈족에게 입양취소권이 인정된다(§855).

• 양부모가 성년이 되면 취소사유가 치유된다.

> 제889조(입양 취소 청구권의 소멸) 양부모가 성년이 되면 제866조를 위반한 입양의 취소를 청구하지 못한다.

### (2) 부모, 법정대리인, 배우자 등의 동의 흠결(§884 ① 1호)

A. 13세 이상 미성년자 입양의 경우(§869 ①, §869 ③ 2호, §870 ① 위반)

(a) 사유

• 법정대리인의 동의가 필요한데도 동의를 받지 않은 경우(§869 ① 위반), 입양 취소 사유가 된다.

✓ §884 ① 1호는 §869 ③ 2호 위반도 §869 ① 위반과 별도의 취소사유인 것처럼 규정하고 있지만 이러한 규정 방식에는 문제가 있다. §869 ③은 법정대리인의 동의 없이 입양이 성립할 수 있게 해주는 예외사유이기 때문이다.

• 법적 부모의 동의를 받지 않은 경우(§870 ① 위반), 입양 취소 사유가 된다.

(b) 취소권자: 양자녀 또는 동의권자(§886)

(c) 취소권의 소멸사유

• 양자녀가 성년이 된 후 3개월이 지나거나 사망하면 입양 취소 청구권은 소멸한다.

- 입양취소권자가 입양취소 사유를 안 날부터 6월, 그 사유가 있었던 날부터 1년이 지나면 취소권은 행사기간 만료로 인해 소멸한다.

> 제891조(입양 취소 청구권의 소멸) ① 양자가 성년이 된 후 3개월이 지나거나 사망하면 제869조 제1항, 같은 조 제3항 제2호, 제870조 제1항을 위반한 입양의 취소를 청구하지 못한다.

> 제894조(입양 취소 청구권의 소멸) 제869조 제1항, 같은 조 제3항 제2호, 제870조 제1항 … 을 위반한 입양은 그 사유가 있음을 안 날부터 6개월, 그 사유가 있었던 날부터 1년이 지나면 그 취소를 청구하지 못한다.

B. 성년자인 양자녀에 대한 부모의 동의 흠결(§871 ① 위반)
- 취소권자는 동의권자와 같다.

> 제886조(입양 취소 청구권자) … 동의권자는 제871조 제1항 … 을 위반한 입양의 취소를 청구할 수 있다.

- 취소권의 소멸 사유는 양자녀 사망과 취소기간 경과이다.

> 제891조(입양 취소 청구권의 소멸) ② 양자가 사망하면 제871조 제1항을 위반한 입양의 취소를 청구하지 못한다.

> 제894조(입양 취소 청구권의 소멸) … 제871조 제1항을 위반한 입양은 그 사유가 있음을 안 날부터 6개월, 그 사유가 있었던 날부터 1년이 지나면 그 취소를 청구하지 못한다.

C. 피성년후견인이 당사자인 경우 법정대리인의 동의 흠결(§873 ① 위반)
(a) 취소권자: 피후견인, 후견인

> 제887조(입양 취소 천구권자) 피성년후견인이나 성년후견인은 제873조 제1항을 위반한 입양의 취소를 청구할 수 있다.

(b) 취소권의 소멸사유: 어떤 기간이든 먼저 도래하면 취소권 소멸
- 성년후견 심판이 취소된 후 3개월이 지나면 취소권은 소멸한다.

> 제893조(입양 취소 청구권의 소멸) 성년후견개시의 심판이 취소된 후 3개월이 지나면 제873조 제1항을 위반한 입양의 취소를 청구하지 못한다.

- 입양취소권자가 입양취소 사유를 안 날부터 6월, 그 사유가 있었던 날부터 1년이 지나면 취소권은 행사기간 만료로 인해 소멸한다.

> 제894조(입양 취소 청구권의 소멸) … 제873조 제1항 … 을 위반한 입양은 그 사유가 있음을 안 날부터 6개월, 그 사유가 있었던 날부터 1년이 지나면 그 취소를 청구하지 못한다.

D. 부부공동입양의 경우 배우자의 동의 흠결(§874 위반)
- 취소권자: 배우자

> 제888조(입양 취소 청구권자) 배우자는 제874조를 위반한 입양의 취소를 청구할 수 있다.

- 취소권의 소멸사유

> 제894조(입양 취소 청구권의 소멸) … 제874조를 위반한 입양은 그 사유가 있음을 안 날부터 6개월, 그 사유가 있었던 날부터 1년이 지나면 그 취소를 청구하지 못한다.

### (3) 의사표시의 하자(§884 ① 2호, 3호)

A. 착오: 악질, 기타 중대한 사유(§884 ① 2호)
- 취소권자: 양부모·양자녀 중 위 사유를 알지 못했던 사람에게 취소권이 인정된다.
- 취소권 행사기간: 취소 사유를 안 날로부터 6월이 지나면 더 이상 취소권을 행사할 수 없다.

> 제896조(입양 취소 청구권의 소멸) 제884조 제1항 제2호에 해당하는 사유가 있는 입양은 양부모와 양자 중 어느 한 쪽이 그 사유가 있음을 안 날부터 6개월이 지나면 그 취소를 청구하지 못한다.

B. 사기·강박(§884 ① 3호)
- 취소권자: 양부모·양자녀 중 사기·강박당한 사람에게 취소권이 인정된다.
- 취소권 행사기간: 취소사유 종료 후 3월이 지나면 취소권을 행사할 수 없다.

> 제897조(준용규정) … 사기 또는 강박으로 인한 입양 취소 청구권의 소멸에 관하여는 제823조를 준용하며 …

## 나. 절차: 입양취소소송

- 법원의 재량 기각도 가능하다.

> 제884조(입양 취소의 원인) ② 입양 취소에 관하여는 제867조 제2항을 준용한다.

## 다. 효과

### (1) 친족관계 소멸

### (2) 손해배상: §897의 §806 준용

### (3) 입양취소의 비소급효: §897의 §824 준용

# 3. 파양

## 가. 개관

- 의미: 유효한 입양에 의한 친자관계는 파양에 의해서만 해소될 수 있다.
- 비교: 부부공동입양 후 혼인 해소는 양친자관계 소멸 사유가 아니다. 양부와 자녀, 양모와 자녀 사이의 각 양친자관계는 그대로 존속한다.

## 나. 파양의 요건

### (1) 협의파양

A. 요건

(a) 파양 의사표시의 합치(§898 본문)

> 제898조(협의상 파양) 본문: 양부모와 양자는 협의하여 파양(罷養)할 수 있다.

(b) 창설적 파양신고(§904의 §878 준용)

(c) 실질심사 후 파양신고 수리(§903)

> 제903조(파양 신고의 심사) 제898조, 제902조, 그 밖의 법령을 위반하지 아니한 파양 신고는 수리하여야 한다.

B. 당사자

- 양부모와 양자녀가 협의의 당사자가 되는 것이 원칙이다.

- 양부모가 피성년후견인인 경우, 피후견인 본인이 의사표시를 할 수 있으나 후견인의 동의를 얻어야 한다.

> 제902조(피성년후견인의 협의상 파양) 피성년후견인인 양부모는 성년후견인의 동의를 받아 파양을 협의할 수 있다.

C. 소극적 요건

- 양자녀가 미성년자 또는 피성년후견인이면 협의로는 파양할 수 없다(§898 단서).
- 주의! 법정대리인이 동의해도 협의파양은 불가능하다.

> 제898조(협의상 파양) 단서: 다만, 양자가 미성년자 또는 피성년후견인인 경우에는 그러하지 아니하다.

D. 사기, 강박으로 인한 협의파양의 취소권과 그 행사기간(§904의 §823 준용)

**(2) 재판파양**

A. 사유(§905)

> 제905조(재판상 파양의 원인) 양부모, 양자 또는 제906조에 따른 청구권자는 다음 각 호의 어느 하나에 해당하는 경우에는 가정법원에 파양을 청구할 수 있다.
> 1. 양부모가 양자를 학대 또는 유기하거나 그 밖에 양자의 복리를 현저히 해친 경우
> 2. 양부모가 양자로부터 심히 부당한 대우를 받은 경우
> 3. 양부모나 양자의 생사가 3년 이상 분명하지 아니한 경우
> 4. 그 밖에 양친자관계를 계속하기 어려운 중대한 사유가 있는 경우

B. 파양청구권자

(a) 원칙: 당사자인 양부모와 양자녀

(b) 예외: 제한능력자

- 양자녀가 13세 미만인 경우: 대락권자(§869 ②)가 대신 파양청구를 할 수 있다. 만약 대락권자에 해당하는 사람이 없으면 §777의 친족이나 이해관계인이 법원이 허가를 받아 파양을 청구할 수 있다.
- ✓ 다만, 재판상 파양 절차에서 파양 청구의 정당성을 심사하면 되는데 파양소송 제기를 위한 허가를 또 받게 하는 것은 불필요한 중복절차로 보인다.

제906조(파양 청구권자) ① 양자가 13세 미만인 경우에는 제869조 제2항에 따른 승낙을 한 사람이 양자를 갈음하여 파양을 청구할 수 있다. 다만, 파양을 청구할 수 있는 사람이 없는 경우에는 제777조에 따른 양자의 친족이나 이해관계인이 가정법원의 허가를 받아 파양을 청구할 수 있다.

• 양자녀가 13세 이상 미성년자인 경우: 본인의 재판상 파양 청구가 가능하지만 법적 부모로서의 동의를 했던 사람의 동의를 얻어야 한다. 다만, 동의권자의 사망 등의 사유로 동의를 얻을 수 없으면 동의 없이 본인이 스스로 파양을 청구할 수 있다.

제906조(파양 청구권자) ② 양자가 13세 이상의 미성년자인 경우에는 제870조제1항에 따른 동의를 한 부모의 동의를 받아 파양을 청구할 수 있다. 다만, 부모가 사망하거나 그 밖의 사유로 동의할 수 없는 경우에는 동의 없이 파양을 청구할 수 있다.

• 당사자가 피성년후견인인 경우: 피성년후견인이 양자이든 양부모이든 성년후견인의 동의의 얻어 본인이 직접 파양을 청구할 수 있다. 13세 이상 미성년자의 경우와는 달리 후견인의 동의가 불가능한 경우에도 피성년후견인이 단독으로 재판상 파양을 청구할 수는 없음에 유의해야 한다.

제906조(파양 청구권자) ③ 양부모나 양자가 피성년후견인인 경우에는 성년후견인의 동의를 받아 파양을 청구할 수 있다.

• 검사는 미성년자나 피성년후견인이 양자녀인 경우에만 공익적 신청인으로서 파양을 청구할 수 있다.

제906조(파양 청구권자) ④ 검사는 미성년자나 피성년후견인인 양자를 위하여 파양을 청구할 수 있다.

C. 파양청구권의 소멸(§907)

• 원칙: 파양 청구권의 행사기간은 파양 사유를 안 날부터 6개월, 그 사유 발생일로부터 3년이다.

제907조(파양 청구권의 소멸) 파양 청구권자는 제905조 제1호·제2호·제4호의 사유가 있음을 안 날부터 6개월, 그 사유가 있었던 날부터 3년이 지나면 파양을 청구할 수 없다.

- 예외: 3호 사유(3년 이상 생사불명)의 경우에는 파양청구권의 행사기간이 적용되지 않는다.

## 다. 파양의 효과

### (1) 양친자 관계의 해소

- 양친자관계는 파양신고에 의해 해소되고, 법정요건이 충족된 경우 파양신고 수리를 거부할 수 없다.

> 제903조(파양 신고의 심사) 제898조, 제902조, 그 밖의 법령을 위반하지 아니한 파양 신고는 수리하여야 한다.

- 파양은 장래효만 있는 것으로 해석된다(명문규정이나 준용규정 없음).

### (2) 손해배상청구권

- 협의파양의 경우 명문 규정은 없지만 §750, §751의 일반 규정에 따라 손해배상 책임이 발생할 수 있다.
- 재판파양의 경우 §908에 의해 §806가 준용된다.

> 제908조(준용규정) 재판상 파양에 따른 손해배상책임에 관하여는 제806조를 준용한다.

### (3) 사례: 부부공동입양 후 파양

- 원칙: 명문규정은 없지만 부부공동입양의 취지에 비추어 볼 때, 공동파양으로 해석할 여지가 있다.
- 예외: 부부공동입양의 취지에 비추어 양부, 양모와의 각 양친자관계를 획일적으로 결정할 필요가 없다면 공동파양을 관철시킬 필요가 없다. 예컨대 양부모의 혼인이 이혼이나 사별로 해소된 경우 양모와 양자녀 사이에서만 협의파양이 이루어지더라도 양부와 양자녀 사이의 친자관계에는 영향이 없다.

**대법원 2009. 4. 23. 선고 2008므3600 판결**
  - 제874조 제1항은 부부의 공동입양원칙을 선언하고 있는바, 파양에 관하여는 별도의 규정을 두고 있지는 않고 있으나 부부의 공동입양원칙의 규정 **취지에 비추어 보면 양친이 부부인 경우 파양을 할 때에도 부부가 공동**으로 하여야 한다고 해석할 여지가 없지 아니하나

‣ 양친 부부 중 일방이 <u>사망하거나 또는 양친이 이혼한 때에는 부부의 공동파양의 원칙이 적용될 여지가 없다</u>고 할 것이고, 따라서 양부가 사망한 때에는 양모는 단독으로 양자와 협의상 또는 재판상 파양을 할 수 있으되 이는 양부와 양자 사이의 양친자관계에 영향을 미칠 수 없고, 또 양모가 사망한 양부에 갈음하거나 또는 양부를 위하여 파양을 할 수는 없다.
‣ 이는 <u>친생자부존재확인을 구하는 청구에 있어서 입양의 효력은 있으나 재판상 파양사유가 있어 양친자관계를 해소할 필요성이 있는 이른바 재판상 파양에 갈음하는 친생자관계부존재확인청구에 관하여도 마찬가지</u>라고 할 것이다.

# Ⅳ  친양자입양

## 1. 개관

• 친양자입양은 미성년자 입양에 대한 특칙이다.
• 친양자입양에 관한 명문 규정이 없으면 일반입양에 관한 규정들이 준용된다.

> 제908조의8(준용규정) 친양자에 관하여 이 관에 특별한 규정이 있는 경우를 제외하고는 그 성질에 반하지 아니하는 범위 안에서 양자에 관한 규정을 준용한다.

## 2. 친양자입양의 당사자

### 가. 친양친이 되려는 사람(§908의2 ① 1호)

> 제908조의2(친양자 입양의 요건 등) ① 1호: 3년 이상 혼인 중인 부부로서 공동으로 입양할 것. 다만, 1년 이상 혼인 중인 부부의 한쪽이 그 배우자의 친생자를 친양자로 하는 경우에는 그러하지 아니하다.

• 원칙: 3년 이상 혼인 중인 부부가 친양친인 경우에만 친양자 입양이 가능하다.
• 예외: 1년 이상 혼인 중인 부부의 일방이 상대방의 친생자를 입양하는 경우에는 친양자 입양이 가능하다. 문리해석상, 부부의 일방이 상대방의 '양자녀'를 친양자로 재입양하는 것은 불가능하다.

## 나. 친양자녀가 되려는 사람

### (1) 친양자가 될 수 있는 연령: 미성년자

✓ 친생부모와의 관계를 단절시키는 완전입양인 친양자입양의 특성상 친생부모의 존재를 의식하기 전까지만 친양자입양이 가능하도록 하는 것이 바람직하다. 현행법이 미성년자이면 친양자가 될 수 있도록 규정한 것은 계부모입양의 편의를 위한 것이라는 점에서 비판의 여지가 있다.

> 제908조의2(친양자 입양의 요건 등) ① 2호: 친양자가 될 사람이 미성년자일 것

### (2) 친양자측의 승낙 의사표시

A. 법정대리인의 동의 · 대락

> 제908조의2(친양자 입양의 요건 등) ① 4호: 친양자가 될 사람이 13세 이상인 경우에는 법정대리인의 동의를 받아 입양을 승낙할 것

> 제908조의2(친양자 입양의 요건 등) ① 5호: 친양자가 될 사람이 13세 미만인 경우에는 법정대리인이 그를 갈음하여 입양을 승낙할 것

B. 법정대리인이 동의 · 대락을 거부하는 경우: 법원의 보충적 개입

> 제908조의2(친양자 입양의 요건 등) ② 가정법원은 다음 각 호의 어느 하나에 해당하는 경우에는 제1항 제3호 · 제4호에 따른 동의 또는 같은 항 제5호에 따른 승낙이 없어도 제1항의 청구를 인용할 수 있다. 이 경우 가정법원은 동의권자 또는 승낙권자를 심문하여야 한다.
> 1. 법정대리인이 정당한 이유 없이 동의 또는 승낙을 거부하는 경우. 다만, 법정대리인이 친권자인 경우에는 제2호 또는 제3호의 사유가 있어야 한다.
> 2. 친생부모가 자신에게 책임이 있는 사유로 3년 이상 자녀에 대한 부양의무를 이행하지 아니하고 면접교섭을 하지 아니한 경우
> 3. 친생부모가 자녀를 학대 또는 유기하거나 그 밖에 자녀의 복리를 현저히 해친 경우

(a) 사유: 정당한 이유가 없을 것

• 법정대리인이 후견인인 경우에는 정당한 이유 없음이라는 요건만 충족되면 동의 · 대락 없이도 친양자입양이 성립할 수 있다.

• 이에 비해 법정대리인이 친권자인 경우, 동의 · 승낙 거부에 정당한 이유가 없을

뿐 아니라, 다음 중 한 가지 사유도 충족되어야 한다. 즉, ㉠ 3년 이상 유책하게 부양의무와 면접교섭을 모두 이행하지 않은 경우(§908의2 ② 2호), 또는 ㉡ 자녀를 학대·유기하거나 그 밖의 방법으로 자녀의 복리를 현저하게 해친 경우(§908의2 ② 3호) 중 한 가지 사유가 인정되는 경우에만 법원은 친권자가 반대해도 친양자입양 허가를 할 수 있다.

(b) 절차·효과
- 절차: 동의·승낙권자를 심문하여 의견진술 기회를 주어야 한다.
- 효과: 법원은 법정대리인의 동의·승낙 없이 친양자입양 청구를 인용할 수 있다.

## 3. 친양자입양의 성립요건

### 가. 입양의 실체를 이루는 요건

#### (1) 당사자의 의사 합치

- 개관: 친양자 입양도 일반입양과 마찬가지로 계약의 일종이다.
- ✓ 친양친이 되려는 사람의 의사표시는 명시적으로 규정되어 있지 않지만 §908의2 ① 1호에서 '부부로서 공동으로 입양할 것'이라는 문언에 포함된 것으로 해석된다. 여기서 '공동으로' 입양한다는 표현을 쓰고 있으나 일반입양의 경우와 마찬가지로 각자 양부모로서 입양계약을 하면서 상대방의 입양에 대해 동의하는 것으로 해석해야 한다. 법인이 아닌 이상 부부가 하나의 권리주체로서 입양 당사자가 될 수는 없기 때문이다.
- 친양자가 될 사람의 승낙 또는 그 법정대리인의 대락이 필요하다(§908의2 ① 3호, 4호).

#### (2) 양친자로서의 신분적 생활사실

#### (3) 친양자입양 신고: 가등법 §67, §61 준용

### 나. 법원의 허가

- 친양자입양 허가는 가사비송사건이므로 허가 여부는 법원의 후견적 재량에 맡겨져 있다.
- 법원은 §908의2 ①의 법정 요건이 모두 충족되었어도 자녀의 복리를 고려하여 친양자입양 허가 신청을 기각할 수 있다.

제908조의2(친양자 입양의 요건 등) ③ 가정법원은 친양자가 될 사람의 복리를 위하

여 그 양육상황, 친양자 입양의 동기, 양부모의 양육능력, 그 밖의 사정을 고려하여 친양자 입양이 적당하지 아니하다고 인정하는 경우에는 제1항의 청구를 기각할 수 있다.

## 다. 법적 부모의 동의권과 그 배제 사유

### (1) 동의권

제908조의2(친양자 입양의 요건 등) ① 3호 본문: 친양자가 될 사람의 친생부모가 친양자 입양에 동의할 것.

### (2) 동의권의 배제

제908의2(친양자 입양의 요건 등) ① 3호 단서: 다만, 부모가 친권상실의 선고를 받거나 소재를 알 수 없거나 그 밖의 사유로 동의할 수 없는 경우에는 그러하지 아니하다.

제908의2(친양자 입양의 요건 등) ② 가정법원은 다음 각 호의 어느 하나에 해당하는 경우에는 제1항 제3호 … 에 따른 동의 … 없어도 제1항의 청구를 인용할 수 있다. 이 경우 가정법원은 동의권자 또는 승낙권자를 심문하여야 한다.

✓ 법정대리인의 동의 · 승낙 거부 상황과 부모로서의 동의 거부 상황에 대해, 동일한 요건 하에 법원이 개입할 수 있도록 규정하고 있다. 이 문제는 §908의2 ①이 법정대리인의 동의 · 대락을 4호, 5호로, 부모로서의 동의를 3호에 규정하여 이들이 서로 다른 성질을 가지는 제도임을 간과한데서 비롯된다. 그렇다면 그 후 미성년자 입양에 관한 조항을 개정하면서 '법정대리인의 동의 · 대락'과 '부모로서의 동의' 각각에 대해 법원의 보충적 개입 요건을 다르게 규정할 때, 친양자에 관해서도 마찬가지의 개정을 했어야 한다. 그러나 친양자 부분을 개정하지 않음으로써 미성년자에 대한 일반입양과 친양자입양은 실질적으로 비슷한 기능을 수행하는데도 법원의 보충적 개입의 요건이 서로 다른 방식으로 규정되어 있어서 불필요한 혼선을 초래하고 있다.

## 4. 친양자입양의 효과

### 가. 발생 시점

• 친양자 입양 신청을 인용하는 재판인 친양자입양 허가결정이 확정된 때 친양자 입양이 성립한다. 입양신고는 보고적 신고이다.

• 비소급효(§908의3 ② 참조): 친양자입양 허가 재판 확정 전에 친생부모가 사망한 경우 그 후 친양자입양이 성립해도 친생부모에 대한 상속권이 유지된다.

## 나. 내용

### (1) 양친 부부의 혼인 중의 출생자로 간주

> 제908조의3(친양자 입양의 효력) ① 친양자는 부부의 혼인 중 출생자로 본다.

### (2) 새로운 가족관계등록부 창설

• 원칙: 양부의 성·본을 따른다.

• 계부모입양의 경우: 혼인신고시 특약이 있는 등의 특별한 사정이 있으면 양모의 성·본을 따른다.

### (3) 친양자의 친생부모를 중심으로 하는 친족관계 소멸

#### A. 원칙

> 제908조의3(친양자 입양의 효력) ② 본문: 친양자의 입양 전의 친족관계는 제908조의2 제1항의 청구에 의한 친양자 입양이 확정된 때에 종료한다.

#### B. 예외

• 계부모입양의 경우에는 친생부모와의 친생자관계에 기초한 친족관계는 유지된다.

> 제908조의3(친양자 입양의 효력) ② 단서: 다만, 부부의 일방이 그 배우자의 친생자를 단독으로 입양한 경우에 있어서의 배우자 및 그 친족과 친생자간의 친족관계는 그러하지 아니하다.

• 일반적인 친양자입양의 경우에도 친생부모를 기준으로 한 혈족에 대한 금혼사유는 그대로 적용된다(§809 ① 괄호 부분; 가등법 §14 2호). 다만 문리해석상 §809 ②, ③의 혼인취소사유는 적용되지 않으므로, 친생부모의 배우자였던 자와도 혼인할 수 있다.

> 제809조(근친혼 등의 금지) ① 8촌 이내의 혈족(친양자의 입양 전의 혈족을 포함한다) 사이에서는 혼인하지 못한다.

## 5. 친양자입양의 해소

### 가. 요건

### (1) 개관: 친양자입양 해소 사유의 배타성

- 일반입양의 무효, 취소사유(§883, §884)는 친양자입양에 대해서는 적용되지 않는다.
  ✓ 그러나 §883의 1호 사유인 '입양 합의 불성립'은 §908의4 ②의 문언에도 불구하고 친양자 입양에 대해 적용된다고 해석해야 한다.

> 제908조의4(친양자 입양의 취소 등) ② 친양자 입양에 관하여는 제883조, 제884조를 적용하지 아니한다.

- 일반적인 협의파양이나 재판파양의 사유도 적용되지 않는다.

> 제908조의5(친양자의 파양) ② 제898조 및 제905조는 친양자의 파양에 관하여 이를 적용하지 아니한다.

## (2) 친양자입양 취소

- 친생부모가 책임 없는 사유로 인해 친생부모로서의 동의를 할 수 없었던 경우, 친생부모는 친양자입양 사실을 안 날로부터 6개월 이내에 가정법원에 친양자 입양 취소 청구를 할 수 있다.
- 다만 법원은 재량으로 이러한 친양자입양 취소 청구를 기각할 수 있다(§908의6에 의한 §908의2 ③ 준용).

> 제908조의6(준용규정) 제908조의2 제3항은 친양자 입양의 취소 또는 제908조의5제1항 제2호에 따른 파양의 청구에 관하여 이를 준용한다.

- 친생부모의 동의권이 배제된 상태에서 친양자입양이 성립했다면 동의흠결로 인한 취소권은 인정될 수 없을 것이다.

> 제908조의4(친양자 입양의 취소 등) ① 친양자로 될 사람의 친생의 아버지 또는 어머니는 자신에게 책임이 없는 사유로 인하여 제908조의2 제1항 제3호 단서에 따른 동의를 할 수 없었던 경우에 친양자 입양의 사실을 안 날부터 6개월 안에 가정법원에 친양자 입양의 취소를 청구할 수 있다.

## (3) 친양자 파양의 요건

A. 개관
- 친양자입양 제도의 취지상 협의파양은 불가능하다.

✓ 친양자가 성년이 된 경우에도 마찬가지이다.

B. 실질적 요건

• 친양친이 친양자의 복리를 현저하게 해칠 때(학대·유기 등): 법원의 재량에 의한 파양청구 기각은 불가능하다. 따라서 요건사실이 인정되면 반드시 파양 판결을 해야 한다.

• 친양자가 친양친에게 패륜행위를 하여 친양자관계를 유지시킬 수 없게 된 때: 법원의 재량에 의한 파양청구 기각이 가능하다(§908의6, §908의2 ③ 준용).

> 제908조의6(준용규정) 제908조의2 제3항은 친양자 입양의 취소 또는 제908조의5 제1항 제2호에 따른 파양의 청구에 관하여 이를 준용한다.

C. 절차적 요건: 양친, 친양자, 친생부모, 검사의 청구와 가정법원의 재판

> 제908조의5(친양자의 파양) ① 양친, 친양자, 친생의 부 또는 모나 검사는 다음 각호의 어느 하나의 사유가 있는 경우에는 가정법원에 친양자의 파양을 청구할 수 있다.
> 1. 양친이 친양자를 학대 또는 유기하거나 그 밖에 친양자의 복리를 현저히 해하는 때
> 2. 친양자의 양친에 대한 패륜행위로 인하여 친양자관계를 유지시킬 수 없게된 때

## 나. 친양자 입양의 취소, 파양의 효과

> 제908조의7(친양자 입양의 취소·파양의 효력) ① 친양자 입양이 취소되거나 파양된 때에는 친양자관계는 소멸하고 입양 전의 친족관계는 부활한다.
> ② 제1항의 경우에 친양자 입양의 취소의 효력은 소급하지 아니한다.

### (1) 장래효

✓ §908의8에 의해 §824를 준용하는 §897가 준용되기 때문에, 입양취소의 비소급효는 별도의 규정을 둘 필요가 없었다. 오히려 이 조항 때문에 마치 파양의 경우에는 소급효가 있는 것처럼 오인될 우려가 있다.

### (2) 입양 전의 친족관계 부활

### (3) 손해배상: 특칙이 없으므로, 일반적인 입양취소, 파양의 효과에 준함(§908의8)

9 장

# 친 권

# 9장

# 친 권

## I 개관

### 1. 친자관계의 효과 개관

#### 가. 의미

- 법적 친자관계를 요건으로 발생하는 법률효과는 법적 친자관계의 모든 유형, 즉 혼인 중의 출생자, 혼인 외의 출생자, 양자 전반에 대해 원칙적으로 동일하다.
- 친족간 부양(§974 이하), 상속(§1000), 금혼사유(§809), 입양동의권(§870) 등은 자녀의 연령과 무관하게 적용되는 효과인 반면, 친권은 자녀가 미성년자인 경우에만 적용되는 효과이다.

#### 나. 자녀의 복리 원칙

- 미성년 자녀가 당사자인 법률관계에서는 미성년자의 이익을 우선적으로 고려해야 한다.
- 친권자의 친권 행사의 기준일 뿐 아니라 친권과 관련된 재판의 판단 기준이기도 하다. 명문 규정은 없지만 친자관계의 성립이나 해소 등에 대해서도 적용된다.

> 제912조(친권 행사와 친권자 지정의 기준) ① 친권을 행사함에 있어서는 자의 복리를 우선적으로 고려하여야 한다.
> ② 가정법원이 친권자를 지정함에 있어서는 자의 복리를 우선적으로 고려하여야 한다. 이를 위하여 가정법원은 관련 분야의 전문가나 사회복지기관으로부터 자문을 받을 수 있다.

### 2. 친권의 의미, 양육권과의 관계(전술)

## Ⅱ 친권자의 결정

## 1. 원시적 결정

### 가. 혼인 중의 출생자

### (1) 친권자 결정: 부모의 공동친권

> 제909조(친권자) ① 본문: 부모는 미성년자인 자의 친권자가 된다.

### (2) 친권 행사 방법

A. 원칙

• 공동친권자인 부모는 친권을 공동으로 행사한다.

> 제909조(친권자) ② 본문: 친권은 부모가 혼인 중인 때에는 부모가 공동으로 이를 행사한다.

• 부모의 의견이 일치하지 않으면 당사자의 청구에 의해 가정법원이 결정한다. 그런데 가정법원의 재판을 거치지 않고 일방이 무단으로 즉 타방의 의사에 반하여 공동명의로 대리권이나 동의권을 행사하더라도 이러한 권한 행사는 유효이고 상대방이 악의인 경우에만 무효가 된다.

> 제909조(친권자) ② 단서: 그러나 부모의 의견이 일치하지 아니하는 경우에는 당사자의 청구에 의하여 가정법원이 이를 정한다.
>
> 제920조의2(공동친권자의 일방이 공동명의로 한 행위의 효력) 부모가 공동으로 친권을 행사하는 경우 부모의 일방이 공동명의로 자를 대리하거나 자의 법률행위에 동의한 때에는 **다른 일방의 의사에 반하는 때에도 그 효력이 있다**. 그러나 상대방이 악의인 때에는 그러하지 아니한다.

B. 예외

• 부모 중 일방이 친권을 행사할 수 없는 경우에는 타방이 단독으로 친권을 행사한다.

> 제909조(친권자) ③ 부모의 일방이 친권을 행사할 수 없을 때에는 다른 일방이 이를 행사한다.

- 친권 행사가 불가능한 경우에는 질병, 소재불명 등의 사실적 사유와 친권의 제한, 정지, 상실 등의 법적 사유가 모두 해당된다.

**나. 혼인 외의 출생자**

- 출생 직후에는 부가 없으므로 모가 단독친권자이다.
- 태아인지가 있었던 경우에도 모가 단독친권자라고 보아야 한다. §909 ④, ⑤은 인지의 효과가 발생해도 별도의 절차를 거치기 전까지는 모가 단독친권자임을 전제하기 때문이다.

**다. 입양의 경우**

- 양부모만 친권자이고 친생부모는 친권자가 아니다. 다만 일반입양의 경우에는 친권 이외의 친자관계의 법률효과는 유지된다.

> 제909조(친권자) ① 단서: 양자의 경우에는 양부모가 친권자가 된다.

- 양부모가 혼인 중인 경우 양부모가 공동친권자가 된다(§909 ②, ③).

**라. 친권의 대행**

- 요건: 혼인하지 않은 미성년자 乙이 자녀 丙을 얻은 경우, 丙의 친권을 누가 행사할 것인지가 문제된다.
- 효과: 乙의 친권자인 甲은 손자녀인 丙의 친권자가 되는 것은 아니고, 乙의 丙에 대한 친권을 甲이 자신의 乙에 대한 친권에 기해 대신 행사할 수 있다.

> 제910조(자의 친권의 대행) 친권자는 그 친권에 따르는 자에 갈음하여 그 자에 대한 친권을 행사한다.

## 2. 후발적 변경(전술)

**가. 전제:** 부와 모가 혼인공동생활을 하지 않는 경우

**나. 유형:** §909 ④, ⑤

- 부모의 이혼: 공동친권을 그대로 유지하거나 부나 모의 단독친권으로 변경할 수 있다.

- 혼인 중의 출생자의 인지: 모의 단독친권을 그대로 유지하거나 부의 단독친권 또는 부와 모의 공동친권으로 변경할 수 있다.

**다. 지정된 친권자의 재변경: §909 ⑥**

## 3. 특수한 상황은 반영한 친권자 변경: 단독친권자가 사망한 경우 등

### 가. 개관

### (1) 전제상황

- 甲, 乙은 자녀 丙을 둔 부부였는데, 이혼하면서 乙이 단독친권자로 지정되었다. 그 후 乙이 친권을 행사할 수 없게 되었다.
- 乙의 친권 행사가 불가능해진 사유의 예로는 乙이 사망하거나 친권상실 등의 재판을 받은 경우를 들 수 있다.

### (2) 연혁

✓ 과거의 견해대립: 생존친 甲의 친권이 당연 부활한다는 견해와 丙에 대한 미성년 후견이 개시되어야 한다는 견해가 대립했고, 甲의 친권이 당연 부활한다는 견해가 다수였다.

✓ 현행법의 기본적인 규율: 甲이 다시 친권자가 될 가능성은 인정하지만 자녀의 복리 적합성 심사를 위해 법원의 재판을 거치도록 하고 있다.

### 나. 적용범위

### (1) 개관

- 부모 중 친권자로 지정된 사람은 친권을 행사할 수 없는 반면 친권자로 지정되지 않은 사람은 친권을 행사할 수 있는 모든 경우에 대해 동일한 규율이 적용된다.
- 단독친권자가 사망한 경우와 친권상실 등의 선고를 받은 경우에 대해 동일한 규율이 적용된다(§927의2, 후술).

### (2) 친생친자관계만 있는 경우

- 이혼이나 인지 사안에서 §909 ④, ⑤에 따라 지정된 단독친권자가 된 사람이 친권을 행사할 수 없게 된 경우와, §909 ⑥에 따른 친권자 변경으로 단독친권자가 된 사람이 친권을 행사할 수 없게 된 경우에 대해 동일한 규율이 적용된다.

제909조의2(친권자의 지정 등) ① 제909조 제4항부터 제6항까지의 규정에 따라 단독 친권자로 정하여진 부모의 일방이 사망한 경우 …

### (3) 자녀가 입양된 후 양부모 모두 친권을 행사할 수 없게 된 경우

> 제909조의2(친권자의 지정 등) ② 본문: 입양이 취소되거나 파양된 경우 또는 양부모가 모두 사망한 경우 …

- 입양취소, 파양, 양부모 전원의 사망 등으로 인해 양부모 모두가 친권을 행사할 수 없게 되더라도, 친생부모의 일방 또는 쌍방은 친권자 지정 재판을 거쳐야 친권자가 될 수 있다. 이에 비해 양부모의 이혼 후 단독친권자가 사망한 경우에는 §909의2 ①이 적용된다.
- 주의: 친양자입양의 경우 이미 친생부모와의 법적 친자관계가 단절되었기 때문에 §909의2 ② 본문이 적용될 수 없다. 친권자로 지정될 수 있는 '생존친'이 없는 경우에 해당하므로 곧바로 미성년 후견이 개시된다.

> 제909조의2(친권자의 지정 등) ② 단서: 다만, 친양자의 양부모가 사망한 경우에는 그러하지 아니하다.

- 비교: 입양 후 양부모 중 한 명만 친권을 행사할 수 없으면, 나머지 한 명이 친권을 행사하면 된다(§909 ③).

### 다. 새로운 보호자를 정하기 위한 재판

### (1) 개관

- 절차: 신청권자의 신청에 의한 재판으로 자녀의 복리 심사를 거쳐 새로운 보호자가 정해진다.
- 새로운 보호자의 결정: 가정법원은 생존친을 친권자로 지정하거나, 생존친 이외의 사람을 후견인으로 선임하는 것 중 택일해야 한다.
- ✓ 아동복지법 제3조 3호: "보호자"란 친권자, 후견인, 아동을 보호·양육·교육하거나 그러한 의무가 있는 자 또는 업무·고용 등의 관계로 사실상 아동을 보호·감독하는 자를 말한다.

### (2) 1차적인 절차: 생존친의 친권자 지정 신청

### A. 신청권자

- 보호자가 될 수 있는 사람: 이혼·인지 사안에서는 생존친이 여기에 해당하고 양부모의 친권 소멸 사안에서는 생존한 친생부모의 일방 또는 쌍방이 여기에 해당한다.

- 미성년자 본인, 미성년자의 친족(§777)에게도 신청권이 있다. 다만 인지 전인 생부는 아직 법적으로는 친족이 아니다.
- 주의! 직권, 이해관계인, 공익적 신청인은 규정되어 있지 않다.

B. 기간

- 단독친권자 사망일로부터 6개월의 절대기간, 단독친권자 사망 사실을 신청권자가 안 날부터 1개월의 상대기간 중 하나라도 경과하면 친권자 지정 신청을 할 수 없다.
  ✓ 다만 자녀의 신청권의 상대기간이 미성년자인 동안에도 진행하는지는 해석상 불명확하다.

> 제909조의2(친권자의 지정 등) ① ··· 생존하는 부 또는 모, 미성년자, 미성년자의 친족은 그 사실을 안 날부터 1개월, 사망한 날부터 6개월 내에 가정법원에 생존하는 부 또는 모를 친권자로 지정할 것을 청구할 수 있다.

> 제909조의2(친권자의 지정 등) ② ··· 친생부모 일방 또는 쌍방, 미성년자, 미성년자의 친족은 그 사실을 안 날부터 1개월, 입양이 취소되거나 파양된 날 또는 양부모가 모두 사망한 날부터 6개월 내에 가정법원에 친생부모 일방 또는 쌍방을 친권자로 지정할 것을 청구할 수 있다.

**(3) 2차적인 절차:** 미성년 후견인 선임 신청

A. 보충성: 친권자 지정 신청 없이 신청기간이 경과할 것

B. 신청권자

- 미성년자 본인이나 미성년자의 친족은 후견인 선임 신청을 할 수 있다.
- 공익적 신청인에 의한 청구, 법원의 직권 개입 등도 규정되어 있다. 생존친에 대한 친권자 지정 신청이 없는 경우이므로 반드시 후견인을 선임해야만 하는 상황이기 때문이다.

C. 절차

- 원칙: 친권자로 지정될 수 있는 후보자(들)에게 의견진술 기회를 주어야 한다.
- 예외: 소재불명인 경우 또는 정당한 사유 없이 소환에 불응하는 경우 의견진술 없이 후견인 선임 재판을 할 수 있다.

제909조의2(친권자의 지정 등) ③ 제1항 또는 제2항의 기간 내에 **친권자 지정의 청구가 없을 때**에는 가정법원은 직권으로 또는 미성년자, 미성년자의 친족, 이해관계인, 검사, 지방자치단체의 장의 청구에 의하여 <u>미성년후견인을 선임할 수 있다</u>. 이 경우 생존하는 부 또는 모, 친생부모 일방 또는 쌍방의 <u>소재를 모르거나 그가 정당한 사유 없이 소환에 응하지 않는 경우를 제외하고 그에게 의견을 진술할 기회를 주어야 한다.</u>

### (4) 보충적 절차: 법원의 재량에 의한 보호자 결정

A. 요건

• 생존친에 대한 친권자 지정 청구나, 미성년후견인 선임청구가 자녀의 복리에 적합하지 않다고 인정되는 경우 법원은 재량으로 보호자를 결정할 수 있다.
• 고려할 사항: 생존친의 양육의사, 양육능력, 청구동기, 미성년자의 의사, 기타 사정 등을 고려하여 판단해야 한다.

B. 효과

• 법원은 당사자의 신청을 기각하고 직권으로 보호자를 지정할 수 있다. 예컨대 친권자 지정 신청을 기각하고 후견인 선임 재판을 하거나, 후견인 선임 신청을 기각하고 친권자 지정 재판을 하거나, 후견인 선임 신청 취지와 다르게 직권으로 선정한 후견인을 선임할 수 있다.
• 기속재량: 보호의 공백 발생을 방지하기 위해, 신청을 기각하려면 반드시 보호자를 직권으로 선임해야만 한다.

제909조의2(친권자의 지정 등) ④ 가정법원은 제1항 또는 제2항에 따른 친권자 지정 청구나 제3항에 따른 후견인 선임 청구가 생존하는 부 또는 모, 친생부모 일방 또는 쌍방의 양육의사 및 양육능력, 청구 동기, 미성년자의 의사, 그 밖의 사정을 고려하여 **미성년자의 복리를 위하여 적절하지 아니하다고 인정하면 청구를 기각**할 수 있다. 이 경우 가정법원은 **직권으로 미성년후견인을 선임하거나 생존하는 부 또는 모, 친생부모 일방 또는 쌍방을 친권자로 지정하여야 한다.**

### 라. 보호의 공백 방지를 위한 임시조치

### (1) 임시조치의 필요성

• 생존친의 친권이 당연히 부활하지 않으므로, 법원이 재판으로 생존친을 친권자

로 새로 지정하거나 친권 후보자인 생존친을 배제하고 후견인을 선임해야 하는 데, 이러한 재판절차가 종료될 때까지 보호자의 공백이 발생한다.

## (2) 요건

A. 실질적 요건: 보호자를 새로 정해야 하는 모든 경우

B. 절차: 직권 또는 신청(미성년자, 미성년자의 친족, 이해관계인, 공익적 신청인)

## (3) 임시조치의 내용

• 가정법원은 친권자지정이나 미성년 후견인 지정 재판이 종료할 때까지 보호자의 임무를 임시로 대행할 사람을 선임할 수 있다.

• 대행자의 지위: §25(부재자재산관리인의 권한), §954(법원의 후견사무 감독) 등이 준용된다.

> 제909조의2(친권자의 지정 등) ⑤ 가정법원은 다음 각 호의 어느 하나에 해당하는 경우 직권으로 또는 미성년자, 미성년자의 친족, 이해관계인, 검사, 지방자치단체장의 청구에 의해, 제1항부터 제4항까지의 규정에 따라 친권자가 지정되거나 미성년후견인이 선임될 때까지 그 임무를 대행할 사람을 선임할 수 있다. 이 경우 그 임무를 대행할 사람에 대하여는 제25조 및 제954조를 준용한다.
> 1. 단독 친권자가 사망한 경우
> 2. 입양이 취소되거나 파양된 경우
> 3. 양부모가 모두 사망한 경우

## 마. 지정된 보호자의 후발적 변경

## (1) 후견인 선임 후 친권자 지정

A. 개관

• 단독친권자 사망 후 후견인이 선임되는 경우는, ㉠ 단독친권자의 유언에 의해 선임되거나, ㉡ 생존친의 친권자 지정 신청이 없거나 배척되어 법원에 의해 선임되는 경우로 나누어진다.

• 어떤 경우이든 자녀의 복리를 위해 보호자 변경이 필요하면 생존친을 친권자로 지정할 수 있다.

B. 요건

• 어떤 경우이든 절차적 요건은 동일하다. 즉, 생존친, 자녀 자신의 청구에 의한

재판으로 친권자 지정 재판을 할 수 있으며, 직권이나 공익적 청구인의 신청으로는 친권자 지정 재판이 개시될 수 없다.

- 실질적 요건의 차이: ㉠ 유언으로 후견인이 선임된 경우에는 자녀의 복리 실현 필요성만 인정되면 되는 반면, ㉡ 재판으로 후견인이 선임된 경우에는 자녀의 복리 실현 필요성 요건뿐 아니라 사정변경 요건도 추가로 필요하다.

> 제931조(유언에 의한 미성년후견인의 지정 등) ① 미성년자에게 친권을 행사하는 부모는 유언으로 미성년후견인을 지정할 수 있다. 다만, 법률행위의 대리권과 재산관리권이 없는 친권자는 그러하지 아니하다.
> ② 가정법원은 제1항에 따라 미성년후견인이 지정된 경우라도 미성년자의 복리를 위하여 필요하면 생존하는 부 또는 모, 미성년자의 청구에 의하여 후견을 종료하고 생존하는 부 또는 모를 친권자로 지정할 수 있다.

> 제909조의2(친권자의 지정 등) ⑥ 가정법원은 제3항 또는 제4항에 따라 미성년후견인이 선임된 경우라도 미성년후견인 선임 후 양육상황이나 양육능력의 변동, 미성년자의 의사, 그 밖의 사정을 고려하여 미성년자의 복리를 위하여 필요하면, 생존하는 부 또는 모, 친생부모 일방 또는 쌍방, 미성년자의 청구에 의하여 후견을 종료하고 생존하는 부 또는 모, 친생부모 일방 또는 쌍방을 친권자로 지정할 수 있다.

## (2) 친권자 지정 후 후견인 선임(후술)

- 친권자로 지정된 생존친도 사망하면 미성년 후견이 개시된다(§928).
- 친권자로 지정된 생존친이 ㉠ 친권상실 등의 법적 사유나 ㉡ 소재불명 등의 사실적 사유로 인해 친권을 행사할 수 없게 되면, 미성년 후견이 개시된다(§927의2).

## Ⅲ  친권의 내용

### 1. 원칙: 포괄성·자율성

### 가. 의미

✓ 친권자는 자녀에게 효과가 귀속되는 모든 법률행위(대리, 동의)와 미성년자 양육을 위해 필요한 모든 사실행위를 할 권한이 있다.

✓ 친권자는 양육이나 재산관리를 위해 필요한 모든 행위에 대한 권리의무를 가진다.

✓ 친권 행사에 대해서는 제3자 또는 법원의 감독을 받지 않으며, 법률에 의한 제한만 받는다.

## 나. 유형별 검토

### (1) 양육에 관한 친권

A. 내용: 양육의 의미(전술)

> 제913조(보호, 교양의 권리의무) 친권자는 자를 보호하고 교양할 권리의무가 있다.

> 제914조(거소지정권) 자는 친권자의 지정한 장소에 거주하여야 한다.

B. 사례: 양육권과 자녀의 불법행위에 대한 감독책임

(a) 전제

• 미성년자에게 책임능력이 있어서 §750 책임을 지게 되더라도, 그 손해가 감독의무자의 의무 위반과 상당인과관계가 있으면 감독의무자 자신의 §750 책임도 성립하는데, 이러한 상당인과관계는 피해자가 증명해야 한다.

• 양육친에게는 §913을 근거로 '감독의무'가 인정된다.

(b) 부모의 이혼 후 비양육친의 감독의무가 인정되는지의 여부

• 비양육친은 원칙적으로 감독의무자가 아니다. 면접교섭권은 감독의무의 근거가 될 수 없기 때문이다.

• 다만 제반 사정에 비추어 ㉠ 비양육친이 자녀에 대하여 실질적·일상적인 지도·조언을 함으로써 공동 양육자에 준하여 자녀를 보호·감독하고 있었거나, ㉡ 그 정도에 이르지 않더라도 면접교섭 등을 통해 자녀의 불법행위를 구체적으로 예견할 수 있었던 상황에서 부모로서 직접 지도·조언을 하거나 양육친에게 알리는 등의 조치를 취하지 않은 경우, 비양육친의 감독의무위반을 인정할 수 있는 특별한 사정이 인정된다.

**대법원 2022. 4. 14. 선고 2020다240021 판결**

‣ 미성년자가 책임능력이 있어 스스로 불법행위책임을 지는 경우에도 그 손해가 미성년자의 **감독의무자의 의무 위반과 상당인과관계**가 있으면 감독의무자는 제750조에 따라 일반불법행위자로서 손해배상책임이 있다. 이 경우 그러한 감독의무 위

반사실과 손해 발생과의 상당인과관계는 이를 주장하는 자가 증명하여야 한다.

- 제913조에 의한 부모의 보호·교양의무가 인정되고 … 부모와 함께 살면서 경제적으로 부모에게 의존하는 미성년자는 부모의 전면적인 보호·감독 아래 있으므로, 그 부모는 미성년자가 타인에게 불법행위를 하지 않도록 <u>일반적, 일상적으로 지도와 조언을 할 보호·감독의무</u>를 부담한다. … 따라서 미성년자의 불법행위에 대하여 손해배상책임을 질 수 있다.
- 반면 이혼으로 인하여 부모 중 1명이 친권자 및 양육자로 지정된 경우 그렇지 않은 부모(이하 '비양육친'이라 한다)에게는 <u>자녀에 대한 친권과 양육권이 없어 자녀의 보호·교양에 관한 제913조 등 친권에 관한 규정이 적용될 수 없다.</u> 면접교섭 제도는 … 자녀의 복리를 실현하는 것을 목적으로 하고, 제3자와의 관계에서 손해배상책임의 근거가 되는 감독의무를 부과하는 규정이라고 할 수 없다. 비양육친은 이혼 후에도 자녀의 양육비용을 분담할 의무가 있지만, 이것만으로 비양육친이 일반적, 일상적으로 자녀를 지도하고 조언하는 등 보호·감독할 의무를 진다고 할 수 없다. 이처럼 **비양육친이 미성년자의 부모라는 사정만으로** 미성년 자녀에 대하여 감독의무를 부담한다고 볼 수 없다.
- 다만 비양육친도 부모로서 면접교섭을 하거나 양육친과의 협의를 통하여 **자녀 양육에 관여할 가능성이 있는 점을 고려**하면, 자녀의 나이, 면접교섭의 정도·빈도, 비양육친의 양육 개입 정도 등에 비추어 ⓐ 비양육친이 자녀에 대하여 실질적으로 일반적이고 일상적인 지도, 조언을 함으로써 공동 양육자에 준하여 자녀를 보호·감독하고 있었거나, ⓑ <u>그러한 정도에는 이르지 않더라도 면접교섭 등을 통해 자녀의 불법행위를 구체적으로 예견할 수 있었던</u> 상황에서 … 부모로서 <u>직접 지도, 조언을 하거나 양육친에게 알리는 등의 조치를 취하지 않은</u> 경우 등과 같이 **비양육친의 감독의무를 인정할 수 있는 특별한 사정**이 있는 경우에는, 비양육친도 감독의무 위반으로 인한 손해배상책임을 질 수 있다.

## (2) 재산관리에 관한 친권

### A. 내용

- 친권자는 자녀의 특유재산에 관한 모든 관리행위와 대리행위를 유효하게 할 수 있다.
- 재산관리에 관한 친권은 자녀의 특유재산에 관한 관리행위, 자녀에게 법률효과

가 귀속될 재산적 법률행위에 대한 법정대리권, 동의권, 취소권 등의 형태로 나타난다.

> 제916조(자의 특유재산과 그 관리) 자가 자기의 명의로 취득한 재산은 그 특유재산으로 하고 법정대리인인 친권자가 이를 관리한다.

> 제920조(자의 재산에 관한 친권자의 대리권) 본문: 법정대리인인 친권자는 자의 재산에 관한 법률행위에 대하여 그 자를 대리한다.

B. 재산관리의 방법

- 친권자는 자신의 고유재산에 관한 행위와 동일한 주의의무를 진다.

> 제922조(친권자의 주의의무) 친권자가 그 자에 대한 법률행위의 대리권 또는 재산관리권을 행사함에는 자기의 재산에 관한 행위와 동일한 주의를 하여야 한다.

- 위임에 관한 규정들이 유추적용 된다(2018다294179, 231면). 예컨대 친권자에게는 재산관리로 취득한 재산을 자녀에게 이전할 의무, 부정소비에 대한 가중책임 등이 적용된다(§684, §685 참조).

**2. 예외: 특정한 사안에 대한 친권 배제**

**가. 개관: 친권의 일부제한·일시정지·상실과 비교**

- 친권의 일부제한 등은, ㉠ 법원의 재판을 요건으로 하고 ㉡ 특정 행위가 아니라 일정 유형을 대상으로 하며 ㉢ 후견인이 선임된다.
- 반면 특정 사안에 대해 친권이 배제되는 경우에는 후견인이 선임되지 않으며 그 사안에 대해서만 법원의 재판이나 특별대리인의 대리로써 친권자의 친권 행사에 갈음한다.

**나. 민법총칙에 근거한 친권 배제 사유**

**(1) 사실행위, 법률행위 모두에 대해 적용될 수 일반적 제한 사유: 권리남용(§2)**

- 권리남용에 해당하는 사실행위는 권리행사로서의 정당성이 없으므로 불법행위에 해당한다.
- 권리남용에 해당하는 대리행위는 무권대리이므로 자녀에게 그 효과가 귀속되지 않는다.

**(2) 대리권에 대한 제한사유: 대리권 남용의 법리**

- 요건: 친권자가 친권자 자신 또는 제3자의 이익을 목적으로 대리행위를 하고, 상대방이 이런 사정에 대해 악의이거나 과실인 경우 대리권 남용의 법리가 적용된다.
- 효과: 다른 조항에 근거한 친권 제한 사유가 없어도 무권대리가 되지만, 선의의 제3자에게 대항할 수 없다(대법원 2018. 4. 26. 선고 2016다3201 판결).

**(3) 자녀에게 독자적인 행위능력이 인정되는 경우(§5 ① 단서, §6 등)**

**다. 자녀의 신체적 행위를 급부의 내용으로 하는 채무를 발생시키는 채권행위**

- 자녀의 신체적 행위가 필요한 급부의무를 발생시키는 채권행위를 대리하려면 자녀 본인의 동의를 얻어야 한다. 사전 동의뿐 아니라 사후 추인도 가능할 것으로 보인다.

  ✓ 미성년 자녀 자신의 동의가 필요하므로 특별대리인 등을 선임할 필요는 없다. 다만 문제된 채권행위에 대해 자녀가 동의해도 자녀의 복리에 반하는 결과를 초래한다면 친권 남용에 해당하므로 그 채권행위는 무효라고 보아야 한다.

> 제920조(자의 재산에 관한 친권자의 대리권) 단서: 그러나 자의 행위를 목적으로 하는 채무를 부담할 경우에는 본인의 동의를 얻어야 한다.

**라. 제3자가 미성년자에게 무상으로 재산을 수여한 경우**

**(1) 요건**

- 친권자 아닌 제3자가 자녀에게 무상으로 재산을 수여해야 한다. 이혼 후 단독친권 사안에서 친권자 아닌 생존친도 §918의 제3자에 해당한다.
- 재산수여자가 친권자의 재산관리에 반대하는 의사표시를 해야 한다.

**(2) 효과**

- 친권자의 재산관리권이 적용되지 않으므로 이 재산에 대해 친권자가 재산관리권이나 법정대리권을 행사하면 무권대리가 된다.
- 이 재산을 관리하려면 재산관리인을 선임해야 한다. 재산관리인은 ㉠ 재산수여자 자신이 선임하는 것이 원칙이지만, ㉡ 재산수여자가 선임하지 않으면 미성년자 자신 또는 §777의 친족의 청구에 의해 법원이 재산관리인을 선임하며, 같은 절차로 개임할 수 있다.

- 재산관리인에 대해서는 부재자재산관리에 관한 조항들이 준용된다.

> 제918조(제삼자가 무상으로 자에게 수여한 재산의 관리) ① 무상으로 자에게 재산을 수여한 제삼자가 **친권자의 관리에 반대하는 의사를 표시한 때에는 친권자는 그 재산을 관리하지 못**한다.
> ② 전항의 경우에 제삼자가 그 **재산관리인을 지정**하지 아니한 때에는 **법원은 재산의 수여를 받은 자 또는 제777조의 규정에 의한 친족의 청구에 의하여 관리인을 선임**한다.
> ③ 제삼자의 지정한 관리인의 권한이 소멸하거나 관리인을 개임할 필요있는 경우에 제삼자가 다시 관리인을 지정하지 아니한 때에도 전항과 같다.
> ④ 제24조 제1항, 제2항, 제4항, 제25조 전단 및 제26조 제1항, 제2항의 규정은 전2항의 경우에 준용한다.

### 마. 이해상반행위

> 제921조(친권자와 그 자간 또는 수인의 자간의 이해상반행위) ① 법정대리인인 친권자와 그 자 사이에 이해상반되는 행위를 함에는 친권자는 법원에 그 자의 특별대리인의 선임을 청구하여야 한다.
> ② 법정대리인인 친권자가 그 친권에 따르는 수인의 자 사이에 이해상반되는 행위를 한에는 법원에 그 자 일방의 특별대리인의 선임을 청구하여야 한다.

### (1) 배경

- 친권자에게 부여된 포괄적 재산관리권·법정대리권은 친권자가 제3자보다는 자녀의 이익을 추구할 것이라는 상식을 반영한 것이다. 그러나 친권자라 하더라도 자신과 자녀 사이에 또는 친권에 따르는 자녀 사이에 이해관계가 대립하면 자녀에게 불리한 대리행위를 할 가능성이 있다는 것도 예상할 수 있다.
- 자녀에게 불리하게 재산을 관리하면 대리권남용의 법리를 적용할 수 있으나, 이러한 사후구제 이전에 친권자의 대리권을 제한하는 방식으로 자녀의 이익을 보호할 필요가 있다.

> 제921조의 특별대리인 제도는 친권자와 그 친권에 복종하는 자 사이 또는 친권에 복종하는 자들 사이에 서로 이해가 충돌하는 경우에는 친권자에게 친권의 공정한 행사를 기대하기 어려우므로, 친권자의 대리권 및 동의권을 제한하여 법원이 선임한 특별대리인으로 하여금 이들 권리를 행사하게 함으로써 친권의 남용을 방지하고 미성년인 자의 이익을 보호하려는 데 그 취지가 있다(대법원 1996. 4. 9. 선고 96다1139 판결).

## (2) 요건

### A. 이해상반행위의 당사자

- 친권자 자신과 자녀의 이해관계가 대립하는 경우: 친권자의 법정대리권이 제한된다.
- 친권에 따르는 자녀들의 이해관계가 대립하는 경우: 그 중 한 명의 자녀에 대한 법정대리권이 제한된다.

### B. 이해상반의 제한적 의미

- 자녀에게 불리하고 친권자 또는 다른 자녀에게 유리한 경우만을 의미한다.
- 친권자에게 불리하고 자녀에게 유리한 경우: 자녀에게 행위능력이 인정되기 때문에(§5) 친권자의 대리권 자체가 인정되지 않는다.

### C. 이해상반행위의 범위

### (a) 개관

- 법률행위의 모든 유형은 이해상반행위가 될 수 있다. 계약은 물론, 상속포기와 같은 단독행위도 이해상반행위가 될 수 있다.
- 친권자와 자녀가 당사자인 법률행위로 한정되지 않는다. 그 예로서 친권자가 자신의 채무를 담보하기 위해 자녀의 재산에 대한 저당권설정등기를 하거나, 자녀를 자신의 보증인으로 세우는 경우 등을 들 수 있다. 이때 자녀를 대리한 친권자와 계약을 하는 상대방당사자는 채권자이지만, 이 계약은 친권자에게 유리하고 자녀에게 불리하므로 이해상반행위에 해당한다.

  ✓ 판례는 §921의 경우와 마찬가지로, §124의 경우에도 '법률행위의 당사자'라는 기준 대신 '이익의 귀속 주체'라는 기준으로 자기계약이나 쌍방대리 여부를 판단하고 있다(대법원 2018. 4. 2. 선고 2017다271070 판결 참조).

### (b) 견해 대립: 친권자와 자녀 사이의 이해상반이 외관상 명백해야 하는지의 여부

- 형식설: 친권자가 자녀를 대리하여 채권자와의 사이에서 친권자 자신의 채무에 대한 보증계약을 체결하는 경우처럼, 외관상 명백하게 이해상반성이 있을 때만 §921이 적용된다고 본다.
- 실질설: 외관상으로는 친권자가 아니라 제3자와 자녀 사이에 이해상반성이 있지만, 친권자의 의도, 행위의 경제적 결과 등을 고려할 때 제3자가 친권자와 이

해관계를 함께하는 사람이라고 볼 만한 특별한 사정이 있으면 §921이 적용되어야 한다고 본다.

- 판례는 친권자와 자녀가 동일한 주채무자에 대한 물상보증인이 된 경우 §921의 이해상반행위가 된다고 판시했다(2001다65960, 225면). 지배적 견해는 이 판례를 '실질관계를 고려한 형식설'로 분류한다.

✓ 그러나 이 판례는 형식설 자체를 반영한 것으로 보아야 한다. 형식설의 적용례로 거론되는 친권자가 자신의 채무에 대해 자녀를 대리하여 자녀의 재산으로 물상보증계약을 체결한 사안과, 위 판례와 같이 친권자가 자녀를 대리하여 자신과 공동 물상보증인이 되게 한 사안이 본질적으로 다르다고 보기 어렵기 때문이다.

## (3) 이해상반행위로 인정되는 경우의 효과

### A. 특별대리인 선임(비송재판)의 필요성

- 개별적 법률행위마다 특별대리인이 선임되어야 한다.
- 만약 특별대리인에게 포괄적 대리권을 수여한 선임 재판이 있었더라도 신청 계기가 되었던 법률행위에 대해서만 대리권이 인정된다. 따라서 특별대리인 선임 재판에서 적시되지 않은 법률행위에 대해 특별대리인이 자녀를 대리하면 무권대리 사안이지 대리권 남용 사안이 아니다.

### 대법원 1996. 4. 9. 선고 96다1139 판결

- 특별대리인은 이해가 상반되는 **특정의 법률행위에 관하여 개별적으로 선임**되어야 하는바, 따라서 특별대리인선임신청서에는 선임되는 특별대리인이 처리할 법률행위를 특정하여 적시하여야 하고, 법원도 그 선임 심판시에 특별대리인이 처리할 법률행위를 특정하여 이를 심판의 주문에 표시하는 것이 원칙이며, 특별대리인에게 미성년자가 하여야 할 법률행위를 **무엇이든지 처리할 수 있도록 포괄적으로 권한을 수여하는 심판을 할 수는 없다** 할 것이고,
- 그러므로 법원이 특별대리인 선임심판을 함에 있어서 그 주문에 특별대리인이 처리할 법률행위를 적시하지 아니한 채 단지 특정인을 미성년자를 위한 특별대리인으로 선임한다는 내용만 기재하는 것은 바람직하지 아니한 것이나, 이러한 내용의 심판이 있는 경우에도 그 특별대리인의 권한은 그 사건 선임신청서에서 **신청의 원인으로 적시한 특정의 법률행위에 한정되는 것이며 그 밖의 다른 법률행위에 대하여는 그 처리 권한이 없다.**

### B. 특별대리인이 선임된 경우

✓ 특별대리인에게는 문제된 이해상반행위에 대한 대리권이 인정된다.

✓ 친권자와 특별대리인이 당사자가 되어 자녀에게 불리한 대리행위를 하면 §921이 적용되지 않지만 대리권남용에 해당하여 결국 무권대리가 될 수 있다. 이 경우 특별대리인의 대리권 행사의 '상대방'에 해당하는 부모는, 본인인 자녀에게 불리하고 상대방인 부모 자신에게는 유리하다는 사실에 대한 악의자이기 때문이다. 여러 명의 자녀 중 한 명에게 특별대리인을 선임한 경우에도 다른 자녀의 법정대리인인 친권자의 악의가 인정되기 때문에 마찬가지로 대리권남용의 법리가 적용될 가능성이 높다.

### C. 친권자가 특별대리인을 선임하지 않고 스스로 한 이해상반 대리행위

### (a) 원칙

• 무권대리이므로 대리행위의 효과가 본인(미성년자)에게 미치지 않는다.

• 무권대리행위를 했던 친권자 자신의 무효 주장도 신의칙 위반이 아니다.

✓ 사례: 상속재산분할협의를 다투는 경우라면 §999 ②의 기간제한이 적용된다.

### (b) 예외

• 적법한 추인: 특별대리인이 본인을 대리하여 추인한 경우에는 이해상반행위도 유권대리가 될 수 있다.

• §126의 표현대리의 요건이 갖추어진 경우에는 유권대리가 될 수 있다.

## (4) 이해상반행위와 관련된 사례

### A. 이해상반성은 없지만 자녀에게 불리한 대리행위

• 전형적 예로서 친권자가 자녀를 대리하여 자녀의 재산을 제3자에게 처분했는데, 자녀에게는 불리하고 제3자에게는 유리한 것으로 인정되는 경우를 들 수 있다.

• 판례의 태도(대법원 2018. 4. 26. 선고 2016다3201 판결, 민법총칙 참조): 대리권남용의 법리를 적용하여 해결하는데, 이것은 §921가 적용되지 않아서 유권대리임을 전제한 것이다. 이때 §107 ① 단서뿐 아니라 §107 ②도 유추적용된다. 따라서 ㉠ 대리행위의 상대방이 선의이더라도 과실이 있으면 무권대리를 주장할 수 있고, ㉡ 선의·무과실인 제3자에게는 무권대리를 주장할 수 없다.

### B. 공동물상보증과 실질관계를 고려한 형식설

### (a) 사안

• 주채무자 M을 위해 채권자 G와 물상보증계약을 체결한 甲은 자신이 자녀 乙과

공동상속한 ⓧ부동산에 대해 근저당권설정등기를 마쳤다.

- 원심의 판단: 제3자인 M과 자녀 乙사이의 이해상반성만 인정되므로 §921의 이해상반행위가 아니다.

(b) 대법원의 판단

- 甲과 乙 사이의 이해상반성은 甲이 乙을 대리하여 체결한 물상보증계약이라는 행위 자체의 외형상 객관적으로 예상된다. 甲의 지분부터 집행되면 甲은 乙에게 변제자대위권을 행사할 수 있고 乙의 지분부터 집행되면 甲은 이를 통해 공동면책이라는 이익을 얻게 되기 때문이다.
- M의 대여금이 실제로 乙의 양육비로 지출되었다는 실질은 고려 대상이 아니다.

### 대법원 2002. 1. 11. 선고 2001다65960 판결

- 원심은 … 제921조의 이해상반행위는 행위의 객관적 성질상 친권자와 그 자 사이에 이해의 대립이 생길 우려가 있는 행위를 가리키는 것으로서, **친권자의 의도나 그 행위의 결과 실제로 이해의 대립이 생겼는지 여부는 묻지 아니하**는 것이라고 할 것인바, G(피고)에 대한 위 채무의 채무자는 甲이 아니라 M이므로 甲이 乙(원고)을 대리하여 M의 G(피고)에 대한 채무 담보를 위하여 근저당권을 설정하는 행위는 친권자와 그 자 사이에 이해의 대립이 생길 우려가 있는 이해상반행위라고 볼 수 없다는 이유로 이를 배척하였다.

- 그러나 … G가 이 사건 토지 중 乙의 공유지분에 관한 저당권의 실행을 선택한 때에는, 그 경매대금이 변제에 충당되는 한도에 있어서 甲의 책임이 경감되고, 또한 G가 甲에 대한 연대보증책임의 추구를 선택하여 변제를 받은 때에는, 甲은 M을 대위하여 이 사건 토지 중 乙의 공유지분에 대한 저당권을 실행할 수 있는 것으로 되는바, 위와 같이 친권자인 甲과 자인 乙 사이에 이해의 충돌이 발생할 수 있는 것이, 친권자인 甲이 한 행위 자체의 외형상 객관적으로 당연히 예상되는 것이어서, 甲이 乙을 대리하여 이 사건 토지 중 乙의 공유지분에 관하여 위 근저당권설정계약을 체결한 행위는 이해상반행위로서 무효라고 보아야 한다.

- 법정대리인인 친권자와 그 자 사이의 **이해상반의 유무는 전적으로 그 행위 자체를 객관적으로 관찰하여 판단하여야 할 것이지 그 행위의 동기나 연유를 고려하여 판단하여야 할 것은 아니**어서, M의 차용금이 대부분 乙의 생활비로 소요되었다는 사정에 비추어 위 근저당권설정계약이 이해상반행위에 해당하지 않는다고 판단할 수도 없을 것이다.

C. 이해상반행위와 상속

(a) 친권자 자신도 상속을 승인한 경우: 모든 자녀에 대해 이해상반성 인정

(b) 친권자 자신은 상속을 포기한 경우

- 친권자 자신과 미성년 자녀 사이의 이해상반성이 없어진다. 따라서 유효하게 자녀를 대리하여 상속포기를 할 수 있다.
- 친권에 따르는 자녀가 여러 명인 경우: ㉠ 분할협의는 자녀들 사이의 이해상반행위이므로 한 명만 대리하고 나머지에 대해서는 특별대리인을 선임해야 한다. ㉡ 상속포기의 경우, 친권자가 모든 미성년 자녀를 대리하여 상속을 포기하면 미성년 자녀들 사이의 이해상반성은 없다. 이로 인해 성년자인 자녀에게 유리할 결과가 발생해도 이것은 대리권남용의 문제가 될 뿐이다.

**대법원 2011. 3. 10. 선고 2007다17482 판결**

- 상속재산에 대하여 그 소유의 범위를 정하는 내용의 **공동상속재산 분할협의는 그 행위의 객관적 성질상 … 제921조 소정의 이해상반되는 행위에 해당**한다.
- 피상속인의 사망으로 인하여 1차 상속이 개시되고 그 1차 상속인 중 1인이 다시 사망하여 2차 상속이 개시된 후 1차 상속의 상속인들과 2차 상속의 상속인들이 1차 상속의 상속재산에 관하여 분할협의를 하는 경우에 있어서 2차 상속인 중에 수인의 미성년자가 있다면 이들 미성년자 각자마다 특별대리인을 선임하여 그 각 특별대리인이 각 미성년자를 대리하여 상속재산 분할협의를 하여야 하고, 만약 2차 상속의 공동상속인인 친권자가 그 수인의 미성년자의 법정대리인으로서 상속재산 분할협의를 한다면 이는 제921조에 위배되는 것이며, 이러한 대리행위에 의하여 성립된 상속재산 분할협의는 **피대리자 전원에 의한 추인이 없는 한 그 전체가 무효**라고 할 것이다.
- 피상속인 A 사망시 자녀 甲, 乙이 공동상속했고 乙에게는 배우자 丙과 자녀 丁, 戊가 있었다. 분할협의 중 乙이 사망하자 甲과 丙이 분할협의를 했는데, 丙과 丁, 戊간 이해상반성이 인정되는 경우, 乙의 지분에 대한 丙, 丁, 戊간 협의만 무권대리가 되는 것이 아니라, 甲, 乙의 지분 전부에 대한 甲과 丙의 협의 전부가 무권대리가 된다.

**대법원 1989. 9. 12. 선고 88다카28044 판결**

- 성년이 되어 친권자의 친권에 복종하지 아니하는 자와 친권에 복종하는 미성년자

인 자 사이에 이해상반이 되는 경우가 있다 하여도 친권자는 미성년자를 위한 법정 대리인으로서 그 고유의 권리를 행사할 수 있을 것이므로 그러한 친권자의 법률행 위는 <u>이해상반행위에 해당한다 할 수 없다.</u>

· 원고의 친권자이고 공동재산상속인인 소외 2가 공동상속인이고 미성년자인 원고, 소외 3, 4의 친권자로서 소외 2 **자신의 재산상속을 포기함과 동시에 위 3인을 대리하여 피고를 위하여 재산상속을 포기**한 행위는 친권자인 소외 2와 원고 사이에 혹은 원고와 다른 미성년자인 소외 3, 4 사이에 **이해상반되는 행위라고도 할 수 없**으므로 논지는 이유없다.

## D. 등기추정력과 이해상반행위

### (a) 사안의 개요

· 甲은 ⊗부동산 소유자인데, 甲이 17세이던 2010.2.1. ⊗에 대해 증여를 원인으로 친권자인 乙 명의로 소유권이전등기가 마쳐졌다.

· 甲은 乙 명의 위 소유권이전등기의 말소등기를 청구하면서 주위적으로 등기서류 위조, 예비적으로 §921를 각 주장했다.

· 원심의 판단: 등기추정력을 이유로 甲의 주위적 주장을 배척했으나, 甲의 예비적 주장을 인용하면서 특별대리인 선임을 위한 비송재판 등의 기록이 없으므로 무권대리라고 보았다.

### (b) 대법원의 판단: 원심 파기

· 甲이 의사능력이 있을 나이였으므로 등기추정력에 비추어 대리행위가 아니라 甲 자신이 乙과 증여계약을 한 것으로 추정된다.

· <u>§921가 아니라 §5 ②이 적용되어야 하는데, §146의 기간은 이미 경과했다.</u>

### (c) 변형

✓ 乙명의 소유권이전등기가 마쳐졌을 때 甲이 만5세로서 의사능력 없었으면 등기추정력을 복멸시키는 예외적인 사유로 인정될 수 있다.

✓ §146의 기간이 안 지났으면 취소가 가능하고 선의의 제3자에게도 대항할 수 있으나, 乙이나 乙로부터의 매수인은 등기부시효취득을 주장할 수 있을 것이다.

**대법원 2002. 2. 5. 선고 2001다72029 판결**

- 원심은 … 등기권리증인 증여계약서(을 제1호증)에 <u>원고의 특별대리인이 선임되었</u>
  <u>다는 표시가 되어 있지 아니한 사실</u>에 의하면 … 특별대리인을 선임하지 아니한 채
  위 증여계약서를 작성하여 이 사건 이전등기를 경료한 사실을 추단할 수 있으므로,
  이 사건 이전등기는 <u>원인을 결여한 무효의 등기</u>라고 판단하여 위 원고의 예비적 주
  장을 받아들였다.

- 등기가 경료되어 있는 경우 특별한 사정이 없는 한 그 원인과 절차에 있어서 적법하
  게 경료된 것으로 추정되므로, 전 등기명의인인 원고 1이 미성년자이고 이 사건 지
  분을 친권자인 피고에게 증여하는 행위가 **이해상반행위라 하더라도 일단 이 사건**
  **이전등기가 경료되어 있는 이상, 특별한 사정이 없는 한, 그 이전등기에 관하여 필**
  **요한 절차를 적법하게 거친 것으로 추정된다.**

- 위 이전등기가 **위조된 등기신청서류에 의하여 마쳐졌거나 위 원고에게 피고와 사**
  **이에 직접 증여계약을 맺을 만한 의사능력이 없는 사람이었다는 등의 특별한 사정**
  이 없는 한, 위 원고가 피고와 사이에 직접 증여계약을 체결하였으며 그에 관하여
  필요한 유효요건이 모두 갖추어진 것이라고 추정하는 것이 옳다.

- 원고는 위 증여계약 당시 19세 4월에 이른 사람이어서 <u>의사능력을 가지기에 넉넉한</u>
  <u>나이였고</u> 달리 기록상 피고가 위 원고를 제쳐놓고 위 원고의 친권자 겸 수증자로
  서 행위하여 위 증여계약을 체결하였다고 볼 아무런 자료가 없는 이상, 위 원고가
  행한 증여계약은 가사 적법한 **법정대리인의 동의가 없었다고 하더라도 무효가 아**
  **니라 취소할 수 있는 것에 불과한 데, 취소권을 행사할 수 있는 제척기간이 이미 지**
  **나갔음**이 역수상 명백하다.

## 바. 동의에 갈음하는 재판

### (1) 요건

- 친권자로서의 동의가 필요한 상황이어야 한다. 전형적인 예는 자녀의 치료에 대
  한 보호자의 동의가 필요한 경우이다. 이에 비해 입양에 대한 동의는 '친생부모
  로서의 동의'이므로 §922의2의 적용 대상이 아니다.

- 자녀의 복리를 위해 동의가 필요한데도 친권자가 정당한 이유 없이 동의하지 않
  아야 한다.

- 이로 인해 자녀의 생명·신체 또는 재산에 중대한 손해가 발생할 위험이 있어야 한다.

## (2) 절차

* 자녀, 자녀의 친족, 검사, 지방자치단체장의 청구가 있으면 법원은 '친권자의 동의를 갈음하는 재판'을 할 수 있다.
* 이해관계인은 청구권자가 아니고, 직권 판단은 불가능하다는 점에 유의해야 한다.

## (3) 효과

* 친권자가 문제된 사안에서 자녀의 복리 실현을 위해 필요한 '보호자의 동의'를 한 것으로 간주된다.
* 별도의 임시 보호자, 특별대리인 등을 지정할 필요는 없다는 점에서 이해상반행위 · 친권제한 등의 경우와 구별된다.

> 제922조의2(친권자의 동의를 갈음하는 재판) 가정법원은 친권자의 동의가 필요한 행위에 대하여 친권자가 정당한 이유 없이 동의하지 아니함으로써 자녀의 생명, 신체 또는 재산에 중대한 손해가 발생할 위험이 있는 경우에는 자녀, 자녀의 친족, 검사 또는 지방자치단체의 장의 청구에 의하여 친권자의 동의를 갈음하는 재판을 할 수 있다.

## Ⅳ 친권의 종료

## 1. 절대적 종료

### 가. 의미

* 친권이 필요하지 않게 된 경우를 뜻한다.
* 자녀가 성년이 되었거나 사망한 경우가 절대적 종료 사유에 해당한다.

### 나. 효과

### (1) 위임 종료시의 친권자의 관리계속 의무(§919에 의한 §691, §692 준용)

> 제919조(위임에 관한 규정의 준용) 제691조, 제692조의 규정은 전3조의 재산관리에 준용한다.

## (2) 재산관리의 계산

### A. 전제

✓ 자녀에게 특유재산이 있고 부모가 이 재산에서 발생한 과실을 수취한 경우에만 재산관리 계산이 문제된다.

✓ 재산관리 계산의 의미: 재산관리 기간 동안 자녀의 특유재산에 관한 수입과 지출을 명확히 결산하여 자녀에게 귀속되어야 할 재산과 그 액수를 확정하는 것을 말한다.

### B. 계산 방법

• 원칙: 부모가 지출한 양육비·재산관리를 위한 비용과 부모가 수취한 과실은 그 가액이 같아서 전액 상계된 것으로 간주된다.

• 예외: 제3자가 자녀에게 무상으로 재산을 수여하면서 상계 간주라는 효과를 배제하는 의사표시를 한 경우, 그 재산에서 부모가 수취한 과실의 가액과 양육·재산관리 비용의 가액을 각 산정하여 상계해야 한다.

> 제923조(재산관리의 계산) ① 법정대리인인 친권자의 권한이 소멸한 때에는 그 자의 재산에 대한 관리의 계산을 하여야 한다.
> ② 전항의 경우에 그 자의 재산으로부터 수취한 과실은 그 자의 양육, 재산관리의 비용과 상계한 것으로 본다. 그러나 무상으로 자에게 재산을 수여한 제삼자가 반대의 의사를 표시한 때에는 그 재산에 관하여는 그러하지 아니하다.

## (3) 사례: 친권자와 자녀간 관리의 계산

### A. 사안의 개요

• A·乙 부부 사이에 자녀인 丙이 출생했다. A와 乙은 그후 이혼했는데 A가 추락 사고로 사망하자 乙은 丙을 대리하여 甲 보험회사에 사망보험금을 청구했고 이에 甲은 보험약관상 보험수익자인 丙의 법정대리인인 乙에게 사망보험금을 지급했다. 乙은 단독친권자로서 보험금 전액을 수령하여 관리했으나 丙의 양육비로 모두 사용했다.

• 그 후 A의 사망 사유가 자살로 밝혀졌는데 보험약관에 따르면 피보험자의 자살로 인한 손해는 보상하지 않는 것으로 되어 있었다.

• 甲은 丙이 성년이 되자 丙을 상대로 보험금 상당액에 대한 부당이득반환청구 소송을 제기하여 甲 승소판결이 확정되었고, 甲은 丙에 대한 보험금 반환청구

권을 집행채권으로 삼아 丙의 乙에 대한 보험금 상당액 반환 채권에 대한 압류·추심명령을 받은 후 乙을 상대로 추심금 청구소송을 제기했다.

B. 쟁점과 판단

- 자녀의 친권자에 대한 특유재산 반환청구권은 재산적 권리로서 ㉠ §923 ①의 계산의무 이행여부를 불문하고 친권자의 재산관리권한이 소멸할 때 발생하고, ㉡ 행사상 일신전속성이 없으므로 압류할 수 있는 권리이다.

- 친권자의 재산관리에 대해서는 §684, §685가 유추적용되므로, 자녀는 친권자에 대해 특유재산의 이전을 청구할 권리가 있다.

- 양육비는 부모 자신이 부담해야 하는 것이 원칙이지만, 자력 부족 등의 특별한 사정이 있으면 자녀의 특유재산으로 충당할 수 있다. 이러한 특별한 사정의 존재와 충당되어야 할 가액은 친권자가 증명해야 한다.

### 대법원 2022. 11. 17. 선고 2018다294179 판결

- 제916조, 제923조 제1항에서 '관리의 계산'이란 자녀의 재산을 관리하던 기간의 그 재산에 관한 수입과 지출을 명확히 결산하여 자녀에게 귀속되어야 할 재산과 그 액수를 확정하는 것을 말한다. 친권자의 위와 같은 재산 관리 권한이 소멸한 때에는 위임에 관한 제683조, 제684조가 유추적용되므로, 친권자는 자녀 또는 그 법정대리인에게 위와 같은 계산 결과를 보고하고, 자녀에게 귀속되어야 할 재산을 인도하거나 이전할 의무가 있다.

- 부모는 자녀를 공동으로 양육할 책임이 있고 양육에 소요되는 비용도 원칙적으로 공동으로 부담하여야 하는 점을 고려할 때, 친권자는 자녀의 특유재산을 자신의 이익을 위하여 임의로 사용할 수 없음은 물론 **자녀의 통상적인 양육비용으로도 사용할 수도 없는 것이 원칙**이나, 친권자가 ㉠ 자신의 자력으로는 자녀를 부양하거나 생활을 영위하기 곤란한 경우, 친권자의 자산, 수입, 생활수준, 가정상황 등에 비추어 볼 때 ㉡ 통상적인 범위를 넘는 현저한 양육비용이 필요한 경우 등과 같이 정당한 사유가 있는 경우에는 자녀의 특유재산을 그와 같은 목적으로 사용할 수 있다.

- 따라서 친권자는 자녀에 대한 재산 관리 권한에 기하여 자녀에게 지급되어야 할 돈을 자녀 대신 수령한 경우 그 재산 관리 권한이 소멸하면 그 돈 중 재산 관리 권한 소멸 시까지 위와 같이 정당하게 지출한 부분을 공제한 나머지를 자녀 또는 그 법정대리인에게 반환할 의무가 있다. 이 경우 친권자가 자녀를 대신하여 수령한 돈을 정

당하게 지출하였다는 점에 대한 **증명책임은 친권자**에게 있다.
- 친권자의 위와 같은 **반환의무는 제923조 제1항의 계산의무 이행 여부를 불문하고 그 재산 관리 권한이 소멸한 때 발생**한다고 봄이 타당하다. 이에 대응하는 자녀의 친권자에 대한 위와 같은 반환청구권은 재산적 권리로서 일신전속적인 권리라고 볼 수 없으므로, **자녀의 채권자가 그 반환청구권을 압류**할 수 있다.

## 2. 상대적 종료

- 의미: 친권자의 입장에서는 친권이 종료하지만 다른 친권자나 후견인과 같은 다른 보호자가 정해지는 경우이다.
- 친권의 제한·정지·상실 등이 상대적 종료 사유에 해당한다.

## Ⅴ 친권의 제한, 정지, 상실

## 1. 개관

### 가. 의미

- 친권자의 양육이나 재산관리가 부적절하여 자녀의 복리를 저해하는 경우 법원은 비송재판으로 친권관계에 개입하여 자녀의 복리를 실현해야 한다.
- 친권 제한의 설정이나 해소는 모두 법원의 재판으로 결정되고, 제한이 설정되면 후견인이 선임되어 친권자 대신 필요한 권한을 행사한다.

### 나. 유형

### (1) (넓은 의미의) 친권 제한

- 특징: 제한된 권한만 친권자 대신 행사하는 후견인이 선임된다.
- 유형: ㉠ 양육권만 제한되는 경우에는 '(좁은 의미의) 친권 제한(§924의2)', ㉡ 재산관리권만 제한되는 경우에는 '재산관리권 제한(§925)'이라고 한다.

### (2) 친권의 (일시)정지와 상실

- 특징: 양육권, 재산관리권 등 친권에 속하는 모든 권한을 친권자 대신 행사하는 후견인이 임명된다(§924).

- 유형: ㉠ 친권 정지의 경우 법정된 기간이 경과하면 친권이 당연 회복된다. ㉡ 친권 상실의 경우 무기한으로 친권이 정지되지만 친권 상실 사유가 해소되면 친권 회복 신청과 이에 따른 회복 재판으로 친권이 회복될 수도 있다.

**(3) 각 유형의 관계: 비례원칙**

- 친권에 대한 법원의 개입은 필요·최소한도로 이루어져야 한다.
- 따라서 동의에 갈음하는 재판, 친권의 일시 정지나 일부 제한, 대리권·재산관리권 제한, 친권 상실은 단계적으로 적용되어야 한다. 반면 친권의 일부제한과 친권의 정지 사이에는 적용 순서가 법정되어 있지 않다.

> 제925조의2(친권 상실 선고 등의 판단 기준) ① 제924조에 따른 친권 상실의 선고는 같은 조에 따른 친권의 일시 정지, 제924조의2에 따른 친권의 일부 제한, 제925조에 따른 대리권·재산관리권의 상실 선고 또는 그 밖의 다른 조치에 의해서는 자녀의 복리를 충분히 보호할 수 없는 경우에만 할 수 있다.
> ② 제924조에 따른 친권의 일시 정지, 제924조의2에 따른 친권의 일부 제한 또는 제925조에 따른 대리권·재산관리권의 상실 선고는 제922조의2에 따른 동의를 갈음하는 재판 또는 그 밖의 다른 조치에 의해서는 자녀의 복리를 충분히 보호할 수 없는 경우에만 할 수 있다.

**다. 효과: 친권 제한 등의 제한적 효력**

- 친권이 일부제한, 정지, 상실되더라도 그 밖의 부모의 권리·의무는 유지된다.
- 예컨대 친권의 정지 또는 상실 재판을 받은 부모에 대해서도 자녀에 대한 양육의무는 존속하기 때문에 양육비지급의무는 소멸하지 않는다.

> 제925조의3(부모의 권리와 의무) 제924조와 제924조의2, 제925조에 따라 <u>친권의 상실, 일시 정지, 일부 제한 또는 대리권과 재산관리권의 상실이 선고된 경우에도 부모의 자녀에 대한 그 밖의 권리와 의무는 변경되지 아니</u>한다.

**라. 절차법**

**(1) 직권판단이 가능한지의 여부**

- 재판의 개시 자체는 직권으로 할 수 없으므로, 반드시 신청권자의 신청이 있어야 재판할 수 있다.

- 친권의 상실, 정지, 제한 청구를 인용하는 재판을 할 때는 법원이 직권으로 후견인을 선임해야 한다.

### (2) 처분권주의의 제한

- 가사비송사건의 특성상 법원의 후견적 재량이 인정되므로 법원은 당사자의 청구취지와 무관하게 자녀의 복리에 부합하는 유형을 선택할 수 있다.
- 예컨대 당사자의 친권상실 선고 신청에 대해 법원이 직권으로 친권의 일부 제한 선고를 할 수도 있다.

> **대법원 2018. 5. 25.자 2018스520 결정**
> ‣ 가사소송법, 가소규칙 등의 취지상 마류 가사비송사건에는 법원의 후견적 재량이 인정되므로 친권 상실이나 제한의 경우에도 자녀의 복리를 위한 양육과 마찬가지로 가정법원이 후견적 입장에서 폭넓은 재량으로 당사자의 법률관계를 형성하고 그 이행을 명하는 것이 허용되며 당사자의 **청구취지에 엄격하게 구속되지 않는다**고 보아야 한다.
> ‣ 제924조 제1항에 따른 친권 상실 청구가 있으면 가정법원은 제925조의2의 판단 기준을 참작하여 친권 상실사유에는 해당하지 않지만 자녀의 복리를 위하여 친권의 일부 제한이 필요하다고 볼 경우 청구취지에 구속되지 않고 친권의 일부 제한을 선고할 수 있다.
> ‣ 상대방이 사건본인에 대한 친권자로서 권한과 의무를 포기하지 않고 일관되게 양육의사를 밝혀 왔으며 친권을 행사하는 데 장애가 될 만한 개인적 소질이 있어 보이지 않는 등 친권 상실사유가 있다고 보기 어렵다.
> ‣ 다만 현재 사건본인이 상대방에 대하여 심한 거부감을 보이고 있고 이러한 상태가 상당 기간 지속될 것으로 보여, 상대방이 실제로 친권을 전면적으로 행사하여 직접 사건본인을 양육하는 것은 사건본인의 복리를 심히 해칠 우려가 있으므로 상대방의 **친권 중 양육과 관련된 권한을 제한**하는 것이 적당하다.

## 2. 친권의 일부 제한

### 가. 양육에 관한 친권의 제한

### (1) 실질적 요건

- 양육권에 속하는 특정 사항에 대한 친권 행사를 곤란하거나 부적당하게 하는 사

유가 있고, 이로 인해 자녀의 복리가 해쳐질 우려가 있어야 양육에 관한 친권을
제한할 수 있다.

- 객관적 판단: 친권자의 귀책사유와 무관하므로 소재불명, 장기입원, 정신질환
등도 친권 제한 사유가 될 수 있다.
- 자발적 사퇴는 불가능하다는 점에서 재산관리권 제한과 다르다.

## (2) 절차적 요건

- 신청권자: 자녀, 자녀의 친족, 검사·지자체장이 청구할 수 있다.
- 법원의 재판: 제한될 사항의 구체적 범위를 정해야 한다.

> 제924조의2(친권의 일부 제한의 선고) 가정법원은 거소의 지정이나 그 밖의 신상에
> 관한 결정 등 특정한 사항에 관하여 친권자가 친권을 행사하는 것이 곤란하거나 부적
> 당한 사유가 있어 자녀의 복리를 해치거나 해칠 우려가 있는 경우에는, 자녀, 자녀의
> 친족, 검사 또는 지방자치단체의 장의 청구에 의하여 구체적인 범위를 정하여 친권의
> 일부 제한을 선고할 수 있다.

## (3) 효과

A. 친권자와 후견인의 병존, 역할분담

> 제928조(미성년자에 대한 후견의 개시) 미성년자에게 친권자가 없거나 친권자가 제
> 924조, 제924조의2, 제925조 또는 제927조제1항에 따라 친권의 전부 또는 **일부를 행
> 사할 수 없는 경우에는 미성년후견인을 두어야** 한다.

> 제932조(미성년후견인의 선임) ② 가정법원은 제924조, 제924조의2 및 제925조에
> 따른 친권의 상실, 일시 정지, 일부 제한의 선고 또는 법률행위의 대리권이나 재산관
> 리권 상실의 선고에 따라 미성년후견인을 선임할 필요가 있는 경우에는 **직권으로 미
> 성년후견인을 선임**한다.

> 제946조(친권 중 일부에 한정된 후견) 미성년자의 친권자가 제924조의2, 제925조 또
> 는 제927조제1항에 따라 **친권 중 일부에 한정하여 행사할 수 없는 경우에 미성년후견
> 인의 임무는 제한된 친권의 범위에 속하는 행위에 한정**된다.

B. 비양육친에 대한 후견인의 양육비 지급 청구권(§837의 유추적용)

- §946에 의한 제한 후견인이 선임되더라도 부모는 자녀에 대한 양육비 지급 의무를 면할 수 없다(§925의3). 따라서 후견인은 §741를 근거로 자신이 지출한 과거 양육비의 구상을 청구할 수 있다.
- 후견인은 장래의 양육비에 대해서 비양육친에게 양육비 지급을 청구할 수도 있다. 명문규정은 없지만, §837은 자녀 양육 전반에 대해 적용되는 일반조항이므로 친권으로부터 양육권이 분리되는 경우에 대해서도 유추적용된다.

### 대법원 2021. 5. 27.자 2019스621 결정

- 가정법원은 부모가 미성년 자녀를 양육하는 것이 오히려 자녀의 복리에 반한다고 판단한 경우 부모의 친권 중 보호·교양에 관한 권리(제913조), 거소지정권(제914조) 등 자녀의 양육과 관련된 권한(이하 '양육권'이라고 한다)만을 제한하여 미성년후견인이 부모를 대신하여 그 자녀를 양육하도록 하는 내용의 결정도 할 수 있게 되었다. 이 경우 **제837조를 유추적용**하여 **미성년후견인은 비양육친을 상대로** 가사소송법에 따른 양육비심판을 청구할 수 있다.
- 미성년후견인이 제946조에 따라 친권자를 대신하여 피후견인인 미성년 자녀를 양육하더라도 그 양육에 필요한 비용은 종국적으로 그 자녀에 대한 부양의무를 갖는 부모(이하 '비양육친'이라고 한다)가 부담해야 한다.
- 미성년후견인이 자신의 재산으로 피후견인을 양육한 경우 제741조에 근거한 과거 양육비 상환 청구는 가능하다.
- 반면 장차 피후견인을 보호·교양하는 데 필요한 비용, 즉 장래 양육비의 경우 미성년후견인이 비양육친에게 직접 양육비를 청구할 수 없다고 본다면, …피후견인인 **미성년 자녀의 재산적 법률행위에 관한 대리권이나 재산관리권은 갖지 않으므로** 피후견인의 비양육친에 대한 위 부양청구권을 대리할 수 없고, 결과적으로 비양육친으로부터 장래 양육비를 확보할 수 없게 되는 중대한 문제가 발생한다.
- 제837조는 협의 이혼에 관한 규정이지만 … 부모가 혼인공동생활을 하면서 그들 사이의 미성년 자녀를 양육할 수 없는 경우 그 자녀의 '양육에 관한 사항'을 규율하는 일반 조항에 해당한다. 자녀의 '양육에 관한 사항'은 양육자의 결정을 포함하므로(제837조 제2항 제1호) … 가사소송법이 자녀의 복리를 위해 양육비에 관하여 특별히 마련한 위 규정들이 미성년후견인이 부모를 대신하여 그 자녀를 양육하는 경우

에만 차별적으로 적용되지 않는다고 보는 것은 합리성이 없고 사회적 정의관념에 현저히 반한다.

## 나. 대리권 · 재산관리권 제한

### (1) 요건

#### A. 재판에 의한 제한

- 실질적 요건: 친권자가 부적당한 관리로 자녀의 재산을 위태롭게 하는 경우이어 야 한다.
- 절차적 요건: 자녀, 자녀의 친족, 검사 · 지자체장의 청구가 있어야 법원은 재판 으로 법정대리권 · 재산관리권 상실 선고를 할 수 있다.

> 제925조(대리권, 재산관리권 상실의 선고) 가정법원은 법정대리인인 친권자가 부적 당한 관리로 인하여 자녀의 재산을 위태롭게 한 경우에는 자녀의 친족, 검사 또는 지 방자치단체의 장의 청구에 의하여 그 법률행위의 대리권과 재산관리권의 상실을 선 고할 수 있다.

#### B. 자발적 사퇴

- 양육권과는 달리, 재산관리권에 대해서는 친권자가 자발적으로 사퇴하는 것도 인정된다. 다만 정당한 사유가 있을 것이라는 실질적 요건과 법원의 허가 재판 이라는 절차적 요건이 충족되어야 한다.
- 사퇴 허가 재판을 받으면 그 효과는 대리권 · 재산관리권 상실 재판을 받은 경우 와 같다.

> 제927조(대리권, 관리권의 사퇴와 회복) ① 법정대리인인 친권자는 정당한 사유가 있 는 때에는 법원의 허가를 얻어 그 법률행위의 대리권과 재산관리권을 사퇴할 수 있다.

### (2) 대리권 · 재산관리권 상실의 효과

- 일부 제한과 마찬가지로 친권자와 일부 후견인이 병존한다(§928, §932 ②, §946).
- 사퇴의 경우, 법원이 직권으로 후견인을 선임할 수 없고, 반드시 사퇴한 친권자 가 법원에 미성년후견인 선임을 청구해야 한다.

> 제932조(미성년후견인의 선임) ③ 친권자가 대리권 및 재산관리권을 사퇴한 경우에는 지체 없이 가정법원에 미성년후견인의 선임을 청구하여야 한다.

✓ 사퇴도 어차피 법원의 재판을 거치는데 굳이 후견인을 직권 선임하지 못하게 할 필요가 있을지는 의문이다.

## 다. 제한된 양육권, 재산관리권의 회복

### (1) 재판으로 제한되었던 경우: 법원의 실권회복 재판

> 제926조(실권 회복의 선고) 가정법원은 제924조, 제924조의2 또는 제925조에 따른 선고의 원인이 소멸된 경우에는 본인, 자녀, 자녀의 친족, 검사 또는 지방자치단체의 장의 청구에 의하여 실권의 회복을 선고할 수 있다.

### (2) 재산관리권을 사퇴했던 경우: 법원의 허가

> 제927조(대리권, 관리권의 사퇴와 회복) ② 전항의 사퇴 사유가 소멸한 때에는 그 친권자는 법원의 허가를 얻어 사퇴한 권리를 회복할 수 있다.

## 3. 친권의 전부에 대한 포괄적 제한: 친권 일시정지와 친권 상실

### 가. 요건: 친권 일시정지, 친권 상실에 공통된 요건

### (1) 실질적 요건

• 친권 남용으로 자녀의 복리를 해치거나 해칠 우려가 있는 경우를 뜻한다.

✓ 개정전 조문에 의하면 '현저한 비행'도 친권상실 사유였는데 당시의 판결도 불륜을 저지른 모에 대한 친권상실 청구를 기각했다.

### (2) 절차적 요건

• 자녀, 자녀의 친족, 검사·지자체장의 청구가 있으면 가정법원이 친권의 일시정지나 친권 상실 선고 재판을 할 수 있다.
• 청구권자의 청구가 없는 한 법원이 직권으로 판단할 수는 없다.

> 제924조(친권의 상실 또는 일시 정지의 선고) ① 가정법원은 부 또는 모가 친권을 남용하여 자녀의 복리를 현저히 해치거나 해칠 우려가 있는 경우에는 자녀, 자녀의 친족, 검사 또는 지방자치단체의 장의 청구에 의하여 그 친권의 상실 또는 일시 정지를

선고할 수 있다.

② 가정법원은 친권의 일시 정지를 선고할 때에는 자녀의 상태, 양육상황, 그 밖의 사정을 고려하여 그 기간을 정하여야 한다. 이 경우 그 기간은 2년을 넘을 수 없다.

③ 가정법원은 자녀의 복리를 위하여 친권의 일시 정지 기간의 연장이 필요하다고 인정하는 경우에는 자녀, 자녀의 친족, 검사, 지방자치단체의 장, 미성년후견인 또는 미성년후견감독인의 청구에 의하여 2년의 범위에서 그 기간을 한 차례만 연장할 수 있다.

## 나. 효과

### (1) 공통효과

• 친권자는 양육에 관한 친권과 재산관리에 관한 친권 전부를 포괄적으로 행사할 수 없게 된다.

• 친권자 대신 양육과 재산관리 전반에 걸친 포괄적 권한을 가지는 미성년후견인이 선임되어야 한다.

제928조(미성년자에 대한 후견의 개시) 미성년자에게 친권자가 없거나 친권자가 제924조 … 에 따라 친권의 전부 … 를 행사할 수 없는 경우에는 미성년후견인을 두어야 한다.

제932조(미성년후견인의 선임) ② 가정법원은 제924조 … 에 따른 친권의 상실, 일시정지, … 선고 … 에 따라 미성년후견인을 선임할 필요가 있는 경우 직권으로 미성년후견인을 선임한다.

### (2) 고유한 효과

A. 일시정지에 고유한 효과

• 일시정지 기간이 2년 이내로 정해져야 한다.

• 일시정지 기간이 만료되는 경우, 일시정지 청구권자나 미성년후견인, 미성년후견감독인의 청구에 따른 법원의 재판으로 갱신할 수 있으나, 2년 이내의 기간으로 1회에 한해 갱신할 수 있다.

• 친권의 일부에 대한 정지도 가능하다(물론해석).

B. 친권상실에 고유한 효과

- 친권 전부에 대해 친권자의 권한이 무기한 정지되지만, 상실된다고 보기는 어렵다. 실권 회복 재판 절차를 거치면 친권을 회복할 수도 있기 때문이다.
- 실권회복 선고는 친권상실 사유가 소멸한 경우 친권상실 청구권자의 청구에 따른 법원의 재판으로 행해진다(§926).

## 4. 이혼 후 단독친권자에 대한 친권의 일부제한, 일시정지, 상실

> 제927조의2(친권의 상실, 일시 정지 또는 일부 제한과 친권자의 지정 등) ① 제909조 제4항부터 제6항까지의 규정에 따라 **단독 친권자**가 된 부 또는 모, **양부모(친양자의 양부모를 제외한다) 쌍방**에게 다음 각 호의 어느 하나에 해당하는 사유가 있는 경우에는 **제909조의2 제1항 및 제3항부터 제5항까지의 규정**을 준용한다. 다만, 제1호의3·제2호 및 제3호의 경우 새로 정하여진 친권자 또는 미성년후견인의 임무는 제한된 친권의 범위에 속하는 행위에 한정된다.
> 1. 제924조에 따른 친권상실의 선고가 있는 경우
> 1의2. 제924조에 따른 친권 일시 정지의 선고가 있는 경우
> 1의3. 제924조의2에 따른 친권 일부 제한의 선고가 있는 경우
> 2. 제925조에 따른 대리권과 재산관리권 상실의 선고가 있는 경우
> 3. 제927조제1항에 따라 대리권과 재산관리권을 사퇴한 경우
> 4. 소재불명 등 친권을 행사할 수 없는 중대한 사유가 있는 경우

### 가. 개관

(1) 전제: 친권자 아닌 부모의 생존, 친권자인 부모의 친권의 정지·제한, 상실

- 이혼 후 단독친권자가 된 사람에게 친권의 제한, 정지, 상실 등이 선고되면 자녀에 대한 보호자의 공백이 발생한다.
- 친권자 아닌 부모가 있어도 친권자 지정 재판을 거치기 전까지는 보호자로서의 지위가 인정되지 않기 때문이다.

(2) 비교

A. 사별 후 단독친권자에게 친권의 제한 등이 선고된 경우: 미성년 후견 개시

B. 부모가 공동친권자인 경우

- 일방에게만 친권 제한 등이 선고되면 다른 사람이 단독친권을 행사한다(§909 ③).

- 쌍방 모두에게 친권 제한 등이 선고되면 미성년 후견이 개시된다(§928).
- ✓ 쌍방 모두에게 소재불명 등 친권을 행사할 수 없는 사실이 인정되는 경우의 보호자 결정 방법은 현행법상으로는 불명확하다. §927의2 ① 4호는 '단독친권자' 상태에서 소재불명이 된 경우에만 적용되며, §928는 문리해석상 친권자가 '없거나', 친권자 모두에게 친권 제한 등의 '법적 사유'가 있을 때만 적용되기 때문이다.

## 나. §927의2의 적용요건

### (1) 인적 적용범위: 이혼 후 단독친권자로 정해진 사람 또는 자녀가 입양된 경우 양부모 쌍방

### (2) 친권 행사의 불가능으로 인한 보호의 공백 발생

- 법적 사유로서 친권의 제한, 정지, 상실 등의 선고 등을 들 수 있다.
- 사실적 사유로서 소재불명 등 친권을 행사할 수 없는 중대한 사유 등을 들 수 있다.
- ✓ 비판: §909의2에서는 단독친권자나 양부모의 '사망'을, §927의2에서는 '친권제한 등'을 각각 요건으로 하여 친권자 지정 신청과 이에 수반되는 절차가 진행되도록 하는 것이 체계에 맞는다. '소재불명 등의 사실적 사유'가 §927의2에 삽입된 것은 납득하기 어렵다. 만약 단독친권자나 양부모 쌍방에게 소재불명 등의 중대한 사정변경이 일어났다면, 친권 정지 선고 후 단독친권자 지정으로 진행하는 것이 법체계에 부합한다. 현행법은 개정 전 조항의 '현저한 비행'과 같은 유책사유를 삭제하고 순수하게 '자녀의 복리를 해칠 우려'라는 요건만 충족되면 친권 정지가 가능하도록 규정하고 있기 때문이다. '친권정지 재판에는 돈과 시간이 든다'는 이유로 '소재불명 등'에 친권상실에 준하는 강력한 효과를 부여하는 것이 타당한지는 의문이다.

## 다. §927의2의 적용 효과

- §909의2 ①, ③, ④, ⑤ 준용: 친권자 지정 신청에 대한 재판, 친권자 지정 신청이 없으면 후견인 선임 재판, 법원의 청구 기각시 직권에 의한 보호자 지정, 임시보호자 선임 등의 절차가 진행된다.
- 친권 중 일부가 제한된 경우: 지정된 친권자나 선임된 후견인은 제한된 사항에 대해서만 권한이 인정된다(§927의2 ① 단서, 같은 항 1의3, 2, 3).

## 라. §927의2 적용에 의해 지정된 보호자의 후발적 변경

> 제927조의2(친권의 상실, 일시정지 또는 일부 제한과 친권자의 지정 등) ② 가정법원은 제1항에 따라 친권자가 지정되거나 미성년후견인이 선임된 후 단독 친권자이었던 부 또는 모, 양부모 일방 또는 쌍방에게 다음 각 호의 어느 하나에 해당하는 사유가 있

는 경우에는 그 부모 일방 또는 쌍방, 미성년자, 미성년자의 친족의 청구에 의하여 친권자를 새로 지정할 수 있다.

1. 제926조에 따라 실권의 회복이 선고된 경우
2. 제927조 제2항에 따라 사퇴한 권리를 회복한 경우
3. 소재불명이던 부 또는 모가 발견되는 등 친권을 행사할 수 있게 된 경우

## (1) 사유

### A. 재판을 거쳐 인정되는 사유

- 친권 제한·정지·상실 선고 재판을 받았던 단독친권자가 실권회복 선고 재판을 받은 경우, 별도의 재판을 거쳐 친권을 회복할 수 있다(§926, §927 ②).
- 법원의 실권회복 선고 재판을 받아도 이것만으로는 친권이 회복되지 않으며, 친권자 지정 신청을 할 수 있을 뿐이다. 즉, 친권자 지정 재판 절차에서 자녀복리 심사를 거쳐 친권자가 될 수 있다.

✓ 실권회복 재판 절차에서 이미 자녀의 복리 적합성을 심사했는데, 회복선고를 받은 후 다시 친권자 지정 재판 절차를 거치도록 하는 것은 불필요한 이중절차라고 볼 여지가 있다. 물론 회복재판에서의 판단기준은 다시 친권자가 될 수 있을만한 자격이 있는지의 여부인 반면, 친권자지정 재판에서의 판단기준은 현재의 보호자인 후견인보다 회복선고를 받은 전 친권자가 더 나은 보호자인지의 여부이기 때문에 엄밀하게 말하면 판단 기준이 다르다고 볼 수도 있다. 이 문제는 실권회복 청구에 친권자 지정 청구가 병합된 경우 문제될 수 있다.

### B. 재판을 거치지 않고 인정되는 사유

- 단독친권자에 대한 친권 정지 기간이 경과하면 곧바로 친권이 회복된다.
- 단독친권자가 친권을 행사할 수 없었던 중대한 사유가 해소된 경우에도 친권이 회복될 것이다.

## (2) 절차: 법정된 청구권자의 청구, 법원의 재판

## (3) 효과

- 친권자 지정과 종래의 보호자 유지 중 하나로 결정된다.
- 만약 생존친이 친권자로 지정된 상태였다면, 공동친권으로 정할 수 있을지가 문제된다.

# 후 건

10장

# 후 견

## I 개 관

### 1. 후견제도의 유형: 미성년후견과 성년후견

#### 가. 조문의 규정방식[1]

✓ 미성년후견과 성년후견에 공통적으로 적용되는 조문과 각 유형별로 적용되는 조문이 뒤섞여 있다. 또한 성년후견의 경우, '좁은 의미의 성년후견'에 관한 조문들을 다른 유형들에 대해 준용하는 방식으로 규정되어 있다.

✓ 미성년후견에 관한 조문들은 하나의 절에 규정하고, 성년후견 절에 있는 조문들 중 필요한 내용들을 준용하는 조문을 두었으면 이해하기 쉬운 입법이 되었을 것이다. 현행법은 미성년후견에 대해 별도의 절을 두지 않았으므로, '미성년'후견, '성년'후견이라고 명시한 법문은 각 유형에 대해서만 적용되고, 단순히 '후견'이라는 용어를 사용하는 조문은 미성년후견과 성년후견 전반에 대해 적용되는 것으로 파악할 수밖에 없다.

#### 나. 성년후견 개관

#### (1) 다양한 유형의 필요성

보호를 요하는 사람들의 다양한 상황에 따라 개별적으로 대응할 수 있도록 하고 있는 바, 본인의 의사와 잔존능력의 존중을 기본이념으로 하여 후견의 범위를 개별적으로 정할 수 있도록 하고, 재산관리뿐만 아니라 치료, 요양 등 신상에 관한 분야에도 폭넓은 도움을 받을 수 있도록 하고 있으며, 현재 정신적 제약이 없는 사람도 미래에 정신적 능력이 약해질 상황에 대비하여 후견제도를 이용할 수 있도록 하고 있다(대법원 2021. 2. 4. 자 2020스647 결정).

---

[1] 학습의 효율성을 위해, (좁은 의미의) 성년후견 부분에서 공통된 조문들을 정리하고, 미성년후견, 한정후견, 특정후견 등에서는 참조를 지시하는 방식으로 서술한다.

## (2) 현행법상의 유형

A. 법정후견: 법정된 요건이 충족되면 법원의 재판으로 후견 개시, 후견인 선임

• (좁은 의미의) 성년후견: 성년후견인이 피성년후견인을 대리하여 법률행위를 하는 경우

• 한정후견: 한정후견인의 동의하에 피한정후견인 본인이 법률행위를 하는 경우

• 특정후견: 특정한 사무에 대해 일회적으로 후견이 이루어지는 경우

B. 임의후견: 본인이 계약으로 미리 후견개시 사유와 후견인을 지정

• 약정된 후견개시 사유가 발생한 경우 법정된 신청권자가 후견감독인 선임 재판을 신청해야 한다.

• 법원이 임의후견 개시 사유를 확인하고 후견감독인을 선임하면 후견이 개시된다.

## (3) 성년후견 유형들의 관계: 중복 설정될 수 없음

A. 법정후견의 유형들 사이의 관계

• (협의의) 성년후견이 개시되면 종전의 한정후견·특정후견은 종료된다.

• 한정후견이 개시되면 종전의 (협의의) 성년후견·특정후견은 종료된다.

> 제14조의3(심판 사이의 관계) ① 가정법원이 피한정후견인 또는 피특정후견인에 대하여 성년후견개시의 심판을 할 때에는 종전의 한정후견 또는 특정후견의 종료 심판을 한다.
> ② 가정법원이 피성년후견인 또는 피특정후견인에 대하여 한정후견개시의 심판을 할 때에는 종전의 성년후견 또는 특정후견의 종료 심판을 한다.

B. 법정후견과 임의후견의 관계

• 원칙: 임의후견이 법정후견에 우선한다.

• 예외: 특별한 사정이 있으면 임의후견 계약이 체결된 경우에도 법원은 법정후견 개시 재판을 할 수 있다(2017스515, 279면).

## 다. 성년후견에 관한 조문의 체계

## (1) 법정후견

• 후견개시 사유 → 유형마다 다름

• 후견인의 결정 방법, 후견인의 자격·결격 → 공통

- 후견인의 임무 → 유형마다 다름
- 후견인의 보수, 책임 → 공통
- 후견에 대한 감독 → 공통
- 후견 종료 → 사유는 유형마다 다르지만, 효과는 공통

## (2) 임의후견

- 요건, 효과 모두 법정후견과 별도로 규정되어 있다.
- 다만 후견감독인의 결격(§940의5), 임무(§940의6), 위임 · 후견에 관한 준용규정 (§940의7) 등은 법정후견을 준용한다.

## Ⅱ 미성년후견

### 1. 개시사유(§928)

> 제928조(미성년자에 대한 후견의 개시) 미성년자에게 친권자가 없거나 친권자가 제 924조, 제924조의2, 제925조 또는 제927조제1항에 따라 친권의 전부 또는 일부를 행 사할 수 없는 경우에는 미성년후견인을 두어야 한다.

**가. 의미:** 친권자 이외의 보호자가 필요한 경우

### (1) 사망, 친권의 정지 · 상실

A. 공동친권자인 경우

- 친권자 두 명 모두가 친권을 행사할 수 없어야 §928에 의한 미성년 후견이 개시 된다.
- 친권자들 중 한 명만 친권을 행사할 수 없으면 다른 한 명이 친권을 행사하면 되 기 때문이다(§909 ③).

B. 단독친권자인 경우

- 단독친권자가 친권을 행사할 수 없게 되더라도 생존친이 없거나, 생존친이 친권 자로 지정되지 않은 경우이어야 §928에 의한 미성년후견이 개시될 수 있다.
- 친권자 아닌 생존친이 있으면, 친권자가 사망한 경우에는 §909의2, 친권자에게 친권 정지나 친권 상실 선고가 된 경우에는 §927의2가 각 적용되기 때문이다.

### (2) 사망 이외의 사실적 사유(소재불명 등)

- 단독친권 사안에서는 §927의2에 의해 미성년 후견이 개시될 수 있다.
- ✓ 공동친권 상태에서 부모 모두에게 이런 사유가 발생한 경우, 미성년 후견이 개시될 수 있는지는 §928의 문리해석만으로는 불명확하다.

## 나. 유형

### (1) 전부후견

- 친권자가 사망했거나, 친권자가 생존하지만 친권의 전부를 행사할 수 없게 된 경우에 선임되는 미성년 후견인은 자녀 양육과 재산관리 전반에 대해 포괄적 권한을 가진다.

> 제928조(미성년자에 대한 후견의 개시) 미성년자에게 친권자가 없거나, 친권자가 제924조, 제924조의2, 제925조 또는 제927조 제1항에 따라 친권의 전부 또는 일부를 행사할 수 없는 경우에는 미성년후견인을 두어야 한다.

- ✓ 후견인에 대해서만 적용되고 친권자에게는 적용되지 않는 권한 행사 제한 조항이 있으므로, 전부 후견인이더라도 친권자보다는 권한 범위가 좁다고 보아야 한다.

### (2) 일부후견

- 친권자가 친권의 일부를 행사할 수 없게 된 경우, 친권자가 행사할 수 없게 된 권한에 대해서만 후견이 개시된다.
- 사유: 친권 제한 선고, 재산관리권·대리권 상실 선고, 재산관리권·대리권 사퇴 허가

> 제946조(친권 중 일부에 한정된 후견) 미성년자의 친권자가 제924조의2, 제925조 또는 제927조제1항에 따라 친권 중 일부에 한정하여 행사할 수 없는 경우에 미성년후견인의 임무는 제한된 친권의 범위에 속하는 행위에 한정된다.

## 2. 미성년후견인의 자격, 결격

### 가. 미성년후견인의 자격

- 반드시 1명의 자연인이어야 한다.

> 제930조(후견인의 수와 자격) ① 미성년후견인의 수(數)는 한 명으로 한다.
> ③ 법인도 성년후견인이 될 수 있다.

- 이에 비해 성년후견의 경우에는 다수인, 법인도 후견인이 될 수 있다.

**나. 후견인의 결격사유: §937 → 성년후견과 같음**

## 3. 미성년후견인의 결정

### 가. 친권자(들)의 사망으로 인한 후견개시

**(1) 사적자치 원칙: 유언에 의한 지정의 우선적용**

- 후견인 지정 자격: 넓은 의미의 친권, 즉 양육권 뿐 아니라 대리권 · 재산관리권도 행사할 수 있는 친권자만 유언으로 후견인을 지정할 수 있다(§931 ①).
  - ✓ §924의2나 §925에 의해 친권의 일부만 제한된 경우에도 '친권을 행사하는 부모'가 아니기 때문에 후견인 지정 유언을 할 수 없다고 보아야 한다.
- 후견인 지정 유언도 일반적인 유언과 마찬가지로 유언자 사망시 효력이 발생하는 것이 원칙이다. 따라서 유언자가 생존한 상태에서 친권상실 등의 사유로 후견이 개시되는 경우에는 §931가 적용되지 않는다.
- 유언으로 지정된 후견인의 변경(§931 ②): 단독친권자가 유언으로 후견인을 지정했더라도, 생존친 또는 미성년자 본인이 친권자 지정 신청을 하면 자녀의 복리 심사를 거쳐 후견을 종료하고 생존친을 친권자로 지정할 수 있다.

> 제931조(유언에 의한 미성년후견인의 지정 등) ① 미성년자에게 친권을 행사하는 부모는 유언으로 미성년후견인을 지정할 수 있다. 다만, 법률행위의 대리권과 재산관리권이 없는 친권자는 그러하지 아니하다.
> ② 가정법원은 제1항에 따라 미성년후견인이 지정된 경우라도 미성년자의 복리를 위하여 필요하면 생존하는 부 또는 모, 미성년자의 청구에 의하여 후견을 종료하고 생존하는 부 또는 모를 친권자로 지정할 수 있다.

**(2) 보충적 결정: 재판에 의한 선임(§932 ①)**

- 원시적 선임: 후견인 지정 유언이 없이 친권자가 사망하면 직권 또는 미성년자, 친족, 이해관계인, 검사 · 지자체장의 청구에 따른 재판으로 법원이 미성년후견인을 선임한다.
- 후발적 선임: 유언으로 지정되거나 법원의 재판으로 선임된 후견인에게 사망, 결격사유 등이 발생하여 후견인이 임무를 수행할 수 없게 된 경우에도 직권 또

는 후견인 선임 청구권자의 청구에 따른 재판으로 법원이 후견인을 선임한다 (§932 ① 단서).

> 제932조(미성년후견인의 선임) ① 가정법원은 **제931조에 따라 지정된 미성년후견인이 없는 경우**에는 직권으로 또는 미성년자, 친족, 이해관계인, 검사, 지방자치단체의 장의 청구에 의하여 미성년후견인을 선임한다. **미성년후견인이 없게 된 경우**에도 또한 같다.

## 나. 친권자(들)의 사망 이외의 사유로 친권자의 친권 행사가 불가능해진 경우

### (1) 법적 사유

- 친권자가 친권을 행사할 수 없게 되는 법적 사유는 모두 법원의 재판을 거쳐야 인정된다. 따라서 이러한 재판을 할 때 보호의 공백 방지를 위해 법원이 직권으로 후견인을 선임해야 한다(§932 ②).
- 친권자가 대리권·재산관리권을 사퇴하는 경우에는 미성년후견인 선임을 청구해야 한다(§932 ③).
✓ 만약 친권자가 후견인 선임 청구 없이 사퇴허가 신청만 하면 직권 선임의 근거조항이 없으므로 사퇴 허가 청구를 기각하거나, 석명하여 후견인 선임 청구를 하도록 하는 수밖에 없을 것이다.

> 제932조(미성년후견인의 선임) ② 가정법원은 제924조, 제924조의2 및 제925조에 따른 친권의 상실, 일시 정지, 일부 제한의 선고 또는 법률행위의 대리권이나 재산관리권 상실의 선고에 따라 미성년후견인을 선임할 필요가 있는 경우에는 직권으로 미성년후견인을 선임한다.
> ③ 친권자가 대리권 및 재산관리권을 사퇴한 경우에는 지체 없이 가정법원에 미성년후견인의 선임을 청구하여야 한다.

### (2) 사망 이외의 사실적 사유

- 단독친권자가 친권을 행사할 수 없게 된 경우, 생존친이 있으면 §927의2가 적용된다.
✓ 공동친권자가 모두 친권을 행사할 수 없게 되었거나 단독친권자가 친권을 행사할 수 없게 되었는데 생존친이 없는 경우, §927의2의 적용이 불가능함은 문리해석상 명백하다. 다만 이때 §928가 적용되는지의 여부는 불명확하다. 사실적 사유로 인한 친권 행사 불가능 상황이 §928의 '친권자가 없거나'에 해당하는지가 불명확하기 때문이다.

## 4. 미성년후견인의 임무

### 가. 개관

- 직무수행을 위한 준비: 재산조사와 목록작성, 채권·채무의 제시, 목록작성 전의 조사, 취임 후 포괄재산을 취득한 경우의 처리 등에 대해서는 §941~§944가 적용되므로 성년후견의 경우와 같다.
- 임무수행에 있어서의 선관주의의무: §956에 의해 §681가 준용되므로 성년후견의 경우와 같다.

### 나. 재산관리권, 법정대리권: 성년후견과 같음

#### (1) 원칙

> 제938조(후견인의 대리권 등) ① 후견인은 피후견인의 법정대리인이 된다.

> 제949조(재산관리권과 대리권) ① 후견인은 피후견인의 재산을 관리하고 그 재산에 관한 법률행위에 대하여 피후견인을 대리한다.

#### (2) 재산관리권에 대한 제한

- 이해상반행위(§949의3)
- 후견감독인의 동의가 필요한 법률행위(§950 ~ §952)
- 제3자가 무상수여한 재산에 대해 후견인의 관리가 배제된 경우(§956, §918 준용)

### 다. 미성년후견에 고유한 내용

#### (1) 원칙: 양육에 관한 포괄적 권리·의무(§945)

- §913 ~ §914의 적용 대상 사안에 대해 후견인은 친권자와 동일한 권리·의무를 가지는 것이 원칙이다.
- 다만 ㉠ 친권자가 정한 양육방법이나 거소를 변경하는 경우와 ㉡ 친권자가 허락한 영업을 취소하거나 제한하는 경우에는, 후견감독인이 있으면 후견감독인의 동의를 받아야 한다.

> 제945조(미성년자의 신분에 관한 후견인의 권리·의무) 미성년후견인은 제913조 및 제914조에서 규정한 사항에 관하여는 친권자와 동일한 권리와 의무가 있다. 다만, 다

음 각 호의 어느 하나에 해당하는 경우에는 미성년후견감독인이 있으면 그의 동의를 받아야 한다.

1. 친권자가 정한 교육방법, 양육방법 또는 거소를 변경하는 경우
2. 삭제
3. 친권자가 허락한 영업을 취소하거나 제한하는 경우

• 후견인의 친권대행(§948): 미성년자에게 자녀가 있으면 후견인이 미성년자의 친권을 대행한다.

제948조(미성년자의 친권의 대행) ① 미성년후견인은 미성년자를 갈음하여 미성년자의 자녀에 대한 친권을 행사한다.
② 제1항의 친권행사에는 미성년후견인의 임무에 관한 규정을 준용한다.

(2) 예외: 일부후견의 경우(§946, 247면)

## 5. 미성년후견인 자신의 고유한 권리·의무: 성년후견과 같음

## 6. 사임, 변경: 성년후견과 같음

## 7. 후견인에 대한 감독

### 가. 미성년후견감독인

(1) 고유한 내용: 미성년후견감독인의 결정

제940조의2(미성년후견감독인의 지정) 미성년후견인을 지정할 수 있는 사람은 유언으로 미성년후견감독인을 지정할 수 있다.

제940조의3(미성년후견감독인의 선임) ① 가정법원은 제940조의2에 따라 지정된 미성년후견감독인이 없는 경우에 필요하다고 인정하면 직권으로 또는 미성년자, 친족, 미성년후견인, 검사, 지방자치단체의 장의 청구에 의하여 미성년후견감독인을 선임할 수 있다.
② 가정법원은 미성년후견감독인이 사망, 결격, 그 밖의 사유로 없게 된 경우에는 직권으로 또는 미성년자, 친족, 미성년후견인, 검사, 지방자치단체의 장의 청구에 의하여 미성년후견감독인을 선임한다.

### (2) 성년후견감독인과 공통된 내용

- 결격사유: §940의5
- 직무: §940의6
- 위임 및 후견인에 관한 규정의 준용: §940의7
- 후견사무 감독: §953

**나. 법원의 감독:** 후견사무에 관한 처분(§954). 성년후견과 같음

## 8. 후견의 종료: 성년후견과 같음

(1) 관리에 관한 계산(§957)

(2) 책임가중(§958)

(3) 관리계속의무(§959에 의한 §691, §692 준용)

---

### Ⅲ  협의의 성년후견(포괄후견)

## 1. 후견의 개시

> 제9조(성년후견개시의 심판) ① 가정법원은 질병, 장애, 노령, 그 밖의 사유로 인한 **정신적 제약으로 사무를 처리할 능력이 지속적으로 결여**된 사람에 대하여 본인, 배우자, 4촌 이내의 친족, 미성년후견인, 미성년후견감독인, 한정후견인, 한정후견감독인, 특정후견인, 특정후견감독인, 검사 또는 지방자치단체의 장의 청구에 의하여 성년후견개시의 심판을 한다.
> ② 가정법원은 성년후견개시의 심판을 할 때 본인의 의사를 고려하여야 한다.

**가. 실질적 요건:** 사무처리 능력의 지속적 결여

- 질병·장애·고령, 그 밖의 사유로 인한 정신적 제약으로 사무 처리 능력이 지속적으로 결여된 사람은 성년후견 심판의 대상이 된다.
- 판단 기준이 추상적으로 규정되어 있으나, 감정 결과 등을 참작하므로 기본권 제한 조항의 명확성 요건을 충족한 것으로 평가된다.

성년후견 개시심판 조항에서 규정하고 있는 '질병, 장애, 노령, 그 밖의 사유로 인한 정신적 제약으로 사무를 처리할 능력이 지속적으로 결여'라는 개념이 다소 추상적일지라도, 그 의미의 대강을 확정할 수 있는데다가 성년후견제도의 입법 취지, 성년후견 업무의 특성, 정신적 장애 등 자기의 행위결과에 대한 판단 능력 결여 원인의 다양성 등의 사정 … 성년후견개시심판조항이 기본권 제한에 관한 명확성의 원칙에 위배될 정도로 지나치게 불명확한 개념이라고 보기는 어렵다. 따라서 성년후견개시심판조항은 명확성원칙에 반하지 않는다(헌법재판소 2019. 12. 27. 선고 2018헌바161 결정).

## 나. 절차적 요건

### (1) 청구

- 원시적 개시 청구: 본인·배우자, 4촌 이내 친족, 검사·지자체장 등에게 청구권이 인정된다.
- 후발적 변경 청구: 이미 다른 유형의 후견이 개시된 상태인 경우이므로 원시적 후견 개시 청구권자뿐 아니라 미성년·한정·특정 후견인이나 미성년·한정·특정 후견감독인에게 성년후견 개시 청구권이 인정된다.
- 주의: 법정된 청구권자의 청구가 없으면 법원이 직권으로 후견개시 재판을 할 수는 없다.

### (2) 재판

- 법원은 후견 개시 재판시 본인의 의사를 고려해야 한다. 그러나 가사비송사건이므로 법원은 사건본인의 주장에 구애받지 않고 후견적 입장에서 합목적적으로 판단할 수 있다.
- 후견의 유형 선택: 당사자의 주장에 구애받지 않고 후견적 입장에서 후견의 유형을 선택할 수 있다. 즉, 성년후견, 한정후견 중 어느 하나가 청구된 경우, 법원은 청구취지에 구속되지 않고 피후견인에게 필요하다고 인정되는 유형의 후견의 개시를 선고할 수 있다.

**대법원 2021. 6. 10.자 2020스596 결정**
- 성년후견이나 한정후견에 관한 심판 절차는 가사비송사건으로서, 가정법원이 당사자의 주장에 구애받지 않고 후견적 입장에서 합목적적으로 결정할 수 있다. 이때 성

년후견이든 한정후견이든 <u>본인의 의사를 고려하여</u> 개시 여부를 결정한다는 점은 마찬가지이다.

‣ 성년후견이나 한정후견 개시의 청구가 있는 경우 가정법원은 본인의 의사, 성년후 견 제도와 한정후견 제도의 목적 등을 고려하여 <u>어느 쪽의 보호를 주는 것이 적절한 지를 결정하고, 그에 따라 필요하다고 판단하는 절차를 결정해야 한다.</u>

‣ 피성년후견인이나 피한정후견인이 될 사람의 <u>정신상태를 판단할 만한 다른 충분한 자료가 있는 경우 가정법원은 의사의 감정이 없더라도 성년후견이나 한정후견을 개시할 수 있다.</u>

## 2. 후견인의 자격과 결격

### 가. 자격

• 여러 명의 후견인이 선임될 수 있고 법인도 후견인이 될 수 있다.
• 비교: 미성년 후견의 경우 자연인 1명만 후견인으로 선임될 수 있다.

> 제930조(후견인의 수와 자격) ② 성년후견인은 피성년후견인의 신상과 재산에 관한 모든 사정을 고려하여 **여러 명을 둘 수 있다.**
> ③ 법인도 성년후견인이 될 수 있다.

### 나. 결격(§937)

### (1) 사유

• 제한능력자: 미성년자(1호), 피성년후견인, 피한정후견인, 피특정후견인, 피임 의후견인(2호) 등의 제한능력자는 후견인이 될 수 없다. 특정후견 선고를 받은 사람도 후견인이 될 수 없음에 유의해야 한다.
• 사회적 · 경제적으로 문제 있는 사람: 파산 · 회생선고를 받은 사람(3호), 자격정 지 이상의 형을 선고받고 형기 중인 사람(4호) 등은 후견인이 될 수 없다.
• 법원이 해임한 법정대리인(5호): 6호에 규정된 사람들 이외의 '법정대리인'으로 서 법원에서 해임할 수 있는 자로는, 이해상반행위에 대한 특별대리인 정도를 생각해 볼 수 있다.
• 법원이 해임한 모든 유형의 후견인과 그 감독인(6호)
• 행방불명인 자(7호)

- 이해상반성의 개연성이 있는 자: 피후견인을 상대로 <u>소송을 했거나 하고 있는</u> 사람(8호)
  - ✔ 가사비송재판, 예컨대 상속재산분할재판이나 이혼재산분할재판, 친족간부양재판 등은 대심적 재판이므로 이해상반성이 있다고 볼 여지가 있으나, 8호의 문리해석상으로는 후견인 결격사유가 아닌 것처럼 규정되어 있다는 점에서 문제가 있다.
- 8호에서 정한 사람의 배우자와 직계혈족(피후견인 자신의 직계비속은 제외)(9호)

## (2) 결격자가 후견인으로 선임된 경우

- ✔ 결격자가 후견인으로 선임된 경우에 대해서는 명문 규정이 없다. 법원에서 선임하더라도 결격사유를 간과할 수 있으므로, 입법의 불비이다.
- ✔ 특히 7호 사유는 법원에서 사실조회 등을 통해 확인할 수 없는 사유이므로, 7호 사유로 인한 결격자가 후견인으로 선임될 가능성을 배제할 수 없다.

# 3. 후견인의 결정

## 가. 원시적 결정

- 성년후견 개시를 명할 때 법원은 직권으로 후견인을 선임해야 한다. 이 점에서 성년후견 재판은 신청이 없으면 직권으로 개시할 수 없는 것과 다르다.
- 고려할 사항: 피후견인의 의사, 건강·재산상태, 후견인의 경험, 이해관계 등을 고려해야 한다.

> 제929조(성년후견 심판에 의한 후견의 개시) 가정법원의 성년후견개시심판이 있는 경우에는 그 심판을 받은 사람의 성년후견인을 **두어야 한다**.

> 제936조(성년후견인의 선임) ① 제929조에 따른 성년후견인은 가정법원이 **직권으로 선임**한다.
> ④ 가정법원이 성년후견인을 선임할 때에는 피성년후견인의 의사를 존중하여야 하며, 그 밖에 피성년후견인의 건강, 생활관계, 재산상황, 성년후견인이 될 사람의 직업과 경험, 피성년후견인과의 이해관계의 유무(법인이 성년후견인이 될 때에는 사업의 종류와 내용, 법인이나 그 대표자와 피성년후견인 사이의 이해관계의 유무를 말한다) 등의 사정도 고려하여야 한다.

## 나. 후발적 변경

- 선임된 후견이 없게 된 때: 법원은 직권 또는 피성년후견인, 친족, 이해관계인, 검사·지자체장의 청구에 따라 새로 후견인을 선임해야 한다.
- 추가 선임이 필요한 때: 위의 청구권자뿐 아니라 후견인 자신도 후견인 선임을 청구할 수 있다.
- 고려할 사항: §936 ④

> 제936조(성년후견인의 선임) ② 가정법원은 성년후견인이 사망, 결격, 그 밖의 사유로 없게 된 경우에도 직권으로 또는 피성년후견인, 친족, 이해관계인, 검사, 지방자치단체의 장의 청구에 의하여 성년후견인을 선임한다.
> ③ 가정법원은 성년후견인이 선임된 경우에도 필요하다고 인정하면 직권으로 또는 제2항의 청구권자나 성년후견인의 청구에 의하여 추가로 성년후견인을 선임할 수 있다.

## 4. 후견인의 임무

### 가. 개관

### (1) 선관주의의무: §956에 의한 §681 준용

> 제956조(위임과 친권의 규정의 준용) 제681조 … 의 규정은 후견인에게 이를 준용한다.

### (2) 피후견인의 의사존중

> 제947조(피성년후견인의 복리와 의사존중) 성년후견인은 피성년후견인의 재산관리와 신상보호를 할 때 여러 사정을 고려하여 그의 복리에 부합하는 방법으로 사무를 처리해야 한다. 이 경우 성년후견인은 피성년후견인의 복리에 반하지 않으면 피성년후견인의 의사를 존중해야 한다.

### (3) 후견인이 여러 명인 경우의 임무 수행 방법

- 법원은 직권으로 임무 수행 방법을 결정·변경·취소할 수 있다. 청구에 의한 절차가 없음에 유의해야 한다.

> 제949조의2(성년후견인이 여러 명인 경우 권한의 행사 등) ① 가정법원은 직권으로 여러 명의 성년후견인이 공동으로 또는 사무를 분장하여 그 권한을 행사하도록 정할

수 있다.

② 가정법원은 직권으로 제1항에 따른 결정을 변경하거나 취소할 수 있다.

- 공동으로 권한을 행사해야 하는 경우, 특정한 후견인의 권한행사 거부로 인해 피후견인의 복리가 침해될 우려가 있으면 피후견인, 후견인, 후견감독인 또는 이해관계인의 청구에 따라 법원이 의사표시에 갈음하는 재판을 할 수 있다.
  ✓ 피후견인의 이익 침해 우려가 있는데도 동의 등의 권한을 행사하지 않으면 해임 사유가 될 수 있으므로 사전처분으로 권한행사를 정지시킬 수도 있을 것이다.

제949조의2(성년후견인이 여러 명인 경우 권한의 행사 등) ③ 여러 명의 성년후견인이 공동으로 권한을 행사하여야 하는 경우에, 어느 성년후견인이 피성년후견인의 **이익이 침해될 우려**가 있음에도 법률행위의 대리 등 **필요한 권한행사에 협력하지 아니할 때에는**, 가정법원은 피성년후견인, 성년후견인, 후견감독인 또는 이해관계인의 **청구에 의하여** 그 성년후견인의 **의사표시를 갈음하는 재판**을 할 수 있다.

## 나. 법정대리권

제938조(후견인의 대리권 등) ① 후견인은 피후견인의 법정대리인이 된다.

### (1) 대리권의 범위
- 개관: 피후견인의 재산관리 전부에 대한 포괄적 대리권이 인정되지는 않는다는 점에서 종래의 금치산·한정치산 제도와 다르다.
- 원시적 결정: 법원은 성년후견 개시 재판을 할 때, ㉠ 후견인의 임무에 속하는 대리권과 신상 결정권의 범위($938 ②, ③)와 ㉡ 피후견인이 혼자 할 수 있는 법률행위의 범위를 각각 결정한다($10 ②).
- 후발적 변경: 법원은 사정변경이 있으면 본인, 배우자, 4촌 이내 친족, 후견인·후견감독인, 검사·지자체장의 청구로 이러한 범위를 변경할 수 있다($938 ④, $10 ③).

제938조(후견인의 대리권 등) ② 가정법원은 성년후견인이 제1항에 따라 가지는 법정대리권의 범위를 정할 수 있다.

③ 가정법원은 성년후견인이 피성년후견인의 신상에 관하여 결정할 수 있는 권한의 범위를 정할 수 있다.

> ④ 제2항 및 제3항에 따른 법정대리인의 권한의 범위가 적절하지 아니하게 된 경우에 가정법원은 본인, 배우자, 4촌 이내의 친족, 성년후견인, 성년후견감독인, 검사 또는 지방자치단체의 장의 청구에 의하여 그 범위를 변경할 수 있다.

> 제10조(피성년후견인의 행위와 취소) ② 제1항에도 불구하고 가정법원은 취소할 수 없는 피성년후견인의 법률행위의 범위를 정할 수 있다.
> ③ 가정법원은 본인, 배우자, 4촌 이내의 친족, 성년후견인, 성년후견감독인, 검사 또는 지방자치단체의 장의 청구에 의하여 제2항의 범위를 변경할 수 있다.

• 법률에 의한 법정대리권의 범위 제한: 일상생활에 필요하고 대가가 과도하지 않은 법률행위는 피후견인이 혼자 할 수 있다(§10 ④).

> 제10조(피성년후견인의 행위와 취소) ④ 제1항에도 불구하고 일용품의 구입 등 일상생활에 필요하고 그 대가가 과도하지 아니한 법률행위는 성년후견인이 취소할 수 없다.

## (2) 피후견인이 법정대리 대상인 법률행위를 단독으로 한 경우
• 후견인이 단독으로 한 법률행위는 취소 대상이다.
• 후견인은 물론 피후견인 자신도 단독으로 취소권을 행사할 수 있다.

> 제10조(피성년후견인의 행위와 취소) ① 피성년후견인의 법률행위는 취소할 수 있다.

> 제140조(법률행위의 취소권자) 취소할 수 있는 법률행위는 제한능력자, 착오로 인하거나 사기·강박에 의하여 의사표시를 한 자, 그의 대리인 또는 승계인만이 취소할 수 있다.

## 다. 재산관리권

### (1) 재산관리권 행사를 위한 준비: 재산목록 작성
A. 의미
• 후견인은 선임 후 2개월 이내에 피후견인의 재산을 조사하여 재산목록을 작성해야 하고, 정당한 사유가 있으면 법원의 허가를 받아 목록작성 기간을 연장할 수 있다.
• 후견인 취임 후 피후견인이 포괄재산을 취득한 경우에도 같다.

> 제941조(재산조사와 목록작성) ① 후견인은 지체 없이 피후견인의 재산을 조사하여 2개월 내에 그 목록을 작성하여야 한다. 다만, 정당한 사유가 있는 경우에는 법원의 허가를 받아 그 기간을 연장할 수 있다.

> 제944조(피후견인이 취득한 포괄적 재산의 조사 등) 전3조의 규정은 후견인의 취임 후에 피후견인이 포괄적 재산을 취득한 경우에 준용한다.

## B. 효과

- 원칙: 재산목록작성 완료 전에는 재산관리권한이 인정되지 않는 것이 원칙이다. 따라서 재산관리행위가 사실행위이면 불법행위, 법률행위이면 무권대리에 해당한다.
- 예외: ㉠ 재산목록작성 전 재산관리행위이더라도 긴급하게 필요한 경우에는 유효이다. ㉡ 재산목록작성 전 재산관리행위가 무효이더라도 선의의 제3자에게 대항할 수 없다.

> 제943조(목록작성전의 권한) 후견인은 재산조사와 목록작성을 완료하기까지는 긴급 필요한 경우가 아니면 그 재산에 관한 권한을 행사하지 못한다. 그러나 이로써 선의의 제삼자에게 대항하지 못한다.

## C. 후견감독인이 있는 경우

- 재산목록 작성에 후견감독인이 참여하지 않았으면 무효이다. 따라서 후견감독인이 추인하기 전까지는 §943가 적용된다.

> 제941조(재산조사와 목록작성) ② 후견감독인이 있는 경우 제1항에 따른 재산조사와 목록작성은 후견감독인의 참여가 없으면 효력이 없다.

- 후견인은 재산목록 작성 완료 전에 후견감독인에게 피후견인과 후견인간의 채권관계의 내역을 제시해야 하고, 악의로 제시하지 않으면 채권 포기로 간주된다.
  - ✓ 개정법은 후견인 감독기관을 필수기관인 친족회에서 임의기관인 후견감독인으로 대체하면서 후견감독인의 역할에 관한 조문들을 그대로 유지하고 있다는 점에서 문제가 있다. 후견감독인이 없으면 어떤 규율이 적용되는 문리해석상 불명확하다.

> 제942조(후견인의 채권·채무의 제시) ① 후견인과 피후견인 사이에 채권·채무의
> 관계가 있고 후견감독인이 있는 경우에는 후견인은 재산목록의 작성을 완료하기 전
> 에 그 내용을 후견감독인에게 제시하여야 한다.
> ② 후견인이 피후견인에 대한 채권이 있음을 알고도 제1항에 따른 제시를 게을리한
> 경우에는 그 채권을 포기한 것으로 본다.

## (2) 재산관리권의 범위

### A. 원칙

• 포괄적 재산관리권·법정대리권이 인정되지만, 재판이나 법률로 재산관리권·
  법정대리권이 인정된 내용에 관한 행위에 대해서만 적용된다.

> 제949조(재산관리권과 대리권) ① 후견인은 피후견인의 재산을 관리하고 그 재산에
> 관한 법률행위에 대하여 피후견인을 대리한다.

### B. 예외적인 제한

(a) 피후견인의 일신전속적 행위를 목적으로 하는 채무를 발생시키는 행위: 본인
    의 동의를 얻어야 한다.

> 제949조(재산관리권과 대리권) ② 제920조 단서의 규정은 전항의 법률행위에 준용한다.

(b) 제3자가 무상으로 재산을 수여한 경우: §956에 의한 §918 준용

(c) 이해상반행위

• 후견감독인이 없는 경우: 특별대리인을 선임해야 한다.

> 제949조의3(이해상반행위) 본문: 후견인에 대하여는 제921조를 준용한다.

• 후견감독인이 있는 경우: 후견감독인이 특별대리인 역할을 수행한다.

> 제949조의3(이해상반행위) 단서: 다만, 후견감독인이 있는 경우에는 그러하지 아니
> 하다.

> 제940조의6(후견감독인의 직무) ③ 후견인과 피후견인 사이에 이해가 상반되는 행
> 위에 관하여는 후견감독인이 피후견인을 대리한다.

(d) 후견인이 피후견인에 대한 제3자의 권리를 양수하는 경우

• 후견감독인이 없으면 피후견인에게 취소권이 인정되며, 후견감독인이 있으면 후견감독인의 동의가 없었을 때만 피후견인 자신이나 후견감독인에게 취소권이 인정된다.

제951조(피후견인의 재산 등의 양수에 대한 취소) ① 후견인이 피후견인에 대한 제3자의 권리를 양수하는 경우에는 피후견인은 이를 취소할 수 있다.
② 제1항에 따른 권리의 양수의 경우 후견감독인이 있으면 후견인은 후견감독인의 동의를 받아야 하고, 후견감독인의 동의가 없는 경우에는 피후견인 또는 후견감독인이 이를 취소할 수 있다.

• 후견감독인이 동의하면 유효가 될 수 있기 때문에 상대방의 최고권이 준용된다. 한편 §16의 준용은 규정되어 있지 않으므로 상대방의 철회는 불가능할 듯하다.

제952조(상대방의 추인 여부 최고) 제950조 및 제951조의 경우에는 제15조를 준용한다.

C. 피후견인에게 중대한 영향을 미치는 법률행위: §950

(a) 개관

• 전제: 후견감독인이 있어야 §950이 적용된다. 따라서 문리해석상으로는 후견감독인이 없으면 §950 ① 각 호의 행위도 후견인이 독자적으로 대리할 수 있다.

• 적용 대상: ㉠ 성년후견인의 대리, 미성년후견인의 동의가 필요한 사항에 대해 적용된다. ㉡ 반면 미성년자에게 §6, §8이 적용되는 경우 또는 재판이나 법률에 따라 피성년후견인이 단독으로 행위할 수 있는 사항에 관한 법률행위는 §950 ① 각 호에 해당하더라도 §950가 적용되지 않는다.

✓ 한정후견의 경우, §959의6에 의해 §950가 준용되지만, §959의5와는 달리 '대리'를 '동의'로 간주하는 문언이 없으므로, §950 각 호의 법률행위에 대해 한정후견인이 동의하는 경우에는 후견감독인의 동의를 받지 않아도 되는 것으로 해석된다.

(b) 특칙이 적용되는 행위의 유형

제950조(후견감독인의 동의를 필요로 하는 행위) ① 후견인이 피후견인을 대리하여 다음 각 호의 어느 하나에 해당하는 행위를 하거나 미성년자의 다음 각 호의 어느 하나에 해당하는 행위에 동의를 할 때는 후견감독인이 있으면 그의 동의를 받아야 한다.

1. 영업에 관한 행위

2. 금전을 빌리는 행위

3. 의무만을 부담하는 행위

4. 부동산 또는 중요한 재산에 관한 권리의 득실변경을 목적으로 하는 행위

5. 소송행위

6. 상속의 승인, 한정승인 또는 포기 및 상속재산의 분할에 관한 협의

### (c) 특칙 적용의 효과

• 후견감독인의 동의 거부가 피후견인의 이익을 침해할 우려가 있는 경우: 후견인
은 법원에 '후견감독인의 동의에 갈음하는 허가'를 청구하여 이에 따라 §950 ①
각 호의 행위를 할 수 있다.

> 제950조(후견감독인의 동의를 필요로 하는 행위) ② 후견감독인의 동의가 필요한 행
> 위에 대하여 후견감독인이 피후견인의 이익이 침해될 우려가 있음에도 동의를 하지
> 아니하는 경우에는 가정법원은 후견인의 청구에 의하여 후견감독인의 동의를 갈음하
> 는 허가를 할 수 있다.

• 후견인이 후견감독인의 동의 없이 §950 ① 각 호의 행위를 대리하거나 동의한
경우: 피후견인 본인 또는 후견감독인은 취소권을 행사할 수 있으며, 상대방에
게는 최고권이 인정된다. 문리해석상 후견인 자신은 취소권을 행사할 수 없다.

> 제950조(후견감독인의 동의를 필요로 하는 행위) ③ 후견감독인의 동의가 필요한 법
> 률행위를 후견인이 후견감독인의 동의 없이 하였을 때에는 피후견인 또는 후견감독
> 인이 그 행위를 취소할 수 있다.

> 제952조(상대방의 추인 여부 최고) 제950조 및 제951조의 경우에는 제15조를 준용한다.

### 라. 신상보호에 관한 권한

### (1) 원칙

• 상태가 허락하는 한 피후견인의 자기결정권이 보장되어야 한다.

> 제947조의2(피성년후견인의 신상결정 등) ① 피성년후견인은 자신의 신상에 관하여
> 그의 상태가 허락하는 범위에서 단독으로 결정한다.

- 피후견인의 자기결정이 불가능한 경우, 후견인은 법원의 재판으로 정해진 범위 내에서 신상에 관한 결정을 대리할 수 있다.

> 제938조(후견인의 대리권 등) ③ 가정법원은 성년후견인이 피성년후견인의 신상에 관하여 결정할 수 있는 권한의 범위를 정할 수 있다.

## (2) 신상보호에 관한 후견인의 법정대리권 제한

### A. 치료 목적 격리에 대한 법원의 허가

> 제947조의2(피성년후견인의 신상결정 등) ② 성년후견인이 피성년후견인을 치료 등의 목적으로 정신병원이나 그 밖의 다른 장소에 격리하려는 경우에는 가정법원의 허가를 받아야 한다.

### B. 신체 침해 의료행위에 대한 동의

- 원칙: 본인이 동의할 수 없으면 후견인이 법정대리인으로서 동의할 수 있다.
- 예외: 의료행위의 직접적인 결과로 사망 또는 상당한 장애가 발생할 위험이 있으면 법원의 허가를 얻어야 한다.
- 예외의 예외: 허가절차로 의료행위가 지연되면 생명의 위험이나 심신상의 중대한 장애를 초래할 때는 사후 허가로 대체할 수 있다.

> 제947조의2(피성년후견인의 신상결정 등) ③ 피성년후견인의 신체를 침해하는 의료행위에 대하여 피성년후견인이 동의할 수 없는 경우에는 성년후견인이 그를 대신하여 동의할 수 있다.

> 제947조의2(피성년후견인의 신상결정 등) ④ 제3항의 경우 피성년후견인이 의료행위의 직접적인 결과로 사망하거나 상당한 장애를 입을 위험이 있을 때에는 가정법원의 허가를 받아야 한다. 다만, 허가절차로 의료행위가 지체되어 피성년후견인의 생명에 위험을 초래하거나 심신상의 중대한 장애를 초래할 때에는 사후에 허가를 청구할 수 있다.

### C. 피후견인의 주거보호

- 후견인이 피후견인의 주거에 영향을 미치는 법률행위를 대리하려면 가정법원의 허가를 받아야 한다.

- 주거에 영향을 미치는 법률행위의 예로서 ㉠ 피후견인이 거주하고 있는 건물이나 그 대지에 대한 매도, 임대, 전세권이나 저당권 설정, ㉡ 피후견인의 거주권의 근거인 임차권이나 전세권을 소멸시키는 행위 등을 들 수 있다.

> 제947조의2(피성년후견인의 신상결정 등) ⑤ 성년후견인이 피성년후견인을 대리하여 피성년후견인이 거주하고 있는 건물 또는 그 대지에 대하여 매도, 임대, 전세권 설정, 저당권 설정, 임대차의 해지, 전세권의 소멸, 그 밖에 이에 준하는 행위를 하는 경우에는 가정법원의 허가를 받아야 한다.

## 5. 후견인 자신의 고유한 권리의무

### 가. 보수

- 후견인에 대한 보수지급은 임의적이다.
- 후견인이 청구해야 지급되고, 법원의 재량으로 지급하지 않는 것으로 결정할 수도 있다.

> 제955조(후견인에 대한 보수) 법원은 후견인의 청구에 의하여 피후견인의 재산상태 기타 사정을 참작하여 피후견인의 재산 중에서 상당한 보수를 후견인에게 수여할 수 있다.

### 나. 사무처리 비용

> 제955조의2(지출금액의 예정과 사무비용) 후견인이 후견사무를 수행하는 데 필요한 비용은 피후견인의 재산에서 지출한다.

## 6. 후견인의 사임·변경

### 가. 사임

- 후견인이 사임하려면, 정당한 사유, 후견인의 사임 청구, 법원의 허가 재판이라는 요건이 충족되어야 한다.
- 후견인이 사임 청구를 하려면 동시에 후임자 선임 청구도 해야 한다.

> 제939조(후견인의 사임) 후견인은 정당한 사유가 있는 경우에는 가정법원의 허가를 받아 사임할 수 있다. 이 경우 그 후견인은 사임청구와 동시에 가정법원에 새로운 후견인의 선임을 청구하여야 한다.

## 나. 변경

### (1) 개관

- 요건: 피후견인의 복리를 위해 후견인 변경이 필요해야 한다.
- 절차: 직권 또는 피후견인, 친족, 후견감독인, 검사·지자체장의 청구에 의한 재판을 거쳐야 한다.

> 제940조(후견인의 변경) 가정법원은 피후견인의 복리를 위하여 후견인을 변경할 필요가 있다고 인정하면 직권으로 또는 피후견인, 친족, 후견감독인, 검사, 지방자치단체의 장의 청구에 의하여 후견인을 변경할 수 있다.

### (2) 사례: 후견인 변경의 필요성

A. 사안의 개요

- 사건본인 甲을 위해 甲의 친형 乙이 후견인으로 선임되었다.
- 그후 甲의 자녀 丙이 후견인을 丁법인으로 변경해 달라고 신청했다.

B. 쟁점과 판단

- §940의 '피후견인의 복리'를 고려할 때는 재산관리뿐 아니라 신상보호의 측면도 중요하게 평가해야 한다.
- 해임의 사유: 민법상 성년후견인 해임의 근거규정은 없지만, 후견인의 변경은 실질적으로 원래의 후견인의 해임을 의미하고, 한번 해임되면 후견인 결격사유가 되어 다시는 후견인으로 선임될 수 없게 된다. 따라서 다른 유형의 법정대리인에 대한 해임 사유(§959의17 ②의 임의후견인 해임 사유, §1106의 유언집행자 해임 사유 등)에 준하여, 선관주의의무 위반으로 인해 임무 수행에 부적합하다고 볼 만한 구체적 사유가 인정되어야 후견인을 변경할 수 있다.
- 후견인 변경의 보충성: 후견인의 권한범위 조정이나 추가 후견인 선임 등으로 대처할 수 있는지도 검토해야 하고, 후견인 선임 재판에 대한 불복 수단으로 악용되면 안 된다.

### 대법원 2021. 2. 4.자 2020스647 결정

- 제940조의 후견인 변경 사유는 후견인이 <u>선량한 관리자로서의 주의의무를 게을리하여 후견인으로서 그 임무를 수행하는 데 적당하지 않은 사유가 있는 경우로서 그</u>

부적당한 점으로 <u>피후견인의 복리에 영향</u>이 있는 경우라고 봄이 상당하다. … 민법은 성년후견인 선임과 변경을 별도로 규정하면서도 임의후견과 달리 법정후견의 경우에는 해임에 관하여 별다른 규정을 두고 있지 않아 <u>성년후견인의 변경은 기존 성년후견인의 해임 및 새로운 성년후견인의 선임</u>이라는 법적 성격을 가지는데 … 현저한 비행을 하거나 그 밖에 그 임무에 적합하지 아니한 사유가 있게 된 경우를 임의후견인의 해임사유로, 그 임무를 해태하거나 적당하지 아니한 사유가 있는 때를 유언집행자의 해임사유로 각 정하고 있다.

· 성년후견인의 임무에는 피성년후견인의 재산관리 임무뿐 아니라 신상보호 임무가 포함되어 있고, 신상보호 임무 역시 재산관리 임무 못지않게 피성년후견인의 복리를 위하여 중요한 의미를 가지기 때문에 성년후견인 변경사유를 판단함에 있어서는 <u>재산관리와 신상보호의 양 업무의 측면을 모두 고려</u>하여야 한다.

## 7. 후견인의 임무수행에 대한 감독

### 가. 후견감독인

(1) 임의기관: 필요한 경우에만 선임된다.

(2) 선임

· 원시적 선임: 직권 또는 본인, 친족, 성년후견인, 공익적 신청인의 청구에 의한 재판으로 선임한다. 성년후견인도 후견감독인 선임 청구권자임에 유의해야 한다.

· 후발적 선임: 후견인이 없게 된 때도 직권 또는 청구의 청구에 의한 재판으로 선임한다.

> 제940조의4(성년후견감독인의 선임) ① 가정법원은 필요하다고 인정하면 직권으로 또는 피성년후견인, 친족, 성년후견인, 검사, 지방자치단체의 장의 청구에 의하여 성년후견감독인을 선임할 수 있다.
> ② 가정법원은 성년후견감독인이 사망, 결격, 그 밖의 사유로 없게 된 경우에는 직권으로 또는 피성년후견인, 친족, 성년후견인, 검사, 지방자치단체의 장의 청구에 의하여 성년후견감독인을 선임한다.

### (3) 직무

· 후견사무 감독: 후견감독인은 후견인에 대한 임무수행보고 요구, 재산목록제출

요구, 피후견인의 재산상황 조사 등의 임무를 수행한다.

> 제940조의6(후견감독인의 직무) ① ⋯ 후견감독인은 후견인의 사무를 감독하며,

> 제953조(후견감독인의 후견사무의 감독) 후견감독인은 언제든지 후견인에게 그의 임무 수행에 관한 보고와 재산목록의 제출을 요구할 수 있고 피후견인의 재산상황을 조사할 수 있다.

• 후견인이 사망·결격 등의 사유로 없어지게 되면 후견감독인은 지체 없이 후견인 선임을 청구해야 한다.

> 제940조의6(후견감독인의 직무) ① ⋯ 후견인이 없는 경우 지체 없이 가정법원에 후견인의 선임을 청구하여야 한다.

• 피후견인의 재산이나 신상 보호를 위해 필요한 조치를 해야 할 급박한 사정이 있으면, 후견감독인이 스스로 필요한 처분이나 행위를 할 수 있다.

> 제940조의6(후견감독인의 직무) ② 후견감독인은 피후견인의 **신상이나 재산**에 대하여 급박한 사정이 있는 경우 그의 보호를 위하여 필요한 행위 또는 처분을 할 수 있다.

• 후견인·피후견인간 이해상반행위에서 피후견인의 특별대리인이 된다.

> 제940조의6(후견감독인의 직무) ③ 후견인과 피후견인 사이에 이해가 상반되는 행위에 관하여는 후견감독인이 피후견인을 대리한다.

## (4) 준용조항

A. 위임에 관한 조항 준용(§940의7)

• 선관주의의무(§681), 임무종료 후 긴급처리(§691, §692)

B. 성년후견인에 관한 조항 준용(§940의7)

• 수와 자격(§930 ②, ③), 추가선임(§936 ③), 선임시 고려사항(§936 ④)

• 복수인 경우의 권한행사 방법(§949의2)

• 결격사유(§937). 다만 '후견인과 §779의 가족관계인 경우'는 후견감독인에 대해서만 적용되는 결격사유이다.

> 제940조의5(후견감독인의 결격사유) 제779조에 따른 후견인의 가족은 후견감독인
> 이 될 수 없다.

- 신상(의료행위, 주거보호)에 관한 동의(§947의2 ③~⑤): 급박한 사정으로 인한 감독인의 직무수행 필요성(§940의6 ②)이 전제되어야 신상에 대한 동의에 관한 조항들이 준용될 수 있을 것이다. 따라서 이 경우 §947의2뿐 아니라 §940의6도 함께 적용된다.
- 사임·변경(§939, §940)
- 보수, 사무처리비용 지출(§955, §955의2)

> 제940조의7(위임 및 후견인 규정의 준용) 후견감독인에 대하여는 제681조, 제691조,
> 제692조, 제930조제2항·제3항, 제936조제3항·제4항, 제937조, 제939조, 제940조,
> 제947조의2제3항부터 제5항까지, 제949조의2, 제955조 및 제955조의2를 준용한다.

## 나. 법원

- 요건: 직권 또는 피후견인, 후견감독인, 피후견인의 친족, 그 외의 이해관계인, 검사·지자체장의 청구가 있어야 한다.
- 내용: 재산상황 조사와 후견임무수행에 필요한 처분 명령을 함으로써 후견인을 감독한다.

> 제954조(가정법원의 후견사무에 관한 처분) 가정법원은 직권으로 또는 피후견인, 후
> 견감독인, 제777조에 따른 친족, 그 밖의 이해관계인, 검사, 지방자치단체의 장의 청
> 구에 의하여 피후견인의 재산상황을 조사하고, 후견인에게 재산관리 등 후견임무 수
> 행에 관하여 필요한 처분을 명할 수 있다.

## 8. 후견의 종료

### 가. 요건

- 실질적 요건: 후견개시의 원인이 소멸해야 후견이 종료될 수 있다.
- 절차적 요건: 본인, 배우자·4촌 이내 친족, 검사·지자체장, 후견인·후견감독인의 청구에 의한 법원의 성년후견 종료 재판이 있어야 후견이 종료된다. 법원이 직권으로 후견 종료 재판을 할 수는 없다.

제11조(성년후견종료의 심판) 성년후견개시의 원인이 소멸된 경우에는 가정법원은 본인, 배우자, 4촌 이내의 친족, 성년후견인, 성년후견감독인, 검사 또는 지방자치단체의 장의 청구에 의하여 성년후견종료의 심판을 한다.

## 나. 효과

### (1) 사무종결 · 관리계산(§957)

* 기간: 후견종료 후 1개월 이내에 마쳐야 하지만, 정당한 사유가 있으면 법원의 허가로 연장될 수 있다.
* 후견감독인이 있으면 후견감독인을 참가시켜야만 유효하다.

제957조(후견사무의 종료와 관리의 계산) ① 후견인의 임무가 종료된 때에는 후견인 또는 그 상속인은 1개월 내에 피후견인의 재산에 관한 계산을 하여야 한다. 다만, 정당한 사유가 있는 경우에는 법원의 허가를 받아 그 기간을 연장할 수 있다.
② 제1항의 계산은 후견감독인이 있는 경우에는 그가 참여하지 아니하면 효력이 없다.

### (2) 정산(§958)

* 계산 종료 후의 이자 발생: 후견인의 채무, 피후견인의 채무 모두에 대해 이자가 발생한다.
* 금전 무단 소비에 대한 가중책임: 이자뿐 아니라 그 외의 손해도 배상해야 한다. §685는 '소비한 날 이후'의 이자를 지급하도록 규정하고 있으나, §958은 '계산 종료일'부터의 이자를 지급하도록 규정하고 있다.

✓ 후견인의 무단소비는 유책성이 더 크다고 할 수 있는데 오히려 이자부가의 기산점을 뒤로 미루는 혜택을 주면서까지 다른 내용으로 규정한 이유가 무엇인지는 불명확하다.

제958조(이자의 부가와 금전소비에 대한 책임) ① 후견인이 피후견인에게 지급할 금액이나 피후견인이 후견인에게 지급할 금액에는 계산종료의 날로부터 이자를 부가하여야 한다.
② 후견인이 자기를 위하여 피후견인의 금전을 소비한 때에는 그 소비한 날로부터 이자를 부가하고 피후견인에게 손해가 있으면 이를 배상하여야 한다.

### (3) 긴급사무처리: 위임 규정 준용(§691, §692)

제959조(위임규정의 준용) 제691조, 제692조의 규정은 후견의 종료에 이를 준용한다.

# IV 협의의 성년후견 이외의 법정후견 유형들

## 1. 한정후견

### 가. 후견개시

- 실질적 요건(사유): 질병, 장애, 노령, 기타 사유로 인한 정신적 제약으로 인해 사무처리 능력이 부족한 사람에 대해서는 한정후견 개시 재판을 할 수 있다.
- 절차적 요건: 성년후견과 대체로 같고, 청구권자 중 '성년후견인, 성년후견감독인'이 포함되어 있다는 것만 다르다.

> 제12조(한정후견개시의 심판) ① 가정법원은 질병, 장애, 노령, 그 밖의 사유로 인한 정신적 제약으로 사무를 처리할 능력이 부족한 사람에 대하여 본인, 배우자, 4촌 이내의 친족, 미성년후견인, 미성년후견감독인, 성년후견인, 성년후견감독인, 특정후견인, 특정후견감독인, 검사 또는 지방자치단체의 장의 청구에 의하여 한정후견개시의 심판을 한다.
> ② 한정후견개시의 경우에 제9조 제2항을 준용한다.

### 나. 후견인

### (1) 자격과 결격

> 제959조의3(한정후견인의 선임 등) ② 한정후견인에 대하여는 제930조제2항·제3항(정원과 자격), 제937조(결격)…을 준용한다.

### (2) 후견인의 결정, 추가선임

> 제959조의2(한정후견의 개시) 가정법원의 한정후견개시의 심판이 있는 경우에는 그 심판을 받은 사람의 한정후견인을 두어야 한다. [제929조에 대응함]

> 제959조의3(한정후견인의 선임 등) ①제959조의2에 따른 한정후견인은 가정법원이 직권으로 선임한다. [제936조 제1항에 대응함]
>
> 제959조의3 ② 한정후견인에 대하여는 제936조 제2항부터 제4항까지[성년후견인의 선임 조항]를 준용한다.

## 다. 임무

> 제959조의6(한정후견사무) 한정후견의 사무에 관하여는 제681조, 제920조 단서, 제947조, 제947조의2, 제949조, 제949조의2, 제949조의3, 제950조부터 제955조까지 및 제955조의2를 준용한다.

### (1) 개관

- 선관주의의무, 피후견인의 복리 · 의사존중: §959의6에 의한 §681, §947준용
- 여러 명인 경우의 권한 행사: §959의6에 의한 §949의2 준용
- ✓ 한정후견에게는 대리권이 없는데도 §959의6이 §949를 준용하는 것, 그리고 §949 ②에서 §920 단서를 준용하고 있는데도 §959의6이 §949의 준용 외에 거듭 다시 §920 단서를 준용하는 것은 입법 오류라고 볼 여지가 있다.

### (2) 재산에 관한 권한

A. 개관

- 한정후견이 개시되더라도 피한정후견인은 유효하게 법률행위를 할 수 있는 것이 원칙이다.
- 피한정후견인의 행위능력이 제한되는 경우에도 후견인의 동의 하에 스스로 법률행위를 하는 것이 원칙이고, 예외적으로 후견인에게 법정대리권이 수여된다.

성년후견이 개시된 경우 피성년후견인의 법률행위는 원칙적으로 취소할 수 있는 반면, 한정후견이 개시된 경우 피한정후견인은 유효하게 법률행위를 할 수 있는 것이 원칙이고 예외적으로 가정법원이 피한정후견인의 행위능력을 제한할 수 있다(대법원 2021. 6. 10.자 2020스596 결정).

B. 원칙: 동의권

(a) 동의 대상 법률행위의 범위

- 재판에 의한 결정: 본인, 배우자, 4촌이내 친족, 한정후견인, 한정후견감독인, 검사 · 지자체장의 청구에 의한 재판으로 결정하며, 사정변경이 생긴 경우에도 청구권자들의 청구에 의한 재판으로 변경할 수 있다.

> 제13조(피한정후견인의 행위와 동의) ① 가정법원은 피한정후견인이 한정후견인의 동의를 받아야 하는 행위의 범위를 정할 수 있다.
> ② 가정법원은 본인, 배우자, 4촌 이내의 친족, 한정후견인, 한정후견감독인, 검사 또는 지방자치단체의 장의 청구에 의하여 제1항에 따른 한정후견인의 동의를 받아야만 할 수 있는 행위의 범위를 변경할 수 있다.

- 법률에 의한 결정: 일상생활에 필요하고 대가가 과도하지 않은 법률행위는 동의 대상이 아니므로 피한정후견인이 스스로 할 수 있다.

> 제13조(피한정후견인의 행위와 동의) ④ 단서: 다만, 일용품의 구입 등 일상생활에 필요하고 그 대가가 과도하지 아니한 법률행위에 대하여는 그러하지 아니하다.

### (b) 동의 대상인 법률행위인 경우

- 피후견인 본인이 한정후견인의 동의 없이 법률행위를 하면 피후견인 본인과 한정후견인이 그 법률행위를 취소할 수 있다.

> 제13조(피한정후견인의 행위와 동의) ④ 본문: 한정후견인의 동의가 필요한 법률행위를 피한정후견인이 한정후견인의 동의 없이 하였을 때에는 그 법률행위를 취소할 수 있다.

- 한정후견인의 동의에 갈음하는 재판: 한정후견인의 동의 거부로 인해 피후견인의 이익이 침해될 우려가 있을 때 피한정후견인의 청구가 있으면 법원은 동의에 갈음하는 허가를 할 수 있다.

> 제13조(피한정후견인의 행위와 동의) ③ 한정후견인의 동의를 필요로 하는 행위에 대하여 한정후견인이 피한정후견인의 이익이 침해될 염려가 있음에도 그 동의를 하지 아니하는 때에는 가정법원은 피한정후견인의 청구에 의하여 한정후견인의 동의를 갈음하는 허가를 할 수 있다.

C. 예외: 대리권

(a) 전제: 한정후견인에게 대리권을 수여하는 재판

- 대리권 수여여부는 법원의 재량이다.
- 한정후견인은 별도의 대리권 수여 재판이 없으면 대리권은 없고 동의권만 있다

는 점에서 성년후견과 다르다.

(b) 대리권의 범위

- §959 ④에 의한 §938 ③, ④ 준용: 법원은 신상에 관한 결정권의 범위를 정할 수 있고, 결정된 범위가 사정변경으로 인해 적절하지 않게 되면 본인, 배우자·4촌 이내 친족, 후견인·감독인, 검사·지자체장의 청구에 의해 변경 재판이 가능하다.
- 후견인이 당연히 법정대리인이 됨을 전제로 대리권의 범위를 정하기 위한 조항인 §938 ①, ②는 한정후견인에 대해서는 준용되지 않는다.

> 제959조의4(한정후견인의 대리권 등) ① 가정법원은 한정후견인에게 대리권을 수여하는 심판을 할 수 있다.
> ② 한정후견인의 대리권 등에 관하여는 제938조 제3항 및 제4항을 준용한다.

(c) 대리권의 제한

- 전제: §959의4 ①에 의해 수여된 대리권 범위 내인 경우에만 적용된다. 이 범위 밖이면 어차피 무권대리이기 때문이다.
- 본인의 일신전속적 행위가 필요한 경우: §959의6에 의한 §949 ②, §920 단서 준용
- 이해상반행위: 후견감독인이 없으면 §921이 준용된다(§959의6에 의한 §949의3 준용). 게다가 §949의3은 §959의3 ②에서도 준용되므로 두 번 준용된다.
- 후견감독인의 동의가 필요한 중요한 법률행위: §959의6에 의한 §950 ~ §952 준용

(3) 신상에 관한 권한: §959의6에 의한 §947의2 준용

**라. 후견인 자신의 고유한 권리의무**: §959의6에 의한 §955, §955의2 준용

> 제959조의6(한정후견사무) … 제950조부터 제955조까지 및 제955조의2를 준용한다.

## 마. 사임·변경

> 제959조의3(한정후견인의 선임 등) ② 한정후견인에 대하여는 … 제939조, 제940조 … 을 준용한다.

## 바. 감독

(1) 한정후견감독인

- 선임: §959의5 ①은 §940의4 ①과 실질적으로 같은 내용을 규정하고 있다. 선임

청구권자 중 전자의 한정후견인·피한정후견인은 후자의 성년후견인·피성년후견인에 대응한다.

- 후견감독인이 없게 된 경우 한정후견의 경우에는 선임이 불가능하다. 성년후견의 후발적 선임근거 조항인 §940의4 ②에 대응하는 조항이 없고 준용규정도 없다.
- 결격: 성년후견과 동일하다(§959의5 ②에 의한 §937, §940의5 준용).
- 위임, 후견인에 관한 규정의 준용: 성년후견과 동일하다. §959의5 ②와 §940의7은 같은 조문들을 준용한다.
- 직무: §959의5 ②은 §940의6을 준용하지만, §940의6 ③의 피후견인·후견인간 이해상반행위에서 피후견인을 대리하는 것이 아니라, 피후견인에게 동의하는 것으로 새겨야 한다.

> 제959조의5(한정후견감독인) ① 가정법원은 필요하다고 인정하면 직권으로 또는 피한정후견인, 친족, 한정후견인, 검사, 지방자치단체의 장의 청구에 의하여 한정후견감독인을 선임할 수 있다.
> ② 한정후견감독인에 대하여는 제681조, 제691조, 제692조, 제930조제2항·제3항, 제936조제3항·제4항, 제937조, 제939조, 제940조, 제940조의3제2항, 제940조의5, 제940조의6, 제947조의2제3항부터 제5항까지, 제949조의2, 제955조 및 제955조의2를 준용한다. 이 경우 제940조의6제3항 중 "피후견인을 대리한다"는 "피한정후견인을 대리하거나 피한정후견인이 그 행위를 하는 데 동의한다"로 본다.

## (2) 법원의 개입: §959의6에 의한 §954 준용

> 제959조의6(한정후견사무) 한정후견의 사무에 관하여는 … 제950조부터 제955조를 준용한다.

## 사. 후견의 종료

### (1) 종료사유: 한정후견 종료 재판

> 제14조(한정후견종료의 심판) 한정후견개시의 원인이 소멸된 경우에는 가정법원은 본인, 배우자, 4촌 이내의 친족, 한정후견인, 한정후견감독인, 검사 또는 지방자치단체의 장의 청구에 의하여 한정후견종료의 심판을 한다.

## (2) 종료시의 법률관계

> 제959조의7(한정후견인의 임무의 종료 등) 한정후견인의 임무가 종료한 경우에 관하여는 제691조, 제692조, 제957조 및 제958조를 준용한다.

# 2. 특정후견

## 가. 개시

### (1) 실질적 요건

- 질병, 장애, 노령, 그 밖의 사유로 인한 정신적 제약으로 일시적 후원 또는 특정한 사무에 관한 후원이 필요한 경우 특정후견 심판을 할 수 있다.
- 성년후견, 한정후견과는 달리, 본인의 의사에 반하면 특정후견 심판을 할 수 없다.

### (2) 절차적 요건

- 본인, 배우자 · 4촌 이내 친족, 미성년후견인 · 감독인, 검사 · 지방자치단체의 장
- 특정후견 개시 재판: 후견 기간 또는 후견 사무의 범위를 정해야 한다는 점에서 다른 유형과 다르다.

> 제14조의2(특정후견의 심판) ① 가정법원은 질병, 장애, 노령, 그 밖의 사유로 인한 정신적 제약으로 일시적 후원 또는 특정한 사무에 관한 후원이 필요한 사람에 대하여 본인, 배우자, 4촌 이내의 친족, 미성년후견인, 미성년후견감독인, 검사 또는 지방자치단체의 장의 청구에 의하여 특정후견의 심판을 한다.
> ② 특정후견은 본인의 의사에 반하여 할 수 없다.
> ③ 특정후견의 심판을 하는 경우에는 특정후견의 기간 또는 사무의 범위를 정하여야 한다.

## 나. 특정후견인

### (1) 선임

> 제959조의9(특정후견인의 선임 등) ① 가정법원은 제959조의8에 따른 처분으로 피특정후견인을 후원하거나 대리하기 위한 특정후견인을 선임할 수 있다.

### (2) 자격, 정원, 선임, 결격, 사임, 변경: 준용

> 제959조의9(특정후견인의 선임 등) ② 특정후견인에 대하여는 제930조제2항·제3항, 제936조제2항부터 제4항까지, 제937조, 제939조 및 제940조를 준용한다.

### (3) 여러 명이 임명된 경우: §959의12에 의한 §947의2 준용

## 다. 특정후견감독인

> 제959조의10(특정후견감독인) ① 가정법원은 필요하다고 인정하면 직권으로 또는 피특정후견인, 친족, 특정후견인, 검사, 지방자치단체의 장의 청구에 의하여 특정후견감독인을 선임할 수 있다.
> ② 특정후견감독인에 대하여는 제681조, 제691조, 제692조, 제930조제2항·제3항, 제936조제3항·제4항, 제937조, 제939조, 제940조, 제940조의5, 제940조의6, 제949조의2, 제955조 및 제955조의2를 준용한다.

## 라. 피특정후견인 후원을 위한 조치

• 다른 유형과는 달리, 법원은 반드시 후견인을 선임해야 하는 것은 아니고 필요한 처분을 직접 명함으로써 피특정후견인 보호를 마칠 수 있다.

> 제959조의8(특정후견에 따른 보호조치) 가정법원은 피특정후견인의 후원을 위하여 필요한 처분을 명할 수 있다.

• 특정후견인의 대리권을 수여하는 재판

> 제959조의11(특정후견인의 대리권) ① 피특정후견인의 후원을 위하여 필요하다고 인정하면 가정법원은 기간이나 범위를 정하여 특정후견인에게 대리권을 수여하는 심판을 할 수 있다.
> ② 제1항의 경우 가정법원은 특정후견인의 대리권 행사에 <u>가정법원</u>이나 특정후견감독인의 동의를 받도록 명할 수 있다.

• 선관주의의무, 피후견인의 복리 원칙

> 제959조의12(특정후견사무) 특정후견의 사무에 관하여는 제681조 … 제947조 … 를 준용한다.

- 신상에 관해서는 권한이 부여될 수 없는데, §959의12가 §947의2를 준용하지 않기 때문이다.

**마. 고유한 권리, 의무:** §959의12에 의한 §955, §955의2 준용

**바. 감독:** §959의12에 의한 §953, §954 준용

**사. 종료**

> 제959조의13(특정후견인의 임무의 종료 등) 특정후견인의 임무가 종료한 경우에 관하여는 제691조, 제692조, 제957조 및 제958조를 준용한다.

## Ⅴ 임의후견

### 1. 법정후건과의 관계

#### 가. 임의후견 우선원칙

#### (1) 후견계약이 등기되어 있는 경우

##### A. 전제

✓ 후견계약이 등기되어 있어도 후견이 개시된 것이 아니다. 후견계약으로 정한 후견개시사유가 있는지를 공적으로 확인할 필요가 있기 때문이다.

✓ 현행법은 '임의후견감독인 선임 재판'을 하면서 임의후견 계약상의 후견개시 사유가 있는지를 법원이 확인하도록 하고 있다. 따라서 공적 개입이나 감독이 더 필요한 미성년후견이나 법정후견에서는 후견감독인이 임의기관인 반면, 본인의 의지가 반영된 자율적 후견인 임의후견에서는 임의후견감독인이 필수기관이 되어 버렸다.

##### B. 법정후견 개시 가능

- 임의후견계약이 등기되어 있다는 이유만으로 법정후견 개시 심판이 불가능한 것은 아니고, 피후견인을 위해 특별히 필요한 경우에는 법정후견 개시 재판을 할 수 있다.
- 이러한 법정후견 개시 재판은 원래의 법정후견 개시 청구권자뿐 아니라 임의후견인 또는 임의후견감독인도 청구할 수 있으나, 법원의 직권으로 할 수는 없다.
- 법정후견이 개시되면 후견계약은 임의후견 감독인 선임 전이더라도 종료된다.

> 제959의20(후견계약과 성년후견 · 한정후견 · 특정후견의 관계) ① **후견계약이 등기되어 있는 경우**에는 가정법원은 본인의 이익을 위하여 **특별히 필요할 때에만 임의후견인 또는 임의후견감독인의 청구**에 의하여 성년후견, 한정후견 또는 특정후견의 심판을 할 수 있다. 이 경우 후견계약은 본인이 성년후견 또는 한정후견개시의 심판을 받은 때 종료된다.

**대법원 2021. 7. 15.자 2020으547 결정**

‣ 제959조의20 제1항 전문은 후견계약이 등기된 경우에는 본인의 이익을 위하여 특별히 필요한 때에만 법정후견 심판을 할 수 있다고 정하고 있을 뿐이고 **임의후견감독인이 선임되어 있을 것을 요구하고 있지 않다.**

‣ 또한 법정후견 청구권자로 '임의후견인 또는 임의후견감독인'을 정한 것은 반드시 임의후견인이나 임의후견감독인을 선임한 후 법정후견 심판을 해야 한다는 의미가 아니라 임의후견에서 법정후견으로 원활하게 이행할 수 있도록 제9조 등이 규정한 **법정후견 청구권자 외에 임의후견인 또는 임의후견감독인을 추가**한 것이다.

‣ 후견계약이 등기된 경우 본인의 이익을 위한 특별한 필요성이 인정되어 제9조 제1항 등에서 정한 법정후견 청구권자, 임의후견인이나 임의후견감독인의 청구에 따라 법정후견 심판을 한 경우 후견계약은 **임의후견감독인의 선임과 관계없이** 본인이 성년후견 또는 한정후견 개시의 심판을 받은 때 종료한다고 보아야 한다.

C. 법정후견 개시 후 임의후견감독인 선임 청구

• 원칙: 법정후견이 개시된 후이더라도, 임의후견감독인 선임 청구가 있으면 법원은 임의후견감독인을 선임하여 임의후견을 개시하게 하고, 종래의 법정후견 종료 재판을 해야 한다.

• 예외: 특별히 법정후견 유지가 필요한 경우에만 임의후견감독인을 선임하지 않음으로써 법정후견을 유지할 수 있다.

> 제959의20(후견계약과 성년후견 · 한정후견 · 특정후견의 관계) ② 본인이 피성년후견인, 피한정후견인 또는 피특정후견인인 경우에 가정법원은 임의후견감독인을 선임함에 있어서 종전의 성년후견, 한정후견 또는 특정후견의 종료 심판을 하여야 한다. 다만 성년후견 또는 한정후견 조치의 계속이 본인의 이익을 위하여 특별히 필요하다고 인정하면 가정법원은 임의후견감독인을 선임하지 아니한다.

## (2) 법정후견 개시 재판 진행 중 후견계약이 등기된 경우

• 법정후견 개시 재판이 진행 중이더라도 사건본인의 행위능력이 유지된다. 따라서 법정후견 개시 재판 확정 전까지는 유효한 후견계약을 할 수 있다.
• 법정후견 개시 재판 진행 중에 후견계약이 체결되고 등기까지 마쳐졌다면 §959의20 ② 본문과 단서가 그대로 적용된다.

> **대법원 2017. 6. 1.자 2017스515 결정**
> ‣ 제959조의20 ··· 은 후견계약이 등기된 경우에는 사적자치의 원칙에 따라 본인의 의사를 존중하여 후견계약을 우선하도록 하고, 예외적으로 본인의 이익을 위하여 특별히 필요할 때에 한하여 법정후견(성년후견, 한정후견 또는 특정후견)에 의할 수 있도록 하고 있다.
> ‣ 제959조의20 제1항에서 후견계약의 등기 시점에 특별한 제한을 두지 않고 있고, 같은 조 제2항 본문에서 본인에 대해 이미 법정후견이 개시된 경우에는 임의후견감독인을 선임하면서 종전 법정후견의 종료 심판을 하도록 한 점 등에 비추어 보면,
> ‣ 위 제1항은 본인에 대해 법정후견 개시심판 청구가 제기된 후 그 심판이 확정되기 전에 후견계약이 등기된 경우에도 그 적용이 있다고 보아야 하므로, 그와 같은 경우 가정법원은 본인의 이익을 위하여 특별히 필요하다고 인정할 때에만 한정후견 개시심판을 할 수 있다.

## 나. 법정후견과 임의후견의 병존 불가

• 법정후견이 개시되면 후견계약이 종료된다.
• 법정후견이 개시된 상태에서 임의후견 개시 사유인 '임의후견감독인 선임' 재판을 하려면 반드시 법정후견 종료 재판을 해야 한다.

> 제959조의20(후견계약과 성년후견·한정후견·특정후견의 관계) ① 후문: 이 경우 후견계약은 본인이 성년후견 또는 한정후견 개시의 심판을 받은 때 종료된다.
> ② 본문: 본인이 피성년후견인, 피한정후견인 또는 피특정후견인인 경우에 가정법원은 임의후견감독인을 선임함에 있어서 종전의 성년후견, 한정후견 또는 특정후견의 종료 심판을 하여야 한다.

## 2. 후견계약

### 가. 의미

* 질병·장애·노령 기타 사유로 인한 정신적 제약으로 사무처리 능력 부족해지는 상황에 대비하기 위해, 본인이 스스로 재산관리와 신상보호 사무의 전부 또는 일부의 처리를 장차 후견인이 될 자에게 위탁하고, 이를 위해 필요한 대리권을 수여하는 계약을 뜻한다.
* 후견개시 사유와 후견의 범위, 후견인 결정 등은 모두 계약으로 정한다.

> 제959조의14(후견계약의 의의와 체결방법 등) ① 후견계약은 질병, 장애, 노령, 그 밖의 사유로 인한 정신적 제약으로 사무를 처리할 능력이 부족한 상황에 있거나 부족하게 될 상황에 대비하여 자신의 재산관리 및 신상보호에 관한 사무의 전부 또는 일부를 다른 자에게 위탁하고 그 위탁사무에 관하여 대리권을 수여하는 것을 내용으로 한다.

### 나. 방식: 요식행위

> 제959조의14(후견계약의 의의와 체결방법 등) ② 후견계약은 공정증서로 체결하여야 한다.

### 다. 효력 발생: 법원의 임의후견감독인 선임

### (1) 실질적 요건

* 후견계약이 등기되어 있을 것
* 본인의 사무처리 능력 부족이 인정될 것

### (2) 절차적 요건

> 제959조의15(임의후견감독인의 선임) ① 가정법원은 후견계약이 등기되어 있고, 본인이 사무를 처리할 능력이 부족한 상황에 있다고 인정할 때에는 본인, 배우자, 4촌 이내의 친족, 임의후견인, 검사 또는 지방자치단체의 장의 청구에 의하여 임의후견감독인을 선임한다.
> ② 제1항의 경우 본인이 아닌 자의 청구에 의하여 가정법원이 임의후견감독인을 선임할 때에는 미리 본인의 동의를 받아야 한다. 다만, 본인이 의사를 표시할 수 없으면 그렇지 않다.

A. 임의후견감독인 선임청구

• 청구권자: 본인, 배우자, 4촌 이내 친족, 임의후견인, 검사·지자체장에게 청구권이 인정된다.

• 본인 이외의 사람이 청구한 경우: 본인의 동의를 받는 것이 원칙이지만, 본인이 의사를 표시할 수 없을 때는 본인의 동의 없이도 임의후견감독인을 선임할 수 있다. 이에 비해 법정후견의 경우 '본인의 동의'는 타인의 후견개시 신청에 의한 후견개시 재판의 요건이 아니다.

B. 법원의 임의후견감독인 선임 재판

• 반드시 임의후견감독인이 선임되어야 한다는 점에서, 후견감독인 선임 여부가 법원의 재량에 맡겨져 있는 법정후견의 경우와 다르다.

• 임의후견인에 대해서 후견인 결격사유, 현저한 비행, 후견계약으로 정한 임무에 대한 부적합성 등의 사유가 인정되는 경우 법원은 임의후견 개시를 저지하기 위해 임의후견감독인 선임신청을 기각해야 한다.

> 제959조의17(임의후견개시의 제한 등) ① 임의후견인이 제937조 각 호에 해당하는 자 또는 그 밖에 현저한 비행을 하거나 후견계약에서 정한 임무에 적합하지 아니한 사유가 있는 자인 경우에는 가정법원은 임의후견감독인을 선임하지 아니한다.

## 3. 임의후견 감독인

### 가. 선임

(1) 원시적 선임: §959의15 ①

(2) 후발적 선임

• 사유: 후견감독인이 없게 된 경우나 추가 선임이 필요한 경우 임의후견 감독인을 다시 선임해야 한다.

• 절차적 요건은 원시적 선임과 같다.

> 제959조의15(임의후견감독인의 선임) ③ 가정법원은 임의후견감독인이 없게 된 경우에는 직권으로 또는 본인, 친족, 임의후견인, 검사 또는 지방자치단체의 장의 청구에 의하여 임의후견감독인을 선임한다.

④ 가정법원은 임의후견임감독인이 선임된 경우에도 필요하다고 인정하면 직권으로 또는 제3항의 청구권자의 청구에 의하여 임의후견감독인을 추가로 선임할 수 있다.

## 나. 자격·결격

**(1) 자격, 정원:** 성년후견 준용(§959의16 ③ → §940의7 → §930 ②, ③)

**(2) 결격**

- 성년후견 준용: §959의16 ③ → §940의7 → §937
- 고유한 결격사유: 후견인과 §779의 가족관계(§959의15 → §940의5)

제959조의15(임의후견감독인의 선임) ⑤ 임의후견감독인에 대하여는 제940조의5를 준용한다.

제940조의5(후견감독인의 결격사유) 제779조에 따른 후견인의 가족은 후견감독인이 될 수 없다.

## 다. 직무

- 약정된 내용에 따른다(사적자치).
- 법원에 의한 계약내용심사나 보충 등의 제도는 없다.

## 4. 임의후견의 종료

### 가. 사유

**(1) 당사자의 의사에 의한 종료**

- 철회: 임의후견계약의 당사자들은 임의후견감독인 선임 전까지는 자유롭게 계약을 철회할 수 있다. 다만 이때도 공증인의 인증을 받은 서면이라는 방식을 갖춰야 한다.
- 법원의 허가에 의한 계약종료: 임의후견감독인 선임 후에는 정당한 사유가 있고 법원의 허가를 얻어야 임의후견 계약을 종료할 수 있다.

> 제959조의18(후견계약의 종료) ① 임의후견감독인의 선임 전에는 본인 또는 임의후견인은 언제든지 공증인의 인증을 받은 서면으로 후견계약의 의사표시를 철회할 수 있다.
>
> ② 임의후견감독인의 선임 이후에는 본인 또는 임의후견인은 정당한 사유가 있는 때에만 가정법원의 허가를 받아 후견계약을 종료할 수 있다.

**(2) 임의후견인의 사임, 변경 성년후견 준용:** (§959의16 ③ → §940의7 → §939, §940)

**(3) 후견개시 후의 해임**

• 실질적 요건: 현저한 비행 기타 임무에 적합하지 않게 되었다는 사정이 인정되어야 한다.

• 절차적 요건: 본인, 친족(배우자 포함), 후견감독인, 검사·지자체장의 청구에 의한 법원의 재판으로 해임한다. 직권해임은 불가능하고, 이해관계인은 청구권자가 아님에 유의해야 한다.

> 제959조의17(임의후견개시의 제한 등) ② 임의후견감독인을 선임한 이후 임의후견인이 현저한 비행을 하거나 그 밖에 그 임무에 적합하지 아니한 사유가 있게 된 경우에는 가정법원은 임의후견감독인, 본인, 친족, 검사 또는 지방자치단체의 장의 청구에 의하여 임의후견인을 해임할 수 있다.

**나. 종료시의 효과**

• 긴급처리: 성년후견 준용(§959의16 ③ → §940의7 → §691, §692)

• 대리권 소멸을 등기하지 않으면 선의의 제3자에게 대항할 수 없다.

> 제959조의19(임의후견인의 대리권 소멸과 제3자와의 관계) 임의후견인의 대리권 소멸은 등기하지 아니하면 선의의 제3자에게 대항할 수 없다.

## 5. 후견등기

**(1) 적용대상**

• 성년후견, 한정후견, 특정후견, 후견계약(후견등기법 §2)

• 미성년후견은 등기사항이 아닌데도 미성년후견인과 미성년후견감독인은 등기사항 증명서를 발급받을 수 있다(후견등기법 §15 ① 5호).

### (2) 등기사항

- 공통: 후견인, 피후견인, (선임된 경우) 감독인 등의 인적사항
- 개별: ⊙ 성년후견은 대리권, 신상에 관한 결정권의 범위, ⓛ 한정후견은 동의권의 범위, 대리권 수여 취지와 범위, ⓒ 특정후견은 기간·사무의 범위, 대리권 수여 취지

### (3) 효과

- 후견등기는 후견관계의 공시방법이지만 후견개시 요건은 아니다.
- 후견은 재판으로 개시되기 때문이다.

11장

친족간 부양

# 친족간 부양

## 1. 친족간 부양의 당사자

### 가. 개관

### (1) 친족간 부양의무의 원칙인 '제2차 부양의무'가 적용되는 경우

> 제974조(부양의무) 다음 각 호의 친족은 서로 부양의 의무가 있다.
> 1. 직계혈족 및 그 배우자간 2. 삭제 3. 기타 친족간(생계를 같이 하는 경우에 한한다.)

A. 유형

• 생계를 같이 하지 않아도 부양의무가 발생하는 친족: 직계혈족, 직계혈족의 배우자

• 생계를 같이하는 경우에만 부양의무가 발생하는 친족: 기타 친족(§777의 모든 친족)

B. 내용

• 부양의무자가 자신의 사회적 지위에 상응하는 생활 유지에 영향을 받지 않는 경우에만, 즉 경제적 여력이 있을 때만 부양의무가 발생한다.

성년인 자녀가 부모에 대하여 직계혈족으로서 제974조 제1호, 제975조에 따라 부담하는 부양의무는 <u>부양의무자가 자기의 사회적 지위에 상응하는 생활을 하면서 생활에 여유가 있음을 전제로</u> 부양을 받을 자가 자력 또는 근로에 의하여 생활을 유지할 수 없는 경우에 한해 <u>생활을 지원하는 것을 내용</u>으로 하는 **제2차 부양의무**이다(대법원 2019. 11. 21.자 2014스44 전원합의체 결정).

• 부양권리자의 일상 생활 유지에 필요한 만큼의 금전 지급의무를 내용으로 한다. 따라서 유학 등에 소요되는 특별한 비용은 부양의무의 대상이 아니다.

부양료는 부양을 받을 자의 생활정도와 부양의무자의 자력 기타 제반 사정을 참작하여 **부양을 받을 자의 통상적인 생활에 필요한 비용의 범위로 한정**됨이 원칙이므로, 특별한 사정이 없는 한 통상적인 생활필요비라고 보기 어려운 유학비용의 충당을 위해 성년의 자녀가 부모를 상대로 부양료를 청구할 수는 없다(대법원 2017. 8. 25.자 2017스5 결정).

## (2) 비교: 특칙에 의한 부양의무인 '제1차 부양의무'가 적용되는 경우

### A. 유형

- 부모의 미성년자녀 양육의무(§913)는 제1차 부양의무이다. 이에 비해 성년인 자녀와 부모 사이의 부양의무는 §974를 근거로 인정되는 제2차 부양의무이다.
- 부부간의 부양의무(§826)는 제1차 부양의무이다.

### B. 내용

- 제1차 부양의무는 부양권리자와 부양의무자가 같은 정도의 생활을 할 수 있을 정도로 부양해 주어야 한다는 점에서 제2차 부양의무보다 강화된 의무이다.
- ✓ 다만 금전지급 의무에 그치는 것인지 동거 등의 비금전적 급부의무도 포함되는 것인지에 대해서는 견해가 대립하고 판례의 태도는 불명확하다.

부부 사이의 상호부양의무는 혼인관계의 본질적 의무이고 **부양받을 자의 생활을 부양의무자의 생활과 같은 정도로 보장하여 부부 공동생활을 유지**할 수 있게 하는 것을 내용으로 하는 **제1차 부양의무**이다(대법원 2019. 11. 21.자 2014스44 전원합의체 결정).

## 나. 부양 권리자나 의무자가 여러 명인 경우

## (1) 원시적 결정

### A. 제1차 부양의무자 우선 원칙

- 제1차 부양의무자와 제2차 부양의무자가 모두 있는 경우, 제1차 부양의무자가 우선적으로 부양의무를 부담해야 한다.
- 제1차 부양의무자가 있는데도 제2차 부양의무자가 부양권리자를 부양한 경우, 제2차 부양의무자는 제1차 부양의무자에게 구상권을 행사할 수 있다.

**대법원 2012. 12. 27. 선고 2011다96932 판결**

· 제1차 부양의무와 제2차 부양의무는 <u>의무이행의 정도뿐만 아니라 의무이행의 순위</u>도 <u>의미하는 것이므로, 제2차 부양의무자는 제1차 부양의무자보다 후순위</u>로 부양의무를 부담한다.

· 따라서 제1차 부양의무자와 제2차 부양의무자가 동시에 존재하는 경우에 제1차 부양의무자는 제2차 부양의무자에 우선하여 부양의무를 부담하므로, 제2차 부양의무자가 부양받을 자를 부양한 경우에는 그 <u>소요된 비용을 제1차 부양의무자에 대하여</u> <u>상환청구할 수 있다.</u>

B. 같은 유형의 부양의무자가 여러 명인 경우

• 당사자들의 협의로 정하고 협의가 안 되면 비송 재판으로 정한다. 이때 법원은 여러 명의 부양의무자를 정할 수도 있다.

• 부양권리자가 여러 명인 경우에 대해서도 같은 규율이 적용된다.

> 제976조(부양의 순위) ① 부양의 의무있는 자가 수인인 경우에 부양을 할 자의 순위에 관하여 당사자간에 협정이 없는 때에는 법원은 당사자의 청구에 의하여 이를 정한다. 부양을 받을 권리자가 수인인 경우에 부양의무자의 자력이 그 전원을 부양할 수 없는 때에도 같다.
> ② 전항의 경우에 법원은 수인의 부양의무자 또는 권리자를 선정할 수 있다.

## (2) 후발적 변경 · 취소

• 사정변경이 있어야 하고, 반드시 재판으로 변경해야 한다.

> 제978조(부양관계의 변경 또는 취소) 부양을 할 자 또는 부양을 받을 자의 순위, 부양의 정도 또는 방법에 관한 당사자의 **협정이나 법원의 판결이 있은 후** 이에 관한 <u>사정변경</u>이 있는 때에는 법원은 당사자의 청구에 의하여 그 협정이나 판결을 취소 또는 변경할 수 있다.

• 판례(90므651, 289면)는 일단 결정된 부양의무의 내용을 협의로 다시 정할 수 있음을 전제하고 있다. 그러나 §978의 문리해석상 사정변경이 있는 경우 협의로 변경할 수 있는 근거는 없다.

**대법원 1992. 3. 31. 선고 90므651 판결**
- 부양권리자와 부양의무자 사이의 부양의 방법과 정도에 관하여 당사자 사이에 협정이 이루어지면 **당사자 사이에 다시 협의에 의하여 이를 변경**하거나, 법원의 심판에 의하여 위 협정이 변경, 취소되지 않는 한 부양의무자는 그 협정에 따른 의무를 이행하여야 하는 것이고,
- 법원이 그 협정을 변경, 취소하려면 그럴 만한 사정의 변경이 있어야 하는 것이므로,
- 청구인들이 위 협정의 이행을 구하는 이 사건에 있어서 법원이 임의로 협정의 내용을 가감하여 피청구인의 부양의무를 조절할 수는 없다.

## 2. 친족간 부양의 요건

### 가. 제1차 부양의 요건: 혼인(§826), 친권(§913)

### 나. 제2차 부양의 요건

- 부양의 필요성(권리자측): 부양권리자가 자신의 자력이나 근로에 의하여 생활을 유지할 수 없는 경우이어야 친족간 부양관계가 발생할 수 있다.

제975조(부양의무와 생활능력) 부양의 의무는 부양을 받을 자가 자기의 자력 또는 근로에 의하여 생활을 유지할 수 없는 경우에 한하여 이를 이행할 책임이 있다.

성년의 자녀는 요부양상태, 즉 객관적으로 보아 생활비 수요가 자기의 자력 또는 근로에 의하여 충당할 수 없는 곤궁한 상태인 경우에 한하여, 부모를 상대로 그 부모가 부양할 수 있을 한도 내에서 생활부조로서 생활필요비에 해당하는 부양료를 청구할 수 있을 뿐이다(대법원 2017. 8. 25.자 2017스5 결정).

- 부양의 가능성(의무자측): 부양의무를 이행해도 자신의 사회적 지위에 상응하는 생활을 할 여유가 있어야 부양의무가 발생한다.

**대법원 2019. 11. 21.자 2014스44 전원합의체 결정**
- 부양의무자가 자기의 사회적 지위에 상응하는 생활을 하면서 생활에 여유가 있음을 전제로
- 부양을 받을 자가 자력 또는 근로에 의하여 생활을 유지할 수 없는 경우에 한하여 그의 생활을 지원하는 것을 내용으로 한다.

## 3. 친족간 부양의 효과

### 가. 부양의무의 내용 · 법적 성질: 두 가지 유형(지배적 견해 · 판례)

- 제1차 부양의무와 제2차 부양의무의 의미와 내용(2014스44, 287면)
- 제2차 부양의무의 구체적인 내용 결정: 당사자의 협의로 정하고 협의가 안 되면 법원의 재판으로 정한다.

> 제977조(부양의 정도, 방법) 부양의 정도 또는 방법에 관하여 당사자간에 협정이 없는 때에는 법원은 당사자의 청구에 의하여 부양을 받을 자의 생활정도와 부양의무자의 자력 기타 제반사정을 참작하여 이를 정한다.

### 나. 부양청구권의 특징

#### (1) 일신전속성

- 부양채권의 양도나 처분은 금지되므로, 부양채권을 자동채권으로 상계할 수도 없다.

> 제979조(부양청구권처분의 금지) 부양을 받을 권리는 이를 처분하지 못한다.

- 비교: 부양채권을 수동채권으로 하는 상계는 §497에 의해 금지된다.

#### (2) 단기소멸시효: 3년(§163 1호)

### 다. 과거의 부양료

- 이행청구를 받아 이행지체 중이거나 특별한 사정이 있는 경우에만 인정될 수 있다.
- 제1차 부양의무, 제2차 부양의무에 대해 같은 법리가 적용된다.

> **부부 사이의 부양의무** 중 과거의 부양료에 관하여는 특별한 사정이 없는 한 부양을 받을 사람이 부양의무자에게 부양의무의 이행을 청구하였음에도 불구하고 부양의무자가 부양의무를 이행하지 아니함으로써 이행지체에 빠진 후의 것에 관하여만 부양료의 지급을 청구할 수 있을 뿐이므로 **부모와 성년의 자녀 · 그 배우자 사이의 경우에도 이와 마찬가지로** … 부양의무 이행청구에도 불구하고 그 부양의무자가 부양의무를 이행하지 아니함으로써 이행지체에 빠진 후의 것이거나, 그렇지 않은 경우에는 부양의무의 성질이나 형평의 관념상 이를 허용해야 할 특별한 사정이 있는 경우에 한하여 이행청구 이전의 과거 부양료를 청구할 수 있다(대법원 2013. 8. 30.자 2013스96 결정).

- 제2차 부양의무자가 제1차 부양의무자에게 구상권을 행사할 때도 같은 법리가 적용된다(2011다96932, 292면).

## 4. 친족간 부양 관련 사례

### 가. 사별 후의 부양관계

- 사안: 甲은 배우자 丙과 사별했으나 재혼하지 않았고 丙과 丙의 전 배우자 사이에서 태어난 자녀인 乙와 생계를 같이하고 있지는 않다. 乙에게는 부양 가능성이, 甲에게는 부양 필요성이 각 인정된다.
- 판단: 乙은 甲을 부양할 의무가 없다. 이들은 인척간이지만 이미 丙이 사망했으므로 乙의 관점에서 볼 때 '직계혈족의 배우자'가 아니라 단순한 인척일 뿐이다. 판례는 '직계혈족의 배우자였던 자'와 '직계혈족의 배우자'는 다른 의미라고 본 듯하다.

> **대법원 2013. 8. 30.자 2013스96 결정**
> - 제775조 제2항에 의하면 부부의 일방이 사망한 경우에 혼인으로 인하여 발생한 그 직계혈족과 생존한 상대방 사이의 인척관계는 일단 그대로 유지되다가 상대방이 재혼한 때에 비로소 종료하게 되어 있으므로 부부의 일방이 사망하여도 그 부모 등 직계혈족과 생존한 상대방 사이의 친족관계는 그대로 유지되나, 그들 사이의 관계는 제974조 제1호의 '직계혈족 및 그 배우자 간'에 해당한다고 볼 수 없다. 배우자관계는 혼인의 성립에 의하여 발생하여 당사자 일방의 사망, 혼인의 무효·취소, 이혼으로 인하여 소멸하는 것이므로, 그 부모의 직계혈족인 부부 일방이 사망함으로써 그와 생존한 상대방 사이의 배우자관계가 소멸하였기 때문이다.
> - 따라서 부부 일방의 부모 등 그 직계혈족과 상대방 사이에서는, 직계혈족이 생존해 있다면 제974조 제1호에 의하여 생계를 같이 하는지와 관계없이 부양의무가 인정되지만, 직계혈족이 사망하면 생존한 상대방이 재혼하지 않았더라도 제974조 제3호에 의하여 생계를 같이 하는 경우에 한하여 부양의무가 인정된다.

### 나. 제1차 부양의무자에 대한 제2차 부양의무자의 구상권

#### (1) 사안의 개요

- A의 배우자 乙은 부양이 필요한 A를 방임했고, A의 부모인 甲이 A를 부양했다.
- 그후 甲은 乙에게 과거의 부양료 전액을 청구한다.

### (2) 쟁점과 판단

- 제1차 부양의무가 제2차 부양의무에 우선하므로, 甲은 乙에게 구상권을 행사할 수 있다.
- 과거의 부양료는 예외적으로 인정될 수 있는 것이 원칙이지만, 이 사건의 경우 부양권리자 A가 혼수상태로 인해 부양의무자 乙에게 §826에 근거한 부양료청구를 할 수 없는 상태였으므로, 이행청구와 무관하게 과거 부양료 청구가 가능한 특별한 사정이 인정된다.
- 부양료 구상 사건은 가사 비송사건이 아니라 민사사건이다. 가사소송법 제2조는 제한적 열거조항으로 해석되는데, §826에 근거한 부양료 청구와 §974에 근거한 부양료 청구는 가사사건으로 규정되어 있는 데 비해, 부양료 구상 청구 사건은 가사사건으로 규정되어 있지 않기 때문이다.

> **대법원 2012. 12. 27. 선고 2011다96932 판결**
> - 부부간의 부양의무를 이행하지 않은 부부의 일방에 대하여 상대방의 친족이 구하는 부양료의 상환청구는 같은 법 제2조 제1항 제2호 나. 마류사건의 어디에도 해당하지 아니하여 이를 가사비송사건으로 가정법원의 전속관할에 속하는 것이라고 할 수는 없고, 이는 민사소송사건에 해당한다.
> - 부부간의 부양의무 중 **과거의 부양료**에 관하여는 … 부양의무자인 부부의 일방에 대한 부양의무 이행청구에도 불구하고 배우자가 부양의무를 이행하지 아니함으로써 **이행지체에 빠진 후**의 것이거나, 그렇지 않은 경우에는 부양의무의 성질이나 **형평의 관념상 이를 허용해야 할 특별한 사정이 있는 경우**에 한하여 이행청구 이전의 과거 부양료를 지급하여야 한다.
> - 사실관계에 비추어 볼 때 A는 배우자인 피고(乙)에게 부양을 청구하기가 곤란하였던 점, 피고는 A에게 부양이 필요하다는 사실을 잘 알고 실제 부양을 하기도 하였던 점, 피고는 자신이 부양을 중단한 후에도 여전히 부양이 필요한 상태였고 원고(甲)가 부양을 계속한 사실을 알았던 점 등에 비추어 보면, 피고에게는 A로부터 부양의무의 이행청구를 받기 이전의 과거 부양료도 지급할 의무가 있다고 볼 만한 사정이 있다.

## 다. 부양료 구상권 확정 전 사해행위 (2013다79870, 107면)

12장

# 상속법 개관, 상속재산

# 12장 상속법 개관, 상속재산

## I 상속법 개관

### 1. 총론

#### 가. 상속개시의 원인(§997), 장소(§998)

> 제997조(상속개시의 원인) 상속은 사망으로 인하여 개시된다.

> 제998조(상속개시의 장소) 상속은 피상속인의 주소지에서 개시한다.

#### 나. 상속에 수반된 비용

#### (1) 의미

- 인정된 예: 장례비, 상속재산의 관리·청산에 필요한 비용 등은 상속비용으로 인정된다(대법원 2003. 11. 14. 선고 2003다30968 판결).
- 부정된 예: 상속세, 상속등기 비용, 묘지구매 비용 등은 상속비용으로 인정되지 않는다(대법원 2014. 11. 25.자 2012스156 결정).

> **대법원 2014. 11. 25.자 2012스156 결정**
> ‣ 원심은, 청구인이 피상속인의 장례비로 지출한 금액만을 상속비용으로 인정하고,
> ‣ 청구인이 주장하는 묘지구매비용, 상속세 신고 관련 세무사 수수료, 상속등기비용, 상속재산에 부과된 취득세에 대하여는 상속채무 또는 상속인의 고유채무에 해당하는 등 상속재산의 관리 및 청산에 필요한 상속비용으로 보기 어렵다는 이유로 이 부분에 관한 청구인의 주장을 배척하였는바 ⋯ 원심의 위와 같은 사실인정과 판단은 정당하다.

## (2) 효과

• 상속비용은 상속재산에서 지급되어야 한다.

> 제998조의2(상속비용) 상속에 관한 비용은 상속재산 중에서 지급한다.

• 상속인이 상속재산으로 상속에 관한 비용을 지출한 경우 단순승인 사유인 상속
  재산 처분에 해당하지 않는다.

• 한정승인 상속인은 상속비용에 대해서도 상속재산의 한도 내에서 책임을 진다.

> 원고가 채권자대위권을 행사하여 한정승인을 한 피고들 앞으로 이 사건 부동산에 관
> 한 상속등기를 마치면서 지출한 취득세, 공과금 등의 비용과 관련하여, 피고들이 원고
> 에게 이 사건 비용 중 자신의 상속지분에 해당하는 금액에 대한 비용상환채무를 부담
> 하기는 하지만, 위 채무는 상속채무의 변제를 위한 상속재산의 청산과정에서 부담하
> 게 된 채무로서 제998조의2에서 규정한 상속에 관한 비용에 해당하고, 상속인의 보호
> 를 위한 한정승인 제도의 취지상 이러한 상속비용에 해당하는 채무에 대하여는 상속
> 재산의 한도 내에서 책임을 질 뿐이다(대법원 2021. 5. 7. 선고 2019다282104 판결).

## 2. 부칙

(1) **문제의 소재**: 상속인의 범위, 순위, 상속분 등에 관한 조문이 개정된 경우

(2) **원칙**: 상속개시기의 법이 적용됨

(3) **예외**

• 실종선고의 경우, 실종선고 재판의 확정 당시의 법이 적용된다. 사망간주 시점
  인 실종기간 만료시의 법이 적용되지 않음에 유의해야 한다.

• 사례: 1955. 실종기간이 만료되고 2007. 실종선고가 확정된 경우, 1955. 당시 법
  에 의하면 적모가 상속인이지만 2007. 법에 의해 적모는 상속권이 없고 오히려
  생모가 상속인이다.

> **대법원 2017. 12. 22. 선고 2017다360 판결**
> • 실종기간이 제정 민법 시행 전에 만료된 경우에도 실종선고로 인한 상속에 관해서
>   는 개정 민법이 적용된다고 보아야 한다. 부재자의 생사불명 상태가 일정기간 계속

하고 살아 있을 가능성이 적게 된 때에, 그 사람을 사망한 것으로 간주하여 그를 중심으로 하는 법률관계를 확정·종결케 하는 것이 실종선고제도이다. <u>실종선고를 통해서 실종기간이 제정 민법 시행 전에 만료되어 그때 사망한 것으로 간주된다고 하더라도 이는 간주일 뿐이어서 어느 시점의 법령을 기준으로 상속관계를 규율할것인지를 정하는 것은 별개의 문제이다.</u>

‣ 개정 민법의 입법자는 불확실성을 제거하고자 어느 시점에 실종기간이 만료되는지 여부와 관계없이 실종선고 당시에 시행되는 개정 민법에 따라 상속관계를 정하도록 하는 것이 합리적이라고 보아 입법적 결단을 한 것이다.

## Ⅱ  상속의 객체: 상속재산

### 1. 원칙

#### 가. 피상속인의 모든 권리의무의 포괄·당연승계

> 제1005조(상속과 포괄적 권리의무의 승계) 본문: 상속인은 상속개시된 때로부터 피상속인의 재산에 관한 포괄적 권리의무를 승계한다.

#### 나. 상속재산의 대상(代償)

(1) 개관

• 상속재산이 상속개시 후 동일성을 유지하면서 변형된 재산인 '대상'은 상속재산으로서의 성질을 유지한다.

• 상속재산이 1회 변형된 경우는 물론 거듭 변형된 경우에도 상속재산과의 동일성만 유지되면 상속재산으로서의 성질을 유지한다.

(2) 사례

• 상속재산이 부동산인 경우, 대상재산의 예로서 처분대금, 수용보상금, 화재보험금 등을 들 수 있다.

• 상속재산인 예금채권에 채권질권이 설정되어 있었던 경우, 채권질권 실행으로 인한 주채무자에 대한 구상권과 이 구상권을 무단인출한 자에 대한 §741 채권도 원래의 상속재산인 예금채권의 대상에 해당한다.

**대법원 2022. 6. 30.자 2017스98 결정**

‣ 상속개시 당시에는 상속재산을 구성하던 재산이 그 후 처분되거나 멸실·훼손되는 등으로 상속재산분할 당시 상속재산을 구성하지 아니하게 되었다면 그 재산은 상속재산분할의 대상이 될 수 없다.

‣ 다만 상속인이 그 대가로 처분대금, 보험금, 보상금 등 대상재산을 취득하게 된 경우, 대상재산은 종래의 상속재산이 동일성을 유지하면서 형태가 변경된 것에 불과할 뿐만 아니라 상속재산분할의 본질이 상속재산이 가지는 경제적 가치를 포괄적·종합적으로 파악하여 공동상속인에게 공평하고 합리적으로 배분하는 데에 있는 점에 비추어, 그 대상재산이 상속재산분할의 대상이 될 수 있다.

• 상속재산이 타인의 불법행위로 인해 소멸한 경우, 가해자에 대한 §750 손해배상채권이 상속재산이 된다. 예컨대 상속재산인 농지수분배권이 공무원의 과실로 인해 소멸한 경우, 국가배상채권이나 공무원에 대한 §750 채권은 대상재산에 해당한다.

상속개시 당시에는 분배농지에 관한 권리(이하 '수분배권'이라한다)가 상속재산분할의 대상이 되는 상속재산이었다가 구 농지법 부칙 제3조에서 정한 3년의 기간이 지난 1999. 1. 1. 소멸하였고, 이에 따라 이 사건 상속재산분할협의 당시에는 수분배권의 대상재산인 손해배상청구권이 상속재산분할의 대상이 되었다(대법원 2020. 4. 9. 선고 2018다238865 판결).

## 2. 예외: 일신전속적 권리의무

제1005조(상속과 포괄적 권리의무의 승계) 단서: 그러나 피상속인의 일신에 전속한 것은 그러하지 아니하다.

### 가. 절대적 일신전속성 있는 권리

• 권리자 자신만이 행사할 수 있는 권리이므로 권리자가 사망하면 상속되지 않고 소멸한다.

• 예컨대 친족·상속법상의 권리인 ㉠ 상속승인·포기권, ㉡ 가족법상의 손해배상청구권(§806), ㉢ 이혼 후 아직 행사하기 전인 재산분할청구권 등은 상속될 수 없다.

## 나. 상대적 일신전속성 있는 권리

• 원칙적으로 상속재산이 아니지만 특약이 있으면 상속재산이 될 수 있는 권리를 뜻한다. 예컨대 주식회사의 이사, 민법상 법인의 사원(§56), 조합원 등의 지위는 특약이 있을 때만 상속된다.

부동산의 합유자 중 일부가 사망한 경우 합유자 사이에 특별한 약정이 없는 한 사망한 합유자의 상속인은 합유자로서의 지위를 승계하는 것이 아니므로 해당 부동산은 잔존합유자가 2인 이상일 경우에는 잔존합유자의 합유로 귀속되고 잔존합유자가 1인인 경우에는 잔존합유자의 단독소유로 귀속된다 할 것이다(대법원 1994. 2. 25. 선고 93 다39225 판결).

• 사례: 상대적 일신전속성 있는 권리의 상속에 관한 특약이 없는 경우, 그 권리자가 자신이 당사자인 재판의 진행 중에 사망하면 소송 수계의 여지가 없으므로 소송종료선언을 해야 한다.

‣ 단체의 정관에 따른 의사결정기관의 구성원이 단체를 상대로 그 의사결정기관이 한 결의의 존재나 효력을 다투는 민사소송을 제기하였다가 그 소송계속 중에 사망하였거나 사실심 변론종결 후에 사망하였다면, <u>단체의 의사결정기관 구성원으로서의 지위는 일신전속적인 것이어서 상속의 대상이 된다고 할 수 없으므로, 위 소송은 소송수계의 여지가 없이 본인의 사망으로 중단되지 않고 그대로 종료된다</u>(대법원 2019. 8. 30. 선고 2018다224132 판결).

‣ 이사가 그 지위에 기하여 주주총회결의 취소의 소를 제기하였다가 사실심 변론종결 후에 사망하였다면, 그 소송은 <u>이사의 사망으로 중단되지 않고 그대로 종료된다. 이사는 주식회사의 의사결정기관인 이사회의 구성원이고, 의사결정기관 구성원으로서의 지위는 일신전속적인 것이어서 상속의 대상이 되지 않기 때문이다</u>(대법원 2019. 2. 14. 선고 2015다255258 판결).

## 3. 상속의 객체인지의 여부가 문제되는 경우

### 가. 피상속인이 보험계약자인 보험계약의 수익자가 '법정 상속인'으로 지정된 경우

### (1) 수익자의 보험금청구권은 상속재산 아님

• 상속인의 보험금청구권은 제3자를 위한 계약인 보험계약의 수익자로서 가지는

고유한 채권이고 상속재산이 아니다. '법정 상속인'은 보험수익자를 특정하기 위한 기준일 뿐이다.

- 따라서 보험수익자로 지정된 상속인은 ⊙ 상속포기 후에도 보험금청구권은 보유할 수 있고, ⓒ 보험금청구권을 행사해도 상속재산 처분이 아니므로 단순승인으로 간주되지 않는다.
- 보험수익자로 지정된 공동상속인들 중 한 명이 보험금청구권을 포기하더라도 상속포기가 아니므로 §1043가 적용되지 않는다. 따라서 포기자의 몫이 다른 공동상속인들에게 분속되지 않는다.

### 대법원 2020. 2. 6. 선고 2017다215728 판결
- 보험계약자가 피보험자의 상속인을 보험수익자로 하여 맺은 생명보험계약이나 상해보험계약에서 피보험자의 상속인은 피보험자의 사망이라는 보험사고가 발생한 때에는 보험수익자의 지위에서 보험자에 대하여 보험금 지급을 청구할 수 있고, 이 권리는 보험계약의 효력으로 당연히 생기는 것으로서 상속재산이 아니라 상속인의 고유재산이다.
- 이때 보험수익자로 지정된 상속인 중 1인이 자신에게 귀속된 보험금청구권을 포기하더라도 그 포기한 부분이 당연히 다른 상속인에게 귀속되지는 않는다.

## (2) 공동상속의 경우
- 보험금청구권은 상속재산이 아니고 가분채권이지만, §408의 균등비율 원칙이 적용되지 않는다. 보험수익자를 '법정 상속인'으로 지정한 의사에는 법정상속분율에 따른 분속 의사도 포함되기 때문이다.
- 각 공동상속인은 각자의 법정상속분에 상응하는 보험금청구권을 가진다.

### 대법원 2017. 12. 22. 선고 2015다236820 판결
- 상해의 결과로 피보험자가 사망한 때에 사망보험금이 지급되는 상해보험에서 보험계약자가 보험수익자를 단지 피보험자의 '법정상속인'이라고만 지정한 경우, 특별한 사정이 없는 한 그와 같은 지정에는 장차 상속인이 취득할 보험금청구권의 비율을 상속분에 의하도록 하는 취지가 포함되어 있다고 해석함이 타당하다.
- 따라서 보험수익자인 상속인이 여러 명인 경우, 각 상속인은 특별한 사정이 없는 한 자신의 상속분에 상응하는 범위 내에서 보험자에 대하여 보험금을 청구할 수 있다.

(3) 사례: 생명보험금과 유류분 산정 기초재산(2020다247428, 490면)

## 나. 보증채무

### (1) 원칙: 상속됨

> **보증한도액이 정해진** 계속적 보증계약의 경우 보증인이 사망하였다 하더라도 보증계약이 당연히 종료되는 것은 아니고 특별한 사정이 없는 한 상속인들이 보증인의 지위를 승계한다고 보아야 할 것이다(대법원 2001. 6. 12. 선고 2000다47187 판결).

### (2) 예외

- 책임한도가 제한되지 않은 계속적 보증으로 인한 보증채무는 상속되지 않는다.
- 비교: 책임한도가 제한된 경우 계속적 보증채무도 상속된다.

### (3) 예외의 예외: 이미 발생한 보증채무는 상속된다.

> 보증기간과 **보증한도액의 정함이 없는 계속적** 보증계약의 경우에는 보증인이 사망하면 보증인의 지위가 상속인에게 상속된다고 할 수 없고 다만, **기왕에 발생**된 보증채무만이 상속된다(대법원 2001. 6. 12. 선고 2000다47187 판결).

## 4. 특칙: 제사용 재산

### 가. 취지

- 제사용 재산을 일반적인 상속재산으로 다루면 균분상속으로 인해 본질적 기능을 수행할 수 없게 되어 버린다.
- 따라서 제사용 재산은 분할 대상인 상속재산과 분리하여 제사주재자가 단독으로 승계할 수 있게 해줄 필요가 있다.

> **대법원 2008. 11. 20. 선고 2007다27670 전원합의체 판결**
> - 제사용 재산을 일반 상속재산과 같이 공동상속인들 사이에서 분배하는 것은 우리 사회 구성원들의 정서에 맞지 않을 뿐만 아니라, 그와 같이 할 경우 제사봉행을 위한 제사용 재산은 상속을 거듭할수록 분산되어 결국 제사용 재산으로서 기능할 수 없게 될 것이므로,
> - 제사용 재산은 일반 상속재산과는 다른 특별재산으로서 일반 상속재산에 관한 공동균분의 법리가 적용되지 않는다고 보아야 한다.

## 나. 요건

**(1) 증명책임**: 모두 단독승계를 주장하는 자가 증명해야 한다.

**(2) 객체**: 제사용 재산

> 제1008조의3(분묘 등의 승계) 분묘에 속한 1정보 이내의 금양임야와 600평 이내의
> 묘토인 농지, 족보와 제구의 소유권은 제사를 주재하는 자가 이를 승계한다.

### A. 분묘의 기지

- 봉분 자체뿐 아니라 주변의 기지도 제사용 재산에 포함된다.
- 반드시 유해가 안장되어 있어야 한다.

> 법적인 의미의 '분묘'는 반드시 유체가 안장되어 있어야 한다(대법원 2008. 11. 20. 선
> 고 2007다27670 전원합의체 판결).

### B. 족보 · 제구

### C. 600평 이내의 묘토

- 의미: 분묘관리와 제사에 쓸 비용을 충당하기 위한 농토를 뜻한다. 분묘가 설치
  되어 있는 토지를 뜻하는 '기지'와는 다른 의미이다.

> **대법원 2006. 7. 4. 선고 2005다45452 판결**
> - '묘토인 농지'는 <u>그 수익으로서 분묘관리와 제사의 비용에 충당되는 농지</u>를 말하는
>   것으로서, 단지 그 토지상에 <u>분묘가 설치되어 있다는 사정만으로 이를 묘토인 농지
>   에 해당한다고 할 수는 없으며,</u>
> - 망인 소유의 묘토인 농지를 제사주재자로서 <u>**단독으로 승계했음을 주장하는 자는, 피
>   승계인의 사망 이전부터 당해 토지가 농지로서 거기에서 경작한 결과 얻은 수익으로
>   인접한 조상의 분묘의 수호 및 관리와 제사의 비용을 충당하여 왔음을 입증해야**</u> 한다.

### D. 1정보(3000평) 이내의 금양임야

**(a) 의미**: 분묘를 지키기 위해 벌목을 금지하고 나무를 기르는 임야를 뜻한다.

> '금양임야'는 그 안에 분묘를 설치하여 이를 수호하기 위하여 벌목을 금지하고 나무를
> 기르는 임야를 의미하는 것으로서, 피상속인의 사망 당시에 당해 임야에 그 선대의 분

묘가 없는 경우에는 그 임야를 금양임야라고 볼 수 없다(대법원 2008. 10. 27.자 2006
스140 결정).

(b) 판단기준: 실제로 토지가 사용되는 현황
• 분묘 주위의 임야이더라도 분묘 수호 기능을 하지 못하는 상태이면 일반적인 토
  지이므로 공동상속 대상 재산이 된다.

임야의 현황과 관리상태에 비추어 볼 때 위 임야의 일부에 선조들의 분묘가 존재한다
고 할지라도 위 임야가 전체적으로 선조의 분묘를 수호하기 위하여 벌목을 금지하고
나무를 기르는 임야로서 제1008조의3이 정한 금양임야라고 인정하기 어렵다(대법원
2004. 1. 16. 선고 2001다79037 판결).

• 분묘 수호 기능을 하고 있으면 이미 수용되어 소유권이 이전되었더라도 여전히
  제사용 재산인 금양임야로서의 성질을 지닌다.

금양임야가 수호하는 분묘의 **기지가 제3자에게 이전된 경우에도 그 분묘를 사실상 이
전하기 전까지는 그 임야는 여전히 금양임야**로서의 성질을 지니고 있으므로, 금양임
야가 수호하던 분묘의 기지가 포함된 토지가 토지수용으로 인하여 소유권이 이전된
후에도 미처 분묘를 이장하지 못하고 있던 중 피상속인이 사망하였다면 위 임야는 여
전히 금양임야로서의 성질을 지닌다(대법원 1997. 11. 28. 선고 96누18069 판결).

**(3) 승계의 주체**: 제사주재자
A. 의미: 실제로 제사를 지내는 사람
B. 결정 방법
• 명문규정이 없고 종래의 관습법도 소멸했으므로 조리에 따라 판단해야 한다.
• 조리에 의한 판단: 공동상속인들의 협의로 정하고 협의로 정하지 못하면 피상속
  인과 촌수가 가장 가깝고 연령이 가장 높은 사람이 제사주재자이다.
C. 사례: 유해인도사건
(a) 쟁점: 망인의 유골에 대한 장례방식은 어떻게 결정해야 하는지가 문제된다.
(b) 판단
• §1008의3의 '분묘'로 인정되려면 유골이 안장되어 있어야 한다. 따라서 분묘를

단독승계하는 제사주재자가 유골도 단독승계한다.

- 제사주재자의 의미에 관한 명문 규정이 없고 '종손의 제사 승계'라는 관습법은 소멸했으므로, 조리에 따라 정해진다.
- 제사주재자는 공동상속인들의 합의로 정하고 합의로 정하지 못하면 망인의 최근친 직계비속 중 최연장자 1인으로 보는 것이 조리에 부합한다.
- 다만 최근친 직계비속·최연장자가 제사를 주재할 수 없는 특별한 사정이 있으면 후순위자가 제사 주재자라고 보아야 한다. 이러한 특별한 사정이 있는지의 여부는 피상속인의 추정적 의사뿐 아니라 최근친 직계비속·최연장자의 제사 거부, 해외거주와 같은 사정도 고려하여 결정해야 한다.

### 대법원 2023. 5. 11. 선고 2018다248626 전원합의체 판결

- 공동상속인들 사이에 **협의가 이루어지지 않는 경우**에는 제사주재자의 지위를 인정할 수 없는 특별한 사정이 없는 한 피상속인의 직계비속 중 남녀, 적서를 불문하고 **최근친의 연장자가 제사주재자로 우선한다고 보는 것이 가장 조리에 부합**한다. … 피상속인의 **직계비속 중 최근친의 연장자를 제사주재자로 우선하는 것은 현행법질서 및 사회 일반의 보편적 법인식**에 부합한다고 볼 수 있기 때문이다.
- 피상속인의 직계비속 중 최근친의 연장자라고 하더라도 제사주재자의 지위를 인정할 수 없는 특별한 사정에는, 장기간의 외국 거주, 불효, 제사 거부 등으로 인하여 정상적으로 제사를 주재할 의사나 능력이 없다고 인정되는 경우뿐만 아니라, **피상속인의 명시적·추정적 의사, 공동상속인들 다수의 의사**, 피상속인과의 생전 생활관계 등을 고려할 때 그 사람이 제사주재자가 되는 것이 현저히 부당하다고 볼 수 있는 경우도 포함된다.
- 제1008조의3은 제사용 재산의 특수성을 고려하여 제사용 재산을 유지·보존하고 그 승계에 관한 법률관계를 간명하게 처리하기 위하여 일반 상속재산과 별도로 특별승계를 규정하고 있다. 이러한 취지를 고려하면 어느 정도 예측 가능하면서도 사회통념상 제사주재자로서 정당하다고 인정될 수 있는 특정한 1인을 제사주재자로 정해야 할 필요가 있다.
- 이와 같은 **현재의 법질서, 국민들의 변화된 의식 및 정서와 생활양식** 등을 고려하면, 장남 또는 장손자 등 남성 상속인이 여성 상속인에 비해 제사주재자로 더 정당하다거나 그 지위를 우선적으로 인정받아야 한다고 볼 수 없다.

‣ 제사는 기본적으로 후손이 조상에 대하여 행하는 <u>추모의식의 성격을 가지므로</u>, 제사주재자를 정할 때 피상속인과 그 직계비속 사이의 근친관계를 고려하는 것이 자연스럽다. 다만 직계비속 중 최근친인 사람들이 여러 명 있을 경우에 그들 사이의 우선순위를 정하기 위한 기준이 필요한데, **연령은 이처럼 같은 순위에 있는 사람들 사이에서 특정인을 정하기 위한 최소한의 객관적 기준**으로 삼을 수 있다. 같은 지위와 조건에 있는 사람들 사이에서는 연장자를 우선하는 것이 우리의 **전통 미풍양속**에 부합할 뿐만 아니라, 가족공동체 내에서 어떤 법적 지위를 부여받을 때에 같은 순위자들 사이에서 연장자를 우선하는 것은 이미 <u>우리 법질서 곳곳에 반영</u>되어 있다. 생명윤리 관련법, 제877조의 연장자 입양 금지, 종중의 종장 선임에 관한 관습법 등도 종족집단 내에서 연장자를 우선하는 전통이 반영된 것이다.

‣ 만약 새로운 법리를 소급하여 적용하면 종전 전원합의체 판결을 신뢰하여 형성된 제사용 재산 승계의 효력에 바로 영향을 미침으로써 법적 안정성과 당사자의 신뢰보호에 반하게 된다. 따라서 새로운 법리는 이 판결 선고 이후에 제사용 재산의 승계가 이루어지는 경우에만 적용된다고 봄이 타당하다. ⋯ 다만 대법원이 새로운 법리를 선언하는 것은 이 사건의 재판규범으로 삼기 위한 것이므로 <u>이 사건에는 새로운 법리를 소급하여 적용하여야 한다.</u>

## 다. 효과

### (1) 제사주재자(실제로 제사를 지내는 사람)의 단독승계

제사용 재산은 일반상속재산과는 구분되는 특별재산으로서 <u>대외적인 관계뿐만 아니라 상속인 상호간의 대내적인 관계에서도</u> ⋯ 단독으로 그 소유권을 승계하는 것이다(대법원 2006. 7. 4. 선고 2005다45452 판결).

### (2) 법률에 의한 물권변동: §187

• 제사주재자 아닌 사람 명의의 소유권이전등기는 원인무효 등기이다.

**대법원 1997. 11. 28. 선고 96누18069 판결**
‣ 금양임야이거나 묘토인 농지에 해당한다면 위 규정에 정한 범위 내의 토지는 제사주재자가 단독으로 그 소유권을 승계할 것이고
‣ 그 경우 **다른 상속인 등의 명의로 소유권이전등기가 경료되었다 하여도 그 부분에**

관한 한은 무효의 등기에 불과하므로 그 소유권이전등기로써 **제사주재자가 승계할 금양임야가 일반 상속재산으로 돌아가는 것은 아니**라 할 것이다.

- 상속회복청구권의 행사기간 제한이 적용된다. 상속 관련 법률관계의 신속한 확정이라는 §999 ②의 취지는 제사용 재산에 대해서도 적용되기 때문이다.

### 대법원 2006. 7. 4. 선고 2005다45452 판결
- 제사용 재산의 승계를 상속과는 완전히 별개의 제도라고 볼 것이 아니라 **본질적으로 상속에 속하는 것**으로서 일가의 제사를 계속할 수 있게 하기 위하여 상속에 있어서의 한 특례를 규정한 것으로 보는 것이 상당하다. 따라서 그에 관하여 일반상속재산과는 다소 다른 특별재산으로서의 취급을 할 부분이 있다 하더라도,
- **상속을 원인으로 한 권리의무관계를 조속히 확정시키고자 하는 상속회복청구권의 제척기간 제도의 취지까지 그 적용을 배제하여야 할 아무런 이유가 없다.**

## 라. 제사주재자 지위 확인 소송과 확인의 이익

### 대법원 2012. 9. 13. 선고 2010다88699 판결
- 당사자 사이에 **제사용 재산의 귀속에 관하여 다툼**이 있는 등으로 구체적인 권리 또는 법률관계와 관련성이 있는 경우에 그 다툼을 해결하기 위한 전제로서 **제사주재자 지위의 확인을 구하는 것은 법률상의 이익이 있다**고 할 것이지만,
- 제사주재자의 권리 또는 법률관계와 무관하게 공동선조에 대한 **제사를 지내는 종중 내에서 단순한 제사주재자의 자격에 관한 시비** 또는 제사 절차를 진행할 때에 종중의 종원 중 누가 제사를 주재할 것인지 등과 관련하여 제사주재자 지위의 확인을 구하는 것은 그 확인을 구할 법률상 이익이 없다.
- **제사주재자와 제3자 사이에 제사용 재산의 소유권 등에 관한 다툼**이 있는 경우 이는 공동상속인들 사이에서의 제1008조의3에 의한 제사용 재산의 승계 내지 그 기초가 되는 제사주재자 지위에 관한 다툼이 아니라 **일반적인 재산 관련 다툼**에 지나지 않으므로, 제사주재자로서는 제3자를 상대로 제사주재자 지위 확인을 구할 것이 아니라 제3자를 상대로 직접 이행청구나 권리관계 확인청구를 하여야 한다.

13장

상속인

# 상속인

## I 상속능력, 상속결격, 상속순위

### 1. 상속능력

**가. 원칙:** 모든 자연인

**나. 예외:** 태아

> 제1000조(상속의 순위) ③ 태아는 상속순위에 관하여는 이미 출생한 것으로 본다.

### 2. 상속결격

**가. 사유(§1004)**

**(1) 피상속인 등에 대한 살해 또는 상해: 1호, 2호**

> 제1004조(상속인의 결격사유) 다음 각 호의 어느 하나에 해당한 자는 상속인이 되지
> 못한다.
> 1. 고의로 직계존속, 피상속인, 그 배우자 또는 상속의 선순위나 동순위에 있는 자를
> 살해하거나 살해하려 한 자
> 2. 고의로 직계존속, 피상속인과 그 배우자에게 상해를 가하여 사망에 이르게 한 자

- 고의만 인정되면 되고 상속에 유리하다는 인식이나 목적은 필요 없다. 예컨대
  피상속인의 자녀가 자신보다 후순위상속인인 피상속인의 직계존속을 살해해
  도 결격사유에 해당한다.

  **대법원 1992. 5. 22. 선고 92다2127 판결**
  - 후순위상속인인 직계존속을 살해한 경우에도 그 가해자를 상속결격자에 해당한다

고 규정한 이유는, 상속결격요건으로서 '살해의 고의' 이외에 '상속에 유리하다는 인식'을 요구하지 아니한다는 데에 있다고 해석할 수밖에 없으며,

‣ 상해를 가하여 사망에 이르게 한 자의 경우에는 '상해의 고의'만 있으면 되므로, 이 '고의'에 '상속에 유리하다는 인식'이 필요 없음은 당연하므로, 이 규정들의 취지에 비추어 보아도 그 각 제1호의 요건으로서 '살해의 고의' 이외에 '상속에 유리하다는 인식'은 필요로 하지 아니한다고 하지 않을 수 없다.

• 사례: 피상속인의 자녀를 임신한 배우자 상속인이 낙태를 한 경우, 태아는 출생한 것으로 간주되기 때문에 동순위상속인의 살해에 해당하여 상속결격 사유가 된다.

태아가 재산상속의 선순위나 동순위에 있는 경우에 그를 낙태하면 … 제1004조 제1호 소정의 상속결격사유에 해당한다(대법원 1992. 5. 22. 선고 92다2127 판결).

## (2) 유언에 관한 부정행위: 3호, 4호, 5호

> 제1004조(상속인의 결격사유)
> 3. <u>사기 또는 강박으로</u> 피상속인의 <u>상속에 관한</u> 유언 또는 유언의 철회를 방해한 자
> 4. <u>사기 또는 강박으로</u> 피상속인의 <u>상속에 관한</u> 유언을 하게 한 자
> 5. 피상속인의 <u>상속에 관한</u> 유언서를 위조·변조·파기 또는 은닉한 자

## 나. 효과

### (1) 별도의 절차 없이 상속자격 당연 상실

상속인에게 제1004조의 상속결격사유가 발생한 경우, 그 사람은 그때부터 피상속인을 상속하는 자격을 <u>당연히 상실</u>하고, 그 사람의 직계비속 또는 배우자가 결격된 자에 갈음하여 대습상속인이 된다(대법원 2015. 7. 17.자 2014스206 결정).

### (2) 부수적 효과

• 결격자가 상속재산분할에 참가했으면 상속회복청구권의 상대방인 참칭상속인에 해당한다.

• 결격자에게 배우자나 직계비속이 있으면 <u>대습상속</u>이 일어날 수 있다.

## 3. 상속순위

### 가. 혈족상속인

### (1) 순위의 결정

- 혈족은, 직계비속(혼인 중의 자녀, 혼인 외의 자녀, 양자녀 불문), 직계존속, 형제자매(부계, 모계 불문), 4촌 이내 방계혈족의 순위로 상속인이 된다.

> 제1000조(상속의 순위) ① 상속에 있어서는 다음 순위로 상속인이 된다.
> 1. 피상속인의 직계비속 2. 피상속인의 직계존속 3. 피상속인의 형제자매 4. 피상속인의 4촌 이내의 방계혈족

혈족의 범위를 정한 제768조에서 말하는 '형제자매'라 함은 부계 및 모계의 형제자매를 모두 포함한다(대법원 2007. 11. 29. 선고 2007도7062 판결).

- 동순위 상속인이 여러 명인 경우: 촌수가 더 가까우면 선순위 상속인이 되고, 촌수도 같으면 균분으로 공동상속인이 된다.

> 제1000조(상속의 순위) ② 전항의 경우에 동순위의 상속인이 수인인 때에는 최근친을 선순위로 하고 동친등의 상속인이 수인인 때에는 공동상속인이 된다.

### (2) 순위의 의미: 선순위자가 있으면 후순위자는 상속인이 아니다.

### 나. 배우자상속인

### (1) 요건: 법률혼 배우자

- 중혼의 경우 배우자상속분을 1/2씩 분할하는 것으로 해석된다.
- 사실혼 배우자는 법정상속인이 아니다.

### (2) 순위

- 배우자가 공동상속인이 되는 경우: 최선순위 혈족상속인이 직계비속이거나 직계존속인 경우 배우자는 이러한 혈족상속인과 공동상속인이 되고, 상속분은 혈족상속인의 1.5배이다.
- 배우자가 단독상속인이 되는 경우: 최선순위 혈족상속인이 형제자매, 4촌이내 방계혈족인 경우에는 배우자에게만 상속권이 인정된다.

> 제1003조(배우자의 상속순위) ① 피상속인의 배우자는 제1000조 제1항 제1호와 제2호의 규정에 의한 상속인이 있는 경우에는 그 상속인과 동순위로 공동상속인이 되고 그 상속인이 없는 때에는 단독상속인이 된다.

## 4. 대습상속

> 제1001조(대습상속) 전조 제1항 제1호와 제3호의 규정에 의하여 상속인이 될 직계비속 또는 형제자매가 상속개시 전에 사망하거나 결격자가 된 경우에 그 직계비속이 있는 때에는 그 직계비속이 사망하거나 결격된 자의 순위에 갈음하여 상속인이 된다.

> 제1003조(배우자의 상속순위) ② 제1001조의 경우에 상속개시 전에 사망 또는 결격된 자의 배우자는 동조의 규정에 의한 상속인과 동순위로 공동상속인이 되고 그 상속인이 없는 때에는 단독상속인이 된다.

### 가. 의미

- 상속인이 피상속인보다 먼저 사망하거나, 상속인에게 상속결격 사유가 발생하는 경우, 그 상속인의 직계비속이나 배우자는 이런 사정이 없었더라면 받을 수 있었던 상속을 받지 못하게 되는데, 이런 결과는 불공평하다고 할 수 있다.
- 따라서 일정한 추가요건이 충족되면 '상속인의 상속인'을 대습상속인으로 인정하여, 이미 사망했거나 결격된 상속인을 대신하여 피상속인으로부터 직접 상속받게 해 줄 필요가 있다.

### 나. 요건: 피상속인 甲, 상속인 乙, 乙의 상속인 丙인 경우

#### (1) 상속인의 사망 또는 결격

- 상속인의 사망: 상속개시 전, 즉 피상속인의 사망 전에 상속인이 사망한 경우를 뜻한다. ㉠ 乙, 甲의 순서로 사망하면 원래 甲으로부터 乙을 거쳐 丙에게로 상속되었을 재산에 대한 대습상속을 인정할 필요가 있다. ㉡ 이에 비해 甲, 乙이 순차적으로 사망하면 甲으로부터 乙에게로 상속된 재산이 다시 乙의 사망으로 丙에게로 상속된다. 따라서 대습상속 등의 특칙이 적용될 필요가 없다.
- 상속인의 결격: 피상속인 사망 전후를 불문하는지의 여부에 대해 견해가 대립하는데, 판례는 상속개시 전 상속결격 사안에서 대습상속을 인정하고 있다.

✓ 견해대립은 결국 §1003의 '상속개시 전에'가 수식하는 범위에 관한 것이다. 제1설은 '상속개시 전에'가 사망과 결격 모두를 수식한다고 보는 반면, 제2설은 '상속개시전에 사망하거나'와 상속개시전후를 불문하고 결격된 경우라고 해석한다.

원심이 대습원인인 상속결격 사유 발생 이후에 乙이 甲으로부터 증여받은 위 각 부동산을 대습상속인인 丙의 특별수익으로 참작하지 않은 것은 결론에 있어 정당하다(대법원 2015. 7. 17.자 2014스206 결정).

• 상속포기의 경우: 문리해석상 대습상속이 인정될 수 없으므로, 후순위상속인이 본위상속한다(대법원 2015. 7. 17.자 2014마1248 판결).

## (2) 대습상속을 위한 추가 요건

### A. 개관

#### (a) 추가 요건의 의미

• 사망순서의 역전이 항상 대습상속을 초래하는 것은 아니다. 추가 요건도 충족되어야만 대습상속이 일어난다.
• 추가 요건이 모두 충족된 경우: 대습상속인이 피상속인으로부터 받을 수 있는 상속분은 상속인과 피상속인의 사망의 선후를 불문하고 동일하다.

#### (b) 추가 요건이 하나라도 충족되지 못한 경우

• 상속인 乙의 상속인인 丙은, 乙이 피상속인 甲보다 나중에 사망하였다면 상속받을 수 있었던 재산이더라도, 乙이 먼저 사망한 후 甲이 사망하면 그 재산을 상속받을 수 없게 된다.
• 이때 丙이 '상속인의 상속인'이기는 하지만 '피상속인의 상속인'은 아니라면 상속재산은 피상속인에 대한 후순위 상속인에게 귀속되고, 후순위 상속인도 없으면 상속인 부재로 인해 국고에 귀속된다. 예컨대 甲에게 자녀 乙, 乙의 부모이지만 甲과 이혼한 丙, 동생 丁이 있는 경우, 甲, 乙 순서로 사망하면 甲의 재산은 乙을 거쳐 丙이 본위상속하지만, 乙, 甲의 순서로 사망하면 대습상속을 위한 추가요건이 충족되지 못했으므로 丙은 乙의 지위를 대습하지 못하고, 결국 甲의 재산은 丁에게 상속된다.

### B. 추가요건의 내용

(a) 중간자 요건

• 중간자란 피상속인의 상속인이며, 대습상속을 주장하는 자에 대해서는 피대습 상속인에 해당하는 자이다.

• 대습상속이 일어나려면 이러한 중간자가 피상속인의 직계비속 또는 형제자매로서 최선순위 상속인이었어야 한다. ㉠ 중간자가 피상속인의 직계비속이면 기본적으로 최선순위 상속인에 해당하지만, ㉡ 중간자가 피상속인의 형제자매인 경우 선순위인 상속인의 부재·결격·포기 등으로 인해 중간자인 형제자매가 상속권이 있을 때만 최선순위 상속인이 될 수 있다.

• 중간자는 사망 또는 결격으로 인해 상속권을 상실해야 한다. 이에 비해 중간자의 상속포기는 대습상속의 사유가 아니기 때문에 이때는 후순위상속인에게 상속권이 넘어간다.

(b) 취득자 요건

• 취득자란 대습상속을 근거로 피상속인으로부터 상속재산을 포괄·당연승계했다고 주장하는 사람으로서, 중간자에 대한 상속권이 있어야 한다.

• 직전 중간자와의 관계에서만 문제된다. 즉, 취득자는 피상속인이 아니라, **직전 중간자**의 직계비속 또는 배우자로서 상속권이 있었을 것을 요한다.

**다. 효과**

• 대습상속인은 직전 중간자의 상속분을 상속한다. 대습상속인은 직전 중간자의 지위에 있는 것으로 간주되기 때문이다.

• 동순위 대습상속인이 여러 명인 경우: 각 대습상속인은 직전 중간자의 상속분을 각자가 직전 중간자에 대해 가지는 상속분에 따라 공동상속한다.

제1010조(대습상속분) ① 제1001조의 규정에 의하여 사망 또는 결격된 자에 갈음하여 상속인이 된 자의 상속분은 사망 또는 결격된 자의 상속분에 의한다.
② 전항의 경우에 사망 또는 결격된 자의 직계비속이 수인인 때에는 그 상속분은 사망 또는 결격된 자의 상속분의 한도에서 제1009조의 규정에 의하여 이를 정한다. 제1003조 제2항의 경우에도 또한 같다.

## 라. 대습상속과 관련된 사례

### (1) 손자녀의 상속권의 법적 성질

• 사안: 피상속인 A에게는 자녀 B, C가 있고, B 소생의 손녀 D, E, 그리고 C소생의 손녀 F가 있다. B, C가 모두 사망한 후 A가 사망하면, A의 재산에 대한 D, E, F의 상속분 비율이 어떻게 되는지가 문제된다.
• 판단: 판례에 의하면 이러한 경우 손자녀들은 대습상속하기 때문에 D:E:F = 1:1:2가 된다.

> 피상속인의 자녀가 상속개시 전에 전부 사망한 경우 피상속인의 **손자녀는 본위상속이 아니라 대습상속**을 한다고 봄이 상당하다(대법원 2001. 3. 9. 선고 99다13157 판결).

### (2) 동시사망 사건

• 사안: A와 B(A의 외동딸)가 동시사망한 경우, 乙(B의 법률상의 남편)에게 A의 재산에 대한 대습상속권이 인정되는가, 아니면 A의 동생인 D가 상속인이 되는지가 문제된다.
• 판단: A, B의 순서로 사망했다면 乙은 A의 재산을 본위상속하고, B, A의 순서로 사망했다면 乙은 A의 재산을 대습상속한다. 따라서 A, B가 동시에 사망한 것으로 추정되더라도 乙이 A의 재산을 상속받는 것이 공평하다.

> **대법원 2001. 3. 9. 선고 99다13157 판결**
> ‣ 대습상속 제도는 대습자의 <u>상속에 대한 기대를 보호함으로써 공평</u>을 꾀하고 생존 배우자의 생계를 보장하여 주려는 것이고, 또한 **동시사망 추정규정**도 자연과학적으로 엄밀한 의미의 동시사망은 상상하기 어려운 것이나 사망의 선후를 입증할 수 없는 경우 동시에 사망한 것으로 다루는 것이 결과에 있어 가장 **공평하고 합리적이라는 데에 그 입법 취지**가 있는 것이다.
> ‣ 피대습자가 피상속인에 대한 <u>상속개시 전에 사망한 경우에는 대습상속을 하고, 피대습자가 상속개시 후에 사망한 경우에는 피대습자를 거쳐 피상속인의 재산을 본위상속</u>을 하므로 두 경우 모두 상속을 하는데, 만일 피대습자가 피상속인의 사망, 즉 상속개시와 동시에 사망한 것으로 추정되는 경우에만 그 직계비속 또는 배우자가 본위상속과 대습상속의 어느 쪽도 하지 못하게 된다면 동시사망 추정 이외의 경

우에 비하여 현저히 불공평하고 불합리한 것 ··· 대습상속 제도 및 동시사망 추정규
정의 입법 취지에도 반하는 것이다.

## (3) 재대습

- 전제: 피상속인 甲, 甲의 딸인 乙, 乙의 배우자 丙, 丙의 전처 소생의 자녀 丁이
있다.
- 乙, 甲, 丙 순서로 사망한 경우: 甲 사망시 乙의 배우자 丙은 대습상속인이 되어
甲의 재산을 상속한다. 그 후 丙이 사망하면 丙의 자녀 丁은 이 재산을 상속한다.
- 乙, 丙, 甲 순서로 사망한 경우: 甲 사망 당시 '중간자'인 乙, 丙 중 丙에 대해서는
'피상속인의 직계비속 또는 형제자매'라는 중간자 요건이 충족되지 못했다. 따
라서 대습상속이 일어날 수 없다. 재대습 사안에서 중간자 요건은 모든 중간자
들에 대해 충족되어야만 하기 때문이다.

### 대법원 1999. 7. 9. 선고 98다64318 판결

- 대습상속이 인정되는 경우는 상속인이 될 자(사망자 또는 결격자)가 피상속인의 직
계비속 또는 형제자매인 경우에 한한다 할 것이므로, 상속인이 될 자(사망자 또는
결격자)의 배우자는 제1003조에 의하여 대습상속인이 될 수는 있으나,
- **피대습자(사망자 또는 결격자)의 배우자가 대습상속의 상속개시 전에 사망하거나
결격자가 된 경우, 그 배우자에게 다시 피대습자로서의 지위가 인정될 수는 없다** 할
것이다.

## (4) 상속포기와 대습상속

### A. 사안

- A가 사망할 당시 친족은 자녀 C와 부모 乙이 있었다. A의 채무초과 상태를 확인
한 C는 적법하게 상속을 포기했으나, 乙은 아무 조치를 하지 않았다.
- 그 후 乙이 사망했고 C가 이때 아무 조치를 안 했으면 A에 대한 채권자 甲은 C에
게 채무변제를 청구할 수 있는지가 문제된다.

### B. 판단

- 상속 포기의 효력은 '장래의 대습상속'에는 적용되지 않으며, 대습상속권은 (상

속권과 마찬가지로) 대습상속 개시 전에 미리 포기할 수 없다. 이에 비해 상속개시 후 §1019 이하에 따른 승인·포기는 당연히 가능하다.

- C의 상속포기는 A의 상속인이라는 지위는 소멸시키지만 乙의 대습상속인이라는 지위까지 소멸시키지는 못한다.
- 따라서 A로부터 乙에게로 상속되었던 채무는 C에게 대습상속된다.

### 대법원 2017. 1. 12. 선고 2014다39824 판결

- ‣ <u>상속포기의 효력은 피상속인의 사망으로 개시된 상속에만 미치는 것이고, 그 후 피상속인을 피대습자로 하여 개시된 대습상속에까지 미치지는 않는다.</u> 대습상속은 상속과는 별개의 원인으로 발생하고 <u>대습상속이 개시되기 전에는 이를 포기하는 것이 허용되지 않기</u> 때문이다.
- ‣ 이는 종전에 <u>상속인의 상속포기로 피대습자의 직계존속이 피대습자를 상속한 경우에도 마찬가지이다.</u>
- ‣ 따라서 피상속인의 사망 후 상속채무가 상속재산을 초과하여 상속인인 배우자와 자녀들이 상속포기를 하였는데, 그 후 피상속인의 직계존속이 사망하여 <u>대습상속이 개시된 경우 대습상속인이 민법이 정한 절차와 방식에 따라 한정승인이나 상속포기를 하지 않으면 단순승인을 한 것으로 간주된다.</u>

## Ⅱ    상속의 승인·포기[2]

### 1. 공통요건

**가. 개관:** 엄격요식행위

- 상속의 승인·포기는 법정된 당사자가 법정 방식에 따라 법정 기간 내에 의사표시를 해야만 그 효력이 인정된다.
- 법정 방식을 위반한 상속포기 의사표시는 상속재산을 받지 않겠다는 취지의 상속재산 분할협의 의사표시로 인정될 수 있다(§138). 상속개시 전 또는 고려기간

---

2) 상속의 승인·포기 여부가 정해져야 공동상속 여부와 공동상속인이 누구인지가 정해진다. 따라서 조문 순서와는 다르게 상속의 승인·포기를 먼저 다룬다.

경과 후에 한 의사표시, 공동상속인들 사이에서 이루어진 의사표시 등이 그 예이다.

## 나. 주체

### (1) 범위

- 최우선순위인 상속인(대습상속인)과 포괄수유증자는 상속재산의 포괄·당연 승계라는 효과를 소멸시킬 것인지를 일방적 의사표시로써 결정할 수 있다.
- 후순위상속인도 선제적으로 상속포기 할 수 있다.

✓ 선순위상속인이 상속포기를 하면서 후순위상속인에게 알려주지 않으면 후순위상속인은 고려기간 경과로 인해 단순승인으로 간주될 수 있다. 물론 나중에 특별한정승인으로 구제받을 수 있지만, 피상속인이 채무초과인 사실이 명백하면 후순위상속인들도 선제적으로 상속포기를 할 수 있게 해 줄 필요가 있다. 이를 반영한 것이 바로 상속포기신고에 관한 예규 제3조인데, 그 내용은 다음과 같다. 피상속인의 상속인이 될 자격이 있는 사람(배우자, 직계비속, 직계존속, 형제자매, 4촌 이내 방계혈족)은 상속이 개시된 이후에는 선순위 상속인이 상속포기신고를 하지 아니한 경우라도 선순위 상속인보다 먼저 또는 선순위 상속인과 동시에 상속포기의 신고를 할 수 있다.

### (2) 일신전속성

- 상속을 승인·포기할 수 있는 지위는 양도·승계될 수 없고, 채권자취소나 채권자대위의 대상이 될 수도 없다. 상속포기는 피상속인이나 다른 공동상속인들과의 인격적 관계를 전체적으로 판단하여 행해지는 인적 결단이기 때문이다.
- 이에 비해 상속재산 분할협의는 채권자취소의 대상이 되지만 채권자대위의 대상이 될 수는 없다. 판례에 의하면서 이미 성립한 권리만이 대위될 수 있으며, 계약성립에 필요한 청약이나 승낙 자체는 채권자가 대위할 수 없기 때문이다.

#### 대법원 2011. 6. 9. 선고 2011다29307 판결

- 상속의 포기는 비록 포기자의 재산에 영향을 미치는 바가 없지 아니하나 상속인으로서의 지위 자체를 소멸하게 하는 행위로서 순전한 재산법적 행위와 같이 볼 것이 아니다. 오히려 상속의 포기는 1차적으로 **피상속인 또는 후순위상속인을 포함하여 다른 상속인 등과의 인격적 관계를 전체적으로 판단하여 행하여지는 '인적 결단'으로서의 성질**을 가진다.
- 비록 상속인인 채무자가 무자력상태에 있다고 하여서 그로 하여금 상속포기를 하지 못하게 하는 결과가 될 수 있는 채권자의 사해행위취소를 쉽사리 인정할 것이 아니다.

✓ 지배적 견해는 상속의 승인·포기 여부를 수권받은 임의대리인에 의한 승인·포기가 가능하다고 한 판례가 있다고 하는데, 검색으로 확인되지 않는다. 상속의 승인·포기의 인적 결단으로서의 성질을 인정한다면 임의대리의 대상이 될 수 없다고 보아야 한다.

## (3) 상속인이 제한능력자인 경우

• 상속의 승인·포기는 제한능력자가 단독으로 할 수 없으므로 법정대리인의 대리나 동의가 필요하다.

• 다만 법정대리인과 상속인이 공동상속인이면 이해상반성이 인정되므로 법정대리인의 대리권이 제한된다. 따라서 법정대리인은 자신이 상속포기를 한 경우에만 상속인을 대리하여 승인·포기를 할 수 있다.

## 다. 방식: 가정법원에 대한 신고

## (1) 법적 성질: 상대방 없는 단독행위

• 조건·기한을 붙일 수 없다.

• 고려기간 중에도 임의로 철회할 수 없다(§1024 ①).

## (2) 엄격 요식행위

• 상속포기는 가정법원에 대한 신고와 가정법원의 신고 수리 재판이라는 방식을 갖춰야 한다.

• 효력발생 시점: 가정법원의 신고 수리 재판이 고지된 때 효력이 발생한다. 따라서 상속포기 신고서 접수 후 이를 수리하는 재판이 고지되기 전에 상속재산을 처분하면 부정소비가 아니더라도 단순승인으로 간주된다.

### 대법원 2016. 12. 29. 선고 2013다73520 판결

‣ 상속의 한정승인이나 포기는 상속인의 의사표시만으로 효력이 발생하는 것이 아니라 가정법원에 신고를 하여 가정법원의 심판을 받아야 하며, 그 심판은 당사자가 이를 고지받음으로써 효력이 발생한다.

‣ 이는 한정승인이나 포기의 의사표시의 존재를 명확히 하여 상속으로 인한 법률관계가 획일적으로 처리되도록 함으로써, 상속재산에 이해관계를 가지는 공동상속인이나 차순위 상속인, 상속채권자, 상속재산의 처분 상대방 등 제3자의 신뢰를 보호하고 법적 안정성을 도모하고자 하는 것이다.

‣ 상속인이 법원에 상속포기의 신고를 하였다고 하더라도 이를 수리하는 가정법원의

**심판이 고지되기 이전에 상속재산을 처분**하였다면, 이는 **상속포기의 효력 발생 전에 처분**행위를 한 것에 해당하므로 **제1026조 제1호에 따라 상속의 단순승인을 한** 것으로 보아야 한다.

## (3) 내용

- 상속재산 전부에 대한 포괄적 승인이나 포기만 가능하다.
- 상속포기 신고서에 재산목록을 첨부했더라도 무의미하고 모든 상속재산에 대해 상속포기의 효과가 발생한다.

  상속의 포기는 상속인이 법원에 대하여 하는 <u>단독의 의사표시로서 포괄적·무조건적으로 하여야 하므로, 상속포기는 재산목록을 첨부하거나 특정할 필요가 없다</u>고 할 것이고, 상속포기서에 상속재산의 <u>목록을 첨부했다 하더라도</u> … 상속포기의 효력은 이 사건 재산에 미친다(대법원 1995. 11. 14. 선고 95다27554 판결).

## 라. 기간(고려기간)

> 제1019조(승인, 포기의 기간) ① 본문: 상속인은 상속개시있음을 안 날로부터 3월내에 단순승인이나 한정승인 또는 포기를 할 수 있다.

## (1) 법적 성질

- 제척기간이므로 중단, 정지 등이 인정되지 않는다.
- 일반적인 고려기간인 §1019 ①의 기간뿐 아니라, 특별한정승인 기간인 §1019 ③의 기간도 마찬가지이다.

  ‣ 상속인이 자신의 귀책사유 없이 또는 그 의사와 무관하게 단순승인 의제의 효과로 인하여 상속채무에 대하여 무한책임을 부담하는 것을 막기 위하여 상속인이 자유롭게 상속 포기나 한정승인을 할 수 있도록 인정하면서도, 상속인에게 부여된 이러한 선택권이 자칫 후순위 상속인이나 상속채권자 등 이해관계인의 법적 지위를 불안정하게 만들 수 있는 점에 유의하여 법적 불안정을 조기에 해소하고자 상속인이 한정승인이나 포기를 선택할 수 있는 제척기간을 3월로 한정하고 있다(대법원 2020. 11. 19. 선고 2019다232918 전원합의체 판결).

▸ 제척기간은 <u>불변기간이 아니어서</u> 그 기간을 지난 후에는 당사자가 **책임질 수 없는 사유로 그 기간을 준수하지 못하였더라도 추후에 보완될 수 없다**(대법원 2003. 8. 11.자 2003스32 결정).

• §1019 ③의 기간 역시 법적 불안 상태를 막기 위하여 마련한 제척기간이다.

## (2) 기산점

A. 원칙: 상속인이 상속개시를 안 날로부터 3개월

(a) 상대기간이므로, 각 상속인마다 경과 여부가 달라질 수 있음

(b) '상속개시 사실을 안 날'의 의미

• 상속인이 피상속인의 사망과 자신이 상속인이 되었다는 사실을 알게 된 날을 뜻하고, 상속재산의 현황(특히 채무초과여부) 인식 여부와 무관하다.

• 즉, 상속인이 되었음을 알았다면 상속재산 현황을 몰랐더라도 고려기간은 시작된다. 채무초과로 인해 상속인이 뜻밖의 불이익을 입을 우려가 있으나 특별한 정승인으로 구제될 수 있다.

상속개시 있음을 안 날이라 함은 <u>상속개시 원인 사실의 발생을 앎으로써 자기가 상속인이 되었음을 안 날</u>을 말하는 것으로 해석되는 것이므로, **상속재산 또는 상속채무의 존재를 알아야만 위 고려기간이 진행되는 것은 아니**라고 할 것이다(대법원 1991. 6. 11.자 91스1 결정).

(c) 인식 대상인 '상속인이 되었다는 사실'의 의미

• 원칙: 상속인이 피상속인의 사망 사실만 알면 기산한다.

• 예외: 법적 판단을 거쳐야 상속인이 누구인지 알 수 있을 때는 상속인이 자신이 최선순위 상속인이 되었음을 실제로 알게 된 날 기산한다.

(d) 사례: 법적 판단을 거쳐야 상속인을 파악할 수 있는 경우

• 사안의 개요: 피상속인 甲의 자녀인 1순위 상속인 乙이 상속포기를 하면서 자신의 친권에 따르는 자녀로서 피상속인의 손자녀인 丙를 대리하여 상속포기를 하지는 않은 경우, 상속채권자 A가 丙에게 상속채권을 행사할 수 있는지가 문제된다.

• 쟁점과 판단: A가 丙에게 이행청구를 했을 때 비로소 '상속개시를 안 날'이 도래

한 것으로 간주된다. 다만, 乙이 丙을 대리하여 상속포기 신고를 했더라도 A가 제기한 이행소송의 사실심 변론종결 전에 이를 근거로 항변하지 않았다면 A의 이행청구는 인용되고, 그후 청구이의소송으로 다툴 수 있을 뿐이다.

✓ 만약 이행청구소송의 사실심 변론종결시 전에 상속포기 신고 수리 재판을 받았다면 그 이행청구 소송에서 항변할 수 있었을 것이다.

---

**대법원 2015. 5. 14. 선고 2013다48852 판결**

‣ 상속개시 있음을 안 날이란 상속개시의 원인이 되는 사실의 발생을 알고 이로써 자기가 상속인이 되었음을 안 날을 의미하지만 종국적으로 <u>상속인이 누구인지를 가리는 과정에서 법률상 어려운 문제가 있어 상속개시의 원인사실을 아는 것만으로는 바로 자신이 상속인이 된 사실까지 알기 어려운 특별한 사정이 있는 경우에는 자신이 상속인이 된 사실까지 알아야</u> 상속이 개시되었음을 알았다고 할 것이다.

‣ 일반인의 입장에서 피상속인의 자녀가 상속을 포기하는 경우 자신들의 자녀인 피상속인의 손자녀가 피상속인의 배우자와 공동으로 상속인이 된다는 사실까지 알기는 어렵다 … 이 경우 丙에 대하여는 아직 제1019조 제1항의 기간이 도과되지 않았다고 할 수 있다.

‣ 그러나 <u>丙이 이를 이유로 상속포기를 한 다음 청구이의의 소를 제기함은 별론으로 하고, 위와 같은 사정만으로는 A의 丙에 대한 청구를 배척할 사유가 되지 아니한다.</u>

---

B. 특칙

(a) 법원의 유예기간 허여 재판

---

제1019조(승인, 포기의 기간) ① 단서: 그러나 그 기간은 이해관계인 또는 검사의 청구에 의하여 가정법원이 이를 연장할 수 있다.

---

(b) 상속개시 후 고려기간 경과 전에 2차 상속이 개시된 경우

---

제1021조(승인, 포기기간의 계산에 관한 특칙) 상속인이 승인이나 포기를 하지 아니하고 제1019조 제1항의 기간 내에 사망한 때에는 그의 상속인이 그 자기의 상속개시 있음을 안 날로부터 제1019조 제1항의 기간을 기산한다.

---

(c) 상속인이 제한능력자인 경우

- 원칙: 법정대리인이 상속개시를 안 날 고려기간이 기산한다.

> 제1020조(제한능력자의 승인·포기의 기간) 상속인이 제한능력자인 경우에는 제1019조 제1항의 기간은 그의 친권자 또는 후견인이 상속이 개시된 것을 안 날부터 기산한다.

- 예외: 상속인이 미성년자인 경우, 법정대리인이 고려기간을 도과하여 단순승인(간주) 요건이 갖춰졌고 법정대리인이 특별한정승인 기간마저 도과했더라도, 상속인은 성년이 된 후 상속채무 초과 사실을 안 날로부터 3개월 이내에 특별한정승인을 할 수 있다(민법 개정에 의한 대법원 2020. 11. 19. 선고 2019다232918 전원합의체 판결 폐기).

> 제1019조(승인, 포기의 기간) ④ 제1항에도 불구하고 미성년자인 상속인이 상속채무가 상속재산을 초과하는 상속을 성년이 되기 전에 단순승인한 경우에는 성년이 된 후 그 상속의 상속채무 초과사실을 안 날부터 3개월 내에 한정승인을 할 수 있다. 미성년자인 상속인이 제3항에 따른 한정승인을 하지 아니하였거나 할 수 없었던 경우에도 또한 같다.

✓ §1019 ④에 대해서는 다음과 같은 문제점을 지적할 수 있다. ㉠ §1020의 적용을 전면적으로 배제하는 것은 '인식, 과실 여부는 대리인을 기준으로 판단한다'는 §116 ①의 원칙과 저촉된다. 제한능력자 보호를 위해서는 단순승인(간주)에 관한 법정대리인의 대리권 행사에 대한 감독 제도를 두는 것이 더 나을 것이다. ㉡ '제1항에도 불구하고'가 아니라 '§1020에도 불구하고'라고 고쳐야 한다. §1019 ④는 §1019 ①에 대한 예외가 아니라 §1020에 대한 예외이기 때문이다. ㉢ §1019 ④는 문리해석상 미성년자에 대해서만 적용되므로 피성년후견인은 보호될 수 없다.

### (3) 효과

A. 고려기간의 본질적 효과

- 상속인은 고려기간 중에만 유효하게 상속의 승인·포기를 할 수 있다.
- 고려기간 전에 한 승인·포기는 무효이고, 무효행위 전환에 의해 상속재산 분할 협의로 인정될 수 있을 뿐이다.
- 고려기간 경과 후에 한 승인·포기도 무효이므로 승인·포기신고는 각하 대상이다. 따라서 단순승인 간주가 유지된다.

B. 고려기간의 부수적 효과

(a) 상속인의 상속재산 조사권

> 제1019조(승인, 포기의 기간) ② 상속인은 제1항의 승인 또는 포기를 하기 전에 상속재산을 조사할 수 있다.

(b) 고려 중인 상속인의 상속재산의 관리의무

• 상속인은 고려기간 중 고유재산에 대한 것과 동일한 주의의무로 관리해야 한다.
• 이러한 관리의무는 단순승인 또는 포기로 소멸하고, 한정승인을 한 경우에는 여전히 유지된다.

> 제1022조(상속재산의 관리) 상속인은 그 고유재산에 대하는 것과 동일한 주의로 상속재산을 관리하여야 한다. 그러나 단순승인 또는 포기한 때에는 그러하지 아니하다.

(c) 상속재산보존에 필요한 처분

> 제1023조(상속재산보존에 필요한 처분) ① 법원은 이해관계인 또는 검사의 청구에 의하여 상속재산의 보존에 필요한 처분을 명할 수 있다.
> ② 법원이 재산관리인을 선임한 경우에는 제24조 내지 제26조의 규정을 준용한다.

C. 사례: 상속포기 전 상속인에 대한 보전처분

(a) 사안의 개요

• 피상속인 A의 사망 당시 상속인 乙이 있었고, 상속재산으로는 ⓧ부동산과 甲에 대한 대여금채무가 있었다.
• 상속개시 직후 甲이 乙을 채무자로 하여 ⓧ부동산에 대한 가압류결정을 받아 집행하자 乙은 적법하게 상속을 포기했다.

(b) 쟁점과 판단

• 상속인은 상속개시 즉시 상속재산에 대한 관리의무가 생기며, 고유재산에 대한 것과 동일한 주의의무로 관리해야 한다(§1022 본문). 상속채권자가 상속인을 상대방으로 한 보전처분은 재산관리권자에 대한 것이므로 적법하다.
• 상속인의 관리의무는 상속포기로 인해 소멸하고(§1022 단서), 상속포기에는 소급효가 인정되지만(§1042), 상속포기 전에 이미 상속인을 상대로 집행한 보전처

분의 효력에는 영향이 없다.

✓ 판례는 이러한 판단의 이유에 대해서는 구체적으로 언급하고 있지 않지만, §1044의 관리계속의 무에서 근거를 찾을 수 있을 것이다.

• 보전처분에 기한 강제집행의 상대방: 보전처분의 채무자였던 乙의 상속포기 후 다른 상속인이 있으면 다른 상속인을, 다른 상속인이 없으면 상속인 부재로 인해 선임된 상속재산 관리인(§1053)을 상대방으로 강제집행을 실시해야 한다.

### 대법원 2021. 9. 15. 선고 2021다224446 판결

‣ 상속포기는 가정법원이 상속인의 포기신고를 수리하는 심판을 하여 이를 당사자에게 고지한 때에 효력이 발생하므로, 상속인은 가정법원의 상속포기신고 수리 심판을 고지받을 때까지 제1022조에 따른 상속재산 관리의무를 부담한다.

‣ 상속인은 상속관계가 확정되지 않은 동안에도 잠정적으로나마 피상속인의 재산을 당연 취득하고 상속재산을 관리할 의무가 있으므로, **상속채권자는 그 기간 동안 상속인을 상대로 상속재산에 관한 가압류결정을 받아 이를 집행**할 수 있다. 그 후 상속인이 상속포기로 인하여 상속인의 지위를 소급하여 상실한다고 하더라도 이미 발생한 가압류의 효력에 영향을 미치지 않는다. 따라서 위 상속채권자는 종국적으로 상속인이 된 사람 또는 제1053조에 따라 선임된 상속재산관리인을 채무자로 한 상속재산에 대한 경매절차에서 가압류채권자로서 적법하게 배당을 받을 수 있다.

## 마. 소극적 요건(무효·취소사유)

### (1) 개관

• 승인·포기도 의사표시이기 때문에 총칙상의 의사표시의 무효·취소사유가 원칙적으로 적용된다.

• 다만 법률효과 자체가 정해져 있는 법률행위이고 단독행위이기 때문에 §103～§105, §107, §108 등은 문제되지 않는다.

• 결국 의사무능력으로 인한 무효, 제한능력자의 행위로 인한 취소, §109나 §110에 의한 취소 등이 문제될 수 있다.

### (2) 승인 · 포기 의사표시의 철회 금지

> 제1024조(승인, 포기의 취소금지) ① 상속의 승인이나 포기는 제1019조 제1항의 기간내에도 이를 취소하지 못한다.
> ② 전항의 규정은 총칙편의 규정에 의한 취소에 영향을 미치지 아니한다. 그러나 그 취소권은 추인할 수 있는 날로부터 3월, 승인 또는 포기한 날로부터 1년내에 행사하지 아니하면 시효로 인해 소멸된다.

- §1024 ①의 의미: 고려기간 중이더라도 이미 한 유효한 승인·포기 의사표시를 임의로 번복할 수 없다.
- §1024 ②의 의미: 고려기간과 무관하게 총칙상의 취소는 할 수 있으나 행사기간은 §146에 비해 제한된다.

### (3) 총칙상 취소사유가 있는 경우

- 승인·포기 취소의 방식: 승인·포기 신고가 수리된 법원에 취소 신고를 해야 한다.

> 2011년 개정 법 적용 전에 친권자가 상속포기를 하면서 당시의 법에 의한 감독기관인 친족회의 동의가 없음을 이유로 이를 취소함에 있어서 그 **취소의 상대방은 재산상속포기의 신고가 수리된 법원**이므로 상속포기로 단독상속인이 된 성년 자녀인 피고에게 한 소장송달로서 위 재산상속포기가 취소되었다는 논지는 그 이유 없다(대법원 1989. 9. 12. 선고 88다카28044 판결).

✓ 제3자 보호: 특칙이 없으므로 총칙에 따라 결정된다. §1024 ② 단서에서는 행사기간에 대해서만 특칙을 두고 있기 때문에, 나머지 내용에 대해서는 총칙상 무효, 취소 등에 관한 규율이 그대로 적용되어야 한다.

## 2. 단순승인

### 가. 개관

### (1) 기본적 효과: 포괄·당연 승계

> 제1025조(단순승인의 효과) 상속인이 단순승인을 한 때에는 제한없이 피상속인의 권리의무를 승계한다.

### (2) 부수적 효과: 상속재산 관리의 종료, 재산분리의 필요성 발생

## 나. 법정단순승인 사유

> 제1026조(법정단순승인) 다음 각 호의 사유가 있는 경우에는 상속인이 단순승인을 한 것으로 본다.
>
> 1. 상속인이 상속재산에 대한 처분행위를 한 때
> 2. 상속인이 제1019조 제1항의 기간 내에 한정승인 또는 포기를 하지 아니한 때
> 3. 상속인이 한정승인 또는 포기를 한 후에 상속재산을 은닉하거나 부정소비하거나 고의로 재산목록에 기입하지 아니한 때

### (1) 상속재산의 처분행위(1호)

A. 유형

- 모든 처분행위는 본호에 해당하며, 사실행위, 법률행위는 불문한다. 예컨대 상속재산을 소비하거나 처분하는 경우는 물론 상속재산 분할협의를 하는 것도 본호에 해당한다.

- 상속재산의 일부만 처분해도 본호가 적용되므로 상속재산 전부에 대해 단순승인으로 간주된다.

- 비교: 보존행위는 법정단순승인 사유가 아니다. 법정상속인은 고려기간 중 관리 의무가 있기 때문이다. 따라서 고려기간 경과 전에 상속회복청구소송을 제기해도 단순승인으로 간주되지 않는다.

  권원 없이 공유물을 점유하는 자에 대한 공유물의 반환청구는 공유물의 보존행위라 할 것이므로 제1026조 1호의 처분행위에 해당하지 않는다(대법원 1996. 10. 15. 선고 96다23283 판결).

B. 사례

(a) 사안의 개요

- 공동상속인 A, B, C는 상속재산 분할 협의를 하면서 A와 B가 상속을 포기하기로 합의했다.

- 상속재산인 미등기부동산이 법정상속분에 따라 보존등기 되자 A와 B가 각자의 상속지분을 C에게 소유권이전등기 해 주었다.

- 그 후 A, B 모두 적법하게 상속포기 신고를 하여 수리 심판을 받았다.

(b) 쟁점과 판단

- 이 경우 A, B는 단순승인으로 간주되지 않는다.
- 법정상속분에 따른 보존등기는 처분행위가 아니고, C에 대한 소유권이전등기는 상속포기의 효과를 반영한 것에 불과하기 때문이다.

> **대법원 2012. 4. 16.자 2011스191 결정**
> - 수인의 상속인 중 1인을 제외한 나머지 상속인 모두가 상속을 포기하기로 하였으나 그 상속포기 신고가 수리되기 전에 피상속인 소유의 미등기 부동산에 관하여 상속인들 전원 명의로 법정상속분에 따른 소유권보존등기가 경료되자 … 상속을 포기하는 상속인들의 지분에 관하여 상속을 포기하지 아니한 상속인 앞으로 지분이전등기를 마치고 그 후 상속포기 신고가 수리되었다면,
> - 이를 상속의 단순승인으로 간주되는 제1026조 제1호 소정의 '상속재산에 대한 처분행위'가 있는 경우라고 할 수 없다.

## (2) 고려기간 도과(2호, 전술)

## (3) 한정승인 상속인의 재산목록 부실기재(3호)

A. 개관

- 한정승인 상속인에 대해서만 적용된다. 재산목록 기재는 상속포기의 요건이 아니기 때문이다.
- 부실기재의 의미: 상속재산을 감추어 상속채권자를 사해할 의사로 재산목록에 기재하지 않은 경우를 뜻한다.
- ✓ 이렇게 본다면 과실에 의한 부실기재는 단순승인으로 간주되지는 않을 듯하다. 중과실이 있으면 악의에 준하여 다루어지기도 하지만 중과실을 '해의'와 동일시할 수 없는 없기 때문이다.
- 재산목록에 일부 재산을 악의로 누락했더라도 사해의사가 증명되어야 단순승인으로 간주된다.

> **대법원 2022. 7. 28. 선고 2019다29853 판결**
> - 제1026조 제3호는 상속인의 배신적 행위에 대한 제재로서 의미를 가지고 있다. 위 규정에 해당하기 위해서는 상속인이 어떠한 상속재산이 있음을 알면서 이를 재산목록에 기입하지 아니하였다는 사정만으로는 부족하고, 상속재산을 은닉하여 상속

채권자를 사해할 의사, 즉 그 재산의 존재를 쉽게 알 수 없게 만들려는 의사가 있을 것을 필요로 하고, 위 사정은 이를 주장하는 측에서 증명하여야 한다.

▸ 피고들이 상속재산인 해약 환급금을 상속비용으로 인정되는 장례비용으로 지출한 것은 합리적인 범위 내의 금액으로서 정당하여, 피고들이 한정승인 신고시 해약환급금을 상속재산의 목록에 기재하지 아니하였다 하여 상속재산을 은닉하여 상속채권자를 사해할 의사로써 기입하지 아니한 것이라고 볼 수는 없다(대법원 2003. 11. 14. 선고 2003다30968 판결).

## B. 사례: 소송 대상인 재산의 기재 누락

### (a) 사안의 개요

• A의 사망으로 개시된 상속에서, 공동상속인 甲, 乙 사이에 상속재산 분할 재판이 진행되던 중 乙이 사망하여 丙이 乙의 상속인으로서 위 재판의 당사자 지위를 수계했다.

• 丙은 乙의 상속에 대해 한정승인 신고를 했는데, 甲·乙간에 다투어지고 있는 분할 대상 재산에 관한 사항을 기재하지 않았다.

### (b) 쟁점과 판단

• 丙의 한정승인 신고에 대해 '재산목록 부실기재'가 인정되는지가 문제된다.

• 재판 등의 분쟁이 예상되거나 이미 재판이 진행 중인 경우, 그 분쟁과 관련된 재산을 기재하지 않은 것은 재산목록 부실기재로 인정되지 않는다.

#### 대법원 2022. 7. 28. 선고 2019다29853 판결

▸ 소송 등의 분쟁이 예상되거나 계속 중인 상태에서 상속이 개시된 경우, 한정승인을 하는 상속인으로서는 분쟁과 관계된 재산이나 채권, 채무 등을 재산목록에 기입하게 되면 자칫 분쟁의 결과에 따라 그 내용이 사실과 달라지거나, 또는 이로 인해 소송 상대방의 주장을 인정하는 결과가 될 수 있다는 우려로 이를 기입하지 않는 경우가 있을 수 있으므로, 그러한 경우에는 상속재산을 은닉하여 상속채권자를 사해할 의사가 있는지 여부를 더욱 신중하게 판단하여야 한다.

▸ 丙으로서는 상속재산분할심판에서 법원의 판단에 따라 자신의 상속재산에 대한 권리 유무 및 범위가 달라질 입장에서 섣불리 적극재산에 상속재산을 기입하기 어려

웠을 것으로 보이므로, 丙에게 그 재산의 존재를 쉽게 알 수 없게 만들려는 의사, 즉 상속재산을 은닉하여 상속채권자를 사해할 의사가 있었다고 단정하기 어렵고, 제1026조 제3호의 '고의로 재산목록에 기입하지 아니한 때'에 해당하지 않는다고 볼 여지가 있다.

## (4) 한정승인 또는 포기 후 상속재산을 은닉 또는 부정소비(3호)

A. 의미

(a) 은닉: 목적을 심사할 필요 없음

(b) 소비

• '부정' 소비로 특정되어 있으므로, 소비의 목적·용도 등을 심사해야만 한다.

• 비교: 승인·포기 여부가 결정되지 않은 상태에서 상속인이 처분행위를 하면 처분 대가의 용도를 불문하고 항상 단순승인으로 간주된다.

'상속재산의 은닉'이라 함은 상속재산의 존재를 쉽게 알 수 없게 만드는 것을 뜻하고, '상속재산의 부정소비'라 함은 정당한 사유 없이 상속재산을 써서 없앰으로써 그 재산적 가치를 상실시키는 것을 의미한다(대법원 2010. 4. 29. 선고 2009다84936 판결).

(c) 사례: 상속채권의 추심

• 사안의 개요: 공동상속인 A, B, C 중 A, B는 상속포기 신고를, C는 한정승인 신고를 마쳤다. 상속재산으로는 D, E에 대한 각 대여금채권이 있었는데, A는 상속포기 신고 수리 전에 D로부터 추심을 받아 C에게 송금하였고, B는 상속포기 신고 수리 후에 E로부터 추심을 받아 C에게 송금하였다.

• 판단: A는 단순승인으로 간주되지만 B는 단순승인으로 간주되지 않는다.

### 대법원 2010. 4. 29. 선고 2009다84936 판결

‣ 상속인이 상속재산에 대한 처분행위를 한 때에는 단순승인을 한 것으로 보는바(제1026조 제1호), 상속인이 피상속인의 채권을 추심하여 변제받는 것도 상속재산에 대한 처분행위에 해당한다.

‣ 상속인이 상속포기신고를 한 후 피상속인의 채권을 추심하여 상속의 한정승인신고를 함으로써 상속인의 지위에 있던 다른 공동상속인의 계좌에 입금한 것은 상속재

산을 관리한 것에 지나지 아니하고 이를 가리켜 B가 상속재산의 가치를 상실시켰다거나 고의로 상속재산을 은닉한 경우에 해당한다고는 볼 수 없으므로 B의 상속포기는 유효하다.

### B. 예외: 후순위상속인의 신뢰보호

> 제1027조(법정단순승인의 예외) 상속인이 상속을 포기함으로 인하여 차순위 상속인이 상속을 승인한 때에는 전조 제3호의 사유는 상속의 승인으로 보지 아니한다.

### (a) 요건

- 선순위 상속인이 유효하게 상속포기를 했어야 한다. 선순위자가 한정승인을 한 경우 어차피 후순위자는 상속인이 될 수 없기 때문에 §1027를 적용할 필요가 없다.
- 후순위 상속인이 상속을 승인하여 상속권을 가져야 한다. 따라서 후순위 상속인이 단순승인을 한 경우뿐 아니라 한정승인을 한 경우에도 §1027가 적용된다.
- ✓ 후순위자 전원이 상속결격되거나 상속포기했으면 §1027은 적용되지 않으므로, 상속포기 후 부정소비했던 선순위 상속인은 다시 단순승인으로 간주된다.

### (b) 효과: §1026 3호의 적용 배제

- 상속포기한 선순위상속인이 후순위상속인의 상속승인(간주) 후 상속재산을 은닉, 처분·부정소비 해도 단순승인으로 간주되지 않는다.
- ✓ 그 결과, 후순위상속인의 상속권이 유지된다. §1027의 취지는 선순위상속인의 모순거동에 의해 후순위상속인이 승계한 상속권을 박탈하는 것을 방지하는 것이기 때문이다.

## 3. 상속포기

### 가. 개관

> 제1041조(포기의 방식) 상속인이 상속을 포기할 때에는 제1019조 제1항의 기간내에 가정법원에 포기의 신고를 하여야 한다.

### (1) 본질적 효과: 상속의 효력의 소급적 소멸

- 포기자는 상속개시기부터 상속인이 아니었던 것으로 간주된다.

> 제1042조(포기의 소급효) 상속의 포기는 상속개시된 때에 소급하여 그 효력이 있다.

- 포기자가 단독상속인인 경우, 후순위상속인이 상속인이 된다.
- 포기자가 공동상속인인 경우, 포기자의 상속분은 다른 공동상속인(들)에게 각각의 상속분 비율에 따라 귀속된다.

> 제1043조(포기한 상속재산의 귀속) 상속인이 수인인 경우에 어느 상속인이 상속을 포기한 때에는 그 상속분은 다른 상속인의 상속분의 비율로 그 상속인에게 귀속된다.

### (2) 부수적 효과: 관리계속 의무

> 제1044조(포기한 상속재산의 관리계속의무) ① 상속을 포기한 자는 그 포기로 인하여 상속인이 된 자가 상속재산을 관리할 수 있을 때까지 그 재산의 관리를 계속하여야 한다. ② 제1022조와 제1023조의 규정은 전항의 재산관리에 준용한다.

## 나. 상속포기와 관련된 사례

### (1) §1042와 §1043의 관계

A. 사안의 개요
- 피상속인 甲의 사망으로 개시된 상속에서, 甲의 배우자인 乙과 甲의 자녀 C가 공동상속인이 되었다.
- 그후 C가 상속을 포기했는데 C에게는 3명의 자녀가 있었다.

B. 견해대립과 판례의 태도
- 논의의 실익: 乙의 상속분은 §1042 적용설에 의하면 3/5에서 3/9로 감소되는 반면 §1043 적용설에 의하면 5/5로 확장된다.
- §1042 적용설: 상속포기자는 처음부터 없었던 것으로 간주되므로 후순위 혈족상속인과 배우자가 공동상속인이 된다(파기된 대법원 2015. 5. 14. 선고 2013다48852 판결).
- §1043 적용설: 혈족상속인들의 상속포기로 배우자상속인의 상속분이 증가하며 궁극적으로 100%가 될 수도 있다. 배우자상속인과 혈족상속인을 구별할 이유가 없고, 공동상속인들의 의사에도 부합하기 때문이다.

**대법원 2023. 3. 23.자 2020그42 전원합의체 결정**
- 공동상속인인 배우자와 자녀들 중 자녀 전부가 상속을 포기한 경우 제1043조에 따

라 상속을 포기한 자녀의 상속분은 남아 있는 '다른 상속인'인 배우자에게 귀속되고, 따라서 배우자가 단독상속인이 된다.

- 배우자 상속을 혈족 상속과 구분하지 않고 배우자를 공동상속인 중 한 사람으로 규정하며 배우자 상속분을 다른 공동상속인의 수에 따라 연동하도록 한 우리 민법의 해석상 종래의 판례는 받아들일 수 없다.
- 공동상속인 중 한 사람만 단순승인 또는 한정승인을 하고 나머지 상속인들이 모두 상속을 포기하는 것은 채무상속의 효과를 상속인 한 사람에게만 귀속시키려는 목적에서 비롯된 경우가 대부분이다. … 상속을 포기한 피상속인의 자녀들은 피상속인의 채무가 자신은 물론 자신의 자녀에게도 승계되는 효과를 원천적으로 막을 목적으로 상속을 포기한 것이라고 보는 것이 자연스럽다.

## (2) 상속포기와 특별수익

A. 사안의 개요

- 피상속인 A의 사망으로 개시된 제1차 상속에서 공동상속인으로 A의 배우자 甲과 甲·A간 자녀인 乙이 있었는데, A의 사망 후 甲의 상속포기로 그의 지분이 乙에게 귀속되었다.
- 甲의 사망으로 개시된 제2차 상속에서 공동상속인은 甲·A간 자녀인 乙, 甲·B간 자녀인 丙이 있다.

B. 쟁점과 판단

- A를 피상속인으로 하는 제1차 상속에서 甲의 상속포기로 乙에게 귀속되었던 'A의 상속재산에 대한 3/5 상속분'을 甲이 乙에게 증여한 것으로 보아, 甲을 피상속인으로 하는 제2차 상속에서, 乙이 丙에 비해 특별수익을 얻은 것으로 볼 수 있는지가 문제된다.
- 판례는 §1042를 근거로, 제1차 상속에서 A의 상속재산 전부를 乙이 상속받은 것이지, 甲에게 귀속되었던 3/5 상속분이 乙에게 이전된 것이 아니라고 본다.
- ✓ 평석: 후술하는 것처럼 판례(2017다230338, 489면)는 제1차 상속에서 특정인의 상속분이 상속재산 협의분할로 무상 양도된 경우에는 증여에 해당한다고 본다. 이 판례가 §1015의 분할의 소급효는 법기술적 의제라고 하는 데 비해, 아래의 2011스191은 §1042의 상속포기의 소급효는 그렇지 않다고 보는 것이다. 다만 두 조항의 '소급효'가 본질적인 차이가 있는 것인지는 불명확하다.

### 대법원 2012. 4. 16.자 2011스191 결정

- 상속분의 산정에서 증여 또는 유증을 참작하게 되는 것은 상속인이 실제로 유증 또는 증여를 받은 경우에 한한다.
- 한편 상속의 포기는 상속이 개시된 때에 소급하여 그 효력이 있고, 포기자는 처음부터 상속인이 아니었던 것이 되므로, 수인의 상속인 중 1인을 제외한 나머지 상속인들의 상속포기 신고가 수리되어 결과적으로 그 1인만이 단독상속하게 되었다고 하더라도 그 1인의 상속인이 상속포기자로부터 그 상속지분을 유증 또는 증여받은 것이라고 볼 수 없다.

## (3) 상속포기와 사해행위 취소

### A. 개관

- 상속포기가 사해행위가 될 수 있는지의 여부에 대해 견해가 대립하지만 판례는 부정적이다.
- 논거: ㉠ 상속포기는 다른 공동상속인, 후순위상속인과의 인간관계를 고려해야 하는 인적 결단이다. ㉡ 상속포기에 대한 채권자취소권 행사로 인해 상속순위나 상속분 등이 바뀌면 법적 안정성이 저해된다. ㉢ 상속포기로 인해 채무자의 책임재산이 감소하는 것도 아니다.

### 대법원 2011. 6. 9. 선고 2011다29307 판결

- 상속의 포기는 … 상속인으로서의 지위 자체를 소멸하게 하는 행위로서 이를 순전한 재산법적 행위와 같이 볼 것이 아니다. 상속포기는 피상속인 또는 후순위상속인을 포함하여 다른 상속인 등과의 인격적 관계를 전체적으로 판단하여 행하여지는 '인적 결단'으로서의 성질을 가진다. 상속인인 채무자가 무자력상태에 있다고 하여서 그로 하여금 상속포기를 하지 못하게 하는 결과가 될 수 있는 채권자의 사해행위 취소를 쉽게 인정할 것이 아니다.
- 상속은 … 총체재산이 한꺼번에 포괄적으로 승계되는 것으로서 다수의 관련자가 이해관계를 가지는 바인데, 위와 같이 상속인으로서의 자격 자체를 좌우하는 상속포기의 의사표시에 사해행위에 해당하는 법률행위에 대하여 채권자 자신과 수익자 또는 전득자 사이에서만 상대적으로 그 효력이 없는 것으로 하는 채권자취소권의 적용이 있다고 하면, 상속을 둘러싼 법률관계는 그 법적 처리의 출발점이 되는 상속

인 확정의 단계에서부터 복잡해진다.

> ‣ 상속인의 채권자의 입장에서는 상속의 포기가 그의 기대를 저버리는 측면이 있다
> 고 하더라도 **채무자인 상속인의 재산을 현재의 상태보다 악화시키지 아니**한다.

### B. 비교

• 유사사례: 특정유증 포기도 사해행위가 될 수 없다.

> 채무초과 상태에 있는 채무자라도 자유롭게 유증을 받을 것을 포기할 수 있다. 또한
> 채무자의 유증 포기가 직접적으로 채무자의 일반재산을 감소시켜 채무자의 재산을
> 유증 이전의 상태보다 악화시킨다고 볼 수도 없다. 따라서 유증을 받을 자가 이를 포
> 기하는 것은 사해행위 취소의 대상이 되지 않는다(대법원 2019. 1. 17. 선고 2018다
> 260855 판결).

• 상속재산 협의분할은 (구체적 상속분 가액에 대해) 사해행위 취소의 대상이 될 수
  있다(2012다26633, 386면).

## 4. 한정승인

### 가. 개관

### (1) 의미

• 상속을 승인하면서 상속으로 취득할 책임재산만 가지고 상속채무와 유증을 변
  제할 것을 조건으로 붙인 경우를 한정승인이라고 한다. 한정승인은 승인의 일
  종이므로 상속재산에 속하는 적극재산뿐 아니라 소극재산도 포괄·당연 승계
  한다.

> 제1028조(한정승인의 효과) 상속인은 상속으로 인하여 취득할 재산의 한도에서 피상
> 속인의 채무와 유증을 변제할 것을 조건으로 상속을 승인할 수 있다.

• 한정승인도 승인의 일종이므로, 한정승인 상속인에 대해서도 상속재산의 포괄·
  당연승계가 적용된다(§1005).

상속인이 한정승인을 하는 경우에도, 피상속인의 채무와 유증에 대한 책임 범위가 한정될 뿐 상속인은 상속이 개시된 때부터 피상속인의 일신에 전속한 것을 제외한 피상속인의 재산에 관한 포괄적인 권리·의무를 승계한다(대법원 2022. 10. 27. 선고 2022다254154 판결).

- 채무와 책임의 분리: 상속채무가 상속재산보다 많은 경우 책임재산의 범위가 상속재산으로 한정되기 때문에 상속인의 재산은 상속채무에 대한 책임재산이 되지 않는다.
  ✓ 비교: 상속채무의 보증인은 상속채무 전부에 대해 책임이 유지된다. 심지어 상속인들이 모두 상속포기를 해도 보증인은 보증채무에 따른 책임을 져야 한다.

## (2) 절차법

A. 주문의 형식

- 한정승인 상속인에 대해서도 상속채무 전부에 대한 이행을 명해야 한다.
- 다만 인용 주문에 '상속재산의 한도에서만 집행할 수 있다'는 취지를 명시하여 집행력만 제한한다.

상속의 한정승인은 채무의 존재를 한정하는 것이 아니라 단순히 그 책임의 범위를 한정하는 것에 불과하기 때문에, 상속의 한정승인이 인정되는 경우에도 상속채무가 존재하는 것으로 인정되는 이상, 법원으로서는 상속재산이 없거나 그 상속재산이 상속채무의 변제에 부족하다고 하더라도 상속채무 전부에 대한 이행판결을 선고하여야 하고, 다만, 그 채무가 상속인의 고유재산에 대해서는 강제집행을 할 수 없는 성질을 가지고 있으므로, 집행력을 제한하기 위하여 이행판결의 주문에 상속재산의 한도에서만 집행할 수 있다는 취지를 명시하여야 한다(대법원 2003. 11. 14. 선고 2003다30968 판결).

B. 사례: 한정승인·포기와 기판력의 객관적 범위

(a) 사안의 개요

- 상속채무에 대한 이행소송에서 상속인이 한정승인이나 상속포기 항변을 하지 않아서 원고 승소판결이 확정되었다.
- 그 후 상속인이 한정승인 또는 상속포기를 근거로 청구이의소송을 제기했다.

(b) 쟁점과 판단

• 한정승인의 경우: 이행판결의 기판력은 책임 제한에 대해서는 미치지 않으므로 한정승인 상속인이 제기한 청구이의 소송은 기판력에 저촉되지 않는다. 책임제한 여부나 그 범위는 전소 이행판결의 판단 대상이 아니었기 때문이다.

• 상속포기의 경우: 상속포기를 이유로 청구이의 소송을 제기하면 채무 자체의 부존재 주장이므로 전소 이행판결의 기판력에 저촉된다.

> **대법원 2009. 5. 28. 선고 2008다79876 판결**
> ‣ 채무자가 한정승인을 하였으나 채권자가 제기한 소송의 사실심 변론종결시까지 이를 주장하지 아니하는 바람에 책임의 범위에 관하여 아무런 유보 없는 판결이 선고·확정된 경우라 하더라도 채무자가 그 후 위 **한정승인 사실을 내세워 청구에 관한 이의의 소를 제기하는 것이 허용**되는 것은, 한정승인에 의한 책임의 제한은 상속채무의 존재 및 범위의 확정과는 관계없이 다만 판결의 집행대상을 상속재산의 한도로 한정함으로써 판결의 집행력을 제한할 뿐으로, 채권자가 피상속인의 금전채무를 상속한 상속인을 상대로 그 상속채무의 이행을 구하여 제기한 소송에서 채무자가 한정승인 사실을 주장하지 않으면 **책임의 범위는 현실적인 심판대상으로 등장하지 아니하여 주문에서는 물론 이유에서도 판단되지 않는 관계로 그에 관하여는 기판력이 미치지 않기 때문**이라 할 것인바
> ‣ 위와 같은 기판력에 의한 실권효 제한의 법리는 채무의 상속에 따른 책임의 제한 여부만이 문제되는 한정승인과 달리 **상속에 의한 채무의 존재 자체가 문제되어 그에 관한 확정판결의 주문에 당연히 기판력이 미치게 되는 상속포기의 경우에는 적용될 수 없다.**

## 나. 한정승인에 고유한 요건

> 제1030조(한정승인의 방식) ① 상속인이 한정승인을 함에는 제1019조 제1항 또는 제3항의 기간 내에 상속재산의 목록을 첨부하여 법원에 한정승인의 신고를 하여야 한다.

(1) **승인 · 포기의 일반적 요건**: 전술

(2) **고유요건**: 재산목록을 작성하여 한정승인 신고서에 첨부

• 재산목록을 첨부하지 않은 한정승인 신고는 무효이므로, 재산목록을 고려기간

내에 제출하여 보완하지 않으면 단순승인으로 간주된다.

- 재산목록을 부실기재하면 한정승인 신고 수리 즉시 단순승인으로 간주된다.

## (3) 공동상속의 경우

- 각 공동상속인은 독자적으로 한정승인 여부를 결정할 수 있다.

> 제1029조(공동상속인의 한정승인) 상속인이 수인인 때에는 각 상속인은 그 상속분에 응하여 취득할 재산의 한도에서 그 상속분에 의한 피상속인의 채무와 유증을 변제할 것을 조건으로 상속을 승인할 수 있다.

## 다. 부수적 효과

### (1) 재산분리: 상속재산(피상속인의 재산)과 고유재산(상속인 자신의 재산)의 분리

> 제1031조(한정승인과 재산상 권리의무의 불소멸) 상속인이 한정승인을 한 때에는 피상속인에 대한 상속인의 재산상 권리의무는 소멸하지 아니한다.

피상속인의 상속재산을 상속인의 고유재산으로부터 분리하여 청산하려는 한정승인 제도의 취지에 따라 상속인의 피상속인에 대한 재산상 권리·의무는 소멸하지 아니한다(대법원 2022. 10. 27. 선고 2022다254154 판결).

### (2) 한정승인의 소급효

A. 의미: 고려기간 내에 적법하게 한 한정승인의 효과는 상속개시기로 소급

B. 사례: 상속채무와 상속인에 대한 채무의 상계 후 한정승인이 이루어진 경우

(a) 사안의 개요

- 피상속인 A의 과실로 발생한 교통사고로 A와 B가 사망했는데, B의 보험회사 甲은 보험자대위로 A에 대한 손해배상채권을 취득했다. A에게는 단독상속인 乙이 있다.
- A가 甲과 체결한 생명보험의 수익자는 법정상속인으로 지정되어 있었다. 이에 甲은 乙에 대한 보험금채무와 A에 대한 손해배상채권의 상계를 주장한다.
- 그 후 乙은 적법한 한정승인 신고를 하여 수리재판을 받았다.

**(b) 쟁점과 판단**

- 고려기간 중에는 상계적상이 인정되지만, 한정승인에는 <u>소급적 재산분리효</u>가 있으므로 한정승인 후에는 상계적상이 인정될 수 없다.

- 따라서 일단 발생했던 상계의 효력은 한정승인에 의해 소급적으로 소멸하고 자동채권과 수동채권은 모두 부활한다.

✓ 추가될 수 있는 쟁점: ㉠ 상속인이 보험금채권을 자동채권으로 상계한 경우, 단순승인으로 간주되지 않는다. 보험금채권은 상속인의 고유재산이기 때문이다. ㉡ 상속인이 보험금채권으로 상속채무를 상계한 경우, 변제거절권을 포기한 것이므로 한정승인의 효력에는 영향이 없다. 다만 §1038에 의한 손해배상책임을 질 수 있다. ㉢ 상속채권자가 피상속인에 대한 동종채무와 상계를 주장하는 경우 한정승인 상속인은 §1033의 항변을 근거로 대항할 수 있다.

### 대법원 2022. 10. 27. 선고 2022다254154 판결

‣ 제1031조의 취지상 상속채권자가 피상속인에게 채권을 보유하면서 상속인에게 채무를 부담하는 경우, <u>상속이 개시되면 위 채권 및 채무가 모두 상속인에게 귀속되어 상계적상이 생기지만, 상속인이 한정승인을 하면 상속이 개시된 때부터 제1031조에 따라 피상속인의 상속재산과 상속인의 고유재산이 분리되는 결과가 발생하므로, 상속채권자의 피상속인에 대한 채권과 상속인에 대한 채무 사이의 상계는 제3자의 상계에 해당하여 허용될 수 없다.</u>

‣ 상속채권자가 상속이 개시된 후 한정승인 이전에 피상속인에 대한 채권을 자동채권으로 하여 상속인에 대한 채무에 대하여 상계하였더라도, 그 이후 상속인이 한정승인을 하는 경우에는 제1031조의 취지에 따라 <u>상계가 소급하여 효력을 상실하고, 상계의 자동채권인 상속채권자의 피상속인에 대한 채권과 수동채권인 상속인에 대한 채무는 모두 부활</u>한다.

### 라. 본질적 효과: 상속재산에 대한 청산절차(§1032~§1039)

### (1) 개관

- 청산절차의 의미: 권리주체의 권리능력이 소멸하면 그의 권리·의무를 정리·소멸시키는 과정이다. 따라서 소멸한 권리주체의 권리를 행사한 후 그 의무를 이행하는 과정을 거친다.

- 자연인 사망의 경우, 포괄·당연승계 원칙이 적용되는 단순승인이 이루어지면 청산절차는 필요 없다. 따라서 망인의 재산을 정리할 필요가 있는 예외적인 경

우에만 청산절차가 필요하다. 그 예로서 한정승인, 재산분리, 상속인 부재 등을 들 수 있다.

**(2) 청산절차의 주체:** 한정승인을 한 상속인

**(3) 청산의 전제:** 청산 대상인 권리·의무의 현황 파악

A. 적극재산의 현황파악

- 청산주체가 스스로 파악해야 한다.
- 재산목록과의 관계: 한정승인 상속인이 재산목록을 부실기재하면 단순승인으로 간주된다(§1026 3호). 다만 재산목록이 청산 대상 재산의 범위를 결정하는 것은 아니다. 상속인이 과실로 재산목록에서 일부 재산을 누락해도 목록에 기재되지 않은 재산 역시 청산 대상 재산에 포함된다.

한정승인에 의한 청산절차에서 재산목록에 기재되었는지 여부와 무관하게 실제 상속 채권자의 지위에 있으면 청산절차의 대상이 되고 그의 재산목록에 기재되지 않았다는 이유로 실권효가 발생하지 않는다(대법원 2022. 7. 28. 선고 2019다29853 판결).

B. 소극재산의 현황파악

(a) 청산주체가 아는 채권자

- 한정승인 상속인이 아는 채권자에게는 채권신고를 최고해야 한다. 채권자가 이에 불응하여 채권신고를 하지 않았더라도 청산절차에서 배제할 수 없다(§1032, §89 준용).

> 제89조(채권신고의 최고) 청산인은 알고 있는 채권자에게 대하여는 각각 그 채권신고를 최고하여야 한다. 알고 있는 채권자는 청산으로부터 제외하지 못한다.

- 청산주체가 아는 채권자인지의 여부를 판단하는 기준시는 채권 신고 최고시가 아니라 배당시이다(2015다75308, 343면).

(b) 청산주체가 모르는 채권자 파악

- 청산주체는 자신이 모르는 채권자를 파악하기 위해 채권신고 공고를 해야 한다.
- 채권신고 공고의 방법·절차 등은 법인 청산의 경우에 준한다(§1032, §88 ②, ③ 준용).

제1032조 ① 한정승인자는 한정승인을 한 날로부터 5일내에 일반상속채권자와 유증 받은 자에 대하여 한정승인의 사실과 일정한 기간 내에 그 채권 또는 수증을 신고할 것을 공고하여야 한다. 그 기간은 2월 이상이어야 한다.

제88조(채권신고의 공고) ② 전항의 공고에는 채권자가 기간내에 **신고하지 아니하면 청산으로부터 제외될 것을 표시하여야** 한다.
③ 제1항의 공고는 법원의 등기사항의 공고와 동일한 방법으로 하여야 한다.

## (4) 청산의 준비

### A. 채권신고 기간 중의 변제거절권

✓ 변제거절권을 근거로 강제이행은 면할 수 있으나, 지연배상도 면할 수 있는지에 대해서는 견해가 대립한다. §90 단서에 해당하는 내용이 §1033에는 없으므로 입법자는 한정승인으로 인한 청산의 경우에는 지연배상책임을 면제하려는 의사였다고 볼 여지가 있다.

제1033조(최고기간 중의 변제거절) 한정승인자는 전조 제1항의 기간만료 전에는 상속채권의 변제를 거절할 수 있다.

### B. 변제를 위한 적극재산의 환가

### (a) 원칙: 민사집행법에 따른 경매(§1037)

제1037조(상속재산의 경매) 전3조의 규정에 의한 변제를 하기 위하여 상속재산의 전부나 일부를 매각할 필요가 있는 때에는 민사집행법에 의하여 경매하여야 한다.

민사집행법 제274조(유치권 등에 의한 경매) [이른바 '형식적 경매'] ① 유치권에 의한 경매와 민법·상법, 그 밖의 법률이 규정하는 바에 따른 경매(이하 "유치권 등에 의한 경매"라 한다)는 담보권 실행을 위한 경매의 예에 따라 실시한다.
② 유치권 등에 의한 경매절차는 목적물에 대하여 **강제경매 또는 담보권 실행을 위한 경매절차가 개시된 경우에는 이를 정지**하고, 채권자 또는 담보권자를 위하여 그 절차를 계속하여 진행한다.

### (b) 형식적 경매 이외의 방법에 의한 환가

✓ 한정승인 상속인이 임의로 처분하거나, 한정승인 상속인 자신이 목적물을 매수하고 대금을 배당금으로 제공하는 방법으로 환가할 수 있는지가 문제된다. §1038의 문리해석상 §1037 위반은 부

당변제에 해당하지 않기 때문이다. 다만 고의·과실에 의한 염가 처분으로 인해 상속채권자에게 손해가 발생하면 §750가 적용될 수 있을 것이다.

- 사례: §1037에 의한 경매 절차에서 채권신고를 한 상속채권자도 집행권원이 있으면 특정 상속재산에 대한 담보권실행경매 절차에서 일반채권자로서 배당을 받을 수 있다.

> 상속부동산에 관하여 **민사집행법 제274조 제1항에 따른 형식적 경매절차**가 진행된 것이 아니라 담보권 실행을 위한 경매절차가 진행된 경우에는 비록 한정승인 절차에서 상속채권자로 신고한 자라고 하더라도 <u>집행권원을 얻어 그 경매절차에서 배당요구를 함으로써 일반채권자로서 배당받을 수 있다</u>(대법원 2010. 6. 24. 선고 2010다14599 판결).

## (5) 청산의 실시: 배당

> 제1034조(배당변제) ① 한정승인자는 제1032조 제1항의 기간만료 후에 상속재산으로 그 기간 내에 신고한 채권자와 한정승인자가 알고 있는 채권자에 대하여 각 채권액의 비율로 변제하여야 한다. 그러나 우선권 있는 채권자의 권리를 해하지 못한다.

A. 순위에 따른 배당
- 1순위: 우선특권자·우선변제권자는 법정된 내용에 따라 우선변제를 받는다.
- 2순위: 상속채권자들 중 한정승인 상속인이 알고 있는 채권자는 채권신고 여부를 따지지 않고 배당받을 수 있으나, 한정승인 상속인이 모르는 채권자는 채권신고를 한 경우에만 배당을 받을 수 있다.
- 3순위: 유증받은 자는 상속채권자보다 후순위이므로 상속채무 변제 후 남은 재산이 있을 때만 유증이 이행될 수 있다. 여기서 말하는 유증은 특정유증만을 뜻한다. 포괄유증은 상속개시와 동시에 당연히 그 효과가 발생하여 이행의 문제가 생기지 않기 때문이다.

> 제1036조(수증자에의 변제) 한정승인자는 전2조의 규정에 의하여 상속채권자에 대한 변제를 완료한 후가 아니면 유증받은 자에게 변제하지 못한다.

B. 동순위자가 여러 명이고 전액을 지급할 수 없으면 가액 비례 안분배당(§1034 ① 본문)

C. 특수한 채권의 변제

- 변제기에 이르지 않은 채권: 기한 전이더라도 변제해야 한다(§1035 ①).
- 조건부 권리 등: 법원이 선임한 감정인이 평가한 가액을 변제해야 한다(§1035 ②).

> 제1035조(변제기전의 채무 등의 변제) ① 한정승인자는 변제기에 이르지 아니한 채권에 대하여도 전조의 규정에 의하여 변제하여야 한다.
> ② 조건있는 채권이나 존속기간의 불확정한 채권은 법원의 선임한 감정인의 평가에 의하여 변제하여야 한다.

D. 잔여재산이 있을 때만 배당받을 수 있는 권리자

- 한정승인 상속인이 알지 못했고, 채권신고 기간 내에 신고하지 않은 상속채권자는 다른 권리자들이 배당받고 남은 재산이 있을 때만 배당받을 수 있다.
- 다른 상속채권자는 물론 수유자에 대해서도 후순위로 배당받을 수 있다.

> 제1039조(신고하지 않은 채권자 등) 제1032조 제1항의 기간내에 신고하지 아니한 상속채권자 및 유증받은 자로서 한정승인자가 알지 못한 자는 상속재산의 잔여가 있는 경우에 한하여 그 변제를 받을 수 있다. 그러나 상속재산에 대하여 특별담보권 있는 때에는 그러하지 아니하다.

E. 사례: '상속인이 아는 채권자'의 판단시점

(a) 사안의 개요

- 피상속인 A는 M의 甲에 대한 채무를 연대보증했다. 그 후 A는 丙에 대한 채무 담보를 위해 A 소유 ⓧ부동산에 丙명의 근저당권 설정등기를 마쳤다.
- A 사망 후 상속인 乙의 적법한 한정승인 신청에 따라 청산절차가 개시되었는데 乙은 당시에는 甲의 존재를 몰랐고 甲이 채권신고를 하지 않은 상태로 채권신고 기간이 경과했다.
- 청산절차에 따른 배당 전에 甲이 乙을 대위하여 丙명의 근저당권의 피담보채권의 시효소멸을 주장하고 乙에게도 그 취지를 통지했으나, 乙은 丙에게 채무변제 각서를 작성해 주었다. 이에 甲은 乙의 채무승인에 대한 사해행위취소 청구

소송을 제기했다.

(b) 쟁점과 판단

- 한정승인 후 청산절차에서 '아는 채권자'의 판단시점은 채권신고 최고시가 아니라 배당시이다. 따라서 甲은 신고 없이 당연히 배당받을 수 있는 채권자이므로, 乙의 시효이익 포기 의사표시에 대한 사해행위취소를 구할 수 있는 피보전채권자에 해당한다.

✓ 乙이 丙에게 각서를 작성해준 시점이 소멸시효 완성 후이기 때문에 시효이익 포기 의사표시로 해석될 수 있는 내용이 포함되어 있었던 것으로 보인다. 만약 관념통지에 그쳤다면 丙의 피담보채권의 시효소멸이라는 효과는 번복되지 않으므로 부종성 원칙에 따라 丙명의 근저당권 설정등기는 원인무효 등기가 되었을 것이다.

### 대법원 2018. 11. 9. 선고 2015다75308 판결

‣ '한정승인자가 알고 있는 채권자'에 해당하는지 여부는 한정승인자가 **채권신고의 최고를 하는 시점이 아니라 배당변제를 하는 시점을 기준으로 판단**하여야 한다. 따라서 한정승인자가 채권신고의 최고를 하는 시점에는 알지 못했더라도 … 실제로 배당변제를 하기 전까지 알게 된 채권자가 있다면 그 채권자는 제1034조 제1항에 따라 배당변제를 받을 수 있는 '한정승인자가 알고 있는 채권자'에 해당한다.

‣ 원심이 … 시효이익 포기가 채권자에게 대항할 수 없는 제405조 제2항에서 정한 처분에 해당하는지 여부에 대하여 심리하지 아니하고 원고에게 그에 대한 주장·증명을 촉구하지도 않았다고 하여 … 석명의무를 다하지 아니하는 등의 잘못이 있다고 할 수 없다.

## (6) 부당변제로 인한 책임

> 제1038조(부당변제 등으로 인한 책임) ① 한정승인자가 제1032조의 규정에 의한 공고나 최고를 해태하거나 제1033조 내지 제1036조의 규정에 위반하여 어느 상속채권자나 유증받은 자에게 변제함으로 인하여 다른 상속채권자나 유증받은 자에 대하여 변제할 수 없게 된 때에는 한정승인자는 그 손해를 배상하여야 한다.

A. 부당변제의 의미

- 위법한 청산절차로 인해 즉 한정승인 상속인이 청산절차에서 §1032~§1036을 모두 준수하지 않은 채 변제하여 상속채권자나 수유증자가 적법한 청산절차에

따라 변제받을 수 있었던 돈의 전부 또는 일부를 받지 못한 경우를 뜻한다.
- 예컨대 경매 등으로 확보한 가액 3000만원, 채권자 A의 채권액 3000만원, 수유증자 B에 대한 유증가액 2000만원인 경우, 한정승인 상속인이 유증부터 이행하여 1000만원만 남으면 이로 인해 A는 2000만원의 손해를 입고, 이 2000만원을 한정승인 상속인이 배상해야 한다.

### B. 책임의 내용
- 차액설에 따른 손해배상
- 행사기간: 부당변제일로부터 10년, 부당변제 인식일로부터 3년(§1038 ③, §766 준용)

> 제1038조(부당변제 등으로 인한 책임) ③ 제766조의 규정은 제1항 및 제2항의 경우에 준용한다.

### C. 책임의 유형
- 한정승인 상속인이 일차적인 책임을 진다. 법적 성질은 불법행위책임이라고 보아야 한다.
- 다만 한정승인 상속인의 자력이 부족하면, 부당변제라는 사실에 대해 악의인 변제수령자는 구상의무를 부담한다.

> 제1038조(부당변제 등으로 인한 책임) ② 제1항 **전단의 경우에 변제를 받지 못한** 상속채권자나 유증받은 자는 그 사정을 알고 변제를 받은 상속채권자나 유증받은 자에 대하여 구상권을 행사할 수 있다.

## 5. 특별한정승인

### 가. 요건

#### (1) 유형

##### A. 일반적인 경우(§1019 ③)

###### (a) 개관
- 제1019조 제1항에 의한 단순승인 신고, 제1026조 제1호 또는 제2호에 의한 단순승인 간주의 경우에는 특별한정승인이 가능하다.

- 제1026조 제3호에 의한 단순승인 간주의 경우: §1019 ③의 문리해석상 특별한 정승인이 불가능할 것으로 보인다.

> 제1019조(승인, 포기의 기간) ③ 제1항의 규정에 불구하고 상속인은 상속채무가 상속 재산을 초과하는 사실을 중대한 과실 없이 제1항의 기간내에 알지 못하고 단순승인 (제1026조 제1호 및 제2호의 규정에 의하여 단순승인한 것으로 보는 경우를 포함한 다)을 한 경우에는 그 사실을 안 날부터 3월내에 한정승인을 할 수 있다.

(b) 사례: 단순승인 간주와 특별한정승인

- 사안의 개요: 피상속인 甲이 乙의 범죄로 사망했고 甲의 상속인 丙은 乙로부터 손해배상금 1억원을 지급받았다. 그 후 甲에 대한 상속채권자 丁이 丙에게 상속 채권 2억원의 지급을 구하는 소를 제기했고, 丙은 그로부터 1개월 후 한정승인 신고를 하여 수리 재판이 확정되었다.
- 원심의 판단: 丙의 한정승인 항변을 배척했다. 丙이 乙로부터 수령한 1억원에는 유족인 丙 자신의 §750 채권뿐 아니라 甲으로부터 상속받은 甲의 §750 채권도 포함되어 있다고 보아야 하고, 이렇게 본다면 §1026 1호에 의해 이미 단순승인 으로 간주되었으므로 한정승인이 불가능하다고 보았기 때문이다.
- 대법원의 판단: 원심을 파기했다. 그 이유는 다음과 같다. ㉠ §1019 ③의 특별한 정승인은 단순승인 신고를 한 경우뿐 아니라 §1026 1호, 2호에 의해 단순승인으 로 간주된 사안에서도 적용된다. ㉡ 한정승인 신고 수리 재판은 일반한정승인, 특별한정승인을 불문하고 진행되므로 丙의 한정승인 신고 수리 재판에 의해 특 별한정승인이 성립한 것으로 볼 수 있다.

**대법원 2021. 2. 25. 선고 2017다289651 판결**
- 법원의 한정승인신고 수리의 심판은 일응 한정승인의 요건을 구비한 것으로 인정 한다는 것일 뿐 그 효력을 확정하는 것이 아니고, **한정승인의 효력이 있는지 여부에 대한 최종적인 판단은 실체법에 따라 민사소송에서 결정될 문제**이다. … 제1019조 제3항이 적용되는 사건에서 … 한정승인신고를 하여 이를 수리하는 심판을 받았다 면, 상속채권에 관한 청구를 심리하는 **법원은 위 한정승인이 제1019조 제3항에서 정한 요건을 갖춘 특별한정승인으로서 유효한지 여부를 심리·판단하여야 한다.**

- 망인의 상속인인 피고들은 2014. 11. 22. 망인의 사망 사실을 알았고, 그때부터 3월 내에 한정승인이나 포기를 하지 않았으므로 피고들은 2015. 2. 22. **제1026조 2호에 따라 단순승인을 한 것으로 간주**된다. 피고들이 그 후 합의금을 수령한 것이 제1026조 1호에서 정하는 상속재산에 대한 처분행위에 해당하는지 여부는 위와 같이 이미 발생한 단순승인의 효력에 별다른 영향을 주지 않는다.
- 원심은 피고들의 한정승인이 제1019조 제3항의 요건을 갖추었는지에 관하여 전혀 심리·판단하지 않은 채 단순승인으로 간주된 다음에 이루어졌다는 이유만을 들어 그 효력이 없다고 판단하였다. 이러한 원심의 판단에는 제1019조 제3항에서 정한 특별한정승인에 관한 법리를 오해하고 필요한 심리를 다하지 않아 판결에 영향을 미친 잘못이 있다.

### B. 미성년자였던 상속인이 성년이 된 경우(§1019 ④)

- 상속인이 미성년자인 동안에 ㉠ 법정대리인에 의해 단순승인이나 단순승인 간주 사유가 발생했거나 ㉡ 법정대리인이 특별한정승인 기간을 도과한 경우, 미성년자는 상속채무를 그대로 승계하게 된다.
- 다만 상속인은 성년이 된 후 특별한정승인을 할 수 있다.

> 제1019조(승인, 포기의 기간) ④ 제1항에도 불구하고 미성년자인 상속인이 상속채무가 상속재산을 초과하는 상속을 성년이 되기 전에 단순승인한 경우에는 성년이 된 후 그 상속의 상속채무 초과사실을 안 날부터 3개월 내에 한정승인을 할 수 있다. 미성년자인 상속인이 제3항에 따른 한정승인을 하지 아니하였거나 할 수 없었던 경우에도 또한 같다.

### (2) 실질적 요건

- 상속채무가 상속재산을 초과한다는 사실에 대한 선의·무중과실이어야 한다. 중과실 없음에 대한 증명책임은 상속인에게 귀속된다.

  상속인이 상속채무가 상속재산을 초과하는 사실을 중대한 과실 없이 제1019조 제1항의 기간 내에 알지 못하였다는 점에 대한 입증책임은 상속인에게 있다(대법원 2011. 11. 24. 선고 2011다64331 판결).

✓ §1019 ④의 경우에는 선의로 충분하고 무중과실까지 증명될 필요는 없다.

## (3) 특별한정승인 기간

- 특별한정승인은 채무초과 사실을 안 날로부터 3개월 이내에만 할 수 있다.
- 법적 성질: 제척기간이므로 중단·정지 등이 인정되지 않으며, 불변기간이 아니므로 상속인의 귀책사유 없이 기간을 준수하지 못했더라도 추후 보완이 불가능하다(대법원 2003. 8. 11.자 2003스32 결정).

## 나. 기본적 효과

- 특별한정승인의 요건이 갖춰져도 한정승인만 할 수 있다.
- 상속인이 상속채무를 중과실 없이 알지 못했더라도 상속포기는 불가능하다.

## 다. 청산절차에 관한 특칙

### (1) 필요성

- ✔ 특별한정승인으로 인한 청산절차는 상속인이 단순승인을 한 상태에서 상속재산의 일부를 처분하거나 상속채무의 일부를 변제한 후에도 진행될 수 있기 때문에, 이러한 처분이나 변제를 어떻게 다룰 것인지가 문제된다.
- ✔ 일반적인 한정승인으로 인한 청산절차에서는 이런 문제가 생기지 않는데, 상속재산 처분 또는 상속채무 변제 후에는 단순승인으로 간주되어 한정승인이 불가능하기 때문이다.

### (2) 상속재산의 가액산정에 관한 특칙

#### A. 아직 처분하지 않은 재산

- 특칙을 적용할 필요가 없다.
- 일반적인 한정승인 청산 절차와 마찬가지로 경매·환가하면 된다.

#### B. 이미 처분한 재산: 경매 원칙에 대한 특칙

- 상속인이 임의로 한 처분행위가 유효함을 전제로 그 대금을 적극재산에 산입한다.
- 특별한정승인 신고를 할 때는 이미 처분한 재산의 내용과 그 가액의 목록을 첨부해야 한다.
- ✔ 고의 누락은 단순승인으로 간주될 것이다.

> 제1034조(배당변제) ② 본문: 제1019조 제3항 또는 제4항의 규정에 의하여 한정승인을 한 경우에는 그 상속인은 상속재산 중에서 남아있는 상속재산과 함께 이미 처분한 재산의 가액을 합하여 제1항의 변제를 하여야 한다.
>
> 제1030조(한정승인의 방식) ② 제1019조 제3항 또는 제4항의 규정에 의하여 한정승

인을 한 경우 상속재산 중 이미 처분한 재산이 있는 때에는 그 목록과 가액을 함께 제출하여야 한다.

### (3) 상속채무, 유증을 이미 변제한 경우에 관한 특칙

• 특별한정승인 전에 상속인이 이미 상속채무를 변제했거나 유증을 이행했다면, 그 효과는 그대로 확정된다.

제1034조(배당변제) ② 단서: 다만, 한정승인을 하기 전에 상속채권자나 유증받은 자에 대하여 변제한 가액은 이미 처분한 재산의 가액에서 제외한다.

• 채권자평등원칙에 근거한 배당변제 원칙(§1034 ①), 유증에 대한 채무의 우선변제 원칙(§1036) 등에 대한 예외이다.

### (4) 부당변제로 인한 책임에 대한 특칙

A. 개관

✓ 특별한정승인 이후의 청산절차에서의 부당변제로 인한 책임은 일반적인 한정승인의 경우와 같다.

✓ 특별한정승인 자체로 인한 손해배상책임, 즉 상속채무, 유증 이행의 효과 확정으로 인해 발생한 손해 배상이 문제되는 경우에는 특별한정승인 상속인에 대해서만 적용되는 특칙에 의해 부당변제로 인한 책임의 내용이 결정된다.

B. 특별한정승인 상속인의 책임

(a) 요건: 상속채무 초과 사실을 알지 못한 것에 대한 경과실

• 중과실이면 특별한정승인 자체가 불가능하다(§1038 ① 2문).

• 무과실이면 어떠한 손해배상 책임도 없다.

(b) 효과: 손해배상책임

• 손해배상 가액은 차액설에 따라 산정한다.

• 특별한정승인 상속인이 ㉠ 채권자평등, 유증에 대한 채무의 우선변제 등의 원칙에 따라 변제했다면 손해배상청구권자가 배당받을 수 있었던 가액과 ㉡ 청산절차에서 손해배상청구권자가 실제로 배당받은 가액의 차액이 손해배상액이다.

(c) 행사기간

제1038조(부당변제 등으로 인한 책임) ③ 제766조의 규정은 제1항 및 제2항의 경우에 준용한다.

C. 변제를 받은 상속채권자 또는 수유증자의 책임

- 요건: 변제 수령 당시에 상속채무 초과 사실에 대해 악의였던 상속채권자나 수유증자는 손해배상 책임을 진다.
- 효과: 보충적·2차적 의무라고 보아야 한다.

## Ⅲ 재산분리

### 1. 문제의 소재

- ✓ 상속채권자는 피상속인의 책임재산, 고유채권자(상속인에 대한 채권자)는 상속인의 책임재산을 각각 고려하여 채권자가 되었다. 그런데 상속개시 후 상속인이 단순승인을 하면 상속재산과 고유재산이 혼합되며 이로 인해 상속채권자와 고유채권자는 모두 상속인에 대한 일반채권자로서의 평등한 지위에서 배당받게 된다.
- ✓ 그 결과 원래 책임재산이 많았던 쪽의 채권자가 불리해질 수 있으나, 상속의 승인·포기는 일신전속성이 있으므로 상속채권자나 고유채권자가 단순승인의 효과를 부정하는 등의 방법으로 간섭할 수 없다.
- ✓ 따라서 상속채권자나 고유채권자의 보호를 위해 상속재산과 상속인의 고유재산을 분리하고 각 재산으로부터 각 채권자가 우선적으로 배당받을 수 있게 해 줄 필요가 있다.

### 2. 요건

> 제1045조(상속재산의 분리청구권) ① 상속채권자나 유증받은 자 또는 상속인의 채권자는 상속개시된 날로부터 3월내에 상속재산과 상속인의 고유재산의 분리를 법원에 청구할 수 있다.
> ② 상속인이 상속의 승인이나 포기를 하지 아니한 동안은 전항의 기간경과후에도 재산의 분리를 청구할 수 있다.

**가. 청구권자:** 상속채권자, 수유자, 상속인에 대한 고유채권자

**나. 법정기간**

- 상속개시일로부터 3개월: 단순승인 여부가 확정되기 전이더라도 상속채권자·수유자·고유채권자는 미리 재산분리를 해 둘 수 있다.

- 상속개시일로부터 3개월이 경과하여 단순승인 간주가 된 경우에도 상속채권자·수유자·고유채권자는 재산분리신청을 할 수 있다.

(3) **절차**: 가정법원에 대한 재산분리명령 신청, 가정법원의 재산분리명령

## 3. 효과

### 가. 잠정적 효과: 재산분리, 상속재산 관리

**(1) 재산분리**

> 제1050조(재산분리와 권리의무의 불소멸) 재산분리의 명령이 있는 때에는 피상속인에 대한 상속인의 재산상 권리의무는 소멸하지 아니한다.

**(2) 상속인의 재산관리**

> 제1048조(분리후의 상속인의 관리의무) ① 상속인이 <u>단순승인을 한 후</u>에도 재산분리의 명령이 있는 때에는 상속재산에 대하여 자기의 <u>고유재산과 동일한 주의</u>로 관리하여야 한다.

**(3) 법원의 재산관리**

> 제1047조(분리후의 상속재산의 관리) ① 법원이 재산의 분리를 명한 때에는 상속재산의 관리에 관하여 필요한 처분을 명할 수 있다.
> ② 법원이 재산관리인을 선임한 경우에는 제24조 내지 제26조의 규정을 준용한다.

### 나. 본질적 효과: 청산절차

**(1) 채권신고의 공고 → 주체: 재산분리 신청인**

> 제1046조(분리명령과 채권자 등에 대한 공고, 최고) ① 법원이 전조의 청구에 의하여 재산의 분리를 명한 때에는 그 청구자는 5일내에 일반상속채권자와 유증받은 자에 대하여 재산분리의 명령있은 사실과 일정한 기간내에 그 채권 또는 수증을 신고할 것을 공고하여야 한다. 그 기간은 2월 이상이어야 한다.

**(2) 청산절차의 진행 → 주체: 상속인**

**(3) 한정승인으로 인한 청산조항 준용**

## (4) 청산과정에 대한 특칙

제1052조(고유재산으로부터의 변제) ① 전조의 규정에 의한 상속채권자와 유증받은 자는 상속재산으로써 전액의 변제를 받을 수 없는 경우에 한하여 상속인의 고유재산으로부터 그 변제를 받을 수 있다.

② 전항의 경우에 상속인의 채권자는 상속인의 고유재산으로부터 우선변제를 받을 권리가 있다.

### A. 개관

* 상속채권자(수유증자)는 상속재산으로 전액의 변제를 받을 수 없는 경우에만 상속인의 고유재산으로부터 변제를 받을 수 있다.
* 이처럼 상속채권자가 상속인의 고유재산으로부터 변제를 받을 수 있는 경우이더라도, 상속인의 고유재산에 대해서는 상속인의 채권자가 우선변제를 받을 권리가 있다.

### B. 연습

#### (a) 사안의 개요

✓ 피상속인 A 사망 당시, 적극재산은 1억원이었고, 甲에 대한 상속채무 8000만원과, 乙에 대한 유증 4억원이 있었다.

✓ 단독상속인 B는 단순승인을 했는데 B에게는 적극재산 2억원, 丙에 대한 채무 1억원이 있다.

#### (b) 쟁점과 판단

✓ 丙의 신청에 의한 재산분리명령이 내려지고 B의 고유재산 및 상속재산에 대한 강제집행을 하면 甲, 乙, 丙은 각 얼마씩을 배당받을 수 있는지가 문제된다.

✓ 피상속인의 재산은 甲이 8000만원, 乙이 2000만원을 각 배당받는다(§1036).

✓ B의 재산 중 1억원은 丙이 우선변제받고(§1052 ②), 나머지 1억원은 모두 乙이 받게 된다.

## 다. 대항요건주의(§1049)

제1049조(재산분리의 대항요건) 재산의 분리는 상속재산인 부동산에 관하여는 이를 등기하지 아니하면 제삼자에게 대항하지 못한다.

### (1) 적용대상: 상속재산에 포함된 부동산

### (2) 효과

- 재산분리가 되었다는 취지를 등기하지 않으면, 단순승인 상속인으로부터 상속 부동산을 양수한 제3자에게 재산분리명령의 효과인 '단순승인 상속인에게 처분권 없음'과 '상속채권자들이 경매하여 상속채권액을 배당받을 수 있음'을 대항할 수 없다.

✓ 예컨대 상속채권자가 재산분리 결정을 받았으나 상속재산인 ⓧ부동산에 대해 재산분리 등기를 하지 않은 상태에서, 상속인이 이러한 사정을 알고 있는 제3자 S에게 ⓧ부동산을 팔고 소유권 이전등기를 마치면, S가 ⓧ부동산의 소유권을 취득하므로 ⓧ부동산은 청산 대상에서 제외된다. 이 경우 상속인이 무자력이면 사해행위로 볼 여지도 있다.

## (3) 사례: 한정승인과 재산분리, 우선변제

### A. 원칙: 일반채권자들간의 관계

#### (a) 내용

- 상속재산에 대해서는 상속채권자가, 고유재산에 대해서는 고유채권자가 각각 우선변제를 받을 수 있다.

> **대법원 2016. 5. 24. 선고 2015다250574 판결**
> ‣ 상속재산에 관하여 담보권을 취득하였다는 등 사정이 없는 이상, **한정승인자의 고유채권자는 상속채권자가 상속재산으로부터 그 채권의 만족을 받지 못한 상태에서 상속재산을 고유채권에 대한 책임재산으로 삼아 이에 대하여 강제집행을 할 수 없다**고 보는 것이 형평의 원칙이나 한정승인제도의 취지에 부합하며,
> ‣ 이는 한정승인자의 고유채무가 <u>조세채무인 경우</u>에도 그것이 상속재산 자체에 대하여 부과된 조세나 가산금, 즉 <u>당해세에 관한 것이 아니라면</u> 마찬가지라고 할 것이다.

#### (b) 근거

- 실질적 근거: 재산분리 제도는 상속채권자와 고유채권자 사이의 공평원칙을 실현하기 위한 것이다.
- 법적 근거: 상속채권자는 §1028로 인해 상속인의 고유재산에 대해 집행할 수 없고, 고유채권자는 §1034로 인해 상속재산에 대해 집행할 수 없다.

### B. 예외: 상속인으로부터 물권을 취득한 자에 대한 관계

(a) 논거

- 한정승인도 승인의 일종이므로 상속재산, 상속채무는 모두 포괄적으로 상속인에게 귀속되고, 상속인의 고유재산이 상속채권에 대한 책임재산에 포함되지 않는 것에 지나지 않는다.
- 상속인은 상속재산에 대한 처분권이 있다. §1026 3호는 한정승인 상속인의 처분이 유효임을 전제한다.
- 한정승인 청산으로 인한 재산분리 상태를 근거로 상속인의 처분권을 제한하려면 §1049와 같이 이런 상태를 공시할 수 있는 근거규정이 있어야 하는데, 현행법상 한정승인으로 인한 재산분리 상태의 공시에 관한 조항이 없다.

(b) 결론

- 상속인으로부터 상속재산인 부동산에 관한 물권을 양수한 사람은 한정승인으로 인한 재산분리 상태에 대해 악의이더라도 물권을 취득할 수 있다.

> **대법원 2010. 3. 18. 선고 2007다77781 전원합의체 판결**
> - 상속채권자가 아닌 한정승인자의 **고유채권자가 상속재산에 관하여 저당권 등의 담보권을 취득**한 경우, 그 담보권을 취득한 채권자와 상속채권자 사이의 **우열관계는** 민법상 일반원칙에 따라야 하고 상속채권자가 우선적 지위를 주장할 수 없다.
> - 민법은 한정승인을 한 상속인(이하 '한정승인자'라 한다)에 관하여 제1026조 3호에 의해 단순승인간주라는 제재를 가하기는 하지만 **상속재산의 처분행위 자체를 직접적으로 제한하는 규정을 두고 있지 않기** 때문에, 한정승인으로 발생하는 위와 같은 책임제한 효과로 인하여 **한정승인자의 상속재산 처분행위가 당연히 제한된다고 할 수는 없다.**
> - 또한 민법은 한정승인자가 상속재산으로 상속채권자 등에게 변제하는 절차는 규정하고 있으나(제1032조 이하), 한정승인만으로 상속채권자에게 상속재산에 관하여 한정승인자로부터 물권을 취득한 제3자에 대하여 우선적 지위를 부여하는 규정은 두고 있지 않으며, 제1045조 이하의 재산분리 제도와 달리 한정승인이 이루어진 상속재산임을 등기하여 제3자에 대항할 수 있게 하는 규정도 마련하고 있지 않다.

# Ⅳ 상속인의 부재

**1. 의의:** 상속인이 없는 상태

　가. 상속인 자체가 없는 경우

　나. 모든 상속인이 상속을 포기한 경우

　다. 피상속인의 신원을 알 수 없는 경우 등

**2. 상속인 부재의 잠정적 효과:** 상속재산 관리

> 제1053조(상속인없는 재산의 관리인) ① 상속인의 존부가 분명하지 아니한 때에는 법원은 제777조의 규정에 의한 피상속인의 친족 기타 이해관계인 또는 검사의 청구에 의하여 상속재산관리인을 선임하고 지체없이 이를 공고하여야 한다.
> ② 제24조 내지 제26조의 규정은 전항의 재산관리인에 준용한다.

### 가. 요건

* 피상속인의 친족(§777), 이해관계인, 검사의 청구에 따라 법원은 상속재산 관리인을 선임하고 그 취지를 공고해야 한다(§1053 ①: 제1차 공고).
* 주의! 상속재산관리 청구가 없는 한 상속인의 부재상태를 해결하기 위한 절차는 진행되지 않으며, 망인의 권리·의무는 방치된다.

### 나. 상속재산관리인

* 특별한 자격제한은 없고 부재자 재산관리인에 준하는 지위가 인정된다(§1053 ②, §24~§26 준용).
* 임무: 재산목록제시, 상황보고의무(§1054)
* 임무의 종료: 청산절차가 종료되거나 상속인이 상속을 승인하면 상속재산관리인의 임무가 종료하고, 이때 관리의 계산을 해야 한다(§1055).

**3. 상속인 부재의 궁극적인 효과:** 청산

### 가. 채권신고 공고(§1056: 제2차 공고)와 청산 절차

* 요건: 관리인 선임 공고일로부터 3개월 내에 상속인의 존부를 알 수 없으면 채권신고 공고를 해야 한다.

- 주체: 채권신고 공고는 상속재산 관리인이 담당한다.
- 공고의 기간, 방식, 내용, 그 후의 청산철자 등에 대해서는 한정승인에 관한 조항들이 준용된다.

> 제1056조(상속인없는 재산의 청산) ① 제1053조 제1항의 공고있은 날로부터 3월내에 상속인의 존부를 알 수 없는 때에는 관리인은 지체없이 일반상속채권자와 유증받은 자에 대하여 일정한 기간 내에 그 채권 또는 수증을 신고할 것을 공고하여야 한다. 그 기간은 2월 이상이어야 한다.
> ② 제88조 제2항, 제3항, 제89조, 제1033조 내지 제1039조의 규정은 전항의 경우에 준용한다.

### 나. 상속인 수색공고(§1057: 제3차 공고)

- 요건: 채권신고 기간이 지나도 상속인의 존부를 알 수 없을 때, 상속재산관리인의 청구에 따라 법원이 상속인 수색공고를 실시한다. 공고기간은 1년 이상이어야 한다.
- 공고의 내용: 상속인이 있으면 지정된 기간 내에 권리를 주장해야 한다는 취지를 공고해야 한다.

> 제1057조(상속인수색의 공고) 제1056조 제1항의 기간이 경과하여도 상속인의 존부를 알 수 없는 때에는 법원은 관리인의 청구에 의하여 상속인이 있으면 일정한 기간내에 그 권리를 주장할 것을 공고하여야 한다. 그 기간은 1년 이상이어야 한다.

## 4. 잔여재산의 처리

### 가. 전제: 청산 결과 남은 재산이 있을 때

### 나. 특별연고자에 대한 분여(§1057의2)

> 제1057조의2(특별연고자에 대한 분여) ① 제1057조의 기간내에 상속권을 주장하는 자가 없는 때에는 가정법원은 피상속인과 생계를 같이 하고 있던 자, 피상속인의 요양간호를 한 자 기타 피상속인과 특별한 연고가 있던 자의 청구에 의하여 상속재산의 전부 또는 일부를 분여할 수 있다.
> ② 제1항의 청구는 제1057조의 기간의 만료후 2월 이내에 하여야 한다.

**다. 특별연고자가 없거나, 분여하고 남은 재산이 있을 때**

**(1) 국고귀속(§1058 ①)**

**(2) 미신고채권자(수유증자):** 국고에 대한 변제청구를 할 수 없음(§1059의 §1039 미준용)

> 제1058조(상속재산의 국가귀속) ① 제1057조의2의 규정에 의하여 분여(分與)되지 아니한 때에는 상속재산은 국가에 귀속한다.

> 제1059조(국가귀속재산에 대한 변제청구의 금지) 전조제1항의 경우 상속재산으로 변제를 받지 못한 상속채권자나 유증을 받은 자가 있는 때에도 국가에 대하여 그 변제를 청구하지 못한다.

**(3) 관리종료(§1058 ②, §1055 ②)**

> 제1058조(상속재산의 국가귀속) ② 제1055조 제2항의 규정은 제1항의 경우에 준용한다.

14장

# 공동상속

 **14**장

# 공동상속

## I  개 관

### 1. 의미

**가. 상속을 승인한 동순위 상속인이 여러 명인 경우**

**나. 공동상속의 본질**

- 판례는 §1006의 공유를 §262의 공유라고 본다.

✓ 이에 비해, 공동상속인들은 상속재산을 합유한다고 보는 견해도 있다.

> 제1006조(공동상속과 재산의 공유) 상속인이 수인인 때에는 상속재산은 그 공유로 한다.

> 공동상속재산은 상속인들의 공유이므로 피상속인이 당사자로 되어 있는 소송의 목적이 필요적공동소송관계라고 인정되지 않는 한 공동상속인 전원이 공동으로 수계하여야 하는 것은 아니며, 수계되지 아니한 상속인들에 대한 소송은 중단된 상태로 그대로 피상속인이 사망한 당시의 심급법원에 계속되어 있다고  할 것이다(대법원 1993. 2. 12. 선고 92다29801 판결).

### 2. 상속분

> 제1007조(공동상속인의 권리의무승계) 공동상속인은 각자의 상속분에 응하여 피상속인의 권리의무를 승계한다.

**가. 법정상속분**

**(1) 의미**

- 포괄적 상속재산에 대해 각 공동상속인들이 가지는 지분을 뜻한다.

- 동순위 상속인이 여러 명이면 균분으로 하지만, 피상속인의 배우자의 법정상속분은 다른 공동상속인의 상속분에 5할을 가산한다(§1009).

> 제1009조(법정상속분) ① 동순위의 상속인이 수인인 때에는 그 상속분은 균분으로 한다.
> ② 피상속인의 배우자의 상속분은 직계비속과 공동으로 상속하는 때에는 직계비속의 상속분의 5할을 가산하고, 직계존속과 공동으로 상속하는 때에는 직계존속의 상속분의 5할을 가산한다.

## (2) 비교: 지정상속분

✓ 판례는 지정상속분이라는 용어를 사용하고 있으나 우리 민법상 상속분 지정은 유언으로 정할 수 있는 사항이 아니다.

✓ 특정한 상속인에게 포괄적 상속재산의 일정 비율을 준다는 취지의 유언은 포괄유증이라고 해석해야 한다.

## 나. 구체적 상속분

- 의미: 각 공동상속인이 상속개시기의 상속재산으로부터 실제로 받을 수 있는 가액을 구체적 상속분액이라 하는데, 공동상속인간의 형평을 실현하기 위한 법정상속분 조정 과정을 거쳐 산정한다.
- 각 공동상속인들의 구체적 상속분액의 비율을 구체적 상속분이라고 한다(2017스98, 392면).
- 공동상속인들 중 특별수익 상속인이나 기여상속인이 있으면 법정상속분과 구체적 상속분이 달라진다.

## 다. 사례: 법정상속분에 따른 상속등기와 구체적 상속분

## (1) 사안의 개요

- 피상속인 A는 2015. 9. 13. 사망했고, 공동상속인으로는 A의 자녀 甲, 乙, 丙이 있다. 이들 중 乙은 A로부터 생전에 6억원의 증여를 받았으므로 초과특별수익자에 해당하고 구체적 상속분은 0이다.
- A 사망 당시 상속재산으로는 ⓧ부동산과 ⓨ예금채권(3억원)이 있고, 상속채무로는 B에 대한 3억원의 금전채무가 있다.
- 乙은 법정상속분에 따라 ⓧ부동산의 1/3지분에 대한 상속등기를 마쳤고 ⓨ예

금채권의 1/3에 해당하는 1억원을 인출하여 이 돈으로 당연분속된 상속채무 1억원을 변제했다.

- 甲, 丙은 乙에 대해 1) 상속회복청구권을 행사하여 ⓧ부동산에 대한 乙 명의 상속등기의 말소등기청구를 구하고, 2) 乙이 ⓨ예금을 인출하여 상속채무 변제에 사용한 1억원에 대해서는 §741 청구를 한다.

## (2) 쟁점과 판단

- §1007의 '상속분'은 법정상속분을 의미하고, 상속재산분할 전까지 각 공동상속인들은 법정상속분에 따라 잠정적으로 상속재산을 공유한다.
- 이에 비해 구체적 상속분은 상속재산분할 단계에서 기준이 될 뿐이다.
- 따라서 甲, 丙의 위 주장 1), 2)는 모두 이유 없다.

### 대법원 2023. 4. 27. 선고 2020다292626 판결

- 제1007조에서 정한 '상속분'은 법정상속분을 의미하므로 일단 상속이 개시되면 공동상속인은 각자의 법정상속분의 비율에 따라 모든 상속재산을 승계한다. 또한 제1006조에 의하면, 공동상속인들은 상속이 개시되어 상속재산의 분할이 있을 때까지 민법 제1007조에 기하여 각자의 **법정상속분에 따라서 이를 잠정적으로 공유**하다가 특별수익 등을 고려한 **구체적 상속분에 따라 상속재산을 분할**함으로써 위와 같은 잠정적 공유상태를 해소하고 최종적으로 개개의 상속재산을 누구에게 귀속시킬 것인지를 확정하게 된다.
- 그러므로 공동상속인들 사이에서 상속재산의 분할이 마쳐지지 않았음에도 초과특별수익자인 공동상속인에게는 개개의 상속재산에 관하여 법정상속분에 따른 권리승계가 아예 이루어지지 않았다거나, 부동산인 상속재산에 관하여 **법정상속분에 따라 마쳐진 상속을 원인으로 한 소유권이전등기가 원인무효라고 주장하는 것은 허용될 수 없**다.
- A의 공동상속인들 사이에서 상속재산의 분할이 마쳐지지 않은 이상, 원고들이 상속재산의 분할 절차에서 구체적 상속분에 따라 개개의 상속재산이 자신들에게 최종적으로 귀속되었음을 주장할 수 있음은 별론으로 하더라도, 이 사건 청구와 같이 상속재산인 ⓧ, ⓨ에 대해 피고의 **특별수익을 고려하면 피고의 구체적 상속분이 없다는 사정**을 들어 피고 앞으로 마쳐진 **법정상속분에 따른 소유권이전등기가 원인무효**라거나 A의 예금채권의 추심을 통하여 피고가 상속받은 A의 채무가 변제됨으

로써 피고가 **부당이득을 얻었다고 보기는 어렵**다. 그럼에도 원심은 이와 달리 앞서 본 바와 같이 판단하였으니, 이러한 원심의 판단에는 공동상속인의 권리의무 승계 및 상속재산분할에 관한 법리를 오해하여 판결에 영향을 미친 잘못이 있다.

## Ⅱ  공동상속의 법률관계

### 1. 상속재산·상속채무의 귀속

**가. 물권**: 공유의 법리

- 보존행위는 각 공동상속인들이 각자 단독으로 할 수 있고, 이용·관리는 과반수 지분의 동의로 결정하며(§265), 상속재산의 처분·변경은 공동상속인 전원의 합의로 할 수 있다(§264).
- 각 공동상속인은 상속재산 전부를 지분 비율에 따라 사용·수익할 수 있다(§263).
- 특정한 상속재산에 대한 지분 처분은 각 공동상속인이 자유롭게 할 수 있다(§263).

**나. 채권·채무**

**(1) 가분적 채권·채무**

A. 개관

- 원칙: 상속개시와 동시에 당연 분할되어 각 상속인의 법정상속분에 따라 귀속된다.

금전채무와 같이 급부의 내용이 가분인 채무가 공동상속된 경우 이는 상속개시와 동시에 당연히 법정상속분에 따라 공동상속인에게 분할되어 귀속되는 것이므로 상속재산 분할의 대상이 될 여지가 없다(대법원 2014. 7. 10. 선고 2012다26633 판결).

- 예외: 특별수익자나 기여상속인이 있는 경우, 가분채권은 상속재산 분할의 대상이므로 협의나 재판에 의한 분할이 종료될 때까지 준공유상태가 유지된다.
  - ✓ 이 경우 가분채무도 구체적 상속분에 따라 분할되어야 하는 것인지, 가분채무는 여전히 법정상속분에 따라 당연분속 되는 것인지에 대해 판례의 태도는 불명확하다.

B. 사례: 가분채권과 상속재산분할

(a) 사안의 개요

- 피상속인 A의 사망으로 상속이 개시되었는데 공동상속인은 A의 자녀 甲, 乙이고 상속재산은 예금채권 6000만원, 甲에 대한 생전증여 2000만원이 있다.

- 甲, 乙의 본래적 상속분은 각 4000만원, 구체적 상속분은 甲 2000만원, 乙 4000만원이다.

(b) 쟁점과 판단

- 이 경우 예금채권 6000만원은 甲에게 2000만원, 乙에게 4000만원이 각 귀속되어야 하는데 이를 위해서는 상속재산 분할 절차를 거쳐야 한다.

- 만약 법정상속분에 따라 당연분속된다고 본다면 甲, 乙이 각 3000만원씩을 취득하는데, 甲은 생전증여 2000만원을 이미 취득했으므로, 甲 5000만원, 乙 3000만원을 취득하게 되어 본래적 상속분에 따른 상속이 실현되지 못해 불공평하다.

**대법원 2016. 5. 4.자 2014스122 결정**
- 금전채권과 같이 급부의 내용이 가분인 채권은 공동상속되는 경우 **상속개시와 동시에 당연히 법정상속분에 따라 공동상속인들에게 분할되어 귀속되므로 상속재산분할의 대상이 될 수 없는 것이 원칙**이다

- 그러나 가분채권을 일률적으로 상속재산분할의 대상에서 제외하면 부당한 결과가 발생할 수 있다. 예를 들어 **초과특별수익자는 초과분을 반환하지 아니하면서도 가분채권은 법정상속분대로 상속받게 되는 부당한 결과**가 나타난다.

- 상속재산으로 가분채권만이 있는 경우에는 모든 상속재산이 법정상속분에 따라 승계되므로 수증재산과 기여분을 참작한 구체적 상속분에 따라 상속을 받도록 함으로써 공동상속인들 사이의 공평을 도모하려는 제1008조, 제1008조의2의 취지에 어긋나게 된다.

- 이와 같은 **특별한 사정이 있는 때는 상속재산분할을 통하여 공동상속인들 사이에 형평을 기할 필요가 있으므로 가분채권도 예외적으로 상속재산분할의 대상**이 될 수 있다.

(2) 불가분채권 · 채무: §409 이하 적용

(3) 사례: 대상재산과 공동상속

A. 사안의 개요

- 피상속인 A 사망시 공동상속인은 A의 자녀인 甲, 乙이 있고 상속재산은 A명의인 1억원의 예금채권이 있다.
- 이 예금채권에는 B의 C에 대한 채무를 담보하기 위한 근질권이 설정되어 있었는데 상속개시후 위 근질권 실행으로 C가 1억원 전액을 추심했다.
- 乙은 B에게 구상권을 행사하여 1억 전액을 수령했다.

B. 쟁점과 판단

(a) 대상재산의 의미(전술)

(b) 무단인출로 인한 §741

- B에 대한 1억원의 구상권은 상속재산인 예금채권의 변형물이므로 상속재산이다.
- 乙이 무단으로 받은 1억원을 대상으로 하는 §741 채권도 예금채권과의 동일성이 유지되므로 상속재산이다. 다만 상속재산 분할과정에서 이 §741 채권에 대해 乙이 취득한 부분은 혼동으로 소멸한다.

> **대법원 2016. 5. 4.자 2014스122 결정**
> ‣ 상속개시 당시에는 상속재산을 구성하던 재산이 그 후 처분되거나 멸실·훼손되는 등으로 상속재산분할 당시 **상속재산을 구성하지 아니하게 되었다면 그 재산은 상속재산분할의 대상이 될 수 없다.**
> ‣ 다만 상속인이 그 **대가로 처분대금, 보험금, 보상금 등 대상재산을 취득하게 된 경우에는, 대상재산은 종래의 상속재산이 동일성을 유지하면서 형태가 변경**된 것에 불과할 뿐만 아니라 상속재산분할의 본질이 상속재산이 가지는 경제적 가치를 포괄적·종합적으로 파악하여 공동상속인에게 공평하고 합리적으로 배분하는 데에 있는 점에 비추어, 그 대상재산이 상속재산분할의 대상으로 될 수는 있을 것이다.

## 2. 상속분의 양도와 환수

> 제1011조(공동상속분의 양수) ① 공동상속인 중에 그 상속분을 제삼자에게 양도한 자가 있는 때에는 다른 공동상속인은 그 가액과 양도비용을 상환하고 그 상속분을 양수할 수 있다.
> ② 전항의 권리는 그 사유를 안 날로부터 3월, 그 사유있은 날로부터 1년내에 행사하여야 한다.

## 가. 양도·환수 대상인 '상속분'의 의미

### (1) 개관

- 상속개시 후 상속재산 분할 전까지의 기간 동안 인정되는 공동상속인의 지위 자체를 뜻한다.
- 비교: 개별 상속재산에 대한 공유지분은 §1011의 적용 대상이 아니다.

> 상속분 양도는 상속재산분할 전에 적극재산과 소극재산을 모두 포함한 상속재산 전부에 관하여 공동상속인이 가지는 포괄적 상속분, 즉 상속인 지위의 양도를 뜻한다(대법원 2021. 7. 15. 선고 2016다210498 판결).

### (2) 사례

- 공동상속인 중 1명이 상속재산인 특정한 부동산에 대한 법정상속분에 해당하는 공유지분을 처분한 경우에는 §1011가 적용되지 않고, 공유지분권 처분에 관한 물권법의 일반법리가 적용된다.
- 따라서 성립요건주의가 적용되고, 다른 공동상속인은 환수할 수 없다.

> 상속재산을 구성하는 개개의 물건 또는 권리에 대한 개개의 물권적 양도는 이에 해당하지 아니한다. … 이 사건 임야 중 그들의 상속지분을 양도한 것은 제1011조 제1항에 규정된 '상속분의 양도'에 해당하지 아니하고 그들이 상속받은 이 사건 임야에 관한 공유지분을 양도한 것에 불과하여, 이에 대하여는 제1011조 제1항에 규정된 상속분 양수권이 없다(대법원 2006. 3. 24. 선고 2006다2179 판결).

## 나. 상속분의 양도와 환수

### (1) 상속분 자체의 양도

 A. 개관

 (a) 요건

✓ 상속개시 후 상속재산 분할 전에 상속분을 양도하는 경우에만 §1011가 적용된다. 상속재산분할 후에는 일반적인 공유지분 양도에 불과하다.

✓ 판례는 일반적인 처분행위와 마찬가지로 불요식 행위라고 보는 듯하다(2016다210498, 489면 참조).

### (b) 효과

✓ 상속분 양수인은 상속인에 준하는 지위를 가진다.

✓ 양수인은 양도인의 지분비율에 따라 피상속인의 권리·의무를 포괄·당연승계한다(2016다 210498, 489면 참조).

### B. 판례의 태도

✓ §1011에 의한 상속분 양도의 요건·효과에 대한 판례의 태도는 불명확하다.

✓ 2016다210498은 §1011의 상속분 양도를 반영한 선행 상속재산분할 심판의 효과를 인용한 것에 불과하다.

> 원심판결 이유와 기록에 따르면 다음 사실을 알 수 있다. ⋯ 선행 사건인 상속재산분할 심판에서 소외 2는 그 심판청구 전인 2011. 5.경 피고에게 자신의 상속분 6/25을 무상으로 양도하였고, 소외 4는 2014. 2.경 피고에게 자신의 상속분 4/25를 무상으로 양도하였다. ⋯ 이에 따라 2014. 4. 3. 피고의 최종 상속분은 16/25(= 피고의 원래 상속분 6/25 + 소외 2의 상속분 6/25 + 소외 4의 상속분 4/25)이 되었다고 판단하고, 이 사건 아파트는 피고의 소유로 하고 피고가 다른 공동상속인들에게 정산금을 지급하도록 하는 상속재산분할 심판을 하였다(대법원 2021. 7. 15. 선고 2016다210498 판결).

## (2) 상속분의 환수

### A. 개관

• 공동상속인 중 일부가 양도한 상속분을 다른 공동상속인이 다시 사오는 것을 뜻한다.

### B. 요건

### (a) 인적 적용범위

• 공동상속인 아닌 사람이 상속분을 양수한 경우에 적용된다. 공동상속인 아닌 사람이 상속재산 분할협의 당사자가 되는 것을 방지하기 위한 제도이기 때문이다.

✓ 포괄수유증자가 양수한 경우에도 환수할 수 있는지에 대해서는 견해가 대립한다.

### (b) §1011에 의한 포괄적 상속분 양수

### (c) 양수인의 권리·의무

• §1011의 환수권은 형성권이므로 상속분 양수인이 원하지 않아도 양도인 이외의 다른 공동상속인은 일방적인 의사로 상속분을 환수할 수 있다.

• 환수 대금은 상속분 양도인이 지급했던 대가에 비용을 더한 가액으로 법정된다.

(d) 행사기간: §1011 ②

C. 효과

✓ 환수된 상속분 및 환수대금의 귀속 비율에 대해서는 견해가 대립한다. 예컨대 피상속인의 자녀 甲, 乙, 丙이 공동상속인인 경우, 丙이 양도한 상속분을 甲이 환수하면 甲의 상속분이 2/3가 되는지, 1/2이 되는지가 문제된다. 전자라고 본다면 환수를 위해 지출한 가액도 甲이 전담해야 하고 후자라고 본다면 甲이 乙에게 환수를 위해 지출한 가액의 1/2을 구상할 수 있다.

✓ 환수의 효과 발생 시기는 환수가 불요식행위라고 보는 한 환수 의사표시의 도달과 환수대금 이행 제공시라고 보아야 한다.

✓ 양수인이 이미 제3자에게 전매한 경우, 상속분 환수권을 제3자에게도 주장할 수 있는지에 대해서는 견해가 대립한다. 이에 대한 명문규정은 없다.

## Ⅲ 공동상속관계의 종료: 상속재산의 분할

### 1. 상속재산 분할의 전제

**가. 공동상속관계 성립:** 상속을 승인한 다수의 동순위 상속인이 있을 것

**나. 분할 대상 재산의 확정**

(1) 원칙: 상속의 포괄승계 원칙(§1005)

(2) 예외: 가분채권·가분채무

• 가분채권·가분채무는 상속과 동시에 당연히 법정상속분에 따라 분속된다.

• 예외의 예외: 특별수익이나 기여분이 인정되어 구체적 상속분이 문제되면 가분채권은 상속재산 분할 대상이 된다.

**다. 소극적 요건**

(1) 분할금지 유언이 있는 경우

A. 분할금지 유언의 내용

> 제1012조(유언에 의한 분할방법의 지정, 분할금지) 피상속인은 유언으로 … 상속개시의 날로부터 5년을 초과하지 아니하는 기간내의 그 분할을 금지할 수 있다.

- 분할 금지 기간은 5년 이내로 한정된다.

✓ 분할 금지 대상은 포괄적일 필요는 없다. 따라서 일부 재산, 일부 상속인에 대해서만 분할을 금지하는 유언도 유효이다.

B. 분할금지 유언을 위반한 분할협의

- 분할금지 유언을 위반한 협의는 무효라고 보아야 한다. 강행법규인 §1012 위반에 해당하기 때문이다.

- 따라서 분할금지 유언을 위반한 분할협의를 근거로 마쳐진 소유권이전등기는 원인무효 등기이다.

(2) 비교: 한정승인 청산 절차는 분할 장애 사유 아님

- 한정승인 청산 절차 진행 중에도 분할이 가능하다.

- 분할과정에서 상속재산이 구체적으로 파악되기 때문에 청산에도 도움이 된다.

### 대법원 2014. 7. 25.자 2011스226 결정

‣ 우리 민법이 한정승인 절차가 상속재산분할 절차보다 선행하여야 한다는 명문의 규정을 두고 있지 않고, 공동상속인들 중 일부가 한정승인을 하였다고 하여 상속재산분할이 불가능하다거나 분할로 인하여 공동상속인들 사이에 불공평이 발생한다고 보기 어려우며, 상속재산분할의 대상이 되는 상속재산의 범위에 관하여 공동상속인들 사이에 분쟁이 있을 경우에는 한정승인에 따른 청산절차가 제대로 이루어지지 못할 우려가 있는데 상속재산분할청구 절차를 통하여 분할의 대상이 되는 상속재산의 범위를 한꺼번에 확정하는 것이 상속채권자의 보호나 청산절차의 신속한 진행을 위하여 필요하다는 점 등을 고려하면,

‣ **한정승인에 따른 청산절차가 종료되지 않은 경우에도 상속재산분할청구가 가능하다.**

## 2. 상속재산 분할의 당사자: 공동상속인 전원

### 가. 개관: 상속인인지의 여부에 대한 다툼이 있는 경우

### (1) 자신이 상속인이라고 주장하는 사람이 있는 경우

- 상속권을 주장하는 사람을 배제하고 분할할 수 있다.

- 상속재산 분할 후 상속인임이 확정된 사람은 §1014에 의해 구제될 수 있기 때문이다.

## (2) 상속인이 아니라고 주장되는 사람이 있는 경우

- 분할을 유예하는 것이 바람직하다.
- 다툼 있는 사람을 포함하여 분할이 행하여진 후 참여자의 상속권 없음이 밝혀지면 분할 자체가 무효가 되어 거래안전을 저해하기 때문이다.

## 나. 상속재산 분할 후 인지된 상속인

> 제1014조(분할후의 피인지자 등의 청구권) 상속개시후의 인지 또는 재판의 확정에 의하여 공동상속인이 된 자가 상속재산의 분할을 청구할 경우에 다른 공동상속인이 이미 분할 기타 처분을 한 때에는 그 상속분에 상당한 가액의 지급을 청구할 권리가 있다.

## (1) 개관

### A. 문제의 소재

- 인지의 소급효(§860 본문)로 인해, 피상속인의 혼인 외의 출생자가 상속개시 이후 인지되더라도 공동상속인이 된다.
- 피상속인의 혼인 외의 출생자가 상속재산의 분할 전에 인지된 경우, 이러한 자녀를 배제하면 상속재산 분할 협의의 무효(불성립) 사유가 된다.
- 피상속인의 혼인 외의 출생자가 상속재산의 분할 후에 인지된 경우에도 이러한 원칙을 관철시키면 거래안전을 저해한다. 공동상속인인 피인지자를 배제하고 한 분할협의는 무효(불성립)이므로, 이에 기한 소유권이전등기는 원인무효가 되는데, 등기공신력이 없으므로 그 후의 등기도 모두 무효가 되는 문제가 생기기 때문이다.

### B. 해결방법: 가액반환청구권

- 목적: 피인지자 보호와 거래안전 보호를 조화시키기 위한 제도이다.
- 내용: 피인지자는 자신을 배제한 분할의 효력을 부정할 수 없다. 따라서 분할 협의의 효력은 그대로 유지되므로 원물의 소유권 귀속도 그대로 확정된다. 그 대신 협의 분할을 한 공동상속인들은 피인지자(후발적 상속인)가 분할에 참여했었다면 받을 수 있었던 이익만큼을 피인지자에게 돈으로 지급할 의무를 진다.

#### 대법원 1993. 8. 24. 선고 93다12 판결

- 상속개시 후 인지나 확정재판으로 공동상속인이 된 자도 상속재산이 <u>분할되거나</u>

처분되지 아니한 경우에는 당연히 다른 공동상속인들과 함께 분할에 참여할 수 있을 것인 바,

> 제1014조는 그와 같은 인지 이전에 다른 공동상속인이 이미 상속재산을 분할 기타의 방법으로 처분한 경우에는 사후의 피인지자는 다른 공동상속인들의 분할 기타 처분의 효력을 부인하지 못하게 하는 대신, 이들에게 그 상속분에 상당한 가액의 지급을 청구할 수 있도록 하여 상속재산의 새로운 분할에 갈음하는 권리를 인정함으로써 피인지자의 이익과 기존의 권리관계를 합리적으로 조정하는데 그 목적이 있다.

## (2) §1014의 가액반환 청구권의 법적성질

### A. 상속회복청구권의 일종

- §1014의 청구권의 본질은 상속회복청구권이므로 §999 ②의 행사기간이 적용된다.
- 기산점은 피인지자가 자신이 진정상속인인데도 상속재산분할에서 배제되었다는 사실을 안 때이다. 피상속인인 부 사후에 인지청구소송이 제기된 경우라면 인지판결 확정시가 기산점이다.

제1014조에 의한 피인지자 등의 상속분상당가액지급청구권은 그 성질상 상속회복청구권의 일종이므로, 제999조 제2항 소정의 제척기간의 적용이 있고, 제999조 제2항에서 3년의 제척기간의 기산일은 피인지자가 자신이 진정상속인인 사실과 자신이 상속에서 제외된 사실을 안 때를 가리키는 것으로, 혼인 외의 자가 법원의 인지판결 확정으로 공동상속인이 된 때에는 그 인지판결이 확정된 날에 상속권이 침해되었음을 알았다고 할 것이다(대법원 2007. 7. 26. 선고 2006므2757 판결).

### B. §741과 무관

- 반환할 가액은 실제 수익·손실의 가액과 무관하게 법정된다.
- 상환의무자 즉 이미 분할을 마친 다른 공동상속인들이 피인지자의 존재에 대해 선의였더라도 반환할 가액에 영향을 미치지 않는다.

**대법원 1993. 8. 24. 선고 93다12 판결**
> 가액의 범위에 관하여는 **부당이득반환의 범위에 관한 민법규정을 유추적용할 수는 없고, 다른 공동상속인들이 분할 기타의 처분시에 피인지자의 존재를 알았는지의 여부에 의하여 그 지급할 가액의 범위가 달라지는 것도 아니다.**

‣ 피고들이 상속개시 후의 피인지자인 원고의 존재를 모르고 이 사건 부동산을 처분하였으므로 그 이익이 현존하는 한도 내에서만 원고의 청구에 응할 의무가 있다거나, 원고에게 지급할 가액은 실제의 처분금액 또는 그 당시의 시가를 기초로 하여 산정하여야 한다는 피고들의 주장을 배척한 것은 타당하다.

### (3) 반환할 가액의 산정

A. 기준시

• 분할대상인 모든 재산의 사실심 변론종결시의 시가에 피인지자를 포함하여 다시 산정한 **구체적** 상속분을 반영하여 산정한다.

• 주의! 분할 당시의 시가를 기준으로 산정하지 않는다.

이 가액은 다른 공동상속인들이 상속재산을 실제처분한 가액 또는 처분한 때의 시가가 아니라 사실심 변론종결시의 시가를 의미한다 … 이 경우 다른 공동상속인들이 상속재산을 처분하는 방법에 의하여 이를 분할하였다거나, 현실 지급시 또는 사실심 변론종결 당시의 가액이 분할 당시보다 현저하게 등귀하였다는 사정에 의하여 결론을 달리할 수는 없다(대법원 1993. 8. 24. 선고 93다12 판결).

B. 분할대상 재산의 과실

• 상속개시 전까지 발생한 것만 분할대상 재산에 산입된다. <u>상속개시 후에 발생한 과실은 상속재산분할로 원물의 소유권을 취득한 자에게 확정적으로 귀속되므로</u> §1014에 의한 반환가액 산정시 고려할 필요가 없다.

• 논거: §1014의 취지는 분할에 의한 소유권 귀속의 효과 자체를 그대로 확정시키는 것인데, 상속재산 분할에는 소급효가 있기 때문이다.

#### 대법원 2007. 7. 26. 선고 2006다83796 판결

‣ 인지 이전에 공동상속인들에 의해 이미 분할되거나 처분된 상속재산은 민법 제860조 단서가 규정한 <u>인지의 소급효 제한에 따라 이를 분할받은 공동상속인이나 공동상속인들의 처분행위에 의해 이를 양수한 자에게 그 소유권이 확정적으로 귀속</u>되는 것이며, 상속재산의 <u>소유권을 취득한 자는 제102조에 따라 그 과실을 수취할 권능도 보유</u>한다고 할 것이므로,

‣ 인지 이전에 상속재산을 분할한 공동상속인이 그 <u>분할 받은 상속재산으로부터 발생한 과실을 취득하는 것은 피인지자에 대한 관계에서 부당이득이 된다고 할 수 없다.</u>

C. 비용

- 통상비용은 사실심 변론종결시를 기준으로 산정한 가액으로 환산하여 공제해야 하는데, 상속세가 전형적인 예이다.

> 피고들이 납부한 상속세 상당의 금원을 소비자물가지수에 의해 상속개시일과 원심 변론종결일 기준 가액으로 환산하여 구체적 상속분 및 이에 따라 원고에게 반환되어야 할 상속분상당가액 산정 과정에서 공제한 원심의 판단은 정당하다(대법원 2007. 7. 26. 선고 2006므2757 판결).

- 상속재산분할에 필연적으로 수반되지 않는 비용은 공제되지 않는다. 예컨대 상속세 부과액을 다투기 위해 지출한 공인회계사 비용, 상속재산 처분에 수반된 양도소득세 등은 공제 대상이 아니다.

> 가액 산정시 상속재산의 취득에 필연적으로 수반되는 상속세 등 비용 상당액은 공제되어야 할 것이지만, 상속재산의 처분에 수반되는 조세부담은 상속에 따른 비용이라고 할 수 없고 … 상속재산이 분할되지 아니한 상태를 가정하여 피인지자의 상속분에 상당하는 가액을 보장하려는 것이므로, 다른 공동상속인들의 분할 기타의 처분에 의한 조세부담을 피인지자에게 지급할 가액에서 공제할 수는 없다(대법원 1993. 8. 24. 선고 93다12 판결).

## (4) 사례: 상속재산 분할 후 모자관계 인지

A. 사안의 개요

- 피상속인 A(여성)의 사망으로 상속이 개시되었는데, 공동상속인으로 A의 혼인 중의 출생자 甲·乙, 혼인 외의 출생자 丙이 있고, 상속재산으로는 ⓧ부동산이 있다.
- 상속개시 후 甲·乙이 ⓧ부동산을 협의분할하여 2015.2.1. 甲의 단독소유로 상속등기를 마쳤는데 그 후 甲은 ⓧ부동산을 丁에게 팔고 2018.2.1. 丁 단독명의로 소유권이전등기를 마쳤다.
- 丙이 친생모자관계 확인소송을 제기하여 2023.2.1. 승소판결이 확정되자, 丙은 丁에게 丁 명의 소유권 이전등기 말소등기청구를 한다.

B. 쟁점과 판단

- 모자관계는 출산이라는 사실만을 근거로 출생 즉시 확정된다. 즉 재판, 가족관계등록 여부와 무관하다.
- §1014는 부자관계에 대한 인지의 형성적·소급적 효력과 거래안전 조화를 위한 규정이므로 모자관계에 대해서는 적용되지 않는다. 따라서 丙이 구한 丁 명의 소유권 이전등기 말소등기청구는 인용된다.

✓ 이 경우 §999 ②의 행사기간이 적용될 수 있음에 유의해야 한다.

### 대법원 2018. 6. 19. 선고 2018다1049 판결

- 혼인 외의 출생자와 생모 사이에는 생모의 인지나 출생신고를 기다리지 아니하고 자의 출생으로 당연히 법률상의 친자관계가 생기고, 가족관계등록부의 기재나 법원의 친생자관계존재확인판결이 있어야만 이를 인정할 수 있는 것이 아니다.
- 따라서 인지를 요하지 아니하는 모자관계에는 제860조 단서가 적용 또는 유추적용되지 아니하며, 제1014조를 근거로 자가 모의 다른 공동상속인이 한 상속재산에 대한 분할 또는 처분의 효력을 부인하지 못한다고 볼 수도 없다. 이는 비록 다른 공동상속인이 이미 상속재산을 분할 또는 처분한 이후에 그 모자관계가 친생자관계존재확인판결의 확정 등으로 비로소 명백히 밝혀졌다 하더라도 마찬가지이다.

## 3. 상속재산 분할의 방법

### 가. 1차적 기준: 유언에 의한 지정분할

(1) 유형: 분할 방법의 직접 지정, 제3자에게 분할 위탁

> 제1012조(유언에 의한 분할방법의 지정, 분할금지) 피상속인은 유언으로 상속재산의 분할방법을 정하거나 이를 정할 것을 제삼자에게 위탁할 수 있고 …

(2) 사례: 증여의 철회, 상속재산 분할협의의 이해상반성

A. 사안의 개요

- 乙은 피상속인의 배우자, 甲은 피상속인의 며느리이다. 피상속인의 외동아들 A는 피상속인보다 먼저 사망했고 甲·A 사이에는 미성년 자녀 B가 있었는데, 피상속인은 사망 직전 甲·乙에게 ⓧ부동산은 B를 주라고 말했다.
- 상속개시 후 ⓧ부동산에 대해 乙 15/25, 甲 6/25, B 4/25로 법정상속분 등기가

마쳐졌다. 乙은 자신의 15/25를 B에게 이전해주기로 甲과 약속했으나 변심하여 이행을 거절했다.

B. 쟁점과 판단

- 乙은 자신의 약속은 증여인데 서면에 의한 증여가 아니므로 철회할 수 있다고 주장했다.
- 甲은 피상속인이 ⓧ부동산을 B에게 주라고 한 것은 분할방법 지정 유언이라고 주장했으나, 유언의 법정방식을 갖추지 못했으므로 유언이 아니고, 생전행위에 의한 분할방법 지정은 무효임을 이유로 배척되었다.
- 甲은 乙이 15/25를 B에게 이전하겠다고 약속한 것이 증여 의사표시가 아니라 분할협의의 일부라고 주장했으나, 甲이 상속포기를 하지 않은 상태에서 B를 대리하여 한 甲·乙·B간의 분할협의는 이행상반행위이므로 무효라고 인정되었다.

✓ B의 특별대리인이 선임되어 위 분할협의를 추인하면 결론이 달라질 수 있다.

> **대법원 2001. 6. 29. 선고 2001다28299 판결**
> - 원심은 망인이 ⓧ부동산을 원고에게 증여한 행위가 상속재산의 분할방법을 지정한 것이라고 판단하였으나, <u>피상속인은 유언으로 상속재산의 분할방법을 정할 수는 있지만, 생전행위에 의한 분할방법의 지정은 그 효력이 없어 상속인들이 피상속인의 의사에 구속되지는 않는다.</u>
> - <u>상속재산에 대하여 그 소유의 범위를 정하는 내용의 공동상속재산 분할협의는 그 행위의 객관적 성질상 상속인 상호간의 이해의 대립이 생길 우려가 있는 제921조 소정의 이해상반되는 행위에 해당하므로 공동상속인인 친권자와 미성년인 수인의 자 사이에 상속재산 분할협의를 하게 되는 경우에는 미성년자 각자마다 특별대리인을 선임하여 그 각 특별대리인이 각 미성년자인 자를 대리하여 상속재산분할의 협의를 하여야 하고,</u>
> - 만약 친권자가 수인의 미성년자의 법정대리인으로서 상속재산 분할협의를 한 것이라면 이는 **제921조에 위반된 것으로서 이러한 대리행위에 의하여 성립된 상속재산 분할협의는 적법한 추인이 없는 한 무효**라고 할 것이다.

## 나. 2차적 기준: 협의분할

> 제1013조(협의에 의한 분할) ① <u>전조의 경우 외에는</u> 공동상속인은 언제든지 그 협의에 의하여 상속재산을 분할할 수 있다.

## (1) 개관

- 전제: 적법·유효인 분할방법 지정 유언과 저촉하지 않는 내용에 대해서만 협의분할을 할 수 있다.
- 법적성질: 상속재산 분할협의는 일반적인 계약이다. 따라서 분할협의의 성립 여부, 무효·취소, 해제, 이행 등의 전반적인 사항에 대해 계약법의 일반원칙이 적용된다.

### 대법원 2021. 8. 19. 선고 2017다230338 판결

- ‣ 상속재산 분할협의는 공동상속인 사이에 이루어지는 일종의 계약으로서, 상속개시 후 공동상속인 사이에 잠정적 공유가 된 상속재산에 대해 그 전부 또는 일부를 각 상속인의 단독소유로 하거나 새로운 공유관계로 이행시킴으로써 상속재산의 귀속을 확정시키는 것이다.
- ‣ **상속재산 분할의 기준**이 되는 것은 특별수익, 기여분을 고려한 **구체적 상속분**이나, 상속재산 분할협의의 내용은 공동상속인이 자유롭게 정할 수 있으며 어느 공동상속인의 취득분을 영으로 하는 상속재산 분할협의도 유효하다.

## (2) 당사자

A. 개관

- 상속을 승인한 공동상속인 전원뿐 아니라, 이에 준하는 사람인 상속분 양수인이나 포괄수유증자가 있는 경우에는 이들을 포함하는 전원의 의사합치가 있어야 분할협의가 성립한다.
- 한 명이라도 빠지면 분할협의는 불성립이고 효력이 없다.

상속재산의 협의분할은 공동상속인 간의 일종의 계약으로서 공동상속인 전원이 참여하여야 하고 일부 상속인만 한 협의분할은 무효이다(대법원 1995. 4. 7. 선고 93다54736 판결).

- 상속인 아닌 사람이 당사자에 포함된 분할협의도 무효이다.

B. 사례: 상속포기의 소급효와 협의분할의 효력

- 문제의 소재: 공동상속인 중에서 상속을 포기한 사람이 상속포기 신고 수리 전에 참여한 분할협의가 성립한 경우, 그 효력이 문제된다.

- 공동상속인 중 일부가 참여하지 않은 분할협의이더라도 참여하지 않았던 사람이 상속포기를 하면 소급적으로 유효한 분할협의가 된다.
- 상속포기자가 참여한 분할협의이더라도 상속포기의 효과를 전제로 상속포기자 이외의 공동상속인들 사이에서만 상속재산을 분할하기로 하는 내용이면 유효이다.

> **대법원 2011. 6. 9. 선고 2011다29307 판결**
> ‣ 제1042조에 의해 포기자는 처음부터 상속인이 아니었던 것이 된다. 따라서 **상속포기 신고가 아직 행하여지지 아니하거나 법원에 의하여 아직 수리되지 아니하고 있는 동안**에 포기자를 제외한 나머지 공동상속인들 사이에 이루어진 상속재산분할협의는 후에 상속포기의 신고가 적법하게 수리되어 상속포기의 효력이 발생하게 됨으로써 공동상속인의 자격을 가지는 사람들 전원이 행한 것이 되어 <u>소급적으로 유효하게 된다고 할 것이다.</u>
> ‣ <u>포기자가 상속재산분할협의에 참여하여 그 당사자가 되었다고 하더라도 그 협의가 그의 상속포기를 전제로 하여서 포기자에게 상속재산에 대한 권리를 인정하지 아니하는 내용인 경우에는 마찬가지라고 볼 것이다.</u>

## (3) 방법

A. 불요식: 순차적, 서면회람식 협의도 유효

> 분할협의는 반드시 **한 자리에서 이루어질 필요는 없고 순차적으로** 이루어질 수도 있으며, 상속인 중 한 사람이 만든 분할 **원안을 다른 상속인이 후에 돌아가며 승인하여도 무방**하다(대법원 2010. 2. 25. 선고 2008다96963 판결).

B. 사례: §1019 ①의 기간 경과 후 상속포기와 무효행위의 전환
- 고려기간 경과 후의 상속포기는 무효이다. 무효행위의 전환에 의해 상속재산의 협의분할로 인정될 수 있으나, 적극재산에 대해서만 적용된다.
- 상속채무의 귀속: 상속포기 기간 경과 후 상속포기가 분할협의로 전환되더라도, 상속채무에 대해서는 면책적 채무인수로 인정되므로 ㉠ 상속채권자가 승낙해야만 효력이 생기고, ㉡ 면책적 채무인수에 해당하는 협의가 성립한 날 채무인수의 효과가 발생하여 §1015가 적용될 여지는 전혀 없다.

**대법원 1997. 6. 24. 선고 97다8809 판결**

• 금전채무와 같이 급부의 내용이 가분인 채무가 공동상속된 경우, 이는 **상속 개시와 동시에 당연히 법정상속분에 따라 공동상속인에게 분할되어 귀속되는 것이므로, 상속재산 분할의 대상이 될 여지가 없다**고 할 것이다.

• 상속재산 분할의 대상이 될 수 없는 상속채무에 관하여 공동상속인들 사이에 분할의 협의가 있는 경우라면 이러한 협의는 **제1013조에서 말하는 상속재산의 협의분할에 해당하는 것은 아니**지만, 위 분할의 협의에 따라 공동상속인 중 1인이 법정상속분을 초과하여 채무를 부담하기로 하는 약정은 **면책적 채무인수의 실질**을 가진다고 할 것이어서, 채권자에 대한 관계에서 위 약정에 의하여 다른 공동상속인이 법정상속분에 따른 채무의 일부 또는 전부를 면하려면 **제454조의 규정에 따른 채권자의 승낙을 필요**로 한다고 할 것이다. 여기에 상속재산 분할의 **소급효를 규정하고 있는 제1015조가 적용될 여지는 전혀 없다.**

### (4) 내용 결정: 사적자치

A. 공서양속이나 강행법규에 저촉되지 않는 한 유효

• 법정상속분이나 구체적 상속분과 다른 비율로 분할해도 된다.

• 심지어 특정한 공동상속인이 상속재산을 완전히 포기해도 된다. 이 경우 유류분 침해 문제도 생기지 않는다. 유류분은 피상속인의 무상처분으로부터 상속인을 보호하기 위한 제도인데 분할협의는 상속인이 스스로 하는 것이기 때문이다.

B. 무자력인 공동상속인의 협의분할과 사해행위 취소(후술)

### (5) 분할협의의 효과

A. 유효인 경우

• 당사자인 공동상속인들 사이에서는 분할협의로 약정한 내용에 따라 상속재산을 분할해야 할 채권관계가 발생한다.

• 법률행위에 의한 권리 변동이므로, 분할 대상 상속재산이 물권이면 §186, 채권이면 §450 이하가 각각 적용된다.

공동상속인 중 1인이 제3자에게 상속 부동산을 매도한 뒤 그 앞으로 소유권이전등기가 경료되기 전에 … 매도인 외의 다른 상속인 1인의 소유로 하는 내용의 **상속재산 협의분**

**할이 이루어져 그 앞으로 소유권이전등기를 한 경우**에 위 상속재산 협의분할은 상속개시된 때에 소급하여 효력이 발생한다(대법원 1996. 4. 26. 선고 95다54426 판결).

## B. 무효인 경우

- 분할협의에 따른 권리변동은 일어나지 않으며 분할 전 공동상속 상태가 유지된다.
- 상속재산이 부동산인 경우 분할협의에 따른 등기는 원인무효 등기이고 이에 대한 말소등기청구는 §999의 적용대상이다.

> 공동상속인 중 1인이 협의분할에 의한 상속을 원인으로 하여 상속부동산에 관한 소유권이전등기를 마친 경우, 다른 공동상속인의 동의 없이 이루어진 협의분할이 무효라는 이유로 다른 공동상속인이 그 등기의 말소를 청구하는 소 역시 상속회복청구의 소에 해당한다(대법원 2011. 3. 10. 선고 2007다17482 판결).

## (6) 분할협의의 이행

### A. 분할의 소급효

> 제1015조(분할의 소급효) 상속재산의 분할은 상속개시된 때에 소급하여 그 효력이 있다. 그러나 제삼자의 권리를 해하지 못한다.

- 분할로 인하여 상속인이 취득하게 된 상속재산은 상속개시기에 피상속인으로부터 직접 승계되는 것으로 간주된다.
- 분할협의의 당사자인 공동상속인들 사이의 재산 이전은 일어나지 않은 것으로 간주되기 때문에, 피상속인 명의 등기가 원인무효인 경우 협의분할로 단독상속한 상속인만 말소등기 의무자가 된다.

**대법원 2009. 4. 9. 선고 2008다87723 판결**
- 제1015조 본문은 분할에 의하여 각 공동상속인에게 귀속되는 재산이 상속개시 당시에 이미 **피상속인으로부터 직접 분할받은 자에게 승계된 것을 의미**하므로 분할에 의하여 **공동상속인 상호간에 상속분의 이전이 생기는 것은** 아니라 할 것이다.
- 제1013조에 의한 협의분할이 이루어짐으로써 공동상속인 중 1인이 **고유의 상속분을 초과하는 재산을 취득하게 되었다 하더라도 이는 상속개시 당시에 피상속인으**

**로부터 승계받은 것**으로 보아야 하고, 따라서 협의분할에 의한 재산상속을 원인으로 피상속인으로부터 상속인 중 1인 앞으로 소유권이전등기가 이루어진 경우로서 그 부동산에 관한 피상속인 명의의 소유권등기가 <u>원인무효의 등기라면, 협의분할</u>에 의하여 이를 단독상속한 상속인만이 이를 전부 말소할 의무가 있고 다른 공동상속인은 이를 말소할 의무가 없다.

## B. 분할의 소급효에 대한 제한: 제3자 보호

- 보호되는 제3자의 요건: 상속재산 분할 전에 상속재산에 대해 분할의 효과와 양립할 수 없는 새로운 법률상 이해관계를 가졌고, 등기·등록 등으로 대세적 권리를 취득한 사람을 뜻한다.
- 상속재산인 부동산이 재판으로 분할되는 경우 §187이 적용되므로 등기와 무관하게 효력이 발생하지만, 분할 심판 내용을 알지 못했던 제3자에게는 분할 심판의 효과로 대항할 수 없다.
- 제3자는 선의로 추정되므로 분할협의의 효과를 주장하는 자가 제3자의 악의를 증명해야 한다.
- ✓ §1015 '단서'인데도 오히려 분할의 소급효를 주장하는 사람에게 증명책임이 귀속되는 이유는 등기추정력 때문인 듯하다.

### 대법원 2020. 8. 13. 선고 2019다249312 판결

- ‣ 제1015조 단서는 <u>상속재산분할 전에 이와 양립하지 않는 법률상 이해관계를 가진 제3자에게는 상속재산분할의 소급효를 주장할 수 없도록</u> 함으로써 거래안전을 도모하고자 한 것이다.
- ‣ 여기서 말하는 제3자는 일반적으로 **상속재산분할의 대상이 된 상속재산에 관하여 상속재산분할 전에 새로운 이해관계를 가졌을 뿐만 아니라 등기, 인도 등으로 권리를 취득한 사람**을 말한다.
- ‣ 상속재산인 부동산의 분할 귀속을 내용으로 하는 <u>상속재산분할심판이 확정되면 제187조에 의하여</u> 상속재산분할심판에 따른 등기 없이도 해당 부동산에 관한 물권변동의 효력이 발생한다. 다만 상속재산분할심판에 따른 등기가 이루어지기 전에 상속재산분할의 효력과 양립하지 않는 법률상 이해관계를 갖고 등기를 마쳤으나 **상속재산분할심판이 있었음을 알지 못한 제3자**에 대하여는 상속재산분할의 효력을

주장할 수 없다.
- 이 경우 제3자가 상속재산분할심판이 있었음을 **알았다는 점에 관한 주장·증명책임은 상속재산분할심판의 효력을 주장하는 자**에게 있다고 할 것이다.

## C. 사례: 협의분할의 소급효와 과실의 귀속

### (a) 사안

- 공동상속인 A와 B는, 상속재산인 ⓧ건물을 A가 단독소유하고 그 대신 A가 B에게 5억원을 지급하는 내용으로 협의분할을 했고, 이에 따라 상속개시 6개월 후 A 단독명의로 소유권 이전등기를 마쳤다.
- ⓧ건물에서는 상속개시 후 6개월간 6000만원의 차임이 발생했다.

### (b) 판단

- 상속개시 후 발생한 과실은 원물과 별개의 상속재산이므로 ⓧ건물 분할에 관한 협의나 재판의 효력이 미치지 않는다.
- 상속개시 후 발생한 과실은 **구체적 상속분**에 따라 분할해야 한다.

> **대법원 2018. 8. 30. 선고 2015다27132 판결**
> - 상속개시 후 상속재산분할이 완료되기 전까지 상속재산으로부터 발생하는 과실은 상속개시 당시에는 존재하지 않았던 것이다.
> - 상속재산분할심판에서 이러한 상속재산 과실을 고려하지 않은 채, 분할의 대상이 된 상속재산 중 특정 상속재산을 상속인 중 1인의 단독소유로 하고 그의 구체적 상속분과 그 특정 상속재산의 가액과의 차액을 현금으로 정산하는 방법으로 상속재산을 분할한 경우, 그 특정 상속재산을 분할받은 상속인은 제1015조 본문에 따라 상속개시된 때에 소급하여 이를 단독소유한 것으로 보게 되지만,
> - 그 상속재산 **과실까지도 소급하여 그 상속인이 단독으로 차지하게 된다고 볼 수는 없다.** 이러한 경우 그 상속재산 과실은 특별한 사정이 없는 한, 공동상속인들이, 수증재산과 기여분 등을 참작하여 상속개시 당시를 기준으로 산정되는 '구체적 상속분'의 비율에 따라, 이를 취득한다고 보는 것이 타당하다.

## (7) 분할협의 이행의 부수적 효과: 담보책임

### A. 의미

✓ 문제의 소재: 협의분할은 공동상속인들이 각 상속재산에 대한 각자의 지분을 교환하여 단독소유로 하는 것이라는 점에서 유상계약이다. 따라서 담보책임이 적용되어야 한다.

✓ 상속재산 협의분할로 인한 담보책임 조항의 법적 성질: §1015에 의한 소급효에도 불구하고 실제로는 공동상속인간의 유상계약이라는 점을 반영하기 위한 것이다.

### B. 구체적인 내용

### (a) 특정한 공동상속인이 분할 받은 상속재산이 물건인 경우

• 매도인에 준하는 담보책임이 성립한다.

✓ 각 공동상속인들의 담보책임은 분할채무이다. §1016조의 "… 그 상속분의 비율에 응하여 …"라는 문언으로부터 해석할 수 있다. 다만 여기서 말하는 '상속분의 비율'이 법정상속분인지 구체적 상속분인지는 불명확하다.

> 제1016조(공동상속인의 담보책임) 공동상속인은 다른 공동상속인이 분할로 인하여 취득한 재산에 대하여 그 상속분에 응하여 매도인과 같은 담보책임이 있다.

### (b) 특정한 공동상속인이 분할 받은 상속재산이 채권인 경우

• 채무자의 자력을 담보한 것으로 간주된다는 점에서 §579의 담보책임보다 더 무거운 책임이다. §579에 의하면 자력을 담보한 경우에만 담보책임을 지기 때문이다.

• 자력담보의 기준시: 분할 당시임이 원칙이고, 분할 당시 변제받을 수 없었다면 변제 받을 수 있을 때를 기준시로 본다.

> 제1017조(상속채무자의 자력에 대한 담보책임) ① 공동상속인은 다른 상속인이 분할로 인하여 취득한 채권에 대하여 분할당시의 채무자의 자력을 담보한다.
> ② 변제기에 달하지 아니한 채권이나 정지조건있는 채권에 대하여는 변제를 청구할 수 있는 때의 채무자의 자력을 담보한다.

• 무자력 공동상속인의 담보책임 분담부분: 담보책임을 추궁하는 상속인(구상권자)과 자력 있는 나머지 공동상속인들이 상속분 비율에 따라 분담한다. 다만 구상권자 자신의 과실로 인해 무자력 상속인에게 담보책임을 추궁하지 못한 경우에는 다른 공동상속인들에게 분담을 청구할 수 없다.

제1018조(무자력공동상속인의 담보책임의 분담) 담보책임있는 공동상속인 중에 상환의 자력이 없는 자가 있는 때에는 그 부담부분은 구상권자와 자력있는 다른 공동상속인이 그 상속분에 응하여 분담한다. 그러나 구상권자의 과실로 인하여 상환을 받지 못한 때에는 다른 공동상속인에게 분담을 청구하지 못한다.

## (8) 협의분할과 관련된 사례

### A. 분할협의의 해제

#### (a) 사안의 개요

• 피상속인의 자녀인 공동상속인 A, B, C 중 A가 상속재산인 ⓧ부동산에 무단으로 단독명의 소유권이전등기를 마친 후 甲에게 저당권을 설정해 주었다. 그후 A, B, C의 분할협의로 ⓧ부동산을 A가 단독소유하고 B, C의 몫을 돈으로 보상해 주기로 약정했다.

• A가 보상금을 지급하지 않자, A, B, C는 다시 협의하면서 A가 상속관련 채무를 단독으로 책임지기로 하는 부관을 붙였으나, A는 이러한 부관을 이행하지 않았다.

#### (b) 판단: 甲의 저당권 취득 여부

• 분할의 소급효로 인해 A가 상속개시기로 소급하여 ⓧ부동산을 단독상속한 것으로 간주되기 때문에, A가 제1차 분할 전에 한 ⓧ부동산 전부에 대한 처분행위도 유효이다(§1015 본문). 따라서 甲 명의 저당권 설정등기는 실체관계에 부합하는 등기이다.

• 합의해제: 공동상속인들은 분할협의를 합의해제 할 수 있으나, 제1차 분할협의의 합의해제로 제3자 甲에게 대항할 수 없다.

### 대법원 2004. 7. 8. 선고 2002다73203 판결

‣ 상속재산 분할협의는 공동상속인들 사이에 이루어지는 일종의 계약으로서, 공동상속인들은 이미 이루어진 상속재산 분할협의의 전부 또는 일부를 **전원의 합의에 의하여 해제한 다음 다시 새로운 분할협의를 할 수 있고**, 상속재산 분할협의가 합의해제되면 그 협의에 따른 이행으로 변동이 생겼던 물권은 당연히 그 분할협의가 없었던 원상태로 복귀하지만, 제548조 제1항 단서의 규정상 이러한 합의해제를 가지고서는, 그 해제 전의 분할협의로부터 생긴 법률효과를 기초로 하여 새로운 이해관계를 가

지계 되고 등기·인도 등으로 완전한 권리를 취득한 제3자의 권리를 해하지 못한다.

‣ 당초의 상속재산 분할협의의 소급효에 의하여 피고 명의의 이 사건 근저당권설정등기는 상속개시 당초부터 적법한 것으로서 **실체관계에 부합하는 등기**가 되었고, 그 후 새로운 분할협의에 의하여 당초의 분할협의는 적법하게 합의해제되었으며, 위 새로운 분할협의는 그 정지조건이 성취되지 아니하여 결국 실효되었지만, 당초의 분할협의에 의하여 이 사건 토지에 관하여 완전한 근저당권을 취득한 피고는 그 분할협의로부터 생긴 법률효과를 기초로 하여 합의해제되기 전에 새로운 이해관계를 가진 자에 해당한다고 봄이 상당하므로, 원고들로서는 당초의 분할협의의 합의해제에 해당하는 새로운 분할협의를 내세워 피고의 위 권리를 해하지 못한다.

## B. 공동상속된 토지에 대한 상속포기와 법정지상권

### (a) 사안의 개요

• 상속개시 후 공동상속인들 중 한 사람인 丙이 상속재산인 ⓧ토지를 관리하던 중 그 지상에 ⓨ건물을 신축하여 미등기 상태로 乙에게 매도하였다.

• 丙은 甲과 ⓧ토지 매매계약을 체결한 후 다른 공동상속인들로부터 상속포기 각서를 받았고, 그 후 ⓧ토지에 甲 명의 소유권이전등기가 마쳐졌다.

### (b) 쟁점과 판단

• 甲이 乙에게 ⓨ건물철거를 청구하면 기각된다.

• §1019 ①의 기간 경과 후에 다른 공동상속인들이 한 상속포기 의사표시는 무효행위 전환에 의해 상속재산 분할협의로 인정된다.

• 분할협의의 소급효로 인해 丙은 ⓧ토지 전부를 상속개시와 동시에 상속받은 것으로 간주된다. 따라서 관습상 법정지상권의 요건이 충족된다.

• ⓨ건물은 미등기건물이므로 乙은 ⓨ건물의 소유자가 아니다. 그러나 乙은 채권자대위권을 전용하여 丙을 대위하여 甲에게 지상권 설정등기를 청구할 수 있으므로, 甲의 철거청구는 신의칙에 반한다.

### 대법원 1996. 3. 26. 선고 95다45545 판결

‣ 다른 공동상속인들이 한 상속포기 신고가 제1019조 제1항의 기간을 초과한 후에 신고된 것이어서 상속포기로서의 효력이 없다고 하더라도 공동상속인들 사이에서

는 1인이 고유의 상속분을 초과하여 상속재산 전부를 취득하고 나머지 상속인들은 이를 전혀 취득하지 않기로 하는 내용의 상속재산에 관한 협의분할이 이루어진 것으로 보아야 할 것이고

- 상속재산의 **분할은 상속이 개시된 때에 소급하여 효력**이 있는 것이며, 한편 미등기 건물을 양수한 자가 그 건물이 미등기인 관계로 건물에 대한 소유권이전등기를 경료받지 못하였다면 그 소유권은 여전히 건물 양도인에게 남아 있는 것이므로, 이 사건에서 다른 공동상속인들이 상속포기의 의사표시를 함으로써 **이 사건 토지와 건물은 모두 위 丙의 단독 소유에 속하게 되었다**고 할 것이고, 그 후에 ⓧ가 甲에게 양도되어 甲 앞으로 소유권이전등기가 경료됨으로써 비로소 건물의 소유자와 토지의 소유자가 달라지게 되어 건물의 소유자인 위 丙이 관습상의 법정지상권을 취득하게 되었다고 할 것이며, 건물소유자가 건물의 소유를 위한 법정지상권을 취득하기에 앞서 건물을 양도한 경우에도 특별한 사정이 없는 한 건물과 함께 장차 취득하게 될 법정지상권도 함께 양도하기로 하였다고 보지 못할 바 아니므로 건물 양수인인 위 乙은 채권자대위의 법리에 따라 양도인인 위 丙 및 그로부터 이 사건 토지를 매수한 대지 소유자인 甲에 대하여 차례로 지상권설정등기 및 그 이전등기절차의 이행을 구할 수 있다.
- 법정지상권을 취득할 지위에 있는 건물 양수인에 대하여 대지 소유자가 건물의 철거를 구하는 것은 지상권의 부담을 용인하고 지상권설정등기절차를 이행할 의무가 있는 자가 그 권리자를 상대로 한 것이어서 신의성실의 원칙상 허용될 수 없다.

## C. 이중양도에 준하는 분할협의

### (a) 사안의 개요

- 공동상속인 A, B 중 A는 상속재산인 ⓧ부동산에 대한 자신의 법정상속분을 甲에게 매도했다.
- A는 甲에게 지분소유권 이전등기를 해 주기 전에 B와 ⓧ부동산 전부를 B가 단독소유하는 것을 내용으로 하는 분할협의를 했고 이에 따라 ⓧ부동산에 대해 B 명의 소유권이전등기가 마쳐졌다.

### (b) 쟁점과 판단

- 분할의 소급효(§1015 본문): ⓧ부동산은 상속개시기부터 B의 소유였던 것으로 간주된다. 甲은 확정적 권리를 취득하지 못했으므로 §1015에 의해 보호되는 제

3자가 아니고, 무권리자 A로부터 지분을 매수하기로 약정한 것에 불과하다 (§569).

- 다만 A·B간 협의분할이 §103 또는 §108에 의해 무효인 경우 B명의 등기는 원인무효이므로 甲은 A를 대위하여 甲이 매수한 A의 지분에 한해 말소등기청구를 하고, 이에 대한 지분소유권이전등기를 받을 수 있다.

### 대법원 1996. 4. 26. 선고 95다54426 판결

- 공동상속인 중 1인이 제3자에게 상속 부동산을 매도한 뒤 그 앞으로 소유권이전등기가 경료되기 전에 위 매도인과 다른 공동상속인들 간에 그 부동산을 위 매도인 외의 다른 상속인 1인의 소유로 하는 내용의 상속재산 협의분할이 이루어져 그 앞으로 소유권이전등기를 한 경우에 위 상속재산 협의분할은 상속개시된 때에 소급하여 효력이 발생하고, 등기를 경료하지 아니한 제3자는 제1015조 단서 소정의 <u>소급효가 제한되는 제3자에 해당하지 아니하는바</u>
- 이 경우 상속재산 협의분할로 위 부동산을 단독으로 상속한 자가 협의분할 이전에 공동상속인 중 1인이 그 부동산을 제3자에게 매도한 사실을 알면서도 상속재산 협의분할을 하였을 뿐 아니라 위 매도인의 **배임행위를 유인, 교사하거나 이에 협력하는 등 적극적으로 가담한 경우**에는 위 상속재산 협의분할 중 위 매도인의 법정상속분에 관한 부분은 제103조 소정의 반사회질서의 법률행위에 해당한다.

### D. 분할협의가 사해행위인 경우

#### (a) 개관

- 상속재산 분할협의도 재산권을 목적으로 하는 계약이기 때문에 사해행위가 될 수 있다.
- 이에 비해 상속포기나 단순승인은 사해행위가 될 수 없다. 다만 상속포기가 무효여서 무효행위 전환으로 분할협의로 간주되면 사해행위가 될 수 있다.

상속재산의 분할협의는 … 공동상속인 사이에 잠정적 공유가 된 상속재산에 대하여 그 전부 또는 일부를 각 상속인의 단독소유로 하거나 새로운 공유관계로 이행시킴으로써 상속재산의 귀속을 확정시키는 것으로 그 성질상 <u>재산권을 목적으로 하는 법률행위이므로 사해행위취소권</u> 행사의 대상이 될 수 있다(대법원 2001. 2. 9. 선고 2000 다51797 판결).

### (b) 사해행위인 분할협의의 유형

- 채무초과 상태인 채무자가 상속재산 분할협의로 자신의 정당한 상속분보다 적은 재산을 받으면, 이러한 협의는 사해행위가 된다.
- 채무초과상태인 채무자가 유일한 상속재산에 대한 권리를 포기하는 대신 돈을 받기로 하면, 이러한 협의는 사해행위가 된다.

> 채무초과 상태에 있는 채무자가 상속재산의 **분할협의를 하면서 유일한 상속재산인 부동산에 관하여는 자신의 상속분을 포기하고 대신 소비하기 쉬운 현금을 지급받기로 하였다면**, 이러한 행위는 실질적으로 채무자가 자기의 유일한 재산인 부동산을 매각하여 소비하기 쉬운 금전으로 바꾸는 것과 다르지 아니하여 특별한 사정이 없는 한 **채권자에 대하여 사해행위가 된다**(대법원 2008. 3. 13. 선고 2007다73765 판결).

### (c) 유출된 책임재산의 가액 산정을 위해 고려해야 할 '정당한 상속분'

- 분할협의로 유출된 책임재산의 가액을 파악할 때, 법정상속분이 아니라 구체적 상속분을 기준으로 삼아야 한다.
- 당연분속된 상속채무도 사해성 판단을 위해 공제되어야 할 채무자의 '소극재산'에는 포함되지만, '유출시킨 책임재산의 가액'이 얼마인가를 계산할 때는 구체적 상속분의 가액에서 분속된 상속채무를 공제하면 안 된다.
- 유출된 책임재산의 가액은 피고가 증명해야 한다. 이에 비해 이혼으로 인한 재산분할 사안에서는 채권자가 유출된 책임재산의 가액을 증명해야 한다.

> **대법원 2001. 2. 9. 선고 2000다51797 판결**
> - 이미 채무초과 상태에 있는 채무자가 상속재산의 분할협의를 하면서 상속재산에 관한 권리를 포기함으로써 결과적으로 일반 채권자에 대한 공동담보가 감소되었다 하더라도, 그 재산분할결과가 위 구체적 상속분에 상당하는 정도에 미달하는 과소한 것이라고 인정되면 사해행위로서 취소되어야 하고, 구체적 상속분에 상당하는 정도에 미달하는 과소한 경우에도 사해행위로서 취소되는 **범위는 그 미달하는 부분에 한정**하여야 한다.
> - 이때 지정상속분[3]이나 기여분, 특별수익 등의 존부 등 구체적 상속분이 법정상속분과 다르다는 사정은 **채무자가 주장·입증하여야 할 것이다.**

**대법원 2014.7.10. 선고 2012다26633 판결**

· 금전채무와 같이 급부의 내용이 가분인 채무가 공동상속된 경우, 이는 상속개시와 동시에 당연히 법정상속분에 따라 공동상속인에게 분할되어 귀속되는 것이므로 상속재산 분할의 대상이 될 여지가 없다.

· 따라서 특별수익자인 채무자의 상속재산 분할협의가 사해행위에 해당하는지를 판단함에 있어서도 위와 같은 방법으로 계산한 **구체적 상속분을 기준으로 그 재산분할결과가 일반 채권자의 공동담보를 감소하게 하였는지 평가하여야 하고, 채무자가 상속한 금전채무를 구체적 상속분 산정에 포함할 것은 아니다.**

(d) 연습

· 상속개시 당시 공동상속인으로는 피상속인의 자녀인 A, B가 있고 상속재산으로는 ⓧ부동산(4억원)과 C에 대한 채무 1억원이 있다. B는 다른 재산이 없는 상태에서 甲에 대한 3억원의 채무만 부담하고 있다. B는 피상속인의 생전에 2억원을 증여받아 사용했다.

· A·B가 ⓧ부동산을 A의 단독소유로 하기로 협의분할한 경우, 甲이 이 협의분할에 대한 사해행위 취소권을 행사하면서 B의 법정상속분에 따른 2억원의 가액반환을 청구하면, B의 구체적 상속분액이 2억원 미만임이 증명되지 못하는 한 A는 2억원을 반환해야 한다.

· B는 특별수익 상속인에 해당하고 그 구체적 상속분액은 1억원으로, B는 1억원을 가액반환할 의무가 있다.

**다. 3차적 기준: 재판분할**

> 제1013조(협의에 의한 분할) ① 전조의 경우외에는 공동상속인은 언제든지 그 협의에 의하여 상속재산을 분할할 수 있다.
> ② 제269조의 규정은 전항의 상속재산의 분할에 준용한다.

> 제269조(분할의 방법) ① 분할의 방법에 관하여 협의가 성립되지 아니한 때에는 공유자는 법원에 그 분할을 청구할 수 있다.

---

3) 판례는 상투적으로 지정상속분이라는 용어를 사용하지만 지배적 견해는 유언에 의한 상속분 지정은 현행법상 인정되지 않으며, 포괄유증도 상속분 지정과는 성질이 다르다고 본다.

② 현물로 분할할 수 없거나 분할로 인하여 현저히 그 가액이 감손될 염려가 있는 때에는 법원은 물건의 경매를 명할 수 있다.

## (1) 재판분할의 요건

A. 분할 방법에 관한 협의 불성립, 공동상속인이 법원에 분할 청구

B. 분할의 소극적 요건이 없을 것

(a) 분할의 소극적 요건(전술)

(b) 재판분할의 소극적 요건이 아닌 것들

• 한정승인 청산 절차 진행 중에도 §1013에 의한 상속재산분할 재판을 할 수 있다.

• 공동상속인 중 일부가 소재 불명 등의 사실적 사유로 의사표시를 할 수 없는 경우이더라도 재판분할은 가능하다. 따라서 부동산 매매에서 매도인이 사망하고 공동상속인들 중 일부가 행방불명되었더라도 공동상속된 소유권이전등기 의무는 이행불능이 아니다.

### 대법원 2012. 9. 13. 선고 2010다5663 판결

‣ 공동상속인 중 한 명인 甲이 행방불명 되어 ⓧ부동산을 <u>협의분할할 수 없게 되었다</u>고 하더라도 소송 등의 방법을 통하여 분할할 수 있는 이상 이 사건 매매목적물에 관한 피고의 소유권이전등기절차이행의무가 이행불능 상태에 빠졌다고 할 수는 없다.

‣ 게다가 행방불명 기간이 5년을 넘었으므로 <u>**실종선고**</u>를 거쳐 甲의 상속인들이 이 사건 부동산에 관한 그의 지분을 상속하게 됨을 알 수 있다. … 소송 등의 방법을 거치지 않고서도 <u>피고와 甲의 상속인들과의 협의에 의하여 이 사건 매매목적물에 대한 분할이 가능하다.</u>

C. 사례: §1013 ②에 의한 상속재산 분할과 §268에 의한 공유물분할의 관계

(a) 개관

✓ 지배적 견해는 상속재산분할 재판은 일반적인 공유물분할 재판과 다르다고 한다. 그러나 이렇게 본다면 상속회복청구권을 개별 재산에 대한 물권적 청구권의 '집합'이라고 하는 것과 저촉된다는 점이 문제된다.

(b) 사안의 개요

• 乙, 丙은 ⓧ, ⓨ부동산을 공동상속했는데, 甲은 丙에 대한 채권을 보전하기 위

하여 丙을 대위하여 ⓧ부동산에 관하여 丙의 법정상속분에 따른 상속등기 신청을 했고, 이에 따라 ⓧ부동산에 대해 乙, 丙의 각 법정상속분에 따른 상속등기가 마쳐졌다.

- 甲은 丙을 대위하여 ⓧ부동산에 관하여 공유물분할을 청구하는 이 사건 소를 제기했는데, ⓧ부동산에 대해 상속재산 분할절차가 마쳐졌다는 점은 증명되지 않았다.

(c) 쟁점과 판단

- 상속재산은 공유재산이지만, §1013의 분할절차 종료 전이면 개별 상속재산에 대한 (물권법상의) 공유물 분할 청구를 할 수는 없다.

- 비교: 공동상속인들이 §1013의 분할협의나 분할재판에 의해 특정한 상속재산을 공유하기로 한 경우에는, §1013에 의한 분할은 종료되어 공동상속이 아니라 물권법상 공유가 성립한다. 따라서 이 재산에 대해서는 §268에 의한 공유물분할 청구가 가능하다.

✓ 공동상속인들이 공유하기로 상속재산분할협의를 한 사실관계를 제시하고, 공유의 법률관계를 설명하게 하는 경우, §1005를 근거로 제시하면 안된다. 이미 분할을 마쳤기 때문에 §262의 일반적인 공유라고 보아야 한다.

### 대법원 2015. 8. 13. 선고 2015다18367 판결

‣ 공동상속인은 상속재산 분할에 관해 공동상속인 사이에 협의가 성립되지 아니하거나 협의할 수 없는 경우에 **가정법원에 상속재산분할심판을 청구할 수 있을 뿐이고**, 그 상속재산에 속하는 **개별 재산에 대해 제268조에 의한 공유물분할청구의 소를 제기하는 것은 허용되지 않는다.**

‣ 원심은 원고의 이 사건 청구가 … ㉠ 제1013조 제2항에 따른 상속재산분할을 청구하는 것인지, ㉡ 공동상속인 사이에 이 사건 각 부동산을 공유로 하기로 하는 상속재산분할협의가 성립되는 등 **상속재산분할절차가 마쳐져 그들 사이의 공유관계가 물권법상의 공유라고 주장하면서 제268조에 따른 공유물분할을 청구**하는 것인지 등에 관하여 **석명권**을 행사하고,

‣ 원고의 청구가 상속재산분할청구로 인정되는 경우, 본안판단을 한 제1심판결을 취소하고 사건을 가정법원에 이송하였어야 하며, 제268조에 따른 공유물분할청구로 인정되는 경우 공동상속인 사이에 이 사건 각 부동산에 관한 상속재산분할절차가 마쳐졌는지 여부 등에 관하여 심리하였어야 한다.

## (2) 재판분할의 방법

A. 기준: 구체적 상속분(2017스98, 392면)

(a) 구체적 상속분의 의미

(b) 구체적 상속분의 변동

- 구체적 상속분은 상속개시기를 기준으로 산정되지만 그 후의 상속재산 귀속을 반영하여 재산정된다. 상속재산의 일부에 대한 협의분할이 가능하므로 그 결과를 반영해야 하고, 상속재산이 수용되거나 처분되어 발생하는 대상재산의 가액이 원물의 가액과 다를 수 있기 때문이다.

- 상속재산의 일부가 분할되거나 변형된 후, 이미 분할되거나 대상재산으로 변경된 재산 이외의 나머지 상속재산에 대한 분할 재판을 할 때는 그때까지의 상속재산 변동을 반영하여 재산정된 구체적 상속분액에 따라 구체적 상속분을 재산정하여 적용해야 한다.

B. 재판분할의 구체적인 방법

(a) 개관

- 법원의 재량에 맡겨져 있다.

> 상속재산 분할방법은 … **여러 사정을 고려하여 법원이 후견적 재량**에 의하여 결정할 수 있다(대법원 2014. 11. 25.자 2012스156 결정).

- 현물분할이 원칙이지만, 그 외에도 법원은 경매 후 가액분할 등 다른 방법을 택할 수 있다.

> **대법원 2022. 6. 30.자 2017스98 결정**
> - 상속재산의 분할 방법은 ① 현물분할, ② 상속재산 중 특정 재산을 1명 또는 여러 명의 상속인의 소유로 하고 그 특정 재산 가액이 그의 구체적 상속분에 따른 취득가능 가액을 초과할 경우 차액을 현금으로 정산하는 이른바 '차액정산에 의한 현물분할'(가사소송규칙 제115조 제2항), ③ 경매에 의한 가액분할(제1013조 제2항, 제269조 제2항) 등이 가능하다.
> - 가정법원은 상속재산의 종류 및 성격, 상속인들의 의사, 상속인들 간의 관계, 상속재산의 이용관계, 상속인의 직업·나이·심신상태, 상속재산분할로 인한 분쟁 재발의 우려 등 여러 사정을 고려하여 후견적 재량에 의하여 분할 방법을 선택할 수 있다.

(b) 사례

• 분할대상 재산을 공동상속인들이 물권법상의 공유를 하도록 하는 재판도 분할 방법의 일종으로서 인정될 수 있다.

• 이때 공동상속인들은 §268에 따른 분할로써 분쟁을 종국적으로 해결해야 한다.

'공유로 하는 분할 방법'을 선택하여 남아있는 상속재산을 공유하도록 한 원심의 조치에 상속재산분할에서의 분할 방법에 관한 법리를 오해한 잘못이 없다. 이러한 상속재산분할에 따라 공유자가 되는 청구인들과 상대방들은 제268조에 따른 공유물분할 등으로 분쟁을 종국적으로 해결할 수 있다(대법원 2022. 6. 30.자 2017스98 결정).

## (3) 재판분할의 효과

A. 개관

• 현물분할을 명한 공유물분할재판은 형성재판이므로 상속재산이 부동산인 경우 등기 전이더라도 재판 내용대로 물권변동이 일어난다(§187).

### 대법원 2017. 9. 21. 선고 2017다232105 판결

‣ 상속재산인 부동산의 분할 귀속을 내용으로 하는 **상속재산분할심판이 확정되면 제 187조에 의하여 상속재산분할심판에 따른 등기 없이도 해당 부동산에 관한 물권변동의 효력이 발생**한다(대법원 2020. 8. 13. 선고 2019다249312 판결).

‣ 공유물분할의 소는 <u>형성의 소로서</u> 법원은 재량에 따라 합리적인 방법으로 공유물을 분할할 수 있는 것이고, **공유물분할 판결이 확정되면 그 즉시 공유자들의 권리관계는 확정된 공유물분할 판결의 주문 기재와 같이 변경되는 것**이다.

‣ 공유물분할의 소에 의하여 공유물분할 판결이 확정되면 그 즉시 공유관계가 소멸하고 공유자는 각자 분할받은 부분에 관하여 소유권을 취득한다. 대상판결이 이 사건 토지를 현물분할받는 대상판결 원고들에게 금전지급을 명한 부분에 대하여 <u>대상판결 확정일 다음 날부터 가산금을 지급하도록 명한 것도 바로 이러한 점을 고려하였기 때문으로 보인다.</u>

• 비교: 경매 후 대금분할을 명하면서 대금 분할 비율을 지정한 경우에는 이 비율에 따른 소유권 분속이 일어나는 것은 아니다. 따라서 이 대금분할 비율을 근거로 §214 청구를 할 수는 없다(2010다10108, 391면).

B. 사례: 대금분할과 소유권 귀속

(a) 사안의 개요

- 피상속인 A의 사망으로 개시된 상속에서 상속재산은 ⊗부동산, 공동상속인은 A의 자녀 甲, 乙이 있다.
- 甲·乙은 ⊗부동산에 대해 법정상속분에 따라 각 1/2씩 상속등기했고 그 후 분할재판이 진행되었는데, 법원은 경매분할을 명하면서 甲 100%, 乙 0%로 대금분할을 명했다.

(b) 쟁점과 판단

- 甲은 위 분할 재판을 근거로 경매를 진행하면 배당금 전액을 받을 수 있다.
- 반면 甲이 경매신청을 하지 않은 채 ⊗부동산에 대한 자신의 지분이 100%임을 주장하면서 乙의 1/2지분에 대한 말소등기를 청구할 수는 없다.

> **대법원 2012. 12. 27. 선고 2010다10108 판결**
> ・ 상속재산의 분할방법에 관하여 협의가 성립되지 아니한 때에는 상속인은 법원에 그 분할을 청구할 수 있고, 현물로 분할할 수 없거나 분할로 인하여 현저히 그 가액이 감손될 염려가 있는 때에는 법원은 물건의 경매를 명할 수 있다.
> ・ 경매를 명한 상속재산분할심판이 확정되면 심판의 당사자는 이 심판에 기하여 상속재산에 대하여 경매를 신청하고 경매에 따른 매각대금을 수령할 권리가 있으나 **상속재산분할심판에서 정한 구체적 상속분에 따라 물권변동의 효력이 발생하는 것은 아니다.**

(4) 사례: 분할재판과 구체적 상속분

A. 사안의 개요와 원심의 판단

(a) 사안의 개요

- 피상속인 A의 사망 당시 상속인으로는 전혼 소생 자녀 乙, 재혼 배우자 甲, A와 甲의 자녀 丙, 丁이 있다.
- 상속개시 당시 A의 재산으로는 ⓐ, ⓑ, ⓒ, ⊗ 총 4개의 부동산이 있었다.
- 상속개시 후 ⓐ부동산이 수용되어 상속인들이 각 법정상속분에 따라 보상금을 수령했고, ⓑ부동산에 대한 각 공동상속인들의 법정상속분이 매각되어 처분되었으며, ⓒ부동산은 협의분할에 따라 乙단독 명의 소유권이전등기가 마쳐졌다.

- 분할재판 당시 남아있는 부동산은 ⓧ부동산뿐이다.
- A는 생전에 甲, 乙에게 증여를 했는데 甲에 대한 생전증여 가액은 본래적 상속분의 가액을 초과한다.

(b) 원심의 판단

- 원심은 상속개시기를 기준으로 산정한 구체적 상속분에 따라 상속재산을 분할하면서, 남아 있는 상속재산인 ⓧ부동산을 공유하는 방식의 분할을 명했다.
- 이때 ⓧ부동산에 대한 공유지분은 구체적 상속분에 따라 정해져야 하는데, 초과특별수익자 甲은 공유자가 아니고, 乙은 생전증여를 공제한 가액을 기준으로 구체적 상속분이 산정되므로 결국 丙이 과반수 지분권자가 된다.

B. 대법원의 판단

(a) 분할 방법으로 물권법상 공유를 명한 원심의 판단: 인용

(b) 물권법상 공유의 지분비율에 대한 원심의 판단: 파기

- 분할 방법의 일환으로서 물권법상 공유를 명하는 경우, 그 공유지분은 상속개시기에 산정된 구체적 상속분이 아니라 분할재판시까지의 사정변경을 반영한 구체적 상속분이어야 한다.
- 우선 상속재산이 변형된 대상재산이 있으면 그 가액을 산정하여 상정상속재산을 재산정해야 한다.
- 다음으로 공유 대상으로 남겨진 재산인 ⓧ부동산 이외의 재산을 각 공동상속인들이 이미 취득했다면 그 가액을 공제함으로써 구체적 상속분액을 재산정해야 한다.
- 초과특별수익자인데도 상속재산의 일부를 취득한 사람이 있으면 그 가액을 반환하게 하는 등의 정산이 필요하다.

**대법원 2022. 6. 30.자 2017스98 결정**
- 상속재산분할의 대상은 상속개시 이후 수용 또는 협의취득되거나 매각된 부동산 등이 아니라 그 대상재산인 보상금, 매매대금 등으로 보아야 하므로, 이러한 대상재산을 이른바 '간주상속재산'으로 보아 구체적 상속분을 산정해야 한다.
- 상속재산분할심판 당시 대상재산을 보유하고 있는 상속인으로 하여금 이를 그대로 소유하도록 현물분할을 한다면, 이를 고려하여 정산을 하도록 하거나 나머지 상속재산분할에 있어서 구체적 상속분을 수정함으로써 공동상속인 사이에 형평에 어긋

나지 않도록 해야 한다. … 분할 대상이 된 상속재산 중 특정 재산을 일부 상속인 소유로 현물분할 한다면, 전체 분할 대상 재산을 분할시 기준으로 평가하여, ① 그 특정 재산 가액이 그의 구체적 상속분에 따른 취득가능 가액을 초과하는 상속인이 있는 경우 그 차액을 정산하도록 하여야 한다. 구체적 상속분을 산정함에 있어 유증이나 생전 증여 등으로 인한 초과특별수익과 달리, 산정된 구체적 상속분에 따른 취득가능 가액을 초과하여 분할받게 되는 부분은 다른 상속인들에게 정산해야 한다. ② 그 특정 재산 가액이 그의 구체적 상속분에 따른 취득가능 가액에 미달하는 경우에도 위와 같은 현물분할을 반영하여 상속인들 사이의 지분율을 다시 산정해서 남은 분할 대상 상속재산은 수정된 지분율로 분할해야 한다.

‣ 이를 위해 전체 분할 대상 상속재산의 분할시 기준 평가액에 상속인별 구체적 상속분을 곱하여 산출된 **상속인별 취득가능 가액**에서 각자 소유로 하는 특정 재산의 분할 시 기준 평가액을 공제하는 방법으로 **구체적 상속분을 수정한 지분율**을 산정할 수 있다.

‣ 원심이 甲을 초과특별수익자라서 그의 구체적 상속분이 없다고 판단하였으면, 그가 상속개시 후 취득하여 **그대로 보유하게 되는 상속재산은 모두 그의 구체적 상속분에 따른 취득가능 가액을 초과하므로 이에 대한 정산이 필요**하다. 또한 나머지 상속재산을 甲을 제외한 나머지 청구인들과 상대방들 공유로 남겨두는 방법을 취하는 경우에도 그 공유 지분 비율은 위에서 산정한 구체적 상속분이 아니라, 위와 같은 현물분할을 반영하여 지분율을 다시 산정해서 적용해야 한다. … 원심결정에는 상속재산분할에 관한 법리를 오해한 잘못이 있다.

## C. 연습

### (a) 사안의 개요

• 피상속인 A의 사망 당시 상속재산으로 ⓧ, ⓨ, ⓩ부동산이 있었고 공동상속인인 A의 자녀 甲, 乙, 丙이 있다. ⓧ부동산은 5000만원, ⓨ부동산은 3000만원, ⓩ부동산은 2000만원이다.

• A는 생전에 甲에게 7000만원, 乙에게 1000만원을 각 증여했다.

• 상속개시 직후의 구체적 상속분: 상정상속재산은 1억 8000만원, 본래적 상속분은 각 6000만원이므로 구체적 상속분액은 甲 0원, 乙 5000만원, 丙 6000만원이다.

• ⓧ부동산이 수용되어 보상금 6000만원이 법정상속분에 따라 甲, 乙, 丙에게 각

2000만원씩 지급되었다.

- ⓨ부동산을 乙이 단독소유 하기로 하는 유효한 협의분할로 ⓨ부동산에 대해 乙 단독명의 소유권이전등기가 마쳐졌다.

(b) 쟁점과 판단

- ⓩ부동산에 대한 분할 재판에서 물권법적 공유를 명하는 재판이 확정되었다. 이 경우 공유지분은 상속개시 후 사정변경을 반영하여 재산정된 구체적 상속분이다.
- 우선 상정상속재산은 1억 9000만원이 된다. ⓧ부동산의 보상금이 원래의 가액 보다 1000만원 증액되었으므로 상정상속재산도 1000만원 증액된다. 따라서 각 공동상속인들의 본래적 상속분은 1억 9000만원×1/3＝6333만원이고, 각 공동상 속인들은 ⓧ부동산의 보상금 각 2000만원을 수령했으므로 이를 공제해야 한다.
- 甲에 대한 증여 7000만원은 재산정한 본래적 상속분을 초과하므로 甲은 여전히 초과특별수익자이다. 甲의 생전증여 7000만원은 반환 대상이 아니지만, 상속 개시 후 취득한 상속재산인 보상금 2000만원은 반환 대상이다.
- 乙은 ⓨ부동산을 협의분할로 취득했으므로 본래적 상속분에서 3000만원을 공 제해야 한다.
- 결국 구체적 상속분액은 甲은 −2000만원(＝0−2000), 乙은 333만원(＝6333− 1000−2000−3000), 丙은 4333만원(＝6333−2000)이다.
- ⓩ부동산에 대한 공유지분은 乙:丙＝333/4666:4333/4666이다.

15장

# 상속회복청구권

# 15장

# 상속회복청구권4)

## ☐ I 개관

### 1. 기능

#### (1) 법적 안정성을 위한 진정상속인 희생

- 지배적 견해와 판례에 의하면, 상속회복청구권은 물권적청구권에 대한 특칙이다. 즉 새로운 권리를 부여하는 것이 아니라, 행사기간 제한이 없는 물권적청구권에 행사기간 제한을 설정하는 것이 주요한 기능이다.
- 물권적청구권과 별개의 상속회복청구권을 둔 이유: 상속재산 귀속에 관한 법적 불확실성을 신속하게 종결시켜 전득자를 보호함으로써 거래안전을 추구하는 것이다.

> **헌법재판소 2010. 11. 25. 선고 2010헌바253 결정**
> ‣ 상속회복청구권의 단기제척기간은 참칭상속인 자체를 보호하기 위한 것이 아니라,
> ‣ 일정한 상속회복청구의 기간이 지난 경우 진정한 상속인이 더 이상 자기의 권리를 주장할 수 없도록 하여 참칭상속인이 상속재산에 대하여 가지고 있는 외관을 믿고 전득한 제3자를 보호함으로써 궁극적으로는 상속을 둘러싼 법률관계를 조기에 확정하여 거래의 안전을 도모하기 위한 것이므로, 청구인들의 재산권이나 평등권을 침해한다고도 볼 수 없다.

---

4) 상속회복청구권은 상속법 총론에 속하지만, 어떤 권리 행사가 상속회복청구권 행사에 해당하는지를 판단하려면 권리자가 진정상속인지의 여부가 판별되어야 한다. 즉, 상속의 승인·포기는 물론 상속재산분할까지 거쳐야만 상속회복청구권 행사인지의 여부를 판단할 수 있으므로, 조문 순서와는 달리 상속재산 분할 이후에 상속회복청구권을 설명한다.

**(2) 상속회복청구권의 적용대상인 상속재산의 범위(2009다64635)**

- 주로 상속재산이 부동산인 경우에 문제된다.
- 예금 등의 채권이나 주식 등 부동산 이외의 상속재산에 대해서도 §999가 적용될 수 있다.

## 2. 부동산이 상속재산인 경우

### 가. 법적 성질에 대한 견해 대립

#### (1) 집합권리설(90다5740전합 등)

- 상속회복청구권은 각 상속재산들에 대한 각 물권적 청구권들을 한꺼번에 묶어서 부르는 말이다.
- 법조경합, 특별관계: §213 · §214와 §999의 요건이 모두 충족된 경우 §999만 적용된다. 따라서 §999의 행사기간이 경과한 경우 §213 · §214의 물권적청구권도 행사할 수 없다.

> 상속재산인 부동산에 관한 등기의 말소를 청구하는 경우에도, 그 소유권 또는 지분권이 귀속되었다는 주장이 상속을 원인으로 하는 것인 이상 그 청구원인 여하에 불구하고 이는 제999조 소정의 상속회복청구의 소라고 해석함이 상당하다(대법원 1991. 12. 24. 선고 90다5740 전원합의체 판결).

#### (2) 포괄권리설

- 상속회복청구권은 '포괄적 상속재산'의 반환을 청구하는 것이다.
- 개별 상속재산에 대한 물권적 청구권과는 성질이 다르고, 상속인은 상속회복청구권과 물권적 청구권 중에서 선택하여 행사할 수 있다(청구권경합).

### 나. 절차법적 구조

#### (1) 진정상속인

✓ 청구취지: 말소등기청구 그리고/또는 점유반환청구

✓ 청구원인: 피상속인 소유, 상속개시, 원고의 상속권, 피고의 상속권 참칭, 피고의 상속재산 침해

> **대법원 2011. 7. 28. 선고 2009다64635 판결**
> - 상속회복을 청구하는 자는 자신이 상속권을 가지는 사실과 청구의 목적물이 상속

개시 당시 피상속인의 점유에 속하였던 사실뿐만 아니라, 나아가 참칭상속인에 의
하여 그의 재산상속권이 침해되었음을 주장·증명하여야 한다.

‣ 원심은 甲(원고, 진정상속인)이 상속재산에 대한 참칭상속인이라고 주장하는 乙,
丙 중 누가 상속재산인 은행예금 중 얼마를 인출하였는지, 또한 상속재산인 그 판시
주식을 누가 얼마나 처분함으로써 원고의 구체적 상속분이 얼마나 침해되었는지에
관하여 원고가 구체적으로 주장·입증하지 아니하였다는 취지의 이유로 원고의 상
속회복청구를 배척하였는바, 거기에 앞서 본 상속회복청구권의 성질 내지 그 요건
의 증명책임에 관한 법리를 오해한 잘못은 없다.

‣ 그러나, 진정상속인인 원고가 원심판결이 있기까지 법리를 오해하여 굳이 상속재
산에 대한 자신의 상속권 침해사실을 증명할 필요가 없다고 오신하고 그 증명을 위
한 노력을 소홀히 하였다고 보이므로, 이 경우 원심으로서는 원고에게 이에 관한 증
명을 촉구할 의무가 있었다고 할 것인데, 원심이 석명권을 행사하지 아니한 채 변론
을 종결하고 나아가 원고의 그 증명을 위한 변론재개 신청을 받아들이지 아니한 채
위와 같이 판결을 선고하고 말았으니, 원심판결에는 심리를 다하지 아니하여 판결
에 영향을 미친 위법이 있다.

### (2) 피고의 항변

✓ 주위적 항변: 상속회복청구권의 행사기간 도과 항변 – 피고는 참칭상속인이고, 원고는 상속회복
청구권자인데, 행사기간 경과했다.

✓ 예비적 항변: 점유시효취득

---

## Ⅱ   주체: 진정상속인

### 1. 진정상속인

• 상속회복청구권은 진정상속인에게만 인정된다.
• 상속회복청구권 행사는 보존행위이므로 ㉠ 공동상속인은 자신의 상속분을 초
과하는 상속회복청구를 할 수 있고, ㉡ 상속회복청구권 행사는 법정단순승인
사유인 '처분'에 해당하지 않는다.

**대법원 1996. 10. 15. 선고 96다23283 판결**

‣ 원심은 피고들이 **상속포기신고를 하기에 앞서** 피고들의 피상속인인 소외인의 소유이었던 주권에 관하여 주권반환청구소송을 제기한 것이 제1026조 제1호가 정하는 처분행위에 해당하지 아니한다고 판단하였는바,

‣ 권원 없이 공유물을 점유하는 자에 대한 공유물의 반환청구는 공유물의 보존행위라 할 것이므로 원심의 위와 같은 판단은 정당하다.

• 상속회복청구권은 일신전속성이 없으므로 임의대리인도 행사할 수 있고, 진정상속인이 제한능력자이면 법정대리인이 상속회복청구권을 행사할 수 있다.

> 제999조(상속회복청구권) ① 상속권이 참칭상속권자로 인하여 침해된 때에는 상속권자 또는 그 법정대리인은 상속회복의 소를 제기할 수 있다.

## 2. 이에 준하는 사람

**가. 제사용 재산의 적법한 승계인:** 제사주재자(§1008의3)

**나. 상속분 양수인**(§1011)

**다. 포괄수유증자:** §1078의 §999 준용

• 법정상속인들이 법정상속분대로 상속등기를 한 경우, 포괄수유증자의 몫은 없는 것처럼 등기한 것이므로 포괄수유증자가 법정상속인들을 상대로 말소등기청구를 할 수 있다.

• 그러나 이 경우 포괄수유증자에게도 §999의 기간 제한이 적용된다.

**대법원 2001. 10. 12. 선고 2000다22942 판결**

‣ 이 사건 부동산에 대한 소유권귀속원인으로 포괄적 유증을 주장하는 포괄수증자인 원고가 포괄적 유증을 받은 재산권이 침해되었음을 이유로, 피상속인에 의한 포괄적 유증을 무시하고 법정상속분에 의하여 상속등기를 한 피고 1과 그 전득자 등인 나머지 피고들에 대하여 그 회복을 청구하는 소에 해당하는바,

‣ 포괄적 유증은 실질적으로는 수증분을 상속분으로 하는 피상속인(유증자)에 의한 상속인 및 상속분의 지정과 같은 기능을 하고 있으므로,

‣ 상속인의 **상속회복청구권에 관한 규정은 포괄적 수증의 경우에 유추 적용**되고, 상

속회복청구권의 제척기간에 관한 규정도 <u>상속에 관한 법률관계의 신속한 확정이라</u>는 제도적 취지에 비추어 볼 때 포괄적 수증의 경우에 유추 적용된다.

### 라. 상속개시후에 인지된 자녀(§1014)

#### (1) 법적성질

- 판례의 태도: §1014의 가액지급청구권은 상속회복청구권의 일종이라고 본다.
  - ✓ 비판: 일반적인 상속회복청구 소송사건은 민사사건인 데 비해, §1014의 가액청구 사건은 가사비송사건이다(가사소송법 §2). 물권적청구권에 대한 특칙, 거래안전 등을 상속회복청구권의 행사기간 제한의 논거로 삼는다면, §1014에 대해서까지 §999를 적용할 필요가 있을지는 의문이다. 기본적으로 §1014는 금전채권이므로 10년의 소멸시효에 걸리기 때문에 굳이 §999 ②을 적용할 필요가 없기 때문이다.

#### (2) 상속회복청구권의 행사기간의 기산점

- 절대기간의 기산점은 다른 공동상속인들이 상속재산을 분할·취득한 날이다.
- 상대기간의 기산점은 상속권 침해를 안 날, 즉 진정상속인이 자신이 상속인임을 알게 된 날이다. 예컨대 혼인 외의 출생자인 경우 강제인지 재판 확정일이다.

> **대법원 2007. 7. 26. 선고 2006므2757 판결**
> · 제1014조에 의한 피인지자 등의 상속분상당가액지급청구권은 그 **성질상 상속회복청구권의 일종이므로, 제999조 제2항 소정의 제척기간의 적용**이 있고
> · 제999조 제2항에서 3년의 제척기간의 기산일로 규정한 '그 침해를 안 날'이라 함은 피인지자가 자신이 진정상속인인 사실과 자신이 상속에서 제외된 사실을 안 때를 가리키는 것으로, 혼인 외의 자가 법원의 인지판결 확정으로 공동상속인이 된 때에는 그 **인지판결이 확정된 날에 상속권이 침해되었음을 알았다**고 할 것이다.

---

### Ⅲ 상대방: 참칭상속인

#### 1. 개관

##### 가. 기본적인 의미

- 참칭상속인이란 상속권이 없는데도 상속인이라고 참칭하는 사람을 뜻한다.

- 즉, ㉠ 상속재산의 전부나 일부를 점유하여 상속권을 침해하는 자 또는 ㉡ 재산 상속인이라고 신뢰하게 하는 외관을 갖춘 자를 뜻한다.

> 상속회복청구의 상대방이 되는 참칭상속인이라 함은 정당한 상속권이 없음에도 재산 상속인인 것을 신뢰케 하는 외관을 갖추고 있는 자나 상속인이라고 참칭하여 상속재산의 전부 또는 일부를 점유하는 자를 가리키는 것이다(대법원 2012. 5. 24. 선고 2010 다33392 판결).

## 나. 상속재산이 부동산인 경우
### (1) 참칭상속인 판단 기준
#### A. 원칙
- 등기부에 기재된 등기원인이 상속이면 참칭상속인이다.

> **대법원 2012. 5. 24. 선고 2010다33392 판결**
> ‣ 공동상속인의 한 사람이 다른 상속인의 상속권을 부정하고 자기만이 상속권이 있다고 참칭하여 상속재산인 부동산에 관하여 단독 명의로 소유권이전등기를 한 경우는 물론이고,
> ‣ 상속을 포기한 공동상속인 중 한 사람이 그 사실을 숨기고 여전히 공동상속인의 지위에 남아 있는 것처럼 참칭하여 그 상속지분에 따른 소유권이전등기를 한 경우에도 참칭상속인에 해당할 수 있다.

- 주의! 상속재산인 부동산에 대해 등기 없이 점유만 하더라도 참칭상속인이 될 수 있다. 이처럼 상속등기를 갖추지 않은 참칭상속인은 §999 ②의 행사기간 경과 후 진정상속인 명의 소유권이전등기에 대한 말소등기청구를 할 수 있다.

> **대법원 1998. 3. 27. 선고 96다37398 판결**
> ‣ 상속회복청구권이 제척기간의 경과로 소멸하게 되면 상속인은 상속인으로서의 지위 즉 상속에 따라 승계한 개개의 권리의무 또한 총괄적으로 상실하게 되고, 그 반사적 효과로서 참칭상속인의 지위는 확정되어 **참칭상속인이 상속개시의 시로부터 소급하여 상속인으로서의 지위를 취득한다.**
> ‣ 제척기간 만료로 인해 이 사건 토지는 상속 개시일로 소급하여 참칭상속인의 소유로 되고 그 후 이 사건 토지에 관하여 마쳐진 **진정상속인 명의의 소유권이전등기는 원인이 없는 무효의 등기**로 된다.

B. 예외

- 등기명의인의 의사와 무관하게 상속등기가 마쳐졌다는 특별한 사정이 증명되면 참칭상속인이 아니다.
- 예컨대 상속포기자 명의로 법정상속분에 따른 상속등기가 마쳐진 경우, 그 상속등기에 대한 말소등기 청구에는 §999 ②의 기간 제한이 적용되지 않는다.

**대법원 2012. 5. 24. 선고 2010다33392 판결**

‣ 상속을 원인으로 하는 등기가 그 명의인의 의사에 기하지 않고 제3자에 의하여 상속 참칭의 의도와 무관하게 이루어진 것일 때에는 위 등기명의인을 상속회복청구의 소에서 말하는 참칭상속인이라고 할 수 없다.

‣ 수인의 상속인이 부동산을 공동으로 상속하는 경우 그와 같이 공동상속을 받은 사람 중 한 사람이 공유물의 보존행위로서 공동상속인 모두를 위하여 상속등기를 신청하는 것도 가능하므로, 부동산에 관한 상속등기의 명의인에 상속을 포기한 공동상속인이 포함되어 있다고 하더라도 그 상속을 포기한 공동상속인 명의의 지분등기가 그의 신청에 기한 것으로서 상속 참칭의 의도를 가지고 한 것이라고 쉽게 단정하여서는 아니 된다.

## (2) 상속회복청구소송의 청구취지와 청구원인

A. 청구취지: 물권적 청구권에 준함

- 참칭상속인 명의 상속등기가 마쳐진 경우, 상속회복청구 소송의 청구취지는 말소등기 청구나 진정명의회복을 원인으로 하는 소유권 이전등기청구이다.
- 참칭상속인이 점유만 하고 있는 경우에는 점유인도청구이다.

참칭상속인 또는 참칭상속인으로부터 상속재산에 관한 권리를 취득하거나 새로운 이해관계를 맺은 제3자를 상대로 상속재산인 부동산에 관한 등기의 말소 또는 진정명의회복을 위한 등기의 이전 등을 청구하는 경우, 그 소유권 또는 지분권이 귀속되었다는 주장이 상속을 원인으로 하는 것인 이상 그 청구원인 여하에 불구하고 이는 상속회복청구의 소에 해당한다(대법원 2010. 1. 14. 선고 2009다41199 판결).

B. 청구원인

- 개관: 원고가 ㉠ 자신이 상속인이고 ㉡ 목적물이 상속재산이고 ㉢ 참칭상속인

이 재산상속권을 침해했다는 사실을 주장했다면, 그 외의 구체적 사실관계의 내용은 따지지 않고 §999의 상속회복청구소송으로 다루어진다.

**대법원 2011. 7. 28. 선고 2009다64635 판결**
- 재산상속에 관하여 진정한 상속인임을 전제로 그 상속으로 인한 소유권 또는 지분권 등 재산권의 귀속을 주장하고, 참칭상속인 또는 자기들만이 재산상속을 하였다는 일부 공동상속인들을 상대로 상속재산인 부동산에 관한 등기의 말소나 진정명의 회복을 위한 등의 이전을 청구하는 경우에, 그 <u>소유권 또는 지분권이 귀속되었다는 주장이 상속을 원인으로 하는 것인 이상, 그 청구원인 여하에 불구하고 제999조의 상속회복청구의 소</u>라고 해석함이 상당하다.
- 상속회복을 청구하는 자는 ㉠ <u>자신이 상속권을 가지는 사실</u>과 ㉡ <u>청구의 목적물이 상속개시 당시 피상속인의 점유에 속하였던 사실</u>뿐만 아니라, 나아가 ㉢ <u>참칭상속인에 의하여 그의 재산상속권이 침해되었음을 주장·증명하여야 한다.</u>

- 원고가 ㉠, ㉡만 주장하고 ㉢을 주장하지 않은 상태에서 법원이 석명권을 행사하지 않고 변론종결 후 변론재개신청도 기각한 경우: 변론재개 여부는 재량이지만 석명의무 위반 상태에서 변론종결을 했다면 변론재개·심리속행은 법원의 의무이다. 따라서 변론재개를 안 한 것은 심리미진에 해당한다(2009다64635, 397면).

## 2. 참칭상속인으로 인정된 사례

### 가. 공동상속인간 분쟁

### (1) 개관
- 다른 공동상속인의 지분을 침해하는 공동상속인도 참칭상속인이다. 상속관련 분쟁의 신속한 해결을 통한 법적 안정성 실현이 필요한 경우이기 때문이다.
- 상속회복청구 사건으로 인정된 예로서 ㉠ 상속포기자 명의의 상속등기(2010다33392), ㉡ 상속분을 초과한 상속등기, ㉢ 특정 공동상속인의 단독등기, ㉣ 무효인 분할협의에 근거한 상속등기 등에 대한 말소등기 청구사건 등을 들 수 있다.

**대법원 2014. 1. 23. 선고 2013다68948 판결**
- 이 사건 토지에 대한 지분권이 상속을 원인으로 하여 원고들에게 귀속되었음을 주장하고 자기만이 상속하였다는 피고를 상대로 상속재산에 관한 등기의 일부 말소

를 구하는 것이므로 제999조의 재산상속회복청구의 소에 해당한다고 보아야 할 것이다(대법원 1991. 12. 24. 선고 90다5740 전원합의체 판결).

- 상속재산인 부동산에 관하여 공동상속인 중 1인 명의로 소유권이전등기가 경료된 경우, 그 등기가 상속을 원인으로 경료된 것이라면 등기명의인의 의사와 무관하게 경료된 것이라는 등의 특별한 사정이 없는 한 그 등기명의인은 재산상속인임을 신뢰케 하는 외관을 갖추고 있는 사람으로서 참칭상속인에 해당한다.

- 따라서 공동상속인 중 1인이 협의분할에 의한 상속을 원인으로 상속부동산에 관한 소유권이전등기를 마친 경우에 그 협의분할이 다른 공동상속인의 동의 없이 이루어져 무효라는 이유로 다른 공동상속인이 그 등기의 말소를 청구하는 소 역시 상속회복청구의 소에 해당한다.

## (2) 공동상속인간의 상속회복청구 사건으로 인정된 사례

A. 분할협의를 원인으로 하는 상속등기 후 분할협의의 무효·취소, 해제

(a) 가상사안

- 사안: 자매인 A와 B는 2005.2.1. 공동상속재산인 ⓧ부동산을 A의 단독소유로 하는 대신 B는 A로부터 5억원을 받기로 협의하고 이에 따라 ⓧ부동산에 대해 A 단독명의로 소유권 이전등기를 마쳤으나 A가 돈을 주지 않자 B는 2013.2.1. 적법하게 위 분할협의를 해제했다.

- 설문: ㉠ B가 ⓧ부동산의 1/2지분에 대해 진정명의회복을 원인으로 한 소유권 이전등기청구를 할 수 있는가? ㉡ A가 2016.2.1. ⓧ부동산 전부를 이러한 사정을 잘 아는 C에게 팔고 소유권 이전등기를 마쳤다면 어떤가?

(b) 참고: 판례사안

### 대법원 2011. 3. 10. 선고 2007다17482 판결

- 공동상속인 甲, 乙, 丙 중 丙이 사망하여 그 배우자인 丁이 자녀 戊를 대리하여 甲, 乙과 분할협의를 한 경우, §921에 의해 무권대리가 되어, 甲, 乙, 丁, 戊 모두에 대해 분할협의는 무효이다. 이해상반행위 당사자인 丁이 무효 주장을 하더라도 신의칙에 반하지 않는다.

- 공동상속인 중 1인이 협의분할을 원인으로 하여 상속부동산에 관한 소유권이전등기를 마친 경우에 그 협의분할이 다른 공동상속인의 동의 없이 이루어진 것으로 무효라는 이유로 다른 공동상속인이 그 등기의 말소를 청구하는 소 역시 상속회복청

구의 소에 해당한다.

- 원심이 협의분할에 의한 상속을 원인으로 하여 이루어진 피고 명의의 소유권이전 등기 중 원고의 법정 상속지분에 관하여 말소를 구하는 원고의 이 사건 청구가 상속 회복청구에 해당함을 전제로 **10년의 제척기간이 경과된 후에 제기되어 부적법하다고 본 것은 정당**하다.

B. 분할협의 내용과 일치하지 않는 내용으로 상속지분등기가 마쳐진 경우

(a) 사안의 개요

- 피상속인 A의 사망으로 상속이 개시되었을 때 상속재산인 ⓧ부동산, 공동상속 인 甲, 乙이 있었고 ⓧ부동산에 관하여 법정상속분에 따른 상속등기가 마쳐졌다.
- 그 후 甲은 자신이 단독소유하기로 협의분할 했다고 주장하면서, 乙 명의 법정 상속분에 따른 1/2지분에 대해 말소등기청구를 한다.

(b) 쟁점과 판단

- 분할협의와 다른 내용의 상속등기 말소를 구하는 경우에도 §999가 적용되는 것 이 원칙이다.
- 원심의 판단: 분할협의 사실이 인정되고, 乙의 법정상속분에 따른 상속등기는 등기과정에서 乙의 의사와 무관하게 착오로 등기되었으므로 §999가 적용되지 않는다.
- 대법원의 판단: '乙의 의사에 따른 상속등기'라는 등기추정력을 뒤집을 수 있을 만한 증거가 부족하므로 §999가 적용된다.

### 대법원 2014. 1. 23. 선고 2013다68948 판결

- 등기업무를 담당한 법무사 직원의 단순한 실수 등 등기 과정상의 착오만으로 상속 인인 피고의 의사와 전혀 무관하게 상속재산분할협의와 다른 내용의 등기가 이루 어질 경우란 상정하기 어렵다.
- 원심이 들고 있는 사정들은 이 사건 등기가 등기명의인인 피고의 의사와 무관하게 경료된 것이라고 인정할 근거로 삼기에 부족하거나 부적절한 것들이다. 그런데도 원심은 ⋯ 이 사건 등기가 피고의 의사와 무관하게 경료되었다고 판단하여 ⋯ 상속 권의 침해행위가 있은 날부터 10년을 경과한 후에 제기되어 부적법하다는 피고의 본안전항변을 배척하고 말았으니 ⋯ 판결 결과에 영향을 미친 위법이 있다.

**(3) 상속회복청구 사건이 아니라고 인정된 사례:** 명의인의 의사와 무관한 상속등기

 A. 법정상속분 비율로 상속등기 된 경우(전술)

 B. 제3자가 서류를 위조한 경우

> 甲 단독명의로 경료된 소유권보존등기는 공동상속인의 한 사람인 원고 甲이 <u>다른 상</u>
> <u>속인의 상속권을 부정하고 자기만이 상속권이 있다고 참칭하여 경료한 것이 아니라</u>
> 위에서 본 바와 같이 乙이 甲의 의사와는 아무런 상관 없이 관계서류를 위조하여 경료
> 한 것임을 알 수 있고, 甲이 자기만이 상속한 것이라고 주장하였다고 볼만한 아무런
> 자료도 없으므로, 甲을 상속회복청구의 소에서 말하는 참칭상속인이라고는 할 수 없
> 다 할 것이다(대법원 1994. 3. 11. 선고 93다24490 판결).

### 나. 참칭상속인으로부터의 양수인(전득자)

**(1) 개관**

• 참칭상속인으로부터 상속재산에 관한 권리를 취득하거나, 새로운 이해관계를
  맺은 제3자에 대해서도 상속회복청구권의 행사기간이 적용된다.

• 논거: 법률관계의 신속한 해결이라는 본질적 기능을 고려할 때, 전득자는 참칭
  상속인보다 더 보호되어야 한다.

  ✓ 비판: §999를 적용하지 않아도 선의 양수인은 등기부시효취득으로 보호될 수 있다.

> 자신이 진정한 상속인임을 전제로 그 상속으로 인한 소유권 또는 지분권 등 재산권의
> 귀속을 주장하면서 참칭상속인 또는 **참칭상속인으로부터** 상속재산에 관한 <u>권리를</u>
> <u>취득하거나 **새로운 이해관계를 맺은 제3자**</u>를 상대로 상속재산인 부동산에 관한 <u>등기</u>
> <u>의 말소 또는 진정명의 회복</u>을 위한 등기의 이전 등을 청구하는 경우에는, 그 소유권
> 또는 지분권이 귀속되었다는 주장이 <u>상속을 원인으로 하는 것인 이상 그 청구원인 여</u>
> <u>하에 불구하고 이는 상속회복청구의 소</u>라고 해석함이 상당하다(대법원 2007. 4. 26.
> 선고 2004다5570 판결).

**(2) 적용 범위**

• 참칭상속인으로부터 소유권을 취득한 전득자뿐 아니라 제한물권을 취득한 담
  보물권자 등도 보호된다(2006다26694, 413면).

• 선의자뿐 아니라 악의자도 보호된다.

> **대법원 1981. 1. 27. 선고 79다854 전원합의체 판결**
> • 진정상속인이 참칭상속인으로 부터 상속재산을 양수한 제3자를 상대로 등기말소 청구를 하는 경우에도 상속회복청구권의 단기의 제척기간이 적용된다.
> • 상속회복청구권의 제척기간이 참칭상속인에게만 인정되고 참칭상속인으로 부터 양수한 제3자에게는 인정되지 않는다면 거래관계의 조기안정을 의도하는 단기의 제척기간 제도가 무의미하게 될 뿐만 아니라, 참칭상속인에 대한 관계에 있어서는 제척기간의 경과로 참칭상속인이 상속재산상의 정당한 권원을 취득하였다고 보면서, 참칭상속인으로부터 전득한 제3자는 진정상속인의 물권적 청구를 감수하여야 한다는 이론적 모순이 생기기 때문이다.

## 3. 참칭상속인이 아니라고 본 사례

### 가. 허위의 가족관계등록 서류에 의한 상속등기: 보호가치에 따른 판단

• 乙이 피상속인 A의 상속인인 것처럼 꾸미기 위해 호적등본을 위조하여 상속을 원인으로 소유권이전등기를 한 경우, 乙은 참칭상속인이 아니다.

사망자의 상속인이 아닌 자가 상속인인 것처럼 허위기재된 위조의 제적등본, 호적등본 등을 기초로 하여 상속인인 것처럼 꾸며 상속등기가 이루어진 사실만으로는 제999조 소정의 참칭상속인에 해당한다고 할 수 없을 것이다(대법원 1993. 11. 23. 선고 93다34848 판결).

• 피상속인 甲과 동명이인인 乙의 상속인 丙이 甲의 상속인인 것처럼 호적등본을 제출하여 상속등기를 한 경우 丙은 甲에 대한 참칭상속인이 아니다(대법원 1994. 4. 15. 선고 94다798 판결).

### 나. 상속재산을 침해하지만 상속권 이외의 권원을 주장하는 경우

#### (1) 개관

• 상속회복청구권은 방해자가 상속인이라고 참칭해야만 적용된다.
• 상속권을 주장하지 않는 방해자는 상속회복청구권의 적용대상이 아니어서, §999 ②의 제척기간이 적용되지 않는다. 따라서 상속인은, 방해자가 시효취득을 하지 않는 한, 물권적 청구권을 행사할 수 있다.

## (2) 사례

- 공동상속인 甲, 乙 중 甲이 乙에게 자신의 상속분을 명의신탁했다가 명의신탁의 해지 또는 부실법 §4 ①에 의한 명의신탁의 무효 등을 원인으로 진정명의회복을 원인으로 하는 소유권 이전등기청구를 하는 경우, 상속회복청구권 행사에 해당되지 않는다.

> **대법원 2012. 1. 26. 선고 2011다81152 판결**
> - 피상속인 사망 후 공동상속인 중 1인이 다른 공동상속인에게 자신이 상속한 재산을 중간생략등기 방식으로 명의신탁하였다가 그 명의신탁이 부동산 실권리자명의 등기에 관한 법률에 반하여 무효임을 이유로 상속재산의 반환을 구하는 경우
> - 그러한 청구는 <u>명의신탁이 무효임을 원인으로 하여 소유권의 귀속 등을 주장하는 것일 뿐 상속으로 인한 재산권의 귀속을 주장하는 것이라고 볼 수 없고, 나아가 명의수탁자로 주장된 피고를 두고 진정상속인의 상속권을 침해하고 있는 참칭상속인이라고 할 수도 없으므로, 위와 같은 청구가 상속회복청구에 해당한다고 할 수 없다.</u>

- 乙이 甲의 피상속인 丙이 아니라 丙과 무효인 원인계약을 한 丁의 상속인으로서 상속등기를 마친 경우, 丙의 상속권에 대한 다툼이 아니므로 甲의 乙에 대한 말소등기청구는 상속회복청구가 아니다.

> 상속회복청구의 소는 **진정상속인과 참칭상속인이 주장하는 그 피상속인이 동일인**임을 요하는 것으로서, 원고들이 주장하는 그 피상속인과 피고들이 주장하는 그 피상속인이 다른 사람인 경우에는 원고들의 청구원인이 원고들이 상속에 의하여 이 사건 임야에 관한 소유권을 취득하였음을 전제로 한다고 하더라도 이를 상속회복청구의 소라고 할 수 없다(대법원 1995. 7. 11. 선고 95다9945 판결).

## 다. 중복보존등기에 근거한 참칭상속인

- 사안의 개요: 참칭상속인 명의 소유권 이전등기가 후행등기부에 근거한 경우, 진정상속인이 참칭상속인을 상대로 말소등기 청구의 소를 제기했으나 §999의 기간 경과를 이유로 패소판결이 확정되었다.
- 쟁점과 판단: 그 후 다시 중복등기 법리에 기초한 후행등기부 폐쇄·말소등기 청구소송을 제기하더라도 기판력에 저촉되지 않는다.

### 대법원 2011. 7. 14. 선고 2010다107064 판결

· 동일한 부동산에 관하여 등기명의인을 달리하여 중복된 소유권보존등기가 마쳐진 경우 … <u>선행 보존등기로부터 소유권이전등기를 한 소유자의 상속인이 후행 보존등기나 그에 기하여 순차로 이루어진 소유권이전등기 등의 후속등기가 모두 무효라는 이유로 등기의 말소를 구하는 소</u>는, 후행 보존등기로부터 이루어진 소유권이전등기가 참칭상속인에 의한 것이어서 무효이고 따라서 후속등기도 무효임을 이유로 하는 것이 아니라 후행 보존등기 자체가 무효임을 이유로 하는 것이므로 <u>상속회복청구의 소에 해당하지 않는다.</u>

· 원고가 <u>선행 보존등기로부터 소유권이전등기를 한 소유자의 상속인으로서, 후행 보존등기나 그에 기하여 순차로 이루어진 소유권이전등기 등의 후속등기가 모두 무효라는 이유로 등기의 말소를 구하는 소</u>는, 후행 보존등기로부터 이루어진 소유권이전등기가 **참칭상속인에 의한 것이어서 무효이고 따라서 그 후속등기도 무효임을 이유로 하는 것이 아니**라 후행 보존등기 자체가 무효임을 이유로 하는 것이므로 상속회복청구의 소에 해당하지 않는다고 할 것이다. 따라서 이 사건 소에는 **상속회복청구권의 제척기간이 적용되지 않는다**고 보아야 한다.

· 이 사건 소가 상속회복청구의 소에 해당하지 않는 이상, 전소에서 제척기간이 경과하였다는 이유로 패소 판결이 확정되었다고 하더라도, 이 사건 소는 원고의 피상속인의 패소 판결이 확정된 전소와 청구원인을 달리하는 것이어서 전소의 기판력에 저촉되지 않는다.

## 라. 무허가건물 양수인

• 전제: 무허가건물 관리대장 명의는 소유권 공시방법은 아니지만 그 명의 기재 말소를 구할 소의 이익이 인정될 수 있다.

• 판단: 참칭상속인이 무허가건물 관리대장에 건물주로 기재되어 있어도 §999의 적용 대상이 아니다. 피상속인이 신축하여 원시취득한 무허가건물의 소유권은 상속인에게 귀속되기 때문이다.

### 대법원 1998. 6. 26. 선고 97다48937 판결

· 무허가건물대장에 건물주로 등재된다고 하여 소유권을 취득하는 것이 아닐 뿐만 아니라 권리자로 추정되는 효력도 없는 것이므로

・ 참칭상속인 또는 그로부터 무허가건물을 양수한 자가 무허가건물대장에 건물주로 기재되어 있다고 하여 이를 상속회복청구의 소에 있어 상속권이 참칭상속인에 의하여 침해된 때에 해당한다고 볼 수 없다.

**마. 상속인을 참칭하지만 상속재산 침해는 안 한 경우**

**(1) 보존행위만 한 경우**

・ 사안: 공동상속인 甲, 乙 중 乙이 자신이 단독상속인이라고 주장하면서 상속재산인 부동산 전부에 대해 丙 명의 소유권이전등기의 말소를 청구했다.

・ 판단: 이러한 소송 제기는 甲의 상속권을 침해하지 않으므로 상속회복청구 사안이 아니고, 丙은 §999 ②의 기간 경과를 주장할 수 없다.

> 甲과 乙이 공동상속인인 경우 乙이 자신이 단독상속인이라고 주장하여 이 사건 부동산 전체에 관하여 丙(피고) 명의로 경료된 소유권이전등기의 말소를 청구한 일이 있다고 하더라도 그것만으로는 乙이 甲의 상속권을 침해하였다고는 볼 수 없으니 乙이 참칭상속인임을 전제로 하는 논지는 더 나아가 판단할 필요 없이 이유 없다(대법원 1994. 11. 18. 선고 92다33701 판결).

**(2) 호적신고만 하고 재산침탈을 안 한 경우**

・ 사안: 피상속인 A의 조카 乙이 무단으로 호주승계신고를 하고 상속재산인 ⓧ토지를 丙에게 매도했다. 丙이 ⓧ토지에 대해 특조법에 기한 상속등기를 하자 A의 상속인 甲이 말소등기 청구를 한다.

・ 판단: 상속개시 당시의 법에 의하면 호주승계와 재산상속은 무관하다. 그런데 乙은 호주승계 신고만 했고 ⓧ토지는 자신의 소유라고 주장하면서 丙에게 매도했으므로, 참칭상속인이라고 볼 수 없다.

> **대법원 1998. 3. 27. 선고 96다37398 판결**
> ・ 상속인 아닌 자가 자신이 상속인이라고 주장하거나 또는 공동상속인 중 1인이 자신이 **단독상속인이라고 주장하였다 하더라도 달리 상속권의 침해가 없다면 그러한 자를 가리켜 상속회복청구의 소에서 말하는 참칭상속인이라고 할 수는 없는** 것이다(대법원 1994. 11. 18. 선고 92다33701 판결).

- 乙은 甲의 상속재산으로서 미등기 부동산인 <u>이 사건 토지를 임의로 매도한 자에 불</u> <u>과하고</u>, 이 사건 토지에 관하여 상속인이라고 참칭하면서 등기를 마치거나 점유를 한 바 없을 뿐 아니라, 피상속인 A의 호적에 의하더라도 乙은 법정상속인에 해당할 여지가 없어 <u>상속권이 없음이 명백하여 상속회복청구의 상대방이 되는 참칭상속인</u> <u>에 해당한다고 볼 수 없다.</u>
- 乙의 부친인 망 B가 아무런 근거 없이 피상속인 A의 호적에 호주상속인으로 등재된 상태에서 호주상속회복청구권의 제척기간이 경과함으로써 망 B가 참칭호주상속 인으로서 망 A의 호주상속인으로서의 지위를 취득하게 되었다고 하더라도 … 상속 개시 당시 법에 따르더라도 호주상속과 재산상속은 별개이므로 망 B가 망 A의 호주 상속인으로서의 지위를 취득하였다고 하더라도 그와 같은 사정만으로 망 A의 재산 상속인으로서의 지위를 함께 취득한다고 볼 수 없다.

## Ⅳ 상속회복청구권의 행사, 상속회복청구권의 행사기간 경과

### 1. 상속회복청구권의 행사

#### 가. 방법

- 물권적 청구권의 행사방법에 따른다. 상속회복청구권은 물권적 청구권의 특칙 이기 때문이다. 따라서 불요식의 의사표시로 행사할 수 있으며, 재판으로 청구 할 때는 가사사건이 아니라 일반 민사사건이다.
- 제소기간: 비록 행사 방법이 법정되어 있지는 않지만, 행사기간 내에 <u>재판을 청</u> <u>구해야만 기간 준수로 인정</u>된다.

제999조 제2항의 기간은 **제소기간**으로 볼 것이므로, <u>상속회복청구의 소에 있어서는</u> <u>법원이 위 제척기간의 준수 여부에 관하여 직권으로 조사한 후 그 기간을 도과한 후에</u> <u>제기된 소는 부적법한 소로서 그 흠결을 보정할 수 없으므로 각하해야 한다</u>(대법원 1993. 2. 26. 선고 92다3083 판결).

#### 나. 행사의 효과

✓ 물권적 청구권 행사의 효과와 같다.

✓ 예컨대, 점유자와 회복자의 관계, 유해등기 말소, 부당이득, 불법행위 등이 문제된다.

## 2. 상속회복청구권의 행사기간

> 제999조(상속회복청구권) ② 제1항의 상속회복청구권은 그 침해를 안 날부터 3년, 상속권의 침해행위가 있은 날부터 10년을 경과하면 소멸된다.

### 가. 개관

### (1) 법적 성질

- 절대기간과 상대기간 모두 제척기간이다.
- 상속회복청구권의 행사기간을 제한하는 이유는 상속재산에 관한 법률관계를 신속하게 확정시키는 것이기 때문이다.

### (2) 유형

- 절대기간은 참칭상속인이 상속권을 침해하는 행위를 한 때부터 10년이다.
- 상대기간은 진정상속인이 상속권 침해를 안 날부터 3년이다. 기산점은 피상속인의 사망 사실, 진정상속인 자신이 상속인이라는 사실(강제인지, 준재심 등의 재판을 거쳐야만 하는 경우에는 그러한 재판이 확정된 사실), 참칭상속인에 의한 상속재산 침해 사실을 모두 안 날이다.

  상속개시후의 인지 또는 재판의 확정에 의하여 공동상속인이 된 자가 상속재산의 분할을 청구하는 경우 … '그 침해를 안 날'이라 함은 피인지자가 자신이 진정상속인인 사실과 자신이 상속에서 제외된 사실을 안 때를 가리키는 것으로, 혼인 외의 자가 법원의 인지판결 확정으로 공동상속인이 된 때에는 그 인지판결이 확정된 날에 상속권이 침해되었음을 알았다고 할 것이다(대법원 2007. 7. 26. 선고 2006므2757 판결).

### (3) 상속회복청구권의 행사기간과 관련된 사례

A. 기간 준수의 인적 범위

(a) 사안의 개요

- 피상속인 A의 상속재산인 ⓧ부동산에 대해 참칭상속인 乙 명의로 1993. 상속등기가 마쳐졌다. 진정상속인 甲은 2001. 乙 명의 등기 말소를 구하는 상속회복청구의 소를 제기하여 원고 승소판결이 확정되었다.

- 그런데 위 소송 진행 중인 2002. 乙의 채권자 丙 명의 근저당권 설정등기가 마쳐 졌다.

(b) 쟁점과 판단

- 진정상속인 甲은 2004. 丙 명의 근저당권 설정등기 말소등기를 청구할 수 없다.
- 상속회복청구권의 행사기간은 참칭상속인으로부터의 전득자에 대해서도 적용되고, 제한물권자도 전득자에 준한다.
- 전득자가 있는 경우에도 절대기간의 기산점은 참칭상속인이 한 최초의 침해행위시로 고정된다. 따라서 이미 '침해행위로부터 10년'이 지났으므로 제3자(전득자)에게도 상속회복청구를 할 수 없다.

### 대법원 2006. 9. 8. 선고 2006다26694 판결

- 참칭상속인의 최초 침해행위가 있은 날로부터 10년이 경과한 이후에는 비록 제3자가 참칭상속인으로부터 상속재산에 관한 권리를 취득하는 등의 <u>새로운 침해행위가 최초 침해행위시로부터 10년이 경과한 후에 이루어졌다 하더라도 상속회복청구권은 제척기간의 경과로 소멸되어 진정상속인은 더 이상 제3자를 상대로 그 등기의 말소 등을 구할 수 없다</u> … 진정상속인이 참칭상속인을 상대로 제척기간 내에 상속회복청구의 소를 제기하여 승소의 확정판결을 받았더라도 마찬가지이다.
- 甲이 丙을 상대로 위 초과지분에 관한 근저당권설정등기의 말소를 구하는 것은 상속회복청구의 소에 해당하는데, <u>乙의 최초 침해행위가 있었던 1993. 4. 6.로부터 10년이 경과한 이후인</u> 2003. 12. 11. 제기되었으므로, 결국 이 사건 소는 10년의 제척기간이 경과된 후에 제기된 것으로서 부적법하다고 판단했는데 이러한 판단은 적법하다.

B. 기간 준수의 객관적 범위

- 원칙: 특정한 상속재산에 대해 상속회복청구를 해도 다른 상속재산에 대한 행사기간은 중단되지 않는다.
- 예외: 행사기간 경과 전에 §1014의 가액지급 청구소송을 제기하면서 '가액산정 대상 상속재산을 이미 분할된 상속재산 전부로 삼는다'는 뜻을 밝히고 행사기간 경과 후 청구취지를 확장한 경우, 확장된 청구취지 전부에 대해 기간을 준수한 것으로 인정된다.

**대법원 2007. 7. 26. 선고 2006므2757 판결**

- 상속회복청구권의 경우 상속재산의 일부에 대해서만 제소하여 제척기간을 준수하였을 때에는 **청구의 목적물로 하지 않은 나머지 상속재산에 대해서는 제척기간을 준수한 것으로 볼 수 없**으므로 상속분상당 가액지급 청구권의 경우도 제999조 제2항의 제척기간이 도과되면 소멸하므로 그 기간 내에 한 청구채권에 터 잡아 제척기간 경과 후 청구취지를 확장해도 그 추가 부분의 청구권은 소멸한다.
- 다만 상속분 상당 가액지급 청구권의 가액 산정 대상 재산을 인지 전에 이미 분할 내지 처분된 상속재산 전부로 삼는다는 뜻과 다만 그 정확한 권리의 가액을 알 수 없으므로 추후 감정결과에 따라 청구취지를 확장하겠다는 뜻을 미리 밝히면서 우선 일부의 금액만을 청구한다고 하는 경우 … 제척기간 경과 후 청구취지를 확장한 때에는 위와 같은 청구취지의 확장으로 추가된 부분에 관해서도 그 제척기간은 준수된 것으로 봄이 상당하다.

## 나. 상속회복청구권의 행사기간 경과의 효과

### (1) 기본적 효과: 상속회복청구권의 소멸

### (2) 반사효과

- 상속회복청구권의 상대방인 참칭상속인이나 전득자는 **상속재산에 대한 권리를 확정적으로 취득한다.**
- **소급효: 참칭상속인은 상속개시기로 소급하여 권리를 취득**한다. 즉, 피상속인으로부터 참칭상속인에게로 곧바로 소유권이 이전된 것으로 간주된다. 따라서 참칭상속인이 진정상속인 명의 소유권이전등기 말소를 청구할 수 있다.

**대법원 1998. 3. 27. 선고 96다37398 판결**

- 상속회복청구권이 제척기간의 경과로 소멸하게 되면 상속인은 상속인으로서의 지위 즉 상속에 따라 승계한 개개의 권리의무 또한 총괄적으로 상실하게 되고, 그 **반사적 효과로서 참칭상속인의 지위는 확정되어 참칭상속인이 상속개시의 시로부터 소급하여 상속인으로서의 지위를 취득**한 것으로 봄이 상당하므로
- 丙이 망인의 참칭상속인에 해당하고, 망인의 진정상속인인 乙이 상속회복청구권의 제척기간인 상속 개시일로부터 10년간 상속재산회복청구를 한 바 없어 이 사건 토지에 대한 상속회복청구권이 제척기간의 경과에 의하여 소멸하였다면, 乙은 망인

의 상속인으로서의 지위를 상실하게 되는 반면 丙은 상속 개시일로 소급하여 망인의 상속인으로서의 지위를 취득하게 됨으로써 이 사건 토지는 상속 개시일로 소급하여 丙의 소유로 되어 그 후 이 사건 토지에 관하여 마쳐진 **진정상속인 乙명의 소유권보존등기와 이에 터잡은 丁명의의 소유권이전등기는 모두 원인이 없는 무효의 등기로 된다**.

✔ 판례에 대한 비판: 물권적청구권의 특칙인 상속회복청구권이 소멸하면 그 대상인 재산에 대해서만 상속에 의한 권리승계가 간주되는데 그쳐야 한다. 무엇보다도 기간경과 전에 상속회복청구권이 행사된 재산에 대해서는 참칭상속인은 아무런 권리가 없고, 채무까지 참칭상속인이 포괄승계하는 것은 아니다. 따라서 '개개의 권리의무 또한 총괄적으로 상실', '상속개시의 시로부터 소급하여 상속인으로서의 지위를 취득'이라는 문언은 부적절하다.

16장

# 유언과 유증

# 유언과 유증

## I  유언의 요건

### 1. 유언의 의미와 유언능력

#### 가. 유언의 의미

- 유언은 그 내용대로 법률효과가 발생한다는 점에서 법률행위의 일종이고, 유언자의 의사표시만 있으면 성립한다는 점에서 단독행위이다.
- 법정방식을 충족하지 못하면 무효이므로, 유언은 엄격한 요식행위이다.

#### 나. 유언능력

#### (1) 개관

- 유언능력에 대해서는 제한능력에 관한 규정들이 적용되지 않고, 별도의 규정으로 유언을 할 수 있는 행위능력이 정해진다.

> 제1062조(제한능력자의 유언) 유언에 관하여는 제5조, 제10조, 제13조를 적용하지 아니한다.

- 미성년자의 경우 만17세이면 독자적으로 유언을 할 수 있는 유언능력이 인정된다.

> 제1061조(유언적령) 만17세에 달하지 못한 자는 유언을 하지 못한다.

- 피성년후견인은 의사능력이 회복되었다는 사실이 의사에 의해 확인되면 유언능력이 인정된다.

> 제1063조(피성년후견인의 유언능력) ① 피성년후견인은 의사능력이 회복된 때에만 유언을 할 수 있다.

② 제1항의 경우에는 의사가 심신 회복의 상태를 유언서에 부기하고 서명날인하여야 한다.

## (2) 사례: 성년후견 개시 재판 진행 중에 이루어진 유언

• 성년자에 대한 성년후견 개시 재판이 진행 중이고 가사소송법에 따른 임시후견인이 선임되어 있더라도, 성년후견 개시 재판 확정 전까지는 사건본인은 행위능력자이다. 따라서 사건본인이 한 유언은 §1063 ②의 요건을 충족하지 못했더라도 유효이다.

• 다만 유언 당시의 의사무능력이 증명되면 유언은 무효이다.

### 대법원 2022. 12. 1. 선고 2022다261237 판결

• 후견심판 사건에서 가사소송법에 따른 사전처분으로 후견심판이 확정될 때까지 임시후견인이 선임된 경우, 사건본인은 의사능력이 있는 한 임시후견인의 동의가 없이도 유언을 할 수 있다고 보아야 하고, 성년후견이 개시되기 전이면 제1063조 제2항도 적용되지 않는다.

• 제1060조는 유언에 관하여 엄격한 요식성을 요구하고 있으나, 피성년후견인과 피한정후견인의 유언에 관하여는 행위능력에 관한 제10조 및 제13조가 적용되지 않으므로(제1062조), 피성년후견인 또는 피한정후견인은 의사능력이 있는 한 성년후견인 또는 한정후견인의 동의 없이도 유언을 할 수 있기 때문이다.

• 의사무능력은 법률행위의 무효를 주장하는 당사자에게 주장책임과 증명책임이 귀속된다.

## 2. 유언의 법정방식

### 가. 개관

#### (1) 엄격요식성

제1060조(유언의 요식성) 유언은 본법의 정한 방식에 의하지 아니하면 효력이 생하지 아니한다.

#### (2) 유언의 요건을 갖추지 못한 경우

• 유언자의 진의와 합치함이 증명되더라도 무효이다.

유언의 방식을 엄격하게 규정한 것은 유언자의 진의를 명확히 하고 그로 인한 법적 분쟁과 혼란을 예방하기 위한 것이므로, **법정된 요건과 방식에 어긋난 유언은 그것이 유언자의 진정한 의사에 합치하더라도 무효**이다(대법원 2014. 9. 26. 선고 2012다71688 판결).

• 재판상 자백의 대상이 아니므로, 유언으로 인해 불이익을 당하는 당사자가 유언의 유효성과 그 내용을 승인하더라도 유언은 무효이다.

법률상 유언이 아닌 것을 유언이라고 시인하더라도 그것이 유언이 될 수 없고 이와 같은 진술은 민사소송법상의 자백이 될 수 없다(대법원 2001. 9. 14. 선고 2000다66430 판결).

• 유증 부동산에 대해 수유자가 제출한 등기신청서에 상속인들의 동의서가 첨부되었더라도 유언의 하자를 치유하지 못한다. 따라서 유언집행자가 상속인을 상대로 '유언 내용에 따른 등기신청에 이의 없음'이라는 진술을 구하는 소는 권리보호의 이익이 없어서 각하 대상이다.

### 대법원 2014. 2. 13. 선고 2011다74277 판결

‣ 대법원 등기예규에 의하면 상속인들이 "유언 내용에 따른 등기신청에 이의가 없다"는 취지로 작성한 동의서와 인감증명서를 첨부하여 제출하도록 규정하고 있으나 … 이러한 상속인들의 동의서 진술은 … 등기원인인 유증 자체의 성립이나 효력 등에 어떠한 영향을 미치는 법률행위나 준법률행위라고 볼 수는 없다.

‣ 유언집행자가 자필 유언증서상 유언자의 자서와 날인의 진정성을 다투는 상속인들에 대하여 '유언 내용에 따른 등기신청에 이의가 없다'는 진술을 구하는 소는, 등기관이 자필 유언증서상 유언자의 자서 및 날인의 진정성에 관하여 심사하는 데 필요한 증명자료를 소로써 구하는 것에 불과하고, 제389조 제2항에서 규정하는 '채무가 법률행위를 목적으로 한 때에 채무자의 의사표시에 갈음할 재판을 청구하는 경우'에 해당한다고 볼 수 없다. 따라서 위와 같은 소는 권리보호의 이익이 없어 부적법하다.

## 나. 자필증서

> 제1066조(자필증서에 의한 유언) ① 자필증서에 의한 유언은 유언자가 그 전문과 연월일, 주소, 성명을 자서하고 날인하여야 한다.

### (1) 필요적 기재사항

A. 전문(全文)

B. 작성연월일, 성명

* 작성일과 작성자를 특정하여 식별할 수 있는 표현이면 충분하다.
* 연월일의 중요성: 선후 유언의 저촉시 선유언은 무효가 되기 때문에 유언의 선후 식별 기준이 필요하다. 따라서 연월만 기재되고 일이 기재되지 않으면 무효이고, 유언서에 첨부된 인감증명서 발급일로 누락된 날짜 기재를 대체할 수도 없다. 인감증명서 발급일이 유언서 작성일과 다를 수 있기 때문이다.

연월일의 기재가 없는 자필유언증서는 효력이 없다. 그리고 자필유언증서의 연월일은 이를 작성한 날로서 유언능력의 유무를 판단하거나 다른 유언증서와 사이에 유언 성립의 선후를 결정하는 기준일이 되므로 그 작성일을 특정할 수 있게 기재하여야 한다. 따라서 연·월만 기재하고 일의 기재가 없는 자필유언증서는 그 작성일을 특정할 수 없으므로 효력이 없다(대법원 2009. 5. 14. 선고 2009다9768 판결).

C. 주소

* 주소는 필수기재사항이므로, 주소가 누락되면 자필증서 유언 전부가 무효이다.
* 주소란 주민등록지가 아니라 생활의 근거되는 곳을 뜻하고, 다른 장소와 구별될 수 있을 정도로 기재되면 충분하다.

유언자가 주소를 자서하지 않았다면 이는 법정된 요건과 방식에 어긋난 유언으로서 그 효력을 부정하지 않을 수 없으며, 유언자의 특정에 지장이 없다고 하여 달리 볼 수 없다. 여기서 자서가 필요한 주소는 반드시 주민등록법에 의하여 등록된 곳일 필요는 없으나, 적어도 제18조에서 정한 생활의 근거되는 곳으로서 <u>다른 장소와 구별되는 정도의 표시</u>를 갖추어야 한다(대법원 2014. 9. 26. 선고 2012다71688 판결).

* 주소는 본문과 동일한 지면에 기재될 필요가 없으므로 주소가 봉투에 기재된 자

필증서 유언도 유효이다.

**주소는 반드시 유언 전문과 동일한 지편에 기재하여야 하는 것은 아니고, 유언증서로서 일체성이 인정되는 이상 그 전문을 담은 봉투에 기재하더라도 무방**하다(대법원 2007. 10. 25. 선고 2006다12848 판결).

## (2) 자서

### A. 대상: 필요적 기재사항 전부

• 자필증서 유언의 필요적 기재사항은 모두 자필로 기재되어야 한다.

• 삽입·삭제·변경이 가능하지만 그 취지도 유언자가 자필로 기재하고 날인해야 한다. 다만 명백한 오기를 수정하는 부분에 대해서는 유언자의 의사만 확인할 수 있으면 충분하다(아래의 97다38510).

> 제1066조(자필증서에 대한 유언) ② 전항의 증서에 문자의 삽입, 삭제 또는 변경을 함에는 유언자가 이를 자서하고 날인하여야 한다.

### B. 자서 요건 미비로 인정된 사례

• 인쇄, 타자 등으로 작성된 내용은 무효이다.

• 자필문서의 전자복사본은 자필증서에 해당하지 않는다.

**대법원 1998. 6. 12. 선고 97다38510 판결**
  ‣ 전자복사기를 이용하여 작성한 복사본은 자필증서에 해당하지 않는다.
  ‣ 자필증서 중 증서의 기재 자체에 의하더라도 명백한 오기를 정정한 것에 지나지 아니한다고 보인다면 설령 그 수정 방식이 제1066조 제2항에 위배된다고 할지라도 유언자의 의사를 용이하게 확인할 수 있으므로 이러한 방식의 위배는 유언의 효력에 영향을 미치지 아니한다고 볼 것이다.

## (3) 날인

• 의미: 무인(拇印)도 해당한다.

✓ 서명은 해당하지 않는다고 해석된다(문리해석, 체계적 해석).

날인은 무인에 의한 경우에도 유효하다(대법원 2007. 10. 25. 선고 2006다12848 판결).

- 위치: 본문, 봉투 어디에 해도 무방하다.

> 이 사건 유서의 전문과 봉투는 일체로서 하나의 유서로 보아야 할 것이므로 … 이 사건 유서(원본)의 봉투에는 '유서'라는 글씨 이외에 그의 주소와 함께 성명을 자서하였고 그 밖에도 봉함되어 겹쳐지는 부분에 밖에서 보이지 않도록 한(韓)이라는 한자를 써 넣은 다음 봉함한 사실을 엿볼 수 있고, 이러한 점을 아울러 고려하면 위 봉투를 유서의 일부로 봄이 상당하다(대법원 1998. 6. 12. 선고 97다38510 판결).

## 다. 공정증서와 구수증서

### (1) 공통요건: 구수

A. 의미: 유언의 내용을 상대방에게 전달하는 것

B. 사례: 제3자가 미리 작성한 서면

### (a) 문제의 소재

- 질문자가 유언의 취지를 서면으로 작성한 후, 유언자에게 서면 내용을 읽어주고 이에 대해 유언자가 답변하는 방식으로 작성된 유언서가 유효인지가 문제된다.
- 쟁점은 이러한 방식이 '구수'에 해당하는지의 여부이다.

### (b) 원칙

- 이러한 방식으로 작성된 공정증서 유언이나 구수증서 유언은 무효이다.
- 유언자가 '유언의 취지를 구수'했다고 보기 어렵기 때문이다.

### (c) 예외적인 유효사유

- 유언자가 미리 표시한 의사에 따라 작성된 서면을 작성자가 읽어준 경우라면 유언자의 답변은 실질적으로 유언의 취지를 진술한 것이나 마찬가지이다.
- 다만 유언자의 의사능력, 유언의 내용이나 과정 등에 비추어 유언 취지가 유언자의 진정한 의사에 근거한 것으로 인정될 수 있어야 한다.

> **대법원 2008. 2. 28. 선고 2005다75019 판결**
> ▸ '유언취지의 구수'라고 함은 말로써 유언의 내용을 상대방에게 전달하는 것을 뜻하는 것으로서 이를 엄격하게 제한 해석하는 것이 원칙이므로 어떠한 형태이든 유언자의 구수는 존재하여야 하나, 실질적으로 구수가 이루어졌다고 보기 위하여 어느 정도의 진술이 필요한지는 획일적으로 정하기 어렵고 구체적인 사안에 따라 판단

하여야 한다.

- 따라서 제3자에 의하여 미리 작성된 유언의 취지가 적혀 있는 서면에 따라 유언자에게 질문을 하고 유언자가 동작이나 한두 마디의 간략한 답변으로 긍정하는 경우에는 원칙적으로 유언 취지의 구수라고 보기 어렵다고 할 것이지만, 공증인이 사전에 전달받은 유언자의 의사에 따라 유언의 취지를 작성한 다음 그 서면에 따라 유증 대상과 수증자에 관하여 유언자에게 질문을 하고 이에 대하여 유언자가 한 답변을 통하여 유언자의 의사를 구체적으로 확인할 수 있어 그 답변이 실질적으로 유언의 취지를 진술한 것이나 마찬가지로 볼 수 있으며, 유언자의 의사능력이나 유언의 내용, 유언의 전체 경위 등으로 보아 그 답변을 통하여 인정되는 **유언 취지가 유언자의 진정한 의사에 기한 것으로 인정할 수 있는 경우**에는 유언취지의 구수 요건을 갖추었다고 볼 수 있을 것이다.

## (2) 공정증서

> 제1068조(공정증서에 의한 유언) 공정증서에 의한 유언은 유언자가 증인 2인이 참여한 공증인의 면전에서 유언의 취지를 구수하고 공증인이 이를 필기낭독하여 유언자와 증인이 그 정확함을 승인한 후 각자 서명 또는 기명날인하여야 한다.

A. 전제: 공증의 일반적인 요건

B. 유언공정증서의 작성

C. 사례

- 유언자의 구수를 공증인이 기재한 후 공정증서를 작성하여 유언자에게 송부하여 유언자와 2명 이상의 증인으로부터 날인받은 경우, 공정증서 유언은 무효이다.
- 공증인이 기재한 내용을 낭독한 후 유언자와 증인이 이를 확인하는 절차가 빠졌기 때문이다.

이 사건 공정증서를 작성함에 있어 증인 2명이 참석하지 아니하였고, 필기한 유언의 취지를 유언자에게 낭독하여 그 정확함을 승인받는 절차를 거친 후에 유언자의 기명날인이 이루어지지 아니하였으므로, 이 사건 공정증서에 의한 유언은 나아가 다른 점들을 살펴볼 필요 없이 그 효력이 없다(대법원 2002. 9. 24. 선고 2002다35386 판결).

## (3) 구수증서

> 제1070조(구수증서에 의한 유언) ① 구수증서에 의한 유언은 질병 기타 급박한 사유로 인하여 전4조의 방식에 의할 수 없는 경우에 유언자가 2인 이상의 증인의 참여로 그 1인에게 유언의 취지를 구수하고 그 구수를 받은 자가 이를 필기낭독하여 유언자의 증인이 그 정확함을 승인한 후 각자 서명 또는 기명날인하여야 한다.
> ② 전항의 방식에 의한 유언은 그 증인 또는 이해관계인이 급박한 사유의 종료한 날로부터 7일내에 법원에 그 검인을 신청하여야 한다.
> ③ 제1063조 제2항의 규정은 구수증서에 의한 유언에 적용하지 아니한다.

A. 특징

- 질병 등의 긴급상황하의 약식 방법에 의한 유언이므로 긴급상황이 아니면 무효이다.
- 다른 법정 방식의 유언이 가능한 상황임이 증명되면 §1070의 요건이 충족되었더라도 구수증서 유언은 무효이다.

   **대법원 1999. 9. 3. 선고 98다17800 판결**
   - 소외 망인은 이 사건 유언을 하던 당일 오전에도 산책을 하고, 문병을 온 사람들과 이야기를 나누었으며 … 진료의사와도 일상적인 대화가 가능하였다.
   - 이 사건 유언 당시 소외 망인 스스로도 사망의 급박한 위험을 자각하고 있지 않았을 뿐만 아니라 구수증서에 의한 유언 이외에 녹음 또는 공정증서에 의한 유언 등을 할 수 있었던 것으로 보여지므로, 구수증서에 의한 유언의 방식으로 이루어진 이 사건 유언을 '질병 기타 급박한 사유로 인하여 다른 방식에 의한 유언을 할 수 없을 것'이라는 요건을 갖추지 못한 것이어서 그 효력이 인정되지 않는다.
   - 다른 법정방식에 의한 유언이 객관적으로 가능한 경우까지 구수증서에 의한 유언을 허용하여야 하는 것은 아니다.

- 검인도 성립요건이며, '급박한 사유 종료일'은 유언 당일이라고 보아야 한다.

   유언자의 질병으로 인하여 구수증서의 방식으로 유언을 한 경우에는 특별한 사정이 없는 한 그 유언이 있은 날에 급박한 사유가 종료하였다고 하겠으므로, 유언이 있은 날로부터 7일 이내에 그 검인신청을 하여야 한다(대법원 1994. 11. 3.자 94스16 결정).

- 피성년후견인의 구수증서유언: 유언자의 의사능력 회복 여부에 대한 의사의 확인이 없어도 유효하게 성립한다(§1070 ③에 의한 §1063 ②의 적용배제).

B. 작성방식

(a) 개관: §1070 ①

(b) 사례: 구수인지의 여부가 문제되는 경우

- 사안의 개요: 증인이 유언의 취지를 진술하고 이에 대해 유언자의 동작, 몸짓에 의한 당부 표시를 하는 방법으로 구수증서가 작성되었다.

- 쟁점과 판단: '구수'가 아니어서 무효이지만, 예외적으로 유언자의 진의에 따라 작성되었음이 명백하다고 인정되는 특별한 사정이 있으면 유효로 볼 수 있다 (전술).

> 망인이 유언취지의 확인을 구하는 변호사의 질문에 대하여 고개를 끄덕이거나 "음", "어"라고 말한 것만으로는 제1070조 소정의 유언의 취지를 구수한 것으로 볼 수는 없다고 할 것이다(대법원 2006. 3. 93 선고 2005다57899 판결).

### 라. 비밀증서, 녹음

### (1) 녹음유언

A. 개관: 녹음유언에 수록되어야 하는 내용

- 유언자는 유언의 취지, 성명, 연월일을 구수해야 한다.

- 증인은 유언이 정확하다는 취지와 자신의 성명을 구술해야 한다. 증인은 1명만 있어도 된다.

> 제1067조(녹음에 의한 유언) 녹음에 의한 유언은 유언자가 유언의 취지, 그 성명과 연월일을 구술하고 이에 참여한 증인이 유언의 정확함과 그 성명을 구술하여야 한다.

B. 사례: 녹음유언의 사본 파일만 존재하는 경우

(a) 사안의 개요

- 피상속인 A의 유언을 녹음한 B가 상속인 C에게 녹음파일을 전송했는데 그 후 원본이 삭제되었다.

- 상속인 C는 전송받은 녹음파일을 계속 보관했고 법원은 C의 휴대전화에 저장되어 있는 녹음파일에 대하여 사실조사를 실시한 후 유언검인조서를 작성하였다.

C. 쟁점과 판단

* 유언증서의 존재와 내용이 증명된다면 그후 유언증서가 멸실되더라도 유언은 유효이고, 녹음유언의 경우에도 마찬가지이다.
* 사본이 증거로서 제출된 경우 원본의 존재 사실과 진정성립이 인정되어야 증거 가치가 있는 것이 원칙이지만, 원본 소지자가 선의로 원본을 훼손하거나 분실 하여 원본 제출이 불가능하거나 곤란한 경우 등과 같이 원본 미제출을 정당화할 수 있는 구체적 사정이 주장·증명되면 사본도 증거가치가 인정된다.

> **대법원 2023. 6. 1. 선고 2023다217534 판결**
> * 유언증서가 성립한 후에 멸실되거나 분실되었다는 사유만으로 유언이 실효되는 것은 아니고 이해관계인은 유언증서의 내용을 **증명하여 유언의 유효를 주장할 수 있**다. 이는 녹음에 의한 유언이 성립한 후에 녹음파일 등이 멸실 또는 분실된 경우에도 마찬가지이다.
> * [사본의 증거가치가 인정될 수 있는 예외적 사유(대법원 2010. 2. 25. 선고 2009다96403 판결 등)]

## (2) 비밀증서

### A. 작성방법: §1069

> 제1069조(비밀증서에 의한 유언) ① 비밀증서에 의한 유언은 유언자가 필자의 성명을 기입한 증서를 **엄봉날인**하고 이를 2인 이상의 증인의 면전에 제출하여 자기의 유언서임을 표시한 후 그 **봉서표면**에 제출연월일을 기재하고 유언자와 증인이 각자 서명 또는 기명날인하여야 한다.
> ② 전항의 방식에 의한 유언봉서는 그 표면에 기재된 날로부터 5일내에 공증인 또는 법원서기에게 제출하여 그 봉인상에 **확정일자**인을 받아야 한다.

### B. 무효행위의 전환

* 비밀증서로서는 무효이지만 자필증서의 요건을 갖춘 경우 자필증서로 간주된다.
* 그 예로서, 확정일자인이 없거나 제출연월일이 지편에 있는 경우 등을 생각해 볼 수 있다.

> 제1071조(비밀증서에 의한 유언의 전환) 비밀증서에 의한 유언이 그 방식에 흠결이 있는 경우에 그 증서가 자필증서의 방식에 적합한 때에는 자필증서에 의한 유언으로 본다.

## 3. 부수적 요건: 유언의 증인

### 가. 필요성

• 원칙: 유언은 2인 이상의 증인이 참여해야만 유효하게 성립한다.

• 예외: 자필증서는 증인이 없어도 되고, 녹음유언에는 증인의 수가 법정되어 있지 않으므로 1명만 있어도 된다.

### 나. 결격

### (1) 사유

• 미성년자, 피성년후견인, 피한정후견인

• 유언에 의하여 이익을 받을 자, 그의 배우자와 직계혈족

• 사례: 상속인이나 수유증자가 아닌 한, 유언집행자는 유언의 증인이 될 수 있다.

'유언에 의하여 이익을 받을 자'라 함은 유언자의 상속인으로 될 자 또는 유증을 받게 될 수증자 등을 말하는 것이므로, 유언집행자는 증인결격자에 해당한다고 볼 수 없다 (대법원 1999. 11. 26. 선고 97다57733 판결).

### (2) 결격자가 참여한 유언

• 결격자가 한 명이라도 증인으로 참여하면 유언은 무효이다.

• 결격자 외의 증인이 2인 이상이더라도 마찬가지이다.

---

## Ⅱ  유언의 소극적 요건

## 1. 유언의 무효 · 취소

### 가. 유언의 무효

✓ 법률행위의 일반적인 무효사유: 의사무능력, 원시적 불능, 목적의 불명확 등은 유언에 대해서도 모두 적용된다. 유언도 법률행위의 일종이기 때문이다.

✓ 유언에 고유한 무효사유는 유언의 엄격요식성을 반영한다. 법정 방식을 위반한 부적식 유언이나 법정사항 아닌 내용에 대한 유언은 모두 무효이다.

## 나. 유언의 취소

* 법률행위의 취소사유인 사기, 강박, 착오 등은 유언에 대해서도 모두 적용된다.
* 취소권·추인권의 귀속: 유언자가 생존한 동안에는 유언자 자신, 사망한 후에는 상속인·유언집행자에게 귀속된다.

## 2. 유언의 철회

### 가. 유언 철회의 자유

### (1) 개관

* 유언자는 유언 후 언제든지 임의로 유언을 철회할 수 있다.
* 유언 철회권은 포기할 수 없다.

> 제1108조(유언의 철회) ① 유언자는 언제든지 유언 또는 생전행위로써 유언의 전부나 일부를 철회할 수 있다.
> ② 유언자는 그 유언을 철회할 권리를 포기하지 못한다.

### (2) 사례

* 유언의 내용 중, ㉠ 유증 철회시 수유자와 협의하기로 하거나, ㉡ 유증이 철회되더라도 상속인과 수유자는 종래의 유증의 효력을 인정하기로 하는 부분은 무효이다. 유언 철회권의 포기를 금지하는 §1108은 강행법규이기 때문이다.
✓ 다만 위 ㉡은 상속인과 수유자간에 상속개시기라는 불확정 기한이 붙은 증여계약이 체결된 것이라고 해석할 수 있다(§138).

> **대법원 2015. 8. 19. 선고 2012다94940 판결**
> ‣ 제1073조 제1항에 의하면 유언은 유언자가 사망한 때로부터 그 효력이 생기고, 유언자는 위와 같이 **생전에 언제든지 유언을 철회할 수 있으므로, 일단 유증을 하였더라도 유언자가 사망하기까지 수유자는 아무런 권리를 취득하지 않는다**고 보아야 한다.
> ‣ 유언자인 소외인이 이 사건 공정증서에 기한 유언을 수정하고자 할 경우 원고 및 피고들의 동의를 얻도록 함으로써 제1108조 등에 의하여 인정되는 소외인의 유언철회의 자유를 제한하고 있으므로 무효라고 보아야 하고,
> ‣ 유언자인 소외인이 원고 및 피고들의 동의 없이 유언의 전부 또는 일부를 철회하

거나 이에 저촉되는 생전행위를 하는 경우에도 그 수유자인 원고와 피고들 사이에서는 종래의 유언대로 협의하거나 그에 따른 분배로 보아 상호 간의 지분을 인정해 주기로 하는 등 소외인의 위와 같은 행위의 효력을 부정함으로써 사실상 소외인의 유언 철회행위를 무력화하는 셈이 되어 제1108조 등에 의하여 무효라고 볼 수밖에 없다.

## 나. 유언철회의 유형

### (1) 방법에 따라

• 유언에 의한 유언철회: 양립불가능한 내용의 유언이 여러 개 있으면 최후의 것만 유효이고 나머지는 모두 철회된 것으로 간주된다.
• 생전행위에 의한 유언철회: 유언 후에 유언자가 한 생전행위가 유언과 저촉되는 경우, 유언을 철회한 것으로 본다.

> 제1109조(유언의 저촉) 전후의 유언이 저촉되거나 유언후의 생전행위가 유언과 저촉되는 경우에는 그 저촉된 부분의 전유언은 이를 철회한 것으로 본다.

### (2) 사례: 묵시적 철회(법정철회)

A. 주체: 유언자 자신

• 유언자 자신의 행위만이 철회로 인정될 수 있다. 따라서 유언의 효력발생 후 유언서가 멸실·분실되더라도 유언 철회로 인정되지 않으며, 유언의 효력 발생 당시 적법한 유언서의 존재와 그 내용이 증명되면 유언의 효과가 발생한다.

> **대법원 1996. 9. 20. 선고 96다21119 판결**
> ‣ 상속인이 유언서를 피상속인의 사망 이후까지 보관하여 온 사실이 인정되므로 피상속인이 생전에 위 유언증서를 고의로 파훼함으로써 유언을 철회하였다고는 볼 수 없다.
> ‣ 이와 같이 유언자가 유언을 철회한 것으로 볼 수 없는 이상, 이 사건 유언증서가 그 성립 후에 멸실되거나 분실되었다는 사유만으로 유언이 실효되는 것은 아니고 이해관계인은 유언증서의 내용을 입증하여 유언의 유효를 주장할 수 있다.

• 타인이 유언자의 명의로 유증 목적물을 처분해도 유언의 묵시적 철회가 아니다.

생전행위를 <u>철회권을</u> 가진 유언자 자신이 할 때 비로소 철회 의제 여부가 문제되고 **타인이 유언자의 명의를 이용하여 임의로** 유언의 목적인 특정 재산에 관하여 처분행위를 하더라도 <u>유언철회로서의 효력은 발생하지 않는다</u>(대법원 1998. 6. 12. 선고 97다38510 판결).

B. 객관적 요건: 묵시적 철회에 해당하는 행위

• 선후 유언의 저촉 또는 유언 후에 한 생전행위와 유언이 저촉되거나 양립할 수 없는 경우, 유언의 묵시적 철회가 인정된다(§1109). 저촉이란 선유언의 효력을 인정하면 저촉행위인 후유언 또는 유언 후의 생전행위가 유효일 수 없음을 뜻한다.

> **대법원 1998. 6. 12. 선고 97다38510 판결**
> ‣ 여기서 말하는 '저촉'이라 함은 전의 <u>유언을 실효시키지 않고서는 유언 후의 생전행위가 유효로 될 수 없음을</u> 가리킨다.
> ‣ 전의 유언의 실효란 <u>법률상 또는 물리적인 집행불능만을 뜻하는 것이 아니라 후의 행위가 전의 유언과 양립될 수 없는 **취지로 행해졌음이 명백하면 족하다.**</u>

• 유언자가 고의로 유언서나 유증 목적물을 파훼한 경우, 파훼된 부분에 관한 유언은 철회된 것으로 간주된다.

> 제1110조(파훼로 인한 유언의 철회) 유언자가 고의로 유언증서 또는 유증의 목적물을 파훼한 때에는 그 파훼한 부분에 관한 유언은 이를 철회한 것으로 본다.

C. 묵시적 철회의 효과

• 선행 유언의 내용 중 후행 유언의 내용 또는 유언 후의 생전행위와 저촉되는 내용은 철회된 것으로 간주된다(§1109).

✓ 일부 철회의 경우: 의사표시 해석의 문제이지만, §1109의 문리해석상 철회된 부분에 대해서만 철회의 효과가 발생한다.

> ‣ 이러한 <u>저촉 여부 및 그 범위를 결정함</u>에 있어서는 전후 사정을 합리적으로 살펴 유언자의 의사가 유언의 일부라도 철회하려는 의사인지 아니면 그 전부를 불가분적으로 철회하려는 의사인지 여부를 실질적으로 그 집행이 불가능하게 된 유언 부분과 관련시켜 신중하게 판단하여야 한다(대법원 1998. 6. 12. 선고 97다38510 판결).

**1. 유언집행의 준비:** 검인, 개봉

### 가. 의미

(1) 검인

• 유언서나 유언녹음을 보관 또는 발견한 자는 유언자 사망 후 지체없이 법원에 제출하여 검인을 청구해야 한다

• 예외: 공정증서 유언은 검인절차가 필요 없고, 구수증서 유언은 검인이 성립요건이다.

(2) 개봉

• 주체: 유언서 개봉은 법원이 실시해야 한다.

• 상속인, 대리인 그 외의 이해관계인이 참여해야 한다.

> 제1091조(유언증서, 녹음의 검인) ① 유언의 증서나 녹음을 보관한 자 또는 이를 발견한 자는 유언자의 사망후 지체없이 법원에 제출하여 그 검인을 청구하여야 한다.
> ② 전항의 규정은 공정증서나 구수증서에 의한 유언에 적용하지 아니한다.
>
> 제1092조(유언증서의 개봉) 법원이 봉인된 유언증서를 개봉할 때에는 유언자의 상속인, 그 대리인 기타 이해관계인의 참여가 있어야 한다.

### 나. 검인 · 개봉절차의 기능

• 검인은 위 · 변조를 막는 일종의 증거보전 절차이고, 개봉은 검인을 위한 절차를 규정한 것이다.

• 검인 · 개봉 절차 준수 여부는 유언의 유효여부에 영향을 미치지 않는다. 따라서 자필증서 · 비밀증서 · 녹음에 의한 유언은 법정방식만 충족했으면 검인 · 개봉을 거치지 않아도 유효이다.

#### 대법원 1998. 6. 12. 선고 97다38510 판결

• 제1091조에서 규정하고 있는 유언증서에 대한 법원의 검인은, 유언증서의 형식 · 태양 등 유언의 방식에 관한 모든 사실을 조사 · 확인하고, 그 위조 · 변조를 방지하

며, 또한 보존을 확실히 하기 위한 <u>일종의 검증절차 내지는 증거보전절차로서, 유언</u>
<u>이 유언자의 진의에 의한 것인지 여부나 적법한지 여부를 심사하는 것이 아님은 물</u>
<u>론 직접 유언의 유효 여부를 판단하는 심판이 아니다.</u>
- 제1092조에서 규정하는 유언증서의 개봉절차는 봉인된 유언증서의 검인에는 반드
시 개봉이 필요하므로 그에 관한 절차를 규정한 데에 지나지 아니하므로, <u>적법한 유</u>
<u>언은 검인이나 개봉절차를 거치지 않더라도 유언자의 사망에 의하여 곧바로 그 효</u>
<u>력이 생기고, 검인이나 개봉절차의 유무에 의하여 유언의 효력이 영향을 받지 아니</u>
한다.

## 2. 유언집행자

### 가. 결격사유

- 제한능력자, 파산선고를 받은 자는 유언집행자가 될 수 없다.

> 제1098조 제한능력자와 파산선고를 받은 자는 유언집행자가 되지 못한다.

✓ 수유자 등 유언집행과 이해관계가 있는 자: 명문 규정은 없으나 유언집행 권한이 인정되지 않는
다(§124의 유추적용).

### 나. 결정방법

### (1) 유언에 의한 지정, 지정위탁

- 유언자는 유언으로 유언집행자를 직접 지정하거나, 제3자에게 유언집행자의
지정을 위탁할 수 있다.

> 제1093조(유언집행자의 지정) 유언자는 유언으로 유언집행자를 지정할 수 있고 그
> 지정을 제삼자에게 위탁할 수 있다.

- 직접지정의 경우: 지정된 유언집행자는 유언자 사망 후 지체 없이 수락 여부를
상속인에게 통지해야 한다. 통지하지 않으면 상속인이나 이해관계인이 상당한
기간을 정하여 최고할 수 있으며 이에 불응하면 취임 승낙으로 간주된다.
✓ 이처럼 유언으로 지정된 유언집행자가 최고에 불응하여 승낙 간주되면 사임 절차를 거치지 않는
한 상속인은 상속재산에 대한 처분권이 제한된다.

> 제1097조(유언집행자의 승낙, 사퇴) ① 지정에 의한 유언집행자는 유언자의 사망후 지체없이 이를 승낙하거나 사퇴할 것을 상속인에게 통지하여야 한다.
>
> ② 선임에 의한 유언집행자는 선임의 통지를 받은 후 지체없이 이를 승낙하거나 사퇴할 것을 법원에 통지하여야 한다.
>
> ③ 상속인 기타 이해관계인은 상당한 기간을 정하여 그 기간내에 승낙여부를 확답할 것을 지정 또는 선임에 의한 유언집행자에게 최고할 수 있다. 그 기간내에 최고에 대한 확답을 받지 못한 때에는 유언집행자가 그 취임을 **승낙한 것으로 본다.**

- 지정위탁의 경우: 수탁자는 지체없이 수락 여부를 상속인에게 통지해야 한다. 통지하지 않으면 상속인이나 이해관계인은 상당한 기간을 정해 최고할 수 있고, 이에 불응하면 지정위탁의 사퇴로 간주된다. 통지하지 않으면 상속인이나 이해관계인은 상당한 기간을 정해 최고할 수 있고, 이에 불응하면 지정위탁의 사퇴로 간주된다. 수락 여부 최고는 상속인뿐 아니라 이해관계인도 할 수 있으나, 이해관계인이 수락 여부 통지의 상대방이 될 수는 없음에 유의해야 한다.

> 제1094조(위탁에 의한 유언집행자의 지정) ① 전조의 위탁을 받은 제삼자는 그 위탁 있음을 안 후 지체없이 유언집행자를 지정하여 상속인에게 통지하여야 하며 그 위탁을 사퇴할 때에는 이를 상속인에게 통지하여야 한다.
>
> ② 상속인 기타 이해관계인은 상당한 기간을 정하여 그 기간내에 유언집행자를 지정할 것을 위탁 받은 자에게 최고할 수 있다. <u>그 기간내에 지정의 통지를 받지 못한 때에는 그 지정의 위탁을 사퇴</u>한 것으로 본다.

## (2) 법정 유언집행자 = 상속인

> 제1095조(지정유언집행자가 없는 경우) <u>전2조의 규정에 의하여 지정된 유언집행자가 없는</u> 때에는 상속인이 유언집행자가 된다.

- 유언집행자를 직접 지정하는 유언이나 유언집행자 지정을 위탁하는 유언이 없었거나, 이러한 유언으로 지정된 유언집행자가 사퇴한 경우에는 §1095에 따라 상속인이 유언집행자가 된다.
- 유언에 의해 지정된 유언집행자가 해임된 경우에는, §1095의 '전2조의 규정에 의해 지정된 유언집행자'가 있었다가 없어진 경우에 해당하므로 §1095가 적용

되지 않는다(2009다20840, 436면). 이때는 '유언집행자가 없게 된 때'이므로 곧바로 §1096가 적용되어 법원이 유언집행자를 선임해야 한다. 따라서 상속인이 유언집행자의 권한을 행사하면 권한 없는 자의 행위에 해당한다.

### (3) 선임된 유언집행자

- 이해관계인의 청구에 따라 법원이 선임하고 이때 법원은 임무수행에 필요한 처분을 명할 수 있다.
- 선임된 유언집행자는 선임 통지를 받은 후 지체 없이 승낙 여부를 **법원**에 통지해야 한다. 선임된 유언집행자가 아무런 통지를 안 하면 취임 승낙으로 간주된다(§1097).

✓ 선임된 유언집행자가 승낙여부에 대한 확답을 누구에게도 안 했거나, 법원 아닌 상속인에게 통지한 경우, 유언집행자가 있는 것으로 간주되므로 상속인의 관리처분권이 제한된다.

> 제1096조(법원에 의한 유언집행자의 선임) ① 유언집행자가 **없거나** 사망, 결격 기타 사유로 인하여 **없게 된** 때에는 법원은 이해관계인의 청구에 의하여 유언집행자를 선임하여야 한다.
> ② 법원이 유언집행자를 선임한 경우에는 그 임무에 관하여 필요한 처분을 명할 수 있다.

### 다. 권한

### (1) 권한·의무의 발생: 취임 승낙 즉시

> 제1099조(유언집행자의 임무착수) 유언집행자가 그 취임을 승낙한 때에는 지체없이 그 임무를 이행하여야 한다.

### (2) 권한·의무의 범위: 일반적·포괄적 권리의무

> 제1101조(유언집행자의 권리의무) 유언집행자는 유증의 목적인 재산의 관리 기타 유언의 집행에 필요한 행위를 할 권리의무가 있다.

### (3) 유언집행을 위해 필요한 사무처리 방법이 법률행위인 경우

A. 개관

> 제1103조(유언집행자의 지위) ① 지정 또는 선임에 의한 유언집행자는 **상속인의 대리인으로 본다.**

- 유언집행자는 상속인의 대리인으로 간주되지만, 유언집행자의 법률행위의 효과가 상속인에게 귀속된다는 의미에 지나지 않는다.
- 일반적인 임의대리와는 달리 상속인의 관리처분권이 제한되므로, 유언집행과 관련된 재판에서 유언집행자에게만 원고적격이 인정된다(법정 소송담당).

B. 사례: §1103의 의미와 상속인의 원고적격

(a) 사안의 개요

- 피상속인은 ⓧ토지를 Q에게 유증하면서 이를 집행하기 위하여 R을 유언집행자로 지정하였다. 그런데 ⓧ토지에 참칭상속인 乙 명의로 원인무효인 소유권 이전등기가 되어 있었다.
- 상속인 甲은 乙을 상대로 소유권 이전등기 말소등기 청구소송을 제기했다.
- 상고심 계속 중에 R을 해임하는 재판이 확정되었다.

(d) 판단: 甲의 소 각하

- 유언으로 유언집행자가 지정된 경우 유언 집행에 필요한 행위에 대해 상속인에게는 원고적격이 인정되지 않는다.
- 지정된 유언집행자가 해임된 경우에도 문리해석상 §1095가 적용되지 않는다. 따라서 甲은 원고적격이 없으므로 새 유언집행자를 선임해야 한다(§1096).
- 상속인이 제기한 상속회복청구소송은 부적법하므로 제소기간 경과를 막지 못한다.

### 대법원 2010. 10. 28. 선고 2009다20840 판결

- 유증 목적물에 관하여 경료된, 유언의 집행에 방해가 되는 다른 등기의 말소를 구하는 소송에 있어서는 유언집행자가 이른바 법정소송담당으로서 원고적격을 가진다고 할 것이고, 유언집행자는 유언의 집행에 필요한 범위 내에서는 상속인과 이해상반되는 사항에 관하여도 중립적 입장에서 직무를 수행하여야 하므로, 유언집행자가 있는 경우 그의 **유언집행에 필요한 한도에서 상속인의 상속재산에 대한 처분권은 제한되며 그 제한 범위 내에서 상속인은 원고적격이 없다.**
- 제1095조는 유언자가 유언집행자의 지정 또는 지정위탁을 하지 아니하거나 유언집행자의 지정을 위탁받은 자가 위탁을 사퇴한 때에 한하여 적용되는 것이므로, 유언자가 지정 또는 지정위탁에 의하여 **유언집행자의 지정을 한 이상 그 유언집행자**

가 사망·결격 기타 사유로 자격을 상실하였다고 하더라도 상속인은 제1095조에 의하여 유언집행자가 될 수는 없다.

· 유언집행자가 해임된 이후 법원에 의하여 <u>새로운 유언집행자가 선임되지 아니하였</u>다고 하더라도 유언집행에 필요한 한도에서 상속인의 상속재산에 대한 처분권은 여전히 제한되며 그 제한 범위 내에서 상속인의 원고적격 역시 인정될 수 없다.

## (4) 공동유언집행

· 원칙: 유언집행자가 여러 명이면, 과반수로 결정하여 권한을 행사한다.

· 예외: ㉠ 상속회복청구권 행사 등의 보존행위인 경우에는 단독으로 권한을 행사할 수 있고, ㉡ 유언집행자를 지정하거나 선임한 유언자, 수탁자, 법원이 업무집행 방법을 따로 정한 경우에는 이에 따라 권한을 행사한다.

> 제1102조(공동유언집행) 유언집행자가 수인인 경우에는 임무의 집행은 그 과반수의 찬성으로써 결정한다. 그러나 보존행위는 각자가 이를 할 수 있다.

· 절차법: 유증목적물에 관한 관리처분권은 합유적으로 귀속되기 때문에 유언집행자에게 유증의무 이행을 구하는 소송은 고유필수적 공동소송이다.

### 대법원 2011. 6. 24. 선고 2009다8345 판결

· 유언집행자가 수인인 경우, 유언집행자를 지정하거나 지정 위탁한 유언자나 유언집행자를 선임한 법원에 의한 **임무의 분장이 있었다는 등의 특별한 사정**이 없는 한,

· 유증 목적물에 대한 관리처분권은 유언의 본지에 따른 유언의 집행이라는 공동의 임무를 가진 수인의 유언집행자에게 **합유적으로 귀속**되고, 그 관리처분권 행사는 과반수의 찬성으로써 합일하여 결정해야 하므로, 유언집행자에게 유증의무의 이행을 구하는 소송은 유언집행자 전원을 피고로 하는 **고유필수적 공동소송**으로 봄이 상당하다.

## 라. 유언집행자의 고유한 권리의무

### (1) 개관: 위임에 관한 조항의 준용(§1103 ②: §681~§685, §687 준용)

> 제1103조(유언집행자의 지위) ② 제681조 내지 제685조, 제687조, 제691조와 제692조의 규정은 유언집행자에 준용한다.

## (2) 구체적인 예

### A. 재산목록작성의무

> 제1100조(재산목록작성) ① 유언이 재산에 관한 것인 때에는 지정 또는 선임에 의한 유언집행자는 지체없이 그 재산목록을 작성하여 상속인에게 교부하여야 한다.
> ② 상속인의 청구가 있는 때에는 전항의 재산목록작성에 상속인을 참여하게 하여야 한다.

### B. 보수청구권

### (a) 인정 여부

- 원칙: 유언집행자에게는 보수가 지급되지 않는 것이 원칙이다.
- 예외: 유언집행자 지정 유언이나 유언집행자 선임 재판에서 보수 지급에 대해 정한 경우에는 유언집행자에게 보수가 지급된다. 따라서 법정 유언집행자에게는 보수가 지급될 수 없다.

> 제1104조(유언집행자의 보수) ① 유언자가 유언으로 그 집행자의 보수를 정하지 아니한 경우에는 법원은 상속재산의 상황 기타 사정을 참작하여 지정 또는 선임에 의한 유언집행자의 보수를 정할 수 있다.

### (b) 보수가 지급되는 경우: 수임인에 준함

> 제1104조(유언집행자의 보수) ② 유언집행자가 보수를 받는 경우에는 제686조 제2항, 제3항의 규정을 준용한다.

> 제686조(수임인의 보수청구권) ② 수임인이 보수를 받을 경우에는 위임사무를 완료한 후가 아니면 이를 청구하지 못한다. 그러나 기간으로 보수를 정한 때에는 그 기간이 경과한 후에 이를 청구할 수 있다.
> ③ 수임인이 위임사무를 처리하는 중에 수임인의 책임없는 사유로 인하여 위임이 종료된 때에는 수임인은 이미 처리한 사무의 비율에 따른 보수를 청구할 수 있다.

### C. 유언집행 비용

> 제1107조(유언집행의 비용) 유언의 집행에 관한 비용은 상속재산 중에서 이를 지급한다.

## 마. 권한의 종료

### (1) 사유

**A. 해임**

> 제1106조(유언집행자의 해임) 지정 또는 선임에 의한 유언집행자에 그 임무를 해태하거나 적당하지 아니한 사유가 있는 때에는 법원은 <u>상속인 기타 이해관계인의 청구에</u> 의하여 유언집행자를 해임할 수 있다.

- 해임 사유인 '부적당'의 의미: 공정한 유언집행이 불가능하여 상속인 전원의 신뢰를 얻을 수 없음이 명백한 구체적 사정이 소명되어야 한다.
- 비교: 상속인과 유언해석에 관한 의견을 달리하여 갈등을 빚거나, 상속인을 상대로 보전처분이나 본안소송 중이라는 사실만으로는 해임사유가 될 수 없다.

> **대법원 2011. 10. 27.자 2011스108 결정**
> ‣ 유언집행자가 유언의 해석에 관하여 상속인과 의견을 달리한다거나 일부 상속인들과 유언집행자 사이에 갈등이 초래되었다는 사정만으로는 유언집행자의 해임사유인 '적당하지 아니한 사유'가 있다고 할 수 없으며,
> ‣ 일부 상속인에게만 유리하게 편파적인 집행을 하는 등으로 **공정한 유언의 실현을 기대하기 어려워 상속인 전원의 신뢰를 얻을 수 없음이 명백**하다는 등 유언집행자로서의 임무수행에 적당하지 아니한 구체적 사정이 소명되어야 할 것이다.

✓ 해임, 사퇴 모두 문리해석상 법정 유언집행자에 대해서는 적용되지 않는다. 그런데 법정 유언집행자인 상속인에 대해서도 이해관계인에 의한 해임청구가 가능해야 하지 않을까?

**B. 사퇴**

- 정당한 사유가 있어야 하고 법원의 허가도 받아야 한다.
- 일방적으로 사퇴할 수는 없다.

> 제1105조(유언집행자의 사퇴) 지정 또는 선임에 의한 유언집행자는 정당한 사유 있는 때에는 법원의 허가를 얻어 그 임무를 사퇴할 수 있다.

**C. 유언집행사무의 완결**

**D. 유언집행자의 사망, 결격 등**

### (2) 효과: §1103 ② → §691, §692 준용

## Ⅳ　유 증

### 1. 개관

**가. 법적 성질:** 단독행위, 사인행위, 요식행위

**나. 유증의 요건**

**(1) 유증자:** 유언능력(전술)

**(2) 수유증자**

- 권리능력: 수유증자는 권리능력만 있으면 충분하다. 태아에게도 수유증자로서의 권리능력은 인정된다(§1064, §1000 ③ 준용).
- 상속결격자는 유증받을 자격도 결격된다(§1064, §1004 준용).

**(3) 유증을 내용으로 하는 유언**

- 유증은 '유언에 의한 무상 처분'이므로 유언의 법정방식이 모두 갖춰져야 유효한 유증이 될 수 있다.
- 유증 의사표시의 내용은 유언자 사망시 수유증자에게 무상으로 재산을 수여하는 것이어야 한다.

**(4) 사례:** 유언의 효력 발생 전에 수유증자가 사망한 경우

- 원칙: 유증된 재산은 상속인에게 귀속된다. 즉 유증은 대습되지 않는 것이 원칙이다(§1089).

> 제1089조(유증효력발생전의 수증자의 사망) ① 유증은 유언자의 사망전에 수증자가 사망한 때에는 그 효력이 생기지 아니한다.
> ② 정지조건 있는 유증은 수증자가 그 조건성취 전에 사망한 때에는 그 효력이 생기지 아니한다.

- 예외: 수유자의 상속인에게 유증을 귀속시키려는 유증자의 의사가 유언으로 표시된 경우, 수유자의 상속인은 유증의 효과를 주장할 수 있다(§1090 단서).

> 제1090조(유증의 무효, 실효의 경우와 목적재산의 귀속) 유증이 그 효력이 생기지 아니하거나 수증자가 이를 포기한 때에는 유증의 목적인 재산은 상속인에게 귀속한다. 그러나 유언자가 유언으로 다른 의사를 표시한 때에는 그 의사에 의한다.

## 다. 유증의 효력발생시기

• 원칙: 유언자의 사망시

• 예외: 정지조건부 유증의 경우, 조건 성취시

> 제1073조(유언의 효력발생시기) ① 유언은 유언자가 사망한 때로부터 그 효력이 생긴다.
> ② 유언에 정지조건이 있는 경우에 그 조건이 유언자의 사망후에 성취한 때에는 그 조건성취한 때로부터 유언의 효력이 생긴다.

## 라. 사인증여와 유증

### (1) 개관

#### A. 사인증여의 의미

• 사인증여란 증여자의 사망으로 인하여 효력이 생기는 증여계약이다.

• 사인증여와 유증의 공통점: 출연자의 사망이 효력발생 요건이고 재산의 무상 이전이 효과라는 점이 같다.

• 사인증여와 유증의 차이점: 사인증여는 계약이고 불요식행위인 반면, 유증은 단독행위이고 엄격한 요식행위이다.

> 사인증여는 증여자가 생전에 무상으로 재산의 수여를 약속하고 증여자의 사망으로 그 약속의 효력이 발생하는 증여계약의 일종으로 수증자와의 의사의 합치가 있어야 하는 점에서 단독행위인 유증과 구별된다. … 망인의 재산분배가 이와 같이 증여자와 수증자들 사이에 **의사교환 및 조정을 거쳐 이루어진 것이라면 이는 단독행위가 아니라 증여계약**으로 봄이 타당하다(대법원 2001. 9. 14. 선고 2000다66430 판결).

#### B. 유언의 법정방식을 갖추지 못한 유증 의사표시

✓ 유언의 법정 방식을 갖추지 못한 유증 의사표시는 사인증여 계약의 청약으로 볼 수 있다(§138).

✓ 수유자가 승낙의사표시를 하면 사인증여 계약이 성립한 것으로 볼 여지가 있다.

### (2) 사인증여에 대한 유증 조항의 준용

#### A. 원칙

• 사인증여에 대해서는 유증에 관한 규정들이 준용된다.

> 제562조(사인증여) 증여자의 사망으로 인하여 효력이 생길 증여에는 유증에 관한 규
> 정을 준용한다.

- 유언 철회의 자유에 관한 §1108는 표의자의 의사를 존중하기 위한 규정으로서
  사인처분이라는 특성을 반영하고 있다. 따라서 사인증여에도 준용된다.

  **대법원 2022. 7. 28. 선고 2017다245330 판결**
  ‣ 사인증여는 증여자의 <u>사망으로 인하여 효력이 발생하는 무상행위</u>로 그 실제적 기
    <u>능이 유증과 다르지 않으므로</u>, 증여자 사망 후 재산 처분에 관하여 유증과 같이 **증
    여자의 최종적인 의사를 존중할 필요**가 있다. 또한 증여자가 사망하지 않아 사인증
    여의 효력이 발생하기 전임에도 사인증여가 계약이라는 이유만으로 철회가 인정되
    지 않는다고 볼 것은 아니다.
  ‣ 이러한 사정을 고려하면 특별한 사정이 없는 한 유증의 철회에 관한 제1108조 제1
    항은 사인증여에 준용된다고 해석함이 타당하다.

B. 예외: §562의 제한해석

- 문리해석상으로는 사인증여에 대해 유증에 관한 조항이 모두 준용되는 것처럼
  보이지만 일부 조문은 준용되지 않는다. 사인증여와 유증의 법적 성질의 차이
  를 반영해야 하기 때문이다.
- 유증의 요건에 관한 조항들 중 단독행위임을 전제한 조항들은 준용되지 않는다.
  예컨대 유언의 법정방식, 유증의 승인·포기는 계약인 사인증여와는 무관하다.

  제562조는 사인증여에 관하여는 유증에 관한 규정을 준용하도록 규정하고 있지만, 유
  증의 방식에 관한 규정들은 그것이 단독행위임을 전제로 하는 것이어서 계약인 사인
  증여에는 적용되지 아니한다(대법원 2001. 9. 14. 선고 2000다66430 판결).

- 유증의 효과에 관한 조항 중 §1078는 적용되지 않는다. 즉 포괄적 사인증여는 허
  용될 수 없다. 포괄재산에는 채무도 포함되는데 채무자와 인수인의 계약만으로
  (채권자의 승낙 없이) 채무를 당연승계할 수는 없기 때문이다. 또한 불요식인 사
  인증여로 포괄·당연승계를 할 수 없게 함으로써 포괄유증을 유언으로만 하게
  한 입법취지를 실현할 필요도 있다.

**대법원 1996. 4. 12. 선고 94다37714 판결**

‣ 제562조를 근거로 제1078조가 포괄적 사인증여에도 준용된다고 해석하면 포괄적 사인증여에도 상속과 같은 효과가 발생하게 된다.

‣ 그러나 포괄적 **사인증여는 낙성·불요식의 증여계약의 일종이고, 포괄적 유증은 엄격한 방식을 요하는 단독행위**이며, 방식을 위배한 포괄적 유증은 무효행위 전환에 의해 대부분 포괄적 사인증여로 보여질 것인바, 포괄적 사인증여에 제1078조가 준용된다면 양자의 효과는 같게 되므로, 결과적으로 포괄적 유증에 엄격한 방식을 요하는 요식행위로 규정한 조항들은 무의미하게 될 것이다.

C. 사례: 포괄적 사인증여가 인정될 수 있는지의 여부

(a) 사안(위의 94다37714)

• 1955. 2. 1. A 소유 ⓧ부동산을 B가 매수하기로 하는 유효한 계약이 성립했고 이에 따라 A는 ⓧ부동산의 점유를 B에게 넘겨주고 대금을 받았으나 소유권이전등기는 넘겨주지 않았다.

• 그 직후 B는 자신의 유일한 친족인 5촌 조카 C에게 '내가 죽으면 전 재산을 주겠다'라는 내용의 계약을 체결하고 계약서를 작성했다.

• 1960.2.1. B가 사망하자 C가 ⓧ부동산을 점유·사용(경작)하다가 1989. 사망했고, C의 상속인 甲이 계속 점유하고 있다.

• 1968.2.1. A 사망 후 공동상속인들간 분할협의로 A의 상속인인 乙 명의로 적법하게 단독등기되자, 甲이 乙을 상대로 소유권이전등기청구를 했다.

(b) 쟁점과 판단

• B의 소유권이전등기청구권: A, B간 매매는 유효이고, 미등기취득자의 소유권이전등기청구권은 시효소멸하지도 않기 때문에 B 사망시까지도 유지된다.

• B의 등기청구권이 C에게 승계되었는지의 여부가 다투어졌는데, 甲은 B, C간 위 약정이 포괄적 사인증여계약으로서 유효라고 주장했으나 배척되었다.

(c) 대법원이 제시한 대안

• 전제: ⓧ부동산을 목적물로 하는 특정 사인증여계약으로 해석하고, B 사망시 유일한 친족인 C는 5촌이므로 상속인이 아니어서 결국 상속인 부재 상황이 발생한 것으로 본다.

• 甲은 이해관계인 자격으로 재산관리인 선임청구를 함으로써 청산절차(§1056)를 시작하게 할 수 있는데, B의 잔여재산은 A에 대한 등기청구권이고, B에 대한 상속채권은 '특정적 사인증여계약을 원인으로 하는' C의 등기청구권이다.

• 따라서 A에 대한 B의 소유권 이전등기청구권을 C에게 양도하는 방식으로 청산할 수 있다.

## 2. 포괄유증

**가. 의미:** 포괄적 상속재산의 전부 또는 일정 비율을 유증하는 것

**나. 요건**

• 포괄유증도 유증의 일종이므로 유언의 법정방식 준수와 같은 유증의 일반적 요건을 모두 갖춰야 한다.

• 수유증자의 단순승인 또는 한정승인: 포괄수유자는 상속인과 동일한 권리의무를 가지기 때문에, 상속인에 준하여, 즉 §1019 이하의 규정에 따라 단순승인, 한정승인, 포기를 할 수 있다.

**다. 효과**

**(1) 특정유증과 포괄유증의 비교**

✓ 특정유증은 채권적 효력만 있으므로 목적물이 부동산인 경우 §186가 적용되는 반면, 포괄유증은 상속인에 준하는 포괄·당연승계가 인정된다(§1005, §187).

✓ 특정유증은 적극재산만 귀속시키는 반면, 포괄유증은 채무도 당연승계 대상이 된다.

**(2) 상속과 포괄유증의 비교: §1078의 축소해석**

✓ 상속인은 친족으로 한정되어 있지만, 포괄유증은 법인, 권리능력 없는 단체도 받을 수 있다.

✓ 부관은 포괄유증에 대해서만 붙일 수 있다. 상속은 의사표시가 아니기 때문이다.

✓ 상속은 일정 요건만 충족하면 피상속인의 의사와 무관하게 대습상속이 일어나지만, 포괄유증은 피상속인의 유언에 따라 대습 여부가 결정된다.

✓ 유류분권은 상속인에게만 인정된다.

## 3. 특정유증

**가. 의의**

• 개별 재산을 무상으로 양도하는 유증을 뜻하며, 특정유증인가 포괄유증인가를

판단하는 것은 유언 의사표시 해석의 문제이다.

- 예컨대 ㉠ 특정한 재산을 목적으로 하는 유증이더라도 전 재산에 해당하면 포괄유증으로 해석되고, ㉡ 유증재산 목록에 피상속인 소유 적극재산의 일부가 누락되었고, 채무에 관한 사항도 없으면 특정유증으로 해석된다.

포괄적 유증인가 특정유증인가는 유언에 사용한 문언 및 그 외 제반 사정을 종합적으로 고려하여 탐구된 유언자의 의사에 따라 결정되어야 하고, 상속재산에 대한 비율의 의미로 유증이 된 경우는 포괄적 유증, 그렇지 않은 경우는 특정유증이라고 할 수 있지만, 유언공정증서 등에 유증한 재산이 개별적으로 표시되었다는 사실만으로는 특정유증이라고 단정할 수는 없고 … 다른 재산이 없다고 인정되면 포괄적 유증이라고 볼 수 있다(대법원 2003. 5. 27. 선고 2000다73445 판결).

이 사건 유언공정증서의 유증 대상 부동산 목록에 유언자 소유의 부동산 중 일부가 기재되어 있지 않고 유언자의 채무나 다른 재산에 관해서도 아무런 기재가 없다. 따라서 유언자가 원고에게 포괄적으로 유증하였다고 보기 어렵다(대법원 2017. 11. 14. 선고 2017다24281 판결).

## 나. 요건

### (1) 적법한 유언에 의한 유증 의사표시

### (2) 수유자의 승인

A. 수유자의 승인 · 포기의 의미

- 수유자의 의사표시로 특정유증의 효과인 재산권 취득 여부를 결정하는 것을 뜻한다.
- 법적 성질: 상대방 있는 단독행위이며, 상대방은 유증 이행 의무자인 상속인 또는 유언집행자이다.
- 특정유증은 적극재산만을 대상으로 하기 때문에 한정승인은 인정될 필요가 없다.

B. 요건

- 수유자의 승인 · 포기는 불요식 행위이다.
- 상대방은 유증 이행 의무자이고, 유언자 사망 후 기간 제한 없이 승인 · 포기할 수 있다.

제1074조(유증의 승인, 포기) ① 유증을 받을 자는 유언자의 사망후에 언제든지 유증을 승인 또는 포기할 수 있다.

- 유증의무자의 최고권: 수유자가 이러한 최고에 불응하면 승인으로 간주된다.

제1077조(유증의무자의 최고권) ① **유증의무자나 이해관계인**은 상당한 기간을 정하여 그 기간 내에 승인 또는 포기를 확답할 것을 수증자 또는 그 상속인에게 최고할 수 있다. ② 전항의 기간내에 수증자 또는 상속인이 유증의무자에 대하여 최고에 대한 확답을 하지 아니한 때에는 유증을 **승인한 것으로 본다**.

## C. 효과

- 승인·포기의 철회는 금지되지만, 총칙상 사유에 근거한 취소는 가능하다.

제1075조(유증의 승인, 포기의 취소금지) ① 유증의 승인이나 포기는 취소하지 못한다. ② 제1024조 제2항의 규정은 유증의 승인과 포기에 준용한다.

- 승인·포기의 효과는 유언자의 사망시로 소급한다.
  ✓ 다만 §1074 ②는 성립요건주의 하에서는 실익이 없다. 과실수취권의 발생시점 등은 별도 조항에 의해 규율되기 때문이다.

제1074조(유증의 승인, 포기) ② 전항의 승인이나 포기는 유언자의 사망한 때에 소급하여 그 효력이 있다.

## D. 수유자가 승인도 포기도 안 한 채 사망한 경우

- 전제: 유증의 효력이 유지될 수 있어야 한다. 즉, ㉠ 수유증자가 유증의 효력 발생 후 사망했거나, ㉡ 수유자가 유증 효력 발생 전 사망했으나 유언자의 의사에 의한 대습이 인정되어야 한다.
- 효과: 수유자의 상속인은 상속분 한도 내에서 승인·포기할 수 있으나, 유언자가 유언으로 다른 의사를 표시했으면 유언자의 의사가 우선한다.

제1076조(수증자의 상속인의 승인, 포기) 수증자가 승인이나 포기를 하지 아니하고 사망한 때에는 그 상속인은 상속분의 한도에서 승인 또는 포기할 수 있다. 그러나 유언자가 유언으로 다른 의사를 표시한 때에는 그 의사에 의한다.

## 다. 효과

### (1) 기본적인 효과: 채권적 효과

- 유증된 재산이 부동산인 경우: §186가 적용되므로 상속인이 제3자에게 양도하고 소유권이전등기를 넘겨주면 이중매매와 유사한 사안이 되고, 특정유증 수유자는 진정명의회복을 원인으로 소유권 이전등기청구를 할 수 없다.
- 근거: 유증이행 의무를 전제한 §1081, §1082, §1087 등은 특정유증의 채권적 효과를 반영한 것이다.

> **대법원 2017. 11. 14. 선고 2017다24281 판결**
> ‣ 부동산에 관하여 **포괄적 유증을 받은 사람은 제187조**에 따라 그 부동산의 소유권을 취득하지만, 특정유증을 받은 사람은 유증의무자에게 유증을 이행할 것을 청구할 수 있는 채권을 갖게 될 뿐 유증 받은 부동산의 소유자가 아니므로
> ‣ 유증 받은 부동산에 관해서 소유권을 취득한 제3자를 상대로 **소유자임을 전제로 말소등기를 구하거나 직접 진정명의의 회복을 원인으로 소유권이전등기를 구할 수 없다.**

### (2) 부수적인 효과

A. 개관

- 특정유증의 채권적 효과를 전제한 부수적 이해관계를 조절할 필요가 있다.
- 유언자의 의사가 우선적용된다. 따라서 유증의 효과에 관한 조항들은 모두 임의규정이다.

> 제1086조(유언자가 다른 의사표시를 한 경우) 전3조의 경우에 유언자가 유언으로 다른 의사를 표시한 때에는 그 의사에 의한다.

B. 유증의 효력 확장: 물상대위

- ✓ 조문의 제목은 '물상대위'이지만 그 내용은 '대상청구권'을 규정한 것으로 보아야 한다. 특정유증에는 채권적 효과만 인정되므로, 물권의 효과인 '물상대위'가 인정될 수는 없다.
- 유언자의 의사가 있으면 유언자의 의사가 우선적용되고 유언자의 의사가 없으면 유증에 관한 조항들이 보충적으로 적용된다.

- 유증 목적물이 물건인 경우: 물건의 멸실·훼손이나 점유침해가 발생하고, 이로 인해 상속인에게 제3자에 대한 손해배상청구권이 발생한 경우, 이 권리가 유증의 목적물로 간주된다.
  - ✓ 특정유증의 채권적 효과를 인정한다면, 비록 §1083에 규정되어 있지는 않지만, 수용보상금이나 손해보험금 등의 대상재산에 대해서도 유증의 효력이 미친다고 볼 것이다.

> 제1083조(유증의 물상대위성) 유증자가 유증목적물의 멸실, 훼손 또는 점유의 침해로 인하여 제삼자에게 손해배상을 청구할 권리가 있는 때에는 그 권리를 유증의 목적으로 한 것으로 본다.

- 유증 목적물이 채권인 경우: 유언자가 유증한 채권을 행사하여 변제를 수령한 경우에, 별도의 의사표시가 없으면 ㉠ 변제 받은 물건이 상속재산에 포함되어 있을 때만 그 물건이 유증의 목적이 되는 것이 원칙이다. 유언자가 변제받은 물건을 처분한 것은 묵시적 유언철회라고 볼 수 있기 때문이다. ㉡ 이에 비해 유증 목적물이 금전채권인 경우 유증자가 이 채권을 행사하여 수령한 가액이 상속재산에 포함되어 있든 없든 항상 그 가액이 유증의 목적으로 간주된다.

> 제1084조(채권의 유증의 물상대위성) ① 채권을 유증의 목적으로 한 경우에 유언자가 그 변제를 받은 물건이 상속재산 중에 있는 때에는 그 물건을 유증의 목적으로 한 것으로 본다.
> ② 전항의 채권이 금전을 목적으로 한 경우에는 그 변제받은 채권액에 상당한 금전이 상속재산중에 없는 때에도 그 금액을 유증의 목적으로 한 것으로 본다.

> 제1086조(유언자가 다른 의사표시를 한 경우) 전3조의 경우에 유언자가 유언으로 다른 의사를 표시한 때에는 그 의사에 의한다.

C. 유증 이행 전의 이해관계 조절

(a) 과실수취권의 귀속

- 원칙: 수유증자는 유증이행을 청구할 수 있을 때인 유증의 효력발생시부터 과실수취권을 가진다.
- 예외: 유언자가 다른 의사를 표시한 때에는 이에 따른다.

> 제1079조(수증자의 과실취득권) 수증자는 유증의 이행을 청구할 수 있는 때로부터 그 목적물의 과실을 취득한다. 그러나 유언자가 유언으로 다른 의사를 표시한 때에는 그 의사에 의한다.

## (b) 비용상환청구권

- 전제: 유증의무자가 유언자의 사망 후에 지불한 비용만 문제된다.
- 목적물의 과실을 수취하기 위해 필요비를 지출한 경우에는, 과실 가액 한도 내에서 과실수취권 있는 수유자에게 비용상환을 청구할 수 있다.

> 제1080조(과실수취비용의 상환청구권) 유증의무자가 유언자의 사망후에 그 목적물의 과실을 수취하기 위하여 필요비를 지출한 때에는 그 과실의 가액의 한도에서 과실을 취득한 수증자에게 상환을 청구할 수 있다.

- 유증 목적물 자체에 대해 지출한 비용에 대해서는, 유치권자에 준하여 필요비·유익비 상환을 청구할 수 있다.

> 제1081조(유증의무자의 비용상환청구권) 유증의무자가 유증자의 사망후에 그 목적물에 대하여 비용을 지출한 때에는 제325조의 규정을 준용한다.

## D. 담보책임

### (a) 물건의 하자

- 요건: 불특정물이 유증의 목적물인 경우에만 담보책임이 발생한다. 특정물 유증의 경우 담보책임이 없는 것으로 해석된다.
- 효과: 매도인에 준하는 담보책임을 지므로(§1082 ①에 의한 §581, §580, §575 준용), 완전물 인도의무도 인정된다(§1082 ②).

> 제1082조(불특정물유증의무자의 담보책임) ① 불특정물을 유증의 목적으로 한 경우에는 유증의무자는 그 목적물에 대하여 매도인과 같은 담보책임이 있다.
> ② 전항의 경우에 목적물에 하자가 있는 때에는 유증의무자는 하자없는 물건으로 인도하여야 한다.

### (b) 권리의 하자: 유증의 효력발생시에 유증 목적물에 제3자의 권리가 설정된 경우

- 수유증자는 제3자의 권리를 인수해야 하는 것이 원칙이다. 다만 유언자가 유언

으로 다른 의사표시를 한 경우에는 유언이 우선한다.

- 적용범위: 제3자의 권리가 대세적 권리인 경우는 물론, 채권에 불과한 경우에도 인수 대상이 된다(2017다289040, 451면).

> 제1085조(제삼자의 권리의 목적인 물건 또는 권리의 유증) 유증의 목적인 물건이나 권리가 유언자의 사망 당시에 제삼자의 권리의 목적인 경우에는 수증자는 유증의무자에 대하여 그 제삼자의 권리를 소멸시킬 것을 청구하지 못한다.

> 제1086조(유언자가 다른 의사표시를 한 경우) 전3조의 경우에 유언자가 유언으로 다른 의사를 표시한 때에는 그 의사에 의한다.

### (c) 타인권리 유증

- 의미: 상속재산에 속하지 않은 재산의 유증으로서 유증의 목적인 물건이나 재산권이 유언자 사망 당시 상속재산에 포함되어 있지 않은 경우를 뜻한다.
- 효과: ㉠ 유증이 무효임이 원칙이지만, ㉡ 유언자의 의사가 '타인의 권리를 취득하여 유증하라'는 취지로 해석되면 유증의무자는 이에 따라야 한다. ㉢ 다만 타인권리 취득이 불가능하거나 이를 위해 과도한 비용이 들면 유증의무자는 가액으로 변상할 수 있다.

> 제1087조(상속재산에 속하지 아니한 권리의 유증) ① 유언의 목적이 된 권리가 유언자의 사망당시에 상속재산에 속하지 아니한 때에는 유언은 그 효력이 없다. 그러나 유언자가 자기의 사망당시에 그 목적물이 상속재산에 속하지 아니한 경우에도 유언의 효력이 있게 할 의사인 때에는 유증의무자는 그 권리를 취득하여 수증자에게 이전할 의무가 있다.
> ② 전항 단서의 경우에 그 권리를 취득할 수 없거나 그 취득에 과다한 비용을 요할 때에는 그 가액으로 변상할 수 있다.

### (3) 사례: 제3자의 권리가 설정된 재산의 유증

A. 사안의 개요

- 甲은 자신이 소유한 ⓧ건물에 乙이 대가 없이 거주하도록 용인하고 있었으며, ⓧ건물을 丙에게 특정유증했다.
- 甲이 사망하여 유언의 효력이 발생하자 丙은 유증을 원인으로 ⓧ건물에 대한

소유권이전등기를 마친 후 乙에게 §213의 반환청구권을 행사한다.

B. 쟁점과 판단

- §1085의 '제3자의 권리'에는 물권뿐 아니라 채권도 포함된다. 따라서 수유증자는 유증의무자에게 제3자의 권리 소멸을 청구할 수 없다. 다만 유언자가 다른 의사표시를 한 경우에는 그 의사표시의 내용에 따른다(§1086).
- 결국 丙의 청구는 이유 없다. 甲과 乙 사이에는 사용대차 계약이 체결된 것으로 볼 수 있고, 乙의 사용차권도 §1085의 '제3자의 권리'에 해당하기 때문이다.

> **대법원 2018. 7. 26. 선고 2017다289040 판결**
> - 제1085조는 유증의 목적물을 <u>유언의 효력발생 당시의 상태대로 수증자에게 주는 것이 유언자의 의사라는 점을 고려하여 수증자 역시 유증의 목적물을 유언의 효력발생 당시의 상태대로 취득</u>하는 것이 원칙임을 확인한 것이다. 그러므로 유증의 목적물이 유언자의 사망 당시에 제3자의 권리의 목적인 경우에는 그와 같은 제3자의 권리는 특별한 사정이 없는 한 유증의 목적물이 <u>수증자에게 귀속된 후에도 그대로 존속</u>하는 것으로 보아야 한다.
> - <u>유증의 목적물인 이 사건 토지에 대한 사용차주로서 피고의 권리는 특별한 사정이 없는 한 수증자가 이 사건 토지에 대한 소유권을 취득한 후에도 그대로 존속</u>한다고 보아야 한다.

## 4. 부담부 유증

### 가. 개관

### (1) 부담의 의미

- 유증 의사표시에 부관의 일종인 부담을 붙인 경우로서, 포괄유증이건 특정유증이건 부담이 붙으면 모두 부담부 유증이 된다.
- 부담은 부관의 일종인데, 상대방의 의무를 내용으로 하고 상대방의 의사에 의해 실현될 수 있다는 점에서 조건이나 기한과 다르다.
  - ✓ §561의 유추적용 가능성 : 부담부 무상행위에 대해서는 쌍무계약에 관한 규정들이 준용될 수 있다.

## (2) 부담의 존재 여부 판단

### A. 유언자의 의사표시 해석의 문제

유언자가 부담부 유증을 하였는지 여부는 유언에 사용한 문언 및 그 외 제반 사정을 종합적으로 고려하여 탐구된 유언자의 의사에 따라 결정되어야 한다(대법원 2022. 1. 27. 선고 2017다265884 판결).

### B. 사례: 유언자가 특정유증한 부동산과 관련된 채무

* 특정유증의 목적물인 부동산과 관련된 채무, 예컨대 담보물권의 피담보채무나 그 부동산에 관한 임차보증금 반환채무 등이 있는 경우, 특정유증 목적물과 관련된 이러한 채무의 인수라는 부담이 붙은 유증으로 해석된다.
* 주의! 특정유증 목적물과 관련된 채무의 대항력 인정 여부는 문제되지 않는다. 예컨대 임차주택이 특정유증의 목적물인 경우, 대항력 없는 임차인에 대한 보증금 반환채무 인수도 부담의 내용으로 해석된다.

> **대법원 2022. 1. 27. 선고 2017다265884 판결**
> ‣ 유언자가 임차권 또는 근저당권이 설정된 목적물을 특정유증하였다면 특별한 사정이 없는 한 유증을 받은 자가 그 임대보증금반환채무 또는 피담보채무를 인수할 것을 부담으로 정하여 유증하였다고 볼 수 있다.
> ‣ 그런데도 원심은 원고들의 유류분 부족액 산정과 피고들의 구상권 행사 여부를 판단하면서 피상속인의 유증이 특정유증으로서 유증 목적 부동산에 관한 임대차보증금반환채무 등의 인수를 부담으로 정한 부담부 유증인지 여부를 살피지 아니한 채, 유증 목적 부동산에 관한 임대차계약에 대항력이 있는지 여부에 따라 판단하였다. 이러한 원심판단에는 잘못이 있다.

## 나. 부담부유증에 대한 특칙

### (1) 부담불이행의 효과

* 유증의 취소: 상속인 또는 유언집행자는 수유자에게 상당 기간을 정해 부담의 이행을 최고한 후, 수유자가 최고에 불응하면 법원에 유언 취소 청구를 할 수 있고, 이에 따른 법원의 재판으로 유증이 취소된다.
    * ✓ 상속인이나 유언집행자는 아니지만 수유증자의 부담이행으로 이익을 얻는 수익자에게는 부담이

행 최고나 부담부유증의 취소를 청구할 권한이 없다.

- **상대적 소급효**: 선의, 악의를 불문하고 모든 제3자에게 부담부 유증 취소로 대항할 수 없다.

✓ 당사자들 사이에서는 소급효가 인정된다고 새겨야 한다. 제3자 보호조항은 적어도 당사자들 사이에서는 소급효가 인정됨을 전제하기 때문이다.

> 제1111조(부담 있는 유언의 취소) 부담있는 유증을 받은 자가 그 부담의무를 이행하지 아니한 때에는 상속인 또는 유언집행자는 상당한 기간을 정하여 이행할 것을 최고하고 그 기간내에 이행하지 아니한 때에는 법원에 유언의 취소를 청구할 수 있다. 그러나 제삼자의 이익을 해하지 못한다.

## (2) 부담이행의 한도

- 수유증자는 유증으로 얻을 이익의 한도 내에서만 부담을 이행할 의무가 있다.
- 유증 이익이 한정승인이나 재산분리로 인해 감축되면, 부담 내용도 감축된다.

✓ 그러나 그 외의 사정, 예컨대 유증된 재산의 가치 하락은 반영되지 않는다.

> 제1088조(부담 있는 유증과 수증자의 책임) ① 부담있는 유증을 받은 자는 유증의 목적의 가액을 초과하지 아니한 한도에서 부담한 의무를 이행할 책임이 있다.
> ② 유증의 목적의 가액이 한정승인 또는 재산분리로 인하여 감소된 때에는 수증자는 그 감소된 한도에서 부담할 의무를 면한다.

## (3) 유증의 가액 산정시 부담의 가액 공제

- 유증의 가액은 특별수익자의 구체적 상속분 산정시와 유류분 부족액 산정시에 문제된다.
- 어떤 경우이든, 부담부 유증의 경우에 유증 목적물의 가액에서 부담의 가액을 공제한 값을 수유자가 얻은 이익의 가액으로 보아야 한다.

**대법원 2022. 9. 29. 선고 2022다203583 판결**
- 유언자가 임차권 또는 근저당권이 설정된 목적물을 특정유증하면서 유증을 받은 자가 그 임대차보증금반환채무 또는 피담보채무를 인수할 것을 부담으로 정한 경우 상속인이 상속개시 시에 유증 목적물과 그에 관한 임대차보증금반환채무 또는 피담보채무를 상속하므로 이를 전제로 유류분 산정의 기초가 되는 재산액을 확정

하여 유류분액을 산정하여야 한다.

‣ 부담부 유증의 경우 **유증 전체의 가액에서 부담의 가액을 공제한 차액 상당을 유증 받은 것으로 보아** 유류분반환 범위를 정하여야 한다. 이때 유류분액을 산정함에 있어 반환의무자가 **유증받은 재산의 시가는 상속개시 당시**를 기준으로 산정하여야 하고 그 반환의무자에 대하여 반환하여야 할 재산의 범위를 확정한 다음 원물반환이 불가능하여 가액반환을 명하는 경우 가액은 사실심 변론종결시를 기준으로 산정하여야 한다.

17장

# 특별수익상속인, 기여상속인

# 특별수익상속인, 기여상속인

## I  개관

### 1. 기능

#### 가. 공동상속인 상호간의 실질적 공평 실현

✓ 특별수익상속인 제도는 피상속인이 법률행위로 특정 공동상속인에게만 무상으로 재산을 처분한 경우 공동상속인들간의 실질적 공평을 실현하기 위한 것이다. 이에 비해 기여상속인 제도는 보호가치가 더 높은 상속인을 우대하여 형식적 균분상속의 문제점을 시정하기 위한 것이다.

✓ 특별수익·기여분은 단독상속의 경우에는 문제되지 않는다. 이에 비해 유류분은 상속인 이외의 제3자에 대한 무상처분도 다투는 것이기 때문에 단독상속의 경우에도 문제된다.

#### 나. 비교: 유류분제도

✓ 전제: 피상속인이 법률행위로 자신의 재산을 무상 처분한 경우에 문제된다.

✓ 수익자가 제3자인 경우, 유류분은 상속재산에 대한 상속인의 기대를 보호하는 기능을 수행한다.

✓ 수익자가 공동상속인인 경우, 유류분은 공동상속인간의 실질적 공평을 실현하는 기능을 수행하며 특별수익·기여분 제도의 연장선상에 있다.

### 2. 문제해결의 구조

#### 가. 개관

#### (1) 궁극적인 목표

✓ 실제상속재산을 각 공동상속인들에게 얼마씩 나눠줄 것인가를 결정해야 한다.

✓ 실제상속재산의 의미: 피상속인의 사망 당시 피상속인이 보유한 적극재산의 가액을 뜻한다.

#### (2) 문제해결의 단계

✓ 1단계: 상정상속재산의 가액을 산정하고 여기에 법정상속분을 적용하여 본래적 상속분액을 산정한다.

✓ 2단계: 특별수익상속인과 기여상속인이 있는지를 파악하고, 특별수익과 기여분의 가액을 결정한다. 특별수익은 객관적으로 산정되지만 기여분은 협의·재판으로 정해진다.

✓ 3단계: 각 공동상속인들의 본래적 상속분액에서 특별수익을 공제하거나 기여분을 가산하여 구체적 상속분액을 산정한다.

✓ 4단계: 실제상속재산으로 각 공동상속인들의 구체적 상속분액을 지급한다. 부족액이 발생하는 경우 각 공동상속인들이 법정상속분에 따라 손실을 분담해야 한다.

✓ 5단계: 실제상속재산에서 받을 수 있는 가액에서 상속채무 분담액을 공제한 가액이 본래적 상속분액에 유류분율을 곱한 가액에 미치지 못하면 유류분 부족이 발생하고 유류분 부족액만큼 유류분반환청구권이 인정된다.

## 나. 상정상속재산

### (1) 상정상속재산의 의미

• 실제상속재산의 가액에 피상속인이 생전에 무상 처분한 적극재산을 더하고 기여상속인의 기여분을 공제한 가액을 뜻한다.

• 피상속인이 생전에 상속인의 기대이익을 해치는 무상 처분행위를 하지 않았고 모든 공동상속인들이 피상속인에게 특별한 기여를 하지 않았다면, 실제상속재산과 상정상속재산은 같다.

### (2) 산정 방법

A. 실제상속재산의 가액에 생전에 무상으로 처분된 재산의 가액을 합산

• 유증, 사인증여 대상인 재산은 상속개시기에 실제상속재산으로 남아 있으므로 상정상속재산을 계산할 때 유증이나 사인증여의 가액을 산입하면 안 된다.

• 증여된 재산도 아직 수증자에게 귀속되지 않은 상태이면 실제상속재산에 포함되어 있는 상태이므로 그 가액을 거듭 산입하면 안 된다.

B. 상속채무는 공제하지 않음

• 취지: 상속채무를 공제하여 상정상속재산을 산정하면 특별수익자가 더 유리해지기 때문에 불공평이 심화되는 것을 방지하기 위해 구체적 상속분을 산정할 때는 상속채무를 공제하지 않는다.

• 예컨대 공동상속인 甲, 乙, 실제상속재산 10억원, 甲에 대한 생전증여 6억원, 상속채무 6억원인 경우, ㉠ 상속채무를 고려하지 않으면 상정상속재산 16억원, 본래적 상속분 각 8억원이므로, 실제상속재산에서 甲은 2억원, 乙은 8억원을 각

취득하고, 이때 상속채무는 법정상속분에 따라 각 3억원씩 당연분속된다. 결국 궁극적인 상속이익은 甲, 乙 모두 5억원이다. ⓛ 반면 상속채무를 공제하면, 상 정상속재산 10억원, 본래적 상속분 각 5억원인데, 甲은 이미 생전증여로 6억원 을 받았으므로 실제상속재산에서는 상속을 받을 수 없다. 그런데 '실제상속재 산으로부터의 적극재산 분배비율'인 구체적 상속분에 따라 채무도 분담한다고 본다면, 특별수익상속인인 甲은 채무를 분담하지 않게 되어 상속채무 6억원 전 액을 乙이 부담하게 되어 불공평하다.

### 대법원 1995. 3. 10. 선고 94다16571 판결

‣ 공동상속인 중에 특별수익자가 있는 경우의 구체적인 상속분의 산정을 위하여는, 피상속인이 상속개시 당시에 가지고 있던 재산의 가액에 생전 증여의 가액을 가산 한 후, 이 가액에 각 공동상속인별로 법정상속분율을 곱하여 산출된 상속분의 가액 으로부터 특별수익자의 수증재산인 증여 또는 유증의 가액을 공제하는 계산방법에 의하여 할 것이고,

‣ 여기서 이러한 계산의 기초가 되는 "피상속인이 상속개시 당시에 가지고 있던 재산 의 가액"은 상속재산 가운데 적극재산의 전액을 가리키는 것으로 보아야 옳다. 그 렇지 않고 이를 상속의 대상이 되는 적극재산으로부터 소극재산, 즉 피상속인이 부 담하고 있던 상속채무를 공제한 차액에 해당되는 **순재산액이라고 파악하게 되면, 자기의 법정상속분을 초과하여 특별이익을 얻은 초과특별수익자는 상속채무를 전 혀 부담하지 않게** 되어 다른 공동상속인에 대하여 심히 균형을 잃게 되는 부당한 결 과에 이르기 때문에

‣ 상속인들은 상속의 대상이 되는 적극재산에 증여재산을 합한 가액을 상속분에 따 라 상속하고, **소극재산도 그 비율대로 상속한다고 보아야** 할 것이다. 따라서 공동상 속인 중에 피상속인으로부터 생전증여를 받은 특별수익자가 있는 경우, 피상속인 이 상속개시 당시 가지고 있던 상속재산인 적극재산 전액과 증여가액을 합산한 금 액에 그 특별수익자인 상속인의 법정상속분율을 곱하여 산출된 상속분의 가액이 위 증여가액에 미달할 때에 한하여만, 당해 상속인은 더 이상 상속재산에 관하여 상 속분을 주장할 수 없게 되는 것이다.

## 다. 본래적 상속분액과 구체적 상속분액 산정

### (1) 본래적 상속분액

• 상정상속재산에 법정상속분 비율을 곱해 산정한 가액을 뜻한다.

• 피상속인의 생전처분이나 상속인의 기여와 같은 특별한 사정이 없다면 각 상속인이 상속받았을 것으로 상정되는 가액이다.

### (2) 특별수익, 기여분 등을 고려한 각 상속인의 구체적 상속분액 결정

A. 구체적 상속분액의 의미

• 구체적 상속분액은 공평원칙을 반영하기 위해 본래적 상속분액을 수정하는 조정을 거쳐 산정된다.

• 각 공동상속인의 상속받아 마땅한 정당한 이익이라고 할 수 있다.

> 공동상속인 중에 피상속인으로부터 재산의 증여 또는 유증 등의 특별수익을 받은 자가 있는 경우에는 이러한 특별수익을 고려하여 상속인별로 고유의 법정상속분을 수정하여 구체적인 상속분을 산정하게 된다(대법원 1997. 3. 21.자 96스62 결정).

B. 산정 방법

(a) 개관: 본래적 상속분 가액에서 특별수익을 공제하고 기여분액을 가산

(b) 특별수익의 반영

• 초과특별수익 상속인의 구체적 상속분액은 음수로 산정되지만 그 가액을 반환할 의무는 없다. 즉, 초과특별수익 상속인의 구체적 상속분액은 0원이다.

• 본래적 상속분에 미달하는 특별수익 상속인의 구체적 상속분액은 본래적 상속분액에서 특별수익을 뺀 가액이다.

• 특별수익이 없는 상속인의 구체적 상속분액은 본래적 상속분액과 같다.

(c) 기여분의 반영

• 기여상속인의 구체적 상속분액은 특별수익을 반영하여 산정된 가액에 자신의 기여분의 가액을 더한 가액이다.

• 기여분의 가액은 협의나 재판으로 정해지는데 협의가 결렬될 경우 독자적인 기여분 산정 재판 절차가 없으므로 상속재산분할 재판 등의 다른 절차에 수반해서만 기여분 가액 산정 재판을 할 수 있다(후술).

### (d) 상속채무의 분속기준

✓ 견해의 대립: 제1설은 채권자 보호를 위해 상속채무의 분속은 법정상속분에 따라야 하고, 적극재산을 기준으로 한 구체적 상속분 비율은 공동상속인간 정산의 경우에만 적용되어야 한다고 본다. 이에 비해 제2설은 적극재산을 기준으로 한 구체적상속분 비율에 따라 상속채무도 분속되어야 한다고 본다.

✓ 평가: 피상속인의 책임재산을 상속받은 비율에 따라 상속채무가 분속되는 제2설이 타당하다고 볼 여지도 있다. 그러나 채권자가 구체적 상속분율을 증명해야만 상속채권을 행사할 수 있다는 점에서 법정상속분에 따른 분속을 주장하는 것보다 불편해 지는 문제가 생긴다.

✓ 판례의 태도: 가분**채권**이 구체적 상속분에 따라 분속된다고 한 판례는 많이 알려져 있는데, 가분**채무**도 법정상속분에 따른 당연분속이 아니라 구체적 상속분에 따라 분속된다고 한 것은 94다16571이 유일하다. 이와 달리 2010다42624(499면)는 유류분이 쟁점인 사안에서 가분채무는 법정상속분에 따라 당연분속됨을 전제로 판단하고 있다.

## (3) 실제상속재산의 배당

### A. 순재산액 산정

• 실제상속재산의 가액에서 상속채무, 유증의 가액을 공제한다.

• 공동상속인에 대한 유증은 특별수익이지만 일단 지급한 후 본래적 상속분에서 그 가액을 공제하여 구체적 상속분을 산정하면 된다.

### B. 순재산액의 배당

### (a) 문제의 소재

• 상속채무와 유증을 이행하고 남은 순재산의 가액과 모든 공동상속인들의 구체적 상속분 가액의 합계액을 비교했을 때, 남은 순재산의 가액이 구체적 상속분의 합계액보다 적은 경우가 발생할 수 있다.

• 이런 상황이 발생하는 이유는 초과특별수익자의 반환의무가 면제되기 때문이다. 따라서 초과특별수익자가 반환하지 않는 가액을 다른 공동상속인들이 어떻게 분담할 것인지가 문제된다.

### (b) 초과특별수익자의 미반환분의 분담

• 초과특별수익자 이외의 공동상속인들이 각자의 법정상속분 비율대로 분담한다(2017스98, 467면).

• 예컨대, 피상속인 A의 사망으로 개시된 상속에서 실제상속재산 100만원, 공동상속인은 A의 자녀 甲, 乙, 丙이 있고 甲에게 특별수익 150만원, 乙에게 특별수

익 50만원이 있는 경우, 본래적 상속분은 각 100만원, 구체적 상속분은 甲은 0원, 乙은 50만원, 丙은 100만원이므로 50만원이 부족하다. 부족액을 乙, 丙이 각 25만원씩 분담하므로 결국 실제상속재산 100만원은 乙이 25만원, 丙이 75만원을 각 배당받는다.

## (4) 유류분 침해 여부 판단

A. 전제: 상정상속재산에 상속채무를 반영

- 유류분은 '실제로 받을 수 있었던' 상속재산의 일부이다.
- 따라서 실제상속재산에 증여된 재산을 더한 후 상속채무를 공제하여 상정상속재산을 산정한다.

B. 유류분 부족액 산정

- 각 공동상속인들이 실제상속재산으로부터 배당을 거쳐 실제로 취득한 이득의 가액인 ⓐ값과 본래적 상속분에 유류분율을 곱한 본래적 유류분의 가액에서 특별수익을 공제한 가액인 ⓑ값을 각각 산정하여 비교해야 한다.
- ⓑ에서 ⓐ를 뺀 값인 '유류분 부족액'만큼 유류분 침해가 발생하므로 유류분권자는 그 가액만큼 수증자나 수유자에게 유류분 반환을 청구할 수 있다.
- 반환 순서: 망인의 무상 처분행위를 실효시키는데, 우선 유증 이행을 거절하고, 그래도 돈이 모자라면 이미 증여에 의해 이전된 이익의 반환을 요구한다.

## Ⅱ 특별수익상속인

## 1. 의의(요건)

### 가. 인적 범위

- 원칙: 공동상속인들 중에서 피상속인의 의사에 따라 무상으로 재산적 이익을 얻은 사람을 뜻한다. 생전증여와 유증이 전형적이지만, 채무면제 등 다른 형태도 있을 수 있다. 이에 비해 고유한 의미의 상속에 의해 얻은 이익은 법률에 의한 것이라는 점에서 차이가 있다.

• 사례: 공동상속인의 직계비속·배우자·직계존속에 대한 피상속인의 무상처분은 특별한 사정이 있을 때만 공동상속인 자신에 대한 특별수익으로 고려된다.

> **대법원 2007. 8. 28.자 2006스3 결정**
> ‣ 상속분의 산정에서 증여 또는 유증을 참작하게 되는 것은 **원칙적으로 상속인이 유증 또는 증여를 받은 경우에만** 발생하고, 그 상속인의 직계비속, 배우자, 직계존속이 유증 또는 증여를 받은 경우에는 그 상속인이 반환의무를 지지 않는다고 할 것이나,
> ‣ 증여 또는 유증의 경위, 증여나 유증된 물건의 가치, 성질, 수증자와 관계된 **상속인이 실제 받은 이익 등을 고려하여 실질적으로 피상속인으로부터 상속인에게 직접 증여된 것과 다르지 않다고 인정되는 경우**에는 상속인의 직계비속, 배우자, 직계존속 등에게 이루어진 증여나 유증도 특별수익으로서 이를 고려할 수 있다.

### 나. 특별수익 대상 재산

### (1) 귀속 원인

• (생전)증여인 경우와 유증인 경우가 모두 포함된다.
• 증여 계약 자체뿐 아니라 무상으로 재산을 이전시키는 모든 법률행위가 포함된다(§1114 부분 참조, 487면).

### (2) 특별수익인지의 여부 판단

A. 유증: 항상 특별수익으로 인정
B. 생전증여: 일정한 요건을 충족해야만 특별수익으로 인정

(a) 개관

• 생전증여는 장기간에 걸쳐 여러 가지 형태로 행해지기 때문에 모든 생전증여를 특별수익이라고 본다면 계산이 매우 복잡해진다.
• 생전증여가 특별수익인지를 판단하는 기준은 '상속분의 선급'으로 볼 수 있는지의 여부이며, 구체적 사정을 고려하여 판단할 수밖에 없다.

(b) 사례: 기여에 대한 대가성이 인정되어 무상성이 부정되는 경우

• 외관상으로는 피상속인이 특정 공동상속인에게 재산을 대가 없이 양도한 것처럼 보이더라도, 생전 재산 처분의 당사자인 피상속인과 수증상속인의 의사표시 해석상 피상속인에 대한 기여의 대가라고 해석되면 특별수익이 아니다.

- 이러한 의사는 묵시적으로도, 즉 구체적 제반 사정을 근거로도 인정될 수 있으나, 유류분제도의 형해화 우려가 있으므로 신중하게 판단해야 한다.

**대법원 2022. 3. 17. 선고 2021다230083 판결**
- 피상속인으로부터 생전 증여를 받은 상속인이 피상속인을 특별히 부양하였거나 피상속인의 재산의 유지 또는 증가에 특별히 기여하였고, 피상속인의 생전 증여에 상속인의 위와 같은 **특별한 부양 내지 기여에 대한 대가의 의미가 포함**되어 있는 경우처럼 상속인이 증여받은 재산을 상속분의 선급으로 취급하면 오히려 공동상속인들 간의 실질적인 형평을 해치는 결과가 초래되는 경우에는 그러한 한도 내에서 **생전 증여를 특별수익에서 제외**할 수 있다.
- 여기서 피상속인이 한 생전 증여에 상속인의 특별한 부양 내지 기여에 대한 대가의 의미가 포함되어 있는지 여부는 **당사자들의 의사에 따라 판단**하되, 당사자들의 의사가 명확하지 않은 경우에는 피상속인과 상속인 사이의 개인적 유대관계, 상속인의 특별한 부양 내지 기여의 구체적 내용과 정도, 상속재산에서 차지하는 비율, 생전 증여 당시의 피상속인과 상속인의 자산, 수입, 생활수준 등을 종합적으로 고려하여 형평의 이념에 맞도록 사회일반의 상식과 사회통념에 따라 판단하여야 한다.
- 다만 유류분제도가 피상속인의 재산처분행위로부터 **유족의 생존권을 보호**하고 … 상속인의 **상속재산 형성에 대한 기여와 상속재산에 대한 기대를 보장**하는 데 그 목적이 있는 점을 고려할 때, 피상속인의 생전 증여를 만연히 특별수익에서 제외하여 **유류분제도를 형해화시키지 않도록 신중하게 판단**하여야 한다.

- 예컨대 40여 년간 혼인공동생활을 한 배우자에게 전 재산을 양도하면서 대가에 관한 약정이 없어도, 실질적으로는 배우자로서의 기여에 대한 청산, 부양의무의 선이행으로 볼 수 있으므로 특별수익이라고 볼 수 없다.

**대법원 2011. 12. 8. 선고 2010다66644 판결**
- 공동상속인 중에 피상속인으로부터 재산의 증여 또는 유증을 받은 특별수익자가 있는 경우에 공동상속인들 사이의 공평을 기하기 위하여 그 수증재산을 **상속분의 선급으로 다루어** 구체적인 상속분을 산정할 때 이를 참작하도록 하려는 데 그 취지가 있다.
- 여기서 어떠한 생전 증여가 특별수익에 해당하는지는 피상속인의 생전의 자산, 수입, 생활수준, 가정상황 등을 참작하고 공동상속인들 사이의 **형평을 고려하여 당해**

생전 증여가 장차 상속인으로 될 자에게 돌아갈 상속재산 중 그의 몫의 일부를 미리 **주는 것이라고 볼 수 있는지에 의하여 결정**하여야 한다.

‣ 배우자로서 일생 동안 피상속인의 반려가 되어 그와 함께 가정공동체를 형성하고 이를 토대로 서로 헌신하며 가족의 경제적 기반인 재산을 획득·유지하고 자녀들에 대한 양육과 지원을 계속해 온 경우, 그 생전 증여에는 위와 같은 배우자의 기여나 노력에 대한 보상 내지 평가, 실질적 공동재산의 청산, 배우자의 여생에 대한 부양 의무의 이행 등의 의미도 함께 담겨 있다고 봄이 상당하므로 그러한 한도 내에서는 위 생전 증여를 특별수익에서 제외하더라도 자녀인 공동상속인들과의 관계에서 공 평을 해친다고 말할 수 없다.

## 2. 효과: 특별수익 상속인의 구체적 상속분

### 가. 전제: 증여된 특별수익의 가액산정 기준시

#### (1) 개관

##### (a) 원칙: 상속개시기

‣ 구체적 상속분액 산정을 위한 실제상속재산과 특별수익의 가액은 상속개시기를 기준으로 산정한다.

구체적 상속분을 산정함에 있어서는, **상속개시 당시를 기준으로 상속재산과 특별수익재산을 평가**하여 이를 기초로 하여야 한다(대법원 2022. 6. 30.자 2017스98 결정).

‣ 비교: 상속재산분할 재판에서는 실제상속재산의 분할시를 기준으로 산정한다.

다만 법원이 실제로 상속재산분할을 함에 있어 분할의 대상이 된 상속재산 중 특정의 재산을 1인 및 수인의 상속인의 소유로 하고 그의 상속분과 그 특정의 재산의 가액과 의 차액을 현금으로 정산할 것을 명하는 대상분할 방법을 취하는 경우에는, 분할의 대상이 되는 재산을 그 **분할시를 기준으로 하여 재평가하여 그 평가액에 의하여 정산**을 하여야 할 것이다(대법원 1997. 3. 21.자 96스62 결정).

##### (b) 예외: 증여 당시

‣ 증여시부터 상속개시기 사이에 수증자나 수증자로부터의 양수인의 능력이나 비용지출에 의해 목적물의 가치가 증가한 경우에는 증여 당시의 가액을 기준으

로 한다.

- 수증자나 그 양수인의 노력으로 증가된 가액을 상정상속재산에 산입하는 것은 불공평하기 때문이다.

> **대법원 2015. 11. 12. 선고 2010다104768 판결**
> ‣ 증여받은 재산의 시가는 상속개시 당시를 기준으로 하여 산정하여야 한다
> ‣ 다만 증여 이후 수증자나 수증자로부터 증여재산을 양수받은 자가 **자기의 비용으로 증여재산의 성상 등을 변경하여 상속개시 당시 그 가액이 증가**되어 있는 경우, 위와 같이 변경된 성상 등을 기준으로 상속개시 당시의 가액을 산정하면 유류분권리자에게 부당한 이익을 주게 되므로, 이러한 경우에는 <u>그와 같은 변경을 고려하지 않고 증여 당시의 성상 등을 기준으로 상속개시 당시의 가액을 산정하여야 한다.</u>

## (2) 적용대상

- 특별수익상속인이 상속개시 전에 처분한 재산: 상정상속재산에 산입할 가액을 산정함에 있어서, 판례는 ㉠ 상속개시기를 기준으로 가액을 산정하여야 한다고 본 것(2010다29409, 466면)과 ㉡ 처분대금으로 수령한 금전을 수증재산으로 본 것(2019다222867, 518면)이 모두 존재하지만, ㉡이 타당하다. ㉠은 원심의 판단을 인용한 것임에 비해 ㉡은 '이미 처분된 수증재산의 가액산정 기준시'라는 쟁점을 직접적으로 다루었기 때문이다.
- 금전이 증여된 경우에도 물가변동율을 고려하여 상속개시기의 평가가치를 기준으로 산정한다.

> 증여받은 재산이 **금전일 경우에는 그 증여받은 금액을 상속개시 당시의 화폐가치로 환산하여 이를 증여재산의 가액으로 보아야 하고, 그러한 화폐가치의 환산은 증여 당시부터 상속개시 당시까지 사이의 물가변동률을 반영**하는 방법으로 산정하는 것이 합리적이다(대법원 2012. 5. 9. 선고 2010다29157 판결).

## (3) 사례: 나대지 증여 후 상속개시 전에 건물이 신축된 경우 특별수익의 가액

- 전제: 나대지 가액은 대지이용권의 가액과 건부지 가액의 합산액이다.
- 상속개시 후 수증자가 지상 건물을 신축한 경우: 나대지 가액 전부가 특별수익이다. 건물 소유자인 수증자가 건부지 가액뿐 아니라 대지이용권의 가액도 보유

하기 때문이다.

- 상속개시 전 피상속인이 건물을 신축한 후 건물은 증여하지 않고 대지만 증여한 경우: 피상속인의 의사는 건부지 가액만을 증여한 것으로 해석된다. 건물을 위한 관습상 법정지상권이 인정되기 때문이다. 만약 피상속인이 건물이 있는 대지만 특별수익상속인에게 증여하고 사망했다면 건물은 공동상속으로 인한 공유, 대지는 특별수익상속인의 단독소유가 된다.

### 대법원 2011. 4. 28. 선고 2010다29409 판결

- 원심은, 피고들이 타에 처분한 것을 포함하여 망인으로부터 증여받은 각 부동산의 가액을 상속개시 당시를 기준으로 산정하고,
- 피고들이 나대지로 증여받은 후 그 지상에 건물을 축조한 부동산에 대하여는 나대지임을 상정하여 상속개시 당시의 가액을 산정하고,
- **상속개시 당시에 이미 건물이 축조**되어 있던 부동산에 대하여는 그 상태 그대로의 가액을 그 재산가액으로 인정해야 한다. 앞서 본 법리 및 기록에 비추어 보면, 위와 같은 원심의 판단은 정당하다.

## 나. 특별수익 상속인의 구체적 상속분액 산정

제1008조(특별수익자의 상속분) 공동상속인 중에 피상속인으로부터 **재산의 증여 또는 유증을 받은** 자가 있는 경우에 수증재산이 **자기의 [본래적] 상속분에 달하지 못한 때**에는 그 부족한 부분의 한도에서 [**구체적] 상속분**이 있다.

### (1) 개관

- 구체적 상속분액: 본래적 상속분액과 특별수익의 가액의 차액(전술)
- 구체적 상속분: 각 공동상속인의 구체적 상속분액의 비율을 뜻한다.

### 대법원 2022. 6. 30.자 2017스98 결정

- 공동상속인 중 **특별수익자가 있는 경우 구체적 상속분 가액**의 산정을 위해서는, 피상속인이 상속개시 당시 가지고 있던 재산 가액에 생전 증여의 가액을 가산한 후, 이 가액에 각 공동상속인별로 법정상속분율을 곱하여 산출된 상속분의 가액으로부터 특별수익자의 수증재산인 증여 또는 유증의 가액을 공제하는 계산방법에 의한다.
- 이렇게 계산한 상속인별 구체적 상속분 가액을 전체 공동상속인들 구체적 상속분

가액 합계액으로 나누면 상속인별 **구체적 상속분 비율, 즉 상속재산분할의 기준이 되는 구체적 상속분**을 얻을 수 있다.

## (2) 초과특별수익 상속인

### A. 의미

- 특별수익의 가액이 본래적 상속분의 가액을 초과하는 상속인을 뜻한다.
- 본래적 상속분과 특별수익의 차액이 음수이지만, 구체적 상속분을 0으로 처리할 뿐이고 반환할 의무가 발생하지는 않는다.

### B. 초과특별수익의 분담

- 초과특별수익 상속인이 반환하지 않는 초과특별 수익의 가액은 다른 공동상속인들이 분담한다.
- 분담 비율: 판례는 법정상속분에 따라 분담해야 한다고 본다.

> **대법원 2022. 6. 30.자 2017스98 결정**
> ‣ 구체적 상속분 가액을 계산한 결과 공동상속인 중 특별수익이 법정상속분 가액을 초과하는 초과특별수익자가 있는 경우, 그러한 초과특별수익자는 특별수익을 제외하고는 더 이상 상속받지 못하는 것으로 처리하되(구체적 상속분 가액 0원),
> ‣ 초과특별수익은 다른 공동상속인들이 그 법정상속분율에 따라 안분하여 자신들의 구체적 상속분 가액에서 공제하는 방법으로 구체적 상속분 가액을 조정하여 위 구체적 상속분 비율을 산출함이 바람직하다.
> ‣ 결국 공동상속인 중 이른바 초과특별수익자가 있는 경우 그 **초과된 부분은 나머지 상속인들의 부담**으로 돌아가게 된다(대법원 2019. 11. 21.자 2014스44 전원합의체 결정).

## (3) 사례: 구체적 상속분과 분할협의의 사해성 판단

### A. 사안의 개요

- 피상속인 A의 사망시 그 자녀인 공동상속인 甲, 乙이 있고 상속재산은 ⓧ부동산(6000만원), 저당권의 피담보채무 1200만원이 있다. A는 甲에 대한 생전증여 4000만원을 했다.

• 상속개시 후 甲, 乙 사이에 乙이 ⓧ부동산을 단독소유하면서 피담보채무 전액을 인수하기로 하는 분할협의가 성립했고, 저당권자가 이를 승낙했다.

• 甲에 대한 채권자 丙은 위 甲, 乙간 분할협의가 사해행위라고 주장한다.

B. 쟁점과 판단

• 甲의 구체적 상속분액은 본래적 상속분액 5000만원에서 특별수익 4000만원을 공제한 1000만원인데, 금전채무의 당연 분속분은 600만원이므로, 결국 甲이 기대할 수 있었던 상속이익은 400만원이다.

• 그런데 판례는 사해성 판단을 할 때 적극재산인 구체적 상속분만 고려하고, 당연분속된 채무는 고려할 필요가 없다고 한다. 따라서 분할협의로 甲이 포기한 책임재산은 1000만원이다. 다만 당연 분속된 채무 600만원을 乙이 면책적 채무인수함으로써 甲은 600만원의 이익을 얻었다. 결국 분할협의로 유출된 책임재산은 400만원이다.

### 대법원 2014. 7. 10. 선고 2012다26333 판결

‣ 이미 채무초과의 상태에 있는 채무자가 **상속재산의 분할협의를 하면서 자신의 상속분에 관한 권리를 포기함으로써 일반 채권자에 대한 공동담보가 감소한 경우에는 원칙적으로 사해행위**에 해당한다.

‣ 공동상속인 중 피상속인으로부터 재산의 증여 또는 유증을 받은 자는 그 수증재산이 자기의 상속분에 부족한 한도 내에서만 상속분이 있으므로, 공동상속인 중에 특별수익자가 있는 경우에는 이러한 특별수익을 고려하여 상속인별로 고유의 법정상속분을 수정하여 구체적인 상속분을 산정하게 되는데, 금전채무와 같이 급부의 내용이 가분인 채무가 공동상속된 경우 이는 상속개시와 동시에 당연히 법정상속분에 따라 공동상속인에게 분할되어 귀속되는 것이므로 상속재산 분할의 대상이 될 여지가 없다.

‣ 따라서 특별수익자인 채무자의 상속재산 분할협의가 사해행위에 해당하는지를 판단함에 있어서도 위와 같은 방법으로 계산한 구체적 상속분을 기준으로 그 재산분할결과가 일반 채권자의 공동담보를 감소하게 하였는지 평가하여야 하고, 채무자가 상속한 금전채무를 구체적 상속분 산정에 포함할 것은 아니다.

‣ 채무자(甲)가 유일한 상속재산인 시가 6000만원 상당의 이 사건 부동산을 상속받게 되자 다른 공동상속인 乙과 근저당권의 피담보채무를 乙이 면책적 인수하면서

이 사건 부동산을 乙의 단독 소유로 하기로 하는 상속재산 분할협의계약을 체결하였는데, 이 사건 부동산의 가액에 甲의 특별수익 가액을 가산한 후 여기에 甲의 법정상속분을 곱하여 산출된 상속분 가액에서 특별수익 가액을 공제하면 甲의 구체적 상속분은 1억원인 사실이 인정된다 … 채무초과의 상태에 있는 甲이 자신의 구체적 상속분에 미치지 못하는 상속채무 6000만원 면제로 인한 이익만을 취득하고, 이 사건 부동산에 관한 지분을 포기함으로써 공동담보가 감소되었으므로, 위 상속재산 분할협의는 사해행위에 해당한다.

## Ⅲ 기여상속인

### 1. 개관

#### 가. 의미

- 공동상속인들 중 피상속인을 특별히 부양하거나 상속재산의 유지·증가에 기여한 사람을 뜻한다.
- 여러 명일 수 있으며 각 기여상속인의 기여분 가액이 달라질 수도 있다.

#### 나. 기여상속인 제도의 기능

- 공동상속인간의 형평을 실현하기 위해 법정상속분을 수정하는 제도이다.
- 기여분은 구체적 사정을 고려하여 결정되어야 한다. 따라서 특정한 신분이나 특정한 행위를 근거로 절대적으로 기여분을 인정하는 것은 기여분 제도의 입법 취지와 저촉된다.

기여분은 구체적 사건에서 인정되는 사정에 따라 **법정상속분을 수정하는 제도**이다. 공동상속인 중 특정한 신분상의 지위를 가진 상속인의 특정한 행위에 대하여 기여분을 절대적으로 인정하면 결국 해석에 의하여 법정상속분을 변경하는 것과 마찬가지의 결과가 되어 민법의 입법 취지에 반할 우려가 있다(대법원 2019. 11. 21.자 2014스44 전원합의체 결정).

✓ 2014스44는 기여분이 법정상속분을 수정하는 제도라고 하는데, 법정상속분을 '가액' 개념으로 사용했다면 무리 없는 판시이지만 '비율'개념으로 사용했다면 무리한 판시이다. 공동상속인들

은 유증을 침해하지 않는 한 자유롭게 기여분의 가액을 정할 수 있는데, 이로 인해 법정상속분 비율이 변경된다고 한다면 상속채권자에게 뜻밖의 불이익을 가할 우려가 있기 때문이다.

## 2. 요건

> 제1008조의2(기여분) ① 공동상속인 중에 상당한 기간 동거·간호 그 밖의 방법으로 피상속인을 특별히 부양하거나 피상속인의 재산의 유지 또는 증가에 특별히 기여한 자가 있을 때에는 …

### 가. 유형1: 상당기간 피상속인을 특별히 부양

### (1) 개관

- 상당한 기간: 제반사정을 고려하여 판단해야 한다.
- 특별성: 법적 부양의무 이행으로는 부족하고, 실질적 공평을 위해 상속분을 조정할 필요성이 인정될 정도로 특별한 부양이 이루어져야 한다.

#### 대법원 2019. 11. 21.자 2014스44 전원합의체 결정

- 특별한 부양행위란 피상속인과 상속인 사이의 신분관계로부터 통상 기대되는 정도를 넘는 부양을 의미한다고 할 것이고 **법률상 부양의무의 범위에서 피상속인을 부양한 행위는 법적 의무의 이행이라고 보아야 할 것이어서 특별한 부양행위에 해당하지 않**는다.
- 대법원은 일관하여 … 기여분 제도가 … 공동상속인들 사이의 실질적 공평을 도모하려는 것이므로, 기여분을 인정하기 위해서는 공동상속인들 사이의 **공평을 위하여 상속분을 조정하여야 할 필요가 있을 만큼** 피상속인을 특별히 부양하였다거나 상속재산의 유지·증가에 특별히 기여하였다는 사실이 인정되어야 한다고 판시하여 왔다.
- 대법원 판례는 기여분결정 청구를 한 공동상속인의 '신분상의 지위'에 따라 기여분 인정 여부를 달리하지 않았다.

- 무상성: 상당기간 특별한 부양이라는 사실이 인정되더라도, 피상속인 또는 다른 공동상속인이 비용을 부담했다면 기여분으로 인정되기 어렵다.

배우자가 장기간 피상속인과 동거하며 간호를 하였으나 이에 **소요되는 비용을 피상속인의 재산에서 지출하였거나 다른 공동상속인이 부담한 경우** 이를 고려하지 않고 기여분을 인정한다면 위와 마찬가지로 나머지 공동상속인들과의 공평을 해하는 문제가 발생하게 될 것이다(대법원 2019. 11. 21.자 2014스44 전원합의체 결정).

## (2) 사례: 동거, 간병
### A. 자녀가 부모와 동거하거나 부모를 간병한 경우
- 원칙적으로 기여분이 인정된다. 부모에 대한 동거·간병은 법적 의무라고 볼 근거가 없어서 특별한 부양으로 인정될 수 있기 때문이다.
- ✓ 예외적으로 이미 이에 대한 보상을 받았다면 기여분이 인정될 수 없다. 다만 생전 보상을 이유로 기여분이 부정된다면 생전 보상을 특별수익으로 파악하면 안 될 것이다.

> **대법원 1998. 12. 8. 선고 97므513 판결**
> - 자녀가 부양의무의 존부나 그 순위에 구애됨이 없이 스스로 장기간 그 부모와 동거하면서 **생계유지의 수준을 넘는 부양자 자신과 같은 생활수준을 유지하는 부양**을 한 경우에는 앞서 본 판단 기준인 부양의 시기·방법 및 정도의 면에서 각기 **특별한 부양**이 된다고 보아 각 공동상속인 간의 공평을 도모한다는 측면에서 그 부모의 상속재산에 대하여 기여분을 인정함이 상당하다고 할 것이다.
> - 원고 부부가 소외 1과 **함께 생활하는 동안 많은 부동산을 취득한 점**을 원고의 특별한 기여를 인정하지 않는 사정의 하나로 들고 있으나 … **특별수익으로 공제함은 별론으로 하고 그 점을 원고의 기여분을 인정하지 않는 사정으로 고려할 것은 아니라**고 할 것이다.

### B. 비교: 배우자의 동거·간호
- 원칙: 특별한 부양이 아니라 §826에 근거한 법적 의무 이행이므로 기여분을 근거지우지 못한다.
- 예외: 다만 여러 사정을 고려할 때 §826의 의무 이행을 넘는 특별함이 인정된다면 기여분이 인정될 수도 있다.

> **대법원 2019. 11. 21.자 2014스44 전원합의체 결정**
> - 민법은 **배우자에게 더 높은 정도의 동거·부양의무**를 부담시키고 있으나 이에 대한

보상은 공동상속인의 **상속분의 5할을 가산하여 정하는 배우자의 법정상속분에 일부 포함되어 있으므로**, 배우자의 통상적인 부양을 그와 같이 가산된 법정상속분을 다시 수정할 사유로 볼 수 없다. 장기간 동거·간호하였다는 점을 이유로 배우자에게만 기여분을 인정한다면 제1차 부양의무로 부부간 상호부양의무를 정하고 있는 민법 규정과 부합하지 않게 된다.

‣ 만약 공동상속인 중 하나인 배우자가 투병 중인 피상속인과 동거하면서 피상속인을 간호한 경우 이러한 특정 형태의 부양에 대하여는 다른 사정을 고려하지 않고 반드시 기여분을 인정하여야 한다면 ··· 후견적 재량에 따른 판단으로 기여분을 정하도록 한 민법 및 가사소송법과 달리 법령의 근거 없이 예외를 설정하는 결과가 된다.

‣ 배우자가 장기간 피상속인과 동거하면서 피상속인을 간호한 경우, 제1008조의2의 해석상 가정법원은 배우자의 동거·간호가 부부 사이의 제1차 부양의무 이행을 넘어서 '특별한 부양'에 이르는지 여부와 더불어 ··· 일체의 사정을 종합적으로 고려하여 공동상속인들 사이의 실질적 공평을 도모하기 위하여 배우자의 상속분을 조정할 필요성이 인정되는지 여부를 가려서 기여분 인정 여부와 그 정도를 판단하여야 한다.

**나. 유형2:** 피상속인의 재산의 유지·증가에 대한 특별한 기여

**3. 효과:** 기여상속인의 상속분 산정

**가. 1단계:** 기여분의 가액 결정

**(1) 기여분의 상한**

• 기여분은 실제상속재산에서 유증(사인증여)의 가액을 공제한 가액을 초과할 수 없다(§1008의2 ③).

> 제1008조의2(기여분) ③ 기여분은 상속이 개시된 때의 피상속인의 재산가액에서 유증의 가액을 공제한 액을 넘지 못한다.

• 취지: 기여분은 공동상속인들의 협의로 정할 수 있으므로, 공동상속인들이 기여분을 과다하게 산정하여 유증을 무력화시키는 것을 방지할 필요가 있다.

**(2) 기여분의 구체적 내용 결정**

• 상속인들의 협의로 정하는 것이 원칙이다.

- 협의가 안 되면 기여상속인의 청구에 의한 재판으로 결정할 수 있으나, 상속재산분할 재판 또는 §1014조의 청구를 전제한다(§1008의2 ④). 즉, 기여분 산정을 위한 독자적인 재판절차는 마련되어 있지 않으므로, 상속재산분할이나 §1014의 가액지급을 구하는 재판이 진행되지 않는 한 재판으로 기여분을 산정할 수 없다.

> 제1008조의2(기여분) ② 제1항의 협의가 되지 아니하거나 협의할 수 없는 때에는 가정법원은 … 기여자의 청구에 의하여 기여의 시기·방법 및 정도와 상속재산의 액 기타의 사정을 참작하여 기여분을 정한다. …
> ④ 제2항의 규정에 의한 청구는 §1013 ②의 규정에 의한 청구가 있을 경우 또는 §1014에 규정하는 경우에[만] 할 수 있다.

- 기여분에 관한 재판에서는 특별수익의 존부도 고려해야 한다.

> 특별수익과 기여분은 **모두 법정상속분을 수정하는 요소로서 상속재산분할 사건의 심판에서 기여분을 정할 때 특별수익의 존부를 고려하지 않을 수 없다** … 배우자가 장기간 피상속인과 동거하며 간호를 하였으되, 이에 소요되는 비용을 피상속인의 재산에서 지출하였거나 다른 공동상속인이 부담한 경우 이를 고려하지 않고 기여분을 인정한다면 나머지 공동상속인들과의 공평을 해하는 문제가 발생하게 될 것이다(대법원 2019. 11. 21.자 2014스44 전원합의체 결정).

## (3) 사례: 기여분과 유류분의 단절

A. 사안

- 피상속인에게는 자녀 A, B가 있었고, 피상속인은 생전에 전재산 1억 6000만원을 A에게 증여했다. A가 피상속인과 동거하면서 간병했으므로 기여분의 요건은 충분히 인정된다.
- 기여분 산정 협의가 성립하지 못하자 A가 B를 상대로 상속재산 분할 및 기여분 산정 재판을 청구했으나, 상속개시기의 실제상속재산이 0원임을 이유로 상속재산분할 재판이 각하되었고 이로 인해 재판에 의한 기여분 산정은 불가능하게 되었다.

B. 판단: B의 유류분 4000만원 청구는 전부 인용됨

**대법원 2015. 10. 29. 선고 2013다60753 판결**

- 제1118조는 ⋯ 기여분에 관한 민법 제1008조의2를 유류분에 준용하고 있지 아니하다. 이에 비추어 보면, **기여분은 상속재산분할의 전제 문제로서의 성격을 가지는 것으로서, 상속인들의 상속분을 일정 부분 보장하기 위하여 피상속인의 재산처분의 자유를 제한하는 유류분과는 서로 관계가 없다**고 할 것이다.

- 따라서 ⋯ **공동상속인의 협의 또는 가정법원의 심판으로 기여분이 결정되지 않은 이상 유류분반환청구소송에서 자신의 기여분을 주장할 수 없음**은 물론이거니와

- 설령 공동상속인의 협의 또는 가정법원의 심판으로 **기여분이 결정되었다고 하더라도 유류분을 산정함에 있어 기여분을 공제할 수 없고, 기여분으로 인하여 유류분에 부족이 생겼다고 하여 기여분에 대하여 반환을 청구할 수도 없다.**

- 망인은 생전에 A와 동거하면서 전 재산을 증여하였고, 그 결과 상속개시기에 망인 명의의 재산은 남아있지 않았고, A가 상속재산분할 및 기여분 심판을 청구하였으나, 분할대상 상속재산이 없어 상속재산분할청구는 부적법하고, 상속재산분할청구를 전제로 한 기여분 청구 역시 부적법하다고 하여 청구가 모두 각하되었다. ⋯ 상속재산분할 및 기여분 심판 사건에서 A의 기여분이 결정되지 않은 이상 A가 이 사건에서 자신의 기여분을 주장할 수 없을 뿐 아니라, 설령 기여분 결정이 있었다고 하더라도 유류분 산정의 기초재산에서 기여분을 공제할 수는 없으므로 乙의 기여분 공제 항변은 인용될 수 없음이 명백하다.

## 나. 2단계: 기여상속인의 구체적 상속분액 산정

> 제1008조의2 ① ⋯ 상속개시 당시의 피상속인의 [실제] 재산가액에서 공동상속인의 협의로 정한 그 자의 기여분을 공제한 것을 [상정] 상속재산으로 보고, 제1009조 및 제1010조에 의하여 산정한 [법정] 상속분에 기여분을 가산한 액으로써 그 자의 [구체적] 상속분으로 한다.

### (1) 전제: 기여분의 가액 결정

### (2) 구체적 상속분 산정

- 실제상속재산의 가액 결정: 상속개시 당시의 피상속인의 재산인 실제상속재산에서 기여분의 가액을 공제한 상정상속재산의 가액 ⓐ를 산정한다.
- 각 상속인이 상속받을 가액 결정: ⓐ에 각 상속인들의 법정상속분율을 곱한 값

인 본래적 상속분액을 구한다.

• 기여상속인의 받을 가액: 본래적 상속분액에 기여분의 가액을 더한 값이 기여상속인의 구체적 상속분액이다.

### (3) 특별수익상속인과 기여상속인이 모두 있는 경우

• 동일인에게 두 지위가 모두 귀속될 수 있고, 일부에게는 기여상속인, 다른 일부에게는 특별수익 상속인의 지위가 귀속될 수도 있다.

• 상정상속재산의 가액은 상속개시기의 피상속인 명의의 재산인 실제상속재산에 생전증여된 특별수익의 가액을 더하고, 동시에 기여분의 가액을 공제한 값이다.

18장

# 유류분

# 18장

# 유류분

## Ⅰ  개관

### 1. 의미와 기능

- 의미: 법정상속인이 상속개시 전에 기대할 수 있었던 상속재산 중에서 피상속인의 무상 처분행위인 증여나 유증으로도 빼앗을 수 없는 부분을 뜻한다.
- 기능: 유류분 제도의 목적은 피상속인의 사적 자치, 수증자의 법적 안정성이라는 이익과 이에 상충하는 유류분권자의 생존권, 상속재산에 대한 기여 보상, 상속에 대한 기대와 이에 근거한 가족간 유대라는 이익을 조화롭게 고려하는 것이다.

> **헌법재판소 2013. 12. 26. 선고 2012헌바467 결정**
> ‣ 유류분제도는 피상속인의 재산처분행위로부터 유족들의 **생존권**을 보호하고, **법정상속분의 일정비율에 상당하는 부분**을 유류분으로 산정하여 **상속재산형성에 대한 기여, 상속재산에 대한 기대를 보장**하려는 데에 그 취지가 있다
> ‣ 유류분은 피상속인이 법정상속에서 완전히 벗어난 형태로 재산을 처분하는 것을 일정 부분 제한함으로써 **가족의 연대가 종국적으로 단절되는 것을 저지**하는 기능을 갖는다.

- 특징: ㉠ 유류분권이 있는 상속인이라 하더라도 피상속인의 유류분 침해행위를 상속개시 전에 저지할 수는 없다. 따라서 가등기나 가처분 등에 의한 보전은 불가능하다. ㉡ 상속개시 후에 수익자를 상대로 유류분 반환청구를 할 수 있을 뿐이고, 전득자에 대한 유류분 반환청구는 제한된다.

민법은 유류분을 침해하는 피상속인의 유증 또는 증여에 대하여 <u>일단 그 의사대로 효</u><u>력을 발생시킴으로써 피상속인의 재산처분에 관한 자유를 우선적으로 존중해 주는</u> 한편 유류분반환청구권을 행사하여 그 침해된 유류분을 <u>회복할 것인지 여부를 유류</u><u>분권리자의 선택</u>에 맡기고 있다(대법원 2010. 5. 27. 선고 2009다93992 판결).

생전의 피상속인의 재산처분의 자유를 원천적으로 봉쇄하는 것은 아니며, 상속이 개시되더라도 유류분을 침해하는 <u>피상속인의 처분을 무효로 하지는</u> 않는다. 또한 증여를 받은 자가 증여의 목적물을 <u>다른 사람에게 양도</u>하였을 때에는 <u>거래의 안전을 위하</u><u>여 유류분권리자는 증여를 받은 자</u>에 대하여 그 가액을 청구할 수 있을 뿐이고, 더구나 공동상속인 이외의 제3자에 대한 증여는 원칙적으로 상속개시 전의 1년간에 행한 것에 한하여만 유류분산정의 기초재산에 그 가액을 가산하도록 제한하고 있다(헌법재판소 2013. 12. 26. 선고 2012헌바467 결정).

## 2. 법적 성질

### 가. 유류분의 법적 성질

### (1) 상속분의 일부

유류분은 상속인의 구체적 상속분을 산정하기 위한 하나의 절차라는 점에서 상속제도나 **상속권의 한 내용**으로 볼 수 있으므로, 유류분산정의 기초재산에 관한 제1113조제1항 중 '증여재산의 가액을 가산하고' 부분의 재산권 침해 여부에 대하여도 이러한 심사기준을 동일하게 적용하여 판단하여야 할 것이다(헌법재판소 2013. 12. 26. 선고 2012헌바467 결정).

### (2) 유류분의 포기

A. 추상적 유류분권 자체의 포기

- 유류분권은 상속권의 일부이므로 유류분권 자체의 포기에 대해서는 상속포기와 동일한 요건이 적용된다.
- 상속개시 전의 유류분 포기 의사표시는 무효이고, 상속개시 후 상속포기의 요건을 충족한 경우에만 유류분 포기로 인정될 수 있다.

유류분을 포함한 상속의 포기는 상속이 개시된 후 일정한 기간 내에만 가능하고 가정법원에 신고하는 등 일정한 절차와 방식을 따라야만 그 효력이 있으므로, 상속개시 전에 한 유류분 포기약정은 그와 같은 절차와 방식에 따르지 아니한 것으로 효력이 없다(대법원 1994. 10. 14. 선고 94다8334 판결).

유류분은 상속분을 전제로 한 것으로서 상속이 개시된 후 일정한 기간 내에 적법하게 상속포기 신고가 이루어지면 포기자의 유류분반환청구권은 당연히 소멸한다(대법원 2012. 4. 16.자 2011스191 결정).

B. 상속승인 후의 유류분권 포기
• 상속승인 후에는 유류분권도 권리 포기의 일반적인 방법인 권리자의 의사표시만으로 포기할 수 있다. 권리 포기는 불요식 행위이므로 유류분 포기 여부는 의사표시 해석의 문제이다. 예컨대 상속재산 분할협의에서 상속재산을 안 받기로 한다면 유류분권 포기 의사표시도 포함된 것으로 해석된다.
• 사례: 가정법원에서 진행 중인 상속재산분할 재판 중 유류분 주장을 철회했더라도 민사법원에 유류분반환청구의 소를 제기하기 위한 것이었다면 유류분권 포기 의사표시로 볼 수 없다.

### 대법원 2002. 4. 26. 선고 2000다8878 판결
  ‣ 상속재산 분할협의시 원고를 포함한 망인의 유족들 사이에 이를 피고의 소유로 하기로 합의가 이루어졌고 … 이로 인하여 원고의 유류분이 침해되었더라도 그 침해분에 대하여는 원고가 유류분반환청구권을 포기한 것으로 봄이 상당하다.
  ‣ 유증 사실을 안 날로부터 1년이 경과하기 전에 피고 등의 유증에 관하여 유류분반환을 구하는 의사표시를 함으로써 제1117조에 정한 소멸시효의 진행이 중단되었고, 원고가 그후 유류분 주장을 철회한 것은 어디까지나 유류분반환청구가 가정법원의 관할에 속하지 않는 점을 고려한 데서 비롯된 법원에 대한 의사표시일 뿐이므로, 이로써 종전에 피고 등에 대하여 한 사법상의 유류분반환청구의 의사표시를 취소하거나 철회한 것으로 볼 수는 없다.

## 나. 유류분 반환청구권의 법적 성질

### (1) 형성권

• 유류분 반환청구권은 형성권이므로 그 행사 여부는 유류분권자의 자유에 맡겨져 있다.

• 유류분 반환청구권이 행사되면 유류분 침해를 초래하는 피상속인의 무상 처분 행위는 상속개시기로 소급하여 실효된다.

> **대법원 2015. 11. 12. 선고 2011다55092 판결**
> ‣ 유류분권리자가 유류분반환청구권을 행사한 경우 그의 유류분을 침해하는 범위 내에서 유증 또는 증여는 **소급적으로 효력을 상실**하고, 상대방은 그와 같이 실효된 범위 내에서 유증 또는 증여의 목적물을 반환할 의무를 부담한다.
> ‣ 반환의무자는 유류분권리자의 유류분을 침해하는 범위 내에서 그와 같이 실효된 증여 또는 유증의 목적물을 사용·수익할 권리를 상실하게 되고, 유류분권리자의 그 목적물에 대한 사용·수익권은 **상속개시의 시점에 소급하여** 반환의무자에 의하여 침해당한 것이 된다(대법원 2013. 3. 14. 선고 2010다42624 판결).

• 제3자 보호: 형성권설을 관철시키면 등기공신력이 없는 법제 하에서 수증자로부터 부동산을 취득한 제3자의 지위가 불안정하게 된다. 판례는, 비록 명문규정은 없지만, 선의의 제3자는 보호되는 것으로 본다. 다만 그 논거는 불명확하다.

> 유류분반환청구권의 행사에 의하여 반환하여야 할 증여 또는 유증의 목적이 된 재산이 타인에게 양도된 경우, 그 **양수인이 양도 당시 유류분권리자를 해함을 안 때**에는 양수인에 대하여도 그 재산의 반환을 청구할 수 있다(대법원 2016. 1. 28. 선고 2013다75281 판결).

### (2) 행사상의 일신전속성

• 유류분반환청구권 행사 여부는 공동상속인간 분쟁을 초래하거나 피상속인의 뜻에 반하는 결과를 초래한다는 점에서 인간관계와 관련된 인격적 결단으로서의 성질을 가진다. 따라서 유류분 반환청구권에는 일신전속성이 인정된다.

• 사례: 유류분권자에게 유류분 반환청구권을 행사할 의사가 있음이 인정되는 경우에만 채권자대위권의 피대위권리가 될 수 있다.

유류분반환청구권은 그 행사 여부가 유류분권리자의 인격적 이익을 위하여 그의 자유로운 의사결정에 전적으로 맡겨진 권리로서 <u>행사상의 일신전속성을 가진다</u>고 보아야 하므로, <u>권리행사의 확정적 의사가 있다고 인정되는 경우가 아니라면</u> 채권자대위권의 목적이 될 수 없다(대법원 2010. 5. 27. 선고 2009다93392 판결).

- 사례: 판례에 의하면 상속포기는 사해행위가 될 수 없다. 유류분이 상속분의 일부라고 본다면 결국 유류분 반환청구권의 포기는 상속포기에 준하는 성질을 가지기 때문에 사해행위가 될 수 없다.


## Ⅱ  유류분 반환청구권의 요건

**1. 일반적 요건:** 유류분 반환청구권자와 유류분율

### 가. 유류분반환청구권자

(1) **혈족상속인:** 상속권 있는 1순위~3순위 상속인

- 유류분은 상속분의 일부이므로 최선순위 상속인으로서 상속포기나 상속결격 등의 사유가 없는 사람에게만 인정된다.
- 대습상속인에게도 유류분이 인정된다(§1118에 의한 §1001 준용).
- 4순위 상속인인 방계혈족은 최선순위 상속인이어서 상속권이 있는 경우에도 유류분은 인정되지 않는다.

(2) **배우자상속인**

### 나. 유류분 비율

(1) 직계비속 · 배우자는 상속분의 1/2

(2) 직계존속 · 형제자매는 상속분의 1/3

**2. 구체적 요건:** 유류분 침해 = 유류분 부족액 발생

### 가. 개관: 유류분 부족액 산정 방식

(1) 전제

- 유류분 반환청구권은 유류분 부족액을 한도로 인정되어야 한다.

- 피상속인으로부터 선급된 상속재산인 특별수익은 선급된 유류분이라고 보아야 한다.
- 유류분권리자는 (공동)상속인이므로 ㉠ 상속재산 분할을 통해 실제상속재산을 취득할 수 있고, ㉡ 상속채무도 분담한다.

## (2) 유류분 부족액의 의미와 '유류분 부족액 산정 방식'

### A. 단순승인 상속인의 경우

- 유류분 부족액이 항상 유류분권자에게 인정되는 본래적 유류분의 가액 전액이라고 단정할 수는 없다.
- 유류분 부족액을 산정하려면, 본래적 유류분 가액인 [A×B]에서 유류분권자가 선급받은 특별수익인[C]와 상속개시 후 실제상속재산으로부터 취득한 가액인 [D]를 공제해야 하고, 유류분권자가 분담한 상속채무 가액은 가산해야 한다.

> **대법원 2022. 8. 11. 선고 2020다247428 판결**
> ‣ 유류분권리자의 유류분 부족액은 **유류분액**[A×B]에서 **특별수익액**[C]**과 순상속분액**[D]**을 공제**하는 방법으로 산정하는데, 유류분액은 제1113조 제1항에 따라 피상속인이 상속개시 시에 가진 [실제상속] 재산의 가액에 증여재산의 가액을 가산하고 채무의 전액을 공제하여 유류분 산정의 기초가 되는 [상정상속] 재산액[A]을 확정한 다음, 거기에 제1112조에서 정한 유류분 비율[B]을 곱하여 산정한다.
> ‣ 유류분액에서 순상속분액[D]을 공제하는 것은 유류분권리자가 상속개시에 따라 받은 이익을 공제하지 않으면 유류분권리자가 이중의 이득을 얻기 때문이다.
> ‣ 유류분권리자의 구체적 상속분보다 유류분권리자가 부담하는 상속채무가 더 많다면, 즉 **순상속분액**[D]**가 음수인 경우**에는 그 **초과분을 유류분액에 가산하여 유류분 부족액을 산정**하여야 한다. 이러한 경우에는 그 초과분을 유류분액에 가산해야 단순승인 상황에서 상속채무를 부담해야 하는 유류분권리자의 유류분액만큼 확보해 줄 수 있기 때문이다.

### B. 한정승인 상속인의 경우

- D값이 양수인 경우에는 단순승인 상속인과 같은 방법으로 산정한다.
- D값이 음수인 경우 즉 상속채무 초과 상태라면 한정승인 상속인의 '순상속분액'인 D값은 0으로 처리한다. 한정승인 상속인이 분담할 상속채무는 적극재산의

가액을 넘을 수 없기 때문이다.

• 사례: 상속채권자는 한정승인 상속인이 분담하지 않는 상속채무의 가액을 보전하기 위해 수증자나 수유자를 상대로 채권자취소권을 행사할 수 있다.

### 대법원 2022. 8. 11. 선고 2020다247428 판결

‣ 그러나 위와 같이 유류분권리자의 구체적인 상속분보다 유류분권리자가 부담하는 상속채무가 더 많은 경우라도 유류분권리자가 **한정승인을 했다면, 그 초과분을 유류분액에 가산해서는 안 되고 순상속분액을 0으로 보아 유류분 부족액을 산정**해야 한다.

‣ 유류분권리자인 상속인이 한정승인을 하였으면 상속채무에 대한 한정승인자의 책임은 상속재산으로 한정되는데, 상속채무 초과분이 있다고 해서 그 초과분을 유류분액에 가산하게 되면 법정상속을 통해 어떠한 손해도 입지 않은 유류분권리자가 유류분액을 넘는 재산을 반환받게 되는 결과가 되기 때문이다. **상속채권자로서는 피상속인의 유증 또는 증여로 피상속인이 채무초과상태가 되거나 그러한 상태가 더 나빠지게 되었다면 수증자를 상대로 채권자취소권**을 행사할 수 있다.

## 나. 유류분 부족액 산정 방식의 내용

> 제1115조(유류분의 보전) ① 유류분권리자가 피상속인의 제1114조에 규정된 증여 및 유증으로 인하여 그 유류분에 부족이 생긴 때에는 부족한 한도에서 그 재산의 반환을 청구할 수 있다.

> 제1118조(준용규정) ⋯ 제1008조 ⋯ 의 규정은 유류분에 이를 준용한다.

### (1) 개관: A×B−C−D

• A: 유류분 산정의 기초 재산(§1113 ①)
• B: 유류분율(§1112)
• C: 특별수익에 대한 공제(§1118에 의한 §1008 준용)
• D: 상속 개시 후 각 유류분권자가 실제상속재산으로부터 실제 취득할 수 있는 순재산으로서, 실제상속재산으로부터의 배당액인 D1에서 상속채무 분담액인 D2를 공제하여 산정한다.

## (2) 쟁점

A. 상정상속재산: 후술

B. 부담부 유증의 경우 C의 산정(2022다203583, 453면)

C. D1의 의미

- 실제 상속재산으로부터 취득할 수 있는 가액인 D1은 상속재산 분할을 전제한다. 그러나 유류분반환청구는 상속재산 분할 전에도 가능한데 이때는 D1의 값은 가상적 수치일 수밖에 없다.
- 상속재산 분할 종료 전에 D1을 산정하는 경우, 상속개시 당시 망인 명의 적극재산인 실제상속재산을 공동상속인들이 구체적 상속분 비율대로 취득한다고 가정한다.

## (3) 사례: 유류분 부족액 산정 방식과 구체적 상속분

A. 사안의 개요

- 피상속인 A의 사망시 상속재산은 ⓧ부동산(6억원), 공동상속인은 A의 자녀들인 甲, 乙, 丙이 있다. A는 생전증여로 甲에게는 12억원, 乙에게는 3억원을 각 지급했다.
- 상정상속재산: 6억원＋12억원＋3억원＝21억원
- 본래적 상속분은 각 7억원, 본래적 유류분은 각 3억 5000원이다.
- 구체적 상속분액은 甲은 0원, 乙은 4억원, 丙은 7억원이고, 부족액 5억원은 乙, 丙이 각 2억 5000만원씩 분담한다.
- 결국, ⓧ부동산의 가액 6억원은 乙 1억 5000만원, 丙 4억 5000만원씩 취득한다.

B. 유류분 부족액 산정 방식의 적용

- 甲: 3억 5000만원－12억원－(0원－0원) ＝ －8억 5000만원
- 乙: 3억 5000만원－3억원－(1억 5000만원－0원) ＝ －1억원
- 丙: 3억 5000만원－0원－(4억 5000만원－0원) ＝ －1억원
- 모두 유류분 부족액이 음수이므로, 유류분반환청구권은 누구에게도 인정되지 않는다.

**대법원 2021. 8. 19. 선고 2017다235791 판결**

‣ 유류분제도의 입법 취지와 제1008조의 내용 등에 비추어 보면, 공동상속인 중 특별수익을 받은 유류분권리자의 <u>유류분 부족액을 산정할 때에는 유류분액에서 특별수익액과 순상속분액을 공제</u>하여야 하고, 이때 <u>공제할 순상속분액은 당해 유류분권리자의 특별수익을 고려한 구체적인 상속분</u>에 기초하여 산정하여야 한다.

‣ <u>초과특별수익은 다른 공동상속인들이 그 법정상속분율에 따라 안분하여 자신들의 구체적 상속분 가액에서 공제하는 방법으로 구체적 상속분 가액을 조정하여 위 구체적 상속분 비율을 산출</u>함이 바람직하다(대법원 2022. 6. 30.자 2017스98 결정).

‣ 원심은 유류분 부족액을 산정하면서 원고들과 피고가 특별수익자임에도 이들의 특별수익을 고려하지 않고 법정상속분에 기초하여 유류분액에서 공제할 순상속분액을 산정한 결과 원고에게 유류분 부족액이 발생하였다고 판단하였다. 이러한 원심에는 유류분 부족액 산정 시 유류분액에서 공제할 순상속분액의 산정방법에 관한 법리를 오해하여 판결에 영향을 미친 잘못이 있다.

## 3. 유류분 산정을 위한 상정상속재산

### 가. 개관

### (1) 의미

‣ 피상속인이 생전증여 등의 무상처분을 하지 않고 상속재산을 유지·보존했음을 상정한 경우의 상속재산을 뜻한다.

‣ 상속인(들)이 상속받을 것으로 기대할 수 있는 재산에 해당한다.

### (2) 유류분 산정과 특별수익·기여분 산정에 있어서 '상정상속재산'의 의미 비교

✓ 유류분은 상속인이 실제로 받을 수 있는 가액의 절반이므로 실제상속재산에서 채무·유증의 가액도 공제하여 상정상속재산을 산정해야 한다. 이에 비해 §1008의 경우 채무·유증의 가액은 당연분속됨을 전제로 적극재산 귀속의 형평성만 고려하기 때문에 적극재산만 가지고 상정상속재산을 산정한다.

✓ 유류분은 상속인을 피상속인의 무상처분으로부터 보호하기 위한 제도이므로, <u>공동상속인 아닌 제3자</u>에 대한 무상처분도 일정 요건이 충족되면 상정상속재산에 산입된다. 이에 비해 §1008의 특별수익 제도는 공동상속인간 형평을 실현하기 위한 제도이므로 공동상속인이 무상 수익자인 경우만 고려한다.

**나. 적극재산:** 실제상속재산 + 일정 요건을 충족한 생전증여

## (1) 개관

- 유류분산정 기초재산인 상정상속재산을 구성하는 적극재산은 실제상속재산에 피상속인이 생전에 한 무상 처분행위로 인해 유출된 재산을 더하여 파악한다.

- 적극재산의 가액이 변동하는 경우 그 가액산정의 기준시는 상속개시기(2020다 250783, 515면)라는 점에서 §1008의 경우와 같다.

- 주의: 사인증여 목적물, 아직 이행되지 않은 증여의 목적물은 그 가액이 실제상 속재산에 포함되어 있으므로 산입하면 안 된다.

> **대법원 1996. 8. 20. 선고 96다13682 판결**
> - 여기에서의 '증여재산'이란 상속개시 전에 이미 **증여계약이 이행되어 소유권이 수 증자에게 이전된 재산을 가리키는 것이고, 아직 증여계약이 이행되지 아니하여 소 유권이 피상속인에게 남아 있는 상태로 상속이 개시된 재산은 당연히 '피상속인의 상속개시시에 있어서 가진 재산'에 포함되는 것**이므로, 수증자가 공동상속인이든 제3자이든 가리지 아니하고 모두 유류분 산정의 기초가 되는 재산을 구성하는 것이 라고 할 것이다.
> - 피상속인이 부동산을 증여하였으나 그 이행(소유권이전등기 등)을 하지 아니한 채 사망한 경우, 위 각 부동산은 상속개시 당시 아직 피상속인의 소유였던 재산으로서 당연히 상속인인 피고들의 유류분 산정의 기초가 되는 [실제상속]재산에 포함된다.

## (2) 증여의 의미: 모든 무상처분

A. 개관: 실질적 판단

- '무상처분'의 전형적인 예로는 대가 없는 재산권 이전을 약정하는 증여계약이나 유증을 들 수 있다.

- 그 밖의 법률행위이더라도 대가 없는 재산 이전이라는 효과를 초래하면 모두 상 정상속재산 파악에서 고려되어야 할 '증여'에 해당한다고 본다.

> **대법원 2021. 7. 15. 선고 2016다210498 판결**
> - 유류분제도는 피상속인의 재산처분행위로부터 유족의 생존권을 보호하고 법정상 속분의 일정비율에 해당하는 부분을 유류분으로 산정하여 상속인의 상속재산 형성

에 대한 기여와 상속재산에 대한 기대를 보장하는 데 그 목적이 있다. 제1118조에 따라 준용되는 제1008조는 공동상속인 중에 피상속인으로부터 재산의 증여 또는 유증을 받은 특별수익자가 있는 경우에 공동상속인들 사이의 공평을 기하기 위하여 그 수증재산을 상속분의 선급으로 다루어 구체적인 상속분을 산정하는 데 참작하도록 하려는 데 그 취지가 있다.

· 이러한 유류분제도의 입법 목적과 제1008조의 취지에 비추어 보면, 유류분 산정의 기초재산에 산입되는 증여에 해당하는지 여부를 판단할 때에는 **피상속인의 재산처분행위의 법적 성질을 형식적·추상적으로 파악하는 데 그쳐서는 안 되고, 재산처분행위가 실질적인 관점에서 피상속인의 재산을 감소시키는 무상처분에 해당하는지 여부에 따라 판단**하여야 한다.

B. 사례: §1011의 상속분 양도, 상속재산 분할협의가 대가 없이 이루어진 경우

(a) 사안의 개요

· 공통 사안: 피상속인 A의 사망으로 개시된 제1차 상속에서 실제상속재산은 ⓧ부동산(7억원)이 있었고 상속인은 A의 배우자 丙, A의 자녀 甲, 乙이 있었다.

· 두 가지 사안: ㉠ 상속재산 분할을 위한 협의 중에 丙은 乙에게 자신의 상속분을 대가 없이 양도했다(2016다210498, 489면). ㉡ 甲, 乙, 丙 사이에 상속재산 분할협의가 이루어졌는데, 그 내용은, ⓧ부동산에 대한 丙의 지분을 0으로 하고, 甲의 지분은 2/7를 유지하며 乙의 지분을 5/7로 하는 것이었다(2017다230338, 489면).

· 丙의 사망으로 개시된 제2차 상속에서 丙 명의 적극재산은 없었고, 乙의 丙에 대한 특별한 기여 등의 사실은 인정되지 않았다. 이에 甲은 乙을 상대로 ⓧ부동산의 3/28지분에 대한 유류분 반환을 청구한다.

(b) 쟁점과 판단

· §1114의 '증여'는 실질적으로 판단해야 하므로, 대가 없이 받은 이익이면 §1011의 상속분 양도이건 §1008의 특별수익이건 모두 §1114의 '증여'에 해당한다. 丙은 乙로부터 대가를 지급받지 않았고 乙의 丙에 대한 특별한 기여라고 볼 만한 사정도 없으므로 丙의 사망으로 개시된 제2차 상속에서, 丙의 乙에 대한 상속분 양도(또는 이에 준하는 분할협의)에 의한 ⓧ부동산의 3/7지분의 무상 양도는 모두 §1008의 특별수익에 해당하고 §1114의 '증여'로도 인정되어 유류분 산정의 기초재산에 산입된다.

- 乙은 §1015 본문을 근거로, ⓧ부동산의 3/7지분은 A로부터 직접 승계한 것이지, 丙으로부터 승계한 것은 아니라고 주장한다. 그러나 §1015 본문의 '소급효'는 법기술적 의제에 불과하고, 실질적으로 판단하면 이 3/7지분은 丙이 상속받았다가 乙에게 넘겨준 것에 해당한다. 따라서 丙의 사망으로 개시된 제2차 상속에서 상정상속재산은 실제상속재산 0원＋乙에게 생전증여된 ⓧ부동산의 3/7지분이므로, 甲·乙의 본래적 상속분은 각 ⓧ부동산의 3/14지분이고, 유류분은 각 ⓧ부동산의 3/28지분이다.

### 대법원 2021. 7. 15. 선고 2016다210498 판결

- 상속분 양도는 **상속재산분할 전**에 적극재산과 소극재산을 모두 포함한 **상속재산 전부에 관하여 공동상속인이 가지는 포괄적 상속분, 즉 상속인 지위의 양도**를 뜻한다. 공동상속인이 다른 공동상속인에게 무상으로 자신의 상속분을 양도하는 것은 특별한 사정이 없는 한 **유류분에 관한 제1008조의 증여에 해당**하므로, 그 상속분은 양도인의 사망으로 인한 상속에서 유류분 산정을 위한 기초재산에 산입된다고 보아야 한다. 그 이유는 다음과 같다. **유류분제도의 입법 목적과 제1008조의 취지**에 비추어 보면, **유류분 산정의 기초재산에 산입되는 증여에 해당하는지 여부**를 판단할 때에는 피상속인의 재산처분행위의 법적 성질을 형식적·추상적으로 파악하는 데 그쳐서는 안 되고, 재산처분행위가 **실질적인 관점에서 피상속인의 재산을 감소시키는 무상처분에 해당하는지** 여부에 따라 판단하여야 한다.
- 다른 공동상속인으로부터 상속분을 양수한 공동상속인은 자신이 가지고 있던 상속분과 양수한 상속분을 합한 상속분을 가지고 상속재산분할 절차에 참여하여 그 상속분 합계액에 해당하는 상속재산을 분배해 달라고 요구할 수 있다. 따라서 상속분에 포함된 적극재산과 소극재산의 가액 등을 고려할 때 **상속분에 재산적 가치가 있다면 상속분 양도는 양도인과 양수인이 합의하여 재산적 이익을 이전**하는 것이라고 할 수 있다.
- 상속재산분할이 상속이 개시된 때 소급하여 효력이 있다고 해도(제1015조 본문), 위와 같이 해석하는 데 지장이 없다.

### 대법원 2021. 8. 19. 선고 2017다230338 판결

- 위와 같은 법리는 **상속재산 분할협의의 실질적 내용이 어느 공동상속인이 다른 공

**동상속인에게 자신의 상속분을 무상으로 양도하는 것과 같은 때에도 마찬가지로 적용**된다. 따라서 상속재산 분할협의에 따라 무상으로 양도된 것으로 볼 수 있는 상속분은 양도인의 사망으로 인한 상속에서 유류분 산정을 위한 기초재산에 포함된다고 보아야 한다.

- 특정 공동상속인의 몫을 0으로 하는 분할협의도 유효이지만 … 이러한 결과는 실질적인 관점에서 볼 때 **공동상속인의 합의에 따라 상속분을 무상으로 양도한 것과 마찬가지**이다.

C. 사례: 피상속인이 피보험자인 생명보험의 보험수익자

(a) 사안의 개요

- 피상속인 A는 생전에 보험회사 B와 자신을 피보험자로 하는 생명보험 계약을 체결하면서 보험수익자를 사실혼 배우자 乙로 지정했는데 보험금은 1000만원이다.

- A의 사망으로 개시된 상속에서 실제상속재산은 없었고, 보험료의 40%는 A가, 60%는 乙이 각각 납입했음이 밝혀졌다.

(b) 쟁점과 판단

- A의 단독상속인인 甲이 乙을 상대로 유류분 반환을 청구하는 경우, 乙이 §1114의 수증자에 해당하는지가 문제된다. 판례는 생명보험금이 보험수익자의 고유재산임은 인정하지만 무상성도 인정하여 증여에 해당한다고 본다.

- 乙이 §1114의 수증자에 해당하는 경우, 乙의 수증가액이 문제되는데 판례는 상속세 및 증여세법 시행령 §4 ①의 계산법을 적용한 것으로 보인다.

- 따라서 乙이 상속개시전 1년 이내에 보험수익자로 지정되었거나, 그 전에 지정되었더라도 악의임이 인정되면 400만원(＝1000만원×2/5)을 증여받은 것이므로 甲에게 유류분 200만원을 반환해야 한다.

**대법원 2022. 8. 11. 선고 2020다247428 판결**

- 피상속인이 자신을 피보험자로 하되 공동상속인이 아닌 제3자를 보험수익자로 지정한 생명보험계약을 체결하거나 제3자로 보험수익자를 변경하고 보험회사에 보험료를 납입하다 사망하여 그 제3자가 생명보험금을 수령하는 경우, 피상속인은 보

험수익자인 제3자에게 유류분 산정의 기초재산에 포함되는 증여를 하였다고 봄이 타당하다. 또한 공동상속인이 아닌 제3자에 대한 증여이므로 <u>제1114조에 따라 보험수익자를 그 제3자로 지정 또는 변경한 것이 상속개시 전 1년간에 이루어졌거나 당사자 쌍방이 그 당시 유류분권리자에 손해를 가할 것을 알고 이루어졌어야 유류분 산정의 기초재산에 포함되는 증여가 있었다고 볼 수 있다.</u>

‣ 이때 유류분 산정의 기초재산에 포함되는 증여 가액은 … 특별한 사정이 없으면 이미 **납입된 보험료 총액 중 피상속인이 납입한 보험료가 차지하는 비율을 산정하여 이를 보험금액에 곱하여 산출한 금액**으로 할 수 있다.

## (3) 상정상속재산에 산입될 수 있는 증여가 되기 위한 추가 요건

### A. 제3자가 수증자인 경우

> 제1114조(산입될 증여) 증여는 <u>상속개시전의 1년간에 행한 것</u>에 한하여 제1113조의 규정에 의하여 그 가액을 산정한다. 당사자 쌍방이 <u>유류분권리자에 손해를 가할 것을 알고</u> 증여를 한 때에는 <u>1년전</u>에 한 것도 같다.

### (a) 원칙

• 상속개시전 1년 이내의 증여는 수증자의 선의·악의 여부를 불문하고 상정상속재산에 산입된다.

✓ 다만 '상속개시전 1년 이내 증여'인지의 여부를 판단함에 있어서 증여계약 체결시와 증여계약 이행시 중에 어떤 것을 기준으로 할 것인지에 대해서는 견해가 대립하고 판례는 불명확하다.

### (b) 예외

• 피상속인과 수증자 쌍방이 유류분 침해의 가능성을 알고 있었던 악의자이면 기간제한 없이 산입된다.

• 악의 여부 판단 시점은 증여 계약 당시이지만, 악의의 대상에는 증여 당시의 피상속인의 재산상황에 비추어 유류분 부족을 초래할 수 있다는 사실뿐 아니라 '증여 이후 피상속인의 재산이 증가하지 않을 것임을 예견할 수 있었다'는 사실도 포함된다.

• 수증자는 선의로 추정되므로 유류분권자가 악의임을 주장·증명해야 한다.

**대법원 2022. 8. 11. 선고 2020다247428 판결**

‣ 증여 당시 법정상속분의 2분의 1을 유류분으로 갖는 직계비속들이 공동상속인으로

서 유류분권리자가 되리라고 예상할 수 있는 경우에, 제3자에 대한 증여가 유류분권리자에게 손해를 가할 것을 알고 행해진 것이라고 보기 위해서는, 당사자 쌍방이 증여 **당시 증여재산의 가액이 증여하고 남은 재산의 가액을 초과**한다는 점을 알았던 사정뿐만 아니라, 장래 상속개시일에 이르기까지 **피상속인의 재산이 증가하지 않으리라는 점까지 예견하고 증여**를 행한 사정이 인정되어야 한다.

‣ 이러한 당사자 쌍방의 가해의 **인식은 증여 당시를 기준**으로 판단하여야 하는데, 그 **증명책임은 유류분반환청구권을 행사하는 상속인**에게 있다.

‣ 수증자가 악의라는 취지의 주장에 대하여 아무런 판단을 하지 아니한 채 피상속인 사망 전 1년간에 행해진 증여재산이 아니라는 이유만으로 위 증여에 대한 유류분반환청구는 배척되어야 한다고 판단한 원심에는 법리를 오해하고 판단을 누락하여 판결에 영향을 미친 위법이 있다(대법원 2012. 5. 24. 선고 2010다50809 판결).

B. 공동상속인이 수증자인 경우 = 특별수익상속인

(a) 개관

• 상속분의 선급, 즉 '특별수익'이라고 인정될 수 있을 정도의 생전증여인 경우에만 상정상속재산에 산입된다.

• 제3자가 수증자인 경우와 다른 점: 상속분의 선급으로 인정되는 한, 피상속인이나 수증자의 선의·악의 여부나 증여된 시점이 언제인지를 따지지 않고 모두 상정상속재산에 산입된다. 즉 상속개시 수십년 전에 쌍방이 선의로 한 증여라 하더라도 산입된다.

• 논거: §1118에 의한 §1008 준용

**대법원 2021. 8. 19. 선고 2017다230338 판결**

‣ 유류분에 관한 제1118조는 제1008조를 준용하고 있다.

‣ 공동상속인 중에 피상속인으로부터 재산의 생전 증여로 제1008조의 특별수익을 받은 사람이 있으면 <u>제1114조가 적용되지 않으므로</u>, 그 증여가 상속개시 1년 이전의 것인지 여부 또는 당사자 쌍방이 유류분권리자에 손해를 가할 것을 알고서 하였는지 여부와 관계없이 증여를 받은 재산이 유류분 산정을 위한 기초재산에 포함된다.

(b) 사례: 상속결격자가 특별수익자인 경우

• 사안의 개요: 피상속인 甲에게는 자녀 A, B가 있었고, A에게는 배우자 E가 있었다.

A는 B를 살해하려다 미수에 그쳤으나 그 후 甲은 A에게 ⓧ부동산을 증여했다.

- 쟁점과 판단: ㉠ E는 상속결격된 A를 대습하기 때문에 공동상속인은 B와 E이고 이들의 법정상속분은 1:1이다. ㉡ 특별수익 상속인은 없다고 보아야 한다. §1008의 취지는 선급된 상속분을 공제하는 것인데, A는 상속결격 된 후 증여받았기 때문이다. ㉢ 결국 E와 B의 구체적 상속분도 1:1이다.

<u>상속결격사유가 발생한 이후에 결격된 자가 피상속인에게서 직접 증여를 받은 경우, 그 수익은 상속인의 지위에서 받은 것이 아니어서 원칙적으로 상속분의 선급으로 볼 수 없다.</u> 따라서 결격된 자의 수익은 특별한 사정이 없는 한 특별수익에 해당하지 않는다(대법원 2015. 7. 17.자 2014스206 결정).

(c) 사례: 특별수익자가 대습상속인이 된 경우

- 사안의 개요: 피상속인 甲에게는 자녀 A, B, C가 있었는데, A는 甲보다 1년 먼저 사망하여 A의 자녀 E가 대습상속인이 되었다. 그런데 甲은 사망 10년 전에 (즉, 대습상속 개시 전에) E에게 ⓧ부동산을 증여했다.
- 쟁점: 상속개시 후 E, B, C간의 구체적 상속분을 정할 때, E가 증여받은 ⓧ부동산이 특별수익으로서 고려되어야 하는지가 문제된다.
- 판단: ㉠ §1008의 취지는 선급된 상속분을 공제하는 것이므로, 증여받을 때 수증자가 상속인일 것을 요건으로 한다. ㉡ 이 사건의 경우 E는 수증 후 대습상속이라는 우연한 사정으로 인해 공동상속인이 되었는데도 상속인이 되기 전의 수증재산을 특별수익으로 공제하는 것은 비합리적이고 증여자의 의사에도 저촉된다.

### 대법원 2014. 5. 29. 선고 2012다31802 판결

- 대습상속인이 <u>대습원인의 발생 이전에 피상속인으로부터 증여를 받은 경우 이는 상속인의 지위에서 받은 것이 아니므로 상속분의 선급으로 볼 수 없다.</u> 그렇지 않고 이를 상속분의 선급으로 보게 되면, 피대습인이 사망하기 전에 피상속인이 먼저 사망하여 상속이 이루어진 경우에는 특별수익에 해당하지 아니하던 것이 <u>피대습인이 피상속인보다 먼저 사망하였다는 우연한 사정으로 인하여 특별수익으로 되는 불합리한 결과가 발생한다.</u>

‣ 따라서 대습상속인의 위와 같은 수익은 특별수익에 해당하지 않는다고 봄이 상당하다.

(d) 사례: 유류분 제도 도입 전에 이행이 완료된 증여

• 상정상속재산에는 포함되지 않는다. 소급입법으로 재산권을 제한할 수는 없기 때문이다.

• 그러나 유류분 제도의 취지에 비추어 볼 때 유류분 부족액 산정시 특별수익으로는 고려되어야 한다. §1118가 준용하는 §1008는 유류분 제도 도입 전에도 규정되어 있었기 때문이다.

### 대법원 2018. 7. 12. 선고 2017다278422 판결

‣ **유류분 제도가 생기기 전에 피상속인이 상속인이나 제3자에게 재산을 증여하고 이행을 완료**하여 소유권이 수증자에게 이전된 때에는 피상속인이 1977. 12. 31. 개정된 민법 시행 이후에 사망하여 상속이 개시되더라도 소급하여 증여재산이 유류분 제도에 의한 반환청구의 대상이 되지는 않는다. 개정 민법의 유류분 규정을 개정 민법 시행 전에 이루어지고 이행이 완료된 증여에까지 적용한다면 수증자의 기득권을 소급입법에 의하여 제한 또는 침해하는 것이 되어 개정 민법 부칙 제2항의 취지에 반하기 때문이다.

‣ 그러나 유류분 제도의 취지는 법정상속인의 상속권을 보장하고 상속인간의 공평을 기하기 위함이고, 제1115조 제1항은 **이미 법정 유류분 이상을 특별수익한 공동상속인의 유류분 반환청구권을 부정**하고 있다. 이는 개정 민법 시행 전에 증여받은 재산이 법정 유류분을 초과한 경우에도 마찬가지로 보아야 하므로, 개정 민법 시행 전에 증여를 받았다는 이유만으로 이를 특별수익으로도 고려하지 않는 것은 유류분 제도의 취지와 목적에 반한다고 할 것이다. 또한 민법 제1118조에서 제1008조를 준용하고 있는 이상 유류분 부족액 산정을 위한 특별수익에는 그 시기의 제한이 없고, 민법 제1008조는 유류분 제도 신설 이전에 존재하던 규정으로 민법 부칙 제2조와도 관련이 없다.

‣ 따라서 개정 민법 시행 전에 이행이 완료된 증여 재산이 유류분 산정을 위한 기초재산에서 제외된다고 하더라도, 위 재산은 당해 유류분 반환청구자의 유류분 부족액 산정시 특별수익으로 공제되어야 한다.

**다. 소극재산**: 상정상속재산 산정시의 공제 대상

**(1) 개관**

• 의미: 공동상속인들이 실제상속재산을 분할·취득하기 전에 실제상속재산으로 변제해야 하는 채무를 뜻한다.

• 유형: 상속채무는 공제되지만 유증·사인증여는 공제되지 않는다. 유류분은 유증·사인증여 등의 무상처분이 없었음을 전제로 산정해야 하기 때문이다.

• 기여상속인이 있어도 기여분 가액은 공제되지 않는다. 판례(2013다60753, 474면)에 의하면 기여분과 유류분은 단절되기 때문이다.

**(2) 사례**: 제한물권이 설정된 물건의 특정유증과 유류분 부족액 산정 방식

A. 사안

• 피상속인 A의 사망 당시 상속재산으로는 ⓧ토지(2억원)와 ⓨ주택(10억원)이 있었고 단독상속인 甲이 있었다.

• A는 생전에 적법한 유언으로 ⓨ주택을 乙에게 유증했는데 여기에는 주임법상 임차인 丙(임대차보증금 반환채권 6억원)이 있었다.

B. 쟁점과 판단

• 乙에 대한 ⓨ주택 유증으로 인해 甲의 유류분이 침해되는지가 문제된다.

• 상정상속재산: 적극재산 ⓧ토지, ⓨ주택의 가액 12억원에서 丙에 대한 임대차 보증금 반환채무 6억원을 공제한 6억원이고, 유류분은 3억원이다.

• 유류분 부족액 산정을 위한 공제 단계에서 ⓨ주택의 가액과 丙에 대한 채무는 모두 고려 대상이 아니다. ⓨ주택은 甲이 취득할 수 없고 丙에 대한 채무는 甲이 부담할 필요가 없기 때문이다. 따라서 乙이 丙에게 보증금을 반환했더라도 甲에게 이를 구상할 수 없다.

• 결국 甲의 유류분 부족액은, 유류분액 3억원에서 실제상속재산인 ⓧ토지의 가액(2억원)을 공제한 1억원이다.

• 이러한 법리는 丙의 임차권에 대항력이 있는지의 여부와 무관하게 적용된다.

**대법원 2022. 1. 27. 선고 2017다265884 판결**
  ▸ 유언자가 재산의 비율적 일부가 아니라 일부 재산을 특정하여 유증한 **특정유증의**

경우에는, 유증 목적인 재산은 일단 상속재산으로서 상속인에게 귀속되고 유증을 **받은 자는 유증의무자에 대하여 유증을 이행할 것을 청구할 수 있는 채권**을 취득하게 된다.

‣ 유언자가 임차권 또는 근저당권이 설정된 목적물을 특정유증하면서 유증을 받은 자가 그 임대차보증금반환채무 또는 피담보채무를 인수할 것을 부담으로 정한 경우, 상속인이 상속개시 시에 **유증 목적물과 그에 관한 임대차보증금반환채무 또는 피담보채무를 상속**하므로 이를 전제로 **유류분 산정의 기초가 되는 재산액을 확정**하여 유류분액을 산정하여야 한다.

‣ 상속인은 유증을 이행할 의무를 부담함과 동시에 유증을 받은 자에게 유증 목적물에 관한 임대차보증금반환채무 등을 인수할 것을 요구할 수 있는 이익 또한 얻었다고 할 수 있으므로, 결국 그 특정유증으로 인해 유류분권리자가 얻은 **순상속분액은 없다고 보아** 유류분 부족액을 산정해야 한다. … 특정유증을 받은 자가 유증 목적물에 관한 임대차보증금반환채무 또는 피담보채무를 임차인 또는 근저당권자에게 변제하였다고 하더라도 상속인에 대한 관계에서는 자신의 채무 또는 장차 인수하여야 할 채무를 변제한 것이므로 **상속인에 대하여 구상권을 행사할 수 없다**고 봄이 타당하다.

‣ 이러한 법리는 유증 목적물에 관한 임대차계약에 **대항력이 있는지 여부와 무관**하게 적용된다.

## 라. 상정상속재산과 관련된 사례

### (1) 상속포기와 §1114

A. 사안의 개요

• 피상속인은 B와 혼인하여 그 사이에 자녀로 甲과 丁을 두었다. 피상속인은 2013.5.25. B와 이혼하고, 2015.10.29. 사망하였다.

• 丁은 2011.6.28. 피상속인보다 먼저 사망하였고 상속인은 배우자 乙과 자녀 丙이 있었는데 이들은 2015.12.7. 적법하게 상속포기 신고 수리 심판을 받았다.

• 甲은 丁이 2011.2.경 피상속인으로부터 부동산과 현금을 증여받아 자신의 유류분에 부족이 생겼다는 이유로, 2016.2.1. 丁의 대습상속인인 乙, 丙을 피고로 유류분반환을 청구하는 이 사건 소를 제기하였다.

B. 쟁점과 판단

(a) 쟁점

- 대습상속과 특별수익: 피대습인이 생전에 특별수익을 얻었으면 이를 감안한 구체적 상속분액이 대습상속인(들)의 몫이 된다. 즉, 피대습인의 특별수익은 대습상속인(들)의 특별수익으로 간주된다.

- 상속포기와 §1114의 적용 여부: 유류분 산정 기초재산에 산입될 생전증여의 범위와 관련하여, 공동상속인이 수증자인 경우에는 특별수익에 해당하는지의 여부만 문제되고 §1114가 적용되지 않지만, 수증자인 공동상속인이 상속포기를 하면 상속포기의 소급효에 의해 상속개시기부터 상속인 아닌 제3자로 취급되어 §1114가 적용된다.

- 대습상속인이 상속포기를 한 경우: 피대습인을 기준으로 §1114의 요건이 충족되었는지의 여부를 판단해야 한다.

(b) 판단

- 丁에 대한 증여가 특별수익이라고 볼 수 있더라도 §1008 대신 §1114를 적용하여 상정상속재산에 산입할 것인지의 여부를 판단해야 한다.

- 丁에 대한 증여 시점이 상속개시 전 1년 이내인지의 여부가 문제되고 만약 그 전이라면 丁이 악의였는지가 문제된다.

**대법원 2022. 3. 17. 선고 2020다267620 판결**

- 제1008조의 취지는 … 공동상속인들 사이의 공평을 기하기 위하여 그 수증재산을 상속분의 선급으로 다루어 구체적인 상속분을 산정할 때 이를 참작하도록 하려는 것이다.

- 대습상속이 개시되었다고 하여 피대습인의 특별수익을 고려하지 않고 대습상속인의 구체적인 상속분을 산정한다면 대습상속인은 피대습인이 취득할 수 있었던 것 이상의 이익을 취득하게 된다. 이는 공동상속인들 사이의 공평을 해칠 뿐만 아니라 대습상속의 취지에도 반한다. 따라서 **피대습인이 대습원인의 발생 이전에 피상속인으로부터 생전 증여로 특별수익을 받은 경우 그 생전 증여는 대습상속인의 특별수익**으로 봄이 타당하다.

- 제1118조는 제1008조를 준용하므로, 공동상속인 중에 피상속인으로부터 재산의

생전 증여로 제1008조의 특별수익을 받은 사람이 있으면 제1114조가 적용되지 않지만 … 피상속인으로부터 **특별수익인 생전 증여를 받은 공동상속인이 상속을 포기한 경우**에는 **제1114조가 적용**되므로, 그 증여가 상속개시 전 1년간에 행한 것이거나 당사자 쌍방이 유류분권리자에 손해를 가할 것을 알고 한 경우에만 유류분 산정을 위한 기초재산에 산입된다. 제1008조에 따라 구체적인 상속분을 산정하는 것은 **상속인이** 피상속인으로부터 실제로 특별수익을 받은 경우에 한정되는데, 제1042조에 규정된 상속포기의 소급효에 의해 상속포기자는 처음부터 상속인이 아니었던 것이 되므로, 상속포기자에게는 제1008조가 적용될 여지가 없기 때문이다.

‣ 이러한 법리는 피대습인이 대습원인 발생 전에 피상속인으로부터 생전 증여로 특별수익을 받은 후 대습상속인이 피상속인에 대한 대습상속을 포기한 경우에도 그대로 적용된다.

‣ 대습상속인인 乙, 丙은 피상속인에 대한 상속을 포기하였으므로 제1114조가 적용된다고 전제한 후 丁에 대한 증여는 2011. 이루어졌고, 제반사정에 비추어 피상속인과 丁은 2011. 증여 당시 甲에게 손해를 가할 것을 알고 있었다고 보기 어려움을 이유로 유류분 산정 기초재산에 산입될 수 없다고 판단한 원심은 타당하다.

### (2) 법정상속분 이상의 상속채무 변제

A. 개관

• 공동상속인 중 1인이 자신의 법정상속분에 따른 상속채무 분담액을 초과하여 유류분권자의 상속채무 분담액까지 변제한 경우 그 가액을 반영하는 방법이 문제된다.

• 유류분 부족액 산정시에는 반영되지 않는다. 따라서 유류분 부족액 산정시에 법정상속분에 따라 분담된 소극재산 가액을 공제해야 한다.

• 이로 인한 불공평은 변제자가 유류분권자에게 구상권을 행사하여 지급받거나 유류분 반환청구권과 상계함으로써 시정할 수밖에 없다.

B. 연습

(a) 사안의 개요

• 공동상속인 甲, 乙, 실제상속재산 2억원, 상속채무 2억원, 乙에게 특별수익 증여 8억원이 인정된다.

- 乙이 상속채무 2억원을 자신의 고유재산으로 변제했는데 그 후 甲이 乙에게 유류분 반환을 청구한다.

(b) 쟁점과 판단

- 甲, 乙의 유류분은 각 2억원[＝(2억원＋8억원−2억원)×1/2×1/2]이고, 실제상속 재산 2억원 전액을 甲이 취득하고 상속채무는 각 1억원씩 당연분속된다.
- 甲의 유류분침해액은 1억원[＝2억원−0원−(2억원−1억원)]이다. 乙이 상속채무 2억원 전액을 변제했더라도 이런 사정은 甲의 유류분 침해액을 산정할 때는 고려 대상이 아니다.
- 따라서 甲은 乙에게 침해액 1억원에 대한 유류분반환청구를 할 수 있다. 다만 乙은 甲이 분담해야 할 1억원을 대위변제하여 발생한 구상권으로 甲의 유류분 반환청구권과 상계할 수 있다.

> **대법원 2013. 3. 14. 선고 2010다42624 판결**
> ‣ 금전채무와 같이 급부의 내용이 가분인 채무가 공동상속된 경우, 이는 상속개시와 동시에 당연히 공동상속인들에게 법정상속분에 따라 상속된 것으로 봄이 상당하므로
> ‣ 그 법정상속분 상당의 금전채무는 유류분권리자의 유류분 부족액을 산정함에 있어서 고려하여야 할 것이나, 공동상속인 중 1인이 자신의 법정상속분 상당의 상속채무 분담액을 초과하여 <u>유류분권리자의 상속채무 분담액까지 변제한 경우에는 그 유류분권리자를 상대로 별도로 구상권을 행사하여 지급받거나 상계를 하는 등의 방법으로 만족을 얻는 것은 별론으로 하고, 그러한 사정을 유류분권리자의 유류분 부족액 산정 시 고려할 것은 아니다.</u>

## Ⅲ 유류분반환청구권의 행사

### 1. 불요식행위

#### 가. 개관

- 재판 외에서 행사해도 행사기간 준수로 인정된다. 이 점에서 제척기간이면서 제소기간인 상속회복청구권의 행사기간과 다르다.
- 유류분반환청구가 있었는지의 여부는 의사표시 해석의 문제이다.

## 나. 유류분 반환청구의 대상

### (1) 문제의 소재

- 유류분 반환청구의 대상은 무상 처분행위인지 아니면 무상 처분된 개별 재산인지가 문제된다.
- 실익: 유류분 반환청구권의 소멸시효 중단효가 미치는 범위가 결정된다.

### (2) 판례의 태도

- 유류분 반환청구권의 소멸시효 중단효의 범위는 유류분 침해의 원인행위인 무상 처분행위를 단위로 판단한다.
- 예컨대 하나의 유증으로 토지와 지상건물이 처분된 경우, 유증을 적시하여 유류분 반환청구를 한 이상 토지만 적시했더라도 건물에 대해서도 시효중단효가 미친다.

✓ 유류분 반환청구권은 형성권이므로 그 내용은 유류분 침해의 원인행위인 무상 처분행위의 소급적 소멸을 구하는 것이다. 명문규정은 없으나, 판례는 사해행위취소와 비슷한 구도로 파악하는 듯하다. 즉, 유류분 반환청구권은 원인행위인 무상 처분행위의 실효를 구하는 형성권이고, 그 결과로서 발생하는 유류분 부족액에 상응하는 수증재산 반환청구권은 물권적 청구권이나 부당이득반환청구권이라고 파악하는 듯하다.

> **대법원 2015. 11. 12. 선고 2011다55092 판결**
> - 유류분반환청구권의 행사는 재판상 또는 **재판 외에서** 상대방에 대한 의사표시로 … 침해를 받은 **유증 또는 증여행위를 지정하여 이에 대한 반환청구의 의사를 표시하면 그것으로 충분**하고, 그로 인하여 생긴 목적물의 이전등기청구권이나 인도청구권 등을 행사하는 것과는 달리 그 **목적물을 구체적으로 특정하여야 하는 것은 아니다.**
> - **유류분권리자가 위와 같은 방법으로 유류분반환청구권을 행사하면** 제1117조 소정의 **소멸시효 기간 안에 권리를 행사**한 것이 된다.
> - 망인의 소유이던 이 사건 토지와 건물에 관하여 유증을 원인으로 하여 피고 앞으로 소유권이전등기가 각 마쳐졌는데 … 원고는 피고를 상대로 망인의 피고에 대한 유증행위를 지정하면서 이 사건 토지에 관하여 유류분반환을 원인으로 이전등기를 청구하는 이 사건 소를 제기했다. 그렇다면 비록 원고가 그 당시 **이 사건 건물을 구체적으로 특정하지 않았다고 하더라도** 상속의 개시와 반환하여야 할 유증을 한 사실을 안 때부터 1년 내에 유류분반환청구권을 행사한 것으로 볼 수 있다.

## 2. 행사기간

### 가. 개관

제1117조(소멸시효) 반환의 청구권은 유류분권리자가 상속의 개시와 반환하여야 할 증여 또는 유증을 한 사실을 안 때로부터 1년내에 하지 아니하면 시효에 의하여 소멸한다. 상속이 개시한 때로부터 10년을 경과한 때도 같다.

### (1) 법적 성질

- 판례는 유류분 반환청구권의 법적 성질을 형성권이라고 본다. 다만 그 행사기간은 제척기간 아닌 소멸시효 기간이라고 본다.

규정의 내용 및 형식에 비추어 볼 때 같은 법조 **전단의 1년의 기간은 물론 같은 법조 후단의 10년의 기간도 그 성질을 소멸시효** 기간이라고 보아야 할 것 이고, 한편 소멸시효기간 만료에 인한 권리소멸에 관한 것은 소멸시효의 이익을 받는 자가 항변을 하지 아니하면 그 의사에 반하여 재판할 수 없는 것이다(대법원 1993. 4. 13. 선고 92다3595 판결).

✓ 주의 : 유류분반환청구권은 형성권이므로 불요식 행위만으로도 시효중단효가 확정적으로 발생한다. 즉 청구권의 경우와는 달리 §174가 적용되지는 않는다. 판례(2010다50809, 503면)는 상대기간 경과 전 '말다툼'이라는 불요식 행위로 소멸시효가 중단되었음을 전제로 판단하고 있으며 말다툼 이후 8개월이 지나서야 재판상 청구가 있었다는 점은 문제삼지 않고 있다.

### (2) 기산점

- 절대기간: 상속개시일로부터 10년이 지나면 유류분반환청구권은 소멸한다. 수증자가 수증재산을 점유만 하고 이에 대한 소유권이전등기를 마치지 않은 상태이더라도 마찬가지이다.

유류분반환청구권은 상속이 개시한 때부터 10년이 지나면 시효에 의하여 소멸하고, 이러한 법리는 **상속재산의 증여에 따른 소유권이전등기가 이루어지지 아니한 경우에도** 달리 그 소멸시효 완성의 항변이 신의성실의 원칙에 반한다고 하는 등의 특별한 사정이 존재하지 아니하는 이상 달리 볼 것이 아니다(대법원 2008. 7. 10. 선고 2007다9719 판결).

- 상대기간: 상속개시, 피상속인의 무상 처분행위, 이러한 무상처분으로 인한 유류분 침해 등의 사실을 모두 안 날로부터 1년이다.

### 대법원 2006. 11. 10. 선고 2006다46346 판결

‣ 유류분반환청구권의 단기소멸시효기간의 기산점은 유류분권리자가 <u>상속이 개시되었다는 사실과 증여 또는 유증이 있었다는 사실 및 그것이 반환하여야 할 것임을</u> 안 때를 뜻한다.

‣ 해외에 거주하다가 망인의 사망사실을 뒤늦게 알게 된 피고로서는 <u>유증사실 등을 제대로 알 수 없는 상태에서 단순히 丙으로부터 일방적으로 교부된 자필유언증서의 사본을 보았다는 사정만으로는 자기의 유류분을 침해하는 유증이 있었음을 알 았다고 단정하기 어렵고</u> 2004. 6. 30. 유언의 검인을 받으면서 **자필유언증서의 원본을 확인한 시점에서야 비로소 그러한 유증이 있었음을 알았다**고 봄이 상당하고, 그 때로부터 1년이 경과되기 전인 2005. 5. 20. 피고 1이 유류분반환청구권을 행사한다는 뜻의 의사표시를 하였으므로 피고의 유류분반환청구권은 시효로 소멸되었다고 할 수 없다.

## (3) 사례: 묵시적 유류분반환청구 의사표시와 소멸시효 중단

### A. 사안의 개요

- 피상속인 A는 2007.11.2. 사망했고 공동상속인은 자녀 甲, 乙, 丙이 있다. A는 생전에 유일한 재산인 ⓧ부동산을 乙에게 증여했고, 이 사실을 甲, 丙도 알고 있었다.

- 甲은 2007.12.7. 乙을 찾아가 말다툼을 하면서 "ⓧ부동산을 혼자 차지했으니 내 몫을 분배해 달라"고 요구하면서 자신의 요구에 불응하면 법대로 하겠다고 경고했다.

- 甲은 2008.2.1. 丙과 유류분 양도 · 양수 계약을 체결했다.

- 甲은 2008.4.26. ⓧ부동산에 대한 2/3지분소유권 이전등기 청구소송을 제기했고, 2008.12.16. 준비서면에서 유류분 반환 주장을 했다.

### B. 쟁점과 판단

- 원심은 甲이 乙에 대한 ⓧ부동산 증여 사실을 알고 있었으므로 상속개시일인 2007.11.2. 상대기간이 기산했고 2008.12.16. 변론기일에는 이미 소멸시효가

완성된 것으로 보았다.

- 대법원은 2007.12.7. 甲이 乙에게 유류분반환 청구권을 행사한 것으로 보았다. 유류분반환청구권 행사는 불요식 행위이므로 甲이 乙에게 2007.12.7. '경고'한 것은 유류분반환청구권 행사로 인정되어 소멸시효가 중단되었다고 본 것이다. 다만 甲이 丙의 유류분을 양수한 것은 2007.12.7. 이후이므로 丙으로부터 양수한 부분에는 시효중단효가 미치지 않으므로, 이 부분에 대해서는 소멸시효가 완성되었다고 판단했다.

## 대법원 2012. 5. 24. 선고 2010다50809 판결

- 유류분반환청구 의사가 표시되었는지 여부는 **법률행위 해석에 관한 일반원칙**에 따라 … 합리적으로 판단하여야 한다. ㉠ 상속인이 유증 또는 증여행위가 **무효임을 주장하여 상속 내지는 법정상속분에 기초한 반환을 주장하는 경우에는 그와 양립할 수 없는 유류분반환청구권을 행사한 것으로 볼 수 없**을 것이지만 ㉡ 상속인이 유증 또는 증여행위의 **효력을 명확히 다투지 아니하고** 수유자 또는 수증자에 대하여 재산의 분배나 **반환을 청구하는 경우**에는 유류분반환의 방법에 의할 수밖에 없을 것이므로 비록 유류분의 반환을 **명시적으로 주장하지 않는다고** 하더라도 그 청구 속에는 유류분반환청구권을 행사하는 의사표시가 포함되어 있다고 해석함이 상당한 경우가 많을 것이다.

- 공동상속인 중 1인인 원고(甲)는 피고(乙)가 유일한 상속재산인 이 사건 토지를 증여받은 것에 항의하여 … 2007. 12. 7. 증여를 인정하는 전제에서 금전지급을 요구하는 등 재산 분배를 요구하다가 乙로부터 거절당하자, 이 사건 토지를 독차지한 것을 비난하며 이 사건 토지에 대한 권리를 회복할 것이고 이를 위하여 소송도 마다하지 않겠다는 취지의 의사표시를 했다. … 원고의 이러한 행위에는 원고 자신의 유류분을 침해한 이 사건 토지의 증여행위를 지정하여 이에 대한 반환청구를 하는 의사표시가 포함되어 있다고 봄이 상당하다.

- 다만 원고는 다른 공동상속인 丙으로부터 2008. 2.1. 유류분반환청구권을 양수하였다고 주장하며 원고 자신의 유류분뿐만 아니라 丙의 유류분에 기하여도 반환청구를 하고 있으나, 위와 같이 원고가 2007. 12. 7. 피고에 대하여 한 행위에 유류분반환청구의 의사표시가 포함되어 있어 이로써 원고 **자신의 유류분에 기한 반환청구의 소멸시효가 중단되었다고 볼 수 있다 하더라도,** 특별한 사정이 없는 한 그러한 의사

표시에 <u>원고 자신의 유류분과는 별개인 丙의 유류분에 기한 반환청구의 의사표시</u> <u>까지 포함되어 있다고 보기 어려우므로</u> 이에 대한 소멸시효까지 중단되었다고 볼 수 없다.

### 나. 비교: 수증재산 반환청구권의 행사기간

### (1) 법적 성질

#### A. 개관

- 유류분 반환청구권과 별개의 권리를 행사하는 것이다(2011다55092, 505면).
- 반드시 목적물의 대상과 범위를 특정해야 한다.

유류분권리자가 반환의무자를 상대로 유류분반환청구권을 행사하고 <u>이로 인하여 생</u> <u>긴 목적물의 이전등기의무나 인도의무 등의 이행을 소로써 구하는 경우</u> 그 대상과 범 위를 특정해야 하고, 처분권주의 원칙상 유류분권리자가 특정한 대상과 범위를 넘어 서 청구를 인용할 수 없다(대법원 2013. 4. 14. 선고 2010다42624 판결).

#### B. 유류분 반환청구권과의 관계

- ✓ 유류분 반환청구권과 수증재산 반환청구권의 관계는 사해행위 취소소송에서 취소권과 원상회복 청구권의 관계와 비슷하다.

- ✓ 유류분 반환청구권을 형성권이라고 본다면, 유류분반환청구권 행사로 인하여 발생한 수증재산 반환청구권은 물권적 청구권의 일종이므로 §1117의 소멸시효기간은 적용될 여지가 없다. 수증자 가 제3자이면 취득시효가 완성되기 전까지는 반환청구를 할 수 있다고 보아야 한다. 반면 수증자 가 공동상속인인 경우에는 §999가 적용되는지의 여부가 문제되는데, 상속권을 참칭하는 것은 아 니기 때문에 §999의 문제는 아니다.

- ✓ 판례의 태도는 불명확하다. '유류분반환 의무는 기한 없는 의무이므로 이행청구를 받은때 이행지 체가 된다'고 한 2010다42624 판결이 유류분반환 의무의 법적성질이 채무임을 전제했다고 보기 는 어려운데, 물권적 청구권에 대해서도 성질에 반하지 않는 한 채권에 관한 규정들이 유추적용될 수 있기 때문이다.

### (2) 행사기간

- 유류분반환청구권과는 다른 권리이므로 §1117의 기간이 적용되지 않는다.
- 반환대상인 권리의 성질 · 내용에 따라 고유한 권리행사 기간이 적용된다.

**대법원 2015. 11. 12. 선고 2011다55092 판결**

- 유류분권리자가 <u>유류분반환청구권을 행사한 경우</u> 그의 유류분을 침해하는 범위 내에서 유증 또는 증여는 소급적으로 효력을 상실하고, 상대방은 그와 같이 실효된 범위 내에서 유증 또는 증여의 목적물을 반환할 의무를 부담한다.

- 유류분반환청구권을 행사함으로써 발생하는 <u>목적물의 이전등기청구권 등은 유류분반환청구권과는 다른 권리이므로, 그 이전등기청구권 등에 대하여는 제1117조 소정의 유류분반환청구권에 대한 소멸시효가 적용될 여지가 없고</u>, 그 권리의 성질과 내용 등에 따라 별도로 소멸시효의 적용 여부와 기간 등을 판단하여야 한다.

## Ⅳ 유류분 반환청구권 행사의 효과

### 1. 개관

#### 가. 수증재산 반환청구권의 발생

- 아직 이행하지 않은 유증·사인증여는 실효되기 때문에 상속인·유언집행자는 이행을 거절할 수 있다.
- 증여나 유증의 이행이 마쳐진 경우에는 수증재산 반환청구권이 발생한다.
- 수증재산이 부동산인 경우, 수증자나 악의 전득자 명의 소유권이전등기 말소등기를 청구하면 피상속인에게 소유권이 복귀하게 되므로, 진정명의회복을 원인으로 하는 소유권이전등기 청구도 가능할 것이다.

#### 나. 수증재산 반환의무의 이행기

- 수증재산 반환의무는 이행기를 정하지 않은 의무이다.
- 원물반환이든 가액반환이든, 상속개시기가 아니라 유류분권자가 이행청구를 한 날 이행지체에 빠진다. 예컨대 원물반환을 구하는 유류분반환 청구소송을 제기한 후 가액반환으로 청구취지·청구원인을 변경한 경우 청구취지·청구원인 변경 신청서 송달 다음 날부터 지체책임이 발생한다.

**대법원 2022. 9. 29. 선고 2022다203583 판결**

- 유류분반환청구권의 행사로 인하여 생기는 원물반환의무 또는 가액반환의무는 이 행기한의 정함이 없는 채무이므로, 반환의무자는 그 의무에 대한 <u>이행청구를 받은 때에 지체책임</u>을 진다.
- 원고는 제1심에서 원물반환을 주장하여 승소한 후 원심에 이르러 2020. 11. 11. 자 청구취지 및 청구원인 변경신청서로 180,000,000원 및 이에 대한 지연손해금의 지 급을 구하는 가액반환 청구를 예비적으로 추가하였다. … 피고는 … 청구취지 및 청 구원인 변경신청서 송달 다음 날부터 지체책임을 진다. 그런데도 가액반환으로 인 용한 원금 전부에 대하여 <u>이 사건 소장 부본 송달 다음 날부터 지연손해금의 지급을 명한 원심의 판단에는 유류분 가액반환 시 지체책임 발생에 관한 법리를 오해하여 판결에 영향을 미친 잘못이 있다.</u>

## 2. 유류분 반환청구권의 내용: 유류분 부족액(전술)

## 3. 상대방(반환의무자)

### 가. 개관

**(1) 직접 수익자: 수증자, 수유자**

- 공동상속인인 경우: 유류분 침해에 대한 선의·악의를 불문하고 반환의무를 지 고, 반환의무의 범위에도 차이가 없다.
  - ✓ 다만 형성권설을 관철시킨다면, 유류분반환청구에 의한 원물반환 사안은 점유자와 회복자의 관 계에 해당하므로, 선의였던 수증자는 과실수취권이 인정될 수 있다. 따라서 선의 여부에 따라 과 실반환 여부는 달라진다고 보아야 한다.
- 공동상속인 아닌 제3자인 경우: 선의 수증자이면 상속개시 전 1년 이내에 증여 받은 경우에만 반환의무자이다.

**(2) 전득자**

- 수증자나 수유자가 반환의무자에 해당하지 않으면 전득자는 선의 여부를 따지 지 않고 반환의무를 부담하지 않는다.
- 수증자나 수유자가 반환의무자이더라도, 전득자는 유류분 침해에 대해 악의인 경우에만 반환의무자가 된다(2013다75281, 481면). 다만 명문의 근거 규정은 없다.

## 나. 반환의무자가 여러 명인 경우의 반환 순서

### (1) 개관

A. 순위: 증여에 대한 유증의 우선 실효

- 거래안전을 위해 아직 이행되지 않은 무상 처분행위부터 실효시킨다.
- 일단 유증부터 실효시켜 이행을 거절하고, 그래도 유류분액을 확보할 수 없어야 증여를 실효시켜 증여된 재산의 반환을 청구한다.
  - ✓ 유증의 이행이 완료된 후 유류분 반환청구권이 행사되더라도 마찬가지라고 보아야 할지는 의문이지만 판례의 태도는 불명확하다.

> 제1116조(반환의 순서) 증여에 대하여는 유증을 반환받은 후가 아니면 이것을 청구할 수 없다.

- 사인증여는 아직 이행되지 않았으므로 유증에 준한다. 즉 생전증여보다 먼저 실효된다.
  - ✓ 아직 이행되지 않은 사인증여의 경우 유증에 준하여 처리할 것인지가 문제되는데 이에 대한 판례의 태도는 불명확하다.
- 사례: 무상처분이 사인증여와 채무 면제인 경우 채무 면제를 실효시키기 전에 사인증여부터 실효된다. 채무 면제는 실질적으로 이미 이익이 실현된 경우이기 때문이다.

> **대법원 2001. 11. 30. 선고 2001다6947 판결**
> - 사인증여의 경우에는 유증의 규정이 준용될 뿐만 아니라 그 실제적 기능도 유증과 달리 볼 필요가 없으므로 유증과 같이 보아야 할 것이다.
> - 피고는 사인증여를 받은 자이고, 소외인은 채무면제에 의한 증여를 받은 자이므로, 원고가 유류분침해액의 반환을 청구함에 있어서는 먼저 피고에 대하여 그 반환을 청구하여야 한다.

B. 동순위자가 여러 명인 경우

> 제1115조(유류분의 보전) ② 제1항의 경우에 증여 및 유증을 받은 자가 수인인 때에는 각자가 얻은 유증가액의 비례로 반환하여야 한다.

- 수유자(수증자)가 여러 명이면 이들 사이에서는 무상취득 가액의 비율로 반환해야 할 유류분 부족액을 분담해야 한다.
- 여러 명의 수유자(수증자)들 중 공동상속인이 있는 경우: 공동상속인은 무상취득 가액에서 자신의 유류분액을 뺀 가액을 기준으로, 공동상속인 아닌 사람은 무상취득 가액 전액을 기준으로 반환 비율을 산정해야 한다.

### 대법원 2006. 11. 10. 선고 2006다46346 판결

‣ 유류분권리자가 유류분반환청구를 함에 있어 증여 또는 유증을 받은 다른 공동상속인이 수인일 때에는 각자 증여 또는 유증을 받은 재산 등의 가액이 **자기 고유의 유류분액을 초과하는 상속인에 대하여 그 유류분액을 초과한 가액의 비율에 따라서 반환을 청구**할 수 있고, 공동상속인과 공동상속인 아닌 제3자가 있는 경우에는 그 제3자에게는 유류분이 없으므로 공동상속인에 대하여는 자기 고유의 유류분액을 초과한 가액을 기준으로 하여, 제3자에 대하여는 그 증여 또는 유증받은 재산의 가액을 기준으로 하여 그 각 가액의 비율에 따라 반환청구를 할 수 있다.

‣ 공동상속인 甲, 乙이 있고 유일한 상속재산 ⓧ부동산이 있는 사안에서, 상속개시 후 甲, 乙이 법정상속분에 따라 각1/2씩 상속등기를 마쳤는데, 그 후 피상속인이 ⓧ부동산에 대하여 乙에게 1/2, 丙에게 1/2을 각 유증한 사실이 밝혀졌다. 이 경우 甲의 유류분은 1/4 지분(=법정상속분 1/2의 1/2)인 한편, 乙이 공동상속인으로서 그 자신의 **유류분을 초과하여 유증받은 부분**은 1/4 지분(=유증받은 지분 1/2 - 유류분 1/4)이 되고, 丙이 **공동상속인이 아닌 제3자로서 유증받은 것은 이 사건 부동산 중 1/2 지분**이므로, 甲은 乙에게는 1/12 지분 {=(甲의 유류분 1/4) × (**丙과의 반환의무의 비율 1/3**)}, 丙에게는 1/6 지분 {=(甲의 유류분 1/4) × (乙과의 **반환의무의 비율 2/3**)}에 관하여 각 유류분반환청구를 할 수 있다.

‣ 따라서 甲의 1/2지분등기 중 1/6 **지분에 해당하는 부분은 실체권리관계에 부합하여 유효**하고, 나머지 1/3 지분 {= 甲 앞으로 등기된 지분 1/2) - (丙에 대하여 유류분반환청구할 수 있는 지분 1/6) = 2/6 }에 해당하는 부분에 한하여 丙이 말소를 구할 수 있다고 할 것이다.

## (2) 사례

A. 수유자 겸 수증자가 있는 경우

(a) 사안

- 피상속인 甲의 사망시 공동상속인은 甲의 자녀인 A, B, C, D가 있었고, 실제상

속재산 4억5000만원이다.

- 甲은 B에게 유증 2억5000만원, C에게 유증 1억5000만원, D에게 유증 5000만원을 했으며, D에게는 유증뿐 아니라 증여도 3억5000만원을 했다.

(b) 쟁점과 판단

- 상정상속재산은 8억원, 각 상속인의 유류분은 1억원이다. A만 유류분이 침해되었으며 유류분 부족액은 1억원이다. 실제상속재산으로 유증을 이행하기에도 모자라는 상황이므로 유증이 실효되었어야 한다.

- B, C의 유증 실효 비율은 1억5000만원:5000만원＝3:1이고, D의 유증은 유류분 미달이므로 실효되지 않는다.

- A의 유류분 부족액 1억원은 B와 C의 유증을 3:1＝7500만원:2500만원씩 실효시켜 확보할 수 있다. 따라서 D의 증여를 반환받을 필요는 없다. 결국 실제상속재산 4억원은 A의 유류분 1억원, B의 유증 1억 7500만원, C의 유증 1억 2500만원, D의 유증 5000만원으로 분할된다.

> **대법원 2014. 8. 26. 선고 2012다77594 판결**
> - 유류분권리자가 유류분반환청구를 함에 있어 증여 또는 유증을 받은 다른 공동상속인이 수인일 때에는 각자 증여 또는 유증을 받은 재산 등의 가액이 <u>자기 고유의 유류분액을 초과하는 상속인에 대하여 그 유류분액을 초과한 가액의 비율에 따라서 반환을 청구</u>할 수 있다.
> - 제1116조에 의하면, <u>유류분반환청구의 목적인 증여와 유증이 병존하는 경우 유류분권리자는 먼저 유증을 받은 자를 상대로 유류분 침해액의 반환을 구하여야 하고,</u> 그래도 <u>유류분 침해액이 남아 있는 경우에 한하여 증여를 받은 자에 대하여 그 부족분을 청구</u>할 수 있다.
> - 공동상속인들이 <u>유증받은 재산의 총 가액이 유류분권리자의 유류분 부족액을 초과하는 경우에는 그 유류분 부족액의 범위 내에서 각자의 수유재산을 반환</u>하면 되는 것이지 이를 놓아두고 수증재산을 반환할 것은 아니다. 이 경우 공동상속인들이 유류분권리자의 유류분 부족액을 각자의 수유재산으로 반환함에 있어서 분담하여야 할 액은 각자 증여 또는 유증을 받은 재산의 가액이 고유의 <u>유류분액을 초과하는 가액의 비율</u>에 따라 안분하여 정하되,
> - 그중 어느 공동상속인의 수유재산의 가액이 그의 분담액에 미치지 못하여 분담액

부족분이 발생하더라도 이를 그의 수증재산으로 반환할 것이 아니라, **자신의 수유재산의 가액이 자신의 분담액을 초과하는 다른 공동상속인들이 위 분담액 부족분을 위 비율에 따라 다시 안분하여 그들의 수유재산으로 반환**하여야 한다.

B. 연습: 전형적인 유류분 계산문제

(a) 사안

• 피상속인 사망 당시 적극재산 4000만원, 채무는 없고, 공동상속인은 피상속인의 자녀인 A, B, C, D가 있다.

• 무상처분의 내역: ㉠ B는 증여 7000만원, C는 유증 2000만원을 받았다. ㉡ 상속개시 3년 전에 Q는 4500만원의 가치가 있는 ⓧ부동산을 증여받았는데, Q는 그 직후 R에게 처분했으며, Q, R은 모두 악의였다. ㉢ 상속개시 한 달 전에 S는 증여 4500만원을 받았고 선의이다. ㉣ 상속개시 한 달 전에 T는 유증 500만원을 받았고 선의이다. ㉤ 상속개시 2년 전에 U는 증여 5000만원을 받았고 선의이다.

• 기여분: D의 기여분을 3000만원으로 정하는 A, B, C, D간 협의가 성립했다.

(b) 계산의 전제

• 기여분의 상한: 실제상속재산 4000만원 − 유증 총 2500만원 = 1500만원

• 상정상속재산: 4000만원 + 7000만원(B에 대한 증여) + 4500만원(Q에 대한 증여) + 4500만원(S에 대한 증여) = 2억원

• 본래적 상속분: A, B, C, D 각 5000만원, 유류분은 각 2500만원

(c) 유류분침해여부 판단

• 실제상속재산 4000만원은 유증과 기여분으로 소진된다.

• A는 2500만원, C는 500만원, D는 1000만원이 유류분 부족액이므로, 총 4000만원이 반환되어야 한다.

(d) 구체적인 반환비율

• 유증부터 실효되는데, 공동상속인인 C의 경우 수유액이 유류분액에 미달하므로 실효되는 가액은 0원인 반면, 제3자인 T는 500만원 전액이 실효된다.

• 증여 반환으로 3500만원을 더 확보해야 하는데, ㉠ 공동상속인인 B는 4500만원 (=7000만원−2500만원), ㉡ 제3자인 R, S는 수증액 전액인 각 4500만원을 기준

으로 반환해야 한다.

• 결론: B:R:S＝1:1:1의 비율로 총 3500만원을 반환해야 한다.

## 4. 수증재산 반환청구의 대상

### 가. 원칙적인 원물반환

### (1) 개관

• 원칙: 유류분 부족액은 원물로 반환하는 것이 원칙이다. 물론 이때도 당사자들의 합의로 가액반환이 이루어질 수 있으며 묵시적 합의도 인정된다. 예컨대 원물반환이 가능한데도 유류분권자가 가액반환을 구하고 상대방이 이를 다투지 않으면 가액반환을 명할 수 있다.

**대법원 2013. 3. 14. 선고 2010다42624 판결**
• 원물반환이 가능하더라도 유류분권리자와 반환의무자 사이에 가액으로 이를 반환하기로 협의가 이루어지거나 유류분권리자의 가액반환청구에 대하여 반환의무자가 이를 다투지 않은 경우에는 법원은 그 가액반환을 명할 수 있지만,
• 유류분권리자의 가액반환청구에 대하여 반환의무자가 원물반환을 주장하며 가액반환에 반대하는 의사를 표시한 경우에는 반환의무자의 의사에 반하여 원물반환이 가능한 재산에 대하여 가액반환을 명할 수 없다.

• 예외: 목적물에 설정된 제한물권 등의 물적 부담으로 인해 완전한 원물반환이 불가능한 경우 가액으로 반환하는 것이 원칙이다. 다만 이때도 유류분권자가 원하면 물적 부담을 인수하고 원물반환을 받을 수 있다.

✓ 한편 유류분반환청구로 인한 증여계약 실효는 상속개시기로 소급하므로 상속개시 전에 설정된 물적 부담에 대해서는 대항할 수 없고, 상속개시 후에 설정된 물적 부담의 경우에는 전득자에 준하여 선의자에게만 대항할 수 없다고 보아야 한다.

**대법원 2022. 2. 10. 선고 2020다250783 판결**
• 민법은 유류분의 반환방법에 관하여 별도의 규정을 두고 있지 않다. 그러나 증여 또는 유증대상 재산 그 자체를 반환하는 것이 통상적인 반환방법이므로, 유류분권리자가 원물반환의 방법으로 유류분반환을 청구하고 그와 같은 원물반환이 가능하다면 특별한 사정이 없는 한 법원은 유류분권리자가 청구하는 방법에 따라 원물반환

을 명하여야 한다

- 증여나 유증 후 그 목적물에 관하여 유류분 침해에 대해 선의인 제3자가 <u>저당권이</u> <u>나 지상권 등의 권리를 취득한 경우</u>에는 원물반환이 불가능하거나 현저히 곤란하 므로, 반환의무자가 목적물을 저당권 등의 제한이 없는 상태로 회복하여 이전해 줄 수 있다는 등의 예외적인 사정이 없는 한 유류분권리자는 <u>반환의무자를 상대로 원</u> <u>물반환 대신 그 가액의 반환</u>을 구할 수 있다.
- 그러나 유류분권리자가 스스로 <u>위험이나 불이익을 감수하면서 원물반환을 구하는</u> <u>것은 가능</u>하므로, 법원은 유류분권리자가 청구하는 방법에 따라 원물반환을 명하 여야 한다.

- 원물반환이 가능하다면 증여의 목적물인 재산이 여러 종류라는 등의 사정이 있 어도 원물반환을 명하는 것이 원칙이다.

유류분반환의 목적물에 부동산과 금원이 혼재되어 있다거나 유류분권리자에게 반환 되어야 할 부동산의 지분이 많지 않다는 사정은 원물반환을 명함에 아무런 지장이 되 지 아니함이 원칙이다(대법원 2014. 2. 13. 선고 2013다65963 판결).

## (2) 원물반환의 효력이 미치는 범위: 원물반환과 과실수취권

- 전제: 유류분반환청구권의 법적 성질을 형성권이라고 본다면, 유류분을 침해한 증여나 유증은 소급적으로 효력을 상실한다.
- 효과: ㉠ 반환의무자는 유류분 침해로 인해 실효된 범위만큼 목적물을 사용·수 익할 권리를 상실하므로 §201~§203이 적용된다. ㉡ 이러한 효과의 발생시점은 수증시가 아니라 상속개시기이다.

### 대법원 2013. 3. 14. 선고 2010다42624 판결

- 유류분을 침해하는 증여 또는 유증은 <u>소급적으로 효력을 상실</u>하므로, 반환의무자 는 유류분권리자의 유류분을 침해하는 범위 내에서 그와 같이 <u>실효된 증여 또는 유</u> <u>증의 목적물을 사용·수익할 권리를 상실</u>하게 되고, 유류분권리자의 목적물에 대한 <u>사용·수익권은 상속개시의 시점에 소급하여 반환의무자에 의하여 침해</u>당한 것이 된다.
- 반환의무자가 악의의 점유자라는 점이 증명된 경우에는 악의의 점유자로 인정된

시점부터, 그렇지 않다고 하더라도 본권에 관한 소에서 종국판결에 의하여 패소로 확정된 경우에는 소가 제기된 때로부터 악의의 점유자로 의제되어 각 그때부터 유류분권리자에게 목적물의 사용이익 중 유류분권리자에게 귀속되었어야 할 부분을 부당이득으로 반환할 의무가 있다.

- 원심은 피고가 이 사건 부동산을 임대하여 사용·수익으로 인한 이익이 매월 770만 원에 이르는 사실을 인정한 다음, 위 부동산은 망인으로부터 피고에게 유증된 부동산으로서 피고가 원고에게 유류분반환으로 위 부동산의 일부 지분을 반환하여야 하는 이상, 피고는 원고가 구하는 바에 따라 망인의 사망으로 인한 상속개시일로부터 2009. 12.에 이르기까지 49개월간 얻은 위 부동산의 사용이익 중 원고에게 반환할 지분에 상당한 23,677,100원을 부당이득으로 반환할 의무가 있다고 판단하였다.
- 피고의 적법하게 유증받아 사용·수익해 왔으므로 법률상 원인 없는 이득이 아니라는 취지의 주장은 피고가 상속개시 당시부터 선의의 점유자로서 위 부동산에 대한 과실수취권이 있다는 주장으로 볼 여지가 충분하고, 이러한 경우 피고가 악의의 점유자라는 점에 대한 원고의 주장·입증이 없다면, 비록 원고의 유류분반환청구권의 행사에 의하여 위 유증의 효력이 원고의 유류분을 침해하는 범위 내에서 실효되었다고 하더라도, 그러한 사정만으로 피고가 위 부동산의 사용이익 중 원고에게 유류분으로 반환할 지분에 상당한 부분을 부당이득하였다고 볼 수 없다. 따라서 원심으로서는 … 언제부터 악의의 점유자가 되었는지에 관하여 원고의 주장·입증이 있는지 여부를 심리·판단하여야 할 것이다.

### (3) 반환 대상 원물이 여러 개인 경우

A. 해결방법: §1115 ②의 유추적용

- 특정인이 반환대상 재산 여러 건을 보유한 경우 각 재산의 가액의 비율로 반환해야 한다. 즉, 특정 재산의 가액이 유류분 부족액을 초과하더라도 특정 재산에 대해서만 반환을 청구할 수는 없다.
- 다만 유류분권자와 반환의무자의 합의로 반환 대상 재산이나 각 재산별 반환 범위를 정할 수 있다.
  ✓ 이러한 합의는 대물변제의 일종이므로 당연히 가능하다.

B. 사례

- 사안의 개요: 단독상속인 甲, 실제상속재산 3000만원, 유류분 1500만원이다. 乙

은 피상속인 사망 직전에 ⓧ부동산, ⓨ부동산 두 건의 부동산을 유증받았고 ⓧ 부동산은 2000만원, ⓨ부동산은 1000만원이다.

- 쟁점과 판단: 甲은 乙로부터 ⓧ부동산, ⓨ부동산의 각 1/2지분을 반환받을 수 있다. 甲의 일방적 의사로 ⓨ부동산의 유증 전부를 실효시키고 ⓧ부동산에 대해 500만원을 반환 받을 수는 없다.

어느 공동상속인 1인이 수개의 재산을 유증받아 그 각 수유재산으로 유류분권리자에게 반환하여야 할 분담액을 반환하는 경우, 각 수유재산의 반환 범위는 특별한 사정이 없는 한 제1115조 제2항을 유추적용하여 각 수유재산의 가액에 비례하여 안분하는 방법으로 정함이 상당하다(대법원 2013. 3. 14. 선고 2010다42624 판결).

### (4) 사례: 수증재산의 가액 변동과 가액산정의 기준시

A. 사안의 개요

- 피상속인 A는 乙에게 ⓧ부동산, ⓨ부동산을 증여했는데 당시에는 각 2000만원이었다. 乙이 ⓧ부동산을 잘 관리하여 A의 사망으로 인한 상속개시기에는 ⓧ부동산의 시가가 8000만원으로 상승했다.
- A의 단독상속인 甲은 乙에게 유류분 반환청구를 하면서 원물반환을 요구한다.

B. 쟁점과 판단

(a) 상정상속재산 산정시

- 원칙: 수증재산의 시가는 상속개시기를 기준으로 판단해야 한다.
- 예외: 수증자의 비용 · 노력으로 인해 시가가 상승한 경우에는 증여 당시의 상태를 전제한 시가를 기준으로 판단해야 한다. 수증자가 증가시킨 부분이 상정상속재산에 합산되어 유류분 부족액이 증가하는 것은 부당하기 때문이다.

(b) 여러 건의 수증재산에 대한 원물반환

- 방법: 상속개시기의 가액을 기준으로 유류분부족액과 수증재산들의 가액합산액의 비율을 구하고, 이 비율에 따라 각 수증재산에 대한 지분소유권 이전등기를 해야 한다.
- 주의! 이때는 수증자의 노력이 기여했는지의 여부를 불문하고, 항상 상속개시기의 가액을 기준으로 산정한다.

(c) 사안의 해결

- 상정상속재산은 증여시의 상태를 전제로 산정해야 하므로 총 4000만원이고, 이에 따라 유류분 부족액은 2000만원이 된다.

- 원물반환 비율 산정시에는 상속개시 당시의 상태를 전제로 산정해야 하므로 수증재산의 가액은 총 1억원이다. 따라서 유류분 반환비율은 2000만원/1억원 = 1/5이다.

- 따라서 甲은 ⓧ부동산, ⓨ부동산 각각에 대한 1/5 지분소유권 이전등기의 방식으로 원물반환을 받을 수 있다. 만약 증여시 가액을 기준으로 한다면, 甲은 ⓧ부동산, ⓨ부동산 각각에 대해 1/2 지분을 취득할 수 있다. 그러나 이것은 乙의 노력으로 인한 ⓧ부동산의 가치상승을 근거로 甲이 3/10의 추가이익을 얻는 것이므로 부당하다.

> **대법원 2022. 2. 10. 선고 2020다250783 판결**
> - **유류분반환의 범위**는 상속개시 당시 피상속인의 순재산과 문제 된 증여재산을 합한 재산을 평가하여 그 재산액에 유류분청구권자의 유류분비율을 곱하여 얻은 유류분액을 기준으로 산정하는데, **증여받은 재산의 시가는 상속개시 당시**를 기준으로 산정해야 한다.
> - 어느 공동상속인이 특별수익으로서 **여러 부동산을 증여받아** 그 증여재산으로 유류분권리자에게 유류분 부족액을 반환하는 경우 반환해야 할 증여재산의 범위는 특별한 사정이 없는 한 제1115조 제2항을 유추적용하여 **증여재산의 가액에 비례하여 안분**하는 방법으로 정함이 타당하다. 따라서 유류분반환 의무자는 **증여받은 모든 부동산에 대하여 각각 일정 지분을 반환**해야 하는데, 그 지분은 모두 **증여재산의 상속개시 당시 총가액에 대한 유류분 부족액의 비율**이 된다.
> - 다만 증여 이후 수증자나 수증자로부터 증여재산을 양수받은 사람이 자기의 비용으로 증여재산의 성상 등을 변경하여 상속개시 당시 그 가액이 증가되어 있는 경우, ㉠ **유류분 부족액 산정의 기초**가 되는 증여재산의 가액에 관해서는 위와 같이 변경된 성상 등을 기준으로 증여재산의 상속개시 당시 가액을 산정하면 유류분권리자에게 부당한 이익을 주게 되므로, 그와 같은 **변경이 있기 전 증여 당시의 성상** 등을 기준으로 **상속개시 당시 가액**을 산정해야 한다. ㉡ 반면 **유류분 부족액 확정 후** 증여재산별로 반환 지분을 산정할 때 기준이 되는 **증여재산의 총가액**에 관해서는 상

속개시 당시의 성상 등을 기준으로 상속개시 당시의 가액을 산정함이 타당하다. 이 단계에서는 현존하는 증여재산에 관한 반환 지분의 범위를 정하는 것이므로 이와 같이 산정하지 않을 경우 유류분권리자에게 증여재산 중 성상 등이 변경된 부분까지도 반환되는 셈이 되어 유류분권리자에게 부당한 이익을 주게 되기 때문이다.

## 나. 예외적인 가액반환

### (1) 사유: 전술

### (2) 가액산정의 기준시

A. 개관

- 원물의 시가를 사실심 변론종결시를 기준으로 산정한다. 반환 방법에 따라 반환받을 가액이 달라지면 안 되기 때문이다. 이 점에서 유류분 부족액 산정을 위한 상정상속재산 계산 단계에서는 상속개시기 시가를 기준으로 하는 것과 구별된다.

✓ 채권자취소권에서, 사해성 판단을 위한 시가산정 기준시와 반환가액 산정을 위한 시가산정 기준시의 관계와 비슷하다.

- 비교: 원물반환 대상인 증여의 목적물 자체가 금전인 경우, 가액반환이 아니라 원물반환이므로, 증여된 금액을 상속개시 당시의 화폐가치로 환산하여 '원물'의 가치를 재산정한다. 이를 위해 증여 당시부터 상속개시 당시까지 사이의 물가변동률을 반영한다(2010다29157, 465면).

B. 연습

(a) 원물반환의 경우

- 피상속인이 자녀 甲, 乙, 丙 중 甲에게 ⓧ부동산, 乙에게 ⓨ부동산을 각 증여했고 실제상속재산은 없는 경우, 상속개시기에 ⓧ부동산은 4000만원, ⓨ부동산은 2000만원이었다.

- 유류분 부족액 산정은 상속개시기의 시가를 기준으로 한다. 따라서 상정상속재산은 6000만원, 유류분은 각 1000만원이므로, 甲과 乙은 3000만원:1000만원=3:1의 비율로 丙의 유류분 부족액 1000만원을 분담한다. 丙은 甲에게 750만원, 乙에게 250만원을 각 반환받을 수 있다.

- 원물반환이 가능한 경우, 丙은 甲으로부터 ⓧ부동산의 750/4000지분, 乙로부

터 ⓨ부동산의 250/2000지분을 각 반환받을 수 있다.

(b) 가액반환의 경우

- 사실심 변론종결시에 ⓧ부동산의 가액은 8000만원, ⓨ부동산의 가액은 그대로 2000만원이고, 원물반환이 불가능하게 되었다.

- 丙은 甲으로부터 1500만원(=8000만원×750만원/4000만원), 乙로부터 250만원 (=2000만원×250만원/2000만원)을 각 반환받을 수 있다.

> **대법원 2021. 6. 10. 선고 2021다213514 판결**
> ‣ 유류분액을 산정함에 있어 반환의무자가 **증여받은 재산의 시가는 상속개시 당시를 기준**으로 산정하여야 하고, 당해 반환의무자에 대하여 반환하여야 할 재산의 범위를 확정한 다음 그 **원물반환이 불가능하여 가액반환을 명하는 경우에 그 가액은 사실심 변론종결시를 기준으로 산정하여야** 한다.
> ‣ 유류분 반환제도는 피상속인의 증여 및 유증으로 그 유류분에 부족이 생긴 유류분 권리자에게 그 부족한 한도 내에서 이를 회복하기 위하여 마련된 것이고 원물반환이나 가액반환은 부족한 유류분의 한도로 재산을 **반환받는 방법만 다를 뿐이므로 어느 방법이든지 반환되는 재산의 가치는 사실심 변론종결 시를 기준으로 동일하게 유지되어야** 한다. 따라서 원물반환이 불가능한지 여부에 따라 반환할 가액의 산정 기준이 달라지지 아니한다.
> ‣ 상속개시 당시를 기준으로 원고들과 피고 등 공동상속인들의 유류분액과 이에 따른 원고들의 유류분 부족액 및 피고의 유류분 초과액 등이 산정된 이상 이를 기초로 이 사건 반환의무자인 피고가 원고들에게 **반환해야 할 재산의 범위를 확정**할 수 있으므로, 원심으로서는 판시와 같은 이유로 가액반환을 명하는 경우 **반환의 대상이되는 재산을 사실심 변론종결 시를 기준으로 재평가하여 피고가 원고들에게 반환할 가액을 산정**하였어야 한다.

**다. 사례:** 상속개시 전에 원물이 처분되거나 수용된 경우

**(1) 개관**

- 상속개시 전에 수증재산이 수용되거나 처분된 경우, 그 재산의 가액 산정 방법이 문제된다.

- 이 경우, 금전을 원물반환하는 경우에 준하여 물가변동율을 고려한 상속개시기 가액으로 환산해야 한다.

✓ 수용보상금이나 처분대금은 상속재산이 동일성을 유지하면서 변형된 것이므로 그 자체가 '원물'이라고 볼 수 있기 때문이다.

- 비교: 가액반환을 해야 하는 경우가 아니므로, 수용되거나 처분된 수증재산의 사실심 변론종결시 시가를 기준으로 산정하면 안 된다.

## (2) 사안의 개요

- 피상속인 A는 2014.9.12. 사망했고 A의 자녀인 甲, 乙이 공동상속했다. 상속개시 당시 A 명의 재산이나 채무는 없었다. A는 1995.5.30. 자신이 소유한 ⓧ토지를 乙에게 증여하고 1995.5.25. 乙 명의 소유권이전등기가 마쳐졌는데, 당시 ⓧ토지는 2억원이었다.

- 그 후 乙의 노력으로 ⓧ토지의 형질변경, 개발제한구역 해제되는 등의 사정변경이 있었다. ⓧ토지가 2009.11.3. 수용되어 그 무렵 乙은 수용보상금을 4억 원을 수령했다.

- 상속개시 당시 ⓧ토지의 가액은 6억원으로 인정된다.

## (3) 쟁점과 판단

- 甲이 乙에게 유류분반환청구를 할 경우, 상정상속재산에 산입될 ⓧ토지의 가액은 얼마인지가 문제된다.

- 처분이나 수용 등으로 인해 수증자가 상속개시 당시 수증재산을 보유하고 있지 않다면, 수증재산의 상속개시 당시 가액을 기준으로 상정상속재산에 산입하는 것은 불공평하다. 상정상속재산은 피상속인의 증여가 없었을 것으로 가정하는 것인데, 이렇게 가정하더라도 그 재산은 상속개시 당시 상속재산에 포함되어 있지 않았을 것이기 때문이다.

- 따라서 수증자가 수증재산의 처분이나 수용으로 취득한 가액을 수증재산으로 보고, 금전이 수증재산인 경우에 준하여 상속개시기까지의 물가변동율을 반영하여 상속개시기의 가치를 환산하여 상정상속재산에 산입해야 한다.

> **대법원 2023. 5. 18. 선고 2019다222867 판결**
> ‣ 피상속인이 생전에 증여하여 유류분반환청구 대상이 된 재산이 **상속개시 전에 처분 또는 수용**된 경우 … 유류분을 산정함에 있어서 그 증여재산의 가액은 **처분 당시의 가액을 기준으로 상속개시까지 사이의 물가변동률을 반영하는 방법으로 산정하**

여야 한다.

‣ 제1113조 제1항에서 증여재산의 가액을 가산하는 이유가 상속재산에서 유출되지 않고 남아 있었을 경우 유류분권리자가 이를 상속받을 수 있었을 것이라는 점에 근거를 두고 있는 점 등에 비추어, **증여재산은 상속개시시를 기준으로 산정하여야 한다.** 따라서 수증자가 증여재산을 **상속개시시까지 그대로 보유하고 있는 경우에는 그 재산의 상속개시 당시 시가를 증여재산의 가액**으로 평가할 수 있다.

‣ 이에 비하여 수증자가 **상속개시 전에 증여재산을 처분하였거나 수용된 경우 그 재산을 상속개시시를 기준으로 평가하는 방법은 위의 경우와 달리** 보아야 한다. … ㉠ 대법원은 유류분반환에 있어서 **증여받은 재산이 금전일 경우**에는 … 증여 당시부터 상속개시 당시까지 사이의 물가변동률을 반영하는 방법으로 산정하는 것이 합리적이라고 판시하였다. ㉡ 부동산 등 현물로 증여된 재산이 상속개시 전에 처분 또는 수용된 경우 … 수증자가 피상속인으로부터 **처분대가에 상응하는 금전을 증여받은 것**에 대하여 **처분 당시부터 상속개시 당시까지 사이의 물가변동률을 반영하는 방법으로 상속개시 당시의 화폐가치로 환산한 것과 실질적으로 다를 바 없다.**

‣ 유류분 제도는 … 수증자가 피상속인으로부터 **증여받은 재산자체를 상속재산으로 되돌리는 데 목적이 있는 것은 아니다.** 증여재산이 상속개시 전에 처분되었음에도 그와 같이 이미 처분된 재산을 상속개시시의 시가로 평가하여 가액을 산정한다면, 수증자가 상속개시 당시 증여재산을 원물 그대로 보유하는 것으로 의제하는 결과가 된다.

**저자약력**

권재문

서울대학교 법학사(1993), 법학석사(2001), 법학박사(2010)
서울대학교 법학연구소 조교(2001)
제42회 사법시험 합격, 사법연수원 33기
변호사 개업(2004~2006)
숙명여자대학교 법학부 조교수, 부교수, 교수(2006~2020)
서울시립대학교 법학전문대학원 교수(2020~현재)
경찰대학, 덕성여자대학교, 성균관대학교, 서울대학교, 연세대학교, 한국외국어대학교, 한양대학교 출강
사법시험, 변호사시험 출제위원

민법강의: 친족상속법

초판발행      2023년 9월 22일

지은이        권재문
펴낸이        안종만 · 안상준

편 집         윤혜경
기획/마케팅    손준호
표지디자인     이솔비
제 작         고철민 · 조영환

펴낸곳        ㈜ 박영사
             서울특별시 금천구 가산디지털2로 53, 210호(가산동, 한라시그마밸리)
             등록   1959. 3. 11. 제300-1959-1호(倫)

전 화         02)733-6771
f a x         02)736-4818
e-mail        pys@pybook.co.kr
homepage      www.pybook.co.kr
ISBN          979-11-303-4520-8   93360

copyright©권재문, 2023, Printed in Korea

정 가         34,000원